2024年用

共通テスト 実戦模試

⑤ 国語

Z会編集部 編

目次

共通テストに向けて

■共通テストは決してやさしい試験ではない。

共通テストは、高校の教科書程度の内容を客観形式で問う試験である。科目によって、教科書等であまり見られないパターンの出題も見られるが、出題のほとんどは基本を問うものである。それでは、基本を問う試験だから共通テストはやさしい、といえるだろうか。

実際のところは、共通テストには、適切な対策をしておくべきいくつかの手ごわい点がある。まず、**勉強するべき科目数が多い**。国公立大学では共通テストで「5教科7科目以上」を課す大学・学部が主流なので、科目数の負担は決して軽くない。また、基本事項とはいっても、**あらゆる分野から満遍なく出題される**。これは、〝山〟を張るような短期間の学習では対処できないことを意味する。また、**広範囲の出題分野全体を見通し、各分野の関連性を把握する必要もある**が、そうした視点が教科書の単元ごとの学習では容易に得られないのもやっかいである。さらに、**制限時間内で多くの問題をこなさなければならない**。しかもそれぞれが非常によく練られた良問だ。問題の設定や条件、出題意図を素早く読み解き、制限時間内に迅速に処理していく力が求められているのだ。こうした処理能力も、漫然とした学習では身につかない。

■しかし、適切な対策をすれば、十分な結果を得られる試験でもある。

上記のように決してやさしいとはいえない共通テストではあるが、適切な対策をすれば結果を期待できる試験でもある。共通テスト対策は、できるだけ早い時期から始めるのが望ましい。長期間にわたって、①**教科書を中心に基本事項をもれなく押さえ**、②**共通テストの過去問で出題傾向を把握し**、③**出題形式・出題パターンを踏まえたオリジナル問題で実戦形式の演習を繰り返し行う**、という段階的な学習を少しずつ行っていけば、個別試験対策を本格化させる秋口からの学習にも無理がかからず、期待通りの成果をあげることができるだろう。

■本書を利用して、共通テストを突破しよう。

本書は主に右記③の段階での使用を想定して、Z会のオリジナル問題を教科別に模試形式で収録している。巻末のマークシートを利用し、解答時間を意識して問題を解いてみよう。そしてポイントを押さえた解答・解説をじっくり読み、知識の定着・弱点分野の補強に役立ててほしい。

早いスタートが肝心とはいえ、時間的な余裕がないのは明らかである。できるだけ無駄な学習を避けるためにも、学習効果の高い良質なオリジナル問題に取り組んで、徹底的に知識の定着と処理能力の増強に努めてもらいたい。

本書を十二分に活用して、志望校合格を達成し、喜びの春を迎えることを願ってやまない。

Z会編集部

本書の効果的な利用法

本書の特長

本書は、共通テストで高得点をあげるために、試行調査から2023年度本試・追試までの出題形式と内容を徹底分析して作成した実戦模試である。共通テストの本番では、限られた試験時間内で解答する正確さとスピードが要求される。本書では時間配分を意識しながら、共通テストの出題傾向に沿った良質の実戦模試を複数回演習することができる。また、解答・解説編には丁寧な解説をほどこしているので、答え合わせにとどまらず、正解までの道筋を理解することで確実に実力を養成することができる。

■共通テスト攻略法 ―― 情報収集で万全の準備を

以下を参考にして、共通テストの内容・難易度をしっかり把握し、本番までのスケジュールを立て、余裕をもって本番に臨んでもらいたい。

データクリップ➡共通テストの出題教科や2023年度本試の得点状況を収録。

傾向と対策➡2023年度をはじめとする過去の出題を徹底分析し、来年度に向けての対策を解説。

■共通テスト実戦模試 ―― 本番に備える

本番を想定して取り組むことが大切である。時間配分を意識して取り組み、自分の実力を確認しよう。巻末のマークシートを活用して、記入の仕方もしっかり練習しておきたい。

また、実戦力を養成するためのオリジナル模試にプラスして、2023年度本試・追試もついている。合わせて参考にしてもらいたい。

問題を解いたら必ず解答・解説をじっくり読み、しっかり復習することが大切である。本書の解答・解説編には、共通テストを突破するために必要な重要事項がポイントを押さえて書いてある。不明な点や疑問点はあいまいなままにせず、必ず教科書・参考書などで確認しよう。

スマホでサクッと自動採点！ **学習診断サイトのご案内**

スマホでマークシートを撮影してサクッと自動採点。ライバルとの点数の比較や，学習アドバイスももらえる！　本書のオリジナル模試を解いて，下記 URL・二次元コードにアクセス！（詳しくは別冊解説の目次ページへ）

Z会共通テスト学習診断　検索

二次元コード

https://service.zkai.co.jp/books/k-test/

共通テストの段階式対策

0. まずは教科書を中心に、基本事項をもれなく押さえる。

▼

1. さまざまな問題にあたり、右記の知識の定着をはかる。
その中で、自分の弱点を把握する。

▼

2. 実戦形式の演習で、弱点を補強しながら、制限時間内に問題を処理する力を身につける。とくに、頻出事項や狙われやすいポイントについて重点的に学習する。

▼

3. 仕上げとして、予想問題に取り組む。

Z会の共通テスト関連教材

1. **『ハイスコア！共通テスト攻略』シリーズ**
オリジナル問題を解きながら、共通テストの狙われどころを集中して学習できる。

▼

2. **『２０２４年用　共通テスト過去問英数国』**
複数年の共通テストの過去問題に取り組み、出題の特徴をつかむ。

▼

3. **『２０２４年用　共通テスト実戦模試』（本シリーズ）**

▼

4. **『２０２４年用　共通テスト予想問題パック』**
本シリーズを終えて総仕上げを行うため、直前期に使用する本番形式の予想問題。

※『**２０２４年用　共通テスト実戦模試**』シリーズは、本番でどのような出題があっても対応できる力をつけられるように、最新年度および過去の共通テストも徹底分析し、さまざまなタイプの問題を掲載しています。そのため、『**２０２３年用　共通テスト実戦模試**』と掲載問題に一部重複があります。

共通テスト攻略法　データクリップ

1 出題教科・科目の出題方法

次の表の教科・科目で実施される。なお、受験教科・科目は各大学が個別に定めているため、各大学の要項にて確認が必要である。

※解答方法はすべてマーク式。　※以下の表は大学入試センター発表の『令和6年度大学入学者選抜に係る大学入学共通テスト出題教科・科目の出題方法等』を元に作成した。
※「 」で記載されている科目は、高等学校学習指導要領上設定されている科目を表し、『 』はそれ以外の科目を表す。

教科名	出題科目	解答時間	配点	科目選択方法
国語	『国語』	80分	200点	
地理歴史・公民	「世界史A」、「世界史B」、「日本史A」、「日本史B」、「地理A」、「地理B」 「現代社会」、「倫理」、「政治・経済」、『倫理、政治・経済』	1科目60分 2科目120分	1科目100点 2科目200点	上記10科目から最大2科目を選択（注1）（注2）
数学①	「数学Ⅰ」、『数学Ⅰ・数学A』	70分	100点	上記2科目から1科目選択
数学②	「数学Ⅱ」、『数学Ⅱ・数学B』、『簿記・会計』、『情報関係基礎』	60分	100点	上記4科目から1科目選択（注3）
理科①	「物理基礎」、「化学基礎」、「生物基礎」、「地学基礎」	2科目60分	2科目100点	上記8科目から、次のいずれかの方法で選択（注2）（注4） A：理科①から2科目選択 B：理科②から1科目選択 C：理科①から2科目および理科②から1科目選択 D：理科②から2科目選択
理科②	「物理」、「化学」、「生物」、「地学」	1科目60分 2科目120分	1科目100点 2科目200点	
外国語	『英語』、『ドイツ語』、『フランス語』、『中国語』、『韓国語』	『英語』 【リーディング】80分 【リスニング】30分 『ドイツ語』、『フランス語』、『中国語』、『韓国語』 【筆記】80分	『英語』 【リーディング】100点 【リスニング】100点 『ドイツ語』、『フランス語』、『中国語』、『韓国語』 【筆記】200点	上記5科目から1科目選択（注3）（注5）

（注1）地理歴史においては、同一名称のA・B出題科目、公民においては、同一名称を含む出題科目同士の選択はできない。
（注2）地理歴史・公民の受験する科目数、理科の受験する科目の選択方法は出願時に申請する。
（注3）数学②の各科目のうち『簿記・会計』『情報関係基礎』の問題冊子の配付を希望する場合、また外国語の各科目のうち『ドイツ語』『フランス語』『中国語』『韓国語』の問題冊子の配付を希望する場合は、出願時に申請する。
（注4）理科①については、1科目のみの受験は認めない。
（注5）外国語において『英語』を選択する受験者は、原則として、リーディングとリスニングの双方を解答する。

2 2023年度の得点状況

2023年度は、前年度に比べて、下記の平均点に★がついている科目が難化し、平均点が下がる結果となった。

地理歴史、公民、理科のように選択科目になっている教科は、科目間の難易度の差が合否に影響することもあるため、原則として、平均点に20点以上の差が生じ、それが試験問題の難易差に基づくものと認められる場合に得点調整が行われるが、今年度は『物理』『化学』『生物』がその対象となり、得点調整が行われた。

		本試験(1月14日・15日実施)		追試験(1月28日・29日実施)
教科名	科目名等	受験者数(人)	平均点(点)	受験者数(人)
国語 (200点)	国語	445,358	105.74	2,761
地理歴史 (100点)	世界史B	78,185	★58.43	2,469 (注1)
	日本史B	137,017	59.75	
	地理B	139,012	60.46	
公民 (100点)	現代社会	64,676	★59.46	
	倫理	19,878	★59.02	
	政治・経済	44,707	★50.96	
	倫理，政治・経済	45,578	★60.59	
数学① (100点)	数学Ⅰ・数学A	346,628	55.65	2,434 (注1)
数学② (100点)	数学Ⅱ・数学B	316,728	61.48	2,279 (注1)
理科① (50点)	物理基礎	17,978	★28.19	901 (注1)
	化学基礎	95,515	29.42	
	生物基礎	119,730	24.66	
	地学基礎	43,070	★35.03	
理科② (100点)	物理	144,914	63.39	1,587 (注1)
	化学	182,224	54.01	
	生物	57,895	★48.46	
	地学	1,659	★49.85	
外国語 (100点)	英語リーディング	463,985	★53.81	2,923
	英語リスニング	461,993	62.35	2,938

※2023年3月1日段階では，追試験の平均点が発表されていないため，上記の表では受験者数のみを示している。

(注1) 国語，英語リーディング，英語リスニング以外では，科目ごとの追試験単独の受験者数は公表されていない。
このため，地理歴史，公民，数学①，数学②，理科①，理科②については，大学入試センターの発表どおり，教科ごとにまとめて提示しており，上記の表は載せていない科目も含まれた人数となっている。

共通テスト攻略法　傾向と対策

■2023年度の出題内容

出題内容

	大問	ジャンル	配点	出典
本試	1	論理的文章	50	文章Ⅰ：柏木博『視覚の生命力――イメージの復権』 文章Ⅱ：呉谷充利『ル・コルビュジエと近代絵画――二〇世紀モダニズムの道程』
	2	文学的文章	50	梅崎春生「飢えの季節」
	3	古文	50	『俊頼髄脳』 問4：『散木奇歌集』
	4	漢文	50	白居易『白氏文集』
追試	1	論理的文章	50	北川東子「歴史の必然性について――私たちは歴史の一部である」
	2	文学的文章	50	太宰治「パンドラの匣」 資料：外山滋比古『「読み」の整理学』
	3	古文	50	『石清水物語』 学習プリント：『伊勢物語』
	4	漢文	50	文章Ⅰ：安積艮斎『洋外紀略』 文章Ⅱ：『性理大全』

◆特記事項

共通テストについて、**第1問・第2問**では**「近代以降の文章」**及び**「実用的文章」**（**「論理的文章」「文学的文章」**と示す）、**第3問「古文」**、**第4問「漢文」の計4題の出題**となっている。試験時間は80分で、配点はそれぞれ同じ50点（国語全体で200点）。2023年度においては、本試・追試ともに2022年度の形式を概ね踏襲した形式であり、共通テストの特徴である**複数の文章を読み比べる問題や**、**生徒の学習活動を踏まえて文章読解を進める問題**などが見られた。また、論理的文章・文学的文章・古文・漢文いずれも、複数の文章をあわせると長めの問題文が出題されたため、80分という限られた時間の中でどのようにして設問に取り組むか、過去のセンター試験よりも**時間配分が大きな課題**となる。

第1問（論理的文章）

本試・追試のどちらも、2022年度と同じく実用的文章は見られず、扱っているテーマもセンター試験を踏襲したものになっている。本試は、ル・コルビュジエの建築物における窓について論じた二つの文章であり、追試は、複数の歴史家の論説を取り上げながら歴史認識のあり方を論じた文章であった。

設問については、過去のセンター試験を踏襲して内容把握問題を中心に構成されているが、2022年度から引き続き**「マルチテクスト」「学習の過程を意識した問題の場面設定を重視する」**という共通テストの問題作成方針を踏まえた問題が特徴的であった。本試では、二つの文章に関する生徒の話し合いの場を想定し、会話の中にある空欄を補う問題が出題され（**問6**）、追試では、本文を授業で取り扱ったことを想定し、生徒の書いた【文章】を踏まえた問題（問6）が出題された。なお、漢字の問題は2022年度本試と同じく本試・追試ともに、従来の同一の漢字を含むものを選ぶ問題が3問、漢字の意味を問う問題が2問出題された。

設問形式の変化や、問題文とは異なる資料・ノート・話し合いの内容を比較する読解に慣れていないと解答に時間がかかるので、今後も注意が必要である。

第2問（文学的文章）

本試・追試のどちらも2022年度と同じく、小説からの出題であった。本試は一九四八年初出の作品で、第二次世界大戦の終結直後の食糧難の時代を舞台にしたもの。追試は一九四六年発表の作品で、登場人物が作った俳句にまつわる話であった。

設問については、従来と同じく登場人物の心情把握問題・内容把握問題を中心に構成されているが、**「マルチテクスト」「学習の過程を意識した問題の場面設定を重視する」**という共通テストの問題作成方針を踏まえた問題が見られた。本試では、本文の舞台となった時代の広告を踏まえて、本文の表現を考察する問題が出題され（問7）、追試では、授業を想定した【資料】が新たに提示され、文学作品と読者との関係を考えさせる問題（問7）が出題された。なお、センター試験の問1にあった語句の意味を問う問題は、2022年度に引き続き本試で出題されなかったが、追試では出題されていた。

このような形式の変化や新傾向の問題にまどわされず、丁寧に読み進めれば、正解を導くことができる。

第3問（古文）

本試は、歌論の文章からの出題であり、設問に和歌が引用されていた。追試は、和歌を含む典型的な擬古文を取り上げたもので、こちらも設問で和歌が引用されていた。本試・追試ともに和歌の理解がポイントとなる出題であった。

設問は語句問題・内容把握問題といった形でセンター試験を概ね踏襲しているものの、こちらも**「マルチテクスト」「学習の過程を意識した問題の場面設定を重視する」**という共通テストの問題作成方針を踏まえた問題が見られた。本試では、教師と生徒の話し合いの内容を踏まえて和歌の理解を軸とした問題（問4）、追試では、生徒の学習プリント・ノートの形式で、本文の引歌表現を解釈する問題（問5）が出題された。なお、共通テスト初年度から引き続き、本試・追試のどちらも文法問題単独での出題は見られなかった。

今後も、複数の文章の比較読解はもちろん、**和歌や表現に関する出題**が予想されるので、これらの形式に慣れるようにしよう。

第4問（漢文）

本試は、試験の予想問題とそれに対する模擬答案という、元々相互に関連づけて書かれた文章から出題された。追試は、題材が西洋人の伝記である文章と、君主について説いた文章から出題された。共通テスト初年度以来出題されていた漢詩の文章は今回見られなかった。

設問は、漢字の意味・返り点や書き下し文・解釈を問う問題を中心に構成されているが、漢文でも**「マルチテクスト」**という共通テストの問題作成方針を踏まえた問題が見られた。本試では、二つのテキストの「問い―答え」の構造を押さえる問題（問7）、追試では【資料】と会話を手がかりとして【文章Ⅰ】・【文章Ⅱ】の要約・関連づけを行う問題（問6）が出題された。

複数の題材を含む問題文の読解では、字義や句法に沿って丁寧に取り組むことを心がけながら、その形式に慣れるようにしたい。

◆学習アドバイス

共通テストに向けて、今後以下の点に注意して対策を進めていこう。

●複数の文章を読み比べる訓練をしよう

→複数の文章を用いた出題は今後も続くと予想される。複数の文章が扱われる場合は、それぞれを読解した上で、文章間における共通点・相違点が問われる可能性が高い。このような出題に備えて、ある文章を読んだら同じ話題を扱った他の文章を読む、そして、読んだあとは、文章間での相違点や共通点について考える……という訓練を積むことが効果的である。

●とくに古文・漢文は、基礎固めが大前提！

→複数の文章を比較して解く問題など、新しい出題形式への対策はもちろん大事だが、これは基礎固めが前提となる。とくに古文・漢文は、文章の内容把握問題・登場人物の心情把握問題・文章の表現を問う問題……といった出題が多くを占める。そのため、文章の丁寧な読解をもとに解答する、という基本姿勢に変わりはない。新傾向に対する備えは、単語や文法の確かな基礎知識があってこそ。古文単語や文法・漢文句形をしっかり身につけなければ、〈何となく文章を読んで、雰囲気や勘で選択肢を選ぶ……〉といったことになってしまい、正確な文章読解から遠のいてしまうため、単語や文法の土台固めが最優先である。そして単語・文法の基礎固めを終えたら、共通テストの形式の問題など、たくさんの実戦演習を積むこと。問題を解く中で、単語や文法のさらなる強化や読解力のアップをはかろう。

●実用的文章の対策も視野に

→第１問（論理的文章）では、出題範囲に実用的文章が含まれることから、論説文のほか、実生活に基づいた文章や資料が出題される可能性があるため、対策は講じておきたい。身近な話題について述べた文章や資料を読む機会も増やして、資料の中で重要な箇所をすばやく読み取る力を養っていこう。さらに、論説文や小説だけではなく新聞なども読んで、さまざまな素材に触れてほしい。

参考　２０２２年度　本試験・追試験

出題内容　200点　80分

	大問	ジャンル	配点	出典
本試	1	論理的文章	50	文章Ⅰ：檜垣立哉『食べることの哲学』 文章Ⅱ：藤原辰史『食べるとはどういうことか』
	2	文学的文章	50	黒井千次「庭の男」
	3	古文	50	文章Ⅰ：『増鏡』 文章Ⅱ：『とはずがたり』
	4	漢文	50	阮元『揅経室集』
追試	1	論理的文章	50	若林幹夫「メディアの中の声」
	2	文学的文章	50	室生犀星「陶古の女人」 資料：柳宗悦「『もの』と『こと』」
	3	古文	50	藤原道綱母『蜻蛉日記』 資料：『古今和歌集』
	4	漢文	50	蘇軾『重編東坡先生外集』 資料：『旧唐書』

模試 第1回

（200点 80分）

〔国語〕

注 意 事 項

1 **国語解答用紙（模試 第１回）をキリトリ線より切り離し，試験開始の準備をしなさい。**

2 **時間を計り，上記の解答時間内で解答しなさい。**
ただし，納得のいくまで時間をかけて解答するという利用法でもかまいません。

3 この回の模試の問題は，このページを含め，48ページあります。問題は４問あり，第１問，第２問は「近代以降の文章」及び「実用的な文章」，第３問は「古文」，第４問は「漢文」の問題です。

4 **解答用紙には解答欄以外に受験番号欄，氏名欄，試験場コード欄があります。その他の欄**は自分自身で本番を想定し，**正しく記入し，マークしなさい。**

5 **解答は解答用紙の解答欄にマークしなさい。**例えば， 10 と表示のある問いに対して③と解答する場合は，次の（例）のように**解答番号10の解答欄の③にマーク**しなさい。

（例）

解答番号	解答欄								
	1	2	3	4	5	6	7	8	9
10	①	②	●(③)	④	⑤	⑥	⑦	⑧	⑨

6 問題冊子の余白等は適宜利用してよいが，どのページも切り離してはいけません。

7 試験終了後，問題冊子は持ち帰りなさい。

第1問　次の【文章Ⅰ】【文章Ⅱ】を読んで、後の問い（問1〜6）に答えよ。（配点　50）

【文章Ⅰ】

この四半世紀で、二次元の平面（紙、スクリーン、モニター）上に置かれた「他人の物語」ではなく、三次元の空間での体験、つまり「自分の物語」を発信することに人々の関心は大きく移行しつつある。テキスト、音声、映像といった「他人の物語」を記録したモノ（本、CD）には値段がつかなくなり、フェスや握手会といった「自分の物語」としての体験が、つまり**A**コトが値上がりしている。いや、こうした情報たちが、それらを材料にした体験の側に価値を発生させその商品価値を延命させていく、というのは周辺的な問題だろう。おそらく僕たちが生きているあいだは、そもそも他人の語る物語に感情移入することの快楽が相対的に支持を(ア)失い、自分が直接体験する自分が主役の物語に(イ)ヨカと所得を傾ける人々が増えていくのだ。

映像の20世紀と呼ばれた前世紀は、まさにこの魔法の装置によって社会が決定的に拡大した時代だった。

人間の目や耳を中心とする五感で得られた断片的な情報を脳で結合し、記憶で補完することで発生するのが「体験」だ。これを誰かと共有することは、本来は不可能なことだ。しかし人類はこの乖離《かいり》した、三次元の空間で発生した「体験」を二次元の平面上の情報に統合するという術を編み出した。三次元の、乖離したものを、二次元に統合して共有可能にすることによって、つまり虚構を媒介にすることによって、文脈の共有を支援することに僕たちは成功したのだ。19世紀と20世紀の変わり目に登場した映像という装置は立体的な現実を平面的な虚構に整理することで、乖離した人間の認識を統合する。こうして生まれた画像が連続し、擬似体験を形成する。このとき人類ははじめて整理され、統合された他人の経験（カメラの視点）を共有することが可能になったのだ。

そしてこの映像が放送技術と結託すること（テレビ）で、20世紀の国民国家は広く複雑化した社会の維持が可能になった。

しかしこの映像という制度はいま、情報環境の進化によって大きく変質しつつある。21世紀の今日において、あらゆる「映像」はインターネット上でシェアされる「動画」のバリエーションになりつつある。映画やテレビといった20世紀的な映像を人々が受け取る方法は徐々にストリーミング配信へ移行しつつあり、そしてそれ以上にYouTubeからTikTokまでソーシャルネットワークでシェアされる対象として、映像はこれらのサービス上で用いられるカジュアルなコミュニケーションツールになりつつある。インターネットは写真を「画像」に、映像を「動画」に、つまりネットワークで共有されることが前提のものにしたのだ。

20世紀の人類は広義の劇映画とその派生物（テレビ、マンガ、ポピュラーミュージック、スポーツ中継）を通して他人の物語を消費し、内面を養い、そして他の誰かとその（擬似）体験を共有することでかつてない規模と複雑さを(ウ)ソナえた社会を維持してきた。前世紀に生を受けた僕たちにとって、社会とはスクリーンやモニターの中に存在するものだった。しかしおそらくこれからの人類は（少なくとも20世紀の人類ほどには）B映像の中の他人の物語を必要としなくなるだろう。

20世紀という「映像の世紀」を席巻した劇映画とは基本的に「他人の物語」への感情移入装置だった。20世紀初頭の映画の普及は、いわゆる有名人のカテゴリーを一変させた。小説家をはじめとする文筆業者への注目度が相対的に低下するその一方で、俳優、コメディアン、アスリートなど映像という新しい媒体と親和性の高い表現者たちの台頭を生んだ。19世紀が（総合）小説の世紀なら、20世紀は（劇）映画の世紀だ。20世紀の知識人は19世紀の文学を共通言語にコミュニケーションを取ったように、21世紀の知識人は20世紀の映画を共通言語としてコミュニケーションを取るだろう。これは、21世紀における劇映画がメジャーシーンではディズニー的にグローバルな大衆娯楽として完成されるその一方で、マイナーシーンにおいては知識人たちの共通言語となる教養として、細分化とハイコンテクスト化を遂げていくことを意味する（小説がかつてそうであったように）。

「他人の物語」から「自分の物語」へ。この圧倒的な変化の中で、旧世紀的な映像産業はグローバルな資本による寡占化が進んでいる。そこでは高齢化する先進国に暮らす20世紀の人類を対象に、前世紀の有名作のリブート(注)と続編が再生産され続けるだろう。それがC映像作品を最大の共通体験とする僕たち映像の世代を動員するための最適解に他ならないからだ。作品の良し悪しとは別問題としてポップカルチャーのメジャーシーン、特に映像文化については20世紀後半の思い出を温めるコミュニケーションが支配的に、それも全世界規模でなるはずだ。

(宇野常寛《うのつねひろ》『遅いインターネット』による)

【文章Ⅱ】

映像文化は、一九世紀の発明以来、大衆的な「見る」文化として発展してきた。したがってそのとき、「撮る」文化としての映像は、きわめて周縁的な領域にとどまって展開されていた。写真も映画も、一部のプロの製作者たちによって撮られた映像が大量に複製されて、大勢の人びとがそれを見るという大衆文化・消費文化として成り立ってきたからだ。

写真であれば、俳優のブロマイド写真、雑誌の広告写真、国王や政治家の(エ)ショウゾウ写真、名所の絵葉書など職業写真家が撮った写真が膨大に複製されて社会の中を流通し、映画であれば撮影所でプロの製作者たちが丹念につくりあげた娯楽作品が世界中の映画館で商業上映されて人びとの鑑賞の対象となった。高価なカメラを買って、技術的な扱いに習熟してまで「撮る」文化に親しむ者は、二〇世紀の前半まではごく少数だったし、そうした少数のアマチュアカメラマンの模範となったのは、プロが撮った写真や映画であったので、その意味でも「撮る」文化は、「見る」文化に従属してきたといえるだろう。

しかし現代の私たちの社会に溢《あふ》れている映像文化の主流は、いうまでもなくその周縁的だったはずのアマチュアが「撮った」文化としての写真や動画である。インターネット上には、人びとが日常生活のなかで撮った、お気に入りのカフェのケーキやレストランのパスタ、友人たちと飲み会で交流しあっている親密そうな様子、街角で見つけた季節の美しい花々やちょっと面白い看板など、無数の写真がアップされているし、子どもの卒業式や運動会となると、どの親もデジタルビデオカメラで自分の子どもの姿を一生懸命に記録している。むろんこのように「撮る」文化としての映像文化が人びとに普及したのは、カメラの軽量化や操作の簡便化（オートフォーカスなど）によって、専門家としての技量などなくても「撮る」ことが可能になり、さらには映像のデジタル化によって現像しないまま映像をデータとして保管できるようになったからである。そのような技術的条件の徹底的な民主化によって、誰もが気軽に映像を「撮る」ことができる映像化社会が出現したのだった。

Dだが、そこで話を終わらせてはならない。そうした映像技術の民主化過程それ自体を支えている人間の欲望が何だったのかを考える必要があると思う。簡単にいえば、そこには二〇世紀後半の社会における、文化の「パーソナル化」という歴史的変化が介在していたと考えられる。(オ)例えば、政府機関が管理する巨大な計算機であったコンピュータが小型化・軽量化して、誰もが自分の道具として使える「パーソナル」コンピュータに改変されて世界中の人びとに普及していったように、映像文化もまた、大衆向け作品を社会的に共有することに喜びを感じる文化から、世界を自分のお気に入りの世界として個々人がカスタマイズすることを欲望するパーソナルな文化へと大きな変化を遂げたのである。

（長谷正人《はせまさと》「映像文化の三つの位相　見ること、撮ること、撮られること」による）

（注）　リブート――ここでは、フィクション作品のシリーズを、新たに一から作り直すこと。

問1　次の(i)・(ii)の問いに答えよ。

(i)　傍線部(ア)・(オ)と同じ意味を持つものを、次の各群の①～④のうちから、それぞれ一つずつ選べ。解答番号は 1 ・ 2 。

(ア)　失い　1

① フン失
② 失ゲン
③ 失ソウ
④ カ失

(オ)　例えば　2

① ゲツ例
② テイ例
③ 例ブン
④ 例ネン

(ii) 傍線部(イ)・(ウ)・(エ)に相当する漢字を含むものを、次の各群の①〜④のうちから、それぞれ一つずつ選べ。解答番号は 3 〜 5 。

(イ) ヨカ 3
① 人事コウカを行う
② 責任をテンカする
③ カロトウセンのごとし
④ スンカを惜しんで取り組む

(ウ) ソナえた 4
① 敵機をツイビする
② ビビたる量の蓄積しかない
③ 沿岸ケイビを強化する
④ ジビ咽喉科にかかる

(エ) ショウゾウ 5
① フショウの息子と呼ばれる
② 時期ショウソウである
③ ケイショウの地に遊ぶ
④ 学問をショウレイする

問2　傍線部A「コトが値上がりしている」とあるが、それはどういうことか。その説明として最も適当なものを、次の①〜⑤のうちから一つ選べ。解答番号は 6 。

① フェスや握手会に自分が参加したことを発信し、見ず知らずの他者と体験を共有することに喜びを見出《みいだ》す傾向が高まっているということ。

② フェスや握手会への関心が高まっていることが示すように、完成された作品よりも身近な催しに価値の力点が置かれ始めているということ。

③ フェスや握手会に参加することをはじめとして、自分が直接関わる出来事を体験することに大きな意味が見出されてきているということ。

④ フェスや握手会に参加する場合にも、一般的な人気の度合いよりも自分にとって関心が高いものが優先されるようになっているということ。

⑤ フェスや握手会に赴いて現場の雰囲気に溶け込み、自分以外の他者と交流していく疑似体験を楽しもうとする人が急速に増えているということ。

問3 傍線部B「映像の中の他人の物語を必要としなくなるだろう」とあるが、筆者がそのように述べる理由として最も適当なものを、次の①～⑤のうちから一つ選べ。解答番号は 7 。

① 21世紀には映像はもはや人々がそこに社会を見出す場ではなくなり、人々は以前ほど映像を通して他者と体験を共有することがなくなるから。

② 21世紀には情報環境の進化に伴ってインターネット上に個人の制作した動画が溢れ出すが、人々はそこに虚構性を強く意識してしまうから。

③ 21世紀には映像は個人が制作して配信する動画と同列のものになり下がり、万人を感動させる質の高い映像が生まれにくくなっているから。

④ 21世紀には情報環境の進化によって動画を介した双方向的なやりとりが一般化するが、同時に各人は個人情報を守る必要にも迫られるから。

⑤ 21世紀にはあらゆることが映像化されることとひきかえに、映像は人々が自己を投影すべき模範を示すものであると認識されなくなるから。

問4 傍線部C「映像作品を最大の共通体験とする僕たち映像の世代を動員する」とあるが、それはどういうことか。その説明として最も適当なものを、次の①～⑤のうちから一つ選べ。解答番号は **8** 。

① 20世紀を生きた「僕たち」が時代がかった大げさな劇映画に郷愁を覚えていると分析し、その世代に支持される劇映画を集中的に量産するということ。

② 20世紀を生きた「僕たち」が旧来の劇映画を強く支持していることを利用し、新しい世代をも劇映画の世界に呼び込むことを目論《もくろ》んでいるということ。

③ 20世紀を生きた「僕たち」が映像をよりどころに他者との協調を望んでいることに着目し、新しい世代と旧世代の歩み寄りを期待しているということ。

④ 20世紀を生きた「僕たち」が映像を通じて他者との一体化を経験してきたことを踏まえて、その世代に前世紀的な映像を積極的に提供するということ。

⑤ 20世紀を生きた「僕たち」が自分を語ることに抗《あらが》い共通体験に固執していることを受け、その世代が望む融和的な物語を大量に供給するということ。

問5　傍線部D「だが、そこで話を終わらせてはならない」とあるが、これによって筆者が述べているのはどのようなことか。その説明として最も適当なものを、次の①～⑤のうちから一つ選べ。解答番号は 9 。

① アマチュアが撮った写真や動画が映像文化の主流となったのは映像技術の民主化によるものだが、その根底には世界をありのままに記録したいという欲望が潜在していたということ。

② カメラの軽量化や自動操作など映像技術の民主化が進んだ背景には、大衆から抜きん出た一個の人間として自分ならではの世界観を演出したいとする欲望の変化があったということ。

③ 「撮る」文化の地位が向上し「見る」文化を従属させるに至った映像技術の民主化の下地として、コンピュータの技術革新や個人の感受性が洗練されたことが考慮されるということ。

④ 手持ちのカメラで気軽に撮影しデータのままで保管できることが映像技術の民主化を促したが、それと相まって個人が自己を表現してみたいという意識が顕在化し始めたということ。

⑤ 専門家のような技量をもたずとも撮影が可能になった映像技術の民主化の奥底には、ひとりひとりの意向に添って世界を構成することをよしとする文化観への変遷があったということ。

問6　次に示すのは、授業で**【文章Ⅰ】****【文章Ⅱ】**を読んだ後の、話し合いの様子である。これを読んで、後の(i)～(iii)の問いに答えよ。

生徒A――**【文章Ⅰ】**・**【文章Ⅱ】**とも、映像が以前とは違うものになってしまったことを論じているね。

生徒B――本文のキーワードを使って言うと、**【文章Ⅰ】**は「『他人の物語』から『自分の物語』へ」、**【文章Ⅱ】**は「映像技術の民主化」ということになるよね。

生徒C――うん。かっての「映像」がどのようなものだったかという点で、これら二つの文章は認識を共有している。つまり、［X］ということじゃないかな。

生徒A――だけど、**【文章Ⅰ】**の「僕たち」と**【文章Ⅱ】**の「私たち」という表現に注目してみると、筆者がどこに軸足を置いているかという点では違いがあるようにも思えるよ。それは、［Y］のだと思う。

生徒C――でも、そうだとしても、新しい世代の人々の考え方が変わってきているという指摘は、二つの文章に共通しているよ。ここで、**【文章Ⅰ】**での「自分の物語」と、**【文章Ⅱ】**での「パーソナルな文化」を関連づけてみよう。そうすると、［Z］。

生徒B――こうして二つの文章を読み比べながら話し合ってみると、いろいろなことに気づかされるね。

(i) 空欄 X に入る発言として最も適当なものを、次の①～④のうちから一つ選べ。解答番号は 10 。

① 虚構としてつくり出されたある体験が人々の前に映像として示され、その体験を各人が自分自身の体験として分かち合う消費者としてふるまうことで社会が成り立っていた

② 一般の人々とは遠く離れたところにいる者が独占的につくり出した映像が社会に流通し、そうした他者のつくり出した映像を人々が共有することで大衆的な文化が成り立っていた

③ 一部の特権的な立場にある者のつくった映像が人々の前に示され、人々はそこから文化や社会の姿を思い描くことで同じ社会を生きていることを確認し連帯意識を培っていた

④ 少数の専門家によってつくり出された映像が社会そのものであるかのように人々の前に立ち現れ、各人はそれを自己の分身として受容することでそれぞれの生のあり方を規定していた

(ii) 空欄 **Y** に入る発言として最も適当なものを、次の①～④のうちから一つ選べ。解答番号は 11 。

① **【文章Ⅰ】**は「僕たち」を新世紀の動画のあり方に批判的な「映像の世代」と位置づけているのに対し、**【文章Ⅱ】**は「私たち」を新しい映像文化のあり方に親和的な世代と規定している

② **【文章Ⅰ】**は「僕たち」が「映像の世代」に属しメディアの変容に翻弄されていると考えているのに対し、**【文章Ⅱ】**は「私たち」を文化のパーソナル化を主導する世代であると考えている

③ **【文章Ⅰ】**は「僕たち」を社会の変化の渦中に生きている「映像の世代」に属する世代と規定しているのに対し、**【文章Ⅱ】**は「私たち」を新しい映像文化の時代の世代と位置づけている

④ **【文章Ⅰ】**は「僕たち」をメディアと距離を置く「映像の世代」だと規定しているのに対し、**【文章Ⅱ】**は「私たち」をメディアに対する信頼を失ってしまった新しい世代だとみなしている

(iii) 空欄 Z に入る発言として最も適当なものを、次の①～④のうちから一つ選べ。解答番号は 12 。

① 「見る」文化の大衆化が進み、インターネット上での動画のシェアが広く浸透したことが「自分の物語」や「パーソナルな文化」を多様化させた、ということじゃないかな

② 「撮る」文化の裾野が広がり、映像が放送技術（テレビ）の制約を超えて多様化したことが「自分の物語」や「パーソナルな文化」を可能にした、ということじゃないかな

③ 「見る」ことへの好奇心を人々が失い、放送技術（テレビ）が特権的な地位を失ったことが「自分の物語」や「パーソナルな文化」を変質させた、ということじゃないかな

④ 「撮る」ことが個人に開放され、誰しも画像や動画を容易にアップ可能になったことが「自分の物語」や「パーソナルな文化」への批判を生んだ、ということじゃないかな

第2問　次の文章は、岡田利規《おかだとしき》「楽観的な方のケース」（二〇〇八年発表）の一節である。「私」は同居する「彼」と近所の「コティディアン」というベーカリーでパンを買ってともに食べることを楽しみにしていたが、「コティディアン」が小麦価格の値上がりのためにパンを値上げしたことをきっかけに、「私」は「コティディアン」でパンを買う代わりにホームベーカリーを購入して自宅でパンを焼くことを思いつく。以下はそれに続く場面である。これを読んで、後の問い（**問1～6**）に答えよ。なお、設問の都合で本文の上に行数を付してある。（配点　50）

焼きたてだからって美味《おい》しいとは限らないのではないか、「コティディアン」のようなパンがホームベーカリーで作れるわけないじゃないかと、彼が言いました。

私は、もちろん「コティディアン」レヴェルのものが作れるわけがないだろうけれども、それでも、焼きたてであるというその一点だけでも、パンの美味しさのための要素としては、実際のところ結構それなりのものだとは思う、いずれにしても、実際にホームベーカリーでパンを作って食べてみなければ分からない、と言いました。

今回のことで値上げを余儀なくされた「コティディアン」の売り上げは、一時的には落ちてしまうだろうけれど、なんとかがんばって欲しいから、これからも、これまで同様にとまで行かずとも、パンを買うという実際の行為でもって応援していきたい、と彼が、ずいぶん静かな、**A**しかしその分、おそろしく真摯な様子で言いました。パンは小麦の味がするものだ、ということさえ知らなかったそれまでの彼が、パンというものに初めて目覚めた、そのまぎれもないきっかけである「コティディアン」は、彼にとって、いまだ特別なまばゆさを持っていました。そしてそのまばゆさは、日々の中で自然と摩滅していく類のものではありませんでした。ただし、「コティディアン」のパンを日常的に味わうことの中から、今なお彼が実際にそれだけのまばゆさを感じているのかと言えば、そういうわけではありませんでした。日々その味と新鮮に出会い直すことで、まばゆさを衰えさせずに更新し続けるというような生真面目なことをしていたわけでなく、単に、いちばんはじめに「コティディアン」のパンを口に含んだときの鮮烈さを、検証したりしないでずっと特別なもののままにしてあったのでした。私にとってはと言えば、もうそこまでのものでは、とうになくなっていました。

苦境にある「コティディアン」を応援したいという気持ちに、彼が心からなれているのには、彼がそういうことをただの憐憫《れんびん》だけで思っているのではないということ、というより、「コティディアン」の場合は、ただの憐憫だけでそう思うようにはならないで済むというのが、大いに関係していました。つまり、それは「コティディアン」が素晴らしいパン屋さんだからです。美味しいパンをこれからも食べたいという、ごく当たり前で素直な欲求に、ただ従うままになることの中に、憐憫による働きかけを、すっかり包みこんでしまえて、自分のことを偽善的かもしれないと疑ったりしないで済む、というようなＸケースは、とても幸福な、珍しいことです。そうした稀少《きしょう》な事態に対して、そのこと自体を保護したいというような気持ちが、彼には、お節介ながらありました。

その翌々日、私は、その日はあいにく大雨が降っていましたが、午前中のうちに量販店に行って、ナショナルのホームベーカリーＳＤ－ＢＭ１５１を、購入してきました。ご自宅まで配送も承りますが、と店員に言われましたが、自分で持って、傘をさしながらの持ち運びだったので多少難儀しましたが、正午前には帰ってきて、いてもたってもいられなくなり、しかしはじめは冒険をせずいちばんノーマルな、食パンのレシピに、それでもわくわくして取りかかり、焼き上がったものをひとつまみ口に含むと、ほかほかしていました。彼が帰ってきたときには、焼きたてではなくなっていましたが、焼きたてであればあるほどよい、ということでは必ずしもありませんでした。はじめに私が、何一つ註釈《ちゅうしゃく》を入れずに、はい、とだけ言って、ちぎっていた欠片《かけら》を彼の口に入れました。何度か咀嚼《そしゃく》しているうちに、彼は事情をすべて理解したようでした。

私は、美味しいでしょう？　と言いました。

でも「コティディアン」のほうがやっぱり美味しいと思う、と彼が言いました。それはそうでした。でも、問題は、その味の差が、自分にとって重要なものと思えるかどうか、ということでした。というより、たとえ今の自分がその差を重要と思っていても、未来の自分があんまりそう思わなくなるように、自分にちょっとした変容を施すことができるか、ということでした。Ｂこのホームベーカリーがあるなら、私はその変容を自分に課すことができると、確信していました。少なくとも、このときは、です。

彼は、そもそもそんなふうな考え方自体をしていませんでした。私たちは取り決めて、これからも週に一日だけは「コティディアン」でパンを買う、ということになりました。

私は、週に五回はパンを焼きました。一番はじめは、ビギナーズ・ラック、というやつなのか、とてもうまく行って、その後一、二回、ちょっと悲惨なくらいの味になってしまいましたが、次第に勝手が分かってきて、そのうち蜂蜜を入れたり、ヨーグルトを入れたり、レーズンや胡桃《くるみ》や薩摩《さつま》芋を入れたり、試してみました。メロンパンも作れるというのが、せっかくの宣伝文句なので、それにも一度挑戦してみようとは思っていましたが、レシピを見てみると、他のパンと比べてちょっと面倒だったので、まだやってみていませんでした。

週に一度、二人で「コティディアン」に行くとき、気の小さいところのある私は、私たちの来店するペースがあからさまに激減したのが、なんとなく気まずくなってしまうのでしたが、**C**おばあさんの笑顔が相変わらずだったので、救われるような気持ちに、その都度なりました。内心おばあさんがどう思っているのかなどということが、まったく読み取れない笑顔でした。

実は、彼のほうは、この期間にも、週に何度か、私に知られずに一人で「コティディアン」に行っていました。前から興味があったけれども、私が関心を寄せないのでずっと買えずにいたラスクを買ったり、ソーセージやコロッケの総菜パンを買ったりしていました。たいてい、屋外で食べていました。公園で大人の男が一人でもそもそとパンを食べていると、なんとなく不審者と見られているような、うしろめたい感じがしてきて、美味しいものも美味しくなくなってしまいました。彼はそのうち、そういうときには海岸に出向くようになりました。少し沖のあたりをタンカーがよく通りかかるのに、数日続けて立ち寄っていたら気付き、あそこが航路になっているのだろうか、と考えました。

あるとき、手にしていたコロッケパンが、トンビに目を付けられました。トンビは、勘づかれないように彼の後方から飛んできて、それを見事に掠《かす》め取りました。トンビの爪が、彼の手の甲に軽く触れて、彼は、**D**切り口の鈍くて、しかし長い引っ掻き傷を負いました。

彼が傷の痛みと、手の甲の情けなくなってしまった見た目に気を取られて消沈しているうちに、トンビは、早ばやとコロッケパンを食べ終えたのか、それとも海の中にでも落としてしまったのか、今や気流を拾って上昇していました。それよりも遥《はる》かに上空を飛んでいるジェット機から、タンカーが海面に付けた航跡が見下ろせました。その航跡の形状が、彼の手の甲に今できたばかりの傷と、似通っています。彼は、この傷を私にどう説明すればいいのか、しばらく頭を絞りました。そして、妙に手の込んだ経緯を考えても、かえって嘘《うそ》くさいと思って、結局、そんなに奇をてらったりしないことにして、私に訊《き》かれたら、どこかを歩いていたとき壁の角に引っ掛けたとでも言おうと決めました。

　しかし、その傷について私から何か言われることはありませんでした。パンをどう焼くかということや、どんなパンを焼くかということや、カメリヤ（注1）よりも上等な小麦粉、たとえばスーパーカメリヤや、ほかにもスーパーキングとか、はるゆたかというのや、いろいろあるのですが、それらにいつ手を染めるべきか、ということで頭がいっぱいになっていて、私は傷に気がつきませんでした。

　その傷は今は、だいぶ塞がりつつありましたが、まだ目に見えて残る形が、くっきりとはしていました。彼が、傷のラインを、反対側の手の指で辿《たど》っていました。そのときいきなり、玄関のドアを開けようとする物音がしましたが、ドアには鍵がかけられていたようでした。それは、小麦粉を買いに出かけるときに、私が鍵を外からかけていったのでした。少しして、もう一度同じ物音がしたので、彼が、立ち上がって玄関に行き、覗《のぞ》き孔《あな》から見てみると、私が、小麦粉と、ついでに買ったスキムミルクとでずっしりとした西友（注2）の袋を持って、立っていました。自分で鍵をかけたのを、忘れてしまっていたのでした。それだけでなく、彼がドアを開けて、私が、中に入ったとき、カーテンがまだ閉め切られているのを見て、それも自分がやったことだったというのを一瞬忘れて、思わず、彼に何か言いそうになりました。

　おそらくそう遠くない将来、私のこのパン作りの熱は冷めて、焼くペースが週に三回か、もしくは二回に落ちるだろう、そうすれば再び「コティディアン」で、私たちは、今よりはずっと多くパンを買うようになるだろうと、なにより私自身が予測していました。ホームベーカリーのパンと「コティディアン」のパンとの、頻度のちょうどいい比率が、これから自然と定まっていくと、思われました。

こうして「コティディアン」は、世界的な小麦の高騰に、さほどの打撃を受けることなく済みました。もちろん、私たちの購買の影響など些細《ささい》なことでした。「コティディアン」の愛好者は私たちだけではないし、また値上がりによる売り上げの落ち込みというのは、えてしてごくごく一時的なもので、安さだけが取り柄、というような商売をしているわけでなければ、きちんとした品質というものは、やがてまた、ちゃんと盛り返していくものです。

とは言え、もちろんこれは、楽観的な方の**Y**ケースです。私は、「コティディアン」の場所にかつてあった洋菓子屋(注3)のシュークリームは、今幾らになっているのだろうかと、思いました。

(注) 1　カメリヤ――実在する小麦粉の商品名。続いて出てくる「スーパーカメリヤ」なども同じ。

2　西友――食料品などを扱う実在のスーパーマーケット名。

3　かつてあった洋菓子屋――本文よりも前の箇所で、この洋菓子店が閉店して「コティディアン」が開店したことが記されている。

問1　傍線部A「しかしその分、おそろしく真摯な様子で言いました」とあるが、この時の「彼」の様子の説明として最も適当なものを、次の①～⑤のうちから一つ選べ。解答番号は 13 。

① 「私」がホームベーカリーで焼くパンと「コティディアン」のパンは別物であるという事実を、淡々と語ることで理解させようとしている。

② 「彼」にとって「コティディアン」は特別な存在なので、これからもパンを買い続けたいという素直な思いを何とか伝えたいと感じている。

③ 「私」がホームベーカリーでパンを焼くことへの反発をおさえつつ、「コティディアン」でパンを買う言い分を探そうと躍起になっている。

④ 「彼」自身が「コティディアン」のパンに当初のまばゆさを感じていないことを自省するとともに、「私」にも翻意を促したいと考えている。

⑤ 「私」がホームベーカリーを買うことを尊重しながらも、「私」の「コティディアン」に対する思いが薄れていることを寂しく思っている。

問2　傍線部B「このホームベーカリーがあるなら、私はその変容を自分に課すことができると、確信していました」とあるが、ここでの「私」の心情の説明として最も適当なものを、次の①～⑤のうちから一つ選べ。解答番号は 14 。

① 「彼」は今のところ「コテイディアン」のパンを支持しているが、ホームベーカリーで焼いたパンを食べさせ続けることでやがて「彼」も自分と同じく心変わりするだろうと楽観していた。

② ホームベーカリーには焼きたてのパンを味わう喜びとともにパンを焼く楽しみが付随しているので、「コティディアン」のパンの味との違いを気にかけないように努めることができるはずだと予感していた。

③ 量販店で買い求めたホームベーカリーは使い勝手がよいので、焼く回数とパンのレパートリーを増やしていけば、おのずと満足のいく味のパンを焼けるようになるに違いないと思っていた。

④ 「私」も「彼」と同様に「コティディアン」のパンに愛着をもっているが、試行錯誤を繰り返してパンを焼くうちにホームベーカリーで焼いたパンの味に慣れてくる日が来ると考えていた。

⑤ ホームベーカリーを使い始めてまだ日が浅いのでお店のパンとの味の違いが気になるが、今後はパンそのものの味わいよりもパンを焼くことの喜びが上回るはずだと信じて疑わなかった。

問3　傍線部C「おばあさんの笑顔が相変わらずだったので、救われるような気持ちに、その都度なりました。内心おばあさんがどう思っているのかなどということが、まったく読み取れない笑顔でした」とあるが、この場面での「私」の心の動きを説明したものとして最も適当なものを、次の①～⑤のうちから一つ選べ。解答番号は 15 。

① おばあさんの笑顔は「コテイディアン」と疎遠になっていた寂しさを癒やすように感じられた一方で、その笑顔の裏側におばあさんの孤独と不安を読み取ってしまい同情心が芽生えている。

② 来店が減った「私」におばあさんが笑顔で応対してくれたので気は楽になったが、「コテイディアン」のおばあさんには「私」が多くの客の一人でしかなかったことを思い知らされ落胆している。

③ 「コテイディアン」のおばあさんの取り繕ったような笑顔は来店回数が減った「私」たちへのあてつけと感じる自分の卑屈さを恥じながら、独りよがりな考えに陥ったことを反省している。

④ 週に一度は「コテイディアン」に通うという自分なりの義理立てを理解してもらえたことは嬉《うれ》しかったが、その反面でおばあさんと互いに気兼ねする関係になったことを悲しく感じている。

⑤ 「コテイディアン」でパンを買う回数が減ったことへの後ろめたさがおばあさんの笑顔によって打ち消されたことに安《あん》堵《ど》しつつも、おばあさんの本心がわからないことを不安に思っている。

問4　傍線部D「切り口の鈍くて、しかし長い引っ掻き傷を負いました」とあるが、この箇所以後、本文では「傷」についての描写が登場する。この描写についての説明として最も適当なものを、次の①～⑤のうちから一つ選べ。解答番号は 16 。

① 傷は「彼」にとって一人だけでパンをもそもそ食べている時のみじめさと直接結びつくものであり、ホームベーカリーに気を奪われる「私」を妬まずにおれない心の傷とも通じている。

② 傷をどう説明するか悩む「彼」に対して「私」は傷のことを気にも留めていなかったという食い違いは、二人の間に修復することの難しい大きな断絶が生じつつあることを暗示している。

③ 傷は「彼」が一人でパンを買って食べていた時に負ったものであり、傷をしきりに気にしているという描写を含めて「彼」が「私」に負い目を感じているという意味合いを帯びている。

④ 傷は「彼」と「私」の共通項にあたるパンと関わりがあり、しかもそれが「鈍くて、しかし長い」ものであることは、二人の関係は長いが、二人の間には縮め切れない距離があることを象徴している。

⑤ 傷を負った「彼」本人は傷について思案をめぐらすが、「私」はパンを焼くことに夢中で傷に気づくことすらないという対照性は、誰もがもつ自己中心的な一面を印象的に描写している。

問5　波線部X・Yに共通して使われている「ケース」という語についての説明として最も適当なものを、次の①～⑤のうちから一つ選べ。解答番号は 17 。

① 「偽善的かもしれないと疑ったりしないで済む」ことや「コティディアン」が経営を回復することは偶然であることを表しており、天啓のようなものを感じたら素直にそれに従った方がよいという「私」の人生観をうかがわせる。

② 自分の偽善を意識させられる場合や「コティディアン」との縁が切れてしまう事態が起こる可能性もあることをほのめかし、さまざまな角度から多面的な見方をすることが望ましいという「私」の信条を表現している。

③ 自分たちと「コティディアン」の関わり方は店と顧客の多様な関係性のうちの一つに過ぎないことを確認させ、物事は自分一人の意思だけで自由に采配できるわけではないという「私」の考え方を浮かび上がらせている。

④ 「彼」にとっても「私」にとっても「コティディアン」との出会いが運命的なものであったことを印象付け、運命的な出会いは紆余曲折《うよきょくせつ》や一筋縄ではいかない問題を伴うものだという「私」の鷹揚《おうよう》な態度が強調されている。

⑤ 「コティディアン」の現状や今後の姿について「私」がいくつものパターンを想定していることを示唆し、さまざまな選択肢の中から物事の明るい面に目を向けて選び出そうとする「私」の楽天的な性格を描写している。

問6 次に示す**【資料】**は、本文について書かれたものである。Mさんは**【資料】**を読んで本文を改めて読み返した上で**【メモ】**を作り、それをもとに**【文章】**を書いた。このことについて、後の(i)・(ii)の問いに答えよ。

【資料】

語り手は視点人物の「私」であるはずなのに、「私」には見も知りもできないはずのことが、平然と語られる。「彼」についても、「私」には知覚できないはずの内心や行動が、「私」の語りでまったく自然に書かれていく。読んでいると、ものすごく奇妙な気分になる。書かれている内容はごく些細な日常生活の描写なのに、その語り方が常軌をさらりと逸していくのだから。

これを常軌に戻すのは、じつは簡単。「私」と書かれている部分をすべて「彼女」といった三人称の言葉に置き換えれば、奇妙さはすっと消えてしまう。つまり、三人称で書かれるはずの小説を一人称で書いた結果、現実にはありえない幻想性が現れているのである。

これはじつは、三人称で書かれる小説こそが幻想的であることを、逆説的に証している。

（星野智幸《ほしのともゆき》「一人称ではない私」による）

【メモ】

(1) **【資料】**の傍線部「『私』には見も知りもできないはずのことが、平然と語られる」に該当する本文の表現例

・その航跡の形状が、彼の手の甲に今できたばかりの傷と、似通っています。（57・58行目）

・彼が、立ち上がって玄関に行き、……見てみると、私が、……立っていました。（68・69行目）

(2)　【資料】からわかること
視点人物の「私」が見聞きすることとのずれ
（例・46行目）
私 に知られずに一人で「コティディアン」に行っていました。――「私」の視点による表現
↓ 書き換え
彼女 に知られずに一人で「コティディアン」に行っていました。――物語外の語り手の視点による表現

(3)　【文章】の展開（構想メモ）
① 登場人物の視点から見えないことが描写されている＝違和感
⇔
② 三人称に書き換えれば、違和感は消える
↓
③ あえて三人称を使わないことで、三人称が「幻想」であることが示される――三人称を使わない表現の効果

【文章】

「私が、……立っていました」では、「私」が「ドアの外に立っている私」を認知するためには、「私」の視点は「私」の外部になければならない。また、「彼」の傷をタンカーの航跡の形になぞらえた箇所では、「彼」はジェット機から見下ろされるタンカーの「航跡の形状」を見ることはできない。この二つの表現では、 Ⅰ 。これがこの作品の表現から感じられる違和感の正体である。ここで「私」を三人称に書き換えればこの違和感は消えるが、作者はあえて本文のような書き方をすることで、 Ⅱ を明るみに出している。これが、作者による冒険的な表現の効果である。

(i) 空欄 Ⅰ に入るものとして最も適当なものを、次の①～④のうちから一つ選べ。解答番号は 18 。

① 「私」や「彼」自身が知覚できないことを、さも知覚しているかのように書かれている
② 「私」や「彼」は、自分自身に関することを想像上の視点から空想しているに過ぎない
③ 「私」も「彼」も過度に内省的かつ分析的になり、そのことが描写の深みを増している
④ 「私」と「彼」の視点は時間、空間どちらの制約をも超えた俯瞰《ふかん》的なものとなっている

(ii) 空欄 Ⅱ に入るものとして最も適当なものを、次の①～④のうちから一つ選べ。解答番号は 19 。

① 小説では客観性を求めることと、幻想を求めることとは表裏一体であること
② 第三者の視点を用いている限り、登場人物の内面世界には立ち入れないこと
③ 人称を少し工夫するだけで、何気ない日常をダイナミックに描写できること
④ 物語の外部にある架空の視点から語るという行為が、実は不自然であること

（下書き用紙）

国語の試験問題は次に続く。

第3問　次の【文章Ⅰ】は、平安時代の歴史物語『大鏡』の一節、【文章Ⅱ】は、平安時代の説話集『今昔物語集』の一節である。いずれも若くして亡くなった貴公子「藤原義孝《よしたか》」の逸話がとりあげられている。これらを読んで、後の問い（**問1〜5**）に答えよ。なお、設問の都合で【文章Ⅰ】の上に行数を付してある。（配点　50）

【文章Ⅰ】

代明《よあきら》(注1)親王の御女の腹に、前少将挙賢《たかかた》(注2)・後少将義孝とて、花を折りたまひし君達の(注3)、殿《との》(注4)うせたまひて、三年ばかりありて、天《てん》延《えん》(注5)二年甲戌《きのえいぬ》の年、皰瘡《もがさ》おこりたるに患《わづら》ひたまひて、前少将は、あしたにうせ、後少将は、夕《ゆふべ》にかくれたまひにしぞかし。一日がうちに、二人の子を失ひたまへりし母北の方の御心地、いかなりけむ、いとこそかなしくうけたまはりしか。

かの後少将は、義孝とぞ聞こえし。御かたちいとめでたくおはし、(ア)年頃きはめたる道心者《だうしんざ》にぞおはしける。病重くなるままに、生くべくもおぼえたまはざりければ、母上に申したまひけるやう、「おのれ死にはべりぬとも、とかく例のやうにせさせたまふな。しばし法《ほ》華《け》経誦《ずん》じたてまつらむの本意《ほい》はべれば、かならず帰りまうで来べし」とのたまひて、方便品《はうべんぼん》(注6)を読みたてまつりたまうてぞ、うせたまひける。その遺言を、母北の方忘れたまふべきにはあらねども、ものも覚えでおはしければ、思ふに人のしたてまつりてけるにや、枕《まくら》(注7)がへしなにやと、例のやうなる有様どもにしてければ、え帰りたまはずなりにけり。後に、母北の方の御夢に見えたまへる、

しかばかり契りしものを渡り川(注8)かへるほどには忘るべしやは

とぞよみたまひける、**A**いかに悔しく思《おぼ》しけむな。

さて後、ほど経て、賀縁阿闍梨《がえんあざり》(注9)と申す僧の夢に、この君達二人おはしけるが、兄前少将、いたうもの思へるさまにて、この後少将は、いと心地よげなるさまにておはしければ、阿闍梨、「君はなど心地よげにておはする。母上は、君をこそ、兄君よりはいみじう恋《こ》ひ聞こえたまふめれ」と聞こえければ、いと(イ)あたはぬさまの気色にて、

X　しぐれとは蓮《はちす》の花ぞ散りまがふなにふるさとに袖濡《ぬ》らすらむ

など、うちよみたまひける。さて後に、(注10)小野宮《をののみや》の実資《さねすけ》のおとどの御夢に、おもしろき花のかげにおはしけるを、Bうつつにも語らひたまひし御仲にて、「いかでかくは。いづくにか」とめづらしがり申したまうければ、その御いらへに、

昔は契りき　(注11)蓬萊宮《ほうらいきゅう》の裏《うち》の月に
今は遊ぶ　極楽界《ごくらくかい》の中《うち》の風に

とぞのたまひける。極楽に生まれたまへるにぞあなる。Cかやうにも夢など示したまはずとも、この人の御往生、疑ひ申すべきならず。

【文章Ⅱ】

今は昔、右近少将藤原義孝といふ人ありけり。これは一条摂政殿の御子なり。形《かたち》・有様《ありさま》より始めて、心ばへ・身の才《ざえ》、皆人《みなひと》に勝《すぐ》れてなむありける。また、道心なむ深かりけるに、いと若くして失《う》せにければ、親しき人々歎《なげ》き悲しみけれども、かひなくてやみにけり。

しかるに、失せて後十月《とつき》ばかりを経て、賀縁《がえん》といふ僧の夢に、少将いみじく心地よげにて、笛を吹くと見る程に、ただ口を鳴らすになむありける。賀縁これを見ていはく、「母のかくばかり恋ひ給ふを、いかにかく心地よげにてはおはするぞ」といひければ、少将答ふる事はなくして、かくなむ詠みける、

Y　しぐれには千種《ちぐさ》の花ぞちりまがふなに(注12)ふるさとの袖濡らすらむ

と。賀縁覚め驚きて後、泣きける。

また、明くる年の秋、少将の御妹の夢に、少将妹に会ひて、かくなむ詠みける。

(ウ)きてなれし衣の袖もかわかぬに別れし秋になりにけるかな

と。妹、覚め驚きて後なむ、いみじく泣き給ひける。

（注）
1　代明親王の御女――醍醐《だいご》天皇の孫にあたる恵子女王。
2　前少将挙賢・後少将義孝――前少将は兄、後少将は弟を指す。「少将」は官職名。
3　花を折り――華やかな容姿であることのたとえ。
4　殿――謙徳公藤原伊尹。挙賢・義孝兄弟の父。
5　天延二年甲戌の年――九七四年。この年、皰瘡（＝流行病の天然痘）が猛威をふるったとされる。
6　方便品――法華経は二十八品あり、その中の第二品。
7　枕がへし――枕を北向きに変えること。
8　渡り川――冥土の途中にあるという大河三途《さんず》の川のこと。
9　賀縁――伊尹家とは親しかったと思われる僧。
10　小野宮の実資のおとど――右大臣藤原実資。
11　蓬萊宮――中国の伝説において、はるか東方の海上に浮かぶ蓬萊山にあるという宮殿。ここでは宮中のたとえ。
12　「ふるさとの」――「ふるさとに」と同意。

問1　傍線部(ア)～(ウ)の解釈として最も適当なものを、次の各群の①～⑤のうちから、それぞれ一つずつ選べ。解答番号は 20 ～ 22 。

(ア)　年頃きはめたる道心者　20
① 長年熱心に仏道に帰依した人
② 年相応に仏道と関わった人
③ 高齢者に仏道を広めた人
④ 仏道に帰依してまだ数年の人
⑤ 日頃から仏道以外に関心のない人

(イ)　あたはぬさまの気色　21
① とてもうれしがる様子
② 面倒に思う様子
③ 安心できない様子
④ 信じていた様子
⑤ 納得できない様子

(ウ)　きてなれし衣の袖もかわかぬに　22
① 着慣れていない喪服の袖の涙も乾かないので
② 着慣れた平服の涙も乾いたところで
③ 慣れ親しんだ喪服の袖の涙もやっと乾き
④ 着古した喪服の袖の涙も乾かないうちに
⑤ 着ても馴染《なじ》めない平服の袖の涙も乾いて

問2　傍線部A「いかに悔しく思しけむな」とあるが、これはどういうことを受けての感想か。その説明として最も適当なものを、次の①～⑤のうちから一つ選べ。解答番号は 23 。

① 義孝の遺言に反し、義孝に極楽往生をしてほしいと願う人々が通例の葬儀を行ってしまったため、義孝はこの世に戻れなくなってしまったものの、義孝が母君の夢に現れて、母君の心労をいたわる歌を詠んだこと。

② 義孝にはまだ生きたいという世俗的な執着心があって、母君に自分が生き返るための方策を遺言したのだが、誰もその真意がわからず通例の葬儀をしてしまい、極楽往生した義孝が母君の夢に現れて、諦めの境地を歌に詠んだこと。

③ 義孝は通例の葬儀をしないよう母君に遺言をしたのだが、母君はそれをすっかり忘れてしまい、この世に戻ることができずにあの世の人となった義孝が母君の夢に現れて、やりきれない思いを歌に詠んだこと。

④ 通例の葬儀はしないでほしいという義孝の遺言に反し、母君の周りの人々があの世に送るための葬儀をしてしまい、この世に戻ることができなくなってしまった義孝が母君の夢に現れて、恨みの思いを歌に詠んだこと。

⑤ 義孝には生き返って法華経を読誦《どくじゅ》する宿願があり、母君に遺言したのだが、母君はそれを信じることができず通例の葬儀をしてしまったため義孝はこの世に戻れず、母君の夢に現れて、悔しい思いを歌に詠んだこと。

問3 傍線部B「うつつにも語らひたまひし御仲にて、『いかでかくは。いづくにか』とめづらしがり申したまうければ」の語句や表現に関する説明として最も適当なものを、次の①〜⑤のうちから一つ選べ。解答番号は 24 。

① 「うつつ」は、「夢」に対して目が覚めている状態のことで「現実」を意味し、夢の中ばかりではなく、現実にも会いたいという小野宮の願いが表れている。

② 「語らひたまひし」には、過去の助動詞「き」の連体形が用いられており、義孝が生前小野宮と親しく交際していたことを意味する。

③ 「いづくにか」は「あらむ」が省略され、「どうしてそのような所にいるのか」と、義孝を責める小野宮の気持ちが表れている。

④ 「めづらしがり」は「賞賛する」の意になる動詞「めづらしがる」の連用形で、義孝のすばらしい様子に小野宮が感心する気持ちを表している。

⑤ 「申したまうければ」とある「たまう」は、尊敬の補助動詞「たまふ」の連用形がウ音便化したもので、夢に現れた義孝に対する小野宮の敬意を表している。

問4　傍線部C「かやうにも夢など示したまはずとも、この人の御往生、疑ひ申すべきならず」とあるが、【文章Ⅰ】の作者（語り手）は、どういうことを訴えたかったのか。その説明として最も適当なものを、次の①～⑤のうちから一つ選べ。解答番号は 25 。

① 義孝のような道心の深い人でも、本当に極楽往生したのかどうかわからないので、やはり夢によって示してもらうしかないものだということ。

② 義孝が極楽に往生したことの確かさを、夢を通して強く印象付けることによって、夢には残された人々を安心させる働きがあるものだということ。

③ 義孝の道心の深さは並々のものではなく、夢に現れて示さなくとも惜しまれて早世した義孝の極楽往生を人々は信じて疑わなかったということ。

④ 義孝のような人望のある人物でなければ、この世に残された人々の夢に現れて極楽往生のすばらしさを示すことはできなかったということ。

⑤ 義孝の信仰心に疑念をもっていた人々に、極楽往生の様子を夢で示すことによって、改めて義孝の道心の深さを人々に知らしめたということ。

問5 次に示すのは、授業で**【文章Ⅰ】【文章Ⅱ】**を読んだ後の、話し合いの様子である。これを読んで、後の(i)・(ii)の問いに答えよ。

教　師　**【文章Ⅰ】【文章Ⅱ】**でとりあげられている藤原義孝は、摂政・太政大臣にまでのぼりつめた藤原伊尹の三男として生まれ、将来を嘱望されていましたが、流行病のために二十歳の若さで亡くなってしまいます。義孝の死は、近親者に大きな悲しみをもたらしました。**【文章Ⅰ】【文章Ⅱ】**では、そうした近親者の悲しみが、義孝の詠んだ歌を交えて描かれています。これを読んで気づいたことを、自由に話し合ってみましょう。

生徒A　**【文章Ⅱ】**では、歌の詠まれた経緯などは簡単な表現にとどまっていますが、**【文章Ⅰ】**では、義孝の遺言のことか、枕返しなどの細かい記述が目につきました。

生徒B　どちらの文章にも、賀縁という僧が登場するけれど、**【文章Ⅰ】**では、兄の少将や母北の方も登場して、義孝が亡くなった時の様子がより詳しく描かれているよね。

教　師　よいところに気がつきましたね。**【文章Ⅱ】**の説話と違い、**【文章Ⅰ】**の『大鏡』は歴史物語と言われるもので、歴史的な背景を丁寧に描写しつつ、登場人物たちが活《い》き活きと描かれています。たとえば、**【文章Ⅰ】**の賀縁の見た夢の中では、義孝と兄の少将が登場して対照的に描かれていますね。具体的にどのように描かれていますか。

生徒C　**【文章Ⅰ】**の12行目から13行目を読むと、［Ⅰ］に描かれているのがわかります。

教　師　そうですね。では、続いて和歌を考えてみましょう。**【文章Ⅰ】**にある和歌**X**と**【文章Ⅱ】**にある和歌**Y**の下の句はほぼ同じ表現ですが、上の句はどうでしょうか。

生徒A　初句から二句目は、和歌**X**が「しぐれとは蓮の花ぞ」とあるのに対して和歌**Y**では「しぐれには千種の花ぞ」と違う表現になっています。この違いはどういうことだろう。

教　師　和歌**X**・和歌**Y**に共通する「しぐれ」は「時雨」のことで、秋の末から冬のはじめにかけて降ったりやんだりして定めなく降る雨のことを言いますね。ただ、古文では涙を流して泣くことを意味する場合があります。また、和歌Xの「蓮」は極楽浄土の花を表します。「しぐれ」は、「ふるさと」と対比される場所に降る「しぐれ」のことだ、と考えるとどうなりますか。

生徒B　極楽浄土に降る時雨ということでしょうか。

教　師　その通りですね。この極楽浄土の「しぐれ」は、義孝が生前過ごした土地を意味する「ふるさと」で降る「しぐれ」とは対照的な情景として詠まれています。

生徒C　今のヒントでわかりました。そうすると、**【文章Ⅱ】**にある和歌Yの上の句は［Ⅱ］と解釈できるでしょうか。

教　師　その解釈でよいでしょう。それでは和歌X・和歌Yに共通する下の句は、どのように解釈すればよいでしょうか。

生徒B　どちらの下の句も「袖濡らす」という涙を流す意味の言葉があるよね。誰が涙を流すのかな。

生徒C　その疑問については、**【文章Ⅰ】【文章Ⅱ】**のどちらにもある賀縁の会話を踏まえれば解決できるのではないかなあ。それを踏まえた下の句は［Ⅲ］と解釈できそうです。

教　師　その解釈でよいでしょう。こうして**【文章Ⅰ】【文章Ⅱ】**を読み比べてみると、同じ逸話をとりあげているものの、表現に違いがあることがわかりました。今回のように比較しながら読むと、一方ではわからない点が解釈しやすくなることもあるのです。

(i)　空欄［Ⅰ］に入る最も適当なものを、次の①～④のうちから一つ選べ。解答番号は［26］。

① 兄少将は不満を抱きながら苦しむ様子であるのに対して、義孝は母君の自分への思いを知らされて自然と気が晴れる様子

② 兄少将が悩ましそうな様子であるのに対して、母君からそれほど思いを寄せられていなかった義孝の方が平静でいる様子

③ 兄少将はもの思いに沈む様子であるのに対して、母君がより思いを寄せていた義孝の方は心から愉快そうにしている様子

④ 兄少将は未練がましい様子であるのに対して、母君から思いを寄せられていた義孝の方はその愛によって心が満たされている様子

(ii) 空欄 Ⅱ ・ Ⅲ に入る内容の組合せとして最も適当なものを、次の①～④のうちから一つ選べ。解答番号は 27 。

① Ⅱ 極楽浄土では、さまざまな花が散るため、俗界の時雨とは見分けがつかなくなります
Ⅲ 俗界で皆が悲しみの涙を流すのはしかたがありません

② Ⅱ 極楽浄土では、俗界で時雨の降る時期にはさまざまな花が散り乱れているのです
Ⅲ どうして俗界では母君が時雨の涙を流しているのでしょうか

③ Ⅱ 極楽浄土では、数え切れない花々が咲き乱れるばかりで、時雨の涙を流すことはありません
Ⅲ 俗界では皆がどれほどの時雨の涙を流しているのでしょうか

④ Ⅱ 極楽浄土では、冷たい時雨が降るばかりでなく、さまざまな花も散り乱れてしまうのです
Ⅲ 俗界では何が降るというので、母君は涙を流すのでしょうか

第4問

用兵・戦術に関する思想や、具体的な方法などについて論じた書物を「兵法書」という。次の文章は、唐の太宗（第二代皇帝）と、その臣下の軍人である李靖《りせい》との問答形式で兵法を論じるという形で書かれた「兵法書」の中の、太宗の**【問い】**と、李靖の**【答え】**である。これらを読んで、後の問い（**問1〜7**）に答えよ。なお、設問の都合で返り点・送り仮名を省いたところがある。（配点　50）

【問い】

太宗曰《ハク》、「諸葛亮(注1)言《フ》、『A有《ル》レ制之兵《ハ》、無《キ》レ能之将《ナルモ》、不《ル》レ可《カラ》レ敗《ル》也。無《キ》レ制之兵《ハ》、有《ル》レ能之将《ナルモ》、不《ル》レ可《カラ》レ勝《ツ》也。』朕疑《フラクハ》此《ノ》談非《ズト》二極致之論《ニ》一。」

【答え】

靖曰《ハク》、「武侯(注2)《ハ》有《リテ》レ所レ激(注3)《スル》云爾《フのみ》。臣案《ズルニ》、孫子(注4)有《リ》レ曰《フ》、『教道不レ明《ラカナラ》、吏卒無《ク》レ常、陳(注5)兵(ア)縦横、曰《フト》レ乱《ト》。』自《リ》レ古乱《シテ》レ軍《ヲ》引《ク》レ勝《コトかちヲ》、B不可勝紀。夫《レ》教道不レ明《ラカナラト》者《は》、言《フ》三教(注6)閲無《キヲ》二古法一也。吏卒無《シト》レ常者、言《フ》三将臣権任(注7)《ニシテ》無《キヲ》二久職一也。乱《シテ》レ軍《ヲ》引《クト》レ勝《ヲ》者、言《フ》三己自《ラ》潰敗《シ》、非《ザルヲ》二敵勝《ツニ》レ之《ニ》也。(イ)是以武侯言《フ》、兵卒有《レバ》レ制、雖《モ》二庸将《ナリト》一未《ダ》レ敗《レ》。若《シ》兵卒自《ラ》乱ルレバ、雖モ二賢将ト一危フクストレ之ヲ。C又何X焉。教フルコト得レバ二其ノ道ヲ一、則チ士楽シミテ為スレ用ヲ。D教不得法、

雖朝督暮責、無益於事矣。臣ノ(ウ)所下以区二区(注8)トシテ古制ニ一、皆纂《あつ》メテ(注9)以テ図《ゑが》ク(注10)上者、庶《こひねが》ヘバ三乎成サント二有ルレ

制之兵ヲ一也ト。」

(『李衛公問対《りえいこうもんたい》』による)

(注) 1 諸葛亮——三国時代の蜀の宰相。劉備に仕えて戦略を駆使し、蜀の建国を助けた。

2 武侯——諸葛亮の諡《おくりな》。

3 激——気持ちがたかぶる。

4 孫子——春秋時代の兵法家の孫武が著したとされる兵法書。

5 陳兵——兵に隊列を組ませること。また、兵を指揮すること。

6 教閲——兵を訓練すること。

7 権任——一時的に任されていること。

8 区区——せっせと励むさま。

9 纂——集める。編集する。

10 図——図示する。

問1 波線部(ア)「縦横」、(イ)「是以」、(ウ)「所以」のここでの意味として最も適当なものを、次の各群の①～⑤のうちから、それぞれ一つずつ選べ。解答番号は 28 ～ 30 。

(ア)「縦横」 28
① 直線的であること
② 勝手気ままであること
③ きちんと整っていること
④ 勢いがあること
⑤ 大規模であること

(イ)「是以」 29
① それからすぐに
② そのほかには
③ そうであっても
④ それどころか
⑤ そういうわけで

(ウ)「所以」 30
① 理由
② 関係
③ 結果
④ 方法
⑤ 伝統

問2　傍線部A「有レ制之兵、無レ能之将、不レ可レ敗也。無レ制之兵、有レ能之将、不レ可レ勝也」の解釈として最も適当なものを、次の①～⑤のうちから一つ選べ。解答番号は 31 。

① 無能な将軍では統制のとれた軍隊に勝てないのと同様に、有能な将軍も統制のない軍隊に勝つことはできない

② 指揮官が無能でも統制のとれた軍隊は負けないし、指揮官が有能でも統制のない軍隊は勝つことができない

③ 無能な将軍でも規律が厳格に行き届いた軍隊は指揮できるが、有能な将軍でも規律のない軍隊は指揮できない

④ 無能な将軍が統制のない軍隊を指揮すれば必ず負けるが、有能な将軍が統制のある軍隊を指揮すれば必ず勝つ

⑤ 将軍が無能でも制度的に作られた軍隊は負けないし、将軍が有能でも寄せ集めの軍隊では勝つことができない

問3　傍線部B「不可勝紀」の読み方として最も適当なものを、次の①～⑤のうちから一つ選べ。解答番号は 32 。

① あげてしるすべからず
② かつべからざるをしるす
③ たへてしるすべからず
④ かつべきをしるさず
⑤ しるすをあぐべからず

問4 傍線部C「又何[X]焉」について、(a)空欄[X]に入る語と、(b)書き下し文との組合せとして最も適当なものを、次の①～⑤のうちから一つ選べ。解答番号は[33]。

① (a) 問　(b) 又何をか問ふ
② (a) 為　(b) 又何為《なんす》れぞや
③ (a) 処　(b) 又何処《いづこ》か
④ (a) 疑　(b) 又何をか疑はん
⑤ (a) 言　(b) 又何ぞ言はん

問5　傍線部**D**「教不得法、雖朝督暮責、無益於事矣」の返り点の付け方と書き下し文との組合せとして最も適当なものを、次の①～⑤のうちから一つ選べ。解答番号は **34** 。

① 教不レ得法、雖二朝督暮責一、無レ益二於事一矣
教へて得ざるの法は、朝に督し暮に責むと雖も、事を益す無し

② 教レ不レ得レ法、雖二朝督一暮責、無レ益二於事一矣
法を得ざるを教へ、朝に督すと雖も暮に責むれば、事に益無し

③ 教不レ得レ法、雖二朝督暮責一、無レ益二於事一矣
教ふること法を得ざれば、朝に督し暮に責むと雖も、事に益無し

④ 教不レ得法、雖二朝督一暮責、無レ益二於事一矣
教へて得ざらしむるの法は、朝に督すと雖も暮に責むれば、事に益無し

⑤ 教不レ得レ法、雖二朝督一暮責、無レ益二於事一矣
教ふること法を得ざらしめ、朝に督すと雖も暮に責むれば、事を益す無し

問6　太宗の**【問い】**に対して、李靖が**【答え】**で述べたのはどのような内容であったのか。その説明として最も適当なものを、次の①〜⑤のうちから一つ選べ。解答番号は **35** 。

① 諸葛亮の考えは極端すぎるのではないかという疑念を抱いた太宗に対して、李靖は具体例を挙げながら諸葛亮の考えの妥当性を説明し、兵を訓練するには極端に見えるような単純明快な教えが必要だと述べている。

② 諸葛亮の考えは究極の真理ではないという指摘に疑問を抱いた太宗に対して、李靖は『孫子』を引用しながら諸葛亮の考えの誤りを指摘し、兵法に精通するためには古制を広く収集し、研究すべきだと述べている。

③ 諸葛亮の考えは机上の空論ではないかという疑念を抱いた太宗に対して、李靖は『孫子』との共通点を指摘しながら諸葛亮の考えの実用性を証明し、自身の軍事教練でもそれらを応用していると述べている。

④ 諸葛亮の考えは洗練されていないのではないかという疑念を抱いた太宗に対して、李靖は言葉を補いながら諸葛亮の真意を説明し、古来の兵法に基づいて兵を訓練することの大切さを述べている。

⑤ 諸葛亮の考えは応用がきかないのではないかという疑念を抱いた太宗に対して、李靖は『孫子』を読み解きながら諸葛亮の意図を弁護し、古制には常に学ぶべきものがあることを述べている。

問7 李靖の【答え】を聞いたあと、太宗は何をしようとしたと考えられるか。その内容として適当なものを、次の①～⑤のうちから一つ選べ。解答番号は 36 。

① 諸葛亮も『孫子』もともに将軍の能力を軽視していると考え、李靖に対して、太宗自身の生み出した陣形を編纂《へんさん》させようとした。

② 『孫子』を学ぶ人が本質を理解せず、文章を暗記するだけであることに危機感を覚え、李靖に対して、『孫子』を顕彰させようとした。

③ 諸葛亮は優れた軍事的才能を持っていたが、『孫子』には劣っていると考え、李靖に対して、『孫子』の要点を絵画で示させようとした。

④ 広い戦場を少ない兵で戦うために必要な陣形を考え出そうとし、李靖に対して、古代の陣形を図示させて献上させようとした。

⑤ 古代以来の軍事制度を学ぶ必要があると考え、李靖に対して、李靖の作った図画を太宗自身のために献上させようとした。

模試 第2回

（200点 80分）

〔国語〕

注 意 事 項

1 **国語解答用紙（模試 第2回）をキリトリ線より切り離し，試験開始の準備をしなさい。**

2 **時間を計り，上記の解答時間内で解答しなさい。**
ただし，納得のいくまで時間をかけて解答するという利用法でもかまいません。

3 この回の模試の問題は，このページを含め，44ページあります。問題は4問あり，第1問，第2問は「近代以降の文章」及び「実用的な文章」，第3問は「古文」，第4問は「漢文」の問題です。

4 **解答用紙には解答欄以外に受験番号欄，氏名欄，試験場コード欄があります。その他の欄**は自分自身で本番を想定し，**正しく記入し，マークしなさい。**

5 **解答は解答用紙の解答欄にマークしなさい。**例えば，［10］と表示のある問いに対して③と解答する場合は，次の（例）のように**解答番号10の解答欄の③にマーク**しなさい。

（例）

解答番号	解答欄								
	1	2	3	4	5	6	7	8	9
10	①	②	●（③）	④	⑤	⑥	⑦	⑧	⑨

6 問題冊子の余白等は適宜利用してよいが，どのページも切り離してはいけません。

7 試験終了後，問題冊子は持ち帰りなさい。

第1問　次の文章を読んで、後の問い（問1〜6）に答えよ。なお、本文の上段に段落番号を付してある。（配点　50）

1　(ア)シュウチのとおり、ダーウィンはその主著『種の起源』（一八五九年）において、自然選択という無目的な過程によって、生物の行動や身体構造における合目的性を説明しようとした。よく例として取り上げられるキリンについて言うと、その長い首は、高い木の枝の葉を食べるという目的のために巧みに作られているように思われる。A自然選択理論は、生物におけるそうした合目的的な構造の形成を、神による意図的な制作という宗教的な仕方でなしに説明するためのものである。

2　ダーウィンが自然選択理論を考え出したのは、家畜や農作物の品種改良からの類推によってであった。たとえばハトは、もともとカワラバトという一種類であったが、育種家が好みの形質を持った個体を選択し繁殖させることで、ほとんど同種の鳥とは思えないほどに色も形も習性も異なる多くの品種が作られてきた。そうした品種はそれぞれ、育種家の目的に合致した特徴を持つものであった。

3　彼は、それと同様の過程が自然において(イ)起こり、ある特定の形質を持った個体が「自然によって選択される」ことで新たな種が形成されてきたと考えたのである。キリンの例を続けると、高い木の上の葉まで食べられるような長い首をたまたま持って生まれてきた個体のほうがそうでない個体よりも生存に有利なので、そうした首の長い個体がより多く生き残り子孫を残した。その結果、キリンは今のように首の長い動物に進化してきたというわけだ。

4　こうした過程において、首の長い個体を誰《だれ》かが意図的に選択したわけではない。単に首が長い個体が生き残って子孫を残したというだけのことだ。しかし、ある特定の形質を持つ個体だけが繁殖したという結果に着目するなら、人為的な選択による品種改良の場合と同様である。この点において、こうした過程は比喩的に「自然選択」と呼ばれた。

5　要するに、自然によって「選択」されるのは、子供の数を最大化する行動や身体構造なのである。進化論の視点からは、行動や身体構造の適否は「適応度」、すなわち生殖年齢に到達した子供の数を尺度として解釈される。どのような行動や身体構造であっても、結果として子孫がたくさん残るのであれば、そうした行動や身体構造は選択される。

6 こうしたB進化論的説明の視点が、その行動を行っている当の個体自身に対して外在的なものであることは明らかであろう。そのことは「生物個体」として我々自身について考えてみればよい。我々は常日頃、さまざまな意図や目的を持って行動している。しかしながら、「適応度の最大化」を直接的な目的として行動するということはまずない。お腹がすいたからご飯を食べようと思うのであり、部屋が汚いと必要なものがすぐに見つからなくて困るから掃除しようと思うのであって、そうした行動が子孫の数を増やすかどうかなど、夢にも思いはしない。配偶者を選択するという、増殖が直接的にからむように思える場面であっても、(ウ)ガンゼンの異性が好みだから選択するのであって、子供の数を最大化するという目的で選択する人はたぶんあまりいないだろう。

7 ところが、我々がいかなる目的でそうした行動をとったにせよ、その行動の結果として我々がより多くの子孫を残すならば、そうした行動をとる人が次の世代では増えていく。つまり、そうした行動は進化していく。お腹がすいたことが物を食べることに結びつかないような個体は早晩死に(エ)絶えるだろうし、部屋が汚くても気にしない個体は異性にモテず、子孫を残さないかもしれない（冗談を言っているようだが、ダーウィンが『人間の進化と性淘汰《とうた》』（一八七一年）で論じているとおり、異性に選択されることは「性選択」と呼ばれ進化における大きな動因となるとされている。たとえば、オスのクジャクの尾羽のような一見すると実用性もないどころか飛ぶのに邪魔になるようなものが形成されてきたのは性選択によるというのが定説である）。

8 このように、進化論においては、個々の行動の意図や目的は切り捨てられ、行動はそれをなす本人の意図や目的とは関係のない結果（子孫の数）によってのみ価値づけられるのである。

9 このように論じると、「それは人間についてのみ言えることであって、人間以外の生物においては行動の目的など明確に意識されていないのではないか。だから、その生物自身の意図や目的を論じても意味がなく、進化論が外在的な視点からの説明だとしてもとくに問題はないのではないか」と思われるかもしれない。たしかに、昆虫や細菌などであれば、人間に少しでも類比できるような意識があるとは考えられないので、そうした生物が何らかの目的を意識しつつ行動しているわけではないだろうという指摘はもっともである。

10 しかし他方、我々は日常的な理解において、昆虫や細菌についてさえ、それら自身の意図や目的を考えないわけにはいかない。我々が生物を見てそれを生物だと認識するのは、それの運動変化が単なる物理的運動ではなく、ある意図や目的にもとづく行動だと理解するからである。意図や目的の概念なしでは、生物の行動と単なる物体の物理的運動とのあいだの区別がなくなってしまう。それでは生物は単なる物体であり、生命現象という独特の現象は実在しないということになってしまうが、もちろんそれは生物学という学問分野そのものの存立を否定する結論である。

11 実際のところ我々は、細菌のようなものについてさえ、たとえばそれがブドウ糖のある方向へと泳いでいくとき、「ブドウ糖を食べに行くのだな」というふうに理解してしまう。「食べに行く」は言いすぎとしても、そもそも細菌が「泳いでいる」という表現からして、細菌の動きを、溶液中の花粉粒子が示すブラウン運動などとは異なる「行動」だと理解しているわけである。

12 むろん生物学者であればそこまでナイーブな擬人化はしないだろうが、それでも細菌の動きを単なる物理的な運動と同一視することはできず、たとえば「ブドウ糖に反応するセンサー」とそれによって制御される「鞭毛《べんもう》モーター」などによるものとして、つまり機械の動作に類比する形で理解せざるをえない。そして機械とは、人間がある目的のために製作したものであり、その動作はその目的に即してのみ理解できる。**X**生物を機械に類比することは、実は隠れた擬人主義だということである。

13 要するに、我々が細菌のようなものであってもそれを生物だと見なすとき、細菌自身の意図、とは言わないまでも、少なくとも「目的」というものを想定してしまわざるをえない。それは擬人的理解だと言われればそのとおりなのだが、合目的性をその生命自身の目的と関連づけて理解することは、我々が何かを生命だと認識することとほとんど同義なのである（生物学はそうした合目的性を成り立たせているメカニズムを機械論的に説明しようとするが、ここではそもそも研究すべき「生物」がいかにして見て取られるか、という話をしている）。

14 なお、ここまで植物については論じてこなかったので、「植物は行動しないではないか」と思われるかもしれない。たしかに植物は動物と異なり移動を伴うような素早い行動は行わないが、光のある方向へ向かって成長するなど、ある目的を達成するために成長する。行動する代わりに成長するということであり、その理解にもやはりその植物自身の目的を想定する必要がある。

そうでなければ、植物が成長することと、たとえば溶液中で結晶が「成長」することとの区別がなくなってしまう。つまり、植物であってもそれを生命だと理解するためにはそれ自身の目的を想定することが必要だということである。

15 ここまでは行動の合目的性の理解について述べてきたが、身体構造の合目的性の理解についても、生物自身の視点からの理解が重要である。もちろん生物は、自らの身体構造を自分で意図的に制作したわけではない。たとえば、鳥の翼が細部に至るまで精緻に組み上げられた構造を持っていることは、その鳥自身の意図や目的の外側にある。個々の鳥はそうした翼を持って生まれてくるのであって、自分の意図や目的に即して翼をこしらえるのではない。

16 こうしたことから、身体構造についての説明や理解においては、その生物自身の視点を(オ)コリョしなくてもよさそうに思える。それで実際、身体構造についての進化論的説明では、どのような構造を説明するべきものとして取り上げるかという点について、その生物自身の視点を忖度《そんたく》せずに、外在的な視点から見て目を引く構造を説明することになっている。たとえば人間の目の構造や、鳥の羽根や翼、オスのクジャクの派手な尾羽などが、格好の説明対象として取り上げられてきたのだが、それはそれらが進化論学者の目を引く構造だからだ、というのが実情だと思われる。

17 しかし本来、身体構造の合目的性の理解についても、それを持つ生物自身の視点を無視してなしうるものではない。身体構造がいかに精緻なものであったとしても、もしそれが単に「自然に」形成される構造であるならば、その合目的性を論じることに意味はないからである。たとえば、雪の結晶を顕微鏡で見てみれば、鳥の羽根とわりあい似た形をしており、非常に微細で精緻な構造を持っているが、雪の結晶構造の合目的性を論じることは、神による創造が信じられた一七、一八世紀においてならいざ知らず、現代においては無意味である。

18 他方、羽根の構造は、飛ぶという行動との関連においてその合目的性を論じることができる。そして、鳥の飛行が砲弾や風に舞う紙きれなどの物理的運動とは異質な「行動」だということの理解は、そうした行動をとる鳥自身の意図や目的を想定することによってこそ可能である。つまり、身体構造の合目的性は、その構造を用いて生物がなす行動との関連でこそ意味づけられるものなのである。

19 進化論にせよ、あるいは一般に生物学にせよ、こうした日常レベルでの生命についての理解によって探究すべき対象（生物）が見て取られることで、科学的探究を開始することができる。C物理や化学の視点からすれば、「合目的性」という現象を設定するいわれはない。それゆえ、物理や化学の言葉で生命について説明しつくそうという現代生物学の努力が十全に成功したなら、説明すべき生命現象というものそのものが雲散霧消してしまうだろう。そもそもの出発点において見て取られていた「それ自身にとっての目的に対する合目的性」という生命の本質的側面が見失われてしまうということである。

20 もちろん自然科学とは、外在的な視点から対象を観察し、それを実験的に操作することで理解するという営みであるから、「対象それ自身の視点」を含みこんだ形での理解を科学としていかにしてなすべきなのか、あるいは果たしてそれは可能なのかということは大きな問題である。今まで論じてきたような日常的な理解における生命の見て取り方にしても、人間の側が、ある現象において意図や目的を読み込んでしまうという擬人的な錯覚ではないのかと言われれば、そうではないと言い切ることは難しい。しかし、もし生命とは単なる物理的な現象に対する人間の側の擬人的な読み込みであって実在しないというなら、人間という生命の存在も錯覚だということになってしまうだろう。それはどう考えても受け入れがたい結論である。そしてこのように考えてくると、生命を理解することは、人間が自らを理解するということと相即不離だということが見えてくる。

（山口裕之《やまぐちひろゆき》『ひとは生命をどのように理解してきたか』による）

問1 次の(i)・(ii)の問いに答えよ。

(i) 傍線部(ア)・(ウ)・(オ)に相当する漢字を含むものを、次の各群の①～④のうちから、それぞれ一つずつ選べ。解答番号は **1** ～ **3** 。

(ア) シュウチ **1**

① タイシュウの支持を得る
② シュウトウに準備する
③ アイシュウが漂う
④ シュウイツな作品だ

(ウ) ガンゼン **2**

① ガンジョウな体つき
② ガンペキに咲いた花
③ テンガン薬を用いる
④ 言葉のガンイを読み取る

(オ) コリョ **3**

① それはカイコ趣味だ
② 資源がコカツする
③ コキャクの満足度を上げる
④ カッコたる信念を持つ

(ii) 傍線部(イ)・(エ)と同じ意味を持つものを、次の各群の①～④のうちから、それぞれ一つずつ選べ。解答番号は 4 ・ 5 。

(イ) 起こり 4
① 起フク
② 起リツ
③ フン起
④ 起テン

(エ) 絶える 5
① 絶パン
② 絶ケイ
③ 絶チョウ
④ 絶サン

問2　傍線部**A**「自然選択理論は、生物におけるそうした合目的的な構造の形成を、神による意図的な制作という宗教的な仕方でなしに説明する」とあるが、それはどういうことか。その説明として最も適当なものを、次の①～⑤のうちから一つ選べ。解答番号は **6** 。

① 自然選択理論は、生物が先天的に有する個別的な特徴を持つ身体によって自己の生を保存していくという現象を、神が生物にそのような身体的な形質を与えたという宗教的な説明によるのではなく、ある個体が固有の性質を意図的に選択したかのように説明するものである、ということ。

② 自然選択理論は、生物が自らの生命維持のために有効に機能する行動や身体構造を有するようになったことを、神がそのように生物を意図的に創造したという宗教的な説明によるのではなく、ある生物の特定の形質を、自然そのものが選択したかのように説明するものである、ということ。

③ 自然選択理論は、生物が他の生物とは異なる特異な身体構造を有するようになったことを、神が万物の摂理を恣意的に創造したという宗教的な説明によるのではなく、ある個体が苛酷な環境に適応して生き残ることができるように自然がその形質を選択したと説明するものである、ということ。

④ 自然選択理論は、生物が自らの生命維持のために自らの身体を制作し有効に機能する身体構造を有するようになったことを、神がそうするように生物に命じたのだという宗教的な説明によるのではなく、生物自身の意志によってそうした身体を獲得したのだと説明するものである、ということ。

⑤ 自然選択理論は、生物が種の存続のために環境に適応した身体構造を持つようになったことを、それこそが神の創造した自然の摂理なのだという宗教的な説明によるのではなく、自然が生物の意図を汲《く》んでその種にとって有利な特定の形質を付与したのだと説明するものである、ということ。

問3 傍線部B「進化論的説明の視点が、その行動を行っている当の個体自身に対して外在的なものであることは明らかであろう」とあるが、そのように言えるのはなぜか。その理由として最も適当なものを、次の①～⑤のうちから一つ選べ。解答番号は 7 。

① 進化論は、生物にとって最も重要なものは繁殖能力であり、そのために環境に適応した身体を選択すると説明するが、当の個体自身にとっては自己の生の存続こそが重要だから。

② 進化論は、生殖年齢に到達した子供の数を基準に生物の適応度を考えるが、現代において子孫を残すかどうかの判断は、個々の人間に委ねられている問題だから。

③ 進化論は、生殖年齢に到達した生物個体は種の存続のために子孫を残そうとすると説明するが、当の個体自身はそうした個を超えた問題意識を持っているわけではないから。

④ 進化論は、生物個体は子孫を残すことを目的として行動すると説明するが、子孫が残るかどうかは結果論であって、当の個体自身は子孫がほしいと思っていないから。

⑤ 進化論は、生物個体は種の存続を可能にする行動や身体構造を選択すると説明するが、当の個体自身はそのようなことを意識して現実の生を営んでいるわけではないから。

問4 傍線部C「物理や化学の視点からすれば、『合目的性』という現象を設定するいわれはない」とあるが、そのように言えるのはなぜか。その理由として最も適当なものを、次の①～⑤のうちから一つ選べ。解答番号は 8 。

① 自然科学は、対象それ自身の視点を含みこんだ形で対象を観察し理解していくべきであり、そうした対象自体の内在的な視点の他に外在的な目的を設定することには意味がないと言えるから。

② 物理や化学は日常の次元を離れて科学的探究を行う専門性の高い分野であり、そうした分野にとっては、生物自身が設定した目的に即し、生物が行う日常的な営みは研究対象にはならないと言えるから。

③ 物理や化学などの自然科学では、文字どおり自然によって形成されたものが観察対象であり、自然自体が人間の設定した目的に沿って存在しているかどうかを論じること自体が無意味であると言えるから。

④ 自然科学は現代生物学とは相容《い》れず、生命現象を外在的な視点から観察し操作することで理解しようとするものであり、現代生物学が問題としている対象の視点を考える必要はないと言えるから。

⑤ 物理や化学は観察者の視点からのみ対象を観察し、対象を実験的に操作していくことを重視するため、対象自体の意図などはもちろん、対象の「目的」ということ自体を考える必要がないと言えるから。

問5 この文章をⅠ（1～8段落）、Ⅱ（9～14段落）、Ⅲ（15～20段落）に分けた場合、論の展開に関する説明として最も適当なものを、次の①～⑤のうちから一つ選べ。解答番号は **9**。

① Ⅰで、進化論を唱えたダーウィンの自然選択説を紹介し、生物にとっては適応度の最大化が目的であるという進化論を肯定する。Ⅱで、そうした目的を持つ存在が生物であり、そうした生物自身の視点を抜きに生命現象は説明できないことを指摘する。Ⅲで、生命現象の解明は、人間自身の理解と分けられないものである、という結論を導いている。

② Ⅰで、生物の行動の適否は子供の数を基準として解釈されるという進化論の視点を紹介する。Ⅱで、そうした観察者の視点から、生物自体の視点というもう一つの視点がもたらされることを説明する。Ⅲで、そうした生物自体の視点による生命の理解が重要であると同時に、生物と人間とが非常に密接な関係にある存在である、と結論づけている。

③ Ⅰで、ダーウィンの自然選択説を紹介し、その視点が生物自身にとっては外在的なものであることを指摘する。Ⅱで、そうした外在的な視点とは別に、生命現象には生物自体の目的を生物自身の視点から考える必要があることを主張する。Ⅲで、そうした内在的な視点から生命現象を理解することは人間自身の理解に通じる、と結論づけている。

④ Ⅰで、ダーウィンの自然選択説を紹介し、その視点が生物自身にとっては外在的なものであることを示している。Ⅱで、そうした外在的な視点とは別に、生物自身の視点があることを指摘する。Ⅲで、生物学は、生物の行動に関する内在的視点と身体構造に関する外在的視点という二つの視点を統合したものとなるべきだ、という結論を導いている。

⑤ Ⅰで、現代生物学の前提となっているダーウィンの自然選択説が生物の実態を理論づけられない外在的なものであることを批判している。Ⅱで、そうした外在的な視点では看過されていた生命現象に存在する合目的性について言及する。Ⅲで、そうした生物の有する合目的性を考えることは、生物としての人間の探究にも結びつく、と結論づけている。

問6 この文章を読んだNさんは、二重傍線部**X**「生物を機械に類比することは、実は隠れた擬人主義だ」という表現から、生物の構造や機能をものづくりに応用する「バイオミメティクス」を連想した。そこで、「バイオミメティクス」について説明した**【資料】**を参考に、二重傍線部**X**との関連性を**【ノート】**のようにまとめた。本文の内容を踏まえて、Nさんが作成した**【ノート】**の空欄 **a** に入る内容として最も適当なものを、後の①～⑤のうちから一つ選べ。解答番号は **10** 。

【資料】 バイオミメティクス

生物の生産物や器官、機能などの特性を把握し、それを次に人工的に設計し、合成するといった生物模倣工学。シルクたんぱく質がもつUV—A・B双方の遮断《しゃだん》性能や中性脂肪の吸着機能を模倣する新繊維開発、生物の構造色を模倣したプリントカラー素材、カットフィルター、蛾《が》の目の構造をまねた反射防止フィルム、ざらざらした猫の舌に似せてごみを圧縮する部品を取り入れた掃除機、シルクの一種であるクモの糸に倣《なら》った人工繊維などがすでに実用化されている。バイオミミクリも同意語。千歳《ちとせ》科学技術大学の下村政嗣《しもむらまさつぐ》教授らが提唱する生物規範工学、東北大学の石田秀輝《いしだひでき》名誉教授が提唱するネイチャーテクノロジーも、生物たちが進化の歴史の中で身につけてきた知恵や能力、自然の循環を科学の視点から見つめ直し、ものづくりや暮らしに生かす考え方である。

（『現代用語の基礎知識 2019』による）

【ノート】

・生物を機械に類比すること
＝生物の動きや生命現象を機械にたとえて説明すること

・バイオミメティクス
＝生物の特性を人工的に設計し、合成する生物模倣工学

→ **a**

① 生物を機械に類比することは、生物の構造や活動を人間の役に立つものと認識していることを意味しており、科学技術を人間の暮らしに生かそうとしている点で、バイオミメティクスと共通している。

② 生物を機械に類比することは、生物の活動をある目的をもった行動と結びつけて認識していることを意味し、生物を人間の視点から合目的的に解釈しているという点で、バイオミメティクスと共通している。

③ 生物を機械に類比することは、単なる物理的運動にすぎない機械と生命活動を営む生物とを同一視することであり、人間の意図に沿う生物活動のみに着目するという点で、バイオミメティクスと共通している。

④ 生物を機械に類比することは、生物を人間が支配したり制御したりする対象だと考えることであり、生物の優れた構造や機能から謙虚に学ぼうとするバイオミメティクスとは対照的なあり方である。

⑤ 生物を機械に類比することは、生物の動きを単なる物理的な運動と同一視するものであり、生物を自己の目的にしたがって生命を営むものとみなすバイオミメティクスとは対照的なあり方である。

（下書き用紙）

国語の試験問題は次に続く。

第2問　次の文章は、織田作之助《おださくのすけ》の小説「木の都」の一節である。高校時代に両親をなくした「私」は、十年ぶりに少年時代を過ごした町を訪れる。矢野名曲堂という店に入ると、そこの主人は高校時代によく通った洋食屋の主人であった。これを読んで、後の問い（**問1〜6**）に答えよ。（配点　50）

　主人はもと船乗りで、子供の頃《ころ》から欧洲《おうしゅう》航路の船に雇われて、罐《かま》炊《た》きをしたり、食堂の皿洗いをしたりコックをしたりしたが、四十の歳に陸へ上って、京都の吉田で洋食屋をはじめた。が、コックの腕に自信があり過ぎて、良い材料を使って美味《うま》いものを安く学生さんに食べさせるということが商売気を離れた道楽みたいになってしまったから、儲《もう》けるということには(ア)無頓《とん》着《ちゃく》で、結局月々損を重ねて行ったあげく、店はつぶれてしまった。すっかり整理したあとに残ったのは、学生さんに聴かせるためにと毎月費用を惜しまず購入して来たままに溜《たま》っていた莫大《ばくだい》な数の名曲レコードで、これだけは手放すのが惜しいと、大阪へ引越す時に持って来たのが、とどのつまり今の名曲堂をはじめる動機になったのだという。そして、よりによってこんな辺鄙《へんぴ》な町で商売をはじめたのは、売れる売れぬよりも老舗《しにせ》代《だい》や家賃がやすかったというただそれだけの理由、人間も家賃の高いやすいを気にするようではもうお了《しま》いですなと、主人はふと自嘲的な口調になって、わたしも洋食屋をやったりレコード店をやったり、随分永いこと少しも世の中の役に立たぬ無駄な苦労をして来ました、四十の歳に陸へ上ったのが間違いだったかも知れません。あんなものを飾って置いてもかえって後悔の種ですよと、壁に掛《かか》った船の浮袋を指して、しかしわたしもまだ五十三です、……まだまだと言っているところへ、只今《ただいま》とランドセルを背負った少年がはいって来て、新坊、挨拶せんかと主人が言った時には、もうこそこそと奥へ姿を消してしまっていた。どうも無口な奴でと、しかし主人はうれしそうに言い、こんど中学校を受けるのだが、父親に似ず無口だから口答試問が心配だと、急に声が低くなった。たしかお子さんは二人だったがと言うと、ああ、姉の方ですか、あの頃はあなたまだ新坊ぐらいでしたが、もうとっくに女学校を出て、今北浜の会社へ勤めていますと、**A**主人の声はまた大きくなった。

　帰ろうとすると、また雨であった。なんだか雨男になったみたいですなと私は苦笑して、返すために持って行った傘をその儘《まま》また借りて帰ったが、その傘を再び返しに行くことはつまりはその町を訪れることになるわけで、傘が取り持つ縁だと私はひとり笑った。そして、敢《あえ》て因縁《いんねん》をいうならば、たまたま名曲堂が私の故郷の町にあったということは、つまり私の第二の青春の町であった京都の吉田が第一の青春の町へ移って来て重なり合ったことになるわけだと、この二重写しで写された遠いかずかずの青春にいま濡《ぬ》れる思いで、雨の口縄坂を降りて行った。

半月余り経《た》ってその傘を返しに行くと、新坊落第しましたよと、主人は顔を見るなり言った。あの中学そんなに競争がはげしかったかな、しかし来年もう一度受けるという手もありますよと慰めると、主人はいやもう学問は諦めさせて、新聞配達にしましたとこともなげに言って、私を驚かせた。女の子は女学校ぐらい出て置かぬと嫁に行く時(イ)肩身の狭いこともあろうと思って、娘は女学校へやったが、しかし男の子は学問がなくても働くことさえ知っておれば、立派に世間へ通るし人の役に立つ、だから不得手な学問は諦めさせて、働くことを覚えさせようと新聞配達にした、子供の頃から身体《からだ》を責めて働く癖をつけとけば、きっとましな人間になるだろうというのであった。

帰り途《みち》、ひっそりと黄昏《たそが》れている口縄坂の石段を降りて来ると、下から登って来た少年がピョコンと頭を下げて、そのままピョンピョンと行ってしまった。新坊であった。その後私は、新坊が新聞を配り終えた疲れた足取りで名曲堂へ帰って来るのを、何度か目撃したが、新坊はいつみても黙って硝子扉《ガラスど》を押してはいって来ると、そのまま父親にも口を利かずにこそこそ奥へ姿を消してしまうのだった。レコードを聴いている私に遠慮して声を出さないのであろうか、ひとつにはもともと無口らしかった。眉毛は薄いが、顔立ちはこじんまりと綺麗《きれい》にまとまって、半ズボンの下にむきだしにしている足は、女の子のように白かった。新坊が帰って来ると私はいつもレコードを止めて貰《もら》って、主人が奥の新坊に風呂へ行って来いとか、菓子の配給(注1)があったから食べろとか声を掛ける隙《ひま》をつくるようにした。奥ではうんと一言返辞があるだけだったが、父子の愛情が通《かよ》う温《あたたか》さに私はあまくしびれて、それは音楽以上だった。

夏が来ると、簡閲点呼(注2)の予習を兼ねた在郷軍人会(注3)の訓練がはじまり、自分の仕事にも追われたので、私は暫《しばら》く名曲堂へ顔を見せなかった。七月一日は夕陽丘の愛染堂のお祭で、この日は大阪の娘さん達がその年になってはじめて浴衣《ゆかた》を着て愛染様に見せに行く日だと、名曲堂の娘さんに聴いていたが、私は行けなかった。七月九日は生国魂《いくくにたま》(注4)の夏祭であった。訓練は済んでいた。私は十年振りにお詣《まい》りする相棒に新坊を選ぼうと思った。そして祭の夜店で何か買ってやることを、ひそかに楽しみながら、わざと夜をえらんで名曲堂へ行くと、**X**新坊はつい最近名古屋の工場へ徴用(注5)されて今はそこの寄宿舎にいるとのことであった。私は名曲堂へ来る途中の薬屋で見つけたメタボリン(注6)を新坊に送ってやってくれと渡して、レコードを聞くのは忘れて、ひとり祭見物に行った。

その日行ったきり、再び仕事に追われて名曲堂から遠ざかっているうちに、夏は過ぎた。部屋の中へ迷い込んで来る虫を、夏の虫かと思って団扇《うちわ》で敲《たた》くと、チリチリと哀れな鳴声《なき》のまま息絶えて、もう秋の虫である。ある日名曲堂から葉書が来た。お探しのレコードが手にはいったから、お暇の時に寄ってくれと娘さんの字らしかった。ボードレエル(注7)の「旅への誘《いざな》い」をデュパルク(注8)の作曲でパンセラ(注9)が歌っている古いレコードであった。このレコードを私は京都にいた時分持っていたが、その頃私の下宿へ時々なんとなく遊びに来ていた女のひとが誤って割ってしまい、そしてそのひとはそれを苦にしたのかそれきり顔を見せなくなった。肩がずんぐりして、ひどい近視であったが、二年前その妹さんがどうして私のことを知ったのか、そのひとの死んだことを知らせてくれた時、私は取り返しのつかぬ想《おも》いがした。そんなわけでなつかしいレコードである。本来が青春と無縁であり得ない文学の仕事をしながら、その仕事に追われてかえってかつての自分の青春を暫《しば》らく忘れていた私は、その名曲堂からの葉書を見て、にわかになつかしく、久し振りに口縄坂を登った。

ところが名曲堂へ行ってみると、主人は居《お》らず、娘さんがひとり店番をしていて、父は昨夜から名古屋へ行っているので、ちょうど日曜日で会社が休みなのを幸い、こうして留守番をしているのだという。聴けば、新坊が昨夜工場に無断で帰って来たのだ。一昨夜寄宿舎で雨の音を聴いていると、ふと家が恋しくなって、父や姉の傍《そば》で寝たいなと思うと、今までになかったことだのに、もうたまらなくなり、ふらふら昼の汽車に乗ってしまったのやいう言い分けを、しかし父親は承知せずに、その晩泊めようとせず、夜行に乗せて名古屋まで送って行ったということだった。一晩も泊めずに帰してしまったかと想えば不憫《ふびん》でしたが、という**B**娘さんの口調の中に、私は二十五の年齢を見た。清潔に澄んだ瞳には屈託《くったく》のない若さがたたえられていて、京都で見た頃まだ女学校へはいったばかしであったこのひとの面影も両の頰《ほお》に残って失われていず、凛《りん》とした口調の中に通っている弟への愛情にも、素直な感傷がうかがわれた。しかし愛情はむしろ五十過ぎた父親の方が強かったのではあるまいか。主人は送って行く汽車の中で食べさせるのだと、昔とった庖丁《ほうちょう》によりをかけて自分で弁当を作ったという。

　この父親の愛情は私の胸を温めたが、それから十日ばかし経って行くと、主人は私の顔を見るなり、新坊は駄目ですよと、思いがけぬわが子への苦情だった。訓《さと》されて帰ったものの、やはり家が恋しいと、(ウ)三日にあげず手紙が来るらしかった。働きに行って家を恋しがるようでどうするか、わたしは子供の時から四十の歳まで船に乗っていたが、どこの海の上でもそんな女々しい考えを起《おこ》したことは一度もなかった。馬鹿者めと、主人は私に食って掛《かか》るように言い、この主人の鞭《むち》のはげしさは意外であった。帰りの途は暗く、寺の前を通る時、ふと木犀《もくせい》(注10)の香が暗がりに閃《ひらめ》いた。

　冬が来た。新坊がまたふらふらと帰って来て、叱《しか》られて帰って行ったという話を聴いて、再び胸を痛めたきり、私はまた名曲堂から遠ざかっていた。主人や娘さんはどうしているだろうか、新坊は一生懸命働いているだろうかと、時にふれ思わぬこともなかったが、そしてまた、始終来ていた客がぷっつり来なくなることは名曲堂の人たちにとっても淋《さび》しい気がすることであろうと気にならぬこともなかったが、出不精《でぶしょう》の上に、私の健康は自分の仕事だけが精一杯の状態であった。欠かせぬ会合にも不義理勝ちで、口縄坂は何か遠すぎた。そして、名曲堂のこともいつか遠い想いとなってしまって、年の暮《くれ》が来た。

　年の暮は何か人恋しくなる。ことしはもはや名曲堂の人たちに会えぬかと思うと、急に顔を見せねば悪いような気がし、またなつかしくもなったので、すこし風邪気《かぜっけ》だったが、私は口縄坂を登って行った。坂の途中でマスクを外して、一息つき、そして名曲堂の前まで来ると、表戸が閉《しま》っていて「時局に鑑《かんが》み廃業仕候」と貼紙がある。中にいるのだろうと、戸を敲いたが、返辞はない。錠が表から降りている。どこかへ宿替えしたんですかと、驚いて隣の標札屋の老人にきくと、名古屋へ行ったという。名古屋といえば新坊の……と重ねてきくと、さいなと老人はうなずき、新坊が家を恋しがって、いくら言いきかせても帰りたがるので、主人は散々思案したあげく、いっそ一家をあげて新坊のいる名古屋へ行き、寝起きを共にして一緒に働けば新坊ももう家を恋しがることもないわけだ、それよりほかに新坊の帰りたがる気持《きもち》をとめる方法はないし、まごまごしていると、自分にも徴用が来るかも知れないと考え、二十日ほど前に店を畳んで娘さんと一緒に発《た》ってしまった、娘さんも会社をやめて新坊と一緒に働くらしい、なんといっても子や弟いうもんは可愛《かわい》いもんやさかいなと、もう七十を越したかと思われる標札屋の老人はぼそぼそと語って、めがねを外し、めやにを拭《ふ》いた。私がもとこの町の少年であったということには気づかぬらしく、私ももうそれには触れたくなかった。

口縄坂は寒々と木が枯れて、白い風が走っていた。私は石段を降りて行きながら、もうこの坂を登り降りすることも当分あるまいと思った。C青春の回想の甘さは終《おわ》り、新しい現実が私に向き直って来たように思われた。風は木の梢《こずえ》にはげしく突っ掛っていた。

（注）1　配給――戦時中などに、自由流通が制限された不足物資を特定機関が配り与えること。
2　簡閲点呼――元陸海軍が、予備役・後備役の下士官兵や補充兵を招集して、査閲、教導すること。
3　在郷軍人――平時は民間にあって生業につき、戦時に際しては、必要に応じて召集され国防の任に就く、予備役・後備役・帰休兵・退役軍人などを指す。
4　生国魂――大阪市天王寺区生玉町にある神社。
5　徴用――戦時などの非常時に、国家権力により国民を強制的に動員し、一定の業務に従事させること。
6　メタボリン――ビタミンB1製剤の一つ。
7　ボードレエルの「旅への誘い」――フランスの詩人シャルル・ボードレールの詩集「悪の華」中の一編。
8　デュパルク――フランスの作曲家（一八四八〜一九三三）。
9　パンセラ――スイス出身、フランスで活躍したバリトン歌手（一八九六〜一九七六）。
10　木犀――キンモクセイ・ギンモクセイなどの総称。花は甘い香りを放つ。

問1 傍線部(ア)〜(ウ)の本文中における意味として最も適当なものを、次の各群の①〜⑤のうちから、それぞれ一つずつ選べ。
解答番号は **11** 〜 **13** 。

(ア) 無頓着 **11**

① 深い考えがなく、適当なこと
② こだわらず、気にかけないこと
③ 心配せず、呑気《のんき》なこと
④ 才覚がなく、下手なこと
⑤ 無計画で、その場しのぎなこと

(イ) 肩身の狭い **12**

① 世間に対して面目が立たず、遠慮する
② 家族に対して申し訳なく思い、落ち込む
③ 教養に対して劣等感が生じ、抑圧される
④ 社会に対して視野が狭く、思慮に欠ける
⑤ 嫁入り先に対して引け目を感じ、控え目になる

(ウ) 三日にあげず **13**

① 何度書いても飽きることなく
② 三日ごとに必ず
③ 飽きない程度に間を空けて
④ いつもとほとんど変わりなく
⑤ 間を空けることなくたびたび

問2　傍線部A「主人の声はまた大きくなった」とあるが、なぜ大きくなったのか。その理由として最も適当なものを、次の①〜⑤のうちから一つ選べ。解答番号は 14 。

① 主人は、新坊が口頭試問に受かるかと自分が心配していることを気の弱い新坊に聞かせないよう声を低くし、逆に女学校を卒業した姉の話を聞かせることで新坊にやる気を出させようとしたから。

② 主人は、新坊が母親に似て無口なことから今はなき妻のことを思い出して声が低くなったが、女学校を卒業して会社勤めをしている姉の話になると過去から現実に引き戻されたから。

③ 主人は、新坊が挨拶もできないほど無口なので口頭試問には受からないだろうというあきらめから声が低くなったが、女学校を卒業し会社勤めをしている姉については今後が楽しみであるから。

④ 主人は、無口な新坊の今後の人生がうまくいかないのではないかという恐怖から声が低くなったが、女学校を卒業し会社勤めをしている姉の今後の人生については自信をもっているから。

⑤ 主人は、無口な新坊が口頭試問に受かるか不安に思う気持ちから声が低くなったが、すでに女学校を卒業して会社勤めをしている姉については心配することもなく満足しているから。

問3　傍線部B「娘さんの口調の中に、私は二十五の年齢を見た」とあるが、それはどういうことか。その説明として最も適当なものを、次の①～⑤のうちから一つ選べ。解答番号は 15 。

① 私は、父や姉のそばで寝たいと帰ってきた弟を一晩も泊めずに父が帰したことをかわいそうだったという娘の言葉に、思いをそのまま口にしてしまう、たどたどしい幼さを感じたということ。

② 私は、家族に断りもなく帰ってきた弟を、父が一晩も泊めずに帰したことを哀れだったという娘の言葉に、父の行為を理解する、いじらしい大人らしさを感じたということ。

③ 私は、家が恋しくて帰ってきたにもかかわらず、父によって帰されてしまった弟を哀れだったという娘の言葉に、父の行為と弟の感情の両方を理解する、家族思いの優しさを感じたということ。

④ 私は、無断で帰ってきた弟を、父が一晩も泊めずに帰したことをかわいそうだったという娘の言葉に、弟への思いをありのままに述べる、すがすがしい若さを感じたということ。

⑤ 私は、名古屋から無断で帰宅するしかなかった弟をかわいそうだったという娘の言葉に、自分が学生時代に会ったときと変わらない女学生らしい若さを感じたということ。

問4　傍線部C「青春の回想の甘さは終り、新しい現実が私に向き直って来たように思われた」とあるが、その時の私の心情の説明として最も適当なものを、次の①～⑤のうちから一つ選べ。解答番号は 16 。

① 私は、名曲堂によって自分の青春が二重写しになっている口縄坂に特別な思いを抱いていたが、名曲堂の親子たちが知らぬ間に引っ越してしまったことから、青春時代を象徴する口縄坂や親子と決別し、自分も引っ越すことで新たな場所で新たな人間関係を築こうと考えている。

② 私は、坂の上にある名曲堂の親子との交流を通じて、自分の青春時代をなつかしんでいたが、一家が時局の変化のために引っ越してしまったことから、甘い感傷を伴う青春時代の終焉《しゅうえん》を知り、戦局が迫りつつあるという現実に戻らなければならないという悲しみを予感している。

③ 私は、名曲堂の主人と再会し、その親子とのやりとりに自分の青春時代を重ねていたが、彼らが自分への連絡もなしに引っ越してしまったばかりか、標札屋も自分を覚えていなかったことから、この坂の上に来る理由もなくなり、来たるべき徴用に備えようと決意している。

④ 私は、小説の題材とするために坂の上の名曲堂をしばしば訪れ、彼ら親子との交流の中で青春を思い出していたが、彼らが自分に何も言わずに名古屋へ引っ越してしまったことから、青春時代を題材にするのはあきらめ、別の新しい題材を探さなければならないと落胆している。

⑤ 私は、今はなき家族とともに少年期を過ごした坂の上で、家族愛にあふれた名曲堂の親子と出会い、彼らとの触れ合いの中で自分も家族の一員となったつもりでいたが、挨拶もなしに一家が引っ越してしまったことから、やはり自分は一人のままだと裏切られた気持ちになっている。

問5　名曲堂の主人の新坊に対する気持ちの説明として最も適当なものを、次の①～⑤のうちから一つ選べ。解答番号は 17 。

① 主人は新坊に、人の役に立つ人間になってほしいという期待をもっているが、その期待に沿わない新坊に嫌気がさし、私に愚痴をこぼす一方で、無理やり新聞配達にするなどおせっかいな一面も示しており、最後には自分や姉の仕事よりも新坊の気持ちを優先することからもわかるように、息子に愛憎の念を抱いている。

② 主人は新坊に、働くことでましな人間になってほしいという期待をもっているが、その期待を裏切ろうとする新坊に憤りを感じ、私に相談する一方で、わざわざ一緒に名古屋まで行くほどの行き過ぎた愛情を示しており、最後には新坊のそばに引っ越すことからもわかるように、息子に愛憎半ばする思いを抱いている。

③ 主人は新坊に、世間に通用する立派な人間になってほしいという期待をもっているが、その期待にこたえられない新坊にもどかしさを感じ、私が驚くほどの厳しさを見せる一方で、弁当を作ってやるなど細やかな愛情を示しており、最後には新坊の気持ちを汲《く》んでやることからもわかるように、息子に深い愛情を抱いている。

④ 主人は新坊に、働くことを通じて無口な性格を直してほしいという期待をもっているが、その期待に気づかない新坊に失望し、私が心苦しく思うほど叱りつける一方で、菓子を食べろと声をかけるなど優しい一面も示しており、最後には名古屋に引っ越すことからもわかるように、息子に強い愛情を抱いている。

⑤ 主人は新坊に、不得手なことは早くあきらめて働くことで身を立ててほしいという期待をもっているが、その期待に反抗する新坊にいらだち、私がとまどうほどの苦情を言う一方で、名古屋まで送っていくなど父親らしい愛情を示しており、最後には新坊の言いなりになって引っ越すことからもわかるように、息子を溺愛している。

問6 「木の都」は、一九四四年三月に雑誌「新潮」で発表されたのが初出、一九四六年一月、短編集「猿飛佐助《さるとびさすけ》」（三島書房）に収録されたのが初刊となる。次の【資料】は、初刊に基づく本文の波線部X「新坊はつい最近名古屋の工場へ徴用されて今はそこの寄宿舎にいるとのことであった」について、初出の本文との異同について述べたものである。【資料】に示された変更による表現の効果の説明として最も適当なものを、後の①～⑤のうちから一つ選べ。解答番号は **18** 。

【資料】

昭和十八年と見られる年の夏、「私」が新坊を訪ねていく場面。本書では「新坊はつい最近名古屋の工場へ徴用されて今はそこの寄宿舎にいるとのことであった」とだけあるところ、初出では、「徴用されて」が「少年工として働きに行き、」となっており、さらに「新聞配達をしてゐるよりもさうして工場で働く方がどれだけお国の役に立つかも知れないと思ひ、進んでさうさせた、大阪にも工場はあるが、しかし可愛い子には旅をさせた方がよいと、わざわざ名古屋へやったのだと、主人らしい意見であった。」と続く。新坊は「徴用」ではなく、家族の意志で進んで名古屋へ働きに行っているのである。後の主人と娘の転職も事情は同じである。

（宮川康「『木の都』織田作之助」）

① 初出の設定では父親の考えで家を出された甘えん坊の息子に父親が手を焼いているという構図になるが、「徴用」に変更することで、戦時下で家を恋しがる不憫な息子とその息子を案じる父親という親子の情愛がより伝わる作品となる。

② 初出の設定ではいやがる息子を遠方に送り、帰ってきても家に泊めず叱って追い返すという厳しい父親像が描かれるが、「徴用」に変更することで、息子に弁当を作って持たせてやる優しい父親としての側面が強調されることになる。

③ 初出の設定では可愛い子に旅をさせた方がよいという父親の判断が裏目に出た印象のみ強まるが、「徴用」に変更することで、戦争によって引き裂かれた親子の姿が描かれ、戦時下における家族のあり方をテーマとした作品となる。

④　初出の設定では息子が自分から進んで家族の意志に従って名古屋へ働きに行くという主体性のある人物として描かれるが、「徴用」に変更することで、理不尽な状況のなかで虐げられる受動的な人物として描かれることになる。

⑤　初出の設定では「お国の役に立つ」ことを重視する父親の価値観が息子を苦しめていることになり、戦争を肯定しているイメージが強くなるが、「徴用」に変更することで、息子を苦しめる主体が国家へと変わり反戦色の強い作品となる。

第3問　次の文章は、鴨長明の著した歌論『無名抄』の一節で、筆者が自作の和歌についての逸話を語っている部分である。これを読んで、後の問い（**問1～6**）に答えよ。（配点　50）

光行《みつゆき》（注1）、賀茂社の歌合《うたあはせ》とて侍《はべ》りし時、予、月の歌に、

A 石川やせみの小川の清ければ月も流れをたづねてぞすむ

と詠み侍りしを、判者師光入道《もろみつ》（注1）、「かかる川やはある」とて負《まけ》になり侍りにき。思ふところありて詠みて侍りしかども、B かくなり侍りしかばいぶかしくおぼえ侍りしほどに、「その度の判、すべて心得ぬこと多かり」とて、また改めて顕昭《けんせう》（注1）法師に判せさせ侍りし時、この歌のところに判していはく、「石川のせみの小川、いとも聞きおよび侍らず。ただしをかしく続けたり。かかる川などの侍るにや。その所の者にたづねて定むべし」とて、(ア)事を切らず。後に顕昭にあひたりし時、このこと語り出《い》でて、「これは賀茂川の異名なり。当社の縁起に侍りし」と申ししかば、驚きて、「(イ)かしこくぞ落ちて（注2）難ぜず侍りける。されども、顕昭等《ら》が聞き及ばぬ名所（注3）あらじやはと思ひて、ややもせば難じつべくおぼえ侍りしかど、誰とは知らねども、歌ざまのよろしく見えしかば、ところを嫌はずさ申して侍りしなり。これすでにC 老いの功なり」となん侍りし。

その後、このことを聞きて、禰宜祐兼《ねぎすけかね》（注4）、大きに難じて侍りき。「かやうのことは、いみじからん晴の会、もしは国王、大臣の御前などにてこそ詠まめ。かかる褻事《けごと》（注5）に詠みたる、無念なることなり」と申し侍りしほどに、隆信《たかのぶ》（注1）朝臣、この川を詠む。また、顕昭法師、左大将家の百首の歌合の時、これを詠む。祐兼いはく、「(ウ)さればこそ。それいみじく詠み出だしたれども、世の末には、いづれか先なりけん、人はいかでか知らん。何となくまぎれてやみぬべかりける」と本意ながり侍りしを、新古今撰《えら》ばれし時、この歌入れられたり。「D いと人も知らぬことなるを」と申す人などの侍りけるにや。すべてこの度の集に十首入り侍り。これ過分の面目なる中にも、この歌の入りて侍るが、生死の余執ともなるばかり嬉《うれ》しく侍るなり。ただし、あはれ無益のことかな。

（注）1　光行・師光・顕昭・隆信――みな、平安時代末期から鎌倉時代初期にかけての歌人。
2　落ちて――この語の落とし穴に引っかかって、の意。
3　名所――古来和歌に詠まれてきた有名な場所。
4　祐兼――賀茂神社で禰宜（＝神職）を務めていた、鴨長明の親戚。
5　褻事――日常的な場。

問1　傍線部(ア)〜(ウ)の解釈として最も適当なものを、次の各群の①〜⑤のうちから、それぞれ一つずつ選べ。解答番号は 19 〜 21 。

(ア)　事を切らず　19
① 批判しない
② 詳しく言わない
③ 判定を下さない
④ 遠慮なく述べる
⑤ 続けて言う

(イ)　かしこくぞ　20
① 近寄りがたくて
② とくに理由もなく
③ 立派な様子に
④ うまい具合に
⑤ わけもわからず

(ウ)　さればこそ　21
① そんなことだと思っていたよ
② そんなことは許されないだろう
③ そんなことになるなんて
④ それならそうと言ってくれ
⑤ それは何よりのことだなあ

問2　傍線部A「石川やせみの小川の清ければ月も流れをたづねてぞすむ」の和歌の説明として最も適当なものを、次の①〜⑤のうちから一つ選べ。解答番号は 22 。

① 「石川やせみの小川の」は「清けれ」を導く序詞《じょことば》である。
② 係り結びが二カ所使われている。
③ 三句切れの和歌である。
④ 「すむ」は「澄む」と「住む」の掛詞《かけことば》である。
⑤ 「川・清けれ・月」は縁語である。

問3　傍線部B「かくなり侍りしかばいぶかしくおぼえ侍りしほどに」の説明として最も適当なものを、次の①〜⑤のうちから一つ選べ。解答番号は 23 。

① 「かく」の内容は「思ふところありて詠み」である。
② 助動詞が二つ用いられている。
③ 「おぼえ」の主語は師光である。
④ 二つの「侍り」はどちらも光行への敬意を表している。
⑤ 動詞・形容詞・形容動詞がすべて含まれている。

問4　傍線部C「老いの功」の説明として最も適当なものを、次の①〜⑤のうちから一つ選べ。解答番号は 24 。

① 聞き慣れない川の名の使用の可否も、作者が誰かの配慮もさておき、作品の出来映え自体に着目して評価を下せたこと。
② 判者である自分の知らない川の名などあり得ないという、過剰なまでの自信を踏まえて作品を評価してしまったこと。
③ 判者といえども自分の意見を押し通すのではなく、十分な調査を尽くしてから判断するという配慮を忘れなかったこと。
④ 聞き覚えのない川の名の使用をただ退けるのではなく、むしろ個性的に取り入れている点を積極的に評価したこと。
⑤ 作者のわからない作品に対しては、ことさらに慎重な態度をとり、普段なら無視する微細な難点にまで言及したこと。

問5　傍線部D「いと人も知らぬことなるを」とはどのようなことを言っているのか。その説明として最も適当なものを、次の①〜⑤のうちから一つ選べ。解答番号は 25 。

① あまり人の知らない言葉なので、どれほど有名な歌人の作品であっても評価することはできないということ。
② あまり人の知らない言葉だが、このように素晴らしい作品なのだから長明の歌を選び入れようということ。
③ あまり人の知らない言葉なのに、なぜこのような言葉を使った作品をわざわざ勅撰《ちょくせん》和歌集に選んだのかということ。
④ あまり人の知らない言葉なので、このめずらしい言葉が使われている作品はすべて選び入れておこうということ。
⑤ あまり人の知らない言葉なのに、なぜ最近になって急に複数の歌人が使うようになったのか不思議だということ。

問6 次に示す【文章】は、『方丈記』の末尾部分である。この内容を踏まえた二重傍線部「ただし、あはれ無益のことかな」の解釈の説明として最も適当なものを、後の①〜⑤のうちから一つ選べ。解答番号は 26 。

【文章】

そもそも、一期の月影かたぶきて、余算(注1)の山の端に近し。たちまちに三途(注2)の闇に向かはんとす。何のわざをかかこたむとする。仏の教へ給《たま》ふおもむきは、事にふれて執心なかれとなり。今、草庵を愛するも、閑寂に着するも、さはりなるべし。いかが要なき楽しみを述べて(注3)、あたら時を過ぐさむ。

静かなる暁、このことわりを思ひつづけて、みづから心に問ひていはく、世をのがれて山林に交はるは、心を修めて道を行はむとなり。しかるを、汝《なんぢ》、姿は聖人《ひじり》にて、心は濁りに染《し》めり。栖《すみか》はすなはち、浄名居士《じやうみやうこじ》(注4)の跡をけがせりといへども、たもつところは、わづかにしゆりはんどく(注5)が行ひにだに及ばず。もし、これ、貧賤の報のみづから悩ますか(注6)、はたまた妄心のいたりて狂せるか。そのとき、心、さらに答ふる事なし。ただ、かたはらに舌根を雇ひて、不請阿弥陀仏(注7)、両三遍申してやみぬ。時に建暦《けんりやく》の二年、弥生のつごもりごろ、桑門の蓮胤《れんいん》(注8)、外山の庵にしてこれをしるす。

(注) 1 余算——残りの寿命。　2 三途の闇——死後に赴く暗黒の世界。
3 楽しみを述べて——引用部の直前で、今の暮らしでのささやかなこだわりや楽しみについて語っていることを指す。
4 浄名居士の跡をけがせり——在俗の仏弟子である浄名の事績を真似た、の意。
5 しゆりはんどく——仏の弟子の中で最も愚かだったと言われる者。
6 貧賤の報のみづから悩ますか——前世の報いとしての貧しさが自身を悩ませているのか、の意。
7 不請阿弥陀仏——請われずとも救いの手を差し伸べてくださる阿弥陀仏の名号を、の意。
8 桑門の蓮胤——「桑門」は出家者のこと。「蓮胤」は長明の出家後の名。

① 長明は、『新古今和歌集』に自分の歌が思いのほか多く選ばれたことを心から嬉しく思っているため、長年仏の教えを学んで身につけた謙虚さもこのような時には無用だと言っている。

② 『新古今和歌集』に選ばれた長明の歌は一首であり、「過分」、つまり一首しか選ばれていないのに自分でも少し浮かれすぎだという恥じらいの気持ちをもっている。

③ 出家者として「何事にも執着してはいけない」という仏の教えを守って生きてきた長明が、歌人として勅撰和歌集に選ばれるという名誉を素直に喜べず、自分でいいのだろうかと疑問を抱いている。

④ 「ただし」には疑問や推量の意味をつけ加える用法があるため、「もしかしたら」という意味になり、出家者なのに勅撰和歌集に選ばれたことを喜ぶのはよくないことではないか、と自分を戒めている。

⑤ 「ただし」には逆接的に補足事項をつけ加える用法があるため、「しかしながら」という意味になり、勅撰和歌集に選ばれるような取るに足らないことにこだわるのは無意味だと自省している。

（下書き用紙）

国語の試験問題は次に続く。

第4問 次の【笑話Ⅰ】と【笑話Ⅱ】を読んで、後の問い（問1～7）に答えよ。なお、設問の都合で返り点・送り仮名を省いたところがある。（配点 50）

【笑話Ⅰ】

（注1）卜《ぼく》者ノ子不レ習ハ二本業一ヲ、父譴（注2）二怒ス之一ヲ。子曰ハク、「此レ甚ダ易キ［i］ト。」次日 A 有従風雨中求卜者。父命ジテレ子ニ試ミニ為サシムレ之ヲ。子即チ問ヒテ曰ハク、「汝ハ東北方ヨリ来タルかト乎。」曰ハク、「然リト。」曰ハク、「汝ハ姓トスルレ張ヲ乎ト。」曰ハク、「然リト。」復タ問ヒテ曰ハク、「汝ハ為ニ二（注3）尊正ノ一卜スルト乎。」亦タ曰ハク、「然リト。」其ノ人卜シ畢をはリテ而去ル。父驚キテ問ヒテ曰ハク、「爾《なんぢ》［ii］前ニ知ルコト如キカトレ此クノ。」子答ヘテ曰ハク、「今日ハ乃チ東北風ナリ。其ノ人面シテレ西ニ而来タリ、肩背（1）尽ク湿レリ。是ヲ以テ知ルレ之ヲ。傘ノ柄ニ明二刻ス（注4）清河郡一ト。非ズシテ二張姓一ニ而何ゾヤ。且ツ風雨如シレ是クノ。B 不レ為レ妻誰肯為二父母一出来。」

（注5）賛ニ曰ハク、「卜者ノ子甚ダ是レ聡明ナレドモ、可キハレ惜シム不リキ三曾テ読マ二『孟子』（注6）一ヲ。（2）若シ読二了セシ『孟子』一ヲ時ニハ、便チ知ルニ人ノ性皆善ナルヲ一。C 豈有視父母反軽於妻之理。」

（趙南星《ちょうなんせい》『笑賛《しょうさん》』による）

（注）1　卜者――占い師。
2　譴怒――叱責する。
3　尊正――奥様。
4　清河郡――地名。張姓が多いことで知られる。
5　賛――笑話に対する編者の評語。
6　『孟子』――儒教の経典。人には生まれつき道徳性が備わっているという性善説を主張。父母に対する「孝」の重要性も説かれている。

【笑話Ⅱ】

卜者臨ミテレ岐ニ問フ二路ヲ農夫ニ一。農夫曰ハク、「子ハ非ズ二売ルレ卜ヲ先生ニ一耶ヤ。D臨レ岐不レ能二断従一、何以為レ人卜筮（注1）《ぜい》乎。」卜者曰ハク、「吾既ニ筮スレ之ヲ。繇（注2）《ちゅう》ニ云フ、『iii レ問フ二農夫ニ一』。是ヲ以テ問フレ爾ニ爾ト。」

（岡白駒《おかはっく》『訳準開口新語《やくじゅんかいこうしんご》』による）

（注）1　卜筮――占う。
2　繇――占いによって得た判断の言葉。

問1　傍線部(1)「尽」・(2)「若」の読み方として最も適当なものを、次の各群の①〜⑤のうちから、それぞれ一つずつ選べ。
解答番号は **27** ・ **28** 。

(1)「尽」 **27**
① ともに
② みな
③ すべて
④ ことごとく
⑤ つくして

(2)「若」 **28**
① わかくして
② もし
③ もしくは
④ ごとし
⑤ たとひ

問2 空欄 i ～ iii に入る語として最も適当なものを、次の各群の①～⑤のうちから、それぞれ一つずつ選べ。解答番号は 29 ～ 31 。

(1) 空欄 i 29
① 乎
② 邪
③ 耳
④ 為
⑤ 否

(2) 空欄 ii 30
① 何
② 誰
③ 孰
④ 独
⑤ 唯

(3) 空欄 iii 31
① 勿
② 未
③ 如
④ 将
⑤ 当

問3　傍線部**A**「有従風雨中求卜者」の返り点の付け方と書き下し文との組合せとして最も適当なものを、次の①～⑤のうちから一つ選べ。解答番号は **32** 。

① 有㆘従㆓風雨中㆒求㆗卜者㆖
　風雨の中より卜者を求むる有り

② 有㆓従㆑風雨中求㆑卜者㆒
　風に従ひて雨の中卜を求むる者有り

③ 有㆔従㆑風雨中求㆓卜者㆒
　風に従ひて雨の中卜者を求むる有り

④ 有㆘従㆓風雨中㆒求㆑卜者㆖
　風雨の中より卜を求むる者有り

⑤ 有㆘従㆓風雨中㆒求㆑卜者㆖
　風雨の中に従りて卜を求むる者有り

問4 傍線部B「不レ為レ妻誰肯為二父母一出来」の解釈として最も適当なものを、次の①～⑤のうちから一つ選べ。解答番号は 33 。

① 妻のためではなく、父母のためなら誰《だれ》もが進んでやって来るでしょう

② 妻のためとは限らないが、誰がわざわざ父母のためにやって来たりするでしょうか

③ 妻のためでなくて、誰がわざわざ父母のためにやって来るでしょうか

④ 妻のためだけでなく、父母のためにも誰もが進んでやって来るのではありませんか

⑤ 妻のためでなく、父母のためであったとしても誰もわざわざやって来たりしないでしょう

問5 傍線部C「豈有視父母反軽於妻之理」の書き下し文と解釈との組合せとして最も適当なものを、次の①～⑤のうちから一つ選べ。解答番号は **34** 。

① 豈に父母を視ること反《かへ》つて妻を軽んずるの理有らんや
どうして父母を思いやることがかえって妻を軽視することになるという道理があろうか

② 豈に父母を視ること反つて妻よりも軽きの理有らんや
どうして父母を思いやることがかえって妻よりも軽いなどという道理があろうか

③ 豈に父母を視に反ること妻よりも軽きの理有らんや
どうして父母の様子を見に帰ることが妻よりも少ないという道理があろうか

④ 豈に父母の反《そむ》きて妻を軽んずるを視るの理有らんや
どうして父母が妻に背いてあなどるのを見るなどという道理があろうか

⑤ 豈に父母の反きて妻を軽んずるの理を視る有らんや
どうして父母が妻に背いて軽々しく扱う道理を見るであろうか

問6　傍線部**D**「臨レ岐不レ能二断従一、何以為レ人卜筮乎」とあるが、どういうことか。その説明として最も適当なものを、次の①～⑤のうちから一つ選べ。解答番号は **35** 。

① 分かれ道に出くわしたこと自体、判断力の欠如を示しており、その程度の力で人のために占いをするのはいかがなものか、ということ。

② 分かれ道に臨んだら、たとえうまく占えなくても自分自身で判断すべきであり、占わずに人に道を尋ねるのは安易ではないか、ということ。

③ 分かれ道に出くわして、それ以上進めなくなったとしても、いつも人のためにしているように何度も占って判断すべきではないか、ということ。

④ 分かれ道に出くわすことが判断できなくても、どうして人のために占いをしているような気持ちで自ら占ってみないのか、ということ。

⑤ 分かれ道に臨んで、自ら進むべき道を判断することができずに、どうして人のために占いをすることができようか、ということ。

問7　【笑話Ⅰ】と【笑話Ⅱ】を踏まえた、内容と表現に関する説明として最も適当なものを、次の①～⑤のうちから一つ選べ。
解答番号は 36 。

① 【笑話Ⅰ】に登場する占い師の子は、ふだんから父親の仕事を軽んじる親不孝者だったから、激しい風雨の中訪れた客が両親のためではなく、妻のためにやって来たことを見抜くことができた。

② 【笑話Ⅱ】に登場する占い師は、分かれ道で判断に迷って農夫に道を尋ねたことをとがめられると、第三者に道を尋ねることに対する正当性を、すぐに理路整然と説明していた。

③ 【笑話Ⅰ】の占い師の子と同様、【笑話Ⅱ】の占い師は、農夫の言葉をよく吟味した上で絶妙な切り返しをしており、農夫は占いの結果だと言われたことで、反論することができなかった。

④ 【笑話Ⅰ】【笑話Ⅱ】の両方で、占い師が時と場合に応じて慎重に言葉を選んでいる姿が描かれていることから、占い師という職業は言葉の操り方がすべてだと導ける。

⑤ 【笑話Ⅰ】の占い師の子の推論には主観的ともいえる判断が含まれており、【笑話Ⅱ】の占い師の言葉には道理に合わない内容が含まれていることから、二つの笑話には占いのいいかげんさが共通して描かれている。

模試 第3回

（200点／80分）

〔国語〕

注 意 事 項

1 **国語解答用紙（模試 第3回）をキリトリ線より切り離し，試験開始の準備をしなさい。**

2 **時間を計り，上記の解答時間内で解答しなさい。**
ただし，納得のいくまで時間をかけて解答するという利用法でもかまいません。

3 この回の模試の問題は，このページを含め，43ページあります。問題は4問あり，第1問，第2問は「近代以降の文章」及び「実用的な文章」，第3問は「古文」，第4問は「漢文」の問題です。

4 **解答用紙には解答欄以外に受験番号欄，氏名欄，試験場コード欄があります。その他の欄**は自分自身で本番を想定し，**正しく記入し，マークしなさい。**

5 **解答は解答用紙の解答欄にマークしなさい。**例えば，［10］と表示のある問いに対して③と解答する場合は，次の(例)のように**解答番号10の解答欄の③にマーク**しなさい。

(例)

解答番号	解答欄								
	1	2	3	4	5	6	7	8	9
10	①	②	●(③)	④	⑤	⑥	⑦	⑧	⑨

6 問題冊子の余白等は適宜利用してよいが，どのページも切り離してはいけません。

7 試験終了後，問題冊子は持ち帰りなさい。

第1問　次の文章を読んで、後の問い（問1〜6）に答えよ。なお、設問の都合で本文に[1]〜[25]の段落番号を付した。（配点　50）

[1] 〈物語〉は、どんなサイズのものであっても、何らかのゴールをもっています。ゴールは、おおまかに二つに分類されます。一つは「何かを得ること」であり、もう一つが「何かから逃れること」です。ここではそれぞれ「得る物語」と「逃れる物語」と呼ぶことにします。

[2] A<u>この二つは、「辛さ」を軸に分けることができます</u>。ここでの「辛さ」とは、「自分の意思では回避できない不快信号が持続して発生している状態」のことを指します。換言するならば、「辛さ」とは「自由が失われた状態」に付けられた名前です。

[3] それを踏まえた上で両者を見ると、まず「得る物語」がうまく遂行されない場合、人が「辛さ」を感じることはあまりありません。そのときに私たちが感じるのは「疲れ」です。たとえば山登りの途中で疲れを感じるのは、それが「うまくいっていない」ことのあらわれです。もしかしたら頂上にたどり着けないかもしれないという予感が発生したとき、人は疲れを感じます。

[4] しかし「逃れる物語」がうまく遂行されない場合には、人は「辛さ」を感じます。山登りの途中で「疲れ」を感じたとしましょう。そのとき、「疲れ」だけでは「辛さ」は発生しないということに注意が必要です。「疲れ」た状態から「逃れられない」と思ったときに初めて、人は「辛さ」を感じます。

[5] もう少し身近な例を挙げてみましょう。まず右手で、左手の手のひらを数秒間つねってみてください。痛くはあるでしょうが、「辛さ」は感じないのではないでしょうか。それは、自分ですぐにやめることができるからです。

[6] 「辛さ」と「疲れ」は、どちらも物語が遂行されている状態を示しています。ある物語を遂行しているとき、「この物語の遂行はうまくいっていないから、改良したり、別のものに変更したほうがよい」という警告信号が発せられることがあります。それが「辛さ」であり「疲れ」です。

[7] 生きていく上では、「逃れる物語」を遂行しなくてはならない場合もあるでしょう。しかし、「辛さ」が自分を押しつぶすほど

にまで大きくなったときには、それが「物語が遂行されている状態をあらわす信号にすぎない」と考える必要があります。「私」がそのような信号を発するのは、「私」自身を苦しめるためではなく、「人生という物語」を効率的に進行させるためであるはずです。

8 「逃れる物語」において自由が失われているとき、人は「辛さ」を感じます。ここで、「自由が失われている」と私たちが判断するときのことを考えてみましょう。それは、次のX二つの条件が成立しているときです。

①通常の努力では回避しがたいと思われるもの
②時間経過によっては解決されないと思われるもの

9 たとえば指先にさかむけができたときや虫歯が痛むとき、人は死を考えるほどには「辛い」と感じません。その痛みが些細《ささい》なものであるか否かは、ここでの問題の本質ではありません。虫歯の痛みは身体の大きな痛みに比べれば些細なものに分類されると思われますが、それは歯医者で治療をしてもらえば、もしくは時間が経過すれば消失することが容易に推測されることから、些細なものに分類されるにすぎません。

10 しかしもしも、その虫歯の痛みが、歯医者に行っても治らず、かつ一生の間、私を苦しめるものであるなら、それは最早《もはや》些細なものではなくなります。些細なものかそうでないかは、結局のところ本人以外が決めることはできませんが、その際の基準は、回避に向けて何らかの行為を行いうる自由があるか否かということです。

11 通常の努力では回避しがたいことに直面したとき、何をしても無駄であるという状態は、自由が失われていることと同義です。そのとき人は絶望し、その辛さに耐えることができなくなります。

12 「通常の努力では回避しがたいこと」を回避したいと考えているとき、すなわち「逃れる物語」を何とかして達成しようともがき苦しんでいるとき、結果としてそこに耐えがたい「辛さ」が発生します。そのような場合でも、私たちは当初においては、回避の可能性をあれこれとモ(ア)サクします。そのとき人は「逃れる物語」を生きていると言えます。

13 しかし、すべての可能性が失われたと感じたとき、人は物語を放棄します。このとき「絶望」が生じます。

14 ここで「すべての可能性が失われた」「通常の努力では絶対に回避できない」と判断した理由を考える必要があります。

15 実際、到達することが論理的に可能であるとされるゴールであっても、それに到達できると考えるのは無根拠な信念を基礎としています。たとえば、一般的に「男性が女性に何かをプレゼントしたら、仲よくなれる可能性がある」という傾向があるとします。これを信念とするある男性が、好きなある女性にプレゼントをあげて仲よくなろうとする場合、それがうまくいくかもしれないと男性が考えることにはもちろん根拠がありません（そして実際往々にして、うまくいきません）。

16 こうした信念の体系は、社会に存在しているものであり、私たちはそれを内在化することによって、行動のキ(イ)ハンや基準としているわけですが、それらはそもそも「過去においては、比較的高い確率でうまくいった」ということでしかありません。だから次回もうまくいくと考えることに何の根拠もありません。

17 実際には、ほぼすべての現象は「一回性」のものです。先の例で言うと、「一般的な男性が、一般的な女性に何かをプレゼントしたら、仲よくなれる可能性がある」という傾向を、人々が信じているにすぎないということです。しかし、「私」はある特定の個人であり、「好きな彼女」もある特定の個人であり、また「プレゼント」もある特定の財物です。これらは、他の同様の例とは、時間や空間など状況がまったく異なっていると考えるほうが自然です。

18 だからといって、社会に存在している「物語」がまったく役に立たないというわけではありません。おそらくプレゼントをあげないよりはあげたほうがうまくいく可能性は高いでしょうし、そのプレゼントは、ハムの詰め合わせではなく、アクセサリーやバッグなどのほうがよいでしょう。

19 それらのB「あらかじめ社会に存在していた物語」は、参考にはなりますが、参考以上のものにはなりえません。私たちは、現実としては常に「一回性」の現象を生きています。その意味で、すべての「生きる営み」は、一回しか発生しないものという意味でキ(ウ)セキです。それらを「よくあること」と考えるのは、「社会に蓄積されてきた一回性の事象の事例」と「自分の生」

との混同であって、純粋な勘違いです。

20 「不治の病」に苦しんでいる人がいるとします。その病気は、現状では治療方法が発見されていません。しかし、将来にわたってそうであるかどうかは不明で、ことによると一年後には(エ)カッキテキな治療方法が提案され、その人が治験《ちけん》(注)に参加できる可能性さえあります。

21 しかし、それはあくまで可能性にすぎないものであって、その人にとって重要な問題は「病苦が続く」ということであり、「それが、いつまで続くかわからない」ことです。さらに言うと、「不治の病」というからには、「一生の間、この病苦が続くかもしれない」とその人が推測しうるという状況は確かに存在するでしょうし、その推測は単なる推測ではなく、かなり確実なものである可能性も高いでしょう。このとき、その人の「逃れる物語」は絶望の淵《ふち》にさしかかっていると言えます。

22 しかしこの場合、その人の「逃れる物語」がそのような状態になったのは、その人自身、あるいはその病気に関する一般的な推測、もしくは知識によってです。その人がもしも医師の「不治の病である」という診断を完全に受容し、それを事実として受けとめるのであれば、「病苦から逃れるという物語」を放棄しなくてはなりません。そして、もしもその物語を放棄しないのであれば、医師の診断を受容することはできないはずです。

23 病気の話が出たついでに言うと、人間は誕生した瞬間に、「老衰」という名前の病にかかります。この病の(オ)センプク期間は三十年ほどであり、必ず発症します（個人差はありますが、三十歳を越えるころには、ほとんどの人が老化に起因する衰えを感じるようになるということです）。発症してからは、体力の衰えや各部の機能の衰えなどが次々と発生し、発症後五十年から七十年ほどで、必ず死に至ります。しかし、老化は人によってはかなり辛い症状を伴う場合があるにもかかわらず、私たちが、それを理由としてC「生きるという物語」を止めることはそう多くあるものではありません。

24 「絶望」とは、物語の達成が不可能であると信じつつも、その物語を放棄せずにいる状態の別名です。不治の病の例で言うならば、「このままでは必ず死んでしまう」という診断が下されたとき、それから「逃れる物語」は、「捨てられない物語」となることがあります（というより、多くの場合はそうでしょう）。「捨てられない物語」の遂行を止めることはできません。それがすなわち「捨てられない」ということの意味です。

[25] 人間は、（傍《はた》から見て）厳しい辛さにも耐えることができる存在であると同時に、（傍から見て）些細な辛さに耐え切れず死を選ぶ存在でもあります。問題は、この違いはどこにあるのかということです。その違いは、「辛さ」の大小にはありません。それは、「物語を生きているか否か」によります。言い換えれば、辛さを回避するために「何かをする」ことのできる「自由」があるかどうかということです。この場合「何かをする」というのは、必ずしも積極的な行為だけではありません。時間が解決してくれると考えた場合は、単に時間経過を待つ（つまり「耐え忍ぶ」）という行為を選択する「自由」があるわけです。

（高《たか》田《だ》明典《あきのり》『「私」のための現代思想』による）

（注）治験――「治療試験」の略。開発中の医薬品や医療機器を患者に使用してもらい、その安全性や有効性を確認する試験のこと。

問1 傍線部(ア)〜(オ)に相当する漢字を含むものを、次の各群の①〜④のうちから、それぞれ一つずつ選べ。解答番号は **1** 〜 **5** 。

(ア) モサク **1**
① 本にサクインをつける
② 郊外をサンサクする
③ 予算をサクゲンする
④ サクセンを遂行する

(イ) キハン **2**
① 無料でハンプする
② 荷物をハンシュツする
③ 試験ハンイの勉強をする
④ 商売がハンジョウする

(ウ) キセキ **3**
① ツイセキ調査をする
② インセキ辞任をする
③ セキベツの情を抱く
④ データをカイセキする

(エ) カッキテキ **4**
① 不祥事がハッカクする
② カクダンに進歩する
③ 生き物をランカクする
④ 土地をクカクする

(オ) センプク **5**
① アザやかな色
② モッパら練習する
③ 悪い習慣にソまる
④ 海深くにモグる

問2 傍線部**A**「この二つは、『辛さ』を軸に分けることができます」とあるが、「逃れる物語」は、どのような点で「得る物語」と区別できるのか。その説明として最も適当なものを、次の①～⑤のうちから一つ選べ。解答番号は 6 。

① 「逃れる物語」は、その物語がうまく遂行されていない場合に、回避しようという意思をもつことができないという点で、「得る物語」と区別できるということ。

② 「逃れる物語」は、その物語を遂行している最中に、よりよい状態にするための警告信号を発することができないという点で、「得る物語」と区別できるということ。

③ 「逃れる物語」は、「人生という物語」を効率的に進行させるよりも、回避しがたい苦痛をもたらすという点で、「得る物語」と区別できるということ。

④ 「逃れる物語」は、納得できるような明確なゴールがなく、「疲れ」よりも「自由が失われた状態」が続くという点で、「得る物語」と区別できるということ。

⑤ 「逃れる物語」は、その物語の遂行がうまくいっていない時に、「自由が失われた状態」に陥るという点で、「得る物語」と区別できるということ。

問3 傍線部B「『あらかじめ社会に存在していた物語』は、参考にはなりますが、参考以上のものにはなりえません」とあるが、それはなぜか。その説明として最も適当なものを、次の①～⑤のうちから一つ選べ。解答番号は 7 。

① 人間は社会に存在している信念の体系を内在化することによって行動の基準とする生き物であり、一回しか発生しない「生きる営み」を基準にして物事を判断することは危険であるから。

② 以前から社会に存在していた物語が今後起こることに与える影響はわずかであり、私たちの社会は、そのつど変化していく「一回性」の事象の事例を積み重ねていくことによって発展していくしかないから。

③ すべての「生きる営み」は一回しか発生しないものであり、過去において比較的高い確率でうまくいったことが、時間や空間などが異なる状況でもうまくいくということは一切ありえないから。

④ 過去に存在していた物語とは「社会に蓄積されてきた一回性の事象の事例」にすぎず、一般的な傾向ではあっても、過去の事例とは異なり一回しかない「自分の生」にも適用できるという根拠がないから。

⑤ 過去の社会に存在していた物語は、あくまでもその時々の事象にすぎず、私たちの「生きる営み」と同様に「一回性」のものであるため、一般的な傾向とみなすことはできないから。

問4　傍線部C「『生きるという物語』を止めることはそう多くあるものではありません」とあるが、人が「生きるという物語」を止める時とはどういう場合か。その説明として最も適当なものを、次の①～⑤のうちから一つ選べ。解答番号は **8**。

① 「老衰」のように誰もが直面する事態ではなく、「不治の病」といった不確定要素の多い事態に直面した時、人はどうしてよいかわからなくなり、「生きるという物語」を放棄してしまう。

② 「逃れる物語」の遂行がうまくいかないことで感じた辛さを回避する余地が与えられていない時、人はその辛さを耐えがたく感じ、「生きるという物語」を放棄してしまう。

③ 「通常の努力では回避しがたいこと」に直面し、それを回避することができるわずかな可能性を自ら捨て去った時、人は「生きるという物語」を放棄してしまう。

④ 「逃れる物語」を遂行することができない辛さをごまかそうと、「得る物語」の遂行に挑み、かえって虚無感を募らせた時、人は「生きるという物語」を放棄してしまう。

⑤ 不可避の事態に直面するたびに辛さが募り、そのはけ口となるような生きがいにすら辛さが生じた時、人は自分の人生に希望を失い、「生きるという物語」を放棄してしまう。

問5　次に示すのは、この文章を読んだFさんが、20〜24段落に書かれている「不治の病」についてまとめた【ノート】である。問題文の内容を踏まえて、【ノート】の傍線部「『逃れる物語』は、『捨てられない物語』となる」の説明として最も適当なものを、後の①〜⑤のうちから一つ選べ。解答番号は 9 。

【ノート】

「不治の病」に苦しむ人

・「一生の間、この病苦が続くかもしれない」という推測が、かなり確実なものである時

↓その人の「逃れる物語」は絶望の淵にさしかかっている

・医師の「不治の病である」という診断を完全に受容し、事実として受けとめる時

↓「病苦から逃れるという物語」を放棄しなくてはならない

・「このままでは必ず死んでしまう」という診断が下された時

↓「逃れる物語」は、「捨てられない物語」となる

① 〈この病苦からは一生逃れられないかもしれない〉と推測しうる状況の中で絶望し、「病苦から逃れるという物語」を放棄していたにもかかわらず、来たるべき死を現実のこととして認識した時に、自分の人生をあきらめて死を選ぼうと決めていたそれまでの覚悟が揺らいできてしまうということ。

② 不治の病のような通常の努力では回避しがたいことに直面した時に、回避できる可能性が残されていないことを理屈としては理解していても、わずかな生への可能性をあえて信じてみようと自分に言い聞かせることで、〈不治の病から逃れるという物語〉を達成しようとする決意を固めるということ。

③ 「このままでは必ず死んでしまう」という診断が医師より下されて、病気が治る可能性が残されていないことを自覚し

たことをきっかけに、今まで進行していた〈不治の病から逃れるという物語〉をこれからも遂行していこうとする意欲が失われ、ただ死を迎えるのを待つだけの存在になってしまうということ。

④ 自分が不治の病に冒されているという事実を受け入れるならば、「病苦から逃れるという物語」を放棄しなくてはならないということを理解している一方で、「病苦から逃れるという物語」を遂行する可能性が失われてもなお、その物語を遂行したいという思いをもち続けるということ。

⑤ 現状では治療方法が発見されていない不治の病である、という医師の診断を事実として受容した上で、それでもなお世界のどこかで最新の治療方法が生み出されている可能性がないとはいえないと考え、「病苦から逃れるという物語」を意志の力によって「生きるという物語」に変更していくということ。

問6　この文章の表現について、次の(i)・(ii)の問いに答えよ。

(i)　波線部X「二つの条件」とあるが、波線部に続いて「二つの条件」が箇条書きで示されている。この表現効果の説明として最も適当なものを、次の①〜④のうちから一つ選べ。解答番号は 10 。

① これまで述べてきた内容から論点を転換し、多面的な論証によって文章全体の説得力を高める効果がある。
② 冒頭から述べてきた紛らわしい二つの要素を区別してまとめ、読者が両者を混同しないようにする効果がある。
③ 繰り返し述べてきた事柄を整理することで、さらに論が深まっていくことを読者に予見させる効果がある。
④ 直前に述べた抽象的な内容を具体的に説明するための足がかりとして、読者に注意をうながす効果がある。

(ii)　筆者は論を進める上で具体的な事例を豊富に挙げている。それらの事例の働きについての説明として最も適当なものを、次の①〜④のうちから一つ選べ。解答番号は 11 。

① 山登りの例とさかむけや虫歯の例は、「得る物語」と「逃れる物語」とが対極的なものでなく、相互に関連するものであるということを示すために用いられている。
② プレゼントの例は、社会によってつくられた「逃れる物語」と、「一回性」の現象を生きる私たちとが相いれない関係にあるということを示す根拠として用いられている。
③ 「不治の病」の例は、これまでの考察を踏まえ、「逃れる物語」についてさらに論を展開して、結論につなげるためのきっかけとして用いられている。
④ 「老衰」の例は、最も極端な事例を示すことによって、人間とはいかなる時でも生きようとする意欲をもち続ける存在であることを証明するために用いられている。

第2問　次の文章を読んで、後の問い（問1～6）に答えよ。なお、本文の一部の表記を改め、省略した箇所がある。（配点　50）

むかし、むかし、大むかし、この木は山谷を覆った枝に、(ア)累々と実を綴《つづ》ったまま、静かに日の光りに浴していた。一万年に一度結んだ実は一千年の間は地へ落ちない。しかし或《ある》寂しい朝、運命は一羽の八咫《やた》（注1）烏《がらす》になり、さっとその枝へおろして来たと思うと、小さい実を一つ啄《ついば》み落とした。実は雲霧の立ち昇る中に遥《はる》か下の谷川へ落ちた。谷川は勿論《もちろん》峰々の間に白い水煙をなびかせながら人間のいる国へ流れていたのである。

この赤子を孕《はら》んだ実は深い山の奥を離れた後、どういう人の手に拾われたか？　――それは今更話すまでもあるまい。谷川の末にはお婆さんが一人、日本中の子供の知っている通り、柴刈りに行ったお爺《じい》さんの着物か何かを洗っていたのである……。

桃から生まれた桃太郎は鬼が島の征伐を思い立った。思い立った訳はなぜかというと、彼はお爺さんやお婆さんのように、山だの川だの畑だのへ仕事に出るのがいやだったせいである。その話を聞いた老人夫婦は内心この腕白ものに愛想を尽かしていた時だったから、一刻も早く追い出したさに、旗とか太刀とか陣羽織とか、出陣の仕度に入用のものは言うなり次第に持たせることにした。のみならず途中の兵糧《ひょうろう》には、これも桃太郎の注文通り、黍団子《きびだんご》さえこしらえてやったのである。

桃太郎は意気揚々と鬼が島征伐の途に上った。すると大きい野良犬が一匹、飢えた眼を光らせながら、こう桃太郎へ声をかけた。

「桃太郎さん。桃太郎さん。お腰に提げたのは何でございます？」

「これは日本一の黍団子だ。」

桃太郎は得意そうに返事をした。勿論実際は日本一かどうか、そんなことは彼にも怪しかったのである。けれども犬は黍団子と聞くと、忽《たちま》ち彼の側《そば》へ歩み寄った。

「一つ下さい。お伴《とも》しましょう。」

A桃太郎は咄嗟《とっさ》に算盤《そろばん》を取った。

「一つはやられぬ。半分やろう。」

犬は少時《しばらく》剛情《ごうじょう》に、「一つ下さい」を繰り返した。しかし桃太郎は何といっても、「半分やろう」を撤回しない。こうなればあらゆる商売のように、所詮持たぬものは持ったものの意志に服従するばかりである。犬もとうとう嘆息しながら、黍団子を半分貰《もら》う代わりに、桃太郎の伴をすることになった。

桃太郎はその後犬の外にも、やはり黍団子の半分を餌食に、猿や雉《きじ》を家来にした。しかし彼らは残念ながら、あまり仲の良い間がらではない。丈夫な牙を持った犬は意気地のない猿を莫迦《ばか》にする。黍団子の勘定に素早い猿は尤《もっと》もらしい雉を莫迦にする。(注2)地震学などにも通じた雉は頭の鈍い犬を莫迦にする。——こういういがみ合いを続けていたから、桃太郎は彼らを家来にした後も、一通り骨の折れることではなかった。

その上猿は腹が張ると、忽ち不服を唱え出した。どうも黍団子の半分位では、鬼が島征伐の伴をするのも考え物だと言い出したのである。すると犬は吠《ほ》えたけりながら、いきなり猿を噛《か》み殺そうとした。もし雉がとめなかったとすれば、猿は蟹《かに》の仇討《あだう》ちを待たず、この時もう死んでいたかも知れない。しかし雉は犬をなだめながら猿に主従の道徳を教え、桃太郎の命に従えと言った。それでも猿は路ばたの木の上に犬の襲撃を避けた後だったから、容易に雉の言葉を聞き入れなかった。その猿をとうとう得心させたのは確かにB桃太郎の手腕である。桃太郎は猿を見上げたまま、日の丸の扇を使い使いわざと冷やかにいい放した。

「よしよし、では伴をするな。その代わり鬼が島を征伐しても、宝物は一つも分けてやらないぞ。」

欲の深い猿は円い眼をした。

「宝物？　へええ、鬼が島には宝物があるのですか？」

「あるどころではない。何でも好きなものの振り出せる打出《うちで》の小槌《こづち》という宝物さえある。」

「ではその打出の小槌から、幾つも又打出の小槌を振り出せば、一度に何でも手に入る訳ですね。それは耳寄りな話です。どうかわたしもつれて行ってください。」

桃太郎はもう一度彼らを伴に、鬼が島征伐の途を急いだ。

鬼が島は絶海の孤島だった。が、世間の思っているように岩山ばかりだった訳ではない。実は椰子《やし》の聳《そび》えたり、極楽鳥の囀《さえず》ったりする、美しい天然の楽土だった。こういう楽土に生を受けた鬼は勿論平和を愛していた。

鬼は熱帯的風景の中に琴を弾いたり踊りを踊ったり、古代の詩人の詩を歌ったり、頗《すこぶ》る安穏に暮らしていた。その又鬼の妻や娘も機《はた》を織ったり、酒を醸《かも》したり、蘭《らん》の花束を拵《こしら》えたり、我々人間の妻や娘と少しも変わらずに暮らしていた。

桃太郎はこういう罪のない鬼に建国以来の恐ろしさを与えた。鬼は金棒を忘れたなり、「人間が来たぞ」と叫びながら、亭々《ていてい》と聳えた椰子の間を右往左往に逃げ惑った。

「進め！　進め！　鬼という鬼は見つけ次第、一匹も残らず殺してしまえ！」

桃太郎は桃の旗を片手に、日の丸の扇を打ち振り打ち振り、犬猿雉の三匹に号令した。犬猿雉の三匹は仲の好《よ》い家来ではなかったかも知れない。が、飢えた動物ほど、忠勇無双の兵卒の資格を具《そな》えているものはない筈《はず》である。彼らは皆あらしのように、逃げまわる鬼を追いまわした。

あらゆる罪悪の行われた後、とうとう鬼の酋長《しゅうちょう》（注3）は命をとりとめた数人の鬼と、桃太郎の前に降参した。桃太郎の得意は思うべしである。鬼が島はもう昨日のように、極楽鳥の囀る楽土ではない。椰子の林は至る処《ところ》に鬼の死骸を撒《ま》き散らしている。桃太郎はやはり旗を片手に、三匹の家来を従えたまま、平蜘蛛《ひらくも》のようになった鬼の酋長へ(イ)厳かにこういい渡した。

「Cでは格別の憐憫《れんびん》により、貴様たちの命は赦《ゆる》してやる。その代わりに鬼が島の宝物は一つも残らず献上するのだぞ。」

「はい、献上致します。」

「なおその外に貴様の子供を人質のためにさし出すのだぞ。」

「それも承知致しました。」

鬼の酋長はもう一度額を土へすりつけた後、恐る恐る桃太郎へ質問した。

「わたくしどもはあなた様に何か無礼でも致したため、御征伐を受けたことと存じております。しかし実はわたくしを始め、鬼が島の鬼はあなた様にどういう無礼を致したのやら、とんと合点が参りませぬ。就いてはその無礼の次第をお明かし下さる訳には参りますまいか？」

桃太郎は悠然と頷《うなず》いた。

「日本一の桃太郎は犬猿雉の三匹の忠義者を召し抱えた故、鬼が島へ征伐に来たのだ。」

「ではそのお三かたをお召し抱えなすったのはどういう訳でございますか？」

「それはもとより鬼が島を征伐したいと志した故、黍団子をやっても召し抱えたのだ。——どうだ？　これでもまだわからないといえば、貴様たちも皆殺してしまうぞ。」

鬼の酋長は驚いたように、三尺（注4）ほど後ろへ飛び下がると、いよいよまた丁寧にお辞儀をした。

日本一の桃太郎は犬猿雉の三匹と、人質に取った鬼の子供に宝物の車を引かせながら、得々と故郷へ凱旋《がいせん》した。——これだけはもう日本中の子供のとうに知っている話である。しかし桃太郎は必ずしも幸福に一生を送った訳ではない。鬼の子供は一人前になると番人の雉を嚙み殺した上、忽ち鬼が島へ逐電《ちくでん》（注5）した。のみならず鬼が島に生き残った鬼は時々海を渡って来ては、桃太郎の屋形へ火をつけたり、桃太郎の寝首をかこうとした。何でも猿の殺されたのは人違いだったらしいという噂《うわさ》である。桃太郎はこういう重ね重ねの不幸に嘆息を漏らさずにはいられなかった。

「どうも鬼というものの執念の深いのには困ったものだ。」

「やっと命を助けて頂いた御主人の大恩さえ忘れるとは怪《け》しからぬ奴《やつ》らでございます。」

犬も桃太郎の(ウ)渋面を見ると、口惜しそうにいつも唸《うな》ったものである。

その間も寂しい鬼が島の磯《いそ》には、美しい熱帯の月明かりを浴びた鬼の若者が五六人、鬼が島の独立を計画するため、椰子の実に爆弾を仕こんでいた。優しい鬼の娘たちに恋をすることさえ忘れたのか、黙々と、しかし嬉《うれ》しそうに茶碗《わん》ほどの目の玉を赫《かがや》かせながら、……

人間の知らない山の奥に雲霧を破った桃の木は今日もなお昔のように、累々と無数の実をつけている。勿論桃太郎を孕《はら》んでいた実だけはとうに谷川を流れ去ってしまった。しかし未来の天才はまだそれらの実の中に何人とも知らず眠っている。あの大きい八咫烏は今度は何時《いつ》この木の梢《こずえ》へもう一度姿を露《あら》わすであろう？ **D** <u>ああ、未来の天才はそれらの実の中に何人とも知らずに眠っている。……</u>

（芥川《あくたがわ》龍《りゅう》之介《のすけ》「桃太郎」による）

（注）1　八咫烏——日本の神話に出てくる天照大神《あまてらすおおみかみ》に遣わされた烏。

2　地震学などにも通じた雉——雉の鳴き声を地震の予兆とする風説を踏まえたもの。

3　酋長——現代文明とはかけ離れた昔ながらの生活を営んでいる一族の長。

4　三尺——約90センチメートル。

5　逐電——逃げ去って行方をくらますこと。

問1 傍線部(ア)〜(ウ)の本文中における意味として最も適当なものを、次の各群の①〜⑤のうちから、それぞれ一つずつ選べ。
解答番号は **12** 〜 **14**。

(ア) 累々と **12**
① 折り重なるように
② 規則性もなく雑然と
③ たわわに実った
④ あちこちに散らばって
⑤ 赤々と良い色をした

(イ) 厳かに **13**
① 詰問するような態度で
② 礼儀を尽くした態度で
③ 改まった態度で
④ 相手をおもんぱかった態度で
⑤ 高圧的な態度で

(ウ) 渋面 **14**
① 弱りきった顔つき
② 蔑むような顔つき
③ 怒りに満ちた顔つき
④ 不満そうな顔つき
⑤ 困りきった顔つき

問2　傍線部Ａ「桃太郎は咄嗟に算盤を取った」とあるが、この時の「桃太郎」の心情の説明として最も適当なものを、次の①～⑤のうちから一つ選べ。解答番号は 15 。

① 日本一の黍団子だとあえて豪語することで、さぞうまい黍団子に違いないと犬に思わせて、強引にでも自分の伴として連れていってしまおうと、謀略をめぐらせている。

② 腹が減っているはずの犬にとって、味の善し悪しは問題ではなく、とにかく今の空腹を少しでも満たせれば不味《まず》い黍団子を与えても納得するはずだと、安易に予測している。

③ 日本一の黍団子だと自慢することで犬の関心をかき立てたので、犬は自分の好奇心を満たすためであれば味見程度の半分の量でも渋々受け入れるはずだと、弱みにつけ込もうとしている。

④ お婆さんに作ってもらった黍団子は数にも限りがあり、腹も減っているはずの犬であるから半分しかやらずとも少しでも腹を満たして伴をするはずだと、意地汚く物惜しみする心が働いている。

⑤ 犬の要望に素直に応えてしまえばこれからの主従関係にも支障が出るため、ここではあえて厳しい条件を飲ませることで、最初に上下関係を明確にしておこうと、もくろんでいる。

問3　傍線部**B**「桃太郎の手腕」とあるが、これはどういうことを指しているか。その説明として最も適当なものを、次の①〜⑤のうちから一つ選べ。解答番号は **16** 。

① できる限りの誠意をみせることによって、人間に対して猜疑《さいぎ》心が強い猿の心を解き、ついに猿を手なずけたこと。
② 貪欲でずるがしこい猿の性情を見抜き、際限ない欲を満たせる打出の小槌の話を持ち出して、猿を納得させたこと。
③ 気性の荒い猿に対して、わざと冷酷な態度で言い放つことで動揺させ、かえって自発的に伴をするよう仕向けたこと。
④ 宝物の話をねつ造することで猿の欲深い性格を刺激し、今後、黍団子なしでも家来になることを猿に同意させたこと。
⑤ 素直に相手の言葉に従えない猿のひねくれた性格を見抜き、あえて反対の言葉を言うことで猿の行為を誘導したこと。

問4　傍線部**C**「では格別の憐憫により、貴様たちの命は赦してやる」とあるが、桃太郎の心情を端的に表したものとして最も適当なものを、次の①〜⑤のうちから一つ選べ。解答番号は **17** 。

① 満足と充実感
② 安堵《あんど》と支配欲
③ 劣等感と猜疑心
④ 虚栄心と不安
⑤ 得意と優越感

問5　傍線部D「ああ、未来の天才はそれらの実の中に何人とも知らずに眠っている。……」とあるが、ここに込められた語り手(作者)の思いはどのようなものだと考えられるか。その説明として最も適当なものを、次の①〜⑤のうちから一つ選べ。解答番号は 18 。

① 犬猿雉のようにずるがしこい者たちを黍団子半分で手なずけ、鬼たちの侵略や虐殺についての質問に対してつじつまの合わない説明ではぐらかすなど、立ち回りがうまい桃太郎のような「天才」は今後も後を絶たないと期待している。

② 平和な鬼の国への理不尽な仕打ちによって、かえって鬼の恨みを買うことになり、果てのない怨恨と暴力の応酬のきっかけをつくった桃太郎は、負の意味での「天才」であり、このような者は眠ったままでいてほしいと切望している。

③ 鬼たちに非道徳的な行いをしているにもかかわらず、猿や雉を殺され、桃太郎自身の命を狙われていることに腹を立てるのは、自分の行いを省みない「天才」であり、客観的な判断ができない人間が近い将来必ず現れることを悲嘆している。

④ 善良な鬼たちの土地を侵略し鬼を虐殺しても、その正当性を示さず心の痛みを感じることもない桃太郎のような冷酷で独善的な存在に対して皮肉を込めて「天才」と呼び、今後もそのような者が現れるかもしれないと危惧している。

⑤ わずかな家来とともに鬼が島に乗り込み、破竹の勢いで鬼を成敗し降伏させたその剛胆な性格と武功は後世に語り継がれるべき「天才」の所業であり、このような軍神というべき存在が未来の日本を支えるに違いないと確信している。

問6　次に示すのは、童話（昔話）として知られている「ももたろう」の一節である。この**【資料】**と本文（芥川龍之介「桃太郎」）の内容を踏まえて、後の(i)・(ii)の問いに答えよ。

【資料】

むかし、おじいさんとおばあさんがいました。ある日、おばあさんが川でせんたくをしていたら、つんぶか、つんぶか、大きなももがながれてきました。おばあさんはももをひろうと、大よろこびで家にかえっていきました。ゆうがた、おじいさんが山しごとからもどってきました。

「おじいさん、おじいさん、ももをめしあがれ。」

おじいさんがほうちょうで切ろうとしたら、ぱっちん！　ももがふたつにわれ、まるまるとふとった男の赤んぼうがとびだしました。

「わしらで、しっかりそだてよう。」

と、いって、この赤んぼうに「ももたろう」というなまえをつけました。

ある日、ももたろうがいいました。

「おら、鬼が島にいるわるい鬼をたいじしにいくから、きびだんごをつくっておくれ。」

「よしよし、日本一のきびだんごをつくってあげよう。」

おばあさんは、ひとつたべたら百人力のでるきびだんごをつくってあげました。おじいさんも、はちまきと刀をわたして、ももたろうはよろこびいさんで、家をでていきました。村はずれにくると、わんわん、犬がやってきました。

「ももたろうさん、ももたろうさん、どこへおでかけ？」

「鬼が島へ、鬼たいじに。」

「おこしにつけたきびだんご、ひとつください。おともします。」

「よし、あげよう。」

ももたろうはきびだんごをひとつだして、犬にあげました。

（中略）同じようにして、きじ、さるも仲間になる。

ももたろうは犬とさるときじをひきつれ、舟で海をわたって、鬼が島へいきました。大きな岩屋のまえに、門番の鬼が立っていました。

「それっ！」

ももたろうのあいずで、きじはすばやくとびあがり、鬼の目だまをつつきました。犬は足にかみつきました。そのすきに、さるが門をのぼって、なかからあけました。

「おらは、日本一のももたろう。鬼ども、かくごしろ！」

ももたろうは刀をぬいて、岩屋にとびこみました。酒もりをしていた鬼どもは、びっくりして立ちあがりました。

「なにをこしゃくな。ものども、ももたろうをたたきつぶせ！」

鬼のおやぶんがさけびました。鬼どもは、いっせいにてつぼうをふりあげ、ももたろうにおそいかかってきました。それでも、ももたろうは切って、切って、切りまくりました。きじは、くちばしで鬼どもの目だまをつつきました。さるは、つめで鬼どもの顔をひっかきました。犬は、鬼どもの足にかぶりつきました。みんな、百人力のでるきびだんごをたべているので、そのつよいこと、つよいこと。


（西本鶏介《にしもとけいすけ》編・著「ももたろう」による）

(i) 次の選択肢は、本文と【資料】を比べて説明したものである。その説明として**適当でないもの**を、次の①〜④のうちから一つ選べ。解答番号は 19 。

① 【資料】では「ももたろう」を「おじいさん」たちは温かく受け止めているが、本文では百姓仕事を嫌う腕白な桃太郎をお爺さんたちはもてあまし、嫌悪していて、対極的な人間関係の設定を取っている。

② 本文では半分の黍団子で家来になることに不満を唱える犬猿雉の欲深さと心の葛藤が描かれていて、【資料】のように三者が言われるがまま素直に家来になったのではない。

③ 本文でも【資料】でも桃太郎が鬼が島の鬼退治に出発する段階でその具体的な正当性は説明されず、むしろ桃太郎自身の思いが出発点になっていることがわかる。

④ 【資料】では「ももたろう」たちの強さの秘密は「きびだんご」にあると書かれているが、本文では桃太郎自身が「日本一の黍団子」であることを怪しみ、強さの秘密はだんごではなく欲深さであることが示唆されている。

(ii) 次のa〜cの表現や表記に関する説明として最も適当なものを、後の①〜⑥のうちから、それぞれ一つずつ選べ。解答番号は 20 〜 22 。

a 【資料】の特徴。 20

b 本文6行目「日本中の子供の知っている通り」、同69・70行目「これだけはもう日本中の子供のとうに知っている話である」。 21

c 本文78・79行目「しかし嬉しそうに茶碗ほどの目の玉を赫かせながら、……」の「……」について。 22

① 語り手が突然、本文に登場することで平板な物語にアクセントを与え、物語が退屈しないように工夫されている。
② 語り手が子供は皆知っていると伝えることで、逆に語り手しか知らない物語の一面があることを示唆している。
③ 余韻をあえて残すことで、不気味な様子と後味の悪さをほのめかしている。
④ 文章の続きをあえて省略することで、この後の急展開を予感させている。
⑤ 語り手の心情や考えを極力省き、事実の経過を淡々と描くことで読み手の想像力を喚起させている。
⑥ ひらがなでの表記を多用し子供にも読みやすいものになっている反面、表意文字が少ないので意味が伝わらない。

（下書き用紙）

国語の試験問題は次に続く。

第3問　次の文章は、紀行文に関する一節であり、藤井高尚《たかなお》の文章（【文章Ⅰ】）を受けて小津久足《おづひさたり》が自身の考えを述べている（【文章Ⅱ】）。これらを読んで、後の問い（問1〜6）に答えよ。（配点　50）

【文章Ⅰ】

仮名文（注1）の旅路の日記は、貫之主（注2）の土佐日記なんはじめなりける。さるからに、その日記に、をのこすなる日記といふものを、女もして見んとてするなりとかかれき。男のにきといふは記録の真名文（注3）にて、そのをりをりありとありつる事を、うるはしく正しくかける文になん。それを女手（注4）してかかんとて女のしわざのやうにはいはれけるなり。さるは国の守（注5）の身におはぬすさみなればぞ。この日記の注釈どももみなこころをときえず。仮名文の日記は女のしわざなれば、そのこころざすやう、記録の文とはうらうへのたがひにて、旅の情をかきあらはすをむねにて、あはれを人に見えんとては、ものはかなげなることをもいふことになん。すなはち土佐日記ぞさやうなる。さるは歌をかきまじふれば、ことさらにつくりてこそかかね、歌物語のさまにかよへばなり。かかるを、近き世の歌よみのこれかれとかけるを見れば、さらにAそのこころをえずして、もののことわりなどをわれだけくい（注6）ひ、名どころの考をながながといへることどもおほきは、(ア)いとこちなくぞ見ゆる。仮名文の日記のふりにたがへばなり。歌よむ人のこころえにとて(イ)いささかいふになん。

（藤井高尚『松の落葉』「仮名文の旅路の日記」による）

（注）
1　仮名文――ひらがなで書かれた文。
2　貫之主――紀貫之。平安時代前期の歌人。『古今和歌集』撰《せん》者の一人で、『土佐日記』の作者でもある。
3　真名文――漢文。真名は漢字のこと。
4　女手――ひらがな。
5　国の守――国守。貫之は国守として土佐に赴任し、任期後、帰京の旅路を『土佐日記』としてまとめた。
6　われだけくいひ――「われだけく」は「我猛く」。偉そうに語り、の意。

【文章Ⅱ】

ある人の、記行の文は歌物語のさまにかよへば、旅の情をかきあらはすをむねとすべく、もののことわり、名所の考などかくは、仮名文のふりにたがふよし、随筆の中にかけるありて、その人の作の記行どもをみるに、をさしからずめしきは、土佐日記のはじめの詞を、(ウ)あしく心得たがへたるなるべく、Bその文も、人のかがみとなるべき文にあらず、かりにもみちしるべにはならず、その随筆にかけるがごときふりにて、無益の記行どもなり。これらは文を主とし、地理を客とせるおもひたがへなるべし。されば、わが記行は、Cこののち杖とりて誤りをただす人あらば知己といふべく、筆とりて誤りをたださんとする人は知己にあらずとやいはん。

（小津久足『青葉日記』による）

（注）1 ある人――【文章Ⅰ】の筆者・藤井高尚を指す。

2 記行――「紀行」に同じ。

問1 傍線部(ア)〜(ウ)の解釈として最も適当なものを、次の各群の①〜⑤のうちから、それぞれ一つずつ選べ。解答番号は 23 〜 25 。

(ア) いとこちなくぞ見ゆる 23
① とても無礼であるように思われる
② それほどこちらの意見を反映させていないように見える
③ たいへん無風流であるように思える
④ まったく日記を書く方法を学んでいないように思える
⑤ たいして立派なことであるようには見えない

(イ) いささかいふになん 24
① 決してたいしたことは言っていない
② 相当な誤りも指摘するのだ
③ 言うことがわずかでもあるだろうか
④ 少しも言うべきことはない
⑤ ほんの少し言うのである

(ウ) あしく心得たがへたるなるべく 25
① 不適切に誤解したに違いなく
② 悪いもののように誤って解釈したらしく
③ 誤った心得として人に伝えたのだろう
④ 間違って解釈していると指摘すべきであり
⑤ 悪事の方法を承知した者に違いなく

問2　波線部「あはれを人に見えんとては、ものはかなげなることをもいふことになん」の説明として**適当でないもの**を、次の①～⑤のうちから一つ選べ。解答番号は **26** 。

① 「見えん」の「ん」は助動詞「む」の終止形である。
② 「とて」は引用のはたらきをもつ助詞で、貫之の言葉を引用している。
③ 形容動詞は「ものはかなげなる」のみで、ナリ活用の連体形である。
④ 係り結びの省略があり、「なん」の下に「ある」を補うことができる。
⑤ ヤ行下二段活用と、ハ行四段活用の動詞が含まれている。

問3　傍線部A「そのこころ」とはどのようなことを指すか。その説明として最も適当なものを、次の①～⑤のうちから一つ選べ。解答番号は 27 。

① 『土佐日記』がひらがなで書かれているのは、女性でも端正で正確な文章を書けるということを貫之が証明するためであったこと。

② ひらがなで書かれた文の紀行は記録の文ではないので、歌を書き交えるなどして旅の情趣を伝えることを第一とすべきであること。

③ 歌物語のように歌を書き交えた『土佐日記』が評価されてきたのは、貫之の歌人としての才能が秀でていたからであること。

④ 紀行は本来漢文で書くべきであるにもかかわらず、『土佐日記』以降はひらがなで書くことが一般的になってしまったこと。

⑤ ひらがなで紀行を書く場合は、貫之の『土佐日記』を参考に、名所の説明や構成を細かく工夫しなければいけないこと。

問4 傍線部B「その文」とは何を指しているか。その内容として最も適当なものを、次の①～⑤のうちから一つ選べ。解答番号は **28** 。

① 高尚が著した紀行。
② 『土佐日記』の冒頭の文。
③ 名所の考証をした文。
④ 『土佐日記』以外の貫之の紀行や歌物語。
⑤ 高尚が意見を述べた随筆。

問5　傍線部C「こののち杖とりて誤りをただす人あらば知己といふべく」からは、久足のどのような考えが読み取れるか。その説明として最も適当なものを、次の①～⑤のうちから一つ選べ。解答番号は 29 。

① 杖を携えて旅に出るような年配の人こそが、久足の紀行における誤りを修正できるのであり、まさにそのような人物を知識人というのだという考え。

② 今後一緒に杖を携えて旅に出て、さらにその道程で久足自身の欠点に気づかせてくれるような人が、一生の友人というにふさわしい人物であるという考え。

③ 高尚が久足の紀行を読み、実際に旅をするという経験を得れば、きっと自身の誤りにも気づくことができ、二人は友人のようにわかり合えるという考え。

④ 紀行の誤りを指摘することは難しいが、旅に出てそれを修正できるような豊かな知識をもてば、高尚も含めて紀行の執筆にふさわしい人物となるという考え。

⑤ 実際に旅に出て、自分の目でその土地と久足の紀行に記された内容とを比べ見た上で、紀行の誤りを指摘することを大いに歓迎したいという考え。

問6 **【文章Ⅰ】**と**【文章Ⅱ】**の二つの文章の内容についての説明として最も適当なものを、次の①〜⑤のうちから一つ選べ。
解答番号は 30 。

① 『土佐日記』の冒頭文に対する解釈の相違によって意見の違いが生じ、久足はとくに高尚の随筆をまねた文体を批判する。

② ひらがなで書かれた『土佐日記』を評価する高尚に対し、久足は『土佐日記』をまったく人の手本にならない悪文だとする。

③ 高尚は、紀行は記録と正反対だと述べつつも、それと意見を異にする久足を、立場は違うが友人というべき人物だとする。

④ ひらがなで書かれた紀行においては情趣が第一だとする高尚と違い、久足は土地の情報や考証を記すことを重視する。

⑤ 高尚の紀行を力強さがないと批判する久足は、自身の紀行には誤った情報はないと大きな自信をもっている。

第4問

次の文章を読んで、後の問い（**問1～7**）に答えよ。なお、設問の都合で送り仮名を省いたところがある。（配点　50）

成(注1)化ノ間、朝廷好ム二宝(注2)玩ヲ一。中(注3)貴ニ有リテ下迎二合スル上(注4)意ニ一者上、言フ、「宣(注1)徳ノ間ニ嘗テ遣メ二王三(注5)保ヲシテ使ヒセ二西洋等ノ番ニ一、(ア)所レ獲ル無シレ算。」上命ジテ二一中貴ニ一至リ二兵部ニ一、查《しらべシム》二西洋ノ水(注6)程ヲ一。時ニ(注7)項公忠為リ二(注8)尚書一、劉(注7)公大夏為リ二(注9)車駕郎中一。項使ム三一都(注10)吏ヲシテ(1)検セ二旧(注11)案ヲ一。劉先ニ検得テレ之ヲ、匿ス二他処ニ一。都吏検スレドモレ之ヲ不レ得。項笞《むちうチ》二都吏ヲ一、令ムルコト二復タ検セ一、凡ソ三日夕ナルモ A莫シ二能ク得ル一。劉竟ニ秘シテ不レ言ハ。会《たまたま》(注12)科道連ネテレ(注13)章ヲ諫《いさメ》、B事遂ニ寝《やム》。後項呼ビ二都吏ヲ一、詰《せメテ》曰ハク、「庫中ノ案巻、C安得二失去一。」劉在リテレ旁ニ微笑シテ曰ハク、「三保ノ下ル二西洋ニ一時、所ノレ費ス銭糧数十万、軍民ノ死スル者モ亦タ以テレ万ヲ計フ。縦ヒ得トモ二珍宝ヲ一、(イ)於テレ国ニ何ノ益カアラン。此レ大臣ノ所ナリレ当ニ二キ(2)切ニ諫ム一。旧案雖モレ在リト、亦タ当ニ三シ毀《こぼチテ》レ之ヲ、以テ抜ク二其ノ根ヲ一。D尚ホ足ラン三追二究スルニ有無ヲ一邪ト。」項悚《しょう》(注14)然《ぜん》トシテ降リレ位ヲ、向ヒテレ劉ニ再揖《さいいう》(注15)シテ而謝シレ之ニ、指シテ二其ノ位ヲ一曰ハク、「E公ノ陰徳不レ細ナラ。此ノ位不シテレ久シカラ当ニシトレ属《しよく》スレ公ニ矣。」後ニ劉果シテ至ル二兵部尚書ニ一。

（焦竑《しょうこう》撰『玉堂叢語《ぎょくどうそうご》』による）

（注）1　成化・宣徳――明代の年号。成化は一四六五～一四八七年、宣徳は一四二六～一四三五年。
2　宝玩――宝物。
3　中貴――宦官《かんがん》。
4　上――皇帝。ここでは憲宗。
5　遣三王三保使二西洋等番一――第五代皇帝・宣徳帝が、宦官である鄭和《ていわ》とその副使の王三保を南海諸国に遠征させたこと。なお、明代にはボルネオの西を西洋、東を東洋と呼んだ。
6　水程――航路。
7　項公忠・劉公大夏――人名。公は敬称。
8　尚書――兵部尚書。兵部省の長官。
9　車駕郎中――兵部省の属官。
10　都吏――ここでは兵部省の倉庫の係官。
11　旧案――王三保が西洋に赴いたときの記録。
12　科道――地方を監察する高官。
13　連レ章――上奏文を続けて差し出す。
14　悚然――おそれるさま。
15　揖――会釈する。

問1 二重傍線部(ア)「所レ獲無レ算」・(イ)「於レ国何益」の意味として最も適当なものを、次の各群の①～⑤のうちから、それぞれ一つずつ選べ。解答番号は **31** ・ **32** 。

(ア)「所レ獲無レ算」 **31**

① 想定したほどの宝物は手に入らなかった
② 宝物を手に入れることができた国がほとんどだった
③ 数え切れないほど大量の宝物が手に入った
④ 宝物がどれほど手に入るか予測もつかなかった
⑤ 宝物を手に入れるための方策がなかった

(イ)「於レ国何益」 **32**

① 国家からどのような恩恵を受けるのか
② 国家にどのような損益があるのか
③ 国家のためには何と大きな収益になるだろう
④ 国家にとってどんな利益もないのだ
⑤ 国家にとってどうして有益といえるのか

問2　傍線部(1)「検」・(2)「切」の意味として最も適当なものを、次の各群の①〜⑤のうちから、それぞれ一つずつ選べ。解答番号は 33 ・ 34 。

(1)「検」 33
① 保管する
② 改める
③ 読む
④ 移す
⑤ 探す

(2)「切」 34
① 決して
② 強く
③ 常に
④ すべて
⑤ すぐに

問3　傍線部A「莫二能得一」とは、どういうことか。その説明として最も適当なものを、次の①〜⑤のうちから一つ選べ。解答番号は 35 。

① 項忠は「旧案」を手に入れることができなかった。
② 項忠は、劉大夏のたくらみを見抜くことができなかった。
③ 都吏は、「旧案」のありかを決して白状しなかった。
④ 劉大夏は、「旧案」を見つけることができなかった。
⑤ 劉大夏は、項忠の真意を理解することができなかった。

問4　傍線部B「事遂寝」とあるが、「事」とはどのようなことか。その説明として最も適当なものを、次の①～⑤のうちから一つ選べ。解答番号は 36 。

① 朝廷の人々が珍しい宝物を競って集めようとすること。
② 皇帝が西洋に使者を派遣して珍しい宝物を探し求めること。
③ 宦官が権勢を手に入れようとして皇帝に媚《こ》びへつらうこと。
④ 項忠が都吏に「旧案」を探させること。
⑤ 劉大夏が倉庫に入って「旧案」を探すこと。

問5　傍線部C「安得㆓失去㆒」の書き下し文として最も適当なものを、次の①～⑤のうちから一つ選べ。解答番号は 37 。

① 安んじて失ふも去るを得る
② 安くにか失ひ去るを得る
③ 安くにか失ふも去るを得る
④ 安くんぞ失ひ去るを得ん
⑤ 安くんぞ失へば去るを得る

問6 傍線部**D**「尚足㆔追㆓‐究有無㆒邪」の解釈として最も適当なものを、次の①～⑤のうちから一つ選べ。解答番号は **38** 。

① さらに「旧案」の有無をつきとめるべきである
② さらに都吏の責任の有無を問うべきである
③ その上なお「旧案」の有無をつきとめる必要などない
④ その上なお都吏の責任の有無を問う必要などない
⑤ これ以上宝物を探し求める必要などない

問7 次に掲げるのは、傍線部**E**「公陰徳不レ細」の内容についてまとめたものである。これを読んで、後の(i)・(ii)の問いに答えよ。

> 「陰徳」とは、漢和辞典によると、［X］という意味の言葉である。そして、「不レ細」とは、それがささやかではなかった、つまり大きかったということを表している。そうすると、「公陰徳」とは、この文章の中では、［Y］を言っていることになる。傍線部**E**は文章の終わりに位置しており、文章全体のテーマと関わっている。

(i) ［X］に入る最も適当なものを、次の①～⑤のうちから一つ選べ。解答番号は［39］。

① はっきりとは目に見えない経済的利益
② 人が見ていないところでする善行
③ 人の目から隠された事実
④ こっそり計画する悪だくみ
⑤ うわべはやさしげに見せる態度

(ii) Y に入る最も適当なものを、次の①～⑤のうちから一つ選べ。解答番号は 40 。

① 劉大夏が、項忠と都吏が犯した遠征に関わる過失を、「旧案」を隠すことで誰にも罪が及ばないように巧みに処理したこと

② 劉大夏が、無実の罪で罰せられようとしている哀れな都吏を救うために、「旧案」を隠したのは自分だと正直に告白したこと

③ 劉大夏が、西洋に使者を派遣することの弊害を指摘することで、国家のために「旧案」を隠した都吏の正当性を明らかにしたこと

④ 劉大夏が、人知れず「旧案」を破り捨てることで、西洋の宝物を献上して皇帝に取り入ろうとする宦官のたくらみを打破したこと

⑤ 劉大夏が、「旧案」をこっそりと隠すことで、西洋へ宝物を求めて使者を送るという愚行を巧みに阻止しようとしたこと

模試 第4回

(200点
80分)

〔国語〕

注　意　事　項

1　**国語解答用紙（模試 第4回）をキリトリ線より切り離し，試験開始の準備をしなさい。**

2　**時間を計り，上記の解答時間内で解答しなさい。**
ただし，納得のいくまで時間をかけて解答するという利用法でもかまいません。

3　この回の模試の問題は，このページを含め，43ページあります。問題は4問あり，第1問，第2問は「近代以降の文章」及び「実用的な文章」，第3問は「古文」，第4問は「漢文」の問題です。

4　**解答用紙には解答欄以外に受験番号欄，氏名欄，試験場コード欄があります。その他の欄**は自分自身で本番を想定し，**正しく記入し，マークしなさい。**

5　**解答は解答用紙の解答欄にマークしなさい。**例えば，［10］と表示のある問いに対して③と解答する場合は，次の(例)のように**解答番号10の解答欄**の③**にマーク**しなさい。

(例)

解答番号	解答欄								
	1	2	3	4	5	6	7	8	9
10	①	②	●3	④	⑤	⑥	⑦	⑧	⑨

6　問題冊子の余白等は適宜利用してよいが，どのページも切り離してはいけません。

7　試験終了後，問題冊子は持ち帰りなさい。

第1問　次の文章を読んで、後の問い（問1〜6）に答えよ。なお、設問の都合で本文の段落に1〜11の番号を付してある。（配点　50）

1　「身分け」とは、A世界の身体的分節化のことである。私たち自身の下で世界が「現象」する、そのさまざまな仕方は、いずれもこの「身分け」に属すると言ってよい。したがって「身分け」の内部にもさまざまなレヴェルの分節化が存在するわけだが、ここではそうした内部でのレヴェルの異なる分節化相互の関係はさしあたり問わない。このような「身分け」に対して、「言分け」という、世界のもう一つの分節化との関係をまずもって問題にしてみたいからである。したがって、ここでは「身分け」を、知覚レヴェルでの世界の分節化によって代表させておくことにしよう。私たちの下で世界は、何よりもまず視覚・聴覚・触覚・嗅覚・味覚といういわゆる五感を介して「現象」する。これらの「現象」は、目や耳や皮膚面や鼻や舌といった特定の身体器官ないし部位によって(ア)コユウの仕方で分節化されており、それらを「身分け」と呼ぶことに異存はないだろう。

2　さて、こうした「身分け」に対して「言分け」とは、世界の言語的分節化のことにほかならない。私たちの下では、右で挙げた知覚的分節化でさえすでにこの言語的分節化と無関係ではない。私たちにはこの色は「赤」く見えるのだし、あの音は「甲高く」響き、この本の表紙は「すべすべ」し、蠟梅《ろうばい》の花は「香ぐわしく」、ラガー・ビールは「ほろ苦い」（ここでの論点とは関係ないが、こうやって列挙してみると、私たちの下では嗅覚に関する語彙が他に比べて圧倒的に不足していることに気づく）。他の生物たち（とりわけ動物たち）にとっても世界は彼らなりの「身分け」を通じて「現象」していると言ってよいのだから、そうした「身分け」にことさら「言分け」が関わる必然性は、少なくとも私たちが生きてゆく上ではないと思われる。現に私たちの遠い祖先は、いまだ言葉をもっていなかった可能性が高いのである。

3　それにもかかわらず私たちの下にはすでに言葉が、すなわち世界の「言分け」が(イ)マギれもなく成立しているのであれば、それはいったいどのような事情の下で可能となったかについては、それなりの独立した考察が必要だろう。さしあたりいまここで明らかにしておきたいのは、世界が「現象」するにあたって不可欠の分節化の機能を果たしている二つの秩序、すなわちB「身分け」と「言分け」の関係はどのようになっているのかである。

4 私たちの下では世界の知覚的分節化（「身分け」）には、すでに言語的分節化（「言分け」）が関与している。この関与の仕方は、すでに知覚的に分節化されたものに単に言葉が割り当てられるといった単純なものではない。もし言葉が、すでに身体によって分節化されたものに単に割り当てられるだけなのであれば、少なくとも世界の「現象」の仕方に関しては言葉は二次的なもの、何ら本質的な役割を演じていないものにとどまるだろう。その場合には言葉は、いったんすでに「現象」したものを、たとえば他人に伝達するといった（「現象すること」とは）別の目的・用途をその本来の機能としてもっていることになろう。もちろん言葉のもつこうした側面を無視することはできないし、本書もいずれこうした別の側面をまったく新たな観点から（単に「伝達」といった観点からではなく）問題にすることになる。だが、こうした別の側面にもかかわらず C 言葉は、そもそも何ものかが「現象する」ことにとってすでに決定的に関与してしまっている。すでに身体的に分節化されているものに、言葉が後からあてがわれるわけではないのだ。

5 よく知られている例として、虹の色を挙げてみよう。虹自体は光の連続的スペクトルだから、そこにはある色と別の色とを区別する境界線などどこにも存在しない。にもかかわらず私たちはそこに何色かの色を見て取るのだが、それが幾つの色であるかは、それを見る人が属する言語体系に依存している可能性が高いのだ。私たち日本人は、物心ついたときから虹は七色《なないろ》だと教えられ、現に虹を見ればそこに七つの色を識別できるのだが、欧米人にとっては虹は五色だというのである。欧米人の誰もそれに(ウ)イギを唱えた様子はないから、きっと彼らは虹を見たときそこに五つの色を見て満足（？）しているのだろう。

6 あるいは、太陽の色を例にとることもできる。日本人の子供たちにお日様の絵を描かせると真っ赤なクレヨンを使うが、欧米の子供たちはオレンジ色を使うという。これなども、わが国では「お天道様は赤い」と相場が決まっているからそうなるのであって、私たち大人でも大抵の場合、現に太陽を「赤く」見ているはずである。太陽光自体はさまざまな色が入り交じっていて決して赤でもオレンジ色でもないはずだし、時と場合によっても見え方は異なるはずであるにもかかわらず、大抵の場合「赤」で済ませてしまっており、また現にそのように見てもいるのだ。

7 さらには、雪国の人々がさまざまな雪の降り方に対してもっている豊富な語彙（「つぶ雪」、「わた雪」、「ざらめ雪」、……）や、イヌイットの人々がもつ白色の微妙なヴァリエーションについての豊かな言葉を引き合いに出すこともできよう。私のように雪国育ちでない人間には、せいぜい雪粒の細かいものと大きいものの区別ぐらいしか目に入らなかった（＝見えなかった）のに、それらの豊富な語彙を教えられて習得すると、現にそれらを区別して見て取ることができるようになるのだ。

8 このように見てくると、言葉は決して知覚的・身体的分節化にそれをなぞるような仕方で後から付け加わるのではなく、「身分け」そのものの中に深く浸透していることが明らかになる。「言分け」は「身分け」に明確な・くっきりとした輪郭を与えると言ってもよい。おそらく身体的な必要に応じて、つまりは生存の維持に必要なかぎりで極めて大雑把に分節化され、そしてそれで充分だった「身分け」による世界の「現象すること」に、「言分け」はさらなる微細な分節化を持ち込み、この分節化によって明確な輪郭をそなえた各々の「現象するもの」たちは、いまやはっきりと「意識」され、「認識」されるにいたる。たとえば、これまでひとしなみに、十把からげてひとまとまりにしか見えていなかったロ(エ)ボウの草たちや森の木々が、草や木の名前を覚えることで急に生き生きと見えてくるといった経験をもつ人も多いのではないか。「言分け」によって、いわば D世界の解像度が飛躍的に高まるのだ。

9 もちろん、そうは言っても、何もないところで言葉がすべてを産み出すわけではないこともまた確かである。「言分け」はたしかに「身分け」を基盤にもち、「身分け」をみずからの不可欠の分身としている。「言分け」は、それだけで宙に浮いているわけではないのだ。「身分け」と「言分け」のこのような関係を、いったいどのように捉えたらよいだろうか。ここには、かつてフッサール(注1)が「基づけ」（正確には「一方的基づけ」）と呼んだ関係が成り立っているように思われる。これは、A、B二つの秩序があった場合に、一方（B）はみずからの存立のために他方（A）による支えを必要とするが、ひとたびその支えのもとに一方（B）が存立すると、それ（B）はみずからを支えている他方（A）を自身の内に包摂し・統御する、という関係である。このとき、AはBを「基づけ」ている、あるいはBはAに「基づけ」られている、と言う。したがってここでは両者の間に、決して逆転することのない（一方向的な）上下関係（階層秩序《ハイアラーキー》）が成り立っている。すなわち、BはAなしには存立しえないが、A

はBなしでも存立しうるのである。つまり、AはBの下にあり、BはAの上にある。

10　これを「身分け」と「言分け」に適用すれば、次のようになる。「言分け」は、それが存立するために「身分け」を必要とする（すなわち、身体的基盤のないところに言葉の成立する(オ)ヨチはない）が、ひとたび「身分け」に支えられて「言分け」が存立すると、「言分け」はみずからを支えている「身分け」をおのれの内に包摂し・統御する。このとき、「言分け」は「身分け」に「基づけ」られている、あるいは「身分け」は「言分け」を「基づけ」ているのである。

11　「言分け」が「身分け」をみずからの内に包摂し・統御するとは、具体的には、「言分け」による「現象」の分節化が「身分け」の内に浸透し、先にも一例として挙げたように、雪の多様な形状を表わす言葉を習得することで実際にそれらを見分けることができるようになる、といった事態のことである。すでに「言分け」による世界の分節化が存立している私たちの下では、「身分け」の内にも深く「言分け」が浸透し、すべての「現象」は言葉によって統べられているのである。私たちの下では、「現象」するすべて（すなわち、世界）に言語があまねく染み渡っており、「身分け」をはじめとする他のすべての「現象」形態は、いわば言葉を透かして見て取られるのだ。

（斎藤慶典《さいとうよしみち》『知ること、黙すること、遣り過ごすこと　存在と愛の哲学』による）

（注）1　フッサール――一八五九年～一九三八年。ドイツの哲学者。現象学の創始者。

問1　傍線部(ア)～(オ)に相当する漢字を含むものを、次の各群の①～④のうちから、それぞれ一つずつ選べ。解答番号は［1］～［5］。

(ア) コユウ［1］
① 自分の意見にコシュウする
② コイに犯罪を犯す
③ 初めてのコテンを開く
④ 自分のコセキを調べる

(イ) マギれ［2］
① 委員会がフンキュウする
② ひどい待遇にフンガイする
③ コフンの発掘調査をする
④ 敵をフンサイする

(ウ) イギ［3］
① 事のシンギを確かめる
② タイギメイブンを語る
③ ギキョクを書く
④ ギセキを争う

(エ) ロボウ［4］
① シュクボウに泊まる
② ボウリャクをめぐらす
③ ボウジャクブジンな態度をとる
④ ボウキョウの念に駆られる

(オ) ヨチ［5］
① 銀行にヨキンする
② メイヨを挽回する
③ ヨケイなことを口走る
④ 未来をヨケンする

問2　傍線部A「世界の身体的分節化」とあるが、それはどういうことか。その説明として最も適当なものを、次の①〜⑤のうちから一つ選べ。解答番号は 6 。

① 人間にとっての世界とは、人間と切り離された形で存在するのではなく、各人が有している、人間の身体の内部に存在する感覚の、さまざまな程度に応じて区分されている、ということ。

② 人間にとっての世界とは、人間と切り離された形で存在するのではなく、身体の知覚を通して現れ、その現れ方は知覚に対応した身体の器官などにより区分されている、ということ。

③ 人間にとっての世界とは、人間と切り離された形で存在するのではなく、人間の身体が有する多様な感覚の間に働く相互的な作用によって区分され、現象している、ということ。

④ 人間にとっての世界とは、人間と切り離された形で存在するのではなく、人間の知覚によってその差異が認識されるのだと見なす代表的な考え方によって区分されている、ということ。

⑤ 人間にとっての世界とは、人間と切り離された形で存在するのではなく、さまざまな知覚によって認識対象が区分され、最終的には一元化されて現象している、ということ。

問3 Sさんは、傍線部B「『身分け』と『言分け』の関係」について理解したことを、図と文章で**【ノート】**のようにまとめた。空欄［Ⅰ］・［Ⅱ］に入る語句の組合せとして最も適当なものを、後の①〜④のうちから一つ選べ。解答番号は［7］。

【ノート】

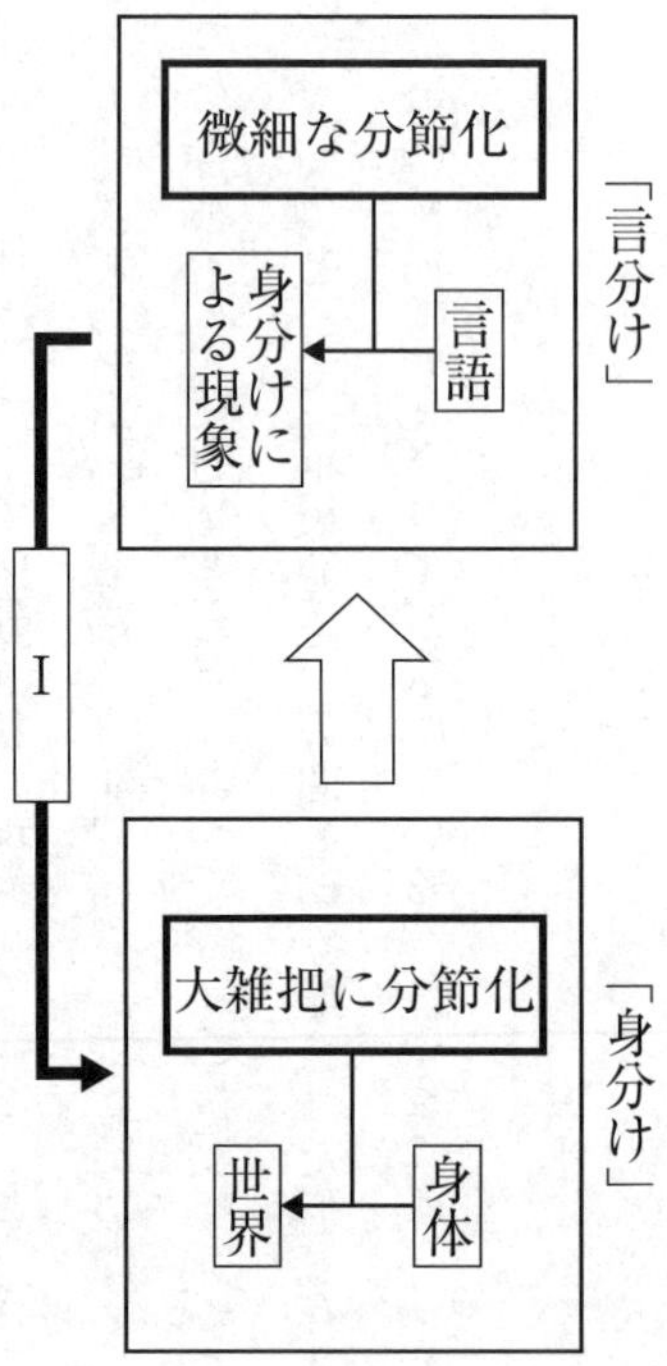

「身分け」と「言分け」の関係

……世界の分節化においては、人間の身体を基盤とする「身分け」という営為がまず存在し、その「身分け」に基づいて人間が有する言語による「言分け」が行われるという、不変の階層秩序が存在するが、「言分け」が成立した後は、

［Ⅱ］という関係。

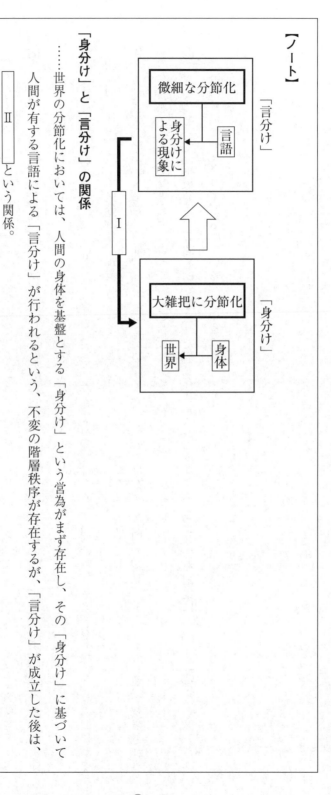

① Ⅰ 互いに基づけ、基づけられる
Ⅱ 「身分け」によってすでに知覚的に分節化されている「現象するもの」に言葉が割り当てられる

② Ⅰ 包摂し、統御する
Ⅱ 「言分け」が「身分け」を包摂し、身体に依存しない「言分け」が世界認識の中核となる

③ Ⅰ 互いに基づけ、基づけられる
Ⅱ 「言分け」が「身分け」を凌駕し、すべての「現象するもの」に言語があまねく染み渡る

④ Ⅰ 包摂し、統御する
Ⅱ 「言分け」による分節化によって明確な輪郭を得た「現象」が「身分け」の内部に浸透する

問4　次に示すのは、この文章を読んだ五人の生徒が会話をしている場面である。傍線部C「言葉は、そもそも何ものかが『現象する』ことにとってすでに決定的に関与してしまっている」とあるが、そのことを示す例を述べた発言として最も適当なものを、次の①～⑤のうちから一つ選べ。解答番号は［8］。

① 生徒A――虹を例にすると、人が虹を見てその色を数える時には、その人が普段使う言葉から影響を受けやすくなるよね。その影響によって、ものの見方の正誤が決定する、と言えるんじゃないかな。

② 生徒B――そうかなあ。人が虹を見て色を数える時にどう認識するかは、その人が用いるそれぞれの言語体系が構成するものの見方によって左右される、ということだと思ったよ。

③ 生徒C――虹の色についてだけど、太陽を赤色で描くかオレンジ色で描くかの違いには、描く人の言語体系や語彙量が大きく影響するよね。だから、その描き方を変更させるのは困難だって考えられると思うな。

④ 生徒D――自分は少し意見が違うよ。太陽を赤色で描くかオレンジ色で描くかの違いには、本来身体に備わっている視覚の差異の影響とか、その人が育った言語的環境の影響とかがある、ということじゃない？

⑤ 生徒E――雪についても、文章には書かれていたよね。雪の種類を表現するさまざまな語彙を豊富にもっている人ほど、色彩に関して敏感だから、色彩の微妙な違いを区別して見ることが可能、ということが言えそうだよ。

問5 傍線部**D**「世界の解像度が飛躍的に高まる」とあるが、それはなぜか。その説明として最も適当なものを、次の①～⑤のうちから一つ選べ。解答番号は **9** 。

① 身体は世界を粗雑に、あるいは画一的にしか把握することができないが、言語は、身体には困難な、世界の細部を再現することができる分節化の能力をもっているから。

② 人間の身体的な感覚による世界認識にはそもそも限界があり、おおまかな認識しかできないが、言語による認識が身体的認識の限界を補うようにして機能するから。

③ 人間は言語によって世界を構築しているが、そうした言語の世界は身体に基づいているため、言語による認識は、身体的感覚をよりいっそう研ぎすますことになるから。

④ 身体は感覚に対応して世界を分類し認識するしかないが、言語は無限の豊かさをもち世界を細分化することが可能なため、世界をより複雑なものにすることができるから。

⑤ 人間の世界に関する認識は、その必要に応じ身体感覚によって概括的に把握されるが、言語はそうした身体による認識に浸透し、より細密で明晰《めいせき》な認識を付与するから。

問6　この文章の構成に関する説明として最も適当なものを、次の①～⑤のうちから一つ選べ。解答番号は 10 。

① 第1段落～第3段落で二つの事柄の密接な関係に言及し、第4段落～第8段落において両者の関係について具体例を挙げた後、第9段落～第11段落では、第3段落までで述べた事柄を再論するという構成になっている。

② 第1段落・第2段落は本論に入る前の補足部分であり、第3段落から本論が始まり、第4段落～第10段落は、第11段落で述べられる結論の具体例を示す部分として位置づけることができる構成になっている。

③ 第1段落～第3段落と、第4段落～第11段落という、大きく二つの部分に分けられ、同一の話題に対して、前半がやや抽象的な議論、後半がおおよそ具体的な説明という構成になっている。

④ 第1段落・第2段落において二つの事柄を対比し、第3段落において問題提起を行い、第4段落～第11段落まで、例を挙げるなどしながらその提起した問題に解答するという構成になっている。

⑤ 第1段落～第3段落、第4段落～第8段落、そして第9段落～第11段落という三つの部分に大きく分けることができ、その三つの部分が序論・本論・結論、という関係で結びつく構成になっている。

（下書き用紙）

国語の試験問題は次に続く。

第2問 次の文章を読んで、後の問い（問1～6）に答えよ。（配点 50）

実家を建て替えたとき、小さなガレージを造った。正確には車入れと呼ぶべき代物で、いちおう家の内部とつながっているため、道路に面するシャッターを除いた三方は壁になっており、隣家と接している一面に設けられたａ天窓から光を採り込んだり空気を入れ換えたりしていたのだが、窓といっても木枠の引き戸だから、小魚の尻尾のかたちをした平たい鍵のつまみを回すのが楽しくて、用もないのによく開け閉めしていたものだ。

その窓のある壁際に、やがてさまざまな物が積まれていつしか山をなし、開け閉めどころか窓に近づくことさえ難しくなっていった。当然、車を収めるよゆうはない。車入れは、黴《かび》臭い物入れに変貌《へんぼう》してしまったのである。しかし子どもにはそれがかえってよい方向に働いた。運び込まれた工具や板切れを使えば、たちどころに秘密基地を組み立てることができたからだ。

日野啓三の短篇集『天窓のあるガレージ』を手にしたとき、そのようなわけで私はすぐさま表題作の主人公である少年の内面に同化することができた。少年の家のガレージは、一度空《から》になっている。収まるべき自動車が事故で大破し、修理もされなければ買い替えられることもなかったためだ。車の影が消えたあとのがらんとした箱のなかで、やがて彼は壁にボールをぶつけて孤独なキャッチボールに興じたり、自転車の練習をしたりするようになる。

ところが、小学校の高学年から中学二年までのあいだ、彼はほとんどガレージに近寄らなかった。事の成り行きとして、不要な物たちがどんどん積みあげられていった。ふたたびガレージに入ると、母親が使っていた旧式のラジオカセットで「ニューウェーブのロック」を流しながら、コンクリートの冷たい床の上で腕立て伏せに励み、がらくたを整理し、押し込められていたスチールの机や書棚を救い出して自分だけのコーナーを立ちあげた。

Ａ面白いことに、当初彼はガレージに注いでいる光の源に気づいていなかった。ガレージで遊ぶときには、雨の日でないかぎり、たいていシャッターを上げるか半開きにするかして光を採り込む。だから十分に明るいのだ。五十の断章で構成された「天窓のあるガレージ」の冒頭二章は、以下のようになっている。

1

ガレージには天窓があった。

2

少年は長い間、それに気づかなかった。

b天窓なんてどうでもいいと思っていたわけではない。ボールをきちんと跳《は》ね返してくれる壁の方が大切だったのだ。日野啓三は、少年の心の動きをわずか二行でみごとに表現している。

それにしても、子どもの頃《ころ》に覚えた言葉の意味、というより言葉そのものをめぐる触感的な記憶はなかなか抜けないもので、私はずっと、天窓という言葉を通常よりも高い位置にある窓の意と解釈していた。外を眺めるためのものではないからどんなに小ぶりでもかまわないし、磨《す》りガラスを嵌《は》めて向こうが見えなくても、脚立や梯子《はしご》を使わなければ手が届かないほどの高さにあっても、機能的にはなんら問題はない。

実際、これまで通ってきた教育施設の体育館などには、かならずc天窓があった。仮設の舞台を組んだり映画を上映したりする複合施設だから、天井近くの壁際にずらりと並んだすべての開口部に、暗幕というか黒い遮光《しゃこう》カーテンを引いて明るさを調整できる仕掛けになっていた。中学、高校を通して私は卓球をやっていたのだが、白いボールが見えにくくなるのを防ぐため、よく晴れた日になるとこの重いカーテンを引いて館内を真っ暗にしてから水銀灯で明かりを採るという、カラーボールの使用が認められるようになった現在からすると信じられないような環境で練習に精出していた。少なくとも六年間は、天窓は光を採るのではなく遮断するためのものだったのである。ただし、ここでの天窓とはあくまで壁面上部にある窓、すなわち高窓と同義で、両者のあいだに厳密な区別はなく、みな「d天窓に暗幕を引く」という言い方をしていた。

そんなわけで、日野啓三の小説の冒頭に魅せられ、先を読み進めているあいだも、私は途中まで、天窓とは高窓のことだとばかり思っていたのである——、第十八章で、次の一節に出会うまでは。

ある夜、天窓が妙に明るいことに、少年は気づいた。

いつも天窓は昼間ぼんやりと薄明るく、夜は茫々《ぼうぼう》と暗いだけなのに、澄んだ水中を覗《のぞ》きこむように冴《さ》え冴《ざ》えと青く、しかしその青色が燐光《れんこう》を含んだように冷たく光って見えたのだ。

真下に立って、改めて天窓を見上げた。

コンクリートの分厚い天井に円筒状の穴があいていて、先端に直径約三十センチの丸いガラスがはめてある。その円筒の途中に、蜘蛛《くも》の巣が見えた。きれいに張りめぐらされた巣の糸が、ガラスの彼方《かなた》からの不思議な光を受けて、銀色にきらめいていた。

仰向けにならなければよく見えない、夜空に垂直に向けられた望遠鏡。いや、船から水中を覗き込むガラス窓をさかさまにする要領だろうか。翌日、おなじように見あげると、そこには蜘蛛の巣も蜘蛛の姿もなかった。逃げ場などないと思われた空間から、虫はやすやすと出て行くのである。

少年の内面は、さほど深く描き出されてはいない。しかし、父親と波長が合わず、学校生活になんら意義を感じていない鬱屈《うっくつ》した気持ちは、幻のような蜘蛛の逗留《とうりゅう》と逃走に重ねられているようにも読める。母親からの借り物だったラジカセを、貯《た》めた小遣いで買った最新型と入れ替えて、彼はガレージにこもった。コンクリート、スチール、シンセサイザー。パーソナルコンピュータが市販される直前の、いまとなっては懐かしさすら感じられる最先端の舞台装置に、彼は流し台やお手洗いを加えてほしいと、こんなときだけ父親に訴える。ぬくもりのある事物を排除してできあがった(ア)無機物のガレージにライフラインさえあれば、想像のなかでこの世のしがらみを断ち切り、そのままシェルターもしくは宇宙船を幻出させることができるのだ。開閉不可能な丸い窓は四十数億の孤独を抱えた青い球体を見つめるための装置に、蜘蛛の巣は電波をキャッチするしなやかなアンテナになる。

　宇宙船の船室にとじこもってひとり飛び続けているのだ、と少年はガレージの中で考える。ひとりでも別に退屈ではない。故郷の星の記憶はない。もしかすると、故郷の星を飛び立ったのは、実はもう何代も何十代も前の祖先のときで、自分は宇宙船の中で生まれたにちがいない。（第二十七章）

　内面の宇宙に彼は飛び立つ。もっとも、シャッターを上げた宇宙船には、ときどき見知らぬ若者や子どもや老人たちが悪意なく侵入してくるし、少年自身、船外活動としてみずから屋根にのぼり、外から e 天窓の拭《ふ》き掃除をしたりする。家は道路に面したガレージの脇から石段を上がったところにあるため、ガレージの屋根が母屋の一階の床とおなじ高さになっていて、地上と地下が混在する構造になっているのだが、内から外を仰ぎ見ることはできても外から内を恒常的に見下ろすことのできないガラスを磨くのは、彼があくまで B 精神的な窓としてその円筒と向かい合っていることの証左だろう。出入りにまったく関係のないその窓を透かして、少年は自身の姿を幻視し、床に崩れ落ちるほどの (イ) 陶酔を感じる。自分の身体に聖霊が入り込む。そう彼は確信し、床に仰向けになって天井を見あげる。

　視野の中央に、明るい円が浮き出して輝いていた。冷たいほど白々と冴えながら、ねっとりと甘美な濃い黄色である。晴れ晴れと澄んだ気持と、温く抱きかかえられるようなやさしい思いとが溶け合って、体じゅうをみたし始める。（第四十五章）

　視線を上に向けるだけでは不十分だ。視線が仰角どころか直角に、垂直にのび、しかも身体が想像のうちで浮遊しているような、冷静かつとろけた状態を保ちながら見あげること。そのためには、ぬるい湯を張った浴槽ではなく、ひんやりした手術台のような場所に横になるのがいい。天の中央にある窓。あちらとこちらの交信を媒介するという意味では、サン・ピエトロ寺院のドームの頂点のような、ガラスもなにも入っていない穴に近い、(ウ)野放図にして高貴な精神性を継承したものだとも考えられる。

だから、少年は天窓の彼方に「透明な青い闇」を見出《いだ》すのだ。ガレージの外の宇宙は、漆黒ではなくて青い闇である。沈黙の支配するコンクリートとスチールの宇宙船から蘇生《そせい》したとき、彼はある意味で生まれ変わり、窓の外を眺める術を習得して、「かつて意識したことのない力を、深く身内に感じながら」、一九八〇年代に飛び出していく。「私」語りの形式から離れつつ、物質や空間との感性的な同一化を果たして、彼は、夢の島、エアーズ・ロック、カッパドキアといった、新旧の驚くべきガレージに聖霊を見出すことになるだろう。さらに、一九九五年に刊行された長篇『光』(文藝春秋)に到《いた》ると、空想のなかの宇宙飛行士の陶酔は、月面から戻った現実の宇宙飛行士の苦悩と再生の劇に姿を変えているだろう。

天窓が矩形《くけい》ではなく船窓のように円形で、しかも天の中心の手の届かない高さに位置し、その光が読書を通して私たちの身体に注がれるとき、C世界の風景は一変する。言葉の宇宙の青い闇は、私たちを深々と吸い込んで、容易に逃してはくれない。

(堀江敏幸『戸惑う窓』による)

問1　傍線部(ア)〜(ウ)の本文中における意味として最も適当なものを、次の各群の①〜⑤のうちから、それぞれ一つずつ選べ。解答番号は 11 〜 13 。

(ア) 無機物 11
① 生命的な温かみのないもの
② 想像力をかきたてないもの
③ 面倒なしがらみのないもの
④ 古臭さを感じさせないもの
⑤ 電気を使用していないもの

(イ) 陶酔を感じる 12
① 落ち着きがなくなる
② 心地よい気分に浸る
③ 小さな違和感を抱く
④ 強い衝撃を受ける
⑤ 悪い印象を覚える

(ウ) 野放図 13
① 荒々しい力に満ちあふれている
② 落ち着きがあって安定している
③ 攻撃的で危うさを感じさせる
④ 自由で何にもしばられていない
⑤ 高い位置にあって手が届かない

問2　波線部a〜eの「天窓」を、問題文の記述に沿ってⅠ・Ⅱの二つのグループに分けるとすると、どのように分けたらよいか。その組合せとして最も適当なものを、次の①〜⑤のうちから一つ選べ。解答番号は 14 。

① Ⅰ　b・c・d　―　Ⅱ　a・e
② Ⅰ　c・d　―　Ⅱ　a・b・e
③ Ⅰ　a・c・d　―　Ⅱ　b・e
④ Ⅰ　a・d　―　Ⅱ　b・c・e
⑤ Ⅰ　c・e　―　Ⅱ　a・b・d

問3　傍線部**A**「面白いことに」とあるが、筆者はどのような点を「面白い」と言っているのか。その説明として最も適当なものを、次の①〜⑤のうちから一つ選べ。解答番号は 15 。

① 壁を相手にしたキャッチボールばかりしていて壁以外のものが目に入らなくなっていく様子が、少年の孤独に対する共感を呼び起こす点。

② ガレージに近寄らない間にものがたまってしまうエピソードが、大切なものを失った際に生じた少年の迷いを端的に表している点。

③ シャッターが開いている間は十分明るいために気づかなかったが、夜になると少年の目にも光が見えてくるといった逆説が描かれている点。

④ 小学校低学年まで社会や自分の内面といったものにあまり関心が向いていなかった少年の様子が、作品の冒頭から浮かび上がってくる点。

⑤ 天窓から光を採り込めば、ガレージがさらに明るく快適になることに気づかなかったことが、少年の未熟さを明らかにしている点。

問4　傍線部B「精神的な窓としてその円筒と向かい合っている」とは、どのようなことか。その説明として最も適当なものを、次の①〜⑤のうちから一つ選べ。解答番号は 16 。

① 中の様子を知るためでも通行に使用するためでもなく、少年は自我の殻の中に閉じこもりながらも自己と社会のつながりを知るために天窓を仰ぎ見ている、ということ。

② 外を眺めて景色を見るための窓として磨いたのではなく、ふだんは周囲から見下されがちな少年が、外から見下ろされる恐れのない空間の中に身を置くことで安心している、ということ。

③ 出入りに無関係な、実用性のない窓をわざわざ磨くという、本人から見ても無意味な行為にあえて没頭することによって、社会とのしがらみを断とうとする姿勢を示している、ということ。

④ ガレージの構造上、天窓は光を採り込む上で役に立たないものではあるが、闇を室内に取り込み、自分だけの世界に浸る上では欠かせないものとして手入れをしている、ということ。

⑤ 円形の窓を、少年は広がりのある面としてとらえていたのではなく、奥行きのある筒としてとらえており、自分の内面の奥深くにいる「聖霊」と出会うために窓から外を眺めている、ということ。

問5　傍線部C「世界の風景は一変する」とあるが、どのようなことを言っているか。その説明として最も適当なものを、次の①〜⑤のうちから一つ選べ。解答番号は 17 。

① 宇宙という広大な世界を空想し、疑似体験することによって、現代社会の進歩についても興味関心が深まる、ということ。

② 孤独な時間を過ごすことによって、むしろ周りの人たちから見守られて過ごしているのだということを知り、安心感が得られる、ということ。

③ 「天窓」を通して自分の心と向き合うことによって、自我を確立しつつ、自分は世界に生かされているのだと肯定できるようになった、ということ。

④ 降り注いでくる光の下に横たわり、青い闇をのぞき込むことによって、ものごとには二面性があるのだと気づき、視野が広がる、ということ。

⑤ 想像の中で世の中とは隔絶された空間に浸ることによって、世俗的な感情を断ち切って社会の中で生き抜いていく覚悟が生まれる、ということ。

問6 この文章の表現について、次の(i)・(ii)の問いに答えよ。

(i) この文章の表現に関する説明として最も適当なものを、次の①～④のうちから一つ選べ。解答番号は 18 。

① 「開け閉めどころか窓に近づくことさえ……」「視線が仰角どころか直角に……」などの強調表現によって、ガレージ内部の様子を読者が的確に想像できるように書かれている。

② 「懐かしさすら感じられる最先端の舞台装置」「冷静かつとろけた状態」などの相反する表現によって、少年が大人に成長していく上で経験する心の揺れ動きが描き出されている。

③ 「光を採るのではなく遮断するためのもの」「漆黒ではなくて青い闇」などの直前を否定する表現によって、ものごとの多面性が強調され、読者に考える機会を与えている。

④ 「内から外を仰ぎ見ることはできても外から内を恒常的に見下ろすことのできないガラス」という表現によって、他人を見下しがちな少年の内面に抱える歪《ひず》みが描き出されている。

(ii) 筆者は日野啓三の作品を引用しながら文章を進めているが、その引用の効果の説明として最も適当なものを、次の①〜④のうちから一つ選べ。解答番号は **19** 。

① 比喩的な表現を多用することにより少年の心境の変化を描いている日野の作品を引用することで、筆者自身がその魅力をつかみ損ねて戸惑う気持ちを表現している。

② 少年の心情を表す豊かな色彩表現が用いられている日野の作品を引用することで、少年の心情を読者に直感的に伝えることができ、内容に深みを与えている。

③ 短い文のたたみかけをくり返すことにより文章にリズムを生み出している日野の作品を引用することで、筆者自身の回顧表現とは異なる、その表現の面白さを際立たせている。

④ 世間との関わりを遮断することで安堵《あんど》する少年の様子が書かれた日野の作品を引用することで、筆者独自の解釈を加えながら論理的に説明している。

第3問　次の文章は、南北朝争乱期の南朝方の逸話を収めた説話集『吉野拾遺』の「実勝《さねかつ》朝臣《あそん》北の方の事」の全文である。これを読んで、後の問い（**問1**～**6**）に答えよ。（配点　50）

洞院《とうゐん》（注1）の実世《さねよ》公の御女《むすめ》は、御心ばへよりはじめて、御かたちのいとめでたくおはしましければ、帝《みかど》（注2）に奉らんとかしづかせ給《たま》ひけるを、宰相中将（注3）実勝朝臣《さねかつあそん》の(ア)せちによばひわたらせ給ひけれども、ゆるし給はねば、ちからなく過ぐし給ひしに、春の半ば過ぎゆく比《ころ》なるべし、高間《たかま》（注4）の山の桜を、よそながら見させ給はんとて、実世公、女房達をともなひ給うて、山路をたどらせ給ひ、高嶺《たかね》に登らせ給ひけるを、宰相中将の君、かねて姫君の乳母《めのと》と御心を合はせて茂みに隠れいますを、知らせ給はで、乳母とともにながめやらせ給ひけり。「げにも高間の山の名も著《いちじる》くこそあれ。花はただ雲と見ゆるは、心ありてにや」とたはぶれ給へるを、「なほかなたよりは、よくこそあらめ。茂みを出《い》で離れなば、吉野川も見降ろされぬべし」と言ひ言ひてこなたへ誘ふを、実勝朝臣つと出で給ひて、「岩橋（注5）わたして奉りなむ。こなたへ」とかい負はせ給ひて、乳母とともに帰り給ひけるを、人知らざりけり。さて **X**「姫宮こそ見えさせ給はね」と、人々騒ぎて、手を分かちて、谷に落ちさせ給ひけるにやと、巌《いはほ》の隠れ、はざまはざまを求むれども、かひなし。かかる奥山には、天狗《てんぐ》などいふ者の常に住むなれば、とり奉りやしけんとて、谷嶺を越えてあされども、いませねば、泣く泣く帰り給ひぬ。日を経て、「宰相中将のもとに居《ゐ》給へり」と告ぐる人のありければ、いきまき給ひて、「帝に訴へて、罪せん」とのたまはせけれども、「かかる乱れのうちには、ただおはしませ」と制する人々の多かりければ、心にもあらでやみ給ひけり。

いく程もなくて、将軍義詮《よしあきら》（注6）公のもとより、奏し給うて、都へ還幸《くわんかう》をすすめ奉れば、君は八幡《はちまん》（注7）へ皇居を移されしに、実勝朝臣も、「都鎮《しづ》まらば、御迎へに参りてむ」と契り給ひて、御供に参らむと立ち出でさせ給ふ御袖を控へ給うて、

A　何となく心にかかる白露のおき別れゆく袖のけしきは

「などさはおぼすにか」とて、

B　別れ路の露にはあらぬうれしさをやがて袂《たもと》につつみこそせめ

と言ひ慰めて、心強く立ち出で給ひけり。

かくて歳の半ばほど、御心を雲に宿して、待ちわびさせ給ひしかひもなく、八幡にて討たれさせ給へりと聞かせ給ひしより、「さればよ、その別れ路の、何とやらん心にかかりておぼえしが、かからむ事にこそ。今はながらふべくもおぼえぬなり。契りはじめしその折からは、我心を合はせて、あられぬわざをし給へると、うとからぬ限りには思ひ落とされ、頼むべき人はむなしくなりければ、思ひ定めたり」と、Yかきくどかせ給ひければ、乳母の侍従、「さおぼし給へりとも、かひも候はじ。かかる事もためしなきにはあらず」など、いさめて、まことには思ひ立ち給はじと、少し(イ)おこたりけるひまに、うかれ出《い》でさせ給へるが、夕暮れのほどなりければ、さらでも道のおぼつかなきに、川音のかすかなる方をしるべにて、夏実《なつみ》（注8）の川のほとりに、たどり着かせ給へれども、月さへうとき山陰の蛍《ほたる》をよすがに頼み給ひて、岩のおもてに定かならねど、

　山陰の暗き闇路に迷ひなむ夏実の川に身を沈めなば

と書きつけ給うて、御身を沈め給ひけるに、御跡をたづね求めける者の、あまた集《つど》ひて、松どもともして見けるに、あへなき御かたちの、岩のはざまにかからせ給へるを、取り上げ奉るに、はつかに御息の通はせ給ひけれども、御顔の色も変はらせ給へるに、皆涙落としてさまざまに取り扱ひ奉れば、やうやう御心のつかせ給へるにや、御目の少し開けりければ、皆喜びて帰りけり。御心地のつかせ給へるままに、御嘆きをおぼし出でさせ給ひて、せめては(ウ)御様《さま》を変へ給はむと、しきりにのたまへば、せんかたなくて、御心にまかせ奉りてけり。

あさましく乱れぬる世の中には、かかる事さへ数そひにけりと、いと悲しくこそ。

（注）
1　洞院の実世公――洞院実世。南朝の重臣。
2　帝――南朝の後村上天皇。
3　宰相中将実勝朝臣――滋野井《しげのい》実勝。南朝の廷臣。
4　高間の山――大和国（今の奈良県）にある金剛山の別称。
5　岩橋わたして奉りなむ――役小角《えんのおづぬ》がこのあたりに岩橋をかけたという故事にちなみ、「あなたをお連れしましょう」の意を表す。
6　将軍義詮公――足利《あしかが》義詮。室町幕府第二代将軍。
7　八幡――山城国（今の京都府南部）にある石清水《いわしみず》八幡宮。
8　夏実の川――吉野川の上流の名。

問1 傍線部(ア)〜(ウ)の解釈として最も適当なものを、次の各群の①〜⑤のうちから、それぞれ一つずつ選べ。解答番号は 20 〜 22 。

(ア) せちに 20
① 急いで
② 一途《いちず》に
③ すぐに
④ ひそかに
⑤ こっそり

(イ) おこたりけるひまに 21
① 油断していた隙《すき》に
② 病気が快復した合間に
③ 退出していたうちに
④ 悩んでいた間に
⑤ 気が気でない時に

(ウ) 御様を変へ給はむ 22
① お戻りなさるのがよい
② ご再婚なさるのがよい
③ ご出家なさるのがよい
④ ご再婚なさろう
⑤ ご出家なさろう

問2 波線部「かかる奥山には、天狗などいふ者の常に住むなれば、とり奉りやしけんとて、谷嶺を越えてあされども、いませねば、泣く泣く帰り給ひぬ」の説明として最も適当なものを、次の①～⑤のうちから一つ選べ。解答番号は 23 。

① 「住むなれば」は、「住むのであるならば」という意味である。
② 「とり奉り」は、「天狗などいふ者」への敬意を表す謙譲表現である。
③ 「や」は「けん」と係り結びになることで、「とっていない」ことを強調している。
④ 「いませねば」は、「いらっしゃらないので」という意味である。
⑤ 「泣く泣く帰り給ひぬ」の主語は、実勝朝臣である。

問3　傍線部X「『姫宮こそ見えさせ給はね』と、人々騒ぎて」とあるが、その理由の説明として最も適当なものを、次の①～⑤のうちから一つ選べ。解答番号は 24 。

① 宰相中将の実勝が、姫君の乳母とはかって、物見遊山の機会に、乳母を使って言葉巧みに姫君をおびき寄せ、物陰から急に現れて姫君を盗み出して連れて帰ってしまったため。

② 宰相中将の実勝が、姫君の乳母とはかって、物見遊山の機会に、「花には心があるのかしら」などと乳母に冗談を言わせながら姫君を誘い、連れて帰ってしまったため。

③ 宰相中将の実勝が、姫君の乳母とはかって、物見遊山の機会に、姫君たちに冗談を言いながら姫君を茂みへと招き寄せ、そこから乳母に背負わせて帰ってしまったため。

④ 宰相中将の実勝が、姫君の乳母とはかって、物見遊山の機会に、「吉野川を見ませんか」などと言って姫君と乳母を誘う形を装い、姫君を乳母とともに連れて帰ったため。

⑤ 宰相中将の実勝が、姫君の乳母とはかって、物見遊山の機会に、吉野川を見たいとのぞむ姫君をうまく茂みに誘い込んで、乳母に姫君を背負わせて帰ってしまったため。

問4　A・Bの贈答歌に関する説明として最も適当なものを、次の①～⑤のうちから一つ選べ。解答番号は 25 。

① Aは実勝の歌で、「露」と「別れ」が縁語で、露のようなはかない自分の命が消えて、永遠の別れになりそうなことを伝えている。Bは姫君の返歌で、せめてあの世でまた一緒になれたらうれしいのにと詠んでいる。

② Aは実勝の歌で、「おき」が「置き」と「起き」の掛詞《かけことば》で、姫君との今朝の別れが何となく気にかかって心配だと詠んでいる。Bは姫君の返歌で、すぐにまた再会の喜びを分かち合いたいと願う気持ちを伝えている。

③ Aは姫君の歌で、「白露の」が「おき別れ」に係る枕詞で、実勝と離ればなれになることへの不安感を訴えている。Bは実勝の返歌で、この世でまた会える日が来るだろうかと、姫君の気持ちに同調して詠んでいる。

④ Aは姫君の歌で、「露」と「別れ」が縁語で、露のようなはかない実勝の命が消えて、永遠の別れになる覚悟を伝えている。Bは実勝の返歌で、将来いつの日にか再会できることを期待していてほしいと訴えている。

⑤ Aは姫君の歌で、「おき」が「置き」と「起き」の掛詞で、この朝に実勝と別離することがなぜだか気がかりだと詠んでいる。Bは実勝の返歌で、すぐにまた連れ添えるから心配はいらないということを伝えている。

問5 傍線部Y「かきくどかせ給ひければ」とあるが、この時の姫君の気持ちの説明として最も適当なものを、次の①〜⑤のうちから一つ選べ。解答番号は **26**。

① にわかに実勝と一緒に暮らすことになって以来、親族からは身分に合わない勝手な結婚をしたと批判され、情けなく感じていたが、その一方で頼りとしていた夫の実勝が死んでしまい、俗世で生きていく甲斐《かい》もなくなったので、どこかに隠遁《いんとん》して死後の安楽を祈ろうと決意する気持ち。

② 実勝と連れ添ってから、二人で心を合わせて生きてきたが、親類縁者からは理解されずに疎外され、さらに頼みとする実勝が突然死んでしまったので、自分はもうどうなってもかまわないが、せめて亡き実勝に対して今でも恋い慕っていることだけは伝えたいと願う気持ち。

③ 実勝と夫婦になって以降、親しい者の誰からも同意の上での駆け落ちだったと軽蔑され、つらい思いをしている上に、何となく悪い感じがしていたとおりに実勝が死んでしまった今となっては、もはや将来の頼みもなく、これ以上生きていくつもりはないと決心する気持ち。

④ 思いがけず実勝の妻になって以後、二人で協力して暮らしていくべきだと親しい人々から説得され、だんだん自分なりに愛情も感じるようになっていたが、結局実勝とはむなしく死別してしまったので、すべてこうなるのが前世からの因縁だったのだと受けとめる気持ち。

⑤ いずれ夫の実勝が討ち死にすることは考えていたけれども、実際にそれを聞くと悲しくて仕方がない上に、実勝と契りを結んでからは親類縁者から見捨てられ、もはや信頼できる人もいないので、これからは一人で放浪しながら生きていくしかないと覚悟する気持ち。

問6　この文章で述べられた姫君についての生徒の発言として最も適当なものを、次の①～⑤のうちから一つ選べ。解答番号は 27 。

① 生徒A――親からは最後まで容認してもらえない結婚だったけれど、夫婦の愛を貫き、実勝の死後、たまたま通りかかった川に身を投げたものの助けられ、その後は独身を貫いた姫君のひたむきな生き方が感動的に書かれているね。

② 生徒B――不本意な結婚をさせられた上に、夫である実勝との死別後は死にきれず助けられ、最後まで周囲の人々の意向に身を任せるしかなくて、自分の意志で生き方を決められなかった姫君の悲哀が強く語られていると思ったよ。

③ 生徒C――親に反対された挙げ句の駆け落ち同然の結婚だったからこそ、最愛の夫である実勝の死後は仏門に入って実勝の冥福《めいふく》を祈るなど、乱世でも夫婦の絆《きずな》を守って亡き夫を偲《しの》び続けた姫君の真心が印象的に述べられているなあ。

④ 生徒D――自分の意志による結婚ではなかったけれど、夫の実勝の身をけなげに案じつつ暮らし、それでも結局は死別したため、現世に絶望して身を処していくなど、戦乱の世に翻弄された姫君の数奇な人生が記されているね。

⑤ 生徒E――成り行き任せの結婚とはいえそれを納得して受け入れて、結局、夫である実勝の戦死によって人生を悲観するに至ったけれど、ついに自殺も出家もなし得なかった姫君のむなしい運命が情感深く描写されているんじゃないかな。

（下書き用紙）

国語の試験問題は次に続く。

第4問　次の文章を読んで、後の問い（**問1〜7**）に答えよ。なお、設問の都合で送り仮名を省いたところがある。（配点　50）

国朝《こくてう》（注1）洪武《こうぶ》初、呉人（注2）薑子奇《きやうしき》、娶《めとリテ》婦三載（注3）、(1)値大軍（注4）過呉擾乱（注5）。子奇挟《わきばさミテ》妻出避、倉皇（注6）間因失其妻。迺《すなはチ》為兵官（注7）携帰京邸（注8）。子奇流落四方者《こと》累年、後池邏（注9）至京行乞（注10）。**A**有高門（注11）一婦人、見之而泣、貽《おくルニ》以酒（注12）饌、又以布嚢（注13）裹《つつミ》熟米（注14）一斗与之。**B**子奇不敢仰視而去。翌日、此婦在門、又見子奇行乞。適《たまたま》主人不在、呼(ア)与相見共語。**C**為主母（注15）所偵《さぐル》。即**D**令人追之、検其乞嚢中。有金釵（注16）一対、書一封。候其夫還、以告。兵官(2)啓封視之、迺題詩一律云、

夫留呉越妾江東　三載恩情一旦空
葵藿《きくわく》（注17）有心終向日　楊花（注18）無力 **E**

両行ノ珠涙孤灯ノ下　千里ノ家(注19)山一夢ノ中

(イ)毎恨ム当年罹《あ》ヒ二此ノ難一　相逢フモ難キヲ下把《もつ》テ二姓名一ヲ通ジ上

兵官見テレ詩ヲ大イニ悼《いた》ミ、即時ニ遣メレ還サ、仍《な》ホ賜ヒ二銭米一ヲ以テ給ス二其ノ婦一ニ。子奇夫婦泣キ謝シテ而去リ、伉儷《かうれい》(注20)復タ合ス。

(『情史』による)

(注) 1 国朝洪武初――「国朝」は明を指す。「洪武」は明の太祖の年号で一三六八～一三九八年。
2 呉人董子奇――呉は現在の江蘇《こうそ》省の長江以南（江南）の一帯を指す。董子奇は人名。
3 載――年。
4 大軍――洪武帝（朱元璋《しゅげんしょう》）が江南を制圧しようとした軍隊。
5 擾乱――（民の金品を強奪したりして）生活を乱し騒がす。
6 倉皇――あわてふためく。
7 兵官――洪武帝の軍隊の武官。
8 京――当時の政治的拠点であった南京。
9 池邏――あちらこちらと放浪する。
10 行乞――物乞いをしてまわる。
11 高門――富貴な家。
12 酒饌――酒と食べ物。

13 布囊――布の袋。
14 熟米一斗――炊いた米一斗。明代の一斗は約十七リットル。
15 主母――ここでは「兵官」の正妻を指す。
16 金釵――黄金で作ったかんざし。
17 葵藿――ひまわりと豆の葉。下等な植物とされる。
18 楊花――柳の綿毛。
19 家山――故郷。
20 伉儷――夫婦。

問1　傍線部(1)「値」・(2)「啓」の意味として最も適当なものを、次の各群の①～⑤のうちから、それぞれ一つずつ選べ。解答番号は **28** ・ **29** 。

(1) 「値」 **28**
① 遭う
② 避ける
③ 味方する
④ 儲《もう》ける
⑤ 活躍する

(2) 「啓」 **29**
① 示す
② 開く
③ 持つ
④ 得る
⑤ 読む

問2　二重傍線部(ア)「与」・(イ)「毎」と同じ読み方をするものを、次の各群の①～⑤のうちから、それぞれ一つずつ選べ。解答番号は **30** ・ **31** 。

(ア) 「与」 **30**
① 遽
② 因
③ 並
④ 倶
⑤ 懇

(イ) 「毎」 **31**
① 殊
② 頗
③ 尤
④ 甚
⑤ 恒

問3 傍線部**A**「有二高門一婦人一、見レ之而泣」・**B**「子奇不二敢仰視一而去」とあるが、それぞれの状況の説明として最も適当なものを、次の①～⑤のうちから一つ選べ。解答番号は **32** 。

① **A**で董子奇の妻は自分だけが幸福に暮らしていることを知られたと思って涙を流し、**B**で董子奇は相手が妻であることに気づかず物乞いの身としてひたすら恐縮していた。

② **A**で董子奇の妻は自分だけが裕福に暮らしていることを恥ずかしく思って涙を流し、**B**で董子奇は相手が妻であることに気づいていたがわざと無視して立ち去ろうとした。

③ **A**で董子奇の妻は自分を捜し求めて狼狽《ろうばい》する夫の姿を見て気の毒に思って涙を流し、**B**で董子奇は相手が妻であることに気づかず食べ物を与えられたことに恐縮していた。

④ **A**で董子奇の妻は夫の姿を見て哀れに思いつつ奇跡的な再会がうれしくて涙を流し、**B**で董子奇は相手が妻であることに気づいていたが武官の目が気になって立ち去った。

⑤ **A**で董子奇の妻は奇跡的に再会できた夫が物乞いをする姿を哀れに思って涙を流し、**B**で董子奇は相手が妻であることに気づかず多くの食べ物を与えられて恐縮していた。

問4　傍線部C「為二主母所一レ偵」の解釈として最も適当なものを、次の①～⑤のうちから一つ選べ。解答番号は 33 。

① 武官は正妻のために、薑子奇と妻の日常の行動をさぐらせていた。
② 武官の正妻により、薑子奇と妻と主人の関係はさぐられていた。
③ 主人は武官の正妻のために、薑子奇と妻の密会の様子をさぐっていた。
④ 武官の正妻は、薑子奇と妻と主人の日常の行動をさぐっていた。
⑤ 武官の正妻により、薑子奇と妻の密会の様子はさぐられていた。

問5 傍線部**D**「令㆔人追㆑之、検㆓其乞嚢中㆒」の書き下し文として最も適当なものを、次の①～⑤のうちから一つ選べ。解答番号は **34** 。

① 人をして之を追はしむれば、其の乞《きつ》の嚢《なう》中を検《しら》べしむ
② 人をして之を追ひ、其の乞の嚢中を検べしむ
③ 人之を追はば、其の乞をして嚢中を検べしむ
④ 人之を追はしむるも、其の乞は嚢中を検ぶ
⑤ 人をして之を追はしめば、其の乞は嚢中を検ぶ

問6 空欄**E**に入る語句として最も適当なものを、次の①～⑤のうちから一つ選べ。解答番号は **35** 。

① 果タシテ浮ブ㆑水ニ
② 方ニ落チ尽クス
③ 若シ㆓飛蓬ノ㆒
④ 葉半バ紅ナリ
⑤ 暫ク随フ㆑風ニ

問7　本文中の漢詩についての説明として最も適当なものを、次の①～⑤のうちから一つ選べ。解答番号は 36 。

① 薑子奇が前日物乞いをして妻から食べ物を与えられたあとに作った詩であり、妻と再会しながらも落魄《らくはく》した自分は、姓名を問いただすことができないと悲しんでいる。

② 薑子奇がこの日、妻との再会を果たし互いに語り合っている時に即興で作った詩であり、故郷で戦争の悲劇に遭遇したため、幸せな生活が破壊されたことを憎んでいる。

③ 薑子奇の妻がある夜、離れ離れになってしまった夫を慕って作った詩であり、夢のように平穏であった新婚生活を思い出し、武官の求婚に応じたことを悔やんでいる。

④ 薑子奇の妻が前日、物乞いをする夫に食べ物を与えたあとに作った詩であり、悲嘆に満ちた都の生活を厭《いと》い、名乗り合えない境遇を嘆いている。

⑤ 薑子奇の妻が夫との再会を果たした時に夫と共作した詩であり、故郷での新婚生活を追憶し、ひまわりや柳に喩《たと》えて、貧しいながらも自由な生活を希求している。

模試 第5回

（200点 80分）

〔国語〕

注 意 事 項

1 **国語解答用紙（模試 第5回）をキリトリ線より切り離し，試験開始の準備をしなさい。**

2 **時間を計り，上記の解答時間内で解答しなさい。**
ただし，納得のいくまで時間をかけて解答するという利用法でもかまいません。

3 この回の模試の問題は，このページを含め，42ページあります。問題は4問あり，第1問，第2問は「近代以降の文章」及び「実用的な文章」，第3問は「古文」，第4問は「漢文」の問題です。

4 **解答用紙には解答欄以外に受験番号欄，氏名欄，試験場コード欄があります。その他の欄**は自分自身で本番を想定し，**正しく記入し，マークしなさい。**

5 **解答は解答用紙の解答欄にマークしなさい。**例えば，10 と表示のある問いに対して③と解答する場合は，次の(例)のように**解答番号10の解答欄**の③に**マーク**しなさい。

(例)

解答番号	解答欄								
	1	2	3	4	5	6	7	8	9
10	①	②	●(③)	④	⑤	⑥	⑦	⑧	⑨

6 問題冊子の余白等は適宜利用してよいが，どのページも切り離してはいけません。

7 試験終了後，問題冊子は持ち帰りなさい。

第1問　次の文章を読んで、後の問い（問1〜6）に答えよ。（配点　50）

では、コミュニティ再生のためのソフトの基盤整備として、具体的に何をすればよいのだろうか。それは、「住民の話し合いの場」の提供である。そしてそこから、地域を元気にする住民発の活性化の具体的な事業を生み出し、公共事業として実行する。その過程を通して、地域のヨコ糸の組織とタテ糸の組織を再生していくのである。

その住民の話し合いの場として、具体的な手立てが、筆者が実践的に開発してきたのがA「寄りあいワークショップ」という手法である。その基本的な考え方や思想について簡単に述べたい。

子どもの頃、信州の田舎での地区の「寄りあい」に父親に連れられて同席したことが何回かある。地区の役員決めや行事について和やかに話し合っていたように記憶する。

山梨県の農村部で暮らし始めて、自治区の年次総会に出席したときのこと。そこでは総会資料が準備され、議題に従って、議長の選出、第何号議案という形で会議が進められていた。議長の選出は、「〇〇さんを推薦します」「異議なし」と続いて、拍手で承認。選出された議長の下で、議案ごとに総会資料が読み上げられ、「異議がなければ拍手で承認ください」「異議なし」と続いて、拍手が起こる、といった展開であった。やや形式化してしまっているが、これこそ寄りあいの現代版なのである。

日本列島をくまなく歩いた民俗学者・宮本常一《みやもとつねいち》氏の著書『忘れられた日本人』（岩波文庫、一九八四）によれば、古来日本の村では「寄りあい」で取り決めごとがなされてきた伝統があるという。かつて宮本は、離島・対馬《つしま》の集落で古文書の資料を借り出そうとしたとき、寄りあいの承認が必要だということで、丸二日がかりで村人たちが協議する場面に立ち会った。別の集落でも同様に資料を借りようとしたら、村役の人が別の島から船で来た。寄りあいに参加している全員が納得するまで話し合いが行われていたという。時代を遡れば、「そういう会合では郷士も百姓も区別はなかったようである。領主―藩士―百姓という系列の中へおかれると、百姓の身分は低いものになるが、村落共同体の一員ということになると発言は(ア)ゴカクであったようである」（同、一九〜二〇頁）。「反対の意見が出れば出たで、しばらくそのままにしておき、そのうちに賛成意見が出ると、またそのままにしておき、それについてみんなが考えあい、最後に最高責任者に決をとらせるのである」(同、二〇〜二一頁)。

　このように、平等かつ民主的に意見交換、決定がなされていたようである。

　こうした話し合いの伝統が、やや形式化しつつも寄りあいという形で、日本の伝統社会の中には受け継がれてきた。それを再度蘇《よみがえ》らせる取り組みが、ソフトの基盤整備事業としていま必要なのである。

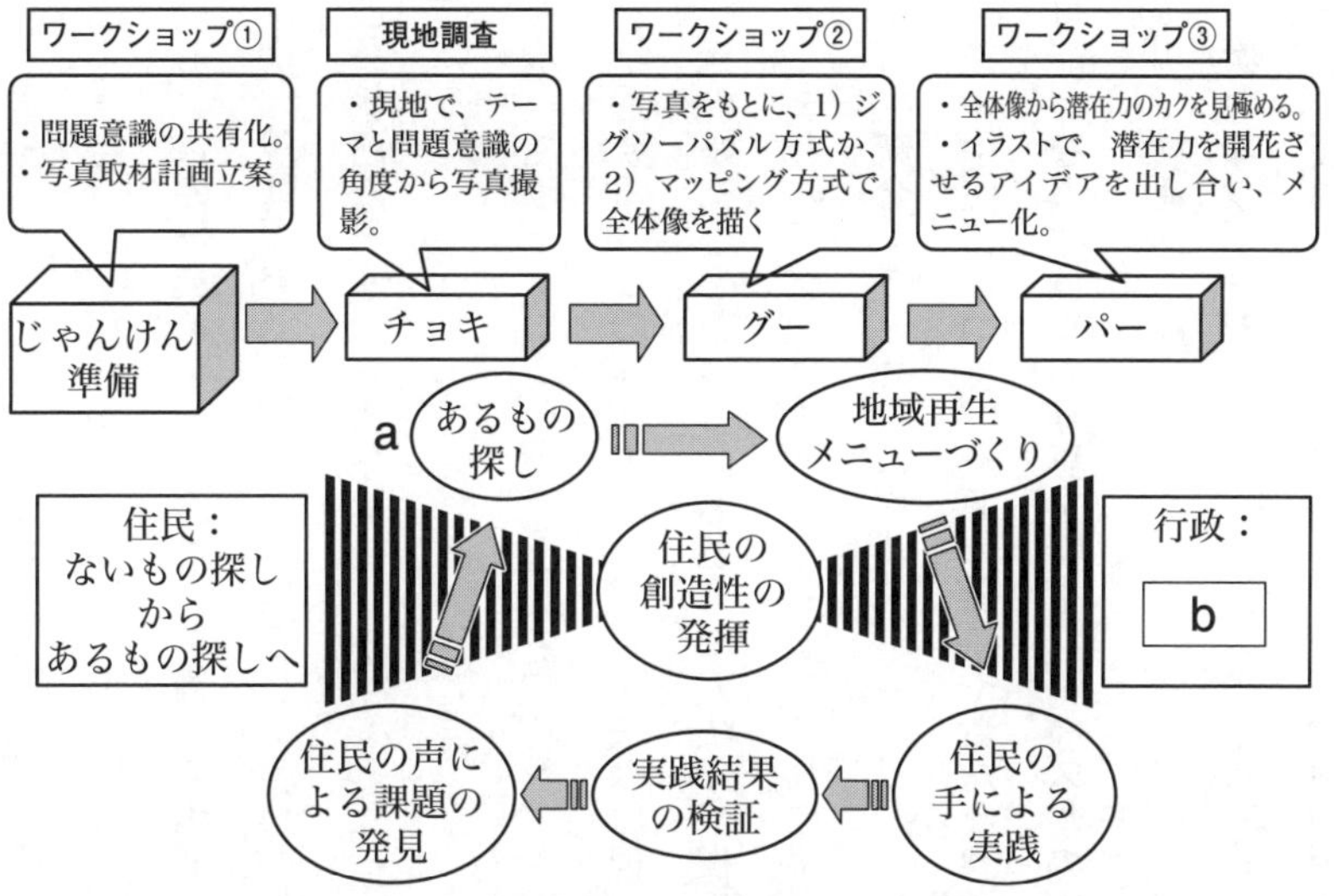

図1　寄りあいワークショップ手法：じゃんけん方式

　戦後の民主主義教育を受けてきた現代人は、物事を決めるにあたって、科学的な手続きによって透明性が保証されていないと、その決定は受け入れられない。本書で紹介する「寄りあいワークショップ」という方法は、そのような要件を満たし、かつ日本古来の村の会合で行われていた平等かつ民主的に意見交換、決定をなす方法なのだ。それゆえ、現在地域住民にも受け入れられている。また、行政の立場からは、「住民の話し合いの場」の提供として事業化できるように技術化がなされている必要があるが、これにも応えられる方法となっている。

　ここではまず、寄りあいワークショップの概要を説明しよう。図1を参照されたい。

　じゃんけんの手を順番に展開するところから、住民に親しみをもってもらいやすくするために「じゃんけん方式」という愛称をつけて方法や手順を説明している。

　入りぐちはワークショップ①で、「住民の声による課題の発見」である。住民自ら地域の実態を振り返り、問題や悩み、将来像を、(イ)ヒハンせずたがいに自由に意見交換する。その後、各自が意見カードを記入して出し合い、全員で「意見地図」を作成する。その上で、どの部分が重要かを点数で重みづけ評価する。通常は、五点、四点、……一点、と、点数が高い順に一位、二位……と重みづけしている。集計の結果、得点の高いところが重点課題として浮かび上がる。この作業を「じゃんけん準備」の場面と位置づけている。

次は現地調査で、「あるもの探し」を行う。参加者全員が簡易カメラを用いて、重点課題を解決するために役立つ資源や宝物、改善箇所などを写真撮影する。シーンや事、人、ものなどを写真にして切り取ってくることから、「チョキ」の場面と位置づけている。

次いでワークショップ②となる。「あるもの探し」の続きで、撮影した写真を用いて「資源写真地図」を作成し、地域の実態を把握する。この作成方法は、KJ法の原理を応用した写真分析法である。KJ法とは、創案者である文化人類学者・川喜田二《かわきたじ》郎《ろう》氏の頭文字をとって命名された方法で、様々なデータのうち、ポイントとなるものをカードに書き、そのカードをグループごとにまとめて整理するものである。これにより課題抽出や実態把握が可能となる。正確には、データの整理というよりも、データの「統合（まとめ）」になる。

この手法によって、資源の発見や新たな課題を見つけることができる。あわせて、住民間での地元認識の共有化を図ることも可能となる。個々の写真をジグソーパズルのように組み立てて、実態を(ウ)ショウアクすることから、握るという意味で「グー」の場面と呼んでいる。

次いでワークショップ③で、「地域再生メニューづくり」を行う。重点課題を解決するために把握した地元の資源や改善すべき点を使って、どのようなアイデアで地域再生を図っていくかを考え、メニューをつくる。

写真のイメージをよりどころにし、アイデアをイラストや漫画を用いて形にし、解説文を付記する。このアイデアカードを持ち寄り、全員で「アイデア地図」を作成する。そして、どこから優先的に行っていくのかの重みづけの投票評価を行う。投票方法は、意見地図が重要度評価であるのに対して、ここでは優先度評価を行うが、点数の投票方法は同じである。

その上で優先度の高いアイデアについて、①難易度、②実現の目標時期（短期・中期・長期の別）、③実行主体（住民・行政・

協働の別）を見定める。加えて、これら三項目の見定めの結果と地域の実情を考慮しながら、④着手順位を見定めることで「実行計画」を立案する。この場面は大いにアイデアを広げようということから、広げた手にちなんで「パー」の場面と呼んでいる。

これらを受けて、実行リーダーと実行組織を立ち上げ、行政との連携によって「住民の手で実践」へと進める。

実践過程では、取り組む姿と、そこからもたらされる結果、成果を写真撮影する。一定期間後に写真をもとに分析して「検証写真地図」を作成し、「実践結果の検証」を行う。その上で、実行計画の改訂版を作成し、二回目の住民の手による実践へと歩みを進める。このような取り組みのサイクル、すなわち「地域再生起動エンジン」を地域の中につくり込むことで、内発的な地域再生が可能となる。

寄りあいワークショップとは、このようにじゃんけんの手を、「じゃんけん準備⇓チョキ⇓グー⇓パー」という順番になぞるプロセスとなっている。

寄りあいワークショップの狙いは、「住民の創造性の発揮」を支援することにある。従来の地域開発は、課題の発見から資源調査、解決の計画までを専門家や研究者が行い、住民はそれを受けて実行するだけになっていた。先にも触れたが、これでは事業予算が切れると住民も実行の手を止めてしまい、元の木阿弥《あみ》になってしまう。

住民は、その地域に住む〝暮らしの専門家〟である。寄りあいワークショップでは、住民が創造性を発揮して地域再生に取り組むことで生きがいを見出《いだ》し、自分たちの地域に「誇り」をもてるようになることを狙いとしている。

さらに言うなら、住民に作業だけをさせて、創造性を発揮させてこなかったことが、今日の地域の疲弊した状況を招いてしまった本質的な要因だと筆者は考える。住民一人一人の創造性の開発にとどまらず、Bコミュニティとしての組織の創造性開発が重要なのだ。

また住民は、「ないもの探し」の姿勢で、「あれがない、これもない」、挙句の果てにはイ(エ)クドウオンに「コンビニもない」などと言い出しがちである。これではいけない。寄りあいワークショップはこれを「あるもの探し」の姿勢に転換する狙いがある。

一方、行政は従来「ハード型」の傾向が強く、「やれ道路をつくれ、建物を建てろ」、といった姿勢がうかがえた。寄りあいワークショップでは、その姿勢を「ソフト型」に転換し、何をやるのかについて案を出し、その上で必要ならハードもつくる、となることを狙っている。

このように、寄りあいワークショップを展開しつつ、行政の仕事のやり方と住民の地域づくりの姿勢転換も行うのだ。これこそが、ソフトの基盤整備のチュウ(オ)カクをなす。その上でさらに、実行のメニューの内容に応じて部会をつくり、各種の横断的な組織を形成していく。それによりヨコ糸とタテ糸が再生されていくのだ。

（山浦《やまうら》晴男《はるお》『地域再生入門』による）

問1　傍線部(ア)〜(オ)に相当する漢字を含むものを、次の各群の①〜④のうちから、それぞれ一つずつ選べ。解答番号は 1 〜 5 。

(ア)　ゴカク　1

① 試行サクゴする
② ソウゴ理解
③ ゴジツ談
④ 要人をケイゴする

(イ)　ヒハン　2

① ヒデンの技
② 二つの案をタイヒする
③ 発言のゼヒを論じる
④ 作品をヒヒョウする

(ウ)　ショウアク　3

① 条件をショウダクする
② コウショウな趣味
③ ガッショウ造りの民家
④ ハッショウの地

(エ)　イクドウオン　4

① 新しい技術をクシする
② クゲンを呈する
③ 金銭をクメンする
④ 喧嘩《けんか》クチョウで話す

(オ)　チュウカク　5

① カクジツに実行する
② ヒカク検討する
③ 問題のカクシンに迫る
④ カクメイ的な手法

問2　傍線部A「『寄りあいワークショップ』という手法」とあるが、これを筆者が提唱する理由は何か。その説明として最も適当なものを、次の①～⑤のうちから一つ選べ。解答番号は 6 。

① 古来日本の村では「寄りあい」で取り決めごとがなされてきた伝統があり、各地域の「寄りあい」の形式に手を加えることなく受け継ぐことこそ、地域の特色を守りながら再生するために重要なことだから。

② 「寄りあい」という意見交換・決定の方法は、古来日本の村で行われてきた伝統的なものであるが、会合の中では郷士も百姓も区別なく対等であり、現代に通ずる民主的な手法だから。

③ 賛否さまざまの意見が出てもしばらくそのままにしておき、それについてみんなが考えあうという日本古来の「寄りあい」の手法は、ＫＪ法に通ずるところがあり、極めてすぐれた意見統合の手法と考えられるから。

④ 日本古来の村の会合同様に平等性・民主性を保ちながら、透明性の保証された手続きによって意思決定することができ、行政側からも「住民の話し合いの場」の提供として事業化できるから。

⑤ 日本の伝統からいって、あまりにもはっきり意見への賛否を表すことはなじまないため、形式化しつつも和やかな雰囲気の中で話し合いの行われる「寄りあい」という手法が有効と考えられるから。

問3　図1の**a**（＝あるもの探し）はどのように説明できるか。最も適当なものを、次の①～⑤のうちから一つ選べ。解答番号は **7** 。

① 参加者が撮影した写真を用いて資源写真地図を作り、実態を把握する作業
② 地域の課題解決に役立つ資源や改善箇所などを現地で写真撮影する作業
③ 地域に存在する資源を使って、どのように課題解決するかを考える作業
④ 地域に既にある資源を把握することで、欠けているものを明らかにする作業
⑤ 地域の問題や課題について意見を出し合い、重要課題を洗い出す作業

問4　図1の空欄**b**に当てはまるものを、次の①～⑤のうちから一つ選べ。解答番号は **8** 。

① 寄りあい型から事業型へ
② 住民主導から行政主導へ
③ 調査計画から実行へ
④ 作業型から創造型へ
⑤ ハード型からソフト型へ

問5　傍線部B「コミュニティとしての組織の創造性開発」とあるが、これに関する筆者の考えの説明として**適当でないもの**を、次の①〜⑤のうちから一つ選べ。解答番号は 9 。

① 従来、行政の地域再生の取り組みは、大規模な施設を造ることを優先しがちだったが、やりたいことの内容を先に考え、必要な施設を造るように発想を転換する必要がある。

② 事業予算が切れて地域開発の計画が頓挫《とんざ》してしまうことがないよう、寄りあいワークショップに専門家や研究者も加わった上で、綿密で長期的な計画を立てる必要がある。

③ 住民への話し合いの場の提供が重要なのは、話し合いを通じて住民自身が地域にすでにある資源に気づき、自らの創造性を発揮して地域再生に取り組むことができるようになるからである。

④ 寄りあいワークショップで作成した地域再生メニューの実行には、行政と連携した上での住民の手による実践、成果を検証して二回目の実践につなげる取り組みサイクルの確立が重要である。

⑤ 住民が創造性を発揮して地域再生に取り組み、地域に誇りを持つことができるようになるためには、住民自身も地域の持つ魅力や長所を探すよう、発想を転換する必要がある。

問6　地域再生のための寄りあいワークショップの「主体」について議論する場合、文章全体を踏まえて成り立つ意見として適当なものを、次の①～⑥のうちから二つ選べ。ただし、解答の順序は問わない。解答番号は 10 ・ 11 。

① 戦後になって造成された住宅地では、寄りあいの伝統は存在しないため、寄りあいの形式化した部分は省略し、行政がある程度主導して、初めから事業化を見すえた議論をしてもよい。

② 古くからの住民と新しい住民が混在する地域では、古くからの住民の同意が得られなければ計画が進まないため、寄りあいの手法を取り入れ、古くからの住民の意見を尊重することが重要である。

③ 「じゃんけん方式」という愛称や「じゃんけん準備⇓チョキ⇓グー⇓パー」という説明により、ワークショップの手法を親しみやすい形で理解してもらうことで、住民自らがワークショップを主導することができる。

④ 住民が発案した取り組みを事業化しやすくするため、専門家や研究者の参加によって計画の方向性を修正したり、施設を造ったりすることによって、行政は住民が作業に専念できる環境を整えるべきである。

⑤ 寄りあいワークショップの手法では、取り組みにつながらないアイデアが出てきたり、初めはうまくいかない計画があったりしても、住民自ら実践結果を検証し創造性を発揮して改善することが、長期的な成功につながる。

⑥ 伝統的な寄りあいでは郷士も百姓も対等な立場であったように、寄りあいワークショップでも行政側が住民との間の垣根を取り払い、一生活者としての視点をもって、ともに取り組みに参加することが必要である。

第2問　次の文章は、【文章Ⅰ】夏目漱石《なつめそうせき》『門』の冒頭部と、【文章Ⅱ】中島敦《なかじまあつし》『文字禍《もじか》』の一節である。これを読んで、後の問い（問1～5）に答えよ。なお、設問の都合で本文の上に行数を付してある。（配点　50）

【文章Ⅰ】

（親友であった安井《やすい》から、彼の妻御米《およね》（「細君」）を奪った野中宗助《のなかそうすけ》は、実家と断絶し、大学も辞めて、妻と二人、罪の意識を抱えながらひっそりと暮らしていた。）

宗助は先刻《さっき》から縁側へ坐蒲団《ざぶとん》を持ち出して、日当りの好《よ》さそうな所へ気楽に胡坐《あぐら》をかいてみたが、やがて手に持っている雑誌を放り出すと共に、ごろりと横になった。秋日和と名のつくほどの上天気なので、往来を行く人の下駄の響《ひびき》が、静かな町だけに、朗らかに聞《きこ》えて来る。肱枕《ひじまくら》をして軒から上を見上げると、奇麗《きれい》な空が一面に蒼《あお》く澄んでいる。その空が自分の寝ている縁側の窮屈な寸法に較《くら》べて見ると、非常に広大である。たまの日曜にこうして緩《ゆっ》くり空を見るだけでもだいぶ違うなと思いながら、眉を寄せて、ぎらぎらする日をしばらく見つめていたが、眩《まぶ》しくなったので、今度はぐるりと寝返りをして障子の方を向いた。障子の中では細君が裁縫《しごと》をしている。

A「おい、好《い》い天気だな」と話しかけた。細君は、

「ええ」と云《い》ったなりであった。宗助も別に話がしたい訳《わけ》でもなかったと見えて、それなり黙ってしまった。しばらくすると今度は細君の方から、

「ちっと散歩でもしていらっしゃい」と云った。しかしその時は宗助がただうんと云う(ア)生返事を返しただけであった。

二三分して、細君は障子の硝子《ガラス》の所へ顔を寄せて、縁側に寝ている夫の姿を覗《のぞ》いて見た。夫はどう云う了見か両膝《ひざ》を曲げて海老《えび》のように窮屈になっている。そうして両手を組み合わして、その中へ黒い頭を突っ込んでいるから、肱《ひじ》に挟まれて顔がちっとも見えない。

「あなたそんな所へ寝ると風邪引いてよ」と細君が注意した。細君の言葉は東京のような、東京でないような、現代の女学生に共通な一種の調子を持っている。

宗助は両肱の中で大きな眼をぱちぱちさせながら、

「寝やせん、大丈夫だ」と小声で答えた。

それからまた静かになった。外を通る護謨《ゴム》(注1)車のベルの音が二三度鳴った後から、遠くで鶏の時音《とき》をつくる声が聞えた。宗助は仕立おろしの紡績織(注2)の背中へ、自然《じねん》と浸《し》み込んで来る光線の暖味《あたたかみ》を、シャツの下で貪ぼるほど味わいながら、表の音を聴くともなく聴いていたが、急に思い出したように、障子越しの細君を呼んで、

「御米、近来の近の字はどう書いたっけね」と尋ねた。細君は別に呆《あき》れた様子もなく、若い女に特有なけたたましい笑声《わらいごえ》も立てず、

「近江《おうみ》のおうの字じゃなくって」と答えた。

「その近江のおうの字が分《わか》らないんだ」

細君は立て切った障子を半分ばかり開けて、敷居の外へ長い物指を出して、その先で近の字を縁側へ書いて見せて、

「こうでしょう」と云ったぎり、物指の先を、字の留った所へ置いたなり、澄み渡った空を一しきり眺め入った。宗助は細君の顔も見ずに、

「やっぱりそうか」と云ったが、冗談でもなかったと見えて、別に笑《わらい》もしなかった。細君も近の字はまるで気にならない様子で、

「本当に好い御天気だわね」と半ば独り言のように云いながら、障子を開けたまままた裁縫を始めた。すると宗助は肱で挟んだ頭を少し擡《もた》げて、

「どうも字と云うものは不思議だよ」と始めて細君の顔を見た。

「なぜ」

「なぜって、いくら容易《やさし》い字でも、こりゃ変だと思って疑ぐり出すと分らなくなる。この間も今日《こんにち》の今《こん》の字で大変迷った。紙の上へちゃんと書いて見て、じっと眺めていると、何だか違ったような気がする。しまいには見れば見るほど今らしくなくなって来る。——御前《おまい》そんな事を経験した事はないかい」

「まさか」

「おれだけかな」と宗助は頭へ手を当てた。

「あなたどうかしていらっしゃるのよ」

「やっぱり神経衰弱のせいかも知れない」

「そうよ」と細君は夫の顔を見た。夫はようやく立ち上った。

【針箱と糸屑《いとくず》の上を飛び越すように跨《また》いで茶の間の襖《ふすま》を開けると、すぐ座敷である。南が玄関で塞《ふさ》がれているので、突き当りの障子が、日向《ひなた》から急に這入《はい》って来た眸《ひとみ》には、うそ寒く映った。そこを開けると、廂《ひさし》に逼《せま》るような勾配の崖が、縁鼻《えんばな》から聳《そび》えているので、朝の内は当って然《しか》るべきはずの日も容易に影を落さない。崖には草が生えている。下からして一側《ひとかわ》も石で畳んでないから、いつ壊《くず》れるか分らない虞《おそれ》があるのだけれども、不思議にまだ壊れた事がないそうで、そのためか家主も長い間昔のままにして放ってある。もっとも元は一面の竹藪《たけやぶ》だったとかで、それを切り開く時に根だけは掘り返さずに土堤《どて》の中に埋めて置いたから、地は存外緊《しま》っていますからねと、町内に二十年も住んでいる八百屋の爺《おやじ》が勝手口でわざわざ説明してくれた事がある。その時宗助はだって根が残っていれば、また竹が生えて藪になりそうなものじゃないかと聞き返して見た。すると爺は、それがね、ああ切り開かれて見ると、そううまく行くもんじゃありませんよ。しかし崖だけは大丈夫です。どんな事があったって壊《く》えっこはねえんだからと、あたかも自分のものを弁護でもするように力んで帰って行った。】

崖は秋に入っても別に色づく様子もない。ただ青い草の匂《におい》が褪《さ》めて、不揃《ぶそろ》にもじゃもじゃするばかりである。薄《すすき》だの蔦《つた》だのと云う洒落《しゃれ》たものに至ってはさらに見当らない。その代り昔の名残りの孟宗《もうそう》(注3)が中途に二本、上の方に三本ほどすっくりと立っている。それが多少黄に染まって、幹に日の射《さ》すときなぞは、軒から首を出すと、土手の上に秋の暖味を眺められるような心持《こころもち》がする。宗助は朝出て四時過《すぎ》に帰る男だから、日の詰まるこの頃は、滅多《めった》に崖の上を覗《のぞ》く暇を有《も》たなかった。暗い便所から出て、手水鉢《ちょうずばち》の水を手に受けながら、ふと廂《ひさし》の外を見上げた時、始めて竹の事を思い出した。幹の頂に濃《こま》かな葉が集まって、まるで坊主頭のように見える。それが秋の日に酔って重く下を向いて、寂《ひっ》そりと重なった葉が一枚も動かない。

宗助は障子を閉《た》てて座敷へ帰って、机の前へ坐《すわ》った。座敷とは云いながら客を通すからそう名づけるまでで、実は書斎とか居間とか云う方が(イ)穏当である。北側に床があるので、申訳のために変な軸を掛けて、その前に朱泥(注4)の色をした拙《せつ》な花活《はないけ》が飾ってある。欄間《らんま》には額も何もない。ただ真鍮《しんちゅう》の折釘《おれくぎ》だけが二本光っている。その他には硝子戸の張った書棚が一つある。けれども中には別にこれと云って目立つほどの立派なものも這入っていない。

宗助は銀金具の付いた机の抽出《ひきだし》を開けてしきりに中を検《しら》べ出したが、別に何も見つけ出さないうちに、はたりと締めてしまった。それから硯箱《すずりばこ》の蓋《ふた》を取って、手紙を書き始めた。一本書いて封をして、ちょっと考えたが、

「おい、佐伯《さえき》(注5)のうちは中六番町何番地だったかね」と襖越《ふすまごし》に細君に聞いた。

「二十五番地じゃなくって」と細君は答えたが、宗助が名宛《なあて》を書き終る頃になって、

「手紙じゃ駄目よ、行ってよく話をして来なくっちゃ」と付け加えた。

「まあ、駄目までも手紙を一本出しておこう。それでいけなかったら出掛けるとするさ」と云い切ったが、細君が返事をしないので、

「ねえ、おい、それで好いだろう」と念を押した。

細君は悪いとも云い兼ねたと見えて、その上争いもしなかった。宗助は郵便を持ったまま、座敷から直《す》ぐ玄関に出た。細君は夫の足音を聞いて始めて、座を立ったが、これは茶の間の縁伝いに玄関に出た。

「ちょっと散歩に行って来るよ」

B「行っていらっしゃい」と細君は微笑しながら答えた。

(夏目漱石『門』による)

（注）1　護謨車――人力車。それまでは車輪が木製だったが、ゴム製のものが作られるようになった。

2　紡績織――紡績機械でつむいだ綿糸で織った布地。ここではその布地でできた着物のこと。

3　孟宗――孟宗竹《もうそうちく》。大型の竹の一種。

4　朱泥――中国江蘇《こうそ》省や日本の岡山県・愛知県などでつくられる硬質の陶器で、赤褐色が特徴。

5　佐伯――宗助の亡くなった叔父の家。宗助の亡父の財産の管理をしていたが、叔父の死後、そこから出していた宗助の弟の学資を出せないとの連絡があり、叔母と話し合いをする必要に迫られていた。

【文章Ⅱ】

（アシュル・バニ・アパル大王の治世第二十年目の頃、宮廷内の図書館に夜な夜な文字の精霊の声が聞こえるという噂《うわさ》が立った。王は老博士ナブ・アヘ・エリバを図書館に遣わし、文字の精霊の性質を調べさせる。）

その日以来、ナブ・アヘ・エリバ博士は、日ごと問題の図書館（それは、その後二百年にして地下に埋没し、更に二千三百年にして偶然発掘される運命をもつものであるが）に通って万巻の書に目をさらしつつ研鑽《けんさん》に耽《ふけ》った。両河地方《メソポタミヤ》では埃及《エジプト》と違って紙草《パピルス》を産しない。人々は、粘土の板に硬筆をもって複雑な楔《くさび》形の符号を彫りつけておった。書物は瓦であり、図書館は瀬戸物屋の倉庫に似ていた。老博士の卓子《テーブル》（その脚には、本物の獅子《しし》の足が、爪さえそのままに使われている）の上には、毎日、累々たる瓦の山がうずたかく積まれた。それら重量ある古知識の中から、彼は、文字の霊についての説を見出そうとしたが、無駄であった。①文字はボルシッパなるナブウの神の司《つかさど》りたもう所より外《ほか》には何事も記されていないのである。文字に霊ありや無しやを、彼は自力で解決せねばならぬ。博士は書物を離れ、ただ一つの文字を前に、終日それと睨《にら》めっこをして過《すご》した。卜者《ぼくしゃ》（注6）は羊の肝臓を凝視することによってすべての事象を直観する。彼もこれに倣《なら》って凝視と静観とによって真実を見出そうとしたのである。その中《うち》に、おかしな事が起った。②一つの文字を長く見詰めている中に、いつしかその文字が解体して、意味の無い一つ一つの線の交錯としか見えなくなって来る。単なる線の集《あつま》りが、なぜ、そういう音とそういう意味とを有《も》つことが出来るのか、どうしても解《わか》らなくなって来る。老儒ナブ・アヘ・エリバは、生れて初めてこの不思議な事実を発見して、驚いた。今まで七十年の間当然と思って(ウ)看過していたことが、決して当然でも必然でもない。彼は眼から鱗《うろこ》の落ちた思《おもい》がした。単なるバラバラの線に、一定の音と一定の意味とを有たせるものは、何か？　ここまで思い到った時、老博士は躊躇《ちゅうちょ》なく、文字の霊の存在を認めた。③魂によって統《す》べられない手・脚・頭・爪・腹等が、人間ではないように、一つの霊がこれを統べるのでなくて、どうして単なる線の集合が、音と意味とを有つことが出来ようか。

　この発見を手初めに、今まで知られなかった文字の霊の性質が次第に少しずつ判《わか》って来た。④文字の精霊の数は、地上の事物の数ほど多い、文字の精は野鼠のように仔《こ》を産んで殖《ふ》える。

（中島敦『文字禍』による）

（注）　6　卜者――占い師。

問1 傍線部(ア)〜(ウ)の本文中における意味として最も適当なものを、次の各群の①〜⑤のうちから、それぞれ一つずつ選べ。解答番号は 12 〜 14 。

(ア) 生返事 12
① はっきりとした返事
② 気のない返事
③ 歯切れのよい返事
④ わざとらしい返事
⑤ 乱暴な返事

(イ) 穏当である 13
① 漠然としている
② 不審な点がある
③ 礼節をわきまえている
④ 恣《し》意的になっている
⑤ 無理なく筋が通っている

(ウ) 看過していた 14
① 見逃していた
② 注視していた
③ 勘違いしていた
④ 思案していた
⑤ 容認していた

問2　傍線部A「『おい、好い天気だな』と話しかけた。細君は、『ええ』と云ったなりであった」とあるが、ここから読み取れる宗助夫婦の様子として最も適当なものを、次の①～⑤のうちから一つ選べ。解答番号は 15 。

① おたがいに心に根深いうらみを抱えていることを相手に隠しており、何気ない風を装ってはいるが上の空で、相手の話をよく聞いていない様子。

② 夫婦の関係はすでに冷め切っており、夫のほうは修復を試みようと熱心に話しかけてみるものの、妻のほうは冷淡に拒絶する態度で接している様子。

③ 打ち解けた気の置けない間柄であり、夫からの他愛ない語りかけも妻はあっさりと受け止めて、おだやかな日常を淡々と過ごしている様子。

④ 思慮深く相手を思いやり合って、日差しの心地よさを共有しようと話しかけた意図を妻も敏感に感じ取り、言葉少なだが細やかにその思いに応える様子。

⑤ 妻は夫に訴えたいことがあるが、気の重い話であるため、夫がなんとか避けようと別の話題を持ち出したことを、妻が不満に感じている様子。

問3　【文章Ⅰ】の【　】でくくった箇所で表現されている、二人が住む家についての描写は、文章全体の中でどのような効果をもたらしているか。その説明として最も適当なものを、次の①〜⑤のうちから一つ選べ。解答番号は 16 。

① 宗助の家が非常に環境の悪い場所に建てられていることを示すことによって、そのような環境を選ばざるを得ない夫婦の貧しい暮らしが暗示されている。立地は悪くてもその地盤は竹のために堅固であることから、困窮しても夫婦の気持ちの結びつきは揺るぎないものであることを表現している。

② 崖の前に建つ家に不安を感じる宗助に、「根があるから土は大丈夫だが、竹が生えて藪になることはない」という、理屈に合わない言い訳をする八百屋の爺がユーモラスに描かれており、会話の続かない二人の姿が淡々と描かれた、閉塞感に満ちた場面にあって、爽快感を与える役割を果たしている。

③ これまでの部分では夫婦のごくありふれた会話を中心に物語が進行しており、宗助が無気力な様子で、御米との会話にも上の空である理由は示されていないが、この場面の描写によって、宗助の心痛が安全性を担保されない現在の暮らしに不安を抱えているからであるということが明らかにされている。

④ 日が当たらない、崖の前の家という陰鬱《いんうつ》とした場面設定が、一見おだやかに見える二人の生活の根底に拭《ぬぐ》いがたい罪の意識があることを表現しており、この家の安定が「昔、一面の竹藪であった」という不確かな根拠のもとに成り立つのと同じく、二人の行く末にも不安定さが漂っていることが示唆されている。

⑤ 宗助と御米夫婦の仲睦まじい様子を中心に描き、二人の幸福な日々が淡々と続いていくことを描写するこの物語の中にあって、この場面だけが、二人が置かれている厳しい状況を対照的に浮き彫りにしており、現実から目を背けて生きようとする二人の姿を鮮やかに表現している。

問4　傍線部Ｂ「『行っていらっしゃい』と細君は微笑しながら答えた」とあるが、ここから読み取れる御米の心情として最も適当なものを、次の①〜⑤のうちから一つ選べ。解答番号は 17 。

① 一日を無為に過ごす宗助の姿をかたわらで見守らなければならないことに辟易《へきえき》しており、ようやく宗助が出かける気になったことによって解放感を覚え、ほっとしている。

② 向き合ってきちんと話し合いがしたいと願う自分を避け、散歩に行くふりをしてその場を逃げ出した宗助に対し、軽い失望を感じ、期待しても無駄だとあきらめている。

③ 漢字だけでなく番地もあやふやになり、明らかに衰弱している宗助の様子から、散歩に行ったまま帰ってこないのではないかという不安を抱き、それを打ち消そうとしている。

④ 宗助が自分の提案を言葉では拒絶していても、散歩に行くふりをして実は佐伯の家に直談判に行くつもりであることを察し、自分の思いどおりの結果になったことに満足している。

⑤ やるべきことを避けている宗助の態度には不満もあるが、先ほどは聞き流していた「散歩に行くとよい」という自分の提案を受け入れた宗助なりの譲歩の姿勢に、理解を示している。

問5　次に掲げるのは、本文を読んだ後に、教師と二人の生徒が話し合っている場面である。本文の趣旨を踏まえた、空欄に入る発言として最も適当なものを、空欄Xは【文章Ⅱ】の波線部①～④（後の【a群】の①～④）のうちから、空欄Yは後の【b群】の①～⑤のうちから、それぞれ一つずつ選べ。解答番号は 18 ・ 19 。

教　師——夏目漱石の『門』は一九一〇年、中島敦の『文字禍』は一九四二年に書かれた小説です。ここで取り上げられた文字についての知覚現象は「ゲシュタルト崩壊」と呼ばれ、認知心理学でこの概念がはじめて報告されたのは一九四七年であるとされていますが、それより以前に、日本の文学の中で相次いでこれが取り上げられているのは興味深いですね。

生徒A——宗助は、いつも書いている「近」という字が急にわからなくなったのですね。このとき宗助が感じたのと同じ感覚が、『文字禍』の中では「 X 」と描写されています。

生徒B——同じような感覚、私も覚えがあります！　でも、宗助と博士では、これにいたる経緯やその背景はまったく違っていますね。 Y 。

生徒A——これは、夏目漱石と中島敦の主題の違いにも結びついているのかもしれませんね。

【a群】

① 文字はボルシッパなるナブウの神の司りたもう所とより外には何事も記されていないのである

② 一つの文字を長く見詰めている中に、いつしかその文字が解体して、意味の無い一つ一つの線の交錯としか見えなくなって来る

③ 魂によって統べられない手・脚・頭・爪・腹等が、人間ではないように、一つの霊がこれを統べるのでなくて、どうして単なる線の集合が、音と意味とを有つことが出来ようか

④ 文字の精霊の数は、地上の事物の数ほど多い、文字の精は野鼠のように仔を産んで殖える

【b群】

① 宗助の文字に対する違和感は世界からの疎外感を象徴的に示し、【文章Ⅰ】38行目の「おれだけかな」というつぶやきからも宗助の不安が感じられるのに対し、博士の感覚が文字という記号のあり方を通して世界観の変化に結びつき、「精霊」という存在の発見に至ったことが、【文章Ⅱ】12行目の「眼から鱗の落ちた思」という言葉からもわかります

② 妻との関係修復という動機から宗助の文字についての話題が始まり、【文章Ⅰ】37行目の「まさか」という御米の短い返答によって思惑が破綻《はたん》した後は急速に関心を失っていくのに対し、博士は王の命令という外的な働きかけを発端とし、【文章Ⅱ】6〜7行目の「文字に……自力で解決せねばならぬ」という責任感から、どこまでも突き詰めようとしています

③ 宗助は心地よい陽気と対照的に無気力な様子ですが、文字の話題をきっかけにして【文章Ⅰ】40行目の「神経衰弱のせいかも知れない」と独白することから、彼がすでに精神を蝕《むしば》まれていると明らかになるのに対し、博士は、【文章Ⅱ】1〜2行目の「日ごと問題の……研鑽に耽った」などの表現から、強い意志と自主性をもつ人物であることが読み取れます

④ 宗助は役人として勤めていますが、【文章Ⅰ】34行目の「今日の今の字で大変迷った」という言葉から、彼が事務仕事に不向きであり、この時代ならではの生きづらさを感じていることが読み手に示唆されるのに対し、博士はもともと言葉についての専門家であるからこそ、【文章Ⅱ】8行目の「凝視と静観」が文字への違和感を引き起こしています

⑤ 宗助の文字についての感覚について、【文章Ⅰ】26行目の「『こうでしょう』と云ったぎり……眺め入った」と、身近な人にも共有されず、宗助だけの個人的な問題として取り上げられているのに対し、博士はこの感覚を【文章Ⅱ】16行目の「文字の霊の性質」として、だれしもが感じる文字の特性として普遍化しようとしているという違いがあります

（下書き用紙）

国語の試験問題は次に続く。

第3問　次の文章は『転寝草紙《うたたねのそうし》』の一節である。ある公卿《くぎょう》の姫君は、ある日のうたたねの夢の中で美しい貴公子から恋文を贈られ、それ以降、夢の中で何度もその男性と契りを結んだ。以下の文章は、その後、姫君が観音信仰で有名な石山寺に参詣した場面である。これを読んで、後の問い（問1～6）に答えよ。（配点　50）

夜うち更くるほどに、隣なる局《つぼね》は、かの紫式部（注1）が、源氏の物語作りしその所とかや、まづめづらしく見まほしく思《おぼ》すに、いとよしある声気配して、「宰相《さいしやう》中将（注2）」と呼ぶは、殿の左大将殿（注3）なるべし。その中将と聞こゆる人の声にて、

X「さても何事の御祈りにか、司召《つかさめし》（注4）もほど近くて、朝廷《おほやけ》、私《わたくし》の御いとまもありがたき頃しも、かく参り籠《こも》り給《たま》ふは、いといぶかしく思ひ給へらるるにつけて、御袖《そで》の上も、おほかたの露の秋には、ことわり過ぎぬるさまになん、見なし奉るに、ほのかにも、その故と語り聞こゆることのおはせぬこそ、御心の隔ても深く、恨めしく侍《はべ》れ。罪障懺悔《さんげ》（注5）とかやにもなずらへて、わざとこの御参りのついでに、かつ語り聞こえ給へ」

と、せちに恨み給へば、

Y「いさとよ、夜語らず（注6）といふは、夢のことなるものを。とてもかくてもかう恨み給ふ上に、今日まで参り籠るも、少しも思ひの行方や、晴るるすべもあらんと、念じ奉れば、仏に任せ聞こゆる身なれば、思ひつつみても詮《せん》なし」

など、うちとけ給ふさまの、夢に通ひつる人に、少しもたがはずおぼゆるにも、まづ胸騒ぎて、せちに見まほしきに、御供の人々は、今日の道に(ア)いたくくづほれぬるにや、いといぎたなくて、大殿油《おほとのあぶら》も消えぬるに、隣なる火は、いと赤く見ゆるほど、物の隙《ひま》よりやをらのぞき給へば、なよびかなる狩衣《かりぎぬ》姿に(イ)やつれなし給へる、ただありし夢に、つゆもたがふ所なければ、これもまた例の思ひ寝にやと、かきくらさるる御心を、いたく念じて、聞き見給ふに、「大和《やまと》、唐土《もろこし》は、夢をしるべにて、あるは傅巌《ふがん》（注7）の野にかたちを求め、あるは明石（注8）の浦に、舟をまうけ侍るためしは、みなたしかに、思ひ合はするうつつもあることなるに、これは去年《こぞ》の弥生の末つかた、女のもとよりとおぼしくて、しなやかなる藤にむすびて、

A　頼めただ思ひ合はする思ひ寝のうつつにかへる夢もこそあれ

とありしを見しより、宵々《よひよひ》ごとの夢には、かなたに訪《と》ひ、こなたに迎へて、(注9)つらなる枝の枯れぬ色を誓ひ、並ぶ翼の、分かれぬ中を思ひて、この二歳《ふたとせ》ばかりを過ぐし侍るに、朝廷に仕ふるも、私にかへりみるも、折にふれたる月雪のなさけにも、ただこの夢の行方の、片時のうつつにも、思ひ合はするよすがもがなと、ひしと心にかかるままに、何事も身に添はず。うつし心もなく、身もむげに弱くなりぬるを、とかく念じて、出で仕うまつるになん」と、うちくどき給ふより、ただ我が身の恋しかなしと思ふはかなき夢の契りをのみ、泣きみ笑ひみ、Z語り給ふを聞く心地、ただならむやは。これぞ見しや夢、ありしやうつつ、せんかたなき心迷ひには、声も立てつべく、やがてこの障子をも引き開けて、夜な夜なの契りの行方をも、語り合はせまほしけれど、さすがに女のさるべきことにしもあらねば、心強く忍び過ぐす。我が御心もいとつれなし。さてもはかなき夢ばかりにてだに、なほ面影は忘れがたきを、まいて同じ心の夢物語、同じさまなる姿を見て、このままうはの空に、立ち離れては、片時もながらふべくもなし。またさりとて、人の心をも知らず、(注10)うちひたたけて、言ひ出《いだ》し、慕ひゆくべきことにもあらねば、ただ今の見るを逢《あ》ふにて、(注11)来《こ》ん世の海女《あま》ともなりなば、なかなか絶えぬ逢瀬《あふせ》にもやめぐり合はましと、たけく思しとるにも、母上亡くなり給ひて後は、父大臣《おとど》をのみ頼もしき陰と頼み思ひぬるに、大臣もまた、さばかり(ウ)かなしきことにし給ひしに、今はと先立ちぬべき道の空も、いかに罪深からんと思すはさるものにて、あからさまに出でしを、限りとだに知られ奉らで、明日はいつしか待ち給はんに、むなしく聞きなし給はん、いかばかりか思し嘆かんと思すに、今はと思ひとる際なれば、消えぬる火をともしつけさせて、父君への御文書い給ふ。涙にくれて定かならんやは。

B 嘆くなよつひには誰も消え果てん小萩《こはぎ》が露のあだし命を

(注) 1 かの紫式部が……その所とかや――紫式部が石山寺に参籠して『源氏物語』を作ったという伝承が古くからあった。

2 宰相中将――参議で、近衛府《このゑ》(天皇を護衛する役所)の中将を兼ねた者。

3 殿の左大将――「殿」は摂政・関白のこと。「左大将」は左近衛の大将で、「宰相中将」の上官になる。

4 司召――司召の除目《じもく》。在京官庁の官吏任命の儀式。

5　罪障懺悔――解脱《げだつ》・往生の妨げとなるような悪い行いを仏に告白して詫《わ》びること。

6　夜語らずといふは、夢のことなるものを――夜には夢の話をしないものだとする俗信があった。『源氏物語』「横笛」の巻には「かの夢は、夜語らずとか、女房の伝へに言ふなり」とある。

7　傅巌の野にかたちを求め――『書経』に、殷《いん》の高宗が夢の中で補佐役を得て、現実に傅巌の野で傅説という人材を見出した、という故事が見える。

8　明石の浦に、舟をまうけ侍る――『源氏物語』「明石」の巻に、明石の入道が、夢のお告げによって、光源氏を明石の浦へと舟で迎え出た話が見える。

9　つらなる枝の……分かれぬ中を思ひて――白居易の「長恨歌」の「在《あ》リテハレ天ニ願ハクハ作《な》ランニ比《ひ》翼《よく》ノ鳥ト一。在リテハレ地ニ願ハクハ為《な》ランニ連《れん》理《り》ノ枝ト一」を踏まえる。そこから「比翼の鳥」や「連理の枝」という成語ができ、ともに夫婦の契りの深いことを表す。

10　うちひたたけて――心が乱れたままで。「ひたたく」は雑然としている・しまりがないことを言う。

11　来ん世の海女ともなりなば――『古今和歌六帖』の和歌「この世にて君をみるめのかたからば来ん世の海人となりてかづかん」を踏まえる。

問1　傍線部(ア)～(ウ)の解釈として最も適当なものを、次の各群の①～⑤のうちから、それぞれ一つずつ選べ。解答番号は 20 ～ 22 。

(ア)　いたくくづほれぬるにや　20
①　ひどく迷ってしまったのであろうか
②　苦痛で歩けなくなったのであろうか
③　非常に疲れてしまったのであろうか
④　苦しくて休んでいるのであろうか
⑤　いささか体調を崩したのであろうか

(イ)　やつれなし給へる　21
①　わざと目立たない身なりをしていらっしゃるのは
②　表情にあまり精彩がなくていらっしゃるのは
③　やせ細っても優美な様子でいらっしゃるのは
④　ひどく落ちぶれた姿をしていらっしゃるのは
⑤　華やかな衣装で着飾っていらっしゃるのは

(ウ)　かなしきことにし給ひしに　22
①　悲しいことだとお嘆きになっていたのに
②　残念なことだとお思いになっていたのに
③　不憫《ふびん》なことだと思っていらっしゃったのに
④　悔やまれることだとおっしゃっていたのに
⑤　かわいい者として扱ってくださったのに

問2　波線部「今はと先立ちぬべき道の空も、いかに罪深からん」についての文法的な説明として**適当でないもの**を、次の①〜⑤のうちから一つ選べ。解答番号は **23** 。

①　副詞「いかに」が一度用いられている。

②　打消の助動詞「ず」が一度用いられている。

③　推量の助動詞「べし」が一度用いられている。

④　推量の助動詞「む（ん）」が一度用いられている。

⑤　係助詞「も」が一度用いられている。

問3　本文中の会話文X（宰相中将の会話）・会話文Y（左大将の会話）に見られる心情の説明として最も適当なものを、次の①〜⑤のうちから一つ選べ。解答番号は **24** 。

①　宰相中将は、公私ともに多忙な左大将があえて石山寺に参詣し、しかも涙がちで悲しそうなのにそのわけを話してくれないので、ひたすら恨めしく思っている。一方、左大将は、もはや心を閉ざすのはやめようと思っている。

②　宰相中将は、朝廷に仕える身の左大将が石山寺に籠《こ》もり仏法を極めようとしていることに対し、なぜそこまでこだわるのか不審がっている。一方、左大将は、今まで参詣の本当の理由を隠してきたことを今後も守り続けようと思っている。

③　宰相中将は、秋も深まった寒い頃なのに、左大将がわざわざ石山寺に参籠《さんろう》していることに対し、納得できないでいる。一方、左大将は、宰相中将の誤解を解くためにも、今や内心の苦悩を隠していても仕方がないと感じている。

④　宰相中将は、左大将が何か悩み事を隠して石山寺に参拝しているのを、自分につれない振る舞いだと恨めしく思っている。一方、左大将は、内心の苦悩をなかなか打ち明けられないのも、やむを得ないことだと思っている。

⑤　宰相中将は、あれこれと自分が忙しい時期に、左大将の石山寺参詣に付き合わされて、強い憤りを感じている。一方、左大将は、いいかげんに仲違《たが》いをやめて、宰相中将に自分の内心のつらさをわかってほしいと思っている。

問4　傍線部**Z**「語り給ふを聞く心地、ただならむやは」とあるが、その説明として最も適当なものを、次の①～⑤のうちから一つ選べ。解答番号は **25** 。

①　宰相中将は、左大将に対して、夢の中で契った女性と現実世界で逢うための方法を助言している。それを姫君が聞き取って、夢の中だけでなく、実際にこれから左大将と逢えるのではないかと強く期待している。

②　宰相中将は、隣の部屋にいる女性こそ左大将の夢の中に現れた姫君なのではないかと述べている。それを左大将が聞き、この不思議な偶然にどう対処すればよいのかわからず、半信半疑のままひどく心を乱している。

③　姫君は、夢の中で逢った男性が隣の部屋にいると知り、自分の見た夢の話を宰相中将に伝えた。それを聞いた左大将は、その女性が夢の中で契りを結んだ姫君なのかどうか、ぜひ真実を確かめたいと強く思っている。

④　左大将は、自分の夢に現れた姫君と隣室の女性とが同じ姿なので、同一人物かどうか確かめたいなどと述べている。それを聞いた宰相中将は、そんな夢のような出来事が現実にあるものだろうかと強く疑っている。

⑤　左大将は、姫君が見た夢の内容と同じ話を語り、夢の中で逢瀬を重ねた女性と現実でも逢える縁がほしいのになどと述べている。それを姫君が聞いて、夢の中で結ばれた男性が隣の部屋にいるとわかって動揺している。

問5　本文中の和歌**A**・**B**に関する説明について、五人の生徒から出された発言①～⑤のうちから、最も適当なものを一つ選べ。解答番号は **26** 。

①　生徒A――**A**は、三句切れの歌で、好きな人を夢に見ると実際に恋が成就するかもしれないと頼りにしなさい、という意味だと思う。**B**は、倒置法が用いられた歌で、結局現実での恋の成就をあきらめて出家を決意した左大将が、きっぱりと俗縁を断って隠遁《いんとん》してしまってもどうか嘆かないでほしいと、申し訳なさそうに父に訴えているんじゃないかな。

②　生徒B――**A**は、句末を命令形で言い切った歌で、現実でも恋が叶《かな》うようになる夢を見せてほしいと仏に祈願しなさい、という意味だよ。**B**は、初句切れ及び三句切れの歌で、現実での恋の断念を契機としてこの世の無常を悟った姫君が、俗世を捨て去って仏の道に入ることをどうか嘆かないでほしいと、切実に父に訴えているんだと思う。

③　生徒C――**A**は、係り結びで思いが強調された歌で、好きな人を夢に見ると実際にその人と恋ができるとあてにしなさい、という意味じゃないかな。**B**は、「露」と「消え」が縁語で、現実での恋の成就を断念して自ら命を絶つことを決意した左大将が、人間はいずれ死ぬのだから、自分が先に死んでも嘆かないでほしいと、強く父に訴えていると考えられるよ。

④　生徒D――**A**は、初句切れの歌で、好きな人を思いながら寝て見た夢が現実になることもあると期待しなさい、という意味だと思う。**B**は、「小萩」に「子」の意を掛けて、現実の恋をあきらめてすぐにでも命をなくすことを覚悟した姫君が、子の自分が先に死ぬことをどうか嘆かないでほしいと、遠回しに父に訴えているんだ。

⑤　生徒E――**A**は、初句切れおよび三句切れの歌で、現実でも恋が叶うようになる夢を見せてくださいと仏に祈りなさい、という意味だと考えたよ。**B**は、「露」が「涙」のたとえで、夢の中で実った恋が実際に叶うことに絶望した姫君が、父よりも先に死んでしまうことをどうか嘆かないでほしいと、涙に暮れながら父に訴えているよ。

問6 この文章の表現と内容に関する説明として最も適当なものを、次の①〜⑤のうちから一つ選べ。解答番号は **27** 。

① 「はかなき夢の契り」を現実の世界においても本当の契りにしたいと希望しながら、現世で結ばれることが難しいと悟った男女が、「来ん世の海女ともなりなば、なかなか絶えぬ逢瀬にもやめぐり合はまし」と、たがいに来世での逢瀬を願って行動することで、最終的にははかない結末を迎えてしまう悲劇的なありさまが対句を多用して印象的に描かれている。

② 「かの紫式部が、源氏の物語作りしその所とかや」「夜語らずといふは、夢のことなるものを」「明石の浦に、舟をまうけ侍るためしは」などと、とくに『源氏物語』を意識した構成になっていて、光源氏に似せた左大将が、夢の中で結ばれた女と現実でも逢おうと苦しみもがき、最後は人生に絶望していくさまが技巧的かつ叙事的に描かれている。

③ 「さても何事の御祈りにか」「今日まで参り籠るも〜任せ聞こゆる身なれば」など、石山寺参詣の現世利益《りやく》を話題に絡め、「傅厳の野にかたちを求め〜舟をまうけ侍るためしは」「つらなる枝の〜分かれぬ中を思ひて」など、和漢の古典から語句や趣向を取り入れながら、夢の中で逢った男女が現実でも巡り逢おうとする内容が想像力豊かな構想で描かれている。

④ 先行する古典作品を適宜引用したり、「罪障懺悔とかやにもなずらへて」「来ん世の海女ともなりなば」「いかに罪深からん」と、因果応報の観念に基づく表現を盛り込んだりしながら、夢の中での出逢いをきっかけに現実でも逢おうとした男女の、前世からの因縁に翻弄《ほんろう》されて逢えなくなってしまう苦しみや悲しみが、和漢混淆《こんこう》文で巧みに描かれている。

⑤ **A**の歌で「頼めただ」と石山寺の観音の加護を強く期待させながら、「ただ我が身の〜はかなき夢の契りをのみ」「さてもはかなき夢ばかりにてだに」「むなしく聞きなし給はん」のように、結局は夢が頼りにならないものであることが示されるなど、仏教的無常観を基調にして、高貴な男女のせつない純愛の心理が豊かな比喩的表現によって描かれている。

第4問　次の文章を読んで、後の問い（**問1～7**）に答えよ。なお、設問の都合で返り点・送り仮名を省いたところがある。（配点　50）

孔子行游《ス》。馬逃《レテ》食《ム》レ稼《ヲ》(注1)。野人(注2)怒《リ》繋《グ》二其《ノ》馬《ヲ》一。子貢(注3)往《キテ》説《キ》レ之《ニ》、(1)卑レ詞《ヲ》而不レ得。孔子曰《ハク》、「夫《レ》以《テ》二人之所《ヲ》一レ不《ル》レ能《ハ》レ聴《ク》説《クハ》レ人《ニ》、A譬《たとフルナリト》下以《テ》二太牢(注4)《ヲ》一享《シ》二野獣《ニ》一、以《テ》二九韶(注5)《ヲ》一楽《シマシムルニ》中飛鳥《ヲ》上也。」乃《チ》使《メ》二馬圉(注6)《ヲシテ》往《カ》一、謂《ヒテ》二野人《ニ》一曰《ハク》、「子不《ル》レ耕《サ》二于東海(注7)《ニ》一、予不《ル》レ游《バ》二西海《ニ》一也。吾《ガ》馬B安得レ不レ犯二子之稼一。」野人大《イニ》喜《ビ》、解《キテ》レ馬《ヲ》而予《あたフ》レ之《ニ》。

人各〻以《テ》レ類《ヲ》相通《ズ》。述《ブルハ》二詩・書(注8)《ヲ》于野人之前《ニ》一、C此腐儒(注9)之所以誤国也。Ⅰ之説《ハ》誠《ニ》善《ナルモ》、仮使《たとひ》出《ヅレバ》二Ⅱ之口《ヨリ》一、野人乃《チ》不《ラン》レ従《ハ》。何《なんトナレバ》則《チ》文質(注10)貌(2)殊《ニシテ》、其《ノ》人固《ヨリ》已《ニ》離《ルレバナリ》矣。然《ラバ》則《チ》D孔子曷不即遣馬圉而聴子貢之往耶。先《ニ》遣《レバ》二Ⅲ《ヲ》一則《チ》Ⅳ之心不《ラン》レ服《セ》。既《ニ》屈《シテ》二Ⅴ《ヲ》一、而Ⅵ之神始《メテ》至《ル》。聖人達人之情《ハ》故《ニ》能《ク》尽《クス》二人之用《ヲ》一。後世以《テ》二文法(注11)《ヲ》一束《つかネ》レ人《ヲ》、以《テ》二資格《ヲ》一限《リ》レ人《ヲ》、又以《テ》二兼長(注12)《ヲ》一望《ム》レ人《ニ》。E天下事豈有済乎。

（馮《ふう》夢《む》龍《りゅう》『智《ち》嚢《のう》』による）

（注）1　稼――畑の作物のこと。
2　野人――農夫のこと。
3　子貢――孔子の弟子の名。理論的で弁舌に優れていた。
4　太牢――牛、豚などを用いた祭礼用の一級品の供えもの。
5　九韶――高貴な宮廷の雅楽。
6　馬圉――馬を飼う人。馬子。
7　東海・西海――東と西の両端にある海。ここでは非常にかけ離れた地域のことをいう。
8　詩・書――儒家の基本的な教えを記した『詩経』と『書経』のこと。
9　腐儒――儒家の教えにかぶれて、ところかまわず儒家の教えを振りかざす者。
10　文質――言葉と内容。
11　文法――規律や法則。
12　兼長――いくつもの「長」という肩書きを持つ者。

問1 傍線部(1)「卑」・(2)「殊」の意味として最も適当なものを、次の各群の①～⑤のうちから、それぞれ一つずつ選べ。解答番号は 28 ・ 29 。

(1)「卑」 28
① わかりやすくした
② さげすんだ
③ へりくだった
④ 押しつけがましくした
⑤ 田舎者っぽくした

(2)「殊」 29
① 一致していない状態で
② 多岐に渡っている状態で
③ よく理解している状態で
④ 見えていない状態で
⑤ すぐれている状態で

問2　傍線部**A**「譬下以二太牢一享二野獣一、以二九韶一楽中飛鳥上也」から読み取れる孔子の考えを説明したものとして最も適当なものを、次の①～⑤のうちから一つ選べ。解答番号は 30 。

① いくら贅沢《ぜいたく》な供えものや高貴な宮廷雅楽でも、野生の獣や鳥はその良さを理解しないということ。

② 相手が受け入れることができないものを用いて説得しても、聞き入れられることはなく無駄だということ。

③ 贅沢な肉の供えもので野獣を楽しませるのは、高貴な宮廷雅楽で野生の鳥を楽しませるのと同じだということ。

④ 相手が日頃聞きなれないことばを用いて語りかけたとしても、相手は獣のように怒り出すだけだということ。

⑤ 野生の獣を用いた贅沢な供えものは、野生の鳥の羽を用いた高貴な宮廷雅楽にたとえられるということ。

問3　傍線部B「安得㆑不㆑犯㆓子之稼㆒」の解釈として最も適当なものを、次の①～⑤のうちから一つ選べ。解答番号は 31 。

① どこにもあなたの畑の作物を食い荒らした犯人がいるはずはない
② どうしてあなたの畑の作物は食い荒らされずに済んだのだろうか
③ 何としてもあなたの畑の作物を食い荒らしたかったのだろう
④ どこでならあなたの畑の作物を落ち着いて食い荒らせただろうか
⑤ どうしてあなたの畑の作物を食い荒らさずにいられるものか

問4 傍線部C「此腐儒之所以誤国也」の書き下し文として最も適当なものを、次の①～⑤のうちから一つ選べ。解答番号は 32 。

① 此れ腐儒の以て国の誤つ所なり
② 此れ腐儒の所以は国を誤つや
③ 此れ腐儒の以て国を誤たしむる所か
④ 此れ腐儒の所は以て誤つ国なり
⑤ 此れ腐儒の国を誤たしむる所以なり

問5 空欄 Ⅰ ・ Ⅱ ・ Ⅲ ・ Ⅳ ・ Ⅴ ・ Ⅵ に入る語の組合せとして最も適当なものを、次の①～⑤のうちから一つ選べ。解答番号は 33 。

① Ⅰ 馬圉　Ⅱ 子貢　Ⅲ 馬圉　Ⅳ 子貢　Ⅴ 子貢　Ⅵ 馬圉

② Ⅰ 子貢　Ⅱ 馬圉　Ⅲ 子貢　Ⅳ 馬圉　Ⅴ 馬圉　Ⅵ 子貢

③ Ⅰ 馬圉　Ⅱ 馬圉　Ⅲ 子貢　Ⅳ 馬圉　Ⅴ 子貢　Ⅵ 馬圉

④ Ⅰ 子貢　Ⅱ 子貢　Ⅲ 馬圉　Ⅳ 子貢　Ⅴ 馬圉　Ⅵ 子貢

⑤ Ⅰ 馬圉　Ⅱ 子貢　Ⅲ 馬圉　Ⅳ 子貢　Ⅴ 馬圉　Ⅵ 子貢

問6　傍線部**D**「孔子曷不即遣馬圉而聴子貢之往耶」の返り点の付け方と書き下し文との組合せとして最も適当なものを、次の①～⑤のうちから一つ選べ。解答番号は **34** 。

① 孔子曷不㆘即遣㆓馬圉㆒而聴㆗子貢之往㆖耶
孔子曷《なん》ぞ即ち馬圉《ばぎょ》を遣《や》れども子貢の往くを聴《ゆる》さざるや

② 孔子曷不㆔即遣㆓馬圉㆒而聴㆓子貢之往㆒耶
孔子曷ぞ即ち馬圉を遣らずして子貢の往くを聴すや

③ 孔子曷不㆔即遣㆓馬圉㆒而聴㆓子貢之往㆒耶
孔子曷ぞ即ち馬圉を遣らずんば子貢の往くを聴すや

④ 孔子曷不㆔即遣㆓馬圉㆒而聴子貢之往耶
孔子曷ぞ即ち馬圉を遣らざるは聴す子貢を之れ往かしむるや

⑤ 孔子曷不㆘即遣㆓馬圉㆒而聴㆗子貢之往㆖耶
孔子曷ぞ即ち馬圉を遣りして子貢の往くを聴さざるや

問7　傍線部E「天下事豈有済乎」の読み方と筆者の主張の説明について、五人の生徒から出された発言①〜⑤のうちから、最も適当なものを一つ選べ。解答番号は 35 。

① 生徒A――この文は「天下の事豈に済《な》る有《あ》るか」と訓読するよ。「天下のことが成就できるだろうか」と述べる筆者は、聖人や達人と違って表面的な規律や法則や肩書きで人材を絞り込もうとした孔子の行動から、優秀な人材を養成するのがよいという考えを導き出しているね。

② 生徒B――この文は「天下の事豈に済るを有《たも》たんや」と訓読すると思う。「天下の平穏を保つことはできない」と述べる筆者は、表面的な規律や法則や肩書きで人材を絞り込んだ孔子を見習うのではなく、人情に注目して登用を決めた聖人や達人のような意識が大切だと読者に示しているんじゃないかな。

③ 生徒C――この文は「天下の事豈に済る有らんや」と訓読するよ。「天下のことはなにも成就できない」と述べる筆者は、表面的な規律や法則や肩書きによって人材を絞り込むのではなく、孔子の行動に見られるようにその場の適性によって活躍させるのがよいと考えているんだ。

④ 生徒D――この文は「天下の事豈に有りて済らんや」と訓読するのが正しいよ。「天下のことは有能なものがいてこそ成り立つ」と述べる筆者は、人材は規律や法則や肩書きによって絞り込むのではなく、孔子が考えたように、活用の場があればいつでも使うべきものだと考えているね。

⑤ 生徒E――この文は「天下の事豈に有るは済るか」と訓読すると思う。「天下の人材は仕事をすべきだ」と述べる筆者は、規律や肩書きによって埋もれている人材を、孔子の行動を見習ってその場その場で発掘し、隠れた才能を天下のために活用すべきだと指摘しているんだ。

模試 第6回

（200点 80分）

〔国語〕

注　意　事　項

1　**国語解答用紙（模試 第6回）をキリトリ線より切り離し，試験開始の準備をしなさい。**

2　**時間を計り，上記の解答時間内で解答しなさい。**
ただし，納得のいくまで時間をかけて解答するという利用法でもかまいません。

3　この回の模試の問題は，このページを含め，44ページあります。問題は4問あり，第1問，第2問は「近代以降の文章」及び「実用的な文章」，第3問は「古文」，第4問は「漢文」の問題です。

4　**解答用紙には解答欄以外に受験番号欄，氏名欄，試験場コード欄があります。その他の欄**は自分自身で本番を想定し，**正しく記入し，マークしなさい。**

5　**解答は解答用紙の解答欄にマークしなさい。**例えば，10 と表示のある問いに対して③と解答する場合は，次の(例)のように**解答番号10の解答欄**の③**にマーク**しなさい。

（例）

解答番号	解答欄								
	1	2	3	4	5	6	7	8	9
10	①	②	●(③)	④	⑤	⑥	⑦	⑧	⑨

6　問題冊子の余白等は適宜利用してよいが，どのページも切り離してはいけません。

7　試験終了後，問題冊子は持ち帰りなさい。

第1問

次の文章を読んで、後の問い（問1～6）に答えよ。なお、設問の都合で本文の段落に1～19の番号を付してある。（配点　50）

1　水墨画というのは名称だけ見ると「――画」というくらいなので、わたしたちはどこかでそれを絵画の一種と考えてしまいます。いや、そう考えてもまちがいではないのですが、西洋で考えられてきたのと同じような意味で、それを確立された絵画様式のひとつとしてとらえてしまうと、ちょっとおかしなことになってきます。その時、水墨画の魅力の大半は失われてしまうからです。つまり水墨画とは、ある点では「絵」なのだけれども、そうとしてだけ見てしまうと見えてこないものがあまりにも多い。そういうおかしな性質を持った絵なのです。まさしく、A絵「の、ようなもの」なのです。

2　誰《だれ》もが知っているとおり、水墨画とは水に溶いた墨と、筆によって描かれるものです。その点で、きわめてシンプルです。ただし、西洋の油彩画のような華麗な色の選択肢は、そこにはありません。反面、墨は水溶性の画材ですから、紙にせよ絹にせよ、描く(ア)バイタイに染み込み、そこで様々な滲《にじ》みやぼかしを生じさせます。つまり色の多様性はないけれども、滲みやぼかしのグラデーションは無限の(イ)カイチョウをはらんでいます。色数のように数えることはできなくても、数え切れないというよりは、そもそも数えることができないのが特徴です。わかりやすく言えば、水墨画のなかには無限が広がっているのです。

3　水墨画を水墨画たらしめている滲みやぼかしのグラデーションは、しかし考えてみれば、まさしく「現象」であって、どんなに訓練しても制御し切れない自然を備えています。だからこそ無限なのですが、これらの現象は作り手の思惑を超えて、画面に不測の事態や偶然の効果をもたらします。

4　西洋の油絵はどうでしょうか。まったく反対に、それは作り手の意図を超えた領域を最小限にするために開発された「技術」です。技術であるかぎり、それは自然と対立します。時の移ろいを画面に永遠化するためには、人為の思惑に素直に従ってくれない「滲み」や「ぼかし」は、画面のなかで起こってはならない、不気味な自然現象の一種なのです。

5　ところが水墨画の世界では、むしろ人為を超えた領域を進んで画面に現象させ、作り手も見る者もそれをまるごと受け入れ、楽しむことがよしとされてきました。このようなものは、西洋的な観点からすれば絵画ではありえません。でも、少なくともそれは絵ではあるのです。けれども、向かっている方向は、最初からぜんぜんちがっています。

6 こうしたことは、矢代幸雄《やしろゆきお》という研究者が書いた『水墨画』という本のなかに、くわしく出てきます。たとえばこの本のなかでは、滲みやぼかしというところに水墨画の魅力の本質を見いだしながら、その延長線上に〈雨漏茶碗《あまもりぢゃわん》〉なども取り上げていて、とてもおもしろいのです。雨漏茶碗というのは、碗の表面に文字どおり、雨漏りの跡のような不規則な滲みが定着している茶碗のことです。

7 言われてみれば水墨画と同様、焼き物も自然と対立するのではなく、それを受け入れたところで色やかたちを作りますね。手で土をこね形を施し思い思いに絵をつけても、いったん窯《かま》のなかで焼いてしまえば、そこにはどうしようもなく予想できない人為外の「現象」が生じてきます。どんなに修練を積んでも作り手の意思はそこまでは及びません。経験上のカンは働いても、制御というのとはちがうのです。ところがB西洋の彫刻のような考えに立てば、それでは困るのです。思ったものがそのとおりにできないというのは、彫刻的に言えば修練不足か、(ウ)タンテキには失敗です。

8 けれども、焼き物では西洋彫刻の造形上での「失敗」は、失敗であるどころか、むしろより高い境地へと通ずる入り口そのものです。もちろん、すべての失敗が味わい深いわけではないでしょう。けれども、造形的にも絵付けにおいても、完璧にコントロールされたような焼き物は見た目にもむしろ薄っぺらで、装飾的には華麗であっても、結局それは表層的な美しさに留まっています。

9 その意味でも、C雨漏茶碗の「雨漏り」というのは、実に言いえて妙なのです。雨漏りの時の、しもた屋の天井の滲み跡など、いまではもう見たこともない人が大半でしょう。けれどもそこには、なかなかに味わい深いものがあるのです。もちろん、雨風をしのぐのが家なのだとしたら、肝心な時に雨が漏るような家は、家としては失格です。しかし日本では、古来、むしろ雨が漏るような家を、進んで楽しむ余裕があったのだと思います。もちろん台風など来れば、そんなことは言っていられないでしょう。楽しむどころか、屋根ごと飛ばされてしまいかねない。鑑賞どころか生命の危機です。

10　けれども、命というのはいつか必ず消え去るものです。どこからやって来て、またどこかへと去っていく。その意味では、命というのは広大な宇宙の中に偶然、ぽっと浮き出た「滲み」のようなものです。たしかに、わたしたちの生と死は、境界というものがはっきりしていない。まさしく「あらわれ」、「消え去」るのです。ならば、滲みと同様、命のコントロールを細部まで完璧に行うことは、どんな科学者にも不可能です。その制御不能な部分を人は恐れ、なんとか予測の手中に収めようと努力することで進歩というのはあるのでしょう。

11　けれども、人の存在そのものが、そもそも「雨漏茶碗」のようなものであったとしたらどうでしょうか。その時、雨の漏る家はもはや、単なる不完全なできそこないではありません。不完全だからこそ生きているのです。不完全だからこそ予想できぬものをはらみ、だからこそそれがよいのです。こういう観点からすれば、水墨画と焼き物とのあいだには、根本から断絶的なちがいがあるとは言えません。しかし、そのそれぞれを独立したものとしてとらえてしまうと、こうした「あらわれ」と「消え去り」のよろこびは分断されてしまい、なかなか見えてこないでしょう。矢代幸雄の本がいいのは、水墨画の魅力を知るために、わざわざ茶碗を出して説明しているところです。そこには、そうした様式や分類そのものから雨漏りのように滲み出す見えない動きがあり、それは絵画や工芸といった近代的な範疇《はんちゅう》では、どうしようもなく取り逃がしてしまう性質のものなのです。

12　こうした脱ジャンル的な「あらわれ」と「消え去り」は、日本の昔ながらの美意識や伝統といったものに限られた話ではありません。むしろ伝統美などと呼ばれるものほど、今日しゃちほこばって、そうした嗜《たしな》みからは遠く離れてしまいがちです。だから強調しておかなければならないのは、これは鑑賞のために金のかかるような話ではない、ということです。それは西洋の美術史に(エ)レンメンと受け継がれたような、その時々の支配者や権力者が渇望した不滅性の美学などからは、ひどく縁遠いものなのです。

13　たしかに、日本でもそうした美意識は時の権力者によって積極的に推し進められました。けれども、お茶にせよ能にせよなんにせよ、その出自には、かならず貧者ならではの日常の受け入れ、生死の馴化《じゅんか》というものがあるのです。けっして、不老不死や永遠の美といったものではない。その点で、西洋の価値観とは決定的に異なっているのです。そうしたところに出自を置きながら、いつのまにかそこから離れてしまい、やたらお金をかけ権力を後ろ支えしようと作られた大仏や宮殿、宝物のようなものがひどくつまらないのは、そのためでしょう。それは大陸の美学でむりやり型に押し込まれ、あの「あらわれ」と「消え去り」を禁止することで、いまにも窒息しかかっているのです。へんに無理な姿勢のまま「美術」に仕立てられてしまったと言ってもいい。そうしたものは、権力を渇望する者がみずからの力の誇示と絶望の救済のために作らせたわけですが、結局、誰も救済することはできません。癒《いや》されない孤独な苦悩の、巨大な結晶だからです。

14 そんなものはなくても、人は雨漏りの滲みひとつで、ある境地に達することができたのです。しかしそれは、よく言われるような清貧の美などのようなものでもない。それどころか、わたしたちの「生き死に」に直結したリアリズムそのものなのです。

15 けれども残念なことに、そのような境地はすでに過去のものになりつつある。それも事実として認めないわけにはいきません。石油原料から化学的に合成され組み立てられた今日の家はモダンですが、雨漏りには似合いません。もし雨漏りでもしたら、とても見られたものではないでしょう。偶然に左右される雨漏りのようなものとは根本的に両立しない機能主義によっているからです。ある意味、近代建築の大敵である地震という「現象」は、巨大な地面からの雨漏りです。だとしたら機能主義はやはり、どんな小さな滲みでも、自然の痕跡として建物のなかに侵入させるわけにはいかないのです。モダンな家に滲みが似合わないのは、そういう理由があります。デザインだけの問題ではない。真っ白な壁と(オ)エタイの知れない滲みとのあいだには、もっと原理的な敵対があるのです。今日、モダンな美術館が純白で箱形の展示室を「ホワイトキューブ」と呼んで珍重するのも、同様の理由によっています。それは美術館という理想の人造楽園から、わずかの自然も排除したいという意思の表れなのです。

16 けれども、だからといって自然と人工を対立させてとらえ、前者を日本のいにしえで代表させ、後者を西洋近代として考えることも、過ちです。

17 わたしたちがどんなに「雨漏り」を渇望しても、いまではもうそれはノスタルジーでしかなく、そこに固執すればするほど、人は現実から乖離《かいり》していくしかありません。わたしたちが生きている場所が、どこまで行っても近代の内側でしかないからです。そんな場所で雨が漏る家に憧れるのは、都市のなかにテーマパークを仮設して、一時の幻想に浸るようなことにしかならないのです。そしてテーマパークであるかぎり、結局それは日常ではなく、いつかはそこから出ていかなければなりません。出れば、そこは近代の渦中です。しかも無限の彼方にまで続いています。出口はいまのところまったく見当たりません。

18 だから、やはりわたしたちは近代的に考えるしかないのです。

19 しかし、悲観ばかりしていることもありません。かつての、あの雨漏りが、いまでは美術やアートに搦《から》めとられてしまったのだとしても、あの「あらわれ」と「消え去り」は、完全にはそこに閉じ込められることなく、いろいろなかたちでそこから滲み出し、絵画や彫刻といった「器」そのものをうがち、変形して「の、ようなもの」へと変成していきます。そして、そのような**D**かたちの定まらない蠢《うごめ》きを感じ取ることのなかにこそ、実は、わたしたちにとってのアートのほんとうの可能性があるのです。

（椹木野衣《さわらぎのい》『反アート入門』による）

問1 傍線部(ア)～(オ)に相当する漢字を含むものを、次の各群の①～④のうちから、それぞれ一つずつ選べ。解答番号は 1 ～ 5 。

(ア) バイタイ 1
① バイショウ金を求める
② 客がバイゾウする
③ バイヨウ試験を行う
④ ショクバイを使用する

(イ) カイチョウ 2
① 社会のカイソウ
② カイシンの出来
③ 伝統へのカイキ
④ 父親のカイキ祝い

(ウ) タンテキ 3
① サイタン距離を歩む
② 作業をブンタンする
③ タンネンに作った料理
④ 情報のサイセンタン

(エ) レンメン 4
① レンボの情が生まれる
② レンカ版が発売される
③ 鉄をセイレンする
④ 新聞に小説をレンサイする

(オ) エタイ 5
① 軽くエシャクする
② エテに帆を揚げる
③ 鳥のエジキとなる
④ 狩ってきたエモノを解体する

問2　傍線部A「絵『の、ようなもの』」とあるが、それはどのようなものか。その説明として最も適当なものを、次の①～⑤のうちから一つ選べ。解答番号は 6 。

① 墨によって自然の本質を描くという点では、既存の絵画とは一線を画すが、他の絵画と同様に、やがて一つの美術様式として確立されていく可能性を含んだもの。

② 何かが描かれるという点では絵画の一種だが、色の選択肢がきわめて少ないということから考えれば、絵画という一般的な呼称で呼ぶのはふさわしくないもの。

③ 色によってではなく、墨による滲みやぼかしという技法を色の代替物として利用するものであるため、既成の美の概念によってはとらえきれないもの。

④ 墨には無限の色彩が存在するため、それゆえ絵というジャンルに所属するとは言いがたいが、他のスタイルでは表現しきれない世界を描くことができるもの。

⑤ 作る人間が制御することのできない自然性をその特徴とするものであるため、既存の絵画の概念ではありえない偶然性をも一つの効果として評価されるもの。

問3　傍線部Ｂ「西洋の彫刻のような考え」とはどのような「考え」か。その説明として最も適当なものを、次の①～⑤のうちから一つ選べ。解答番号は **7** 。

①　技術的な修練は重視するものの、個人の経験的な感覚や技術に依存することを否定し、色彩や造形の規範性を重んじるという考え。

②　人間がコントロールできない要素を可能な限り排除し、人為的な技術によって企図したとおりの造形が成立することを志向するという考え。

③　長い時間の中で発展させてきた技術とその成果としての造形物を永遠に残すために、技術を伝統として継承していくことを志向するという考え。

④　技術と対立し、技術を否定してしまう自然の要素を極力排除し、人類の不滅性を象徴する人工的な美的造形を志向するという考え。

⑤　自然の予想外な影響や偶然性を人為的な技術によってコントロールし、あくまで現実に即した写実性や機能主義を重んじるという考え。

問4　傍線部C「雨漏茶碗の『雨漏り』というのは、実に言いえて妙なのです」とあるが、それはどういうことか。その説明として最も適当なものを、次の①〜⑤のうちから一つ選べ。解答番号は **8** 。

① 雨漏茶碗の「雨漏り」という言葉は、単にそれを見た人間の印象をもとにつけられた名称であるということに留まらず、世界には人間による制御の及ばない領域があり、それを恐れることなく受け入れていくことによって人間に生の可能性がもたらされることをも明確に示している、ということ。

② 雨漏茶碗の「雨漏り」という言葉は、茶碗の外見を表すだけではなく、人間の作るものに完全なものはないという諦念を表していると同時に、芸術と呼ばれるものが、人間の手による造形というよりは、自然自身が作り出したものであるということを示唆している、ということ。

③ 雨漏茶碗の「雨漏り」という言葉は、単に茶碗の模様を表した言葉ではなく、造形上の失敗がかえって味わい深いものを生み出しうることを示すことによって、人間の不完全さや予想できない部分を受容していくという人生に対する一つの態度をも暗に示している、ということ。

④ 雨漏茶碗の「雨漏り」という言葉は、単に茶碗に不規則な滲みがあることを表しているだけではなく、その茶碗が表現している世界が、水墨画の表している奥深い無限の世界と通じるものであり、焼き物と水墨画の表現に根本的な違いはないということを簡潔に示している、ということ。

⑤ 雨漏茶碗の「雨漏り」という言葉は、単に茶碗につけられた名称であるということに留まらず、その茶碗が表現している、一見造形上の失敗とも見えるような、人間が制御しえないところに生じる味わいの深さや、人間の存在そのものの本質をも的確に言い当てている、ということ。

問5　次に示すのは、この文章を授業で読んだAさんたち五人が、内容をよく理解するために作成した【ノート】と、その際の話し合いの内容である。本文を踏まえて、後の(i)・(ii)の問いに答えよ。

(i)　Aさんは、本文の1〜19を【ノート】のように見出しをつけて整理した。空欄[Ⅰ]・[Ⅱ]に入る語句の組合せとして最も適当なものを、後の①〜④のうちから一つ選べ。解答番号は[9]。

【ノート】

・水墨画と西洋の油絵（1〜5）
1　絵「の、ようなもの」である水墨画
2〜3　色の多様性ではなく制御し切れない自然を味わう水墨画
4　[Ⅰ]
5　水墨画は人為を超えた領域を現象させることを志向する

・水墨画と雨漏茶碗（6〜11）
6〜7　水墨画と雨漏茶碗の共通性
8　完璧にコントロールされた焼き物は表層的な美に留まる
9〜11　[Ⅱ]

・美の可能性（12〜19）
12〜14　支配者・権力者が渇望する美意識とは対照的な「あらわれ」「消え去り」
15　近代西洋的な機能主義に駆逐された境地
16〜19　わたしたちのアートの可能性

① Ⅰ 自然と対立する「技術」としての西洋の油絵
Ⅱ 矢代幸雄の考察による雨漏茶碗と水墨画との共通点

② Ⅰ 人為の思惑に抵抗する「滲み」や「ぼかし」
Ⅱ 「滲み」と同様に、不完全で制御不能な「生」を生きる人間の宿命

③ Ⅰ 人為によって自然を制御する「技術」である西洋の油絵
Ⅱ 「雨漏り」という言葉に包摂された「あらわれ」「消え去」る人間の生命

④ Ⅰ 西洋の油絵は時の移ろいという自然現象を排除する
Ⅱ 人の存在を表象する雨漏茶碗に見える制御不能なものへの恐れ

(ii) Aさんたち五人は、16〜19段落の見出しを決めるにあたり、「アートのほんとうの可能性」を話題に話し合った。傍線部D「かたちの定まらない蠢きを感じ取ることのなかにこそ、実は、わたしたちにとってのアートのほんとうの可能性があるのです」という本文の趣旨にもっとも近い発言を、次の①〜⑤のうちから一つ選べ。解答番号は 10 。

① 生徒A——現代では、近代的な価値観が支配的で、水墨画のような人間が制御できないところに価値を置くものは、アートの世界でも排除されがちだよね。でも、人間の生死自体が、そもそも制御できないものであるはず。だとしたら、既存のアートの中にそうした制御できない美を感じ取っていくことが、既存のアートを超える美の源泉になるんじゃないかな。

② 生徒B——えっ、そう？　現代が西洋文明のもたらした近代という世界であって、そこでは美についても西洋的な概念でついつい考えてしまうことは確かだけど、その一方で、伝統的な日本の美も、現代アートの奥深い部分で脈々と受け継がれているんじゃない？　そういった伝統的な美を現代アートの中に感じ取って、それを育てていくことが大事なんだと思う。

③ 生徒C——確かに、伝統的な美を現代アートの中に感じ取って、それを育てていくことは大事だろうね。でも、その伝統的な美の背景にあるものに目を向けることが、より重要なんだと思う。つまり、ありのままに自然を受け入れるって考え方のこと。人間の生も自然によって育まれていると感じ取っていくことが、新しいアートにつながっていくんじゃない？

④ 生徒D——うーん、ありのままに自然を受け入れるというのが、本当にアートにつながるのかな。自然と人工を対立させる考え方が、そもそも現代ではもはや通用しないと思うんだけど。それよりも、そういう対立を超えたところにこそ、新しいアートの可能性があるんだと思う。そのためにも、今、既存のアートを超えようとしているものを感じとらなくちゃ。

⑤ 生徒E——自然と人工の対立を超えたところと言っても、現代の人間は近代的に考えざるをえない世界に生きているから、それを否定するのは現実的じゃないよね。ただ、たとえ非現実的であったとしても、人工を否定して自然らしさを肯定し、自然のもたらす偶然性を受け入れる感性を持ち続けることが、真のアートの実現に向けて今後重要になってくるんだと思う。

問6 この文章の表現に関する説明として最も適当なものを、次の①〜⑤のうちから一つ選べ。解答番号は 11 。

① ある程度の長さの段落が平均して続いていることによって、文章の展開を安定させ、文章に論理性をもたせる効果をもたらしている。

② 5段落冒頭の「ところが」や11段落冒頭の「けれども」など逆接の接続語を用いることによって、文章を対比的に書いていることを印象づける効果をもたらしている。

③ 「です・ます」調を使うことによって優しい雰囲気を醸し出し、あわせて、「言いえて妙」（9段落）などの漢語体の言い回しを多用することによって、緊張感のある文体が形成されている。

④ 「ならば、滲みと同様、」（10段落）などのように読点を多用することによって、会話している臨場感のある文章の雰囲気が形成されている。

⑤ 13段落の「いまにも窒息しかかっている」、17段落の「一時の幻想に浸るような」などの比喩表現を用いることによって、日本の伝統的な美意識が消失する危機について、読者の感情に訴える効果をもたらしている。

（下書き用紙）

国語の試験問題は次に続く。

第2問

次の文章は、南木佳士《なぎけいし》の小説「火映《かえい》」の一節である。この文章の語り手は医者であるとともに小説家でもあり、ひどいうつ状態を何年も体験している設定である。ここは高校時代の友人であり、優秀な医者であった山内の死を彼の妻が知らせてくれるとともに、山内の遺品の中にあった『火映』と題された小説を送ってくれたので、その小説を読み、読後感を語っている場面である。これを読んで、後の問い（**問1～6**）に答えよ。なお、設問の都合で本文の上に行数を付してある。（配点　50）

『火映』と題された山内の小説はコクヨ（注1）の四百字詰め原稿用紙で八十二枚の分量があった。ビニール袋にでも入ったまま保存されていたのか、紙はほとんど日焼けしておらず、ブルーブラックのインキで書かれたらしい細い几帳面《きちょうめん》なペン字もそれほど黒ずんではいなかった。

金属製のクリップで綴《と》じられた原稿の最後のページをめくりながら口にしたインスタントコーヒーはすっかり冷《さ》めていて、溶《と》けずにカップの底に残っていたものがどろりと苦々しく食道を下った。壁の時計を見るともう十一時を回っており、三時間以上もこの原稿にかかわっていたことを知って急に目の疲れがぶり返した。

途中、真剣に読むために起こした背もたれを再び倒し、原稿を腹の上に乗せたまましばらく目を閉じた。

下手な小説だ。

目の奥の頑固な凝《こ》りが、不遜な感想を野放しにした。これだけの精読を強《し》いたのに、なんのことはない、身体を震わすほどの一言半句には一度も出合わなかった。その恨みを解放してやらないことには、ひどい眼精疲労は一晩寝てもとれそうもない。

いくらか落ち着いてから、これは山内が若いころに書いたもので、いわゆる若書きの上滑りが気に入らなかったのかと吟味し直してみたが、どうもそうではなさそうだ。山内は小説を書こうとして書いた。要するに、書きたいものがあって書いたのではなく、小説というものを書いてみたかったから書いたのだ。

秀才らしく起承転結は心えているから、とにかく最後まで読ませてしまうところがかえって困る。駄文ならば諦めて途中で投げ出すこともできたろうに。

東北の村の診療所に赴任《ふにん》した若い医者が、患者となる村人たちと交流し、そのいくつかのエピソードが描かれる。ただそれだけの小説だった。これといった産業のない寒村の(ア)したたかな生活者の群れに入った医者が、彼、彼女たちの背負っている過酷な現状や過去に同情し、悲惨と引き替えに得た牧歌的な村落共同体の結束の強さに驚かされる。村というがんじがらめの人間関係のシステムに属さず、表層を特権的な視点から観察しただけの、その無責任な感動への自省がまったく感じられないところが二重の意味でどうにもならない小説もどきだった。

ただ、これが生《なま》(注2)原稿であるということは、山内はこの小説を文芸雑誌の新人賞などには応募しなかったのだろう。だとすれば、**A** この作品の拙劣さを最もよく自覚していたのは山内自身なのではないか。

様々な想《おも》いが胸底に湧くとすぐに蒸散していったが、瞼《まぶた》の裏側に張り付いた赤い色がいつまで経《た》っても消えなかった。昼下がりの太陽を見つめてしまったときの燃えあがる色ではなく、鮮やかでいながら深みを帯び、背景の黒に溶け込みやすそうな、これまで見たこともない赤なのだった。

目を開いてしまえば赤色の出所の(イ)詮索など不要になる。そう思いつつ開《あ》けられなかったのは、開眼してしらじらした蛍光灯の光にさらされたら、あとは寝床に入ってしまうしかなかったからだ。

高校時代の友人の死を知らせる彼の妻の手紙とともに、遺作が送られてきた。それを読んだあとの夜はいくらか特別のものになるはずだったのに、これでは出来事の揺れの収まりがつかない。小説を読むことで、山内の死を既成の物語のなかに取りこめると速断したのだが……。

B 赤は、おそらく山内の小説の最後に出てくる風景描写の影響なのだろう。そう思い込まねば彼の死が未消化のままになる。それが悪夢の種になって、このところようやく落ち着いてきた不眠の症状を悪化させるかもしれない。

山内の死を悼《いた》むより、己《おのれ》の今夜の睡眠の質にこだわる我が儘《まま》な思考を抑制できない。身一つの保持で精一杯の己だ。

村の診療所の若い看護婦と淡い想いを抱き合う仲になった主人公の医者は、明日東京の大学に帰るという夜、看護婦に案内されて村の北方にそびえる火山の中腹を横切る道を車で走り、駐車場に停《と》めて火口を見上げる。以下は山内の原稿をそのまま写す。

「やっぱり、帰って、しまうんですね」

美恵子が言葉を選びながら語り終えたとき、雨は止んでいた。

火山の頂が姿を現わしていた。円錐《えんすい》の頂点としての鋭さには欠けるが、えぐり取られた不整形の火口縁には、内蔵する爆発力を示すに十分な迫力があった。雨が降っている間には感じられなかった硫化水素の臭いが、急速に車内に満ちてきた。

「先生がいてくれたら、わたしだってもっといろんなことができる。病んで老いた人たちに、先生の分身になってかかわってやれる」

美恵子は助手席のリクライニングシートを起こした。

「医者にできることなんてたかが知れてるさ。自分をヒロインに仕立てあげない方がいい」

僕はもう逃げ腰だった。

「見て」

僕の声をさえぎって美恵子は火口を指さした。

ゆるめようとしてサイドブレーキに手をかけたまま顔を上げた僕は、思わず低くうめいてしまった。火口の上に、赤く巨大な円盤が出現していた。なんと形容すべき赤なのだろう。夕焼けとも、新鮮な動脈血とも異なる深く熱い赤。円盤は目に見える速さで横に薄く広がり始めていた。

「火映よ」

美恵子がフロントグラスに顔を押しつけて言った。

「なんだよ、それ」

僕は背筋の悪寒《おかん》をこらえながら聞いてみた(注3)。

「火映ってねえ、燃えたぎる火口底のマグマが夜空の雲に映って見える爆発の予兆なのよ。わたしも子供のころに祖父から聞かされたことはあるけど、見るのは初めてよ」

美恵子が興奮気味に語る間に、円盤は帯状に広がり、濃い闇のなかに火山を赤々と浮き立たせた。

僕はギアを入れた。アクセルを思い切り踏んだ。爆発を予感させる火山から少しでも遠ざかりたかった。

駐車場から道路に出る手前で、車は横向きに滑り、停止した。助手席でサイドブレーキをひいた美恵子の顔は赤黒かった。

「逃げ出す前によく見てみればいいのに。こんなにきれいなのに」

笑う美恵子の丈夫そうな前歯の並びに火映の赤が映っていた。

了

山内の妻の手紙にあったように、これは彼の医局の教室員の話を聞いて書いただけのものなのだろうか。

考えてみようとするのだが、この小説が医者と看護婦の恋愛を伏線にしたあまりにも通俗的なものなので、いくら待っても疑問を支える力が湧いてこない。こういうときは無理をしないのがいちばんだから、原稿の束を本棚の上に安置するべく背伸びしたら軽いめまいに襲われた。

あらためて籐《とう》椅子にもたれていた時間の長さを思い知らされ、窓の外の深い闇に向かって急いで合掌《がっしょう》し、さっさと二階に上がってベッドに入った。

いつものとおり睡眠導入剤を一錠飲んだのだが、まったく眠くならない。隣の妻のベッドではカバーの上に肥満したトラ猫が丸まって横になり、イビキをかいている。

そのだらしない寝姿の、呼吸に伴う腹のあたりのせわしない上下動を常夜灯の薄明かりの底に見ていると、ふいに、ああ、山内は死んだのだ、との想いが首のあたりをやわらかいマフラーのように締めつける。息苦しくなるというほどではないが、無意識の内に手が首のところへいき、見えないマフラーと皮膚との間に指を入れてしまう。

おそらく不眠の原因は、山内の小説の出来に落胆したことではなく、生原稿と接したためだ。

下書きは万年筆や鉛筆でして、清書はワープロという方式に変えたのはもう二十年近く前で、己の原稿の最終チェックを印刷された活字でできるのはなによりもありがたかった。それまでは悪筆ゆえに清書に時間がかかって、一日一、二枚を仕上げるのがやっとだったのだが、ワープロ導入後は十倍の効率になった。さらに、最後の段階まで己の肉筆に付き合っていると、書いたものが近くに感じられ過ぎて冷静な読者になれない。結果として手を入れれば入れるほど思い込みばかりを連ねた文章になり果てる。ワープロの無機質な印字は、適当な時間寝かせておけば冷えて臭いが消える。筆跡につきまとう身体の生臭《なまぐさ》さから解放される。

不注意だったといえばそれまでなのだが、山内の死の知らせに気をとられて、生原稿を読む怖さをすっかり忘れてしまったのだ。彼の原稿にはいくつかの書き込みや消し跡があった。そういう箇所はなおさら生前の山内の(ウ)躊躇《ちゅうちょ》や高揚の息遣いを感じさせた。

内容がおもしろくて先を読み急ぐものならば気にならないはずの句読点の打ち方や、段落のつけ方がいちいち癇《かん》にさわり、次第にその癖が乗り移り、読み終えたときには確実に山内の小説制作法の基本パターンのいくつかが肉筆の奇妙な迫力でこちらの内部に侵入していた。

Cなあ、山内、おまえ、なんで小説なんか書いたんだよ。送られてきたのが理解不能な専門用語にあふれた医学論文だったら、こんな不眠には悩まされなかったはずなのに。なあ、山内、なんでだよお。

トラ猫の背に向かって話しかけてみても起きる気配はなく、ただ己のくぐもり声があっけなく部屋の隅の闇に吸収されてしまうのにおじけづき、寝返りを打ち、掛け布団を引き上げ、臍《へそ》の下に注意を集めて腹式呼吸を繰り返したりしているうちに夜が明けかけてきた。

わずかでも眠ったのならば、眠り足りないゆえの頭重《ずおも》感にさいなまれるところなのだが、一睡もしていないからかえって頭は冴《さ》えている。こういう後には必ず質《たち》の悪い疲労感に襲われるのは承知の上で、起き、熱い紅茶を一杯飲みつつビスケットを三枚かじり、顔を洗って髭《ひげ》を剃《そ》った。

先週の日曜日に買い替えたばかりの電気剃刀《かみそり》の切れ味がよく、剃りあとの滑らかさを指先でなぞっていたら、身体の方がさっさと次の動作に移行し、気がつけば外出の仕度がととのっていた。

玄関を出ると、街灯の明かりは消えているが、まだ十分に夜の気配が漂っていて、場違いな舞台に登場してしまった喜劇役者のように、ひたすら隠れ場所を求めて歩いた。

まだ元気だったころ、川に鮎《あゆ》を釣りに行っていたとき以来だから、十数年ぶりの早朝の外出になる。頭の中で発生しかかる重い霧を吹き飛ばすべく、朝の湿った大気を二度に分けて深く吸い込み、一気に吐き出す。そうやって歩行のリズムを保たないと、何かが萎《な》えてしまいそうで、その何かの正体をわざとつきとめずに歩き続けて田のなかの無人駅に着いた。

朝露のおりたホームのベンチをハンカチで拭《ふ》いて腰かけると、歩いているときには感じなかった寒気が背筋を這《は》い上ってきた。標高の高い土地なので、晩春のこの時間帯でも氷点下を記録する日がある。

いつも病院への自転車通勤のときに着込んでいるダウンジャケットがあれば、とは思うのだが、いまは夏用のジャケットしか着ていない。冷えが肌から筋肉へ、さらに骨格へと浸透してゆく。上着のポケットに両手を突っ込んで背を丸めた。

高校の校歌を歌ってみた。

入学式の後の新入生のみを対象にした歌唱指導のとき、ピアノ伴奏役の新卒らしき髪の長い女教師が、

「あら、この曲、意外にいいわね」

と、最初にメロディーだけを弾き終えて上体をのけ反《ぞ》らせた、そのリアクションがとても自然で信用できたので、真剣に歌い覚えたのだった。

以後、この校歌をどこかで歌った記憶はない。卒業式は学園紛争(注4)のあおりで中止され、担任の教師が卒業証書を持って教室に現われ、前列の生徒に配るよう指示して、

「それじゃ、みんな元気で」

と、だけ言い残して出ていったのだから。

さすがに一番だけだったが、校歌が歌えた。

歌詞が正確なのかどうかは検証のしようもないが、メロディーラインはきちんとなぞれた自信がある。だからどうしたのだ、と自分を笑い、油断すると眠くなるから絶え間なく足を踏み鳴らし、今度は直立してあの入学式のときのように大きく口を開けて声を出した。見とがめる者はいないが、せっかくの大声も朝もやにおおわれた柔らかな田の土に吸収され、加齢による己の声量の著《いちじる》しい低下を思い知らされただけだった。

Dもうこんなところでいいんじゃないか。

夜の不眠のもたらした奇妙な興奮にそそのかされてよそゆきの仕度でここまで来たが、もうこのくらいでいいんじゃないか。頭の中で暴走する回路を抑止する勢力が勝ってくるのを感じた。それと同時に、体の冷えを防ごうとするのか、肩のあたりが細かく震えてきた。もしかしたら、肩が震え出す方が先だったのかもしれない。

こういうときは身体の訴えに従うのが一日でも長く生きのびるための最善の策だから、さっさと引き返すことにした。そんなに長生きをして何をするのだ、との問いに含まれる若気の傲慢はとうの昔に廃棄し去っている。うつ状態のどん底で、死なないで在ることの大変さを身に沁《し》みて知った己には、とりあえず今日一日を生きのびることが何より優先される課題なのだ。

（注）1　コクヨ――事務用品の大手メーカー。

2　生原稿――筆者自筆の原稿。活字に対して肉筆のものをいう。

3　マグマ――地盤内部の岩石が溶けてどろどろになったもの。

4　学園紛争――一九六八年、日本大学・東京大学で始まった全共闘運動が、一九六九年になると、全国の大学や高校に広がり、政治・教育体制やベトナム戦争に反対するスローガンを掲げて繰り広げられた学生運動のこと。

問1 傍線部(ア)～(ウ)の本文中における意味として最も適当なものを、次の各群の①～⑤のうちから、それぞれ一つずつ選べ。解答番号は 12 ～ 14 。

(ア) したたかな 12
① 厳しく誠実な
② 強くて容易に屈しない
③ 柔軟に対応できる
④ 現実を直視した
⑤ 損得に敏感な

(イ) 詮索 13
① 細かく調べ求めること
② 不思議に思うこと
③ 根底から考え直すこと
④ あれこれと想像すること
⑤ 余計な心配をすること

(ウ) 躊躇 14
① 注意深いこと
② はにかむこと
③ 神経質なこと
④ 負けず嫌いなこと
⑤ ためらうこと

問2　傍線部A「この作品の拙劣さ」とあるが、なぜ「拙劣」だというのか。その説明として最も適当なものを、次の①～⑤のうちから一つ選べ。解答番号は 15 。

① 起承転結は明快であるが、単に小説を書いてみたいと思って書いただけのものであり、また、自分自身が感じたことを無条件に肯定し、自らの感動を読み手に押しつけるような形で表現しているから。

② 小説を書いてみたいから書いただけで、小説らしくするための表現技巧が身についていないとともに、人間関係を外側から観察して無責任な感動の表現を並べているだけの小説であり、深い洞察力を欠いていたから。

③ 書きたいものがあって書いた小説ではないために、読み手の身体を揺さぶるほどの表現が見当たらず、また、自分自身のものの見方や感動のあり方をとらえ直す認識力を欠いた小説であったから。

④ 書きたいものがあって書いたものではなく、単に小説を書いてみたいから書いただけの駄文であるとともに、無責任な感動の表現を並べるだけで、感動の質を見きわめる力を欠いた通俗的な作品であったから。

⑤ 書き手の書きたかったものが読み手の身体を震わすほどに伝わってくる作品ではないとともに、村人たちと交流したエピソードを感動的に描くだけで、あるべき人間関係を追究する視点を欠いた作品であったから。

問3 傍線部B「赤は、おそらく山内の小説の最後に出てくる風景描写の影響なのだろう。そう思い込まねば彼の死が未消化のままになる」とあるが、この時の語り手の心情はどのようなものであったか。その説明として最も適当なものを、次の①～⑤のうちから一つ選べ。解答番号は **16** 。

① 目を閉じている自分の瞼の裏側に張り付いた赤い色が消えない原因は、『火映』と題された山内の遺作の最後に出てくる火映の描写に影響されたものではないが、高校時代の友人である山内の遺作に感動したことの余韻が残っていると思い込むことで、山内の死を十分に嘆き悲しみ、その後、熟睡したいという心情。

② 山内の遺作である『火映』の最後に出てくる火映の描写は下手なものであったが、目を閉じている自分の瞼の裏側に赤い色が張り付いて消えないのは、その火映が高校時代の友人である山内の生命を象徴していたからだと思い込むことによって、山内の生命が尽きたのだという事実を冷静に受けとめ、熟睡したいという心情。

③ 目を閉じている自分の瞼の裏側に張り付いた赤い色が消えないのは、『火映』と題された山内の遺作の最後に出てくる火映の描写に感動したものではないが、その描写に感動したと思い込むことによって、高校時代の特別な友人である山内の遺作を批判してしまったことを謝罪し、ぐっすり眠りたいという心情。

④ 目を閉じている自分の瞼の裏側に張り付いた赤い色が消えない原因は不明であったが、『火映』と題された山内の遺作の最後に出てくる火映の描写が自分の心の中に刻み込まれたからだと思い込むことによって、高校時代の友人である山内が死んだという事実を十分に納得し、ぐっすり眠りたいという心情。

⑤ 山内の遺作である『火映』の最後の部分では、男女の別れの場面にふさわしい火映が描かれていたが、その火映の光景が目を閉じている自分の瞼の裏側に赤い色として焼きついているのだと思い込むことによって、高校時代の友人である山内の遺品である小説を大切に受けとめ、熟睡したいという心情。

問4　傍線部C「なあ、山内、おまえ、なんで小説なんか書いたんだよ。送られてきたのが理解不能な専門用語にあふれた医学論文だったら、こんな不眠には悩まされなかったはずなのに」とあるが、この時の語り手の心情はどのようなものであったか。その説明として最も適当なものを、次の①～⑤のうちから一つ選べ。解答番号は 17 。

① 山内の遺作が理解不能な医学論文だったら、医師山内を尊敬することができたが、送られてきたのは下手な小説であり、しかも、読み手の神経を高ぶらせる力をもった肉筆で書かれていた。その肉筆の迫力が不眠をもたらした主因だと気づいたので、肉筆で書いた理由を問いただしたいという心情。

② 山内の遺作が難解な医学論文だったら、退屈な駄文と見なし、途中で読むのをやめただろうが、送られてきた小説は神経を興奮させる力をもった肉筆で書かれていたので、最後まで精読を強いられた。その結果、ひどい不眠に悩まされることになったので、山内に対する不満が募《つの》っているという心情。

③ 山内には難解な医学論文を書く才能があったのに、送られてきたのは下手な小説だった。それは構成が整っていたので最後まで読まされたが、不眠に陥った主因は、それが読み手の神経を興奮させる力をもった生原稿だったからであり、難解な医学論文を読んで安眠したかったのにできなかったことを恨みに思うという心情。

④ 山内の遺作が難解な医学論文だったら何日もかけて読んだであろうが、送られてきた下手な小説は構成力があったので、一気に読まされることになった。しかし、不眠に陥った大きな原因は、それが読み手の神経を刺激する力をもった生原稿だったからであり、そんな小説を書いた山内の思いが理解できないという心情。

⑤ 山内の遺作が理解不能な医学論文だったら読まずに済んだ。しかし送られてきたのは下手な小説であり、構成が整っていたので最後まで読まされることになったのだが、不眠に陥った主因は、その小説が読み手の神経を高ぶらせる力をもった生原稿であったからであり、そのことに対して文句を言いたくなるという心情。

問5　傍線部D「もうこんなところでいいんじゃないか」とあるが、この時、語り手はどのような状態に置かれていたか。その説明として最も適当なものを、次の①～⑤のうちから一つ選べ。解答番号は 18 。

① 夜の不眠をもたらした奇妙な興奮にそそのかされて外出し、ひたすら歩いたり、寒さをこらえて高校の校歌を大声で歌ってみたりした。しかし山内が小説を書いた理由は依然として理解できず、寒い中でこれ以上山内の小説にこだわることは、自身の創作活動まで危うくしてしまうと感じている状態。

② 夜の不眠をもたらした奇妙な興奮にそそのかされて外出し、ひたすら歩いたり、大声で高校の校歌を歌ってみたりした。しかし、そこまで自分を追い込んでも、山内の死を心の底から悲しむことはできず、寒い中でこれ以上山内のことを思い続けることは、自殺行為に近いと感じている状態。

③ 夜の不眠をもたらした奇妙な興奮にそそのかされて外出し、ひたすら歩いたり、体の冷えを感じながら高校の校歌を大声で歌ってみたりした。しかし、そこまでしてみても、山内の死は十分に納得できず、寒い中でこれ以上山内の死にこだわることは、精神的にも身体的にも危険だと感じている状態。

④ 夜の不眠をもたらした奇妙な興奮にそそのかされて外出し、ひたすら歩いたり、寒さをこらえながら高校の校歌を大声で歌ってみたりした。しかし、山内が拙劣な小説を書いたことを許すことはできず、寒い中でこれ以上山内を恨み続けることは、自分の心身全体を危うくしてしまうと感じている状態。

⑤ 夜の不眠をもたらした奇妙な興奮にそそのかされて外出し、ひたすら歩いたり、山内と一緒に過ごした高校の校歌を大声で歌ってみたりした。しかし、寒い中でこれ以上山内の死にこだわることは、山内の死を汚すことになるとともに、自分自身の死を招いてしまう危険があると感じている状態。

問6 この文章の表現と構成について、次の(i)・(ii)の問いに答えよ。

(i) 次の選択肢は、南木佳士の小説「火映」(X)と、その中に描かれている山内の小説『火映』(Y)との関係について説明したものである。その説明として最も適当なものを、①〜④のうちから一つ選べ。解答番号は 19 。

① Xの中に同じ題名の小説Yが組み込まれるという構成は、Xが高校時代の友人である山内の遺作であるYを契機として生まれた作品という設定になっていることと深く関係している。

② Yの最後の場面(58〜61行目)では、山内の分身と思われる主人公の医者が村から逃げ出していく姿が描かれているが、その姿はXの中で、山内自身の人生に対する向き合い方の象徴として示唆されている。

③ Yの中における「僕」と「美恵子」との関係は、Xの中における山内とその妻との関係に重なるものであると、Xの語り手は認識している。

④ Yの中で使われる一人称が「僕」であるのに対し、Xの中では「己」という言葉が用いられており、Xという作品の舞台が現代ではないことが暗示されている。

(ii)　次の【Ⅰ群】のａ～ｃの表現に関する説明として最も適当なものを、後の【Ⅱ群】の①～⑥のうちから、それぞれ一つずつ選べ。解答番号は 20 ～ 22 。

【Ⅰ群】

ａ　30行目「速断したのだが……」の「……」 20

ｂ　33行目「身一つの保持で精一杯の己だ」という表現 21

ｃ　119・120行目「加齢による己の声量の著しい低下を思い知らされた」という表現 22

【Ⅱ群】

①　多くの年月が重なったことを読み手に感じさせるものとなっている。

②　断定的な表現を避けることにより、読み手の自由な発想を後押ししている。

③　友人の死を納得したいという願いが叶《かな》わなかった語り手の失望感を、読み手の心に響かせている。

④　語り手自身が良心の呵責《かしゃく》を感じていることを、読み手にそれとなく伝える役割を果たしている。

⑤　語り手の前向きな生き方や、努力家であるという性格を読み手に印象づけている。

⑥　語り手自身の独白であると同時に、人間の本質の一面を示唆するものとなっている。

第3問　次の文章は、鎌倉時代の仏教説話集『発心集』の一節である。これを読んで、後の問い（問1〜6）に答えよ。なお、設問の都合で本文の段落に[1]〜[6]の番号を付してある。（配点　50）

[1]　中ごろの事にや、事もなき法師の、世にありわびて、京より日吉の社（注1）へ百日参るありけり。八十余日になりて、下向（注2）するさまに、大津といふところを過ぎけるに、ある家の前に、若き女の、人目も知らずさくりもあへず、よよと泣き立てるあり。

[2]　この僧、事のけしきを見るに、何事とは知らねど、世のつねのうれへにはあらず、極まれる事にこそと、いとほしく覚えて、さし寄りて、「何事をか悲しむ」と問ふ。女の言ふやう、「御姿を見奉るに、物詣《ものまう》でし給《たま》ふ人にこそ。**A**ことさらえなん聞こゆまじき」と言ふ。はばかるべき事なめりとは推しはかられながら、あはれみのあまり、やや懇ろに尋ぬれば、「その事に侍《はべ》り。我が母にて侍る者の、日ごろ悩ましう仕《つかまつ》りつるを、今朝つひにむなしくみなして侍るなり。(ア)さらぬ別れのならひ、あはれに悲しき事はさるものにて、いかにしてこれを引き隠す（注3）わざをせんと、さまざまめぐらせど、やもめ（注4）なれば、申し合はすべき人もなし。我が身は女にて、力及び侍らず。隣り里の人はまた、なほざりにこそあはれとぶらひ侍れ、神のわざしげき（注5）わたりなれば、誠にはいかがはし侍らん。とにかくに思ひ得る方なくて」なんど言ひもやらず、さめざめと泣く。

[3]　僧これを聞くに、げに、さこそは思ふらめと、わりなくいとほしくて、やや久しくともに泣き立てり。心に思ふやう、「神は人をあはれみ給ふゆゑに、濁る世に跡を垂れ（注6）給へり。これを聞きながら、いかでか情けなく過ぎん。我かくほど深きあはれみを起こせる事おぼえず。仏も鑑《かが》み給へ。神も許し給へ」と思ひて、「なわび給ひそ。我ともかくも引き隠さん。外に立てれば、人目もあやし」とて、はひ入りぬ。女泣く泣くよろこぶ事限りなし。

[4]　かくて、日暮れぬれば、夜に入りて、たよりよきところに移し送りつ。その後、いも寝られざりけるままに、つくづくと思ふやう、「さても、八十余日参りたりつるをいたづらになして、止みなんこそ口惜しけれ。我、この事、名利のためにもせず。ただ参りて神の御誓ひ（注7）のさまをも知らん。**B**生まれ死ぬるけがらひは、いはば仮のいましめにてこそあらめ」と強く思ひて、暁、水浴《あ》み（注8）て、これよりまた、日吉へうち向きて参る。道すがら、さすがに胸うち騒ぎ、そら恐ろしき事限りなし。

5 参りつきて見れば、二の宮(注9)の御前に、人所もなく集まれり。ただ今、十禅師(注10)の巫女(注11)に憑《つ》き給ひて、さまざまの事をのたまふをりふしなり。この僧、身のあやまりを思ひ知りて、近くはえ寄らず、物がくれに遠く居て、かたのごとく念誦《ねんじゅ》して、日をかかぬ事をよろこびて、帰らんとするほどに、巫女はるかに見つけ、「あそこなる僧を近く呼べ。言ふべきことあり」とのたまふ。これを聞くに、(イ)心おろかならんやは。されど、のがるべき方なくて、Cわななくわななくさし出でたれば、ここら集まれる人、いとあやしげに思へり。ちかぢかと呼びよせて、のたまふやうは、「僧のよんべせし事(注12)を明らかに見しぞ」とのたまへるに、身の毛よだちて、胸ふたがりて、生ける心地もせず。重ねてのたまふやう、「汝《なんぢ》、恐るる事なかれ。いしくするものかな(注13)と見しぞ。我もとより神にあらず。あはれみのあまりに、跡を垂れたり。人に信をおこさせんがためなれば、物を忌む事もまた、仮の方便なり。悟りあらん人は、おのづから知りぬべし。ただ、Dこの事人に語るな。愚かなる者は、汝があはれみのすぐれたるにより制する事をばしらず。みだりにこれを例として、わづかにおこせる信もまた乱れなんとす。もろもろの事、人によるべき故なり」と、こまやかにうちささやきてのたまふ。僧の心、(ウ)なのめならずあはれにかたじけなく覚えて、涙を流しつつ出でにけり。

6 その後、ことにふれて、利生(注14)とおぼゆる事多かりとなん。

(注) 1 日吉の社——滋賀県大津市にある日吉神社。延暦《えんりゃく》寺の鎮守で、「山王」と呼ばれた。「百日参る」とは、百日間、毎日同じ神社・仏閣に参詣すること。なお、この時代には神と仏を同一のものとする神仏混淆《しんぶつこんこう》の考えが広まっていた。

2 下向するさまに——神前からの帰り道で。

3 引き隠すわざ——埋葬すること。

4 やもめ——配偶者をもたない者。

5 神のわざしげきわたり——神事が多くとり行われる地域。

6 跡を垂れ——仏や菩薩《ぼさつ》が人々を救うために、日本では仮に神の姿となって現れることをいう。垂迹《すいじゃく》。

7 神の御誓ひ——人々を救おうという神仏のご決意。

8　水浴みて――沐浴《もくよく》して身を潔《きよ》めて。

9　二の宮――東本宮と名づけられた山王上七社の一つ。

10　十禅師――山王上七社の一つ。現在の樹下《じゅげ》神社の神のこと。十禅師の本来の姿は地蔵菩薩とされた。

11　巫女――神に仕えて託宣を受けるなど、神と人との仲介をする人。

12　よんべ――昨夜。夕べ。

13　いしく――感心だ。

14　利生――神仏が人々に利益を与えること。

問1　傍線部(ア)〜(ウ)の解釈として最も適当なものを、次の各群の①〜⑤のうちから、それぞれ一つずつ選べ。解答番号は 23 〜 25 。

(ア)　さらぬ別れのならひ　23
① だれもが感じる別れの悲しみ
② 人はいつか生き別れるという運命
③ 必ず守らねばならない葬儀のしきたり
④ 避けられない死別という定め
⑤ いつ死ぬかわからないという人の世の無常

(イ)　心おろかならんやは　24
① 気持ちが落ち着いてはいられないことだ
② 自然とばかげたことに感じられることよ
③ 大勢の人々がばかばかしいくらい驚くことだ
④ 周囲の目が気になって仕方がないことだ
⑤ 巫女の眼力とはたいしたものであるよ

(ウ)　なのめならず　25
① いい加減ではなかったことと
② 今までに感じたことのない
③ 並一通りでなく
④ 信心の深いことに
⑤ 気味のわるいほど

問2　波線部「何事とは知らねど、世のつねのうれへにはあらず、極まれる事にこそと、いとほしく覚えて、さし寄りて、『何事をか悲しむ』と問ふ」の説明として最も適当なものを、次の①～⑤のうちから一つ選べ。解答番号は **26** 。

① 「何事とは知らねど」は「どういう事かはわかったが」という意味である。
② 「世のつねのうれへにはあらず」とは、僧が「若き女」の泣く様子から感じた悲しみの程度を表現したものである。
③ 「極まれる事にこそ」では、「こそ」の結びが流れている。
④ 「いとほしく」は、「若き女」の泣く様子がかわいらしいと思った、という僧の気持ちを表している。
⑤ 「何事をか悲しむ」は「何も悲しむことはない」という反語の意味である。

問3　傍線部**A**「ことさらえなん聞こゆまじき」とあるが、女が「聞こゆまじき」と言ったのはなぜか。その理由として最も適当なものを、次の①～⑤のうちから一つ選べ。解答番号は **27** 。

① これから参拝に向かう僧に対して、時間をとらせてまで自分の母の供養を手伝ってもらうのは悪いと思ったから。
② 僧は八十日も神社に参拝しているので、それを中止させてまで話を聞いてもらうわけにはいかないと思ったから。
③ 巫女として僧に助けを求めたいと思っていても、自分の母親の死の穢《けが》れを口にすることはできないから。
④ 何らかのご利益を求めて神社に参詣している僧に対して、死の穢れに関わる話をするのはためらわれることだから。
⑤ 百日詣でをしている途中の僧に対して、自分の母親の葬儀への参加を依頼するのは神の怒りに触れることだから。

問4　傍線部B「生まれ死ぬるけがらひは、いはば仮のいましめにてこそあらめ」から、傍線部C「わななくわななくさし出でたれば」に至る僧の心情と行動の説明として最も適当なものを、次の①～⑤のうちから一つ選べ。解答番号は 28 。

① 僧は、死の穢れに触れて八十日余の参詣を中止したことを後悔したが、神に本当に穢れているかどうかを聞いてみようと思い、翌日に神社に行って大勢の人々の中に紛れて隠れていたが、巫女に気づかれて呼び出されたため、震えあがってしまった。

② 僧は、修行中の身で死者に触れたことを反省して眠れぬ夜を過ごしたが、死の穢れといっても一時的なものだと開き直って考え、改めて神の許しをえようと翌日神社へ行くが、参拝する前に巫女に見つかって呼び出されてしまったために、恐怖を抱いた。

③ 僧は、百日詣での行を女の母の葬儀の手伝いのために中断させられたことを恨みに思ったが、これも修行のためになることだと考えを改め、翌日も参詣を続けようと神社へ行くと、女の母の霊が巫女に憑いて自分を呼ぶので恐ろしくなってしまった。

④ 僧は、死者の穢れに触れたことを神にわびるために、翌日女と一緒に神社に詣でたところ、巫女が近づいてきて昨夜の埋葬のことを見たと告げられたので、女とともに恐怖でいっぱいになって生きた心地もしない状態で、その場にひれ伏してしまった。

⑤ 僧は、自分が女の母の埋葬を手伝ったのは名利のためではなく、また神が死の穢れを忌み嫌うのは形式的なことだと思いながらも、翌日神社へ行っても恐ろしくて遠くから参拝していると、巫女からそばに来るように言われて、どうしようもなく前に出て行った。

問5　傍線部D「この事人に語るな」とあるが、それはなぜか。その理由として最も適当なものを、次の①～⑤のうちから一つ選べ。解答番号は 29 。

① 僧は慈悲心が優れていたために悟りに近づくことができたが、愚かな者は穢れに対してなすすべがないので、これを先例とすると自分の信仰心を見失ってしまうから。

② 神に対して恐れだけの信仰心をもつ愚かな者は、慈悲心の素晴らしさを理解していないので、僧のような、他者へ慈悲を与える者を見下してしまう恐れがあるから。

③ 僧は慈悲心が優れていたために禁忌を犯しても死の穢れを抑えられたのだが、愚かな者はそれがわからず自分勝手に理解して先例とし、きっと信仰心を乱してしまうから。

④ 神に対して恐れだけの信仰心をもつ愚かな者は、僧がもつ慈悲心に逆恨みをして自制心を失ってしまうために、かえって死の穢れに近づいて道を間違えるから。

⑤ 僧は慈悲心が優れていたために神罰の制裁を免れたものの、信仰心の少ない愚かな者は穢れに近づくことを制止できないために、きっと神の怒りに触れてしまうから。

問6 この文章の表現の特徴と内容に関する生徒の発言として最も適当なものを、次の①〜⑤のうちから一つ選べ。解答番号は **30** 。

① 生徒A——1段落では「事もなき法師」というように、主人公を特別でない僧と紹介しているけど、そのあとで僧が慈悲心の優れた人物であることを明らかにして、その心の大切さを伝えているよ。

② 生徒B——1段落から2段落で、「人目も知らずさくりもあへず、よよと泣き立てるあり」「さめざめと泣く」と女の悲しみを強調することで、そのあとに女から語られる母親への情愛と後悔の念を強く印象づけているね。

③ 生徒C——3段落では「仏も鑑み給へ。神も許し給へ」というように、会話文の中に対句的な表現を用いることによって、女に協力するか、仏神への信仰を貫くかと葛藤している僧の心中を表現していると思う。

④ 生徒D——5段落では「僧のよんべせし事を明らかに見しぞ」とあるような、巫女の千里眼とも思える発言を入れることによって、悪事は必ず露見するものであるという教訓を読者に提示しているよ。

⑤ 生徒E——6段落では「利生とおぼゆる事多かりとなん」というように、最後に作者の批評の言葉を加えることで、主人公の僧が幸福な人生を送ったことを読者に推測させて、仏教説話らしい終わりとなっているね。

第4問

次の文章を読んで、後の問い（**問1〜6**）に答えよ。なお、設問の都合で送り仮名を省いたところがある。（配点　50）

古之時、庸医(注1)殺ス㆑人ヲ。今之時、庸医不㆑殺サ㆑人ヲ、亦タ不㆑活《い》カサ㆑人ヲ、A使㆘其人在㆓不㆑死不㆑活之間㆒、其病日深、而卒至㆗於死㆖。夫レ薬ニ有リ㆓君臣(注2)㆒、人ニ有リ㆓強弱㆒。有レバ㆓君臣㆒則チ用ニ有リ㆓ Ⅰ 少㆒、有レバ㆓強弱㆒則チ剤ニ(注3)有リ㆓半倍㆒。多ケレバ則チ専《もつぱ》ラニ(注4)、専ラナレバ則チ効速《すみや》カナリ。 Ⅱ ナレバ則チ厚ク、厚ケレバ則チ其ノ力 Ⅲ シ。今之用フル㆑薬ヲ者、大抵雑泛《ざつぱん》ニシテ(注5)而均停《きんてい》ナリ。既ニ見ルコト㆑之ヲ不シテ㆑明ラカナラ、而又治ムルコト㆑之ヲ不ナラ㆑勇。B病ノ所㆔以不ル㆑能ハ㆑愈《い》ユル也。而《しか》モ世但ダ以テ㆑不ルヲ㆑殺サ㆑人ヲ(1)為ス㆑賢ト。豈ニ知ランヤ㆓古之上医モ不ルヲ㆑能ハ㆑無キコト㆑失。C『周礼《しゅらい》』(注6)医師、「十全ヲ為シ㆑上ト、十ニ失スル㆑一ヲ次ギ㆑之ニ、十ニ失スル㆑二ヲ次ギ㆑之ニ、十ニ失スル㆑三ヲ次ギ㆑之ニ、十ニ失スルヲ㆑四ヲ為ス㆑下ト」。是レ十ニ失スルモ㆓三四ヲ㆒、古人猶ホ用フ㆑之ヲ。

『易』(注7)ニ曰ハク、「裕《ゆる》ウス㆓父之蠱《こ》ヲ㆒。往《ゆ》ケバ見ルト㆑吝《りん》ヲ」。奈何ゾ(2)独取リテ㆓夫《か》ノ裕蠱《ゆうこ》ナル者㆒ノミヲ、以為ヘラク其ノ人雖モ㆑死スト、而不㆑出《い》デ㆓於我《われ》之為《しわざ》ニ㆒。嗚呼《ああ》、此レ張禹《ちやうう》(注8)之所㆔以亡《ほろ》ボス㆑漢ヲ、李林甫《りりんぽ》(注9)之所㆔以亡ボス㆑唐ヲ也。

（顧炎武《こえんぶ》『日知録』による）

（注）1　庸医――やぶ医者。

2　君臣――ここでは薬の種別のこと。「君」は上薬で毒もなく効能に優れ、「臣」は中薬でそれに次ぐ。

3　剤――薬の効き目のこと。ここでは転じて、薬の量のこと。

4　専――特定の病気に効果を発揮すること。　　5　雑泛――混ぜ合わせること。

6　『周礼』――周代の官制を記した書物。

7　『易』曰――この『易』の引用文は、「父親の残した悪事を寛容に見る。そのまま事を進めていったら後悔することになるだろう」の意。あとの「裕蠱」は、悪事を寛容に見る態度のこと。

8　張禹――前漢の政治家。当時、天災が続き、その原因が王氏の権力独占にあるという意見があった。それを天子に尋ねられた張禹は王莽《おうもう》に遠慮して何も言えず、天子は張禹が何も言わないため王氏を疑わなかったが、のちに前漢は王莽に滅ぼされた。

9　李林甫――唐の玄宗時代の政治家。政治的妥協を重ねて、のちの安禄山《あんろくざん》の乱を引き起こす原因を作った。

問1　傍線部(1)「賢」・(2)「独」のここでの意味として最も適当なものを、次の各群の①～⑤のうちから、それぞれ一つずつ選べ。解答番号は **31** ・ **32** 。

(1)「賢」 **31**
① 優れている
② 抜け目がない
③ 博学である
④ 運がよい
⑤ 堅実である

(2)「独」 **32**
① ひとりで
② 思い込みで
③ ただ
④ 勝手に
⑤ ほぼ

問2 傍線部A「使下其人在二不レ死不レ活之間一、其病日深、而卒至中於死上」について、(i)書き下し文・(ii)その解釈として最も適当なものを、次の各群の①～⑤のうちから、それぞれ一つずつ選べ。解答番号は **33** ・ **34** 。

(i) 書き下し文 **33**

① 其の人死せず活きざるの間に在り、其の病日《ひび》に深く、而《しか》も卒《には》かに死に至らしむ

② 其の人をして死せず活きざるの間に在るも、其の病をして日に深く、卒かに死に至るを使ふ

③ 其の人死せず活きざるの間に在るも、其の病日に深くして、卒《つひ》に死に至るを使ふ

④ 其の人をして死せず活きざるの間に在るも、其の病をして日に深く、而も卒に死に至らしむ

⑤ 其の人をして死せず活きざるの間に在り、其の病日に深くして、卒に死に至らしむ

(ii) 解釈 **34**

① 医師は、病人が死ぬほどではないが元気にもならない状態なのに、病気を日々重くして、結局死に至る薬を使う。

② 医師は、病人を死なないが元気でもない状態にするが、病気を日々重くして、突然死に至る薬を使う。

③ 医師は、病人を死なないが元気でもない状態にし、病気は日々重くなり、とうとう死に至らせてしまう。

④ 医師は、病人が死ぬほどではないが元気にもならない状態なのに、病気を日々重くし、とうとう死に至らせる。

⑤ 医師は、病人を死ぬほどではないが元気にもならない状態にし、病気は日々重くなって、突然死に至らせる。

問3 空欄 Ⅰ ・ Ⅱ ・ Ⅲ に入る語の組合せとして最も適当なものを、次の①～⑤のうちから一つ選べ。解答番号は **35** 。

① Ⅰ 多　Ⅱ 速　Ⅲ 少
② Ⅰ 老　Ⅱ 倍　Ⅲ 速
③ Ⅰ 多　Ⅱ 倍　Ⅲ 遅
④ Ⅰ 多　Ⅱ 倍　Ⅲ 深
⑤ Ⅰ 老　Ⅱ 速　Ⅲ 強

問4 傍線部B「病所㆔以不㆓能㆒㆑愈也」とあるが、筆者がそのように述べる理由として最も適当なものを、次の①～⑤のうちから一つ選べ。解答番号は 36 。

① 今の医師は、いろいろな種類を混ぜ合わせた中途半端な薬を処方するように、薬に対する知識がなく、また積極的な治療を施して病人が死ぬよりも、病人が死ななければよいと考えているから。

② 今の医師は、どのような病気でもそれなりに効くように、いろいろな薬を混ぜ合わせて薬の効果を平均化するだけでなく、病気の診断もはっきりせず、その治療にも思い切ったやり方をしないから。

③ 今の医師は、いろいろな薬を均一の配分で混ぜ合わせた何の効果もない薬を処方するだけでなく、病気の診断もはっきりせず、治療に自信がないため、病人が死ぬことさえなければよいと考えているから。

④ 今の医師は、どのような病気にも効くように、いろいろな薬を混ぜ合わせて薬の効果を最大化するだけで、薬の効能に詳しくなく、薬を用いる際にも自信をもって処方することができないから。

⑤ 今の医師は、どのような病気でもそれなりに効くように、いろいろ混ぜ合わせた同一の薬を処方するだけで、病気の診断はいっさいせず、しかも病人を死なせないために思い切った治療をしないから。

問5　傍線部C『周礼』を引用した筆者の意図の説明として最も適当なものを、次の①～⑤のうちから一つ選べ。解答番号は 37 。

① 『周礼』の記述から、昔は何度か治療を失敗しても医師として用いられていたことを示し、病人を死なせないようにするだけの現在の医師を名医と尊ぶ世間の認識が間違っていることを示すため。
② 『周礼』の記述を引用することで、昔は何度か治療を失敗すると医師として失格であったという事実を示し、失敗せずに治療を行うことがいかに難しかったかを歴史的に証明するため。
③ 『周礼』にあるように、昔は何度か治療を失敗しても医師として用いざるをえなかったのに対し、現在では病人を死なせない名医が現れ、医師の力量が格段に進歩していることを強調するため。
④ 『周礼』にあるように、昔は何度か治療を失敗しても医師として用いられていたのに対し、現在は病人を死なせない医師しか認めないというように世間の要求が厳しくなっていることを明らかにするため。
⑤ 『周礼』の記述から、昔は何度か治療を失敗すれば医師として失格であったことを示し、病人を死なせなければ名医であると考えて積極的な治療をしない現代の医師を批判するため。

問6 次に掲げるのは、この文章の内容・構成についてまとめたものである。これを読んで、後の(i)・(ii)の問いに答えよ。

> 筆者は、医師について、現代のありかたや古代の事例などを述べている。この文章では、それが、[X]という構成になっている。つまり、「最初に、次に、最後に」という論のはこびということである。文章の最後のほうには、医師ではなく張禹や李林甫のことも書かれており、[Y]という筆者の主張を読み取ることができる。この文章は、終わりの部分に筆者の言いたいことがまとめられているのである。

(i) 空欄[X]に入る最も適当なものを、次の①～⑤のうちから一つ選べ。解答番号は[38]。

① 最初に現代の医師についての筆者の批判を述べ、次に古代の事例を提示して自説を補強し、最後に筆者の真の意図が政治批判にあることを明かす

② 最初に現代の医師についての筆者の批判を述べ、次に古代の事例を提示して自説を補強し、最後に別の角度から医師に批判を加え、それが政治家にも通ずることを述べる

③ 最初に現代の医師の薬の使用法を批判し、次に古代の事例を提示して医療の質を比較し、最後にそれらの原因が政治家の心構えにあると結論づける

④ 最初に現代の医師の薬の使用法を批判し、次に古代の事例を提示してその原因を考察し、最後に別の角度から医師を批判して、政治批判に及ぶ

⑤ 最初に医師についての一般的見解を支持し、次に古代の事例を提示して筆者の立場を明確にし、最後に筆者の真の意図が政治批判にあることを明かす

(ii) 空欄 Y に入る最も適当なものを、次の①～⑤のうちから一つ選べ。解答番号は 39 。

① 医師や政治家が、保身に走って職務に忠実でない国は、必ず滅びる運命にある

② 医師や政治家が、中途半端な行為をするのは、自分が悪者にならないための良法である

③ 医師や政治家が、責任逃れをするのは、専門的知識に対する自信のなさが原因である

④ 医師や政治家が、責任を取ることを恐れて中途半端な行為をすると、取り返しのつかないことが起こる

⑤ 医師や政治家が、どれほど最善を尽くしても、人の死や国家の滅亡は避けられない

2023 本試

（200点
80分）

〔国語〕

注　意　事　項

1　解答用紙に，正しく記入・マークされていない場合は，採点できないことがあります。

2　この問題冊子は，50ページあります。問題は4問あり，第1問，第2問は「近代以降の文章」，第3問は「古文」，第4問は「漢文」の問題です。

なお，大学が指定する特定分野のみを解答する場合でも，試験時間は80分です。

3　試験中に問題冊子の印刷不鮮明，ページの落丁・乱丁及び解答用紙の汚れ等に気付いた場合は，手を高く挙げて監督者に知らせなさい。

4　解答は，解答用紙の解答欄にマークしなさい。例えば，［10］と表示のある問いに対して③と解答する場合は，次の(例)のように**解答番号10の解答欄**の③に**マーク**しなさい。

(例)

解答番号	解答欄								
	1	2	3	4	5	6	7	8	9
10	①	②	●(③)	④	⑤	⑥	⑦	⑧	⑨

5　問題冊子の余白等は適宜利用してよいが，どのページも切り離してはいけません。

6　**不正行為について**

①　不正行為に対しては厳正に対処します。

②　不正行為に見えるような行為が見受けられた場合は，監督者がカードを用いて注意します。

③　不正行為を行った場合は，その時点で受験を取りやめさせ退室させます。

7　試験終了後，問題冊子は持ち帰りなさい。

第1問

次の【文章Ⅰ】は、正岡子規《まさおかしき》の書斎にあったガラス障子と建築家ル・コルビュジエの建築物における窓について考察したものである。また、【文章Ⅱ】は、ル・コルビュジエの窓について【文章Ⅰ】とは別の観点から考察したものである。どちらの文章にもル・コルビュジエ著『小さな家』からの引用が含まれている（引用文中の（中略）は原文のままである）。これらを読んで、後の問い（問1〜6）に答えよ。なお、設問の都合で表記を一部改めている。（配点　50）

【文章Ⅰ】

寝返りさえ自らままならなかった子規にとっては、室内にさまざまなものを置き、それをながめることが楽しみだった。そして、ガラス障子のむこうに見える庭の植物や空を見ることが慰めだった。味覚のほかは視覚こそが子規の自身の存在を確認する感覚だった。子規は、視覚の人だったともいえる。障子の紙をガラスに入れ替えることで、**A**子規は季節や日々の移り変わりを楽しむことができた。

(注1)『墨汁一滴』の三月一二日には「不平十ケ条《じっかじょう》」として、「板ガラスの日本で出来ぬ不平」と書いている。この不平を述べている一九〇一（明治三四）年、たしかに日本では板ガラスは製造していなかったようだ。石井研堂(注2)の『増訂明治事物起原』には、「明治三十六年、原料も総《すべ》て本邦のものにて、完全なる板硝子《いたがらす》を製出せり。大正三年、欧州大戦の影響、本邦の輸入硝子は其《その》船便を失ふ、是《ここ》に於《おい》て、旭《あさひ》硝子製造会社等の製品が、漸《ようや》く用ひらるることとなり、わが板硝子界は、大発展を遂ぐるに至れり」とある。

これによると板ガラスの製造が日本で始まったのは、一九〇三年ということになる。子規が不平を述べた二年後である。してみれば、虚子(注3)のすすめで子規の書斎（病室）に入れられた「ガラス障子」は、輸入品だったのだろう。高価なものであったと思われる。高価であってもガラス障子にすることで、子規は、庭の植物に季節の移ろいを見ることができ、青空や雨をながめることができるようになった。ほとんど寝たきりで身体を動かすことができなくなり、絶望的な気分の中で自殺することも頭によぎっていた子規。彼の書斎（病室）は、ガラス障子によって「見ることのできる装置（室内）」あるいは「見るための装置（室内）」へと変容したのである。

映画研究者の(注4)アン・フリードバーグは、『ヴァーチャル・ウインドウ』の(ア)ボウトウで、「窓」は「フレーム」であり「スクリーン」でもあるといっている。


窓はフレームであるとともに、プロセニアム〔舞台と客席を区切る額縁状の部分〕でもある。窓の縁〔エッジ〕が、風景を切り取る。窓は外界を二次元の平面へと変える。つまり、窓はスクリーンとなる。窓と同様に、スクリーンは平面であると同時にフレーム——映像〔イメージ〕が投影される反射面であり、視界を制限するフレーム——でもある。スクリーンは建築のひとつの構成要素であり、新しいやり方で、壁の通風を演出する。


子規の書斎は、ガラス障子によるプロセニアムがつくられたのであり、それは外界を二次元に変えるスクリーンでありフレームとなったのである。Bガラス障子は「視覚装置」だといえる。

子規の書斎(病室)の障子をガラス障子にすることで、その室内は「視覚装置」となったわけだが、実のところ、外界をながめることのできる「窓」は、視覚装置として、建築・住宅にもっとも重要な要素としてある。

建築家のル・コルビュジエは、いわば視覚装置としての「窓」をきわめて重視していた。そして、彼は窓の構成こそ、建築を決定しているとまで考えていた。したがって、子規の書斎(病室)とは比べものにならないほど、ル・コルビュジエは、視覚装置としての窓の多様性を、デザインつまり表象として実現していった。とはいえ、窓が視覚装置であるという点においては、子規の書斎(病室)のガラス障子といささかもかわることはない。しかし、ル・コルビュジエは、住まいを徹底した視覚装置、まるでカメラのように考えていたという点では、子規のガラス障子のようにおだやかなものではなかった。子規のガラス障子は、フレームではあっても、操作されたフレームではない。他方、Cル・コルビュジエの窓は、確信を持ってつくられたフレームであった。

ル・コルビュジエは、ブエノス・アイレスで(イ)行った講演のなかで、「建築の歴史を窓の各時代の推移で示してみよう」といい、また窓によって「建築の性格が決定されてきたのです」と述べている。そして、古代ポンペイの出窓、ロマネスクの窓、ゴシックの窓、さらに一九世紀パリの窓から現代の窓のあり方までを歴史的に検討してみせる。そして「窓は採光のためにあり、換気のためではない」とも述べている。こうしたル・コルビュジエの窓についての言説について、アン・フリードバーグは、ル・コルビュジエのいう住宅は「住むための機械」であると同時に、それはまた「見るための機械でもあった」のだと述べている。さらに、ル・コルビュジエは、窓に換気ではなく「視界と採光」を優先したのであり、それは「窓のフレームと窓の形、すなわち「アスペクト比」の変更を引き起こした」と指摘している。ル・コルビュジエは窓を、外界を切り取るフレームだと捉えており、その結果、窓の形、そして「アスペクト比」（ディスプレイの長辺と短辺の比）が変化したというのである。

　実際彼は、両親のための家をレマン湖のほとりに建てている。まず、この家は、塀（壁）で囲まれているのだが、これについてル・コルビュジエは、次のように記述している。

　囲い壁の存在理由は、北から東にかけて、さらに部分的に南から西にかけて視界を閉ざすためである。四方八方に蔓延《まんえん》する景色というものは圧倒的で、焦点をかき、長い間にはかえって退屈なものになってしまう。このような状況では、もはや〝私たち〟は風景を〝眺める〟ことができないのではなかろうか。景色を(ウ)望むには、むしろそれを限定しなければならない。思い切った判断によって選別しなければならないのだ。すなわち、まず壁を建てることによって視界を遮《さえ》ぎり、つぎに連《つら》なる壁面を要所要所取り払い、そこに水平線の広がりを求めるのである。(注5)（『小さな家』）

風景を見る「視覚装置」としての窓（開口部）と壁をいかに構成するかが、ル・コルビュジエにとって課題であったことがわかる。

（柏木《かしわぎ》博《ひろし》『視覚の生命力――イメージの復権』による）

【文章Ⅱ】

一九二〇年代の最後期を飾る初期の古典的作品サヴォア邸（注6）は、見事なプロポーション（注7）をもつ「横長の窓」を示す。が一方、「横長の窓」を内側から見ると、それは壁をくりぬいた窓であり、その意味は反転する。それは四周を遮る壁体となる。「横長の窓」は、「横長の壁」となって現われる。「横長の窓」は一九二〇年代から一九三〇年代に入ると、「全面ガラスの壁面」へと移行する。スイス館（注8）がこれをよく示している。しかしながらスイス館の屋上庭園の四周は、強固な壁で囲われている。大気は壁で仕切られているのである。

かれは初期につぎのようにいう。「住宅は沈思黙考の場である」。あるいは「人間には自らを消耗する〈仕事の時間〉があり、自らをひき上げて、心の(エ)キンセンに耳を傾ける〈瞑想《めいそう》の時間〉とがある」。

これらの言葉には、いわゆる近代建築の理論においては説明しがたい一つの空間論が現わされている。一方は、いわば光の(オ)ウトんじられる世界であり、他方は光の溢《あふ》れる世界である。つまり、前者は内面的な世界に、後者は外的な世界に関わっている。

かれは『小さな家』において「風景」を語る：「ここに見られる囲い壁の存在理由は、北から東にかけて、さらに部分的に南から西にかけて視界を閉ざすためである。四方八方に蔓延する景色というものは圧倒的で、焦点をかき、長い間にはかえって退屈なものになってしまう。このような状況では、もはや〝私たち〟は風景を〝眺める〟ことができないのではなかろうか。景色を望むには、むしろそれを限定しなければならない。（中略）北側の壁と、そして東側と南側の壁とが〝囲われた庭〟を形成すること、これがここでの方針である」。

ここに語られる「風景」は動かぬ視点をもっている。かれが多くを語った「動く視点」にた

サヴォア邸

本誌での掲載に当たって写真を差しかえました。（編集部）

いするこの「動かぬ視点」は風景を切り取る。視点と風景は、一つの壁によって隔てられ、そしてつながれる。風景は一点から見られ、眺められる。**D**壁がもつ意味は、風景の観照の空間的構造化である。この動かぬ視点theōria《テオリア》(注9)の存在は、かれにおいて即興的なものではない。

かれは、住宅は、沈思黙考、美に関わると述べている。初期に明言されるこの思想は、明らかに動かぬ視点をもっている。その後の展開のなかで、沈思黙考の場をうたう住宅論は、動く視点が強調されるあまり、ル・コルビュジエにおいて影をひそめた感がある。しかしながら、このテーマはル・コルビュジエが後期に手がけた「礼拝堂」や「修道院」(注10)において再度主題化され、深く追求されている。「礼拝堂」や「修道院」は、なによりも沈思黙考、瞑想の場である。つまり、後期のこうした宗教建築を問うことにおいて、動く視点にたいするル・コルビュジエの動かぬ視点の意義が明瞭になる。

（呉谷充利《くれたにみつとし》『ル・コルビュジエと近代絵画――二〇世紀モダニズムの道程』による）

（注）
1 『墨汁一滴』――正岡子規（一八六七―一九〇二）が一九〇一年に著した随筆集。
2 石井研堂――ジャーナリスト、明治文化研究家（一八六五―一九四三）。
3 虚子――高浜虚子（一八七四―一九五九）。俳人、小説家。正岡子規に師事した。
4 アン・フリードバーグ――アメリカの映像メディア研究者（一九五二―二〇〇九）。
5 『小さな家』――ル・コルビュジエ（一八八七―一九六五）が一九五四年に著した書物。自身が両親のために レマン湖のほとりに建てた家について書かれている。
6 サヴォア邸――ル・コルビュジエの設計で、パリ郊外に建てられた住宅。
7 プロポーション――つりあい。均整。
8 スイス館――ル・コルビュジエの設計で、パリに建てられた建築物。
9 動かぬ視点theōria《テオリア》――ギリシア語で、「見ること」「眺めること」の意。
10 「礼拝堂」や「修道院」――ロンシャンの礼拝堂とラ・トゥーレット修道院を指す。

問1　次の(i)・(ii)の問いに答えよ。

(i)　傍線部(ア)・(エ)・(オ)に相当する漢字を含むものを、次の各群の①～④のうちから、それぞれ一つずつ選べ。解答番号は 1 ～ 3 。

(ア)　ボウトウ　1

① 流行性のカンボウにかかる
② 今朝はネボウしてしまった
③ 過去をボウキャクする
④ 経費がボウチョウする

(エ)　キンセン　2

① ヒキンな例を挙げる
② 食卓をフキンで拭く
③ モッキンを演奏する
④ 財政をキンシュクする

(オ)　ウトんじられる　3

① 裁判所にテイソする
② 地域がカソ化する
③ ソシナを進呈する
④ 漢学のソヨウがある

(ii) 傍線部(イ)・(ウ)と同じ意味を持つものを、次の各群の①～④のうちから、それぞれ一つずつ選べ。解答番号は 4 ・ 5 。

(イ) 行った 4
① 行シン
② 行レツ
③ リョ行
④ リ行

(ウ) 望む 5
① ホン望
② ショク望
③ テン望
④ ジン望

問2　傍線部A「子規は季節や日々の移り変わりを楽しむことができた」とあるが、それはどういうことか。その説明として最も適当なものを、次の①～⑤のうちから一つ選べ。解答番号は［6］。

① 病気で絶望的な気分で過ごしていた子規にとって、ガラス障子越しに外の風物を眺める時間が現状を忘れるための有意義な時間になっていたということ。

② 病気で塞ぎ込み生きる希望を失いかけていた子規にとって、ガラス障子から確認できる外界の出来事が自己の救済につながっていったということ。

③ 病気で寝返りも満足に打てなかった子規にとって、ガラス障子を通して多様な景色を見ることが生を実感する契機となっていたということ。

④ 病気で身体を動かすことができなかった子規にとって、ガラス障子という装置が外の世界への想像をかき立ててくれたということ。

⑤ 病気で寝たきりのまま思索していた子規にとって、ガラス障子を取り入れて内と外が視覚的につながったことが作風に転機をもたらしたということ。

問3　傍線部B「ガラス障子は『視覚装置』だといえる。」とあるが、筆者がそのように述べる理由として最も適当なものを、次の①～⑤のうちから一つ選べ。解答番号は 7 。

① ガラス障子は、季節の移ろいをガラスに映すことで、隔てられた外界を室内に投影して見る楽しみを喚起する仕掛けだと考えられるから。

② ガラス障子は、室外に広がる風景の範囲を定めることで、外の世界を平面化されたイメージとして映し出す仕掛けだと考えられるから。

③ ガラス障子は、外の世界と室内とを切り離したり接続したりすることで、視界に入る風景を制御する仕掛けだと考えられるから。

④ ガラス障子は、視界に制約を設けて風景をフレームに収めることで、新たな風景の解釈を可能にする仕掛けだと考えられるから。

⑤ ガラス障子は、風景を額縁状に区切って絵画に見立てることで、その風景を鑑賞するための空間へと室内を変化させる仕掛けだと考えられるから。

問4　傍線部C「ル・コルビュジエの窓は、確信を持ってつくられたフレームであった」とあるが、「ル・コルビュジエの窓」の特徴と効果の説明として最も適当なものを、次の①～⑤のうちから一つ選べ。解答番号は 8 。

① ル・コルビュジエの窓は、外界に焦点を合わせるカメラの役割を果たすものであり、壁を枠として視界を制御することで風景がより美しく見えるようになる。

② ル・コルビュジエの窓は、居住性を向上させる機能を持つものであり、採光を重視することで囲い壁に遮られた空間の生活環境が快適なものになる。

③ ル・コルビュジエの窓は、アスペクト比の変更を目的としたものであり、外界を意図的に切り取ることで室外の景色が水平に広がって見えるようになる。

④ ル・コルビュジエの窓は、居住者に対する視覚的な効果に配慮したものであり、囲い壁を効率よく配置することで風景への没入が可能になる。

⑤ ル・コルビュジエの窓は、換気よりも視覚を優先したものであり、視点が定まりにくい風景に限定を施すことでかえって広がりが認識されるようになる。

問5　傍線部D「壁がもつ意味は、風景の観照の空間的構造化である。」とあるが、これによって住宅はどのような空間になるのか。その説明として最も適当なものを、次の①～⑤のうちから一つ選べ。解答番号は 9 。

① 三方を壁で囲われた空間を構成することによって、外光は制限されて一方向からのみ部屋の内部に取り入れられる。このように外部の光を調整する構造により、住宅は仕事を終えた人間の心を癒やす空間になる。

② 外界を壁と窓で切り取ることによって、視点は固定されてさまざまな方向から景色を眺める自由が失われる。このように壁と窓が視点を制御する構造により、住宅はおのずと人間が風景と向き合う空間になる。

③ 四周の大部分を壁で囲いながら開口部を設けることによって、固定された視点から風景を眺めることが可能になる。このように視界を制限する構造により、住宅は内部の人間が静かに思索をめぐらす空間になる。

④ 四方に広がる空間を壁で限定することによって、選別された視角から風景と向き合うことが可能になる。このように一箇所において外界と人間がつながる構造により、住宅は風景を鑑賞するための空間になる。

⑤ 周囲を囲った壁の一部を窓としてくりぬくことによって、外界に対する視野に制約が課せられる。このように壁と窓を設けて内部の人間を瞑想へと誘導する構造により、住宅は自己省察するための空間になる。

問6 次に示すのは、授業で**【文章Ⅰ】【文章Ⅱ】**を読んだ後の、話し合いの様子である。これを読んで、後の(i)〜(iii)の問いに答えよ。

生徒A――**【文章Ⅰ】**と**【文章Ⅱ】**は、両方ともル・コルビュジエの建築における窓について論じられていたね。

生徒B――**【文章Ⅰ】**にも**【文章Ⅱ】**にも同じル・コルビュジエからの引用文があったけれど、少し違っていたよ。

生徒C――よく読み比べると、［ X ］。

生徒B――そうか、同じ文献でもどのように引用するかによって随分印象が変わるんだね。

生徒C――**【文章Ⅰ】**は正岡子規の部屋にあったガラス障子をふまえて、ル・コルビュジエの話題に移っていた。

生徒B――なぜわざわざ子規のことを取り上げたのかな。

生徒A――それは、［ Y ］のだと思う。

生徒B――なるほど。でも、子規の話題は**【文章Ⅱ】**の内容ともつながるような気がしたんだけど。

生徒C――そうだね。**【文章Ⅱ】**と関連づけて**【文章Ⅰ】**を読むと、［ Z ］と解釈できるね。

生徒A――こうして二つの文章を読み比べながら話し合ってみると、いろいろ気づくことがあるね。

(i) 空欄 X に入る発言として最も適当なものを、次の ①～④ のうちから一つ選べ。解答番号は 10 。

① 【文章Ⅰ】の引用文は、壁による閉塞とそこから開放される視界についての内容だけど、【文章Ⅱ】の引用文では、壁の圧迫感について記された部分が省略されて、三方を囲んで形成される壁の話に接続されている

② 【文章Ⅰ】の引用文は、視界を遮る壁とその壁に設けられた窓の機能についての内容だけど、【文章Ⅱ】の引用文では、壁の機能が中心に述べられていて、その壁によってどの方角を遮るかが重要視されている

③ 【文章Ⅰ】の引用文は、壁の外に広がる圧倒的な景色とそれを限定する窓の役割についての内容だけど、【文章Ⅱ】の引用文では、主に外部を遮る壁の機能について説明されていて、窓の機能には触れられていない

④ 【文章Ⅰ】の引用文は、周囲を囲う壁とそこに開けられた窓の効果についての内容だけど、【文章Ⅱ】の引用文では、壁に窓を設けることの意図が省略されて、視界を遮って壁で囲う効果が強調されている

(ii) 空欄 **Y** に入る発言として最も適当なものを、次の ① ～ ④ のうちから一つ選べ。解答番号は 11 。

① ル・コルビュジエの建築論が現代の窓の設計に大きな影響を与えたことを理解しやすくするために、子規の書斎にガラス障子がもたらした変化をまず示した

② ル・コルビュジエの設計が居住者と風景の関係を考慮したものであったことを理解しやすくするために、子規の日常においてガラス障子が果たした役割をまず示した

③ ル・コルビュジエの窓の配置が採光によって美しい空間を演出したことを理解しやすくするために、子規の芸術に対してガラス障子が及ぼした効果をまず示した

④ ル・コルビュジエの換気と採光についての考察が住み心地の追求であったことを理解しやすくするために、子規の心身にガラス障子が与えた影響をまず示した

(iii) 空欄 Z に入る発言として最も適当なものを、次の①～④のうちから一つ選べ。解答番号は 12 。

① 病で絶望的な気分の中にいた子規は、書斎にガラス障子を取り入れることで内面的な世界を獲得したと言える。そう考えると、子規の書斎もル・コルビュジエの主題化した宗教建築として機能していた

② 病で外界の眺めを失っていた子規は、書斎にガラス障子を取り入れることで光の溢れる世界を獲得したと言える。そう考えると、子規の書斎もル・コルビュジエの指摘する仕事の空間として機能していた

③ 病で自由に動くことができずにいた子規は、書斎にガラス障子を取り入れることで動かぬ視点を獲得したと言える。そう考えると、子規の書斎もル・コルビュジエの言う沈思黙考の場として機能していた

④ 病で行動が制限されていた子規は、書斎にガラス障子を取り入れることで見るための機械を獲得したと言える。そう考えると、子規の書斎もル・コルビュジエの住宅と同様の視覚装置として機能していた

(下書き用紙)

国語の試験問題は次に続く。

第2問

次の文章は、梅崎春生《うめざきはるお》「飢えの季節」(一九四八年発表)の一節である。第二次世界大戦の終結直後、食糧難の東京が舞台である。いつも空腹の状態にあった主人公の「私」は広告会社に応募して採用され、「大東京の将来」をテーマにした看板広告の構想を練るよう命じられた。本文は、「私」がまとめ上げた構想を会議に提出した場面から始まる。これを読んで、後の問い(問1~7)に答えよ。(配点　50)

私が無理矢理に拵《こしら》え上げた構想のなかでは、都民のひとりひとりが楽しく胸をはって生きてゆけるような、そんな風の都市をつくりあげていた。私がもっとも念願する理想の食物都市とはいささか形はちがっていたが、その精神も少《すく》なからずこの構想には加味されていた。たとえば緑地帯には柿の並木がつらなり、夕昏《ゆうぐれ》散歩する都民たちがそれをもいで食べてもいいような仕組《しくみ》になっていた。私の考えでは、そんな雰囲気のなかでこそ、都民のひとりひとりが胸を張って生きてゆける筈《はず》であった。絵柄や文章を指定したこの二十枚の下書きの中に、私のさまざまな夢がこめられていると言ってよかった。このような私の夢が飢えたる都市の人々の共感を得ない筈はなかった。町角に私の作品が並べられれば、道行く人々は皆立ちどまって、微笑《ほほえ》みながら眺めて呉《く》れるにちがいない。そう私は信じた。だから之《これ》を提出するにあたっても、私はすこしは晴れがましい気持でもあったのである。

会長も臨席した編輯《へんしゅう》(注1)会議の席上で、しかし私の下書きは散々の悪評であった。悪評であるというより、てんで問題にされなかったのである。

「これは一体どういうつもりなのかね」

私の下書きを一枚一枚見ながら、会長はがらがらした声で私に言った。

「こんなものを街頭展に出して、一体何のためになると思うんだね」

「そ、それはです」とA私はあわてて説明した。「只今《ただいま》は食糧事情がわるくて、皆意気が衰え、夢を失っていると思うんです。だからせめてたのしい夢を見せてやりたい、とこう考えたものですから——」

会長は不機嫌な顔をして、私の苦心の下書きを重ねて卓の上にほうりだした。

「――大東京の将来というテーマをつかんだら」しばらくして会長はき出すように口をきった。「現在何が不足しているか。理想の東京をつくるためにはどんなものが必要か。そんなことを考えるんだ。たとえば家を建てるための材木だ」

会長は赤らんだ掌《てのひら》をくにゃくにゃ動かして材木の形をしてみせた。

「材木はどこにあるか。どの位のストックがあるか。そしてそれは何々材木会社に頼めば直《す》ぐ手に入る、とこういう具合《ぐあい》にやるんだ」

会長は再び私の下書きを手にとった。

「明るい都市？　明るくするには、電燈《でんとう》だ。電燈の生産はどうなっているか。マツダランプの工場では、どんな数量を生産し、将来どんな具合に生産が増加するか、それを書くんだ。電燈ならマツダランプという具合だ。そしてマツダランプから金を貰《もら》うんだ」

ははあ、とやっと胸におちるものが私にあった。会長は顔をしかめた。

「緑地帯に柿の木を植えるって？　そんな馬鹿な。土地会社だ。東京都市計画で緑地帯の候補地がこれこれになっているから、そこの住民たちは今のうちに他に土地を買って、移転する準備したらよい、という具合だ。そのとき土地を買うなら何々土地会社へ、だ。そしてまた金を貰う」

佐藤や長山アキ子や他の編輯員たちの、冷笑するような視線を額にかんじながら、私はあかくなってうつむいていた。飛《と》んでもない誤解をしていたことが、段々判《わか》ってきたのである。思えば戦争中情報局(注2)と手を組んでこんな仕事をやっていたというのも、憂国の至情にあふれてからの所業ではなくて、たんなる儲《もう》け仕事にすぎなかったことは、少し考えれば判る筈であった。そして戦争が終《お》わって情報局と手が切れて、掌をかえしたように文化国家の建設の啓蒙《けいもう》をやろうというのも、私費を投じた慈善事業である筈がなかった。会長の声を受けとめながら、椅子に身体《からだ》を硬くして、頭をたれたまま、B私はだんだん腹が立ってきたのである。私の夢が侮蔑されたのが口惜しいのではない。この会社のそのような営利精神を憎むのでもない。佐藤や長山の冷笑的な視線が辛《つら》かったのでもない。ただただ私は自分の間抜けさ加減に腹を立てていたのであった。

その夕方、私は憂鬱《ゆううつ》な顔をして焼けビル(注3)を出、うすぐらい街を昌平橋《しょうへいばし》(注4)の方にあるいて行った。あれから私は構想のたてなおしを命ぜられて、それを引受《ひきう》けたのであった。しかしそれならそれでよかった。給料さえ貰えれば始めから私は何でもやるつもりでいたのだから。憂鬱な顔をしているというのも、ただ腹がへっているからであった。膝をがくがくさせながら昌平橋のたもとまで来たとき、私は変な老人から呼びとめられた。共同便所の横のうすくらがりにいるせいか、その老人は人間というより一枚の影に似ていた。

「旦那」声をぜいぜいふるわせながら老人は手を出した。「昨日から、何も食っていないんです。ほんとに何も食っていないんです。たった一食でもよろしいから、めぐんでやって下さいな。旦那、おねがいです」

老人は外套《がいとう》(注5)も着ていなかった。顔はくろくよごれていて、上衣《うわぎ》の袖から出た手は、ぎょっとするほど細かった。身体が小刻みに動いていて、立っていることも精いっぱいであるらしかった。老人の骨ばった指が私の外套の袖にからんだ。私はある苦痛をしのびながらそれを振りはらった。

「ないんだよ。僕も一食ずつしか食べていないんだ。ぎりぎり計算して食っているんだ。とても分けてあげられないんだよ」

「そうでしょうが、旦那、あたしは昨日からなにも食っていないんです。何なら、この上衣を抵当(注6)に入れてもよござんす。一食だけ。ね。一食だけでいいんです」

老人の眼《め》は暗がりの中でもぎらぎら光っていて、まるで眼球が瞼《まぶた》のそとにとびだしているような具合であった。頬はげっそりしなびていて、そこから咽喉《のど》にかけてざらざらに鳥肌が立っていた。

「ねえ。旦那。お願い。お願いです」

頭をふらふらと下げる老爺《ろうや》よりもどんなに私の方が頭を下げて願いたかったことだろう。あたりに人眼がなければ私はひざまずいて、これ以上自分を苦しめて呉れるなと、老爺にむかって頭をさげていたかも知れないのだ。しかし私は、C自分でもおどろくほど邪険な口調で、老爺にこたえていた。

「駄目だよ。無いといったら無いよ。誰か他の人にでも頼みな」

暫《しばら》くの後私は食堂のかたい椅子にかけて、変な臭いのする魚の煮付と芋まじりの少量の飯をぼそぼそと嚙《か》んでいた。しきりに胸を熱くして来るものがあって、食物の味もわからない位だった。私をとりまくさまざまの構図が、ひっきりなしに心を去来した。毎日白い御飯を腹いっぱいに詰め、鶏にまで白米をやる下宿のあるじ、闇売り（注7）でずいぶん儲けたくせに柿のひとつやふたつで怒っている裏の吉田さん。高価な莨《たばこ》（注8）をひっきりなしに吸って血色のいい会長。鼠《ねずみ》のような庶務課長。膝頭が蒼《あお》白く飛出《とびで》た佐藤。長山アキ子の腐った芋の弁当。国民服一着しかもたないT・I氏。お尻の破れた青いモンペ（注9）の女。電車の中で私を押して来る勤め人たち。ただ一食の物乞いに上衣を脱ごうとした老爺。それらのたくさんの構図にかこまれて、朝起きたときから食物のことばかり妄想し、こそ泥のように芋や柿をかすめている私自身の姿がそこにあるわけであった。こんな日常が連続してゆくことで、一体どんなおそろしい結末が待っているのか。**D**それを考えるだけで私は身ぶるいした。

食べている私の外套の背に、もはや寒さがもたれて来る。もう月末が近づいているのであった。かぞえてみるとこの会社につとめ出してから、もう二十日以上も経っているわけであった。

私の給料が月給でなく日給であること、そしてそれも一日三円の割であることを知ったときの私の衝動はどんなであっただろう。それを私は月末の給料日に、鼠のような風貌の庶務課長から言いわたされたのであった。庶務課長のキンキンした声の内容によると、私は（私と一緒に入社した者も）しばらくの間は見習《みならい》社員というわけで、実力次第ではこれからどんなにでも昇給させるから、力を落《おと》さずにしっかりやるように、という話であった。そして声をひそめて、

「君は朝も定刻前にちゃんとやってくるし、毎日自発的に一時間ほど残業をやっていることは、僕もよく知っている。会長も知っておられると思う。だから一所懸命にやって呉（注10）れたまえ。君にはほんとに期待しているのだ」

私はその声をききながら、私の一日の給料が一枚の外食券（注11）の闇価と同じだ、などということをぼんやり考えていたのである。

日給三円だと聞かされたときの衝動は、すぐ胸の奥で消えてしまって、その代《かわ》りに私の手足のさきまで今ゆるゆると拡《ひろ》がってき

たのは、水のように静かな怒りであった。私はそのときすでに、此処《ここ》を辞める決心をかためていたのである。課長の言葉がとぎれるのを待って、私は低い声でいった。

「私はここを辞めさせて頂きたいとおもいます」

なぜ、と課長は鼠のようにずるい視線をあげた。

「一日三円では食えないのです。**E**食えないことは、やはり良くないことだと思うんです」

そう言いながらも、ここを辞めたらどうなるか、という危惧がかすめるのを私は意識した。しかしそんな危惧があるとしても、それはどうにもならないことであった。私は私の道を自分で切りひらいてゆく他はなかった。ふつうのつとめをしていては満足に食べて行けないなら、私は他に新しい生き方を求めるよりなかった。そして私はあの食堂でみる人々のことを思いうかべていた。鞄《かばん》の中にいろんな物を詰めこんで、それを売ったり買ったりしている事実を。そこにも生きる途《みち》がひとつはある筈であった。そしてまた、あの惨《みじ》めな老爺にならって、外套を抵当にして食を乞う方法も残っているに相違なかった。

「君にはほんとに期待していたのだがなあ」

ほんとに期待していたのは、庶務課長よりもむしろ私なのであった。ほんとに私はどんなに人並みな暮《くら》しの出来る給料を期待していただろう。盗みもする必要がない、静かな生活を、私はどんなに希求していたことだろう。しかしそれが絶望であることがはっきり判ったこの瞬間、**F**私はむしろある勇気がほのぼのと胸にのぼってくるのを感じていたのである。

その日私は会計の係から働いた分だけの給料を受取《うけと》り、永久にこの焼けビルに別れをつげた。電車みちまで出てふりかえると、曇り空の下で灰色のこの焼けビルは、私の飢えの季節の象徴のようにかなしくそそり立っていたのである。

（注）

1　編輯――「編集」に同じ。

2　情報局――戦時下にマスメディア統制や情報宣伝を担った国家機関。

3　焼けビル――戦災で焼け残ったビル。「私」の勤め先がある。

4　昌平橋――現在の東京都千代田区にある、神田川にかかる橋。そのたもとに「私」の行きつけの食堂がある。

5　外套――防寒・防雨のため洋服の上に着る衣類。オーバーコート。

6　抵当――金銭などを借りて返せなくなったときに、貸し手が自由に扱える借り手側の権利や財産。

7　闇売り――公式の販路・価格によらないで内密に売ること。

8　国民服――国民が常用すべきものとして一九四〇年に制定された服装。戦時中に広く男性が着用した。

9　モンペ――作業用・防寒用として着用するズボン状の衣服。戦時中に女性の標準服として普及した。

10　外食券――戦中・戦後の統制下で、役所が発行した食券。

11　闇価――闇売りにおける価格。

問1　傍線部A「私はあわてて説明した」とあるが、このときの「私」の様子の説明として最も適当なものを、次の①～⑤のうちから一つ選べ。解答番号は 13 。

① 都民が夢をもてるような都市構想なら広く受け入れられると自信をもって提出しただけに、構想の主旨を会長から問いただされたことに戸惑い、理解を得ようとしている。

② 会長も出席する重要な会議の場で成果をあげて認められようと張り切って作った構想が、予想外の低評価を受けたことに動揺し、なんとか名誉を回復しようとしている。

③ 会長から頭ごなしの批判を受け、街頭展に出す目的を明確にイメージできていなかったことを悟り、自分の未熟さにあきれつつもどうにかその場を取り繕おうとしている。

④ 会議に臨席した人々の理解を得られなかったことで、過酷な食糧事情を抱える都民の現実を見誤っていたことに今更ながら気づき、気まずさを解消しようとしている。

⑤ 「私」の理想の食物都市の構想は都民の共感を呼べると考えていたため、会長からテーマとの関連不足を指摘されてうろたえ、急いで構想の背景を補おうとしている。

問2　傍線部B「私はだんだん腹が立ってきたのである」とあるが、それはなぜか。その理由として最も適当なものを、次の①～⑤のうちから一つ選べ。解答番号は 14 。

① 戦後に会社が国民を啓蒙し文化国家を建設するという理想を掲げた真意を理解せず、給料をもらって飢えをしのぎたいという自らの欲望を優先させた自分の浅ましさが次第に嘆かわしく思えてきたから。

② 戦時中には国家的慈善事業を行っていた会社が戦後に方針転換したことに思い至らず、暴利をむさぼるような経営にいつの間にか自分が加担させられていることを徐々に自覚して反発を覚えたから。

③ 戦後に営利を追求するようになった会社が社員相互の啓発による競争を重視していることに思い至らず、会長があきれるような提案しかできなかった自分の無能さがつくづく恥ずかしくなってきたから。

④ 戦後の復興を担う会社が利益を追求するだけで東京を発展させていく意図などないことを理解せず、飢えの解消を前面に打ち出す提案をした自分の安直な姿勢に自嘲の念が少しずつ湧いてきたから。

⑤ 戦時中に情報局と提携していた会社が純粋な慈善事業を行うはずもないことに思い至らず、自分の理想や夢だけを詰め込んだ構想を誇りをもって提案した自分の愚かさにようやく気づき始めたから。

問3　傍線部C「自分でもおどろくほど邪険な口調で、老爺にこたえていた」とあるが、ここに至るまでの「私」の心の動きはどのようなものか。その説明として最も適当なものを、次の①～⑤のうちから一つ選べ。解答番号は 15 。

① ぎりぎり計算して食べている自分より、老爺の飢えのほうが深刻だと痛感した「私」は、彼の懇願に対してせめて丁寧な態度で断りたいと思いはしたが、人目をはばからず無心を続ける老爺にいら立った。

② 一食を得るために上衣さえ差し出そうとする老爺の様子を見た「私」は、彼を救えないことに対し頭を下げ許しを乞いたいと思いつつ、周りの視線を気にしてそれもできない自分へのいらだちを募らせた。

③ 飢えから逃れようと必死に頭を下げる老爺の姿に自分と重なるところがあると感じた「私」は、自分も食べていないことを話し説得を試みたが、食物をねだり続ける老爺に自分にはない厚かましさも感じた。

④ 頬の肉がげっそりと落ちた老爺のやせ細り方に同情した「私」は、彼の願いに応えられないことに罪悪感を抱いていたが、後ろめたさに付け込み、どこまでも食い下がる老爺のしつこさに嫌悪感を覚えた。

⑤ かろうじて立っている様子の老爺の懇願に応じることのできない「私」は、苦痛を感じながら耐えていたが、なおもすがりつく老爺の必死の態度に接し、彼に向き合うことから逃れたい衝動に駆られた。

問4　傍線部D「それを考えるだけで私は身ぶるいした。」とあるが、このときの「私」の状況と心理の説明として最も適当なものを、次の①～⑤のうちから一つ選べ。解答番号は 16 。

① 貧富の差が如実に現れる周囲の人びとの姿から自らの貧しく惨めな姿も浮かび、食物への思いにとらわれていることを自覚した「私」は、農作物を盗むような生活の先にある自身の将来に思い至った。

② 定収入を得てぜいたくに暮らす人びとの存在に気づいた「私」は、芋や柿などの農作物を生活の糧にすることを想像し、そのような空想にふける自分は厳しい現実を直視できていないと認識した。

③ 経済的な格差がある社会でしたたかに生きる人びとに思いを巡らせた「私」は、一食のために上衣を手放そうとした老爺のように、その場しのぎの不器用な生き方しかできない我が身を振り返った。

④ 富める人もいれば貧しい人もいる社会の構造にやっと思い至った「私」は、会社に勤め始めて二十日以上経ってもその構造から抜け出せない自分が、さらなる貧困に落ちるしかないことに気づいた。

⑤ 自分を囲む現実を顧みたことで、周囲には貧しい人が多いなかに富める人もいることに気づいた「私」は、食糧のことで頭が一杯になり社会の動向を広く認識できていなかった自分を見つめ直した。

問5　傍線部E「食えないことは、やはり良くないことだと思うんです」とあるが、この発言の説明として最も適当なものを、次の①～⑤のうちから一つ選べ。解答番号は 17 。

① 満足に食べていくため不本意な業務も受け入れていたが、あまりにも薄給であることに承服できず、将来的な待遇改善や今までの評価が問題ではなく、現在の飢えを解消できないことが決め手となって退職することを淡々と伝えた。

② 飢えた生活から脱却できると信じて営利重視の経営方針にも目をつぶってきたが、営利主義が想定外の薄給にまで波及していると知り、口先だけ景気の良いことを言う課長の態度にも不信感を抱いたことで、つい感情的に反論した。

③ 飢えない暮らしを望んで夢を侮蔑されても会社勤めを続けてきたが、結局のところ新しい生き方を選択しないかぎり静かな生活は送れないとわかり、課長に正論を述べても仕方がないと諦めて、ぞんざいな言い方しかできなかった。

④ 静かな生活の実現に向けて何でもすると決意して自発的に残業さえしてきたが、月給ではなく日給であることに怒りを覚え、課長に何を言っても正当な評価は得られないと感じて、不当な薄給だという事実をぶっきらぼうに述べた。

⑤ 小声でほめてくる課長が本心を示していないことはわかるものの、静かな生活は自分で切り開くしかないという事実に変わりはなく、有効な議論を展開するだけの余裕もないので、負け惜しみのような主張を絞り出すしかなかった。

問6　傍線部F「私はむしろある勇気がほのぼのと胸にのぼってくるのを感じていたのである」とあるが、このときの「私」の心情の説明として最も適当なものを、次の①～⑤のうちから一つ選べ。解答番号は 18 。

① 希望していた静かな暮らしが実現できないことに失望したが、その給料では食べていけないと主張できたことにより、これからは会社の期待に添って生きるのではなく自由に生きようと徐々に思い始めている。

② これから新しい道を切り開いていくため静かな生活はかなわないと悲しんでいたが、課長に言われた言葉を思い出すことにより、自分がすべきことをイメージできるようになりにわかに自信が芽生えてきている。

③ 昇給の可能性もあるとの上司の言葉はありがたかったが、盗みをせざるを得ないほどの生活不安を解消するまでの説得力を感じられないのでそれを受け入れられず、物乞いをしてでも生きていこうと決意を固めている。

④ 人並みの暮らしができる給料を期待していたが、その願いが断たれたことで現在の会社勤めを辞める決意をし、将来の生活に対する懸念はあるものの新たな生き方を模索しようとする気力が湧き起こってきている。

⑤ 期待しているという課長の言葉とは裏腹の食べていけないほどの給料に気落ちしていたが、一方で課長が自分に期待していた事実があることに自信を得て、新しい生活を前向きに送ろうと少し気楽になっている。

問7　Wさんのクラスでは、本文の理解を深めるために教師から本文と同時代の**【資料】**が提示された。Wさんは、**【資料】**を参考に「マツダランプの広告」と本文の「焼けビル」との共通点をふまえて「私」の「飢え」を考察することにし、**【構想メモ】**を作り、**【文章】**を書いた。このことについて、後の(i)・(ii)の問いに答えよ。なお、設問の都合で広告の一部を改めている。

【資料】

●マツダランプの広告

雑誌『航空朝日』（一九四五年九月一日発行）に掲載

●補足

この広告は、戦時中には「生産《せいさん》に全力《ぜんりょく》を擧《あ》げてゐますが、御家庭用は尠《すく》なくなりますから、お宅の電球を大切にして下さい。」と書かれていた。戦後も物が不足していたため、右のように変えて掲載された。

【構想メモ】

(1)　**【資料】**からわかること

・社会状況として戦後も物資が不足していること。

・広告の一部の文言を削ることで、戦時中の広告を終戦後に再利用しているということ。

(2)　**【文章】**の展開

①　**【資料】**と本文との共通点

・マツダランプの広告

・「焼けビル」（本文末尾）

↓

②　「私」の現状や今後に関する「私」の認識について

↓

③　「私」の「飢え」についてのまとめ

【文章】

【資料】のマツダランプの広告は、戦後も物資が不足している社会状況を表している。この広告と「飢えの季節」本文の最後にある「焼けビル」とには共通点がある。［Ⅰ］この共通点は、本文の会長の仕事のやり方とも重なる。そのような会長の下で働く「私」自身はこの職にしがみついていても苦しい生活を脱する可能性がないと思い、具体的な未来像を持つこともないままに会社を辞めたのである。そこで改めて【資料】を参考に、本文の最後の一文に注目して「私」の「飢え」について考察すると、「かなしくそそり立っていた」という「焼けビル」は、［Ⅱ］と捉えることができる。

(i) 空欄［Ⅰ］に入るものとして最も適当なものを、次の①～④のうちから一つ選べ。解答番号は［19］。

① それは、戦時下の軍事的圧力の影響が、終戦後の日常生活の中においても色濃く残っているということだ。
② それは、戦時下に生じた倹約の精神が、終戦後の人びとの生活態度においても保たれているということだ。
③ それは、戦時下に存在した事物が、終戦に伴い社会が変化する中においても生き延びているということだ。
④ それは、戦時下の国家貢献を重視する方針が、終戦後の経済活動においても支持されているということだ。

(ii) 空欄［Ⅱ］に入るものとして最も適当なものを、次の①～④のうちから一つ選べ。解答番号は［20］。

① 「私」の飢えを解消するほどの給料を払えない会社の象徴
② 「私」にとって解消すべき飢えが継続していることの象徴
③ 「私」の今までの飢えた生活や不本意な仕事との決別の象徴
④ 「私」が会社を辞め飢えから脱却する勇気を得たことの象徴

第3問　次の文章は源俊頼《としより》が著した『俊頼髄脳《としよりずいのう》』の一節で、殿上人たちが、皇后寛子のために、寛子の父・藤原頼通の邸内で船遊びをしようとするところから始まる。これを読んで、後の問い(問1～4)に答えよ。なお、設問の都合で本文の段落に 1 ～ 5 の番号を付してある。(配点　50)

1 宮司《みやづかさ》(注1)ども集まりて、船をばいかがすべき、紅葉《もみぢ》を多くとりにやりて、船の屋形にして、船《ふな》さし(注2)は侍《さぶらひ》の a 若からむをさしたりければ、俄《にはか》に狩袴《かりばかま》(注3)染めなどしてきらめきけり。その日になりて、人々、皆参り集まりぬ。「御船はまうけたりや」と尋ねられければ、「皆まうけて侍り」と申して、その期《ご》になりて、島がくれ(注4)より漕《こ》ぎ出でたるを見れば、なにとなく、ひた照《て》りなる船を二つ、装束《さうぞ》き出でたるけしき、いとをかしかりけり。

2 人々、皆乗り分かれて、管絃《くわんげん》の具ども、御前(注5)より申し出だして、そのことする人々、前におきて、(ア)やうやうさしまはす程に、南の普賢堂に、宇治の僧正(注6)、僧都《そうづ》の君と申しける時、御修法《みずほふ》しておはしけるに、かかることありとて、もろもろの僧たち、大人、若き、集まりて、庭にゐなみたり。童部《わらはべ》、供《とも》法師にいたるまで、繡花《しうくわ》(注7)装束きて、さし退《の》きつつ群がれゐたり。

3 その中に、良暹《りやうぜん》といへる歌よみのありけるを、殿上人、見知りてあれば、「良暹がさぶらふか」と問ひければ、良暹、目(注8)もなく笑みて、平《ひら》がりてさぶらひければ、かたはらに若き僧の侍りけるが知り、「b さに侍り」と申しければ、「あれ、船に召して乗せて連歌《れんが》(注9)などせさせむは、いかがあるべき」と、いま一つの船の人々に申しあはせければ、「いかが。あるべからず。後の人や、さらでもありぬべかりけることかなとや申さむ」などありければ、さもあることとて、乗せずして、ただささながら連歌などはせさせてむなど定めて、近う漕ぎよせて、「良暹、さりぬべからむ連歌などして参らせよ」と、人々申されければ、さる者にて、もしさやうのこともやあるとて、c まうけたりけるにや、聞きけるままに程もなくかたはらの僧にものを言ひければ、その僧、(イ)ことごとしく歩みよりて、

「もみぢ葉のこがれて見ゆる御船《みふね》かな

と申し侍るなり」と申しかけて帰りぬ。

4 人々、これを聞きて、船々に聞かせて、付けむとしけるが遅かりければ、船を漕ぐともなくて、やうやう築島《つくじま》をめぐりて、一めぐりの程に、付けて言はむとしけるに、え付けざりければ、むなしく過ぎにけり。「いかに」「遅し」と、たがひに船々あらそひて、二《ふた》めぐりになりにけり。なほ、え付けざりければ、船を漕がで、島のかくれにて、「(ウ)かへすがへすもわろきことなり、これを d 今まで付けぬは。日はみな暮れぬ。いかがせむずる」と、今は、付けむの心はなくて、付けでやみなむことを嘆く程に、何事も e 覚えずなりぬ。

5 ことごとしく管絃の物の具申しおろして船に乗せたりけるも、いささか、かきならす人もなくてやみにけり。かく言ひ沙汰する程に、普賢堂の前にそこばく多かりつる人、皆立ちにけり。人々、船よりおりて、御前にて遊ばむなど思ひければ、このことにたがひて、皆逃げておのおの失《う》せにけり。宮司、まうけしたりけれど、いたづらにてやみにけり。

(注) 1 宮司――皇后に仕える役人。
2 船さし――船を操作する人。
3 狩袴染めなどして――「狩袴」は狩衣を着用する際の袴。これを、今回の催しにふさわしいように染めたということ。
4 島がくれ――島陰。頼通邸の庭の池には島が築造されていた。そのため、島に隠れて邸《やしき》側からは見えにくいところがある。
5 御前より申し出だして――皇后寛子からお借りして。
6 宇治の僧正――頼通の子、覚円。寛子の兄。寛子のために邸内の普賢堂で祈禱《きとう》をしていた。
7 繡花――花模様の刺繡《ししゅう》。
8 目もなく笑みて――目を細めて笑って。
9 連歌――五・七・五の句と七・七の句を交互に詠んでいく形態の詩歌。前の句に続けて詠むことを、句を付けるという。

問1 傍線部(ア)～(ウ)の解釈として最も適当なものを、次の各群の①～⑤のうちから、それぞれ一つずつ選べ。解答番号は 21 ～ 23 。

(ア) やうやうさしまはす程に 21

① さりげなく池を見回すと
② あれこれ準備するうちに
③ 徐々に船を動かすうちに
④ 次第に船の方に集まると
⑤ 段々と演奏が始まるころ

(イ) ことごとしく歩みよりて 22

① たちまち僧侶たちの方に向かっていって
② 焦った様子で殿上人のもとに寄っていって
③ 卑屈な態度で良暹のそばに来て
④ もったいぶって船の方に近づいていって
⑤ すべてを聞いて良暹のところに行って

(ウ) かへすがへすも 23

① 繰り返すのも
② どう考えても
③ 句を返すのも
④ 引き返すのも
⑤ 話し合うのも

問2　波線部a～eについて、語句と表現に関する説明として最も適当なものを、次の①～⑤のうちから一つ選べ。解答番号は 24 。

① a「若からむ」は、「らむ」が現在推量の助動詞であり、断定的に記述することを避けた表現になっている。

② b「さに侍り」は、「侍り」が丁寧語であり、「若き僧」から読み手への敬意を込めた表現になっている。

③ c「まうけたりけるにや」は、「や」が疑問の係助詞であり、文中に作者の想像を挟み込んだ表現になっている。

④ d「今まで付けぬは」は、「ぬ」が強意の助動詞であり、「人々」の驚きを強調した表現になっている。

⑤ e「覚えずなりぬ」は、「なり」が推定の助動詞であり、今後の成り行きを読み手に予想させる表現になっている。

問3 [1] ～ [3] 段落についての説明として最も適当なものを、次の①～⑤のうちから一つ選べ。解答番号は [25] 。

① 宮司たちは、船の飾り付けに悩み、当日になってようやくもみじの葉で飾った船を準備し始めた。
② 宇治の僧正は、船遊びの時間が迫ってきたので、祈禱を中止し、供の法師たちを庭に呼び集めた。
③ 良暹は、身分が低いため船に乗ることを辞退したが、句を求められたことには喜びを感じていた。
④ 殿上人たちは、管絃や和歌の催しだけでは後で批判されるだろうと考え、連歌も行うことにした。
⑤ 良暹のそばにいた若い僧は、殿上人たちが声をかけてきた際、かしこまる良暹に代わって答えた。

問4　次に示すのは、授業で本文を読んだ後の、話し合いの様子である。これを読んで、後の(i)～(iii)の問いに答えよ。

教　師――本文の 3 ～ 5 段落の内容をより深く理解するために、次の文章を読んでみましょう。これは『散木奇歌集《さんぼくきかしゅう》』の一節で、作者は本文と同じく源俊頼《としより》です。

人々あまた八幡《やはた》(注1)の御神楽《みかぐら》に参りたりけるに、こと果てて又の日、別当《べつたう》(注2)法印光清《くわうせい》が堂の池の釣殿《つりどの》に人々ゐなみて遊びけるに、「光清、連歌作ることなむ得たることとおぼゆる。ただいま連歌付けばや」など申しゐたりけるに、かたのごとくとて申したりける、

釣殿の下には魚《いを》やすまざらむ　俊重《とししげ》(注3)

光清しきりに案じけれども、え付けでやみにしことなど、帰りて語りしかば、試みにとて、

うつばり(注4)の影そこに見えつつ　俊頼

(注)　1　八幡の御神楽――石清水八幡宮《いわしみずはちまんぐう》において、神をまつるために歌舞を奏する催し。

2　別当法印――「別当」はここでは石清水八幡宮の長官。「法印」は最高の僧位。

3　俊重――源俊頼の子。

4　うつばり――屋根の重みを支えるための梁《はり》。

教　師――この『散木奇歌集』の文章は、人々が集まっている場で、連歌をしたいと光清が言い出すところから始まります。その後の展開を話し合ってみましょう。

生徒A――俊重が「釣殿の」の句を詠んだけれど、光清は結局それに続く句を付けることができなかったんだね。

生徒B――そのことを聞いた父親の俊頼が俊重の句に「うつばりの」の句を付けてみせたんだ。

生徒C――そうすると、俊頼の句はどういう意味になるのかな?

生徒A――その場に合わせて詠まれた俊重の句に対して、俊頼が機転を利かせて返答をしたわけだよね。二つの句のつながりはどうなっているんだろう……。

教　師――前に授業で取り上げた「掛詞《かけことば》」に注目してみると良いですよ。

生徒B――掛詞は一つの言葉に二つ以上の意味を持たせる技法だったよね。あ、そうか、この二つの句のつながりがわかった!　**X**　ということじゃないかな。

生徒C――なるほど、句を付けるって簡単なことじゃないんだね。うまく付けられたら楽しそうだけど。

教　師――そうですね。それでは、ここで本文の『俊頼髄脳』の 3 段落で良暹《りようぜん》が詠んだ「もみぢ葉の」の句について考えてみましょう。

生徒A――この句は　**Y**　。でも、この句はそれだけで完結しているわけじゃなくて、別の人がこれに続く七・七を付けることが求められていたんだ。

生徒B――そうすると、4・5 段落の状況もよくわかるよ。　**Z**　ということなんだね。

教　師――良い学習ができましたね。『俊頼髄脳』のこの後の箇所では、こういうときは気負わずに句を付けるべきだ、と書かれています。ということで、次回の授業では、皆さんで連歌をしてみましょう。

(i) 空欄 **X** に入る発言として最も適当なものを、次の①～④のうちから一つ選べ。解答番号は **26** 。

① 俊重が、皆が釣りすぎたせいで釣殿から魚の姿が消えてしまったと詠んだのに対して、俊頼は、「そこ」に「底」を掛けて、水底《みなそこ》にはそこかしこに釣針が落ちていて、昔の面影をとどめているよ、と付けている

② 俊重が、釣殿の下にいる魚は心を休めることもできないだろうかと詠んだのに対して、俊頼は、「うつばり」に「鬱」を掛けて、梁の影にあたるような場所だと、魚の気持ちも沈んでしまうよね、と付けている

③ 俊重が、「すむ」に「澄む」を掛けて、水は澄みきっているのに魚の姿は見えないと詠んだのに対して、俊頼は、「そこ」に「あなた」という意味を掛けて、そこにあなたの姿が見えたからだよ、と付けている

④ 俊重が、釣殿の下には魚が住んでいないのだろうかと詠んだのに対して、俊頼は、釣殿の「うつばり」に「針」の意味を掛けて、池の水底には釣殿の梁ならぬ釣針が映って見えるからね、と付けている

(ii) 空欄 Y に入る発言として最も適当なものを、次の①～④のうちから一つ選べ。解答番号は 27 。

① 船遊びの場にふさわしい句を求められて詠んだ句であり、「こがれて」には、葉が色づくという意味の「焦がれて」と船が漕がれるという意味の「漕がれて」が掛けられていて、紅葉に飾られた船が池を廻《めぐ》っていく様子を表している

② 寛子への恋心を伝えるために詠んだ句であり、「こがれて」には恋い焦がれるという意味が込められ、「御船」には出家した身でありながら、あてもなく海に漂う船のように恋の道に迷い込んでしまった良暹自身がたとえられている

③ 頼通や寛子を賛美するために詠んだ句であり、「もみぢ葉」は寛子の美しさを、敬語の用いられた「御船」は栄華を極めた頼通たち藤原氏を表し、順風満帆に船が出発するように、一族の将来も明るく希望に満ちていると讃《たた》えている

④ 祈禱を受けていた寛子のために詠んだ句であり、「もみぢ葉」「見ゆる」「御船」というマ行の音で始まる言葉を重ねることによって音の響きを柔らかなものに整え、寛子やこの催しの参加者の心を癒やしたいという思いを込めている

(iii) 空欄 **Z** に入る発言として最も適当なものを、次の ①～④ のうちから一つ選べ。解答番号は 28 。

① 誰も次の句を付けることができなかったので、良暹を指名した責任について殿上人たちの間で言い争いが始まり、それがいつまでも終わらなかったので、もはや宴《うたげ》どころではなくなった

② 次の句をなかなか付けられなかった殿上人たちは、自身の無能さを自覚させられ、これでは寛子のための催しを取り仕切ることも不可能だと悟り、準備していた宴を中止にしてしまった

③ 殿上人たちは良暹の句にその場ですぐに句を付けることができず、時間が経っても池の周りを廻るばかりで、ついにはこの催しの雰囲気をしらけさせたまま帰り、宴を台無しにしてしまった

④ 殿上人たちは念入りに船遊びの準備をしていたのに、連歌を始めたせいで予定の時間を大幅に超過し、庭で待っていた人々も帰ってしまったので、せっかくの宴も殿上人たちの反省の場となった

第4問 唐の白居易は、皇帝自らが行う官吏登用試験に備えて一年間受験勉強に取り組んだ。その際、自分で予想問題を作り、それに対する模擬答案を準備した。次の文章は、その**【予想問題】**と**【模擬答案】**の一部である。これを読んで、後の問い（**問1**〜7）に答えよ。なお、設問の都合で本文を改め、返り点・送り仮名を省いたところがある。（配点 50）

【予想問題】

問《フ》、自《リ》レ古《いにしへ》以来、A君《タル》者無《ク》レ不《ルハ》レ思《ハ》レ求《ムルヲ》二其《ノ》賢《ヲ》一、賢《ナル》者罔《なシ》レ不《ルハ》レ思《ハ》レ効《いたスヲ》二其《ノ》用《ヲ》一。

然《レドモ》両《ふたツナガラ》不《ルハ》二相《あひ》遇《ハ》一、其《ノ》故《ハ》何《ゾ》哉。今欲《スルニ》レ求《メント》レ之《ヲ》、其《ノ》術《ハ》安《クニ》在《リヤ》。

【模擬答案】

臣（注1）聞《ク》、人君《タル》者無《ク》レ不《ルハ》レ思《ハ》レ求《ムルヲ》二其《ノ》賢《ヲ》一、人臣《タル》者無《シト》レ不《ルハ》レ思《ハ》レ効《スヲ》二其《ノ》用《ヲ》一。然《リ》

而《シテ》君《ハ》求《メントシテ》レ賢《ヲ》而不レ得、臣《ハ》効《サントシテ》レ用《ヲ》而（ア）無レ由者、B豈不以貴賤相懸、

朝（注2）野相隔、堂（注3）遠於千里、門（注4）深於九重。

臣以為(イ)、求レムルニ賢ヲ有レリ術、弁(ウ)レ賢ヲ有レリ方。方術者、各《おのおの》審二《つまびラカニシ》其ノ族類ヲ一、使ムルニ二之ヲシテ推薦セ一而已。近ク取二レバ諸《これヲ》喩《たとへニ》一、C其レ猶ホ二キ線《いと》ト与ノレ矢也。線ハ因レリテ針ニ而入リ、矢ハ待レチテ弦ヲ而発ス。雖レモ有二リト線矢一、苟クモ無二クンバ針弦一、求二ムルモ自ラ致一スヲ焉、不レル可レカラ得也。夫レ必ズ以二テスル族類ヲ一者、蓋シ賢愚有レリ貫クコト、善悪有レリ倫《ともがら》、若シ以レテ類ヲ求ムレバ、D X 以類至。此レ亦タ猶ホ二ク水ノ流レレ湿ニ、火ノ就クガレ燥ニ、E自然之理也。

（白居易『白氏文集』による）

（注）
1 臣——君主に対する臣下の自称。
2 朝野——朝廷と民間。
3 堂——君主が執務する場所。
4 門——王城の門。

問1　波線部(ア)「無レ由」、(イ)「以為」、(ウ)「弁」のここでの意味として最も適当なものを、次の各群の①～⑤のうちから、それぞれ一つずつ選べ。解答番号は 29 ～ 31 。

(ア)「無レ由」 29
① 方法がない
② 伝承がない
③ 原因がない
④ 意味がない
⑤ 信用がない

(イ)「以為」 30
① 考えるに
② 同情するに
③ 行うに
④ 目撃するに
⑤ 命ずるに

(ウ)「弁」 31
① 弁償するには
② 弁護するには
③ 弁解するには
④ 弁論するには
⑤ 弁別するには

問2 傍線部**A**「君者無レ不レ思レ求二其賢一、賢者罔レ不レ思レ効二其用一」の解釈として最も適当なものを、次の①～⑤のうちから一つ選べ。解答番号は **32** 。

① 君主は賢者の仲間を求めようと思っており、賢者は無能な臣下を退けたいと思っている。
② 君主は賢者を顧問にしようと思っており、賢者は君主の要請を辞退したいと思っている。
③ 君主は賢者を登用しようと思っており、賢者は君主の役に立ちたいと思っている。
④ 君主は賢者の意見を聞こうと思っており、賢者は自分の意見は用いられまいと思っている。
⑤ 君主は賢者の称賛を得ようと思っており、賢者は君主に信用されたいと思っている。

問3　傍線部B「豈不以貴賤相懸、朝野相隔、堂遠於千里、門深於九重」の返り点の付け方と書き下し文との組合せとして最も適当なものを、次の①～⑤のうちから一つ選べ。解答番号は 33 。

① 豈不レ以二貴賤相懸一、朝野相隔、堂遠二於千里一、門深二於九重一
豈に貴賤相懸《あひへだ》たるを以てならずして、朝野相隔たり、堂は千里よりも遠く、門は九重よりも深きや

② 豈不レ以二貴賤相懸、朝野相隔一、堂遠二於千里一、門深二於九重一
豈に貴賤相懸たり、朝野相隔たるを以てならずして、堂は千里よりも遠く、門は九重よりも深きや

③ 豈不レ以三貴賤相懸、朝野相隔、堂遠二於千里一、門深二於九重一
豈に貴賤相懸たり、朝野相隔たり、堂は千里よりも遠きを以てならずして、門は九重よりも深きや

④ 豈不下以三貴賤相懸、朝野相隔、堂遠二於千里一、門深中於九重上
豈に貴賤相懸たり、朝野相隔たり、堂は千里よりも遠きを以て、門は九重よりも深からずや

⑤ 豈不レ以下貴賤相懸、朝野相隔、堂遠二於千里一、門深中於九重上
豈に貴賤相懸たり、朝野相隔たり、堂は千里よりも遠く、門は九重よりも深きを以てならずや

問4 傍線部**C**「其 猶ニ線 与レ矢 也」の比喩は、「線」・「矢」のどのような点に着目して用いられているのか。最も適当なものを、次の①～⑤のうちから一つ選べ。解答番号は 34 。

① 「線」や「矢」は、単独では力を発揮しようとしても発揮できないという点。

② 「線」と「矢」は、互いに結びつけば力を発揮できるという点。

③ 「線」や「矢」は、針や弦と絡み合って力を発揮できないという点。

④ 「線」と「矢」は、助け合ったとしても力を発揮できないという点。

⑤ 「線」や「矢」は、針や弦の助けを借りなくても力を発揮できるという点。

問5　傍線部D「X以類至」について、(a)空欄Xに入る語と、(b)書き下し文との組合せとして最も適当なものを、次の①～⑤のうちから一つ選べ。解答番号は35。

① (a) 不　(b) 類を以てせずして至ればなり
② (a) 何　(b) 何ぞ類を以て至らんや
③ (a) 必　(b) 必ず類を以て至ればなり
④ (a) 誰　(b) 誰か類を以て至らんや
⑤ (a) 嘗　(b) 嘗《かつ》て類を以て至ればなり

問6　傍線部E「自然之理也」はどういう意味を表しているのか。その説明として最も適当なものを、次の①～⑤のうちから一つ選べ。解答番号は 36 。

① 水と火の性質は反対だがそれぞれ有用であるように、相反する性質のものであってもおのおの有効に作用するのが自然であるということ。

② 水の湿り気と火の乾燥とが互いに打ち消し合うように、性質の違う二つのものは相互に干渉してしまうのが自然であるということ。

③ 川の流れが湿地を作り山火事で土地が乾燥するように、性質の似通ったものはそれぞれに大きな作用を生み出すのが自然であるということ。

④ 水は湿ったところに流れ、火は乾燥したところへと広がるように、性質を同じくするものは互いに求め合うのが自然であるということ。

⑤ 水の潤いや火による乾燥が恵みにも害にもなるように、どのような性質のものにもそれぞれ長所と短所があるのが自然であるということ。

問7　【予想問題】に対して、作者が【模擬答案】で述べた答えはどのような内容であったのか。その説明として最も適当なものを、次の①～⑤のうちから一つ選べ。解答番号は 37 。

① 君主が賢者と出会わないのは、君主が賢者を採用する機会が少ないためであり、賢者を求めるには採用試験をより多く実施することによって人材を多く確保し、その中から賢者を探し出すべきである。

② 君主が賢者と出会わないのは、君主と賢者の心が離れているためであり、賢者を求めるにはまず君主の考えを広く伝えて、賢者との心理的距離を縮めたうえで人材を採用するべきである。

③ 君主が賢者と出会わないのは、君主が人材を見分けられないためであり、賢者を求めるにはその賢者が党派に加わらず、自分の信念を貫いているかどうかを見分けるべきである。

④ 君主が賢者と出会わないのは、君主が賢者を見つけ出すことができないためであり、賢者を求めるには賢者のグループを見極めたうえで、その中から人材を推挙してもらうべきである。

⑤ 君主が賢者と出会わないのは、君主が賢者を受け入れないためであり、賢者を求めるには幾重にも重なっている王城の門を開放して、やって来る人々を広く受け入れるべきである。

2023 追試

(200点
80分)

〔国語〕

注　意　事　項

1　解答用紙に，正しく記入・マークされていない場合は，採点できないことがあります。

2　この問題冊子は，52ページあります。問題は４問あり，第１問，第２問は「近代以降の文章」，第３問は「古文」，第４問は「漢文」の問題です。

　なお，大学が指定する特定分野のみを解答する場合でも，試験時間は80分です。

3　試験中に問題冊子の印刷不鮮明，ページの落丁・乱丁及び解答用紙の汚れ等に気付いた場合は，手を高く挙げて監督者に知らせなさい。

4　解答は，解答用紙の解答欄にマークしなさい。例えば，［10］と表示のある問いに対して③と解答する場合は，次の(例)のように**解答番号10**の**解答欄**の③に**マーク**しなさい。

(例)

解答番号	解答欄								
	1	2	3	4	5	6	7	8	9
10	①	②	●(③)	④	⑤	⑥	⑦	⑧	⑨

5　問題冊子の余白等は適宜利用してよいが，どのページも切り離してはいけません。

6　**不正行為について**

①　不正行為に対しては厳正に対処します。

②　不正行為に見えるような行為が見受けられた場合は，監督者がカードを用いて注意します。

③　不正行為を行った場合は，その時点で受験を取りやめさせ退室させます。

7　試験終了後，問題冊子は持ち帰りなさい。

※著作権の都合で一部，問題を掲載できない箇所があります。掲載していない問題は，大学入試センターのホームページ（https://www.dnc.ac.jp/）等でご確認ください。

第1問

次の文章を読んで、後の問い（問1～6）に答えよ。（配点 50）

※著作権の都合で、問題の一部を非掲載としております。

※著作権の都合で、問題の一部を非掲載としております。

（北川東《きたがわさき》子《こ》「歴史の必然性について――私たちは歴史の一部である」による）

（注）

1　キャロル・グラック――アメリカの歴史学者（一九四一―　）。

2　Ｅ・ホブズボーム――イギリスの歴史学者（一九一七―二〇一二）。

3　ヘーゲル――ドイツの哲学者（一七七〇―一八三一）。

4　Ｈ・シュネーデルバッハ――ドイツの哲学者（一九三六―　）。

5　ドロイゼン――ドイツの歴史学者（一八〇八―一八八四）。

6　ディルタイ――ドイツの哲学者（一八三三―一九一一）。

7　ジンメル――ドイツの哲学者（一八五八―一九一八）。

8　シーザー――古代ローマの将軍・政治家（前一〇〇頃―前四四）。各地の内乱を平定し、独裁官となった。

9　フリードリヒ大王――プロイセン国王フリードリヒ二世（一七一二―一七八六）。プロイセンをヨーロッパの強国にした。

10　原テキスト――歴史記述のもとになる文献のこと。

問1　次の(i)・(ii)の問いに答えよ。

(i)　傍線部(ア)・(オ)と同じ意味を持つものを、次の各群の①～④のうちから、それぞれ一つずつ選べ。解答番号は［1］・［2］。

(ア)　挙げて　［1］

① 挙シキ
② カイ挙
③ レッ挙
④ 挙ドウ

(オ)　関わる　［2］

① ナン関
② 関チ
③ 関モン
④ ゼイ関

(ii) 傍線部(イ)～(エ)に相当する漢字を含むものを、次の各群の①～④のうちから、それぞれ一つずつ選べ。解答番号は 3 ～ 5 。

(イ) ホンロウ 3
① ホンカイを遂げる
② 君主へのムホンを企てる
③ 説得されてホンイする
④ 資金集めにホンソウする

(ウ) タイダ 4
① ダサクと評価される
② ダセイで動く
③ 泣く泣くダキョウする
④ 客がチョウダの列をなす

(エ) テッテイ 5
① コンテイからくつがえす
② タンテイに調査を依頼する
③ テイサイを整える
④ 今後の方針をサクテイする

問2　傍線部A「『自分の不在』を前提とするような歴史理解」とあるが、それはどういうことか。その説明として最も適当なものを、次の①～⑤のうちから一つ選べ。解答番号は 6 。

① 自分は歴史の一部でしかないという意識を前提として、当事者の立場で体験した出来事だけを歴史と考えること。
② 自分の生命は有限であるという意識を前提として、自分が生きた時代の出来事を歴史上に位置づけて把握すること。
③ 自分には関与できない出来事があるという意識を前提として、歴史を動かした少数者だけを当事者と見なすこと。
④ 自分の生まれる前の出来事は体験できないという意識を前提として、自分より年上の人々の経験から学ぼうとすること。
⑤ 自分は歴史の当事者ではないという意識を前提として、個人の記憶を超えた歴史的出来事を捉えようとすること。

問３　傍線部Ｂ「しかし同時に、私たちの願望の現れでもある。」とあるが、筆者がこのように述べる理由として最も適当なものを、次の①～⑤のうちから一つ選べ。解答番号は［７］。

① 歴史は、多くの人々が慣れ親しんだ出来事が記述されたものである。こうした捉え方には、歴史の当事者ではないながらもそこに生きた人々の存在を意識したいという、大多数の人々の願いが含まれていると考えられるから。

② 歴史は、世界に起きたさまざまな出来事の中で歴史を動かした者の体験が記述されたものである。こうした捉え方には、歴史の当事者としての責任からは免れたいという、大多数の人々の願いが働いていると考えられるから。

③ 歴史は、おびただしい出来事の中で権力を持つ者に関する記憶が記述されたものである。こうした捉え方には、歴史に名が残ることのない一人の市民として平穏に暮らしたいという、大多数の人々の願いが表れていると考えられるから。

④ 歴史は、ある時代を生きた人々の中で一部の者に関する出来事が記述されたものである。こうした捉え方には、歴史に直接関わらずに無事に過ごしたいという、大多数の人々の願いが反映されていると考えられるから。

⑤ 歴史は、時代を大きく動かした人々を中心として記述されたものである。こうした捉え方には、歴史の書物を通して価値ある出来事だけを知りたいという、大多数の人々の願いが込められていると考えられるから。

問4　傍線部C「『健全な歴史家意識』ともいうべき姿勢」とあるが、それはどのような姿勢か。その説明として最も適当なものを、次の①～⑤のうちから一つ選べ。解答番号は 8 。

① 出来事を当事者の立場から捉えるのではなく、対象との間に距離を保ちながら、史料に基づいた解釈のみによって歴史を認識しようとする姿勢。

② 出来事を自己の体験に基づいて捉えるのではなく、断片的な事実だけを組み合わせて、知りうることの総体を歴史として確定させようとする姿勢。

③ 出来事を権力の中枢から捉えるのではなく、歴史哲学への懐疑をたえず意識しながら、市民の代理として歴史を解釈しようとする姿勢。

④ 出来事を専門的な知識に基づいて捉えるのではなく、自分も歴史の一部として、実際に生きた人々の体験のみを記述しようとする姿勢。

⑤ 出来事を個人の記憶に基づいて捉えるのではなく、現在の視点から整理された史料に基づいて、客観的に記述された歴史だけを観察しようとする姿勢。

問5　傍線部**D**「私たちは歴史に内在しようとする」とあるが、それはどういうことか。その説明として最も適当なものを、次の①～⑤のうちから一つ選べ。解答番号は **9** 。

① 自分は歴史の一部でもあるとする「ゆるい関心」を抱いていた「私たち」が、「歴史の捏造」を正さなければならないと感じることで、自己の体験を基盤とした客観的な議論が起こることを望むようになること。

② 歴史に対して直接的な関わりを避ける「ゆるい関心」を抱いていた「私たち」が、「歴史の捏造」に直面して自らのあり方や状況に憤りを覚えることで、歴史を語るための基礎に自己の体験を据えようとすること。

③ 観察者として歴史を周辺から眺める「ゆるい関心」を抱いていた「私たち」が、「歴史の捏造」を強く批判する必要性を感じることで、自己の体験を中心に据えつつ客観的に歴史を記述しようとすること。

④ 実践性や政治性を伴わない歴史への「ゆるい関心」を抱いていた「私たち」が、「歴史の捏造」を生み出す自己の関わり方への怒りを感じることで、歴史的出来事と歴史記述の間の不均衡を解消しようとすること。

⑤ 歴史の当事者ではないことを基本とした「ゆるい関心」を抱いていた「私たち」が、「歴史の捏造」に由来する焦燥に駆られることで、自己の体験を客観的な歴史に重ね合わせようとすること。

問6　授業で本文を読んだKさんは、文章を書く上での技術や工夫について考える課題を与えられ、次のような**【文章】**を書いた。その後、Kさんは提出前にこの**【文章】**を推敲《すいこう》することにした。このことについて、後の(i)・(ii)の問いに答えよ。

【文章】

本文を読んで、論理的な文章を効果的に書くための技術や工夫について学ぶことができた。そのことについて整理したい。

まず気づいた点は、キーワードを巧みに使用していることである。「自分の不在」や「ゆるい関心」のように、歴史学の専門家ではない読者にも理解しやすい言葉を使い、それにカギ括弧を付けて強調することで、論点を印象づける工夫がなされている。このようにキーワードを使用することで、**a**難しい話題が扱いやすくなる。

次に気づいた点は、キーワードが歴史家の言葉と関連づけて用いられていることである。例えば、冒頭ではキャロル・グラックの発言をふまえて「自分の不在」という言葉が示されている。また、後半では「ゆるい関心」という言葉を説明した上で、ドロイゼンによる歴史の定義が引用されている。**b**これらによって説得力のある文章になっている。ただし、歴史家の言葉と筆者の主張は必ずしも一致しているわけではない。

(i) Kさんは、傍線部**a**・**b**をより適切な表現に修正することにした。修正する表現として最も適当なものを、次の各群の①〜④のうちから、それぞれ一つずつ選べ。解答番号は 10 ・ 11 。

a 「難しい話題が扱いやすくなる」 10

① 筆者の体験をふまえて議論を開始することが可能になる

② 複雑な議論の核心を端的に表現することが可能になる

③ 理論的な根拠に基づいて議論を展開することが可能になる

④ 多岐にわたる議論の論点を取捨選択することが可能になる

b 「これらによって説得力のある文章になっている。」 11

① このように歴史家の言葉を用いることで、キーワードの延長線上にある筆者の主張を権威づけている。

② このように歴史家の言葉を用いることで、キーワードの背後にある専門的な知見の蓄積を示している。

③ このように歴史家の言葉を用いることで、キーワードの対極にある既存の学説を批判的に検討している。

④ このように歴史家の言葉を用いることで、キーワードの基盤にある多様な見解を抽象化している。

(ii) Kさんは、【文章】の末尾にまとめを書き加えることにした。書き加えるまとめの方針として最も適当なものを、次の①～④のうちから一つ選べ。解答番号は 12 。

① 自己の主張を効果的に論述するためには、従来の学説を正確に提示するとともに、その問題点をわかりやすく説明する必要がある。そのことによって、主張の位置づけが明確になり、読者も問題意識を持って議論に参加できるようになることを述べる。

② 自己の主張を効果的に論述するためには、専門的な見解を根拠として引用するとともに、論点を絞り筋道立てて展開する必要がある。そのことによって、主張が明確に方向づけられ、読者も前提となる知識をふまえて議論に参加できるようになることを述べる。

③ 自己の主張を効果的に論述するためには、専門用語を適切に使用して論点を示すとともに、身近な事例を挙げて読者の理解を促す必要がある。そのことによって、主張の説得力が強まり、読者も具体的に対象を把握した上で議論に参加できるようになることを述べる。

④ 自己の主張を効果的に論述するためには、議論の鍵となる言葉を示すとともに、多様な学説を参照して相互の整合性を確認する必要がある。そのことによって、主張の客観性が高まり、読者も広い視野を持って議論に参加できるようになることを述べる。

（下書き用紙）

国語の試験問題は次に続く。

第2問

次の文章は、太宰治《だざいおさむ》「パンドラの匣《はこ》」（一九四六年発表）の一節である。この小説は、第二次世界大戦の終結直後、結核を患う主人公の「僕」が、療養施設の「塾生」（療養者）たちとの集団生活を、友人「君」に宛てて報告する手紙という設定で書かれている。本文中に登場する「かっぽれ」「固パン」「越後獅子《えちごじし》」は、「僕」がいる「桜の間」の同室者たちのあだ名である。これを読んで、後の問い（**問1～7**）に答えよ。（配点　50）

きょうは一つ、かっぽれさんの俳句でも御紹介しましょうか。こんどの日曜の慰安放送（注1）は、塾生たちの文芸作品の発表会という事になって、和歌、俳句、詩に自信のある人は、あすの晩までに事務所に作品を提出せよとの事で、かっぽれは、僕たちの「桜の間」の選手として、お得意の俳句を提出する事になり、二、三日前から鉛筆を耳にはさみ、ベッドの上に正坐《せいざ》して首をひねり、真剣に句を案じていたが、けさ、やっとまとまったそうで、十句ばかり便箋《びんせん》に書きつらねたのを、同室の僕たちに披露した。まず、固パンに見せたけれども、固パンは苦笑して、

「僕には、わかりません。」と言って、すぐにその紙片を返却した。次に、越後獅子に見せて御批評を乞うた。越後獅子は背中を丸めて、その紙片をねらうようにつくづくと見つめ、「けしからぬ。」と言った。

下手《へた》だとか何とか言うなら、まだしも、けしからぬという批評はひどいと思った。

かっぽれは、蒼《あお》ざめて、

「だめでしょうか。」とお伺いした。

「そちらの先生に聞きなさい。」と言って越後は、ぐいと僕の方を顎でしゃくった。

かっぽれは、僕のところに便箋を持って来た。僕は不風流だから、俳句の妙味など(ア)てんでわからない。やっぱり固パンのように、すぐに返却しておゆるしを乞うべきところでもあったのだが、**A**どうも、かっぽれが気の毒で、何とかなぐさめてやりたく、わかりもしない癖に、とにかくその十ばかりの句を拝読した。そんなにまずいものではないように僕には思われた。月《つき》

並《なみ》とでもいうのか、ありふれたような句であるが、これでも、自分で作るとなると、なかなか骨の折れるものなのではあるまいか。

乱れ咲く乙女心の野菊かな、なんてのは少しへんだが、それでも、けしからぬと怒るほどの下手さではないと思った。けれども、最後の一句に突き当《あた》って、はっとした。越後獅子が憤慨したわけも、よくわかった。

露の世は露の世ながらさりながら

誰やらの句だ。これは、いけないと思った。けれども、それを(イ)あからさまに言って、かっぽれに赤恥をかかせるような事もしたくなかった。

「どれもみな、うまいと思いますけど、この、最後の一句は他のと取りかえたら、もっとよくなるんじゃないかな。素人考えですけど。」

「そうですかね。」かっぽれは不服らしく、口をとがらせた。「その句が一ばんいいと私は思っているんですがね。」

B そりゃ、いい筈《はず》だ。俳句の門外漢の僕でさえ知っているほど有名な句なんだもの。

「いい事は、いいに違いないでしょうけど。」

僕は、ちょっと途方に暮れた。

「わかりますかね。」かっぽれは図に乗って来た。「いまの日本国に対する私のまごころも、この句には織り込まれてあると思うんだが、わからねえかな。」と、少し僕を軽蔑するような口調で言う。

「どんな、まごころなんです。」と僕も、C もはや笑わずに反問した。

「わからねえかな。」と、かっぽれは、君もずいぶんトンマな男だねえ、と言わんばかりに、眉をひそめ、「日本のいまの運命をどう考えます。露の世でしょう？　その露の世は露の世である。さりながら、諸君、光明を求めて進もうじゃないか。(ウ)いたずらに悲観する勿《なか》れ、といったような意味になって来るじゃないか。これがすなわち私の日本に対するまごころというわけのものなんだ。わかりますかね。」

しかし、僕は内心あっけにとられた。この句は、君、一茶《いっさ》(注2)が子供に死なれて、露の世とあきらめてはいるが、それでも、悲しくてあきらめ切れぬという気持《きもち》の句だった筈ではなかったかしら。それを、まあ、ひどいじゃないか。きれいに意味をひっくりかえしている。これが越後の所謂《いわゆる》(注3)「こんにちの新しい発明」かも知れないが、あまりにひどい。かっぽれのまごころには賛成だが、とにかく古人の句を盗んで勝手な意味をつけて、もてあそぶのは悪い事だし、それにこの句をそのまま、かっぽれの作品として事務所に提出されては、この「桜の間」の名誉にもかかわると思ったので、僕は、勇気を出して、はっきり言ってやった。

「でも、これとよく似た句が昔の人の句にもあるんです。盗んだわけじゃないでしょうけど、誤解されるといけませんから、これは、他のと取りかえたほうがいいと思うんです。」

「似たような句があるんですか。」

かっぽれは眼《め》を丸くして僕を見つめた。その眼は、溜息《ためいき》が出るくらいに美しく澄んでいた。盗んで、自分で気がつかぬ、という奇妙な心理も、俳句の天狗《てんぐ》たちには、あり得る事かも知れないと僕は考え直した。実に無邪気な罪人である。まさに思い邪《よこしま》(注4)無しである。

「そいつは、つまらねえ事になった。俳句には、時々こんな事があるんで、こまるのです。何せ、たった十七文字ですからね。似た句が出来るわけですよ。」どうも、かっぽれは、常習犯らしい。「ええと、それではこれを消して、」と耳にはさんであった鉛筆で、あっさり、露の世の句の上に棒を引き、「かわりに、こんなのはどうでしょう。」と、僕のベッドの枕元の小机で何やら素早くしたためて僕に見せた。

　　コスモスや影おどるなり乾《ほし》(注5)むしろ

「けっこうです。」僕は、ほっとして言った。下手でも何でも、盗んだ句でさえなければ今は安心の気持だった。「ついでに、コスモスの、と直したらどうでしょう。」と安心のあまり、よけいの事まで言ってしまった。

「コスモスの影おどるなり乾むしろ、ですかね。なるほど、情景がはっきりして来ますね。偉いねえ。」と言って僕の背中をぽんと叩《たた》いた。「隅に置けねえや。」

僕は赤面した。

「おだてちゃいけません。」落ちつかない気持になった。「コスモスや、のほうがいいのかも知れませんよ。僕には俳句の事は、全くわからないんです。ただ、コスモスの、としたほうが、僕たちには、わかり易《やす》くていいような気がしたものですから。」

そんなもの、どっちだっていいじゃないか、と**D**内心の声は叫んでもいた。

けれども、かっぽれは、どうやら僕を尊敬したようである。これからも俳句の相談に乗ってくれと、まんざらお世辞だけでもないらしく真顔で頼んで、そうして意気揚々と、れいの爪先《つまさき》立ってお尻を軽く振って歩く、あの、音楽的な、ちょんちょん歩きをして自分のベッドに引き上げて行き、僕はそれを見送り、**E**どうにも、かなわない気持であった。俳句の相談役など、じっさい、文句入りの都々逸《どどいつ》(注6)以上に困ると思った。どうにも落ちつかず、閉口の気持で、僕は、「とんでもない事になりました。」と思わず越後に向って愚痴を言った。さすがの新しい男(注7)も、かっぽれの俳句には、まいったのである。

越後獅子は黙って重く首肯した。

けれども話は、これだけじゃないんだ。さらに驚くべき事実が現出した。けさの八時の摩擦(注8)の時には、マア坊(注9)が、かっぽれの番に当っていて、そうして、かっぽれが彼女に小声で言っているのを聞いてびっくりした。

「マア坊の、あの、コスモスの句、な、あれは悪くねえけど、でも、気をつけろ。コスモスや、てのはまずいぜ。コスモスの、だ。」

おどろいた、あれは、マア坊の句なのだ。

（注）
1　慰安放送――施設内でのレクリエーションの一つ。
2　一茶――小林一茶（一七六三―一八二七）。江戸時代後期の俳人。
3　「こんにちの新しい発明」――本文より前の一節で、「越後獅子」は詩の創作には「こんにちの新しい発明が無ければいけない。」と述べている。
4　まさに思い邪無し――本文より前の一節で、「僕」が「君」に対して「詩三百、思い邪無し、とかいう言葉があったじゃありませんか。」と語りかけていた箇所をふまえた表現。
5　乾むしろ――藁《わら》などを編んで作った敷物。
6　都々逸――江戸時代後期から江戸を中心に広まった俗曲。
7　新しい男――「僕」は、戦争が終わり世界が大きく変動する時代の中で、新しい価値観を体現する人物になることを自らに誓っている。
8　摩擦の時――施設では一日に数回、毛のブラシで体をこすって鍛えることを日課としている。
9　マア坊――施設で働く人物。結核患者たちを介護している女性。

問1　傍線部(ア)～(ウ)の本文中における意味を表す語句として最も適当なものを、次の各群の①～⑤のうちから、それぞれ一つずつ選べ。解答番号は 13 ～ 15 。

(ア)　てんで　13
①　元来
②　所詮
③　依然
④　全然
⑤　格別

(イ)　あからさまに　14
①　故意に
②　平易に
③　露骨に
④　端的に
⑤　厳密に

(ウ)　いたずらに　15
①　絶対に
②　過剰に
③　軽々に
④　当然に
⑤　無益に

問2　傍線部A「どうも、かっぽれが気の毒で、何とかなぐさめてやりたく」とあるが、このときの「僕」の心情の説明として最も適当なものを、次の ①～⑤ のうちから一つ選べ。解答番号は 16 。

① 俳句は得意だと豪語していたもののいざ詠ませると大いに手間取っている「かっぽれ」に不安を抱きつつも、十句そろえたこと自体は評価できるので、不自然でない程度には褒めてあげたいと思っている。

② 素人にもかかわらず「先生」と名指しされたことで、俳句が得意だという「かっぽれ」の体面を傷つけていたことに思い至り、自分が解説を加えることで彼の顔を立ててあげたいと思っている。

③ 自分たちの代表としてせっかく「かっぽれ」が俳句を詠んでくれたのに、笑われたり相手にされなかったりする様子に同情して、持てる最大限の見識を示して相談に乗ってあげたいと思っている。

④ 時間をかけてまとめた俳句をその内容に触れることなく一刀両断にされた「かっぽれ」が哀れに思われて、簡単に切り捨てるようなことはせず、何かしら制作の労をねぎらってあげたいと思っている。

⑤ 真剣に俳句に打ち込んだ「かっぽれ」を敬う一方で、彼の作った俳句が軽くいなされたり酷評されたりしている状況に憤りを覚え、巧拙にかかわらずどうにかして称賛してあげたいと思っている。

問3　傍線部B「そりゃ、いい筈だ。俳句の門外漢の僕でさえ知っているほど有名な句なんだもの。」とあるが、ここに見られる表現上の特徴についての説明として最も適当なものを、次の①〜④のうちから一つ選べ。解答番号は 17 。

① 傍線部の前後では「かっぽれ」を傷つけないために断定を避けた表現が重ねられているが、傍線部では「かっぽれ」の言うことを当然のこととしながらも「そりゃ」「なんだもの」と軽い調子で表現され、表面上の「僕」の配慮と、盗作に無自覚な様子の「かっぽれ」に対するあきれや困惑といった本音との落差が示されている。

② 傍線部の直前にある「素人考えですけど」が「僕」の控えめな態度を表すのに対し、傍線部にある「門外漢の僕でさえ」という表現は「かっぽれ」をおとしめて盗作を非難するものに変化しており、類似した謙遜表現の意味合いを反転させることで、不遜な態度を取る「かっぽれ」への「僕」の怒りが強く示されている。

③ 傍線部の「そりゃ、いい筈だ」が直後の「いいに違いないでしょうけど」と、「門外漢の僕でさえ」が直前の「素人考えですけど」とそれぞれ対応しているように、形を変えつつ同じ意味の表現を繰り返し用いることで、言葉を尽くしてもいっこうに話の通じない「かっぽれ」に対する「僕」のいら立ちが示されている。

④ 傍線部で「そりゃ、いい筈だ」「なんだもの」とぞんざいな表現が使われることで、同室者との会話では常に丁寧な口調で語る「僕」の様子が明らかになり、「わからねえかな」と乱暴な口をきく「かっぽれ」の横柄な態度が浮かび上がっており、良識のある「僕」と名句を流用する非常識な「かっぽれ」との対比が示されている。

問4　傍線部**C**「もはや笑わずに反問した」とあるが、それはなぜか。その理由の説明として最も適当なものを、次の①～⑤のうちから一つ選べ。解答番号は 18 。

① 俳句に対する「かっぽれ」の真摯な態度に触れる中で、「僕」は笑いながら無難にやり過ごそうとしていた自らの慢心を悔いて、よりよい作品へと昇華させるために心を鬼にして添削しようと意気込んだから。

② 「かっぽれ」の稚拙な俳句に対して笑いをこらえるのに必死であったが、俳句に対する真剣な思いをとうとうと述べるその姿に触発されて、「僕」も本気で応えなければ失礼に当たると深く反省したから。

③ 「僕」に俳句の知識がないと見くびっている「かっぽれ」に対し、提出された俳句が盗作であることに気付いていることを匂わせ、お互いの上下関係を明確にするため決然と異議を唱えておきたいと考えたから。

④ 「かっぽれ」の俳句に対して曖昧な批判をしたことで、「僕」には俳句を評する力がないと「かっぽれ」が侮ってきたため、俳句に込めた彼の思いをとことん追及することでその言い分を否定しようとしたから。

⑤ 「かっぽれ」の顔を立てて名句の盗用について直接的な指摘を避けるうちに、「かっぽれ」が「僕」を軽んじる態度を取り始めたため、調子を合わせるのを止めて改まって発言の趣旨を聞きただそうとしたから。

問5　傍線部**D**「内心の声は叫んでもいた」とあるが、本文が「君」に宛てた手紙であることをふまえて、この表現に見られる「僕」の心理の説明として最も適当なものを、次の①～⑤のうちから一つ選べ。解答番号は 19 。

① 「かっぽれ」にうっかり示した修正案を思いもよらず激賞され、その事態にあわてて追加説明をしたものの、本当は「かっぽれ」の俳句に関心がなく、この展開に違和感を抱いていることを「君」に知ってほしいという心理。

② 「かっぽれ」に褒められて舞い上がってしまった自分がいたのも確かである一方、「かっぽれ」の俳句などに関わっている状況自体が恥ずべきことだと訴える、内なるもう一人の自分がいたことを「君」にわかってほしいという心理。

③ 「かっぽれ」の俳句に対する姿勢に不満を抱きつつも、現実の人間関係の中でははっきりと糾弾できない状況にあったことを示して、微細な修正案を提示することしかできなかった自分の苦悩を「君」に伝えたいという心理。

④ 「かっぽれ」には俳句の修正案を示したものの、実際にはそこまで真剣に考えていたわけではないということを強調して、「僕」の修正案に批判的な見解が出されないように「君」に対して予防線を張っておきたいという心理。

⑤ 「かっぽれ」には自分は俳句がわからないと説明したものの、内心ではどう修正しても彼の俳句が良くなることはないと感じており、本当は自らの修正案も含めて客観的に価値判断できているのだと「君」に示したいという心理。

問6　傍線部E「どうにも、かなわない気持であった」とあるが、「僕」がそのように感じた理由として最も適当なものを、次の①～⑤のうちから一つ選べ。解答番号は 20 。

① 自分を軽蔑しているのか尊敬しているのかよくわからず、俳句に対するこだわりも感じさせないような「かっぽれ」の奔放な態度に接して、いらだちを見せたところで結局無駄であることに思い至ったから。

② 句の差し替えを提案されると敵意をむき出しにしたのに、別の句を褒められれば上機嫌になるというような「かっぽれ」の気まぐれな態度に接して、これ以上まじめに応じる必要はないと思い至ったから。

③ 「越後獅子」に冷たくあしらわれてもくじけることなく、自分のところにやってきては俳句に関する教えを乞うような「かっぽれ」のけなげな態度に接して、盗作まがいの行為にも悪意はなかったのだと思い至ったから。

④ 自分を軽んじたかと思えば盗作に関する指摘を簡単に受け入れ、ついには敬意さえ示して得意げに引き返すような「かっぽれ」の捉えどころのない態度に接して、振り回されてばかりいることに思い至ったから。

⑤ 日本の運命についてまじめに語るようでいながら、そこで提示される俳句は盗作でしかないというような「かっぽれ」のちぐはぐな態度に接して、自分はからかわれていたのではないかと思い至ったから。

問7　授業で本文を読んだ後、二重傍線部「古人の句を盗んで勝手な意味をつけて、もてあそぶ」をきっかけに、文学作品と読者との関係はどのようなものかを考えることになった。教師からは、外山滋比古《とやましげひこ》『「読み」の整理学』の一節と、本文よりも後の場面の一節とが【資料】として配付された。これを読んで、後の(i)・(ii)の問いに答えよ。

【資料】

●文学作品と読者との関係を考える——太宰治「パンドラの匣」をきっかけに

Ⅰ　外山滋比古『「読み」の整理学』より

一般の読者は、作品に対して、いちいち、添削を行うことはしない。しかし、無意識に、添削をしながら読んでいるものである。自分のコンテクスト(注)に合わせて読む。それがとりもなおさず、目に見えない添削になる。

多くの読者が、くりかえしくりかえしこういう読み方をしているうちに、作品そのものが、すこしずつ特殊から普遍へと性格を変える。つまり、古典化するのである。

逆から見れば、古典化は作者の意図した意味からの逸脱である。いかなる作品も、作者の考えた通りのものが、そのままで古典になることはできない。だれが改変するのか。読者である。

未知を読もうとして、読者は不可避的に、自分のコンテクストによって解釈する。

(注)　コンテクスト——文脈の意。

Ⅱ　太宰治「パンドラの匣」本文より後の「マア坊」の発言から始まる一節

「慰安放送？　あたしの句も一緒に出してよ。ほら、いつか、あなたに教えてあげたでしょう？　乱れ咲く乙女心の、という句。」

果《はた》して然《しか》りだ。しかし、かっぽれは、一向に平気で、

「うん。あれは、もう、いれてあるんだ。」

「そう。しっかりやってね。」

僕は微笑した。

これこそは僕にとって、所謂「こんにちの新しい発明」であった。この人たちには、作者の名なんて、どうでもいいんだ。みんなで力を合《あわ》せて作ったもののような気がしているのだ。そうして、みんなで一日を楽しみ合う事が出来たら、それでいいのだ。芸術と民衆との関係は、元来そんなものだったのではなかろうか。ベートーヴェン(注1)に限るの、リスト(注2)は二流だのと、所謂その道の「通人」たちが口角泡をとばして議論している間に、民衆たちは、その議論を置き去りにして、さっさとめいめいの好むところの曲目に耳を澄まして楽しんでいるのではあるまいか。あの人たちには、作者なんて、てんで有り難くないんだ。一茶が作っても、かっぽれが作っても、マア坊が作っても、その句が面白くなけりゃ、無関心なのだ。社交上のエチケットだとか、または、趣味の向上だなんて事のために無理に芸術の「勉強」をしやしないのだ。自分の心にふれた作品だけを自分流儀で覚えて置くのだ。それだけなんだ。

(注)　1　ベートーヴェン――ドイツの作曲家(一七七〇―一八二七)。

2　リスト――ハンガリーのピアニストで作曲家(一八一一―一八八六)。

(i) 本文の二重傍線部で「僕」によって「古人の句を盗んで勝手な意味をつけて、もてあそぶ」ことだと表現されていた「かっぽれ」の行為は、【資料】のⅠをふまえることで、どのように捉え直すことができるか。その説明として最も適当なものを、次の①～④のうちから一つ選べ。解答番号は 21 。

① 江戸時代を生きた人々の心情に思いをはせつつも、自分たちを取り巻く戦後の状況に影響を受けて意図せず句の意味を取り違えている。

② 江戸時代に作られた句に対して、その本来の意味から離れて自分たちが生きる戦後という時代に即したものへと読み替えている。

③ 江戸時代と戦後とを対比することで、句に込められた作者の個人的な思いを時代を超えた普遍性を備えたものへと昇華させている。

④ 江戸時代の人々と戦後を生きる自分たちの境遇に共通性を見いだし、古典化していた句に添削を施すことで現代的な解釈を与えている。

(ii) 【資料】のⅡを読むと、文学作品と読者との関係についての「僕」の考えが、本文の二重傍線部の時点から変化したことがわかる。この変化について、【資料】のⅠを参考に説明したものとして最も適当なものを、次の①～④のうちから一つ選べ。解答番号は 22 。

① 「僕」は、文学作品を作者が意図する意味に基づいて読むべきだという考えであったが、その後、読者に共有されることで新しい意味を帯びることもあるという考えを持ち始めている。

② 「僕」は、文学作品の意味を決定するのは読者であるという考えであったが、その後、作者の意図に沿って読む厳格な態度は作品の魅力を減退させていくという考えになりつつある。

③ 「僕」は、文学作品の価値は作者によって生み出されるという考えであったが、その後、多様性のある価値は読者によって時代とともに付加されていくという考えを持ち始めている。

④ 「僕」は、文学作品の価値は時代によって変化していくものだという考えであったが、その後、読者が面白いと感じることによって価値づけられることもあるという考えになりつつある。

（下書き用紙）

国語の試験問題は次に続く。

第3問

次の文章は『石清水《いわしみず》物語』の一節である。男君(本文では「中納言」)は木幡《こわた》の姫君に恋心を抱くが、異母妹であることを知って苦悩している。一方、男君の父・関白(本文では「殿」)は、院の意向を受け入れ、院の娘・女二の宮(本文では「宮」「女宮」ともいう)と男君との婚儀の準備を進めていた。本文はそれに続く場面である。これを読んで、後の問い(問1～5)に答えよ。なお、設問の都合で本文の段落に 1 ～ 5 の番号を付してある。(配点 50)

1 中納言はかかるにつけても、人知れぬ心の内には、あるまじき思ひのみやむ世なく、苦しくなりゆくを、強ひて思ひ冷ましてのみ月日を送り給《たま》ふに、宮の御かたちの名高く聞き置きたれば、同じくは、Aものの嘆かしさの紛るばかりに見なし聞こえばやとぞ思《おぼ》しける。官《つかさ》位《くらゐ》の短きを飽かぬことに思しめされて、権《ごん》大納言になり給ひぬ。(注1)春の中納言も、例の同じくなり給ひて、(注2)喜び申しも劣らずし給へど、(注3)及ばぬ枝の一つことに、よろづすさまじくおぼえ給ひけり。

2 神無月十日余りに、女二の宮に参り給ふ。心おごり、言へばさらなり。まづ忍びて(注4)三条院へ参り給ふ。(ア)さらぬほどの所にだに、心殊《こと》なる用意のみおはする人なるに、ましておろかならむやは。こちたきまで薫《た》きしめ給ひて、ひき繕ひて出《い》で給ふ直衣《なほし》姿、なまめかしく、心殊なる用意など、まことに帝の御婿と言はむにかたほならず、宮と聞こゆるとも、おぼろけならむ御かたちにては、並びにくげなる人の御さまなり。忍びたれど、(注5)御前《ごぜん》などあまたにて出でさせ給ふに、(注6)大宮おはせましかば、いかに面《おも》立《だ》たしく思し喜ばむと、殿はまづ思ひ出で聞こえ給ふ。

3 院には、待ち取らせ給ふ御心づかひなのめならず。宮の御さまを、(イ)いつしかゆかしう思ひ聞こえ給ふに、御殿油《おほとなぶら》、火ほのかにて、御几帳《きちやう》の内におはします火影は、まづけしうはあらじはやと見えて、御髪《みぐし》のかかりたるほど、めでたく見ゆ。まして、近き御けはひの、推し量りつるに違《たが》はず、らうたげにおほどかなる御さまを、心落ちゐて、(注7)思ひの外に近づき寄りたりし道の迷ひにも、よそへぬべき心地する人ざまにおはしますにも、まづ思ひ出でられて、Bいかなる方にかと、人の結ばむことさへ思ひつづけらるるぞ、我ながらうたてと思ひ知らるる。

4 明けぬれば、いと疾《と》く出で給ひて、やがて御文奉り給ふ。

「今朝はなほしをれぞまさる女郎花《をみなへし》いかに置きける露の名残ぞ
(注8)いつも時雨《しぐれ》は」とあり。御返しそのかし申させ給へば、いとつつましげに、ほのかにて、

「今朝のみやわきて時雨《しぐ》れむ女郎花霜がれわたる野辺のならひを」

とて、うち置かせ給へるを、包みて出だしつ。御使ひは女の装束、細長など、例のことなり。御手などさへ、なべてならずをかしげに書きなし給へれば、待ち見給ふも、よろづに思ふやうなりと思すべし。

5 かくて三日過ぐして、殿へ(注9)入らせ給ふ儀式、殊なり。寝殿の渡殿《わたどの》かけて、御しつらひあり。女房二十人、童《わらは》四人、下仕へなど、見どころ多くいみじ。女宮の御さま、のどかに見奉り給ふに、いみじう盛りに調ひて、思ひなしも気高く、らうらうじきもののなつかしげに、(ウ)おくれたるところなくうつくしき人のさまにて、御髪は袿《うちき》の裾にひとしくて、影見ゆばかりきらめきかかりたるほどなど、限りなし。人知れず心にかかる木幡の里にも並び給ふべしと見ゆるに、御心落ちゐて、いとかひありと思したり。

(注) 1 春の中納言——男君のライバル。女二の宮との結婚を望んでいた。
2 喜び申し——官位を授けられた者が宮中に参上して感謝の意を表すること。
3 及ばぬ枝——女二の宮との結婚に手が届かなかったことを指す。
4 三条院——女二の宮と院の住まい。女二の宮の結婚が決まった後、帝の位を退いた院は、この邸《やしき》で女二の宮と暮らしている。
5 御前——ここでは、貴人の通行のとき、道の前方にいる人々を追い払う人。
6 大宮——男君の亡き母宮。
7 思ひの外に近づき寄りたりし道の迷ひ——前年の春に出会って以来、男君が恋心を抱き続けている木幡の姫君のことを指す。
8 いつも時雨は——「神無月いつも時雨は降りしかどかく袖ひつる折はなかりき」という和歌をふまえる。
9 殿——男君の住む邸宅。

問1 傍線部(ア)～(ウ)の解釈として最も適当なものを、次の各群の①～⑤のうちから、それぞれ一つずつ選べ。解答番号は 23 ～ 25 。

(ア) さらぬほどの所 23
① たいして重要でない場所
② 立ち去りがたく思う場所
③ ことさら格式張った場所
④ あまりよく知らない場所
⑤ 絶対に避けられない場所

(イ) いつしかゆかしう 24
① いつ見られるかと
② こっそり覗《のぞ》こうと
③ 早く目にしたいと
④ 焦って調べようと
⑤ すぐ明白になると

(ウ) おくれたるところなく 25
① 未熟なところがなく
② 物怖《ものお》じするところがなく
③ 流行から外れることなく
④ 時間にいい加減ではなく
⑤ 無遠慮なところがなく

問2　傍線部A「ものの嘆かしさの紛るばかりに見なし聞こえばやとぞ思しける」は男君の心情を述べたものだが、その文法と内容に関わる説明として最も適当なものを、次の①～④のうちから一つ選べ。解答番号は 26 。

① 「ものの」は、接頭語「もの」に格助詞「の」が接続したもので、このまま女二の宮と結婚しても良いのだろうかという迷いをそれとなく表している。

② 「紛るばかりに」は、動詞「紛る」に程度を表す副助詞「ばかり」が接続したもので、木幡の姫君への思いが紛れるくらいにという意味を表している。

③ 「見なし聞こえばや」は、複合動詞「見なし聞こゆ」に願望を表す終助詞「ばや」が接続したもので、女二の宮に会ってみたいという願いを表している。

④ 「思しける」は、尊敬の動詞「思す」に過去の助動詞「けり」が接続したもので、いつのまにか女二の宮に恋をしていたことに対する気づきを表している。

問3 [1]〜[3]段落の登場人物に関する説明として最も適当なものを、次の①〜⑤のうちから一つ選べ。解答番号は[27]。

① 春の中納言は、男君と同時期に権大納言に昇進したものの、女二の宮の結婚相手を選ぶ際には一歩及ばず、男君にあらためて畏敬の念を抱いた。

② 春の中納言は、女二の宮と結婚することを諦めきれなかったので、すべての力を注いで女二の宮を奪い取ろうという気持ちで日々を過ごしていた。

③ 関白は、女二の宮との結婚に向けて三条院に参上する息子の立派な姿を見て、亡き妻がいたらどんなに誇らしく喜ばしく感じただろうと思った。

④ 院は、これから結婚しようとする娘の晴れ姿を見るにつけても、娘が幼かったころの日々が思い出され、あふれる涙を抑えることができなかった。

⑤ 院は、女二の宮の結婚相手にふさわしい官位を得るように男君を叱咤《しった》激励し、院と女二の宮が住む三条院に男君が訪れた際も、あえて厳しく接した。

問4　[4]・[5]段落の内容に関する説明として最も適当なものを、次の①～④のうちから一つ選べ。解答番号は[28]。

① 男君は逢瀬《おうせ》の後の寂しさを詠んだ歌を贈ったが、女二の宮は景色だけを詠んだ歌を返して、男君の思いに応えようとしなかった。男君は、本心を包み隠し続ける女二の宮に対して、まだ自分に遠慮しているようだと思った。

② 女二の宮のもとを訪れた男君は、翌朝、女二の宮への思いをつづった手紙を送った。女二の宮からの返歌は、男君の手紙の言葉をふまえたもので、内容・筆跡ともに素晴らしく、理想にかなう女性と結婚できたと男君は満足した。

③ 結婚に前向きでなかった男君は、実際に女二の宮に会ってみると、その髪の美しさや容姿の素晴らしさに思いがけず心惹《ひ》かれた。そこで、女二の宮とこのまま結婚生活を続けて、密《ひそ》かに木幡の姫君とも関係を持とうと考えた。

④ 女二の宮は、身の回りの世話をする女房・童たち、そして豪華な嫁入り道具とともに男君のもとへ嫁いだ。結婚の儀式が盛大に執り行われる中、男君と木幡の姫君の関係を察していた女二の宮は、この結婚の先行きに不安を感じた。

問5　Nさんのクラスでは、授業で本文を読んだ後、本文の表現について理解を深めるために、教師から配られた【学習プリント】をもとに、グループで話し合うことになった。このことについて、後の(i)・(ii)の問いに答えよ。

【学習プリント】

傍線部B「いかなる方にかと、人の結ばむことさへ思ひつづけらるるぞ、我ながらうたてと思ひ知らるる」の「人の結ばむこと」は、以下にあげる『伊勢物語』の和歌Iをふまえた表現です。

むかし、男、妹のいとをかしげなりけるを見をりて、

I　うら若みねよげに見ゆる若草を人の結ばむことをしぞ思ふ

と聞こえけり。返し、

II　初草のなどめづらしき言の葉ぞうらなくものを思ひけるかな

[ステップ1]　和歌Iの「うら若みねよげに見ゆる若草」には、「引き結んで枕にすれば、いかにも寝心地が良さそうな若草」という意味がありますが、ほかに別の意味が込められています。それが何かを示して、兄(ここにあげた『伊勢物語』の本文では「男」)が妹に何を伝えたかったかを話し合ってみましょう。

[ステップ2]　ステップ1での話し合いをふまえて、傍線部Bに表現された男君の心情について話し合ってみましょう。

(i) Nさんのグループでは「ステップ1」の話し合いを行い、その結果を次のように【ノート】にまとめた。空欄 X ・ Y に入る内容の組合せとして最も適当なものを、次の①～④のうちから一つ選べ。解答番号は 29 。

【ノート】

・和歌Ⅰは愛らしい妹を見て詠んだ歌なので、「若草」は妹のことを指していると思われる。
・「人」が「若草」を「結ばむこと」には、 X という意味が重ねられている。

・和歌Ⅱは妹からの返歌で、「などめづらしき言の葉ぞ」には、和歌Ⅰの内容に対する驚きが表れている。
・「うらなくものを思ひけるかな」は、自身が兄の気持ちにこれまで気づいていなかったことを示している。

・和歌Ⅰを通して兄が伝えたかったことは Y であると考えられる。

① X ―自分ではなく他人が妹と結婚すること　Y ―妹への恋心
② X ―親が妹の将来の結婚相手を決めること　Y ―妹への祝福
③ X ―自分が妹を束縛して結婚させないこと　Y ―妹への執着
④ X ―妹がまだ若いのに結婚してしまうこと　Y ―妹への心配

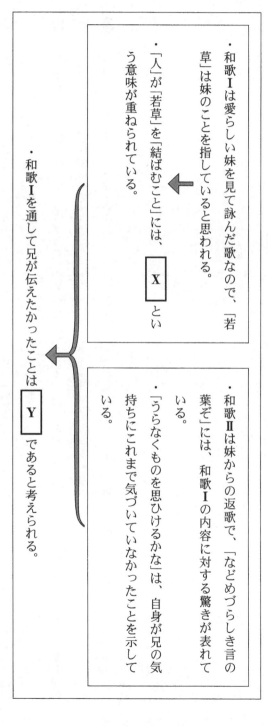

(ii) Nさんのグループでは、［ステップ2］の話し合いを行い、その結果を教師に提出した。傍線部**B**に表現された男君の心情として最も適当なものを、次の①～④のうちから一つ選べ。解答番号は 30 。

① 自分が女二の宮と結婚したことで、妹である木幡の姫君の結婚に意見を言う立場ではなくなったので、これを機に妹への思いを諦めようとしている。

② 妹と釣り合う相手はいないと思っていたが、女二の宮との結婚後は、兄として木幡の姫君の結婚を願うようになり、自らの心境の変化に呆《あき》れている。

③ 女二の宮と結婚しても妹である木幡の姫君への思いを引きずっており、妹の将来の結婚相手のことまで想像してしまう自分自身に嫌気がさしている。

④ 娘の結婚相手として自分を認めてくれた院の複雑な親心が理解できるようになり、妹である木幡の姫君が結婚する将来を想像して感慨に耽《ふけ》っている。

（下書き用紙）

国語の試験問題は次に続く。

第4問 次の【文章Ⅰ】は、江戸末期の儒学者安積艮斎《あさかごんさい》が書いたアメリカ合衆国初代大統領ワシントンの伝記「話聖東伝《ワシントン》」の一節であり、【文章Ⅱ】は、宋代の儒学者范祖禹《はんそう》が君主の道について述べた文章の一節である。これらを読んで、後の問い(問1～6)に答えよ。なお、設問の都合で返り点・送り仮名を省いたところがある。(配点 50)

【文章Ⅰ】

話《わ》聖《しん》東《とん》為《スヤ》レ政《ヲ》 **X** 而公、推《シテ》レ誠《ヲ》待《ス》レ物《ニ》。有《リ》二巴《は》(注1)爾《みる》東《とんナル》者一、明敏《ニシテ》有《リ》二器(注2)識一、嫻《ならヒ》(注3)二辞令一、通《ズ》二大体一(注4)。話聖東挙《ゲテ》レ之《ヲ》、参《セシム》二決政事《ヲ》一。在《ルコト》(注5)レ任《ニ》八年、法令整粛、武備森(注6)厳《ニシテ》、闔《かふ》(注7)州《しう》大《イニ》治《マル》。A 然人或有議其所為者、話聖東感憤《ス》。及《ビテ》二任満《ツルニ》一、乃《チ》還《リ》二旧《きう》(注8)閭《りよニ》一、深《ク》自《ラ》韜《たう》(注9)晦《くわいシ》、無《シ》二復《タ》功名《ノ》意一。(ア)以《テ》レ寿《ヲ》終《ハル》二于家《ニ》一。

(安積艮斎『洋外紀略』による)

（注）
1　巴爾東――ハミルトン（一七五七―一八〇四）。建国期のアメリカで財務長官を務めた。
2　器識――才能と見識。
3　嫺㆓辞令㆒――文章の執筆に習熟している。
4　大体――政治の要点。
5　在㆑任――大統領の地位にあること。
6　森厳――重々しいさま。
7　闔州――国中。
8　旧閭――故郷。
9　韜晦――世間の目につかないようにする。

【文章Ⅱ】

人君ハ以テ㆓一人之身ヲ㆒、而御シ㆓四（注10）海之広キヲ㆒、応ズ㆓万務之 **Y** ㆒。苟シクモ不シテ㆘以テ㆓至誠ヲ㆒与《とも》ニセ㆖賢ト而（イ）役シテ㆓其ノ独智ヲ㆒以テ先ダテバ㆓天下ニ㆒、則チ B 耳目心志之所ノ㆑及ブ者、其レ能ク幾《いく》何《ばく》ゾ。是ノ故ニ人君必ズ清メテ㆑心ヲ以テ涖《のぞ》ミ㆑之ニ、虚《むな》シクシテ㆑己ヲ以テ待スルコト㆑之ニ、如ク㆓鑑《かがみ》之明ナルガ㆒、C 如クナレバ㆓水之止マルガ㆒、則チ物（注11）至ルモ而不㆑能ハ㆑罔《し》（注12）フルコト矣。

（『性理大全』による）

（注）
10　四海――天下。
11　物――外界の事物。
12　罔――心をまどわすこと。

問1　空欄 X ・ Y に入る語として最も適当なものを、次の各群の①～⑤のうちからそれぞれ一つずつ選べ。解答番号は 31 ・ 32 。

31 X

① 廉
② 刻
③ 頑
④ 濫
⑤ 偏

32 Y

① 要
② 美
③ 対
④ 臣
⑤ 衆

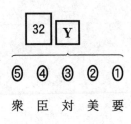

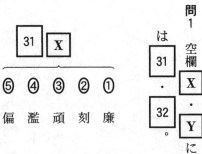

問２　波線部(ア)「以レ寿 終二于 家一」・(イ)「役二其 独 智一」の解釈として最も適当なものを、次の各群の①～⑤のうちからそれぞれ一つずつ選べ。解答番号は 33 ・ 34 。

(ア)「以レ寿 終二于 家一」 33

① めでたいことに自らの家で事業を成し遂げた
② 天寿を全うして自らの家でこの世を去った
③ 人々に祝福されて自らの家で余生を過ごした
④ 長寿の親のために自らの家で力を尽くした
⑤ 民の幸せを願いながら自らの家で節義を貫いた

(イ)「役二其 独 智一」 34

① 比類のない見識を発揮して
② 自己の知識を誇示して
③ 孤高の賢人を模倣して
④ 自分の知恵だけを用いて
⑤ 独特の見解をしりぞけて

問3　傍線部A「然 人 或 有 議 其 所 為 者」の返り点の付け方と書き下し文との組合せとして最も適当なものを、次の①～⑤のうちから一つ選べ。解答番号は 35 。

① 然 人 或 有㆘議㆓其 所㆒為 者㆖
然れども人或いは其の所を議して為す者有れば

② 然 人 或 有 議㆓其 所㆑為 者㆒
然れども人或いは有りて其の為にする所の者を議すれば

③ 然 人 或 有㆑議㆓其 所㆑為 者㆒
然れども人或いは其の為にする所の者を議する有れば

④ 然 人 或 有㆑議 其 所㆑為 者
然れども人或いは議有りて其の為す所の者なれば

⑤ 然 人 或 有㆘議㆓其 所㆒㆑為 者㆖
然れども人或いは其の為す所を議する者有れば

問4 傍線部**B**「耳目心志之所㆑及者、其能幾何」の解釈として最も適当なものを、次の①～⑤のうちから一つ選べ。解答番号は 36 。

① 君主の見聞や思慮が及ぶ範囲は決して広くない。
② 天下の人々の見聞や思慮が及ぶ範囲は君主以上に広い。
③ 天下の人々の感覚や思慮が及ぶ範囲は狭くなってしまう。
④ 君主の感覚や思慮が及ぶ対象はとても数え切れない。
⑤ 天下の人々の感覚や思慮が及ぶ対象は千差万別である。

問5　傍線部C「如㆓水之止㆒」に関する説明として最も適当なものを、次の①～⑤のうちから一つ選べ。解答番号は 37 。

① 君主のもとに人々の意見が集まることが、まるで水が低い場所に自然とたまっていくようであるということ。
② 君主が公平な裁判を常に行っていることが、まるで水の表面が平衡を保っているようであるということ。
③ 君主が雑念をしりぞけて落ち着いていることが、まるで波立っていない静かな水のようであるということ。
④ 君主のこれまで積んできた善行の量が多いことが、まるで豊富に蓄えられた水のようであるということ。
⑤ 君主が無欲になって人々のおごりを戒めることが、まるであふれそうな水をせき止めるようであるということ。

問6 次に示すのは、**【文章Ⅰ】**と**【文章Ⅱ】**を読んだ後に、教師と二人の生徒が交わした会話の様子である。これを読んで、後の(i)・(ii)の問いに答えよ。

教　師　**【文章Ⅰ】**の安積艮斎「話聖東伝」は、森鷗外《もりおうがい》の作品『渋江《しぶえ》抽斎《ちゅうさい》』においても言及されています。渋江抽斎は、江戸末期の医者であり漢学者でもあった人物です。抽斎はもとは西洋に批判的だったのですが、「話聖東伝」を読んで考えを改め、西洋の言語を自分の子に学ばせるようにと遺言しました。鷗外によれば、「話聖東伝」の中でも抽斎がとりわけ気に入ったのは、次の**【資料】**の一節だったようです。

【資料】（送り仮名を省いた）

嗚呼、話聖東、雖レ生ニ於戎《じゅう》羯《けつ》一、其為レ人有ニ足レ多者一。

教　師　「戎羯」は異民族といった意味です。この**【資料】**で艮斎はどのようなことを言っていますか。

生徒A　［ **a** ］。ワシントンに対する**【資料】**のような見方が、抽斎の考えを変えたのでしょう。

生徒B　なぜ、**【資料】**のようにワシントンは評価されているのでしょうか。

教師　【文章Ⅱ】の『性理大全』の一節は、儒学の伝統的な君主像を示しています。【文章Ⅰ】と【文章Ⅱ】には似ているところがありますね。

生徒A　[b]。

生徒B　[c]。「話聖東伝」を通じて、抽斎は立派な為政者が西洋にいたことを知り、感動したのですね。

教師　このように漢文の教養は、西洋文化を受容する際の土台になったわけです。面白いと思いませんか。

(i) 空欄 **a** に入る発言として最も適当なものを、次の ① ～ ⑤ のうちから一つ選べ。解答番号は 38 。

① 「異民族の出身ではあるけれども」とあるように、艮斎は西洋の人々に対する偏見から完全に脱却していたわけではないものの、ワシントンの人柄には称賛に値する点があると言っています

② 「異民族の生まれだと言うものもいるが」とあるように、艮斎はワシントンの出自をあげつらう人々を念頭に置いて、そのような人々よりもワシントンの方が立派な人物であると言っています

③ 「異民族に生まれていながらも」とあるように、艮斎はワシントンが西洋人であることを否定的に見る一方で、ワシントンの政策には肯定的に評価すべき面があると言っています

④ 「異民族の出自であることを問わずに」とあるように、艮斎は欧米と東アジアの人々を対等であると認識し、ワシントンの人生はあらゆる人々にとって学ぶべきものであると言っています

⑤ 「異民族の出身でなかったとしても」とあるように、艮斎は欧米と東アジアを区別しない観点に立ち、ワシントンの統治の方法にはどのような国でも賛同する人が多いであろうと言っています

(ii) 空欄 b ・ c に入る発言の組合せとして最も適当なものを、次の①～⑤のうちから一つ選べ。解答番号は 39 。

① b――【文章Ⅰ】は、ワシントンが人々から反発されても動じなかったことを述べていますね
c――それは、【文章Ⅱ】のどのような出来事にも信念を曲げない儒学の伝統的な君主像に重なります

② b――【文章Ⅰ】は、ワシントンが法律を整備して国を安定させたことを述べていますね
c――それは、【文章Ⅱ】の個人の力より制度を重視する儒学の伝統的な君主像に重なります

③ b――【文章Ⅰ】は、ワシントンが信頼する部下に自分の地位を譲ったことを述べていますね
c――それは、【文章Ⅱ】の権力や名誉に執着しない儒学の伝統的な君主像に重なります

④ b――【文章Ⅰ】は、ワシントンが政策の意図を率直に文章で示したことを述べていますね
c――それは、【文章Ⅱ】の人々に対して誠実に向き合う儒学の伝統的な君主像に重なります

⑤ b――【文章Ⅰ】は、ワシントンが優れた人材を登用し、政務に参与させたことを述べていますね
c――それは、【文章Ⅱ】の公正な心で賢人と協力する儒学の伝統的な君主像に重なります

書籍のアンケートにご協力ください

抽選で**図書カード**を

プレゼント！

Ｚ会の「個人情報の取り扱いについて」はＺ会 Web サイト（https://www.zkai.co.jp/poli/）に掲載しておりますのでご覧ください。

2024年用　共通テスト実戦模試
⑤国語

初版第１刷発行…2023年７月１日
初版第２刷発行…2023年10月10日

編者…………Ｚ会編集部
発行人………藤井孝昭
発行…………Ｚ会

〒411-0033　静岡県三島市文教町1-9-11
【販売部門：書籍の乱丁・落丁・返品・交換・注文】
TEL 055-976-9095
【書籍の内容に関するお問い合わせ】
https://www.zkai.co.jp/books/contact/
【ホームページ】
https://www.zkai.co.jp/books/

装丁…………犬飼奈央
印刷・製本…日経印刷株式会社

ISBN978-4-86531-554-7 C7381

キ リ ト リ 線

国語 模試 第1回 解答用紙

マーク例

良い例	悪い例
●	⊙ ⊗ ◔ O

332

受験番号欄

千位	百位	十位	一位	英字	
—	⓪	⓪	⓪	Ⓐ	A
①	①	①	①	Ⓑ	B
②	②	②	②	Ⓒ	C
③	③	③	③	Ⓗ	H
④	④	④	④	Ⓚ	K
⑤	⑤	⑤	⑤	Ⓜ	M
⑥	⑥	⑥	⑥	Ⓡ	R
⑦	⑦	⑦	⑦	Ⓤ	U
⑧	⑧	⑧	⑧	Ⓧ	X
⑨	⑨	⑨	⑨	Ⓨ	Y
—	—	—	—	Ⓩ	Z

フリガナ	
氏 名	

試験場コード	十万位	万位	千位	百位	十位	一位

解答番号	解答欄 1 2 3 4 5 6 7 8 9	解答番号	解答欄 1 2 3 4 5 6 7 8 9	解答番号	解答欄 1 2 3 4 5 6 7 8 9	解答番号	解答欄 1 2 3 4 5 6 7 8 9
1	①②③④⑤⑥⑦⑧⑨	14	①②③④⑤⑥⑦⑧⑨	27	①②③④⑤⑥⑦⑧⑨	40	①②③④⑤⑥⑦⑧⑨
2	①②③④⑤⑥⑦⑧⑨	15	①②③④⑤⑥⑦⑧⑨	28	①②③④⑤⑥⑦⑧⑨	41	①②③④⑤⑥⑦⑧⑨
3	①②③④⑤⑥⑦⑧⑨	16	①②③④⑤⑥⑦⑧⑨	29	①②③④⑤⑥⑦⑧⑨	42	①②③④⑤⑥⑦⑧⑨
4	①②③④⑤⑥⑦⑧⑨	17	①②③④⑤⑥⑦⑧⑨	30	①②③④⑤⑥⑦⑧⑨	43	①②③④⑤⑥⑦⑧⑨
5	①②③④⑤⑥⑦⑧⑨	18	①②③④⑤⑥⑦⑧⑨	31	①②③④⑤⑥⑦⑧⑨	44	①②③④⑤⑥⑦⑧⑨
6	①②③④⑤⑥⑦⑧⑨	19	①②③④⑤⑥⑦⑧⑨	32	①②③④⑤⑥⑦⑧⑨	45	①②③④⑤⑥⑦⑧⑨
7	①②③④⑤⑥⑦⑧⑨	20	①②③④⑤⑥⑦⑧⑨	33	①②③④⑤⑥⑦⑧⑨	46	①②③④⑤⑥⑦⑧⑨
8	①②③④⑤⑥⑦⑧⑨	21	①②③④⑤⑥⑦⑧⑨	34	①②③④⑤⑥⑦⑧⑨	47	①②③④⑤⑥⑦⑧⑨
9	①②③④⑤⑥⑦⑧⑨	22	①②③④⑤⑥⑦⑧⑨	35	①②③④⑤⑥⑦⑧⑨	48	①②③④⑤⑥⑦⑧⑨
10	①②③④⑤⑥⑦⑧⑨	23	①②③④⑤⑥⑦⑧⑨	36	①②③④⑤⑥⑦⑧⑨	49	①②③④⑤⑥⑦⑧⑨
11	①②③④⑤⑥⑦⑧⑨	24	①②③④⑤⑥⑦⑧⑨	37	①②③④⑤⑥⑦⑧⑨	50	①②③④⑤⑥⑦⑧⑨
12	①②③④⑤⑥⑦⑧⑨	25	①②③④⑤⑥⑦⑧⑨	38	①②③④⑤⑥⑦⑧⑨	51	①②③④⑤⑥⑦⑧⑨
13	①②③④⑤⑥⑦⑧⑨	26	①②③④⑤⑥⑦⑧⑨	39	①②③④⑤⑥⑦⑧⑨	52	①②③④⑤⑥⑦⑧⑨

キリトリ線

国語 模試 第2回 解答用紙

マーク例

良い例	悪い例
●	⊙ ⊗ ◔ O

333

解答番号	解答欄								
	1	2	3	4	5	6	7	8	9
1	①	②	③	④	⑤	⑥	⑦	⑧	⑨
2	①	②	③	④	⑤	⑥	⑦	⑧	⑨
3	①	②	③	④	⑤	⑥	⑦	⑧	⑨
4	①	②	③	④	⑤	⑥	⑦	⑧	⑨
5	①	②	③	④	⑤	⑥	⑦	⑧	⑨
6	①	②	③	④	⑤	⑥	⑦	⑧	⑨
7	①	②	③	④	⑤	⑥	⑦	⑧	⑨
8	①	②	③	④	⑤	⑥	⑦	⑧	⑨
9	①	②	③	④	⑤	⑥	⑦	⑧	⑨
10	①	②	③	④	⑤	⑥	⑦	⑧	⑨
11	①	②	③	④	⑤	⑥	⑦	⑧	⑨
12	①	②	③	④	⑤	⑥	⑦	⑧	⑨
13	①	②	③	④	⑤	⑥	⑦	⑧	⑨

解答番号	解答欄								
	1	2	3	4	5	6	7	8	9
14	①	②	③	④	⑤	⑥	⑦	⑧	⑨
15	①	②	③	④	⑤	⑥	⑦	⑧	⑨
16	①	②	③	④	⑤	⑥	⑦	⑧	⑨
17	①	②	③	④	⑤	⑥	⑦	⑧	⑨
18	①	②	③	④	⑤	⑥	⑦	⑧	⑨
19	①	②	③	④	⑤	⑥	⑦	⑧	⑨
20	①	②	③	④	⑤	⑥	⑦	⑧	⑨
21	①	②	③	④	⑤	⑥	⑦	⑧	⑨
22	①	②	③	④	⑤	⑥	⑦	⑧	⑨
23	①	②	③	④	⑤	⑥	⑦	⑧	⑨
24	①	②	③	④	⑤	⑥	⑦	⑧	⑨
25	①	②	③	④	⑤	⑥	⑦	⑧	⑨
26	①	②	③	④	⑤	⑥	⑦	⑧	⑨

解答番号	解答欄								
	1	2	3	4	5	6	7	8	9
27	①	②	③	④	⑤	⑥	⑦	⑧	⑨
28	①	②	③	④	⑤	⑥	⑦	⑧	⑨
29	①	②	③	④	⑤	⑥	⑦	⑧	⑨
30	①	②	③	④	⑤	⑥	⑦	⑧	⑨
31	①	②	③	④	⑤	⑥	⑦	⑧	⑨
32	①	②	③	④	⑤	⑥	⑦	⑧	⑨
33	①	②	③	④	⑤	⑥	⑦	⑧	⑨
34	①	②	③	④	⑤	⑥	⑦	⑧	⑨
35	①	②	③	④	⑤	⑥	⑦	⑧	⑨
36	①	②	③	④	⑤	⑥	⑦	⑧	⑨
37	①	②	③	④	⑤	⑥	⑦	⑧	⑨
38	①	②	③	④	⑤	⑥	⑦	⑧	⑨
39	①	②	③	④	⑤	⑥	⑦	⑧	⑨

解答番号	解答欄								
	1	2	3	4	5	6	7	8	9
40	①	②	③	④	⑤	⑥	⑦	⑧	⑨
41	①	②	③	④	⑤	⑥	⑦	⑧	⑨
42	①	②	③	④	⑤	⑥	⑦	⑧	⑨
43	①	②	③	④	⑤	⑥	⑦	⑧	⑨
44	①	②	③	④	⑤	⑥	⑦	⑧	⑨
45	①	②	③	④	⑤	⑥	⑦	⑧	⑨
46	①	②	③	④	⑤	⑥	⑦	⑧	⑨
47	①	②	③	④	⑤	⑥	⑦	⑧	⑨
48	①	②	③	④	⑤	⑥	⑦	⑧	⑨
49	①	②	③	④	⑤	⑥	⑦	⑧	⑨
50	①	②	③	④	⑤	⑥	⑦	⑧	⑨
51	①	②	③	④	⑤	⑥	⑦	⑧	⑨
52	①	②	③	④	⑤	⑥	⑦	⑧	⑨

受験番号欄

千位	百位	十位	一位	英字	
—	⓪	⓪	⓪	Ⓐ	A
①	①	①	①	Ⓑ	B
②	②	②	②	Ⓒ	C
③	③	③	③	Ⓗ	H
④	④	④	④	Ⓚ	K
⑤	⑤	⑤	⑤	Ⓜ	M
⑥	⑥	⑥	⑥	Ⓡ	R
⑦	⑦	⑦	⑦	Ⓤ	U
⑧	⑧	⑧	⑧	Ⓧ	X
⑨	⑨	⑨	⑨	Ⓨ	Y
—	—	—	—	Ⓩ	Z

フリガナ	
氏 名	

試験場コード	十万位	万位	千位	百位	十位	一位

キ リ ト リ 線

国語 模試 第3回 解答用紙

マーク例

良い例	悪い例
●	⊙ ⊗ ◐ O

334

解答番号	1	2	3	4	5	6	7	8	9
1	①	②	③	④	⑤	⑥	⑦	⑧	⑨
2	①	②	③	④	⑤	⑥	⑦	⑧	⑨
3	①	②	③	④	⑤	⑥	⑦	⑧	⑨
4	①	②	③	④	⑤	⑥	⑦	⑧	⑨
5	①	②	③	④	⑤	⑥	⑦	⑧	⑨
6	①	②	③	④	⑤	⑥	⑦	⑧	⑨
7	①	②	③	④	⑤	⑥	⑦	⑧	⑨
8	①	②	③	④	⑤	⑥	⑦	⑧	⑨
9	①	②	③	④	⑤	⑥	⑦	⑧	⑨
10	①	②	③	④	⑤	⑥	⑦	⑧	⑨
11	①	②	③	④	⑤	⑥	⑦	⑧	⑨
12	①	②	③	④	⑤	⑥	⑦	⑧	⑨
13	①	②	③	④	⑤	⑥	⑦	⑧	⑨

解答番号	1	2	3	4	5	6	7	8	9
14	①	②	③	④	⑤	⑥	⑦	⑧	⑨
15	①	②	③	④	⑤	⑥	⑦	⑧	⑨
16	①	②	③	④	⑤	⑥	⑦	⑧	⑨
17	①	②	③	④	⑤	⑥	⑦	⑧	⑨
18	①	②	③	④	⑤	⑥	⑦	⑧	⑨
19	①	②	③	④	⑤	⑥	⑦	⑧	⑨
20	①	②	③	④	⑤	⑥	⑦	⑧	⑨
21	①	②	③	④	⑤	⑥	⑦	⑧	⑨
22	①	②	③	④	⑤	⑥	⑦	⑧	⑨
23	①	②	③	④	⑤	⑥	⑦	⑧	⑨
24	①	②	③	④	⑤	⑥	⑦	⑧	⑨
25	①	②	③	④	⑤	⑥	⑦	⑧	⑨
26	①	②	③	④	⑤	⑥	⑦	⑧	⑨

解答番号	1	2	3	4	5	6	7	8	9
27	①	②	③	④	⑤	⑥	⑦	⑧	⑨
28	①	②	③	④	⑤	⑥	⑦	⑧	⑨
29	①	②	③	④	⑤	⑥	⑦	⑧	⑨
30	①	②	③	④	⑤	⑥	⑦	⑧	⑨
31	①	②	③	④	⑤	⑥	⑦	⑧	⑨
32	①	②	③	④	⑤	⑥	⑦	⑧	⑨
33	①	②	③	④	⑤	⑥	⑦	⑧	⑨
34	①	②	③	④	⑤	⑥	⑦	⑧	⑨
35	①	②	③	④	⑤	⑥	⑦	⑧	⑨
36	①	②	③	④	⑤	⑥	⑦	⑧	⑨
37	①	②	③	④	⑤	⑥	⑦	⑧	⑨
38	①	②	③	④	⑤	⑥	⑦	⑧	⑨
39	①	②	③	④	⑤	⑥	⑦	⑧	⑨

解答番号	1	2	3	4	5	6	7	8	9
40	①	②	③	④	⑤	⑥	⑦	⑧	⑨
41	①	②	③	④	⑤	⑥	⑦	⑧	⑨
42	①	②	③	④	⑤	⑥	⑦	⑧	⑨
43	①	②	③	④	⑤	⑥	⑦	⑧	⑨
44	①	②	③	④	⑤	⑥	⑦	⑧	⑨
45	①	②	③	④	⑤	⑥	⑦	⑧	⑨
46	①	②	③	④	⑤	⑥	⑦	⑧	⑨
47	①	②	③	④	⑤	⑥	⑦	⑧	⑨
48	①	②	③	④	⑤	⑥	⑦	⑧	⑨
49	①	②	③	④	⑤	⑥	⑦	⑧	⑨
50	①	②	③	④	⑤	⑥	⑦	⑧	⑨
51	①	②	③	④	⑤	⑥	⑦	⑧	⑨
52	①	②	③	④	⑤	⑥	⑦	⑧	⑨

受験番号欄

千位	百位	十位	一位	英字	
—	⓪	⓪	⓪	Ⓐ	A
①	①	①	①	Ⓑ	B
②	②	②	②	Ⓒ	C
③	③	③	③	Ⓗ	H
④	④	④	④	Ⓚ	K
⑤	⑤	⑤	⑤	Ⓜ	M
⑥	⑥	⑥	⑥	Ⓡ	R
⑦	⑦	⑦	⑦	Ⓤ	U
⑧	⑧	⑧	⑧	Ⓧ	X
⑨	⑨	⑨	⑨	Ⓨ	Y
—	—	—	—	Ⓩ	Z

フリガナ	
氏 名	

試験場コード	十万位	万位	千位	百位	十位	一位

キリトリ線

国語 模試 第4回 解答用紙

マーク例

良い例	悪い例
●	⊙ ⊗ ◐ O

335

解答番号	解答欄 1	2	3	4	5	6	7	8	9	解答番号	解答欄 1	2	3	4	5	6	7	8	9	解答番号	解答欄 1	2	3	4	5	6	7	8	9	解答番号	解答欄 1	2	3	4	5	6	7	8	9
1	①	②	③	④	⑤	⑥	⑦	⑧	⑨	14	①	②	③	④	⑤	⑥	⑦	⑧	⑨	27	①	②	③	④	⑤	⑥	⑦	⑧	⑨	40	①	②	③	④	⑤	⑥	⑦	⑧	⑨
2	①	②	③	④	⑤	⑥	⑦	⑧	⑨	15	①	②	③	④	⑤	⑥	⑦	⑧	⑨	28	①	②	③	④	⑤	⑥	⑦	⑧	⑨	41	①	②	③	④	⑤	⑥	⑦	⑧	⑨
3	①	②	③	④	⑤	⑥	⑦	⑧	⑨	16	①	②	③	④	⑤	⑥	⑦	⑧	⑨	29	①	②	③	④	⑤	⑥	⑦	⑧	⑨	42	①	②	③	④	⑤	⑥	⑦	⑧	⑨
4	①	②	③	④	⑤	⑥	⑦	⑧	⑨	17	①	②	③	④	⑤	⑥	⑦	⑧	⑨	30	①	②	③	④	⑤	⑥	⑦	⑧	⑨	43	①	②	③	④	⑤	⑥	⑦	⑧	⑨
5	①	②	③	④	⑤	⑥	⑦	⑧	⑨	18	①	②	③	④	⑤	⑥	⑦	⑧	⑨	31	①	②	③	④	⑤	⑥	⑦	⑧	⑨	44	①	②	③	④	⑤	⑥	⑦	⑧	⑨
6	①	②	③	④	⑤	⑥	⑦	⑧	⑨	19	①	②	③	④	⑤	⑥	⑦	⑧	⑨	32	①	②	③	④	⑤	⑥	⑦	⑧	⑨	45	①	②	③	④	⑤	⑥	⑦	⑧	⑨
7	①	②	③	④	⑤	⑥	⑦	⑧	⑨	20	①	②	③	④	⑤	⑥	⑦	⑧	⑨	33	①	②	③	④	⑤	⑥	⑦	⑧	⑨	46	①	②	③	④	⑤	⑥	⑦	⑧	⑨
8	①	②	③	④	⑤	⑥	⑦	⑧	⑨	21	①	②	③	④	⑤	⑥	⑦	⑧	⑨	34	①	②	③	④	⑤	⑥	⑦	⑧	⑨	47	①	②	③	④	⑤	⑥	⑦	⑧	⑨
9	①	②	③	④	⑤	⑥	⑦	⑧	⑨	22	①	②	③	④	⑤	⑥	⑦	⑧	⑨	35	①	②	③	④	⑤	⑥	⑦	⑧	⑨	48	①	②	③	④	⑤	⑥	⑦	⑧	⑨
10	①	②	③	④	⑤	⑥	⑦	⑧	⑨	23	①	②	③	④	⑤	⑥	⑦	⑧	⑨	36	①	②	③	④	⑤	⑥	⑦	⑧	⑨	49	①	②	③	④	⑤	⑥	⑦	⑧	⑨
11	①	②	③	④	⑤	⑥	⑦	⑧	⑨	24	①	②	③	④	⑤	⑥	⑦	⑧	⑨	37	①	②	③	④	⑤	⑥	⑦	⑧	⑨	50	①	②	③	④	⑤	⑥	⑦	⑧	⑨
12	①	②	③	④	⑤	⑥	⑦	⑧	⑨	25	①	②	③	④	⑤	⑥	⑦	⑧	⑨	38	①	②	③	④	⑤	⑥	⑦	⑧	⑨	51	①	②	③	④	⑤	⑥	⑦	⑧	⑨
13	①	②	③	④	⑤	⑥	⑦	⑧	⑨	26	①	②	③	④	⑤	⑥	⑦	⑧	⑨	39	①	②	③	④	⑤	⑥	⑦	⑧	⑨	52	①	②	③	④	⑤	⑥	⑦	⑧	⑨

受験番号欄

千位	百位	十位	一位	英字	
—	⓪	⓪	⓪	Ⓐ	A
①	①	①	①	Ⓑ	B
②	②	②	②	Ⓒ	C
③	③	③	③	Ⓗ	H
④	④	④	④	Ⓚ	K
⑤	⑤	⑤	⑤	Ⓜ	M
⑥	⑥	⑥	⑥	Ⓡ	R
⑦	⑦	⑦	⑦	Ⓤ	U
⑧	⑧	⑧	⑧	Ⓧ	X
⑨	⑨	⑨	⑨	Ⓨ	Y
—	—	—	—	Ⓩ	Z

フリガナ	
氏名	

試験場コード	十万位	万位	千位	百位	十位	一位

キ リ ト リ 線

国語 模試 第5回 解答用紙

マーク例

良い例	悪い例
●	⊙ ⊗ ◔ 0

336

解答番号	解答欄									解答番号	解答欄									解答番号	解答欄									解答番号	解答欄								
	1	2	3	4	5	6	7	8	9		1	2	3	4	5	6	7	8	9		1	2	3	4	5	6	7	8	9		1	2	3	4	5	6	7	8	9
1	①	②	③	④	⑤	⑥	⑦	⑧	⑨	14	①	②	③	④	⑤	⑥	⑦	⑧	⑨	27	①	②	③	④	⑤	⑥	⑦	⑧	⑨	40	①	②	③	④	⑤	⑥	⑦	⑧	⑨
2	①	②	③	④	⑤	⑥	⑦	⑧	⑨	15	①	②	③	④	⑤	⑥	⑦	⑧	⑨	28	①	②	③	④	⑤	⑥	⑦	⑧	⑨	41	①	②	③	④	⑤	⑥	⑦	⑧	⑨
3	①	②	③	④	⑤	⑥	⑦	⑧	⑨	16	①	②	③	④	⑤	⑥	⑦	⑧	⑨	29	①	②	③	④	⑤	⑥	⑦	⑧	⑨	42	①	②	③	④	⑤	⑥	⑦	⑧	⑨
4	①	②	③	④	⑤	⑥	⑦	⑧	⑨	17	①	②	③	④	⑤	⑥	⑦	⑧	⑨	30	①	②	③	④	⑤	⑥	⑦	⑧	⑨	43	①	②	③	④	⑤	⑥	⑦	⑧	⑨
5	①	②	③	④	⑤	⑥	⑦	⑧	⑨	18	①	②	③	④	⑤	⑥	⑦	⑧	⑨	31	①	②	③	④	⑤	⑥	⑦	⑧	⑨	44	①	②	③	④	⑤	⑥	⑦	⑧	⑨
6	①	②	③	④	⑤	⑥	⑦	⑧	⑨	19	①	②	③	④	⑤	⑥	⑦	⑧	⑨	32	①	②	③	④	⑤	⑥	⑦	⑧	⑨	45	①	②	③	④	⑤	⑥	⑦	⑧	⑨
7	①	②	③	④	⑤	⑥	⑦	⑧	⑨	20	①	②	③	④	⑤	⑥	⑦	⑧	⑨	33	①	②	③	④	⑤	⑥	⑦	⑧	⑨	46	①	②	③	④	⑤	⑥	⑦	⑧	⑨
8	①	②	③	④	⑤	⑥	⑦	⑧	⑨	21	①	②	③	④	⑤	⑥	⑦	⑧	⑨	34	①	②	③	④	⑤	⑥	⑦	⑧	⑨	47	①	②	③	④	⑤	⑥	⑦	⑧	⑨
9	①	②	③	④	⑤	⑥	⑦	⑧	⑨	22	①	②	③	④	⑤	⑥	⑦	⑧	⑨	35	①	②	③	④	⑤	⑥	⑦	⑧	⑨	48	①	②	③	④	⑤	⑥	⑦	⑧	⑨
10	①	②	③	④	⑤	⑥	⑦	⑧	⑨	23	①	②	③	④	⑤	⑥	⑦	⑧	⑨	36	①	②	③	④	⑤	⑥	⑦	⑧	⑨	49	①	②	③	④	⑤	⑥	⑦	⑧	⑨
11	①	②	③	④	⑤	⑥	⑦	⑧	⑨	24	①	②	③	④	⑤	⑥	⑦	⑧	⑨	37	①	②	③	④	⑤	⑥	⑦	⑧	⑨	50	①	②	③	④	⑤	⑥	⑦	⑧	⑨
12	①	②	③	④	⑤	⑥	⑦	⑧	⑨	25	①	②	③	④	⑤	⑥	⑦	⑧	⑨	38	①	②	③	④	⑤	⑥	⑦	⑧	⑨	51	①	②	③	④	⑤	⑥	⑦	⑧	⑨
13	①	②	③	④	⑤	⑥	⑦	⑧	⑨	26	①	②	③	④	⑤	⑥	⑦	⑧	⑨	39	①	②	③	④	⑤	⑥	⑦	⑧	⑨	52	①	②	③	④	⑤	⑥	⑦	⑧	⑨

受験番号欄

千位	百位	十位	一位	英字	
—	⓪	⓪	⓪	Ⓐ	A
①	①	①	①	Ⓑ	B
②	②	②	②	Ⓒ	C
③	③	③	③	Ⓗ	H
④	④	④	④	Ⓚ	K
⑤	⑤	⑤	⑤	Ⓜ	M
⑥	⑥	⑥	⑥	Ⓡ	R
⑦	⑦	⑦	⑦	Ⓤ	U
⑧	⑧	⑧	⑧	Ⓧ	X
⑨	⑨	⑨	⑨	Ⓨ	Y
—	—	—	—	Ⓩ	Z

フリガナ	
氏 名	

試験場コード	十万位	万位	千位	百位	十位	一位

キリトリ線

国語 模試 第6回 解答用紙

マーク例

良い例	悪い例
●	⊙⊗◔O

337

解答番号	解答欄 1	2	3	4	5	6	7	8	9	解答番号	解答欄 1	2	3	4	5	6	7	8	9
1	①	②	③	④	⑤	⑥	⑦	⑧	⑨	14	①	②	③	④	⑤	⑥	⑦	⑧	⑨
2	①	②	③	④	⑤	⑥	⑦	⑧	⑨	15	①	②	③	④	⑤	⑥	⑦	⑧	⑨
3	①	②	③	④	⑤	⑥	⑦	⑧	⑨	16	①	②	③	④	⑤	⑥	⑦	⑧	⑨
4	①	②	③	④	⑤	⑥	⑦	⑧	⑨	17	①	②	③	④	⑤	⑥	⑦	⑧	⑨
5	①	②	③	④	⑤	⑥	⑦	⑧	⑨	18	①	②	③	④	⑤	⑥	⑦	⑧	⑨
6	①	②	③	④	⑤	⑥	⑦	⑧	⑨	19	①	②	③	④	⑤	⑥	⑦	⑧	⑨
7	①	②	③	④	⑤	⑥	⑦	⑧	⑨	20	①	②	③	④	⑤	⑥	⑦	⑧	⑨
8	①	②	③	④	⑤	⑥	⑦	⑧	⑨	21	①	②	③	④	⑤	⑥	⑦	⑧	⑨
9	①	②	③	④	⑤	⑥	⑦	⑧	⑨	22	①	②	③	④	⑤	⑥	⑦	⑧	⑨
10	①	②	③	④	⑤	⑥	⑦	⑧	⑨	23	①	②	③	④	⑤	⑥	⑦	⑧	⑨
11	①	②	③	④	⑤	⑥	⑦	⑧	⑨	24	①	②	③	④	⑤	⑥	⑦	⑧	⑨
12	①	②	③	④	⑤	⑥	⑦	⑧	⑨	25	①	②	③	④	⑤	⑥	⑦	⑧	⑨
13	①	②	③	④	⑤	⑥	⑦	⑧	⑨	26	①	②	③	④	⑤	⑥	⑦	⑧	⑨

解答番号	解答欄 1	2	3	4	5	6	7	8	9	解答番号	解答欄 1	2	3	4	5	6	7	8	9
27	①	②	③	④	⑤	⑥	⑦	⑧	⑨	40	①	②	③	④	⑤	⑥	⑦	⑧	⑨
28	①	②	③	④	⑤	⑥	⑦	⑧	⑨	41	①	②	③	④	⑤	⑥	⑦	⑧	⑨
29	①	②	③	④	⑤	⑥	⑦	⑧	⑨	42	①	②	③	④	⑤	⑥	⑦	⑧	⑨
30	①	②	③	④	⑤	⑥	⑦	⑧	⑨	43	①	②	③	④	⑤	⑥	⑦	⑧	⑨
31	①	②	③	④	⑤	⑥	⑦	⑧	⑨	44	①	②	③	④	⑤	⑥	⑦	⑧	⑨
32	①	②	③	④	⑤	⑥	⑦	⑧	⑨	45	①	②	③	④	⑤	⑥	⑦	⑧	⑨
33	①	②	③	④	⑤	⑥	⑦	⑧	⑨	46	①	②	③	④	⑤	⑥	⑦	⑧	⑨
34	①	②	③	④	⑤	⑥	⑦	⑧	⑨	47	①	②	③	④	⑤	⑥	⑦	⑧	⑨
35	①	②	③	④	⑤	⑥	⑦	⑧	⑨	48	①	②	③	④	⑤	⑥	⑦	⑧	⑨
36	①	②	③	④	⑤	⑥	⑦	⑧	⑨	49	①	②	③	④	⑤	⑥	⑦	⑧	⑨
37	①	②	③	④	⑤	⑥	⑦	⑧	⑨	50	①	②	③	④	⑤	⑥	⑦	⑧	⑨
38	①	②	③	④	⑤	⑥	⑦	⑧	⑨	51	①	②	③	④	⑤	⑥	⑦	⑧	⑨
39	①	②	③	④	⑤	⑥	⑦	⑧	⑨	52	①	②	③	④	⑤	⑥	⑦	⑧	⑨

受験番号欄

千位	百位	十位	一位	英字	
—	⓪	⓪	⓪	Ⓐ	A
①	①	①	①	Ⓑ	B
②	②	②	②	Ⓒ	C
③	③	③	③	Ⓗ	H
④	④	④	④	Ⓚ	K
⑤	⑤	⑤	⑤	Ⓜ	M
⑥	⑥	⑥	⑥	Ⓡ	R
⑦	⑦	⑦	⑦	Ⓤ	U
⑧	⑧	⑧	⑧	Ⓧ	X
⑨	⑨	⑨	⑨	Ⓨ	Y
—	—	—	—	Ⓩ	Z

フリガナ	
氏 名	

試験場コード	十万位	万位	千位	百位	十位	一位

キ リ ト リ 線

※過去問は自動採点に対応していません。

国語 2023 本試 解答用紙

マーク例

良い例	悪い例
●	・ ⊗ ◔ ○

解答番号	1	2	3	4	5	6	7	8	9	解答番号	1	2	3	4	5	6	7	8	9	解答番号	1	2	3	4	5	6	7	8	9	解答番号	1	2	3	4	5	6	7	8	9
1	①	②	③	④	⑤	⑥	⑦	⑧	⑨	14	①	②	③	④	⑤	⑥	⑦	⑧	⑨	27	①	②	③	④	⑤	⑥	⑦	⑧	⑨	40	①	②	③	④	⑤	⑥	⑦	⑧	⑨
2	①	②	③	④	⑤	⑥	⑦	⑧	⑨	15	①	②	③	④	⑤	⑥	⑦	⑧	⑨	28	①	②	③	④	⑤	⑥	⑦	⑧	⑨	41	①	②	③	④	⑤	⑥	⑦	⑧	⑨
3	①	②	③	④	⑤	⑥	⑦	⑧	⑨	16	①	②	③	④	⑤	⑥	⑦	⑧	⑨	29	①	②	③	④	⑤	⑥	⑦	⑧	⑨	42	①	②	③	④	⑤	⑥	⑦	⑧	⑨
4	①	②	③	④	⑤	⑥	⑦	⑧	⑨	17	①	②	③	④	⑤	⑥	⑦	⑧	⑨	30	①	②	③	④	⑤	⑥	⑦	⑧	⑨	43	①	②	③	④	⑤	⑥	⑦	⑧	⑨
5	①	②	③	④	⑤	⑥	⑦	⑧	⑨	18	①	②	③	④	⑤	⑥	⑦	⑧	⑨	31	①	②	③	④	⑤	⑥	⑦	⑧	⑨	44	①	②	③	④	⑤	⑥	⑦	⑧	⑨
6	①	②	③	④	⑤	⑥	⑦	⑧	⑨	19	①	②	③	④	⑤	⑥	⑦	⑧	⑨	32	①	②	③	④	⑤	⑥	⑦	⑧	⑨	45	①	②	③	④	⑤	⑥	⑦	⑧	⑨
7	①	②	③	④	⑤	⑥	⑦	⑧	⑨	20	①	②	③	④	⑤	⑥	⑦	⑧	⑨	33	①	②	③	④	⑤	⑥	⑦	⑧	⑨	46	①	②	③	④	⑤	⑥	⑦	⑧	⑨
8	①	②	③	④	⑤	⑥	⑦	⑧	⑨	21	①	②	③	④	⑤	⑥	⑦	⑧	⑨	34	①	②	③	④	⑤	⑥	⑦	⑧	⑨	47	①	②	③	④	⑤	⑥	⑦	⑧	⑨
9	①	②	③	④	⑤	⑥	⑦	⑧	⑨	22	①	②	③	④	⑤	⑥	⑦	⑧	⑨	35	①	②	③	④	⑤	⑥	⑦	⑧	⑨	48	①	②	③	④	⑤	⑥	⑦	⑧	⑨
10	①	②	③	④	⑤	⑥	⑦	⑧	⑨	23	①	②	③	④	⑤	⑥	⑦	⑧	⑨	36	①	②	③	④	⑤	⑥	⑦	⑧	⑨	49	①	②	③	④	⑤	⑥	⑦	⑧	⑨
11	①	②	③	④	⑤	⑥	⑦	⑧	⑨	24	①	②	③	④	⑤	⑥	⑦	⑧	⑨	37	①	②	③	④	⑤	⑥	⑦	⑧	⑨	50	①	②	③	④	⑤	⑥	⑦	⑧	⑨
12	①	②	③	④	⑤	⑥	⑦	⑧	⑨	25	①	②	③	④	⑤	⑥	⑦	⑧	⑨	38	①	②	③	④	⑤	⑥	⑦	⑧	⑨	51	①	②	③	④	⑤	⑥	⑦	⑧	⑨
13	①	②	③	④	⑤	⑥	⑦	⑧	⑨	26	①	②	③	④	⑤	⑥	⑦	⑧	⑨	39	①	②	③	④	⑤	⑥	⑦	⑧	⑨	52	①	②	③	④	⑤	⑥	⑦	⑧	⑨

受験番号欄

千位	百位	十位	一位	英字	
—	⓪	⓪	⓪	Ⓐ	A
①	①	①	①	Ⓑ	B
②	②	②	②	Ⓒ	C
③	③	③	③	Ⓗ	H
④	④	④	④	Ⓚ	K
⑤	⑤	⑤	⑤	Ⓜ	M
⑥	⑥	⑥	⑥	Ⓡ	R
⑦	⑦	⑦	⑦	Ⓤ	U
⑧	⑧	⑧	⑧	Ⓧ	X
⑨	⑨	⑨	⑨	Ⓨ	Y
—	—	—	—	Ⓩ	Z

フリガナ	
氏 名	

試験場コード	十万位	万位	千位	百位	十位	一位

キリトリ線

※過去問は自動採点に対応していません。

国語 2023 追試 解答用紙

マーク例

良い例	悪い例
●	⊙ ⊗ ◐ ○

受験番号欄				
千位	百位	十位	一位	英字
—	⓪	⓪	⓪	Ⓐ
①	①	①	①	Ⓑ
②	②	②	②	Ⓒ
③	③	③	③	Ⓗ
④	④	④	④	Ⓚ
⑤	⑤	⑤	⑤	Ⓜ
⑥	⑥	⑥	⑥	Ⓡ
⑦	⑦	⑦	⑦	Ⓤ
⑧	⑧	⑧	⑧	Ⓧ
⑨	⑨	⑨	⑨	Ⓨ
—	—	—	—	Ⓩ

解答番号	解答欄 1	2	3	4	5	6	7	8	9	解答番号	解答欄 1	2	3	4	5	6	7	8	9	解答番号	解答欄 1	2	3	4	5	6	7	8	9	解答番号	解答欄 1	2	3	4	5	6	7	8	9
1	①	②	③	④	⑤	⑥	⑦	⑧	⑨	14	①	②	③	④	⑤	⑥	⑦	⑧	⑨	27	①	②	③	④	⑤	⑥	⑦	⑧	⑨	40	①	②	③	④	⑤	⑥	⑦	⑧	⑨
2	①	②	③	④	⑤	⑥	⑦	⑧	⑨	15	①	②	③	④	⑤	⑥	⑦	⑧	⑨	28	①	②	③	④	⑤	⑥	⑦	⑧	⑨	41	①	②	③	④	⑤	⑥	⑦	⑧	⑨
3	①	②	③	④	⑤	⑥	⑦	⑧	⑨	16	①	②	③	④	⑤	⑥	⑦	⑧	⑨	29	①	②	③	④	⑤	⑥	⑦	⑧	⑨	42	①	②	③	④	⑤	⑥	⑦	⑧	⑨
4	①	②	③	④	⑤	⑥	⑦	⑧	⑨	17	①	②	③	④	⑤	⑥	⑦	⑧	⑨	30	①	②	③	④	⑤	⑥	⑦	⑧	⑨	43	①	②	③	④	⑤	⑥	⑦	⑧	⑨
5	①	②	③	④	⑤	⑥	⑦	⑧	⑨	18	①	②	③	④	⑤	⑥	⑦	⑧	⑨	31	①	②	③	④	⑤	⑥	⑦	⑧	⑨	44	①	②	③	④	⑤	⑥	⑦	⑧	⑨
6	①	②	③	④	⑤	⑥	⑦	⑧	⑨	19	①	②	③	④	⑤	⑥	⑦	⑧	⑨	32	①	②	③	④	⑤	⑥	⑦	⑧	⑨	45	①	②	③	④	⑤	⑥	⑦	⑧	⑨
7	①	②	③	④	⑤	⑥	⑦	⑧	⑨	20	①	②	③	④	⑤	⑥	⑦	⑧	⑨	33	①	②	③	④	⑤	⑥	⑦	⑧	⑨	46	①	②	③	④	⑤	⑥	⑦	⑧	⑨
8	①	②	③	④	⑤	⑥	⑦	⑧	⑨	21	①	②	③	④	⑤	⑥	⑦	⑧	⑨	34	①	②	③	④	⑤	⑥	⑦	⑧	⑨	47	①	②	③	④	⑤	⑥	⑦	⑧	⑨
9	①	②	③	④	⑤	⑥	⑦	⑧	⑨	22	①	②	③	④	⑤	⑥	⑦	⑧	⑨	35	①	②	③	④	⑤	⑥	⑦	⑧	⑨	48	①	②	③	④	⑤	⑥	⑦	⑧	⑨
10	①	②	③	④	⑤	⑥	⑦	⑧	⑨	23	①	②	③	④	⑤	⑥	⑦	⑧	⑨	36	①	②	③	④	⑤	⑥	⑦	⑧	⑨	49	①	②	③	④	⑤	⑥	⑦	⑧	⑨
11	①	②	③	④	⑤	⑥	⑦	⑧	⑨	24	①	②	③	④	⑤	⑥	⑦	⑧	⑨	37	①	②	③	④	⑤	⑥	⑦	⑧	⑨	50	①	②	③	④	⑤	⑥	⑦	⑧	⑨
12	①	②	③	④	⑤	⑥	⑦	⑧	⑨	25	①	②	③	④	⑤	⑥	⑦	⑧	⑨	38	①	②	③	④	⑤	⑥	⑦	⑧	⑨	51	①	②	③	④	⑤	⑥	⑦	⑧	⑨
13	①	②	③	④	⑤	⑥	⑦	⑧	⑨	26	①	②	③	④	⑤	⑥	⑦	⑧	⑨	39	①	②	③	④	⑤	⑥	⑦	⑧	⑨	52	①	②	③	④	⑤	⑥	⑦	⑧	⑨

フリガナ	
氏 名	

試験場コード	十万位	万位	千位	百位	十位	一位

Z-KAI

2024年用

共通テスト 実戦模試

5 国語

解答・解説編

Z会編集部 編

スマホでサクッと自動採点！　学習診断サイトのご案内※1

『実戦模試』シリーズ（過去問を除く）では，以下のことができます。

・マークシートをスマホで撮影して自動採点
・自分の得点と，本サイト登録者平均点との比較
・登録者のランキング表示（総合・志望大別）
・Z 会編集部からの直前対策用アドバイス

【手順】

①本書を解いて，以下のサイトにアクセス（スマホ・PC 対応）

Z会共通テスト学習診断　検索

二次元コード→

https://service.zkai.co.jp/books/k-test/

②購入者パスワード **15848** を入力し，ログイン

③必要事項を入力（志望校・ニックネーム・ログインパスワード）※2

④スマホ・タブレットでマークシートを撮影　→**自動採点**※3**，アドバイス Get ！**

※1　学習診断サイトは 2024 年 5 月 30 日まで利用できます。
※2　ID・パスワードは次回ログイン時に必要になりますので、必ず記録して保管してください。
※3　スマホ・タブレットをお持ちでない場合は事前に自己採点をお願いします。

目次

模試　第１回　解答

自動採点・学習診断

第1問小計	第2問小計	第3問小計	第4問小計	合計点
				／200

問題番号(配点)	設問	解答番号	正解	配点	自己採点
第１問 (50)	1	1	①	2	
		2	③	2	
		3	④	2	
		4	③	2	
		5	①	2	
	2	6	③	7	
	3	7	①	7	
	4	8	④	7	
	5	9	⑤	7	
	6	10	②	4	
		11	③	4	
		12	②	4	
第２問 (50)	1	13	②	7	
	2	14	②	7	
	3	15	⑤	7	
	4	16	③	7	
	5	17	③	7	
	6	18	①	7	
		19	④	8	

問題番号(配点)	設問	解答番号	正解	配点	自己採点
第３問 (50)	1	20	①	5	
		21	⑤	5	
		22	④	5	
	2	23	④	7	
	3	24	②	7	
	4	25	③	7	
	5	26	③	7	
		27	②	7	
第４問 (50)	1	28	②	4	
		29	⑤	4	
		30	①	4	
	2	31	②	6	
	3	32	①	5	
	4	33	④	6	
	5	34	③	7	
	6	35	④	7	
	7	36	⑤	7	

第1問

出典 **【文章Ⅰ】** 宇野常寛《うのつねひろ》『遅いインターネット』（幻冬舎 二〇二〇年）

【文章Ⅱ】 長谷正人《はせまさと》「映像文化の三つの位相 見ること、撮ること、撮られること」（井上俊《いのうえしゅん》編『〔全訂新版〕現代文化を学ぶ人のために』世界思想社 二〇一四年所収）

宇野常寛は一九七八年生まれの評論家、編集者。著書に『ゼロ年代の想像力』、『リトル・ピープルの時代』、『日本文化の論点』などがある。

長谷正人は一九五九年生まれの社会学者。著書に『映画というテクノロジー経験』、『敗者たちの想像力――脚本家 山田太一』、『ヴァナキュラー・モダニズムとしての映像文化』などがある。

【出題のねらい】

今回出題した二つの文章は、ともに映像文化のあり方が変わったことを論じている。**【文章Ⅰ】**は20世紀の「映像の世紀」に「他人の物語」を享受した人たちとそれを供給した映像産業の今後を青写真として描いているのに対して、**【文章Ⅱ】**では「見る」文化と「撮る」文化をキーワードとして、新世代の側に立って「文化の『パーソナル化』」という新世代に見られる内面的な特徴を指摘している。各文章の論旨を押さえるとともに、二つのテクストを読み比べるという姿勢がいよいよ不可欠である。二〇二三年度の大学入学共通テスト（**第1問**）ではル・コルビュジエの建築における窓について論じた文章が二つ示されたが、二つの文章に同一の引用箇所があり、最終設問では引用箇所をめぐる「とらえ方の違い」などを考察させる出題が見られた。大学入学共通テストも開始後三年が経過し、「複数テクスト」と「言語活動」を重視する出題は定着してきているとみてよい。今回の出題でも大学入学共通テストの形式を踏まえ、最終設問に「複数のテクスト」と「言語活動」を含む設問を用意した。

【概要】 問題文の概要は次の通りである。

【文章Ⅰ】

(1) **「他人の物語」から「自分の物語」へ**（1～5段落）

●人々の関心の移行（1段落）

二次元の平面（紙、スクリーン、モニター）上の「他人の物語」から、三次元の空間での体験、つまり「自分の物語」の発信に人々の関心は大きく移行しつつある。

↓

「他人の物語」を記録したモノ（本、CD）には値段がつかなくなり、フェスや握手会といった「自分の物語」としての体験が、つまりコトが値上がりしている。

●映像の20世紀（2～4段落）

映像は立体的な現実を平面的な虚構に整理し、乖離した人間の認識を統合する。

↓

人々は映像において他人と経験を共有する。そこにテレビなどが関わることで、国民国家は広く複雑化した社会の維持が可能になった。

●映像の変質：21世紀（5段落）

しかし映像という制度は情報環境の進化により大きく変質しつつある。

＝

あらゆる「映像」はインターネット上でシェアされる「動画」のバリエーションになりつつある。インターネットは写真を「画像」に、映像を「動画」に、つまりネットワークで共有されることが前提のものにしたのだ。

(2) **映像のこれから**（6～8段落）

・前世紀に生を受けた僕たちにとって、社会とはスクリーンやモニターの中に存在するものだった。

⇔しかし
・おそらくこれからの人類は（少なくとも20世紀の人類ほどには）映像の中の他人の物語を必要としなくなるだろう。
←
・21世紀の知識人は20世紀の映画を共通言語としてコミュニケーションを取るだろう。
・映像は知識人たちの共通言語となる教養として、細分化とハイコンテクスト化を遂げていく（小説がかつてそうであったように）。
←
・高齢化する先進国に暮らす20世紀の人類を対象に、前世紀の有名作のリブートと続編が再生産され続けるだろう。
＝
・それが映像作品を最大の共通体験とする僕たち映像の世代を動員するための最適解に他ならないからだ。

【文章Ⅱ】

(1) **これまでの映像文化**（1～2段落）
・映像文化は、一九世紀の発明以来、大衆的な「見る」文化として発展してきた。
←したがって
・「撮る」文化としての映像は、きわめて周縁的な領域にとどまっていた。
＝
・「撮る」文化は、「見る」文化に従属してきたといえるだろう。

(2) **現代の映像文化**（3～4段落）
●技術の民主化（3段落）
・現代の映像文化の主流は、周縁的だったアマチュアが「撮った」文化としての写真や動画である。
＝
・「撮る」文化としての映像文化が人びとに普及したのは、カメラの軽量化や操作の簡便化（オートフォーカスなど）といった技術的条件の徹底的な民主化によって、誰もが気軽に映像を「撮る」ことができる映像化社会が出現したことによる。**（前提）**
●文化の「パーソナル化」（4段落）
・だが、そこで話を終わらせてはならない。
＝
・そこには文化の「パーソナル化」という歴史的変化が介在していたと考えられる。
＝
・大衆向け作品を社会的に共有することに喜びを感じる文化
←
・世界を個々人がカスタマイズすることを欲望するパーソナルな文化へ

問1 1 ① 2 ③ 3 ④ 4 ③ 5 ① **《漢字問題》**

(i) 大学入学共通テストから出題された、漢字の意味を問う問題。

(ア)「失い（失う）」の「失」は、〈なくす〉という意味で用いられている。正解は、この〈なくす〉と同じ意味をもつ①「紛失」である。他の選択肢の②「失言」と④「過失」は〈しくじる〉の意味で用いられており、③「失踪」は〈にげる〉の意味で用いられている。

(オ)「例えば」の「例」は、〈同じ種類のものを取り上げる事柄〉を示す。正解は、この〈同じ種類のものを取り上げる事柄〉と同じ意味をもつ③「例文」である。「例」には他に〈以前からのやり方、ならわし、いつも通りの〉という意味があり、①「月例」、②「定例」、④「例年」の「例」はいずれもこの用法にあたる。

(ii) 従来出題されてきた、同一の漢字を含む選択肢を選ぶ問題。

(イ)は「余暇〈＝自由に使える時間〉」。①は「(人事)考課〈＝勤務成績などを調査して報告すること〉」、②は「転嫁〈＝他になすりつけること〉」、③は「夏炉冬扇〈＝時期が外れていて役に立たないこと〉」、④は「寸暇〈＝わずかな暇のこと〉」。

(ウ)は「備えた」。①は「追尾〈＝あとをつけること〉」、②は「微々(たる)〈＝わずかなさま〉」、③は「警備」、④は「耳鼻」。

(エ)は「肖像〈＝人の姿形を写したもの〉」。①は「不肖〈＝親や師などに似ず愚かなさま〉」、②は「尚早〈＝まだ早すぎること〉」、③は「景勝〈＝景色がよいこと〉」、④は「奨励〈＝人にすすめること〉」。

問2 6 ③ 《内容把握問題》

「コトが値上がりしている」という本文特有の表現の意味を、文章に即して理解しているかが問われている。傍線部**A**を含む一文では「コト」と「モノ」が対比されて使われていること、また傍線部**A**の直前には「つまり」とあり、「コト」の具体例が「フェスや握手会」にあたり、さらにそれは「『自分の物語』としての体験」と言い換えられている。

モノ＝本やCD＝「他人の物語」＝値段がつかなくなっている
コト＝フェスや握手会＝「自分の物語」としての体験＝値上がりしている

同じ段落の最後には「自分が直接体験する自分が主役の物語に余暇と所得を傾ける人々が増えていく」ともあることにも留意し、「モノ」と対比させながら「コト」の「値上がり」を考えよう。

本やCDとはしょせん自分とは切り離された「他人の物語」だが、フェスや握手会はそこに自分が足を運ぶ自分自身の体験であるという意味で「自分の物語」である。本やCDというモノを買い揃《そろ》えることに満足するのではなく、自分自身の身体が直接関わるイベントに参加するという「コト」が重視されつつある。この「重視されつつある」ことを比喩的に表現したのが「値上がりしている」という表現であることは、段落最後の「余暇と所得を傾ける」という表現からも確かめられる。「コト」を「自分が直接関わる出来事を体験すること」、「値上がりしている」を「大きな意味が見出されてきている」とそれぞれ言い換えてある③が正解。

①は「フェスや握手会に自分が参加したこと」を「体験」としてとらえていることはよいが、「見ず知らずの他者と体験を共有すること」に限定した説明は本文にはないので誤り。

②は「フェスや握手会」を「身近な催し」として「完成された作品」と対比しているが、対比のポイントは自分対他人であって、「身近／完成された」ではないので誤り。

④では「一般的な人気の度合いよりも自分にとって関心が高いもの」という比較がなされているが、「フェスや握手会に参加する」のは「コト」であり、これを「モノ」(本やCD)と比べるという視点がないことが誤っている。

⑤は「フェスや握手会」に参加する人が増えている理由を、「自分以外の他者と交流していく」ためと説明してしまっている。ここでは「自分の体験」(＝コト)の「価値が高まっている」(＝値上がりしている)ことを説明すべきところであり、一般化が不十分な選択肢である。

傍線部前後の指示語や接続表現、段落内での対比関係などに気をつけ、比喩的な表現を通して筆者が述べようとしていることを一般化していくことが大切である。

問3 7 ① 《理由把握問題》

傍線部**B**のすぐ前では、「これからの人類」と「20世紀の人類」が比較されているので、3〜6段落を中心に整理して、二つの相違をまず確認しよう。

20世紀の人類
・映像になじみ、他人の経験を共有していた（3段落）
・社会とはスクリーンやモニターの中に存在するものだった（6段落）

これからの人類
・彼らにとっての映像はインターネット上での「動画」のバリエーション
（＝共通体験ではない）（5段落）

かつて映像はテレビから一斉に流れるもので、録画機能も発達していなかったので、多くの人々が同じ時間に同じ映像を見ていた。そして画面の中に「社会」を感じ取り、その「社会」を互いに共有する関係が成り立っていた。

しかし現代では映像はインターネットを通して流れることが主となっており、同時放送でもないため、映像に「社会」を感じることは少ない。むしろ前問で見たように、自分で体験することの方に重きが置かれ、「社会」もそこにあるという意識が高い。

以上のような対比的な関係を踏まえると、傍線部Bの「他人の物語」が以前必要とされていたのは人々がそこに「社会」を見ていたからであり、一方で昨今では「他人の物語」に「社会」が見出されることがなくなっているので、「他人の物語」は必要とされなくなっていくのだとわかる。①が正解。

②は「個人の制作した動画が溢れ出す」ことは事実としてありうることではあるが、「そこに虚構性を強く意識してしまう」ということは本文に書かれていない。映像はしょせん「他人の物語」であるから関心を引かないのである。

③は映像の質が低下したことを映像離れの理由としているが、5段落冒頭によれば情報環境が進化したことと、それに伴って映像の「制度」が変わったことが原因で、そのことが人々の感性を変えたというべきところである。

④は前半の「双方向的なやりとり」、また後半の「個人情報を守る必要」がともに本文とは関係のないことであり、傍線部Bの理由とは結びつかない。

⑤は後半に、映像について「人々が自己を投影すべき模範を示すもので」はなくなったとしているが、そもそも前世紀にも人々は映像に「社会」を見出していたという事実はあっても、それを「自己を投影すべき模範」としていたとは限らないので、これも誤り。

問4　8　④　**《内容把握問題》**

傍線部Cは大きく、「映像作品を最大の共通体験とする僕たち」と「映像の世代を動員する」に分けられ、前半は「僕たち」、後半では「動員する」ものについての把握がそれぞれ求められている。一つずつ考えていこう。

まず一つ目「映像作品を最大の共通体験とする僕たち」とはどのような世代か。前問まででも確認してきた通り、この世代は映像文化にどっぷりと浸《つ》かった世代であり、「『他人の物語』への感情移入装置」（7段落）である劇映画になじんできた世代である。そして同じ段落で筆者は、この世代の知識人はこれまでと同じように劇映画を「共通言語」としてコミュニケーションを取るであろうと予測している。「僕たち」は時代が変わってもなお、劇映画に親しむというのだ。

二つ目について、そのような「僕たち」を「動員する」のが映像産業である。新しい世代はもはや「他人の物語」である旧世紀的な映像には魅力を感じないので、映像産業はかつての「得意先」である「僕たち」旧世代を「動員」するために、旧作の「リブートと続編」を大量に供給することが「最適解」だとしている。以上、二つのことを合わせ正しく記述しているものとして、④が正解。

①は前半の「郷愁を覚えている」がやや趣旨とずれている。「僕たち」は「映像の世紀」と筆者が名づけた前世紀の映像流通の制度になじみ、そこから脱することができていないというだけであり、そこに「郷愁を覚えている」かどうかを本文から読み取ることはできない。

②は前半の「……支持している」まではよいが、それを「利用」して映像産業が「動員」しようとしているのは「僕たち」前世代であり、選択肢にあるように「新しい世代」を呼び込もうとしているのではない。

③の前半にある「協調を望んでいる」は「コミュニケーションを取った」（7段落）の言い換えにあたると考えることはできるが、この「協調」は「僕たち」旧世代間のことであって、「新しい世代と旧世代の歩み寄り」のことではないので誤り。

⑤は前半「自分を語ることに抗い」「共通体験に固執している」が誤り。「僕たち」旧世代が「他人の物語」を他者と共有していたのは自己をさらけ出すこ

とをこばんでいたからではなく、映像のシステムが一方的に受信するものでしかなかったことによる。

説明すべきポイントが複数ある説明問題では、傍線部の表現をいくつかのパーツに区切り、それぞれについて本文での具体と抽象の関係などを考慮しながら検討していくとよい。

問5 **9** ⑤ 《内容把握問題》

傍線部**D**に関わる文の構造を最初に確認する。傍線部**D**の冒頭にある「だが」は、3段落の後ろから二つ目の文にある「むろん」と対応したものである。この「むろん」以下で、筆者は現代に起こりつつある「映像文化」の変遷にはカメラの軽量化や操作の簡便化など技術的条件が関与していることを事実として認めている。その上で、傍線部**D**以下では「だが」と断り、「そこ（＝技術的条件の徹底的な民主化）で話を終わらせてはならない」と続けてその背後にある「人間の欲望」という話題を導いている。

・技術的条件の徹底的な民主化＝カメラの軽量化、操作の簡便化など
　→ 支えている
・人間の欲望＝文化の「パーソナル化」
　――世界を個々人がカスタマイズすることを欲望する文化

単に技術が進化したから「撮る」文化が主流になったというのではなく、その背後には文化の「パーソナル化」への欲望があって、その欲望が技術の進化を支えていたのである。

「映像技術の民主化」と「文化の『パーソナル化』」の内容、および両者の関係を適切に述べたものとして、⑤が正解。

①は「文化の『パーソナル化』」の説明が誤り。「世界をありのままに記録」することはむしろ「パーソナル化」と対極的なことに属する。

②も「文化の『パーソナル化』」の説明が誤り。「大衆から抜きん出た一個人間として」のように優劣を意識するという要素は読み取れない。

③は「撮る」文化が「見る」文化を「従属させるに至った」とあるが、「従属させる」とまではいえない。また、「個人の感受性が洗練された」とは感受性の質の変化であり、文化との向き合い方のことである「文化の『パーソナル化』」とは合わない。

④は「カメラの軽量化」などそれ自体が「映像技術の民主化」にあたるので、「手持ちのカメラで気軽に撮影しデータのまま保管できること」が「映像技術の民主化を促した」というとらえ方は誤り。また「個人が自己を表現してみたいという意識」は「文化の『パーソナル化』」にあたるが、これが「顕在化し始めた」ということは、それまで「潜在していた」ことになる。しかし「潜在していた」かどうかはわからないのでふさわしくない。

問6 **10** ② **11** ③ **12** ② 《会話形式による複数文章の内容把握問題》

生徒たちによる話し合いの様子を参照するという設問の設定は過去のセンター試験や共通テストでも度々登場しており、言語活動の過程を重視するという問題作成方針を踏まえたものである。本問は二〇二三年度本試験**第1問**の**問6**にならい、言語活動の形式を用いて複数のテキストを比較対照することを求めた出題である。

(i)　空欄の前には、「かつての『映像』がどのようなものだったかという点で、これら二つの文章は認識を共有している」とあるので、「かつての『映像』」について、二つの文章に書かれている共通点が何かをまず押さえればよい。

【文章Ⅰ】 ・人々は映像を介して他人と経験を共有していた。（3段落）
・テレビにより、国民国家は社会を維持していた。（4段落）

【文章Ⅱ】 ・映像文化は、大衆的な「見る」文化として発展してきた。（1段落）
・大衆向け作品を社会的に共有していた。（4段落）

このように整理して導くことができるのは、「共有」というキーワードである。映像を制作して放映することができるのは一部の人たちに限られ、そのようにして制作された映像を大多数の人々が受け身になって受信し、それを共有していた。これが二つの文章に共通する「認識」だとわかる。

このことを過不足なく述べているものとして、②が正解。

①は最初の「虚構としてつくり出された」が誤り。「虚構」の語は**【文章Ⅰ】**にはあるが**【文章Ⅱ】**にはない。また、**【文章Ⅰ】**についても、立体を平面に移し替える認識の仕方が「虚構」なのであって、映像化された体験が虚構なのではない。

③「一部の特権的な立場にある者」は大衆と対比されるのでこの指摘はよいが、後半部分の「人々は」以下は**【文章Ⅱ】**にはない内容である。

④「少数の専門家によってつくり出された映像が社会そのものであるかのように人々の前に立ち現れ」は**【文章Ⅰ】**にはあてはまるが**【文章Ⅱ】**にはあてはまらない。また、後半の「自己の分身として」は**【文章Ⅰ】**とも合わない。

(ii) **【文章Ⅰ】**の「僕たち」と**【文章Ⅱ】**の「私たち」の立場の違いが問われている。

【文章Ⅰ】の「僕たち」は「前世紀に生を受けた」（6段落）とあり、「これからの人類」と対比されているので、映像による「他人の物語」になじんだ前の世代とわかる。

一方、**【文章Ⅱ】**の「私たち」については「現代の私たち」（3段落）とあり、現代の「撮る」文化に属していることがわかる。

二つを正しく組合せたものとして、③が正解。

①は**【文章Ⅰ】**の「僕たち」について、「新世紀の動画のあり方に批判的」とある点が誤り。「批判的」だとは書かれていない。**【文章Ⅱ】**の「私たち」についての記述はよい。

②は**【文章Ⅰ】**の「僕たち」が「メディアの変容に翻弄されている」とあるが、旧時代の映像を相変わらず利用していることからすると、「翻弄されている」とは言い難い。

④は**【文章Ⅰ】**の「僕たち」が「メディアと距離を置く」としているが、新世代のメディアとは距離を置いているとしても旧来のメディアに対しては積極的に関わっているので正しくない。また**【文章Ⅱ】**の「私たち」についても「メディアに対する信頼を失ってしまった」は本文の記述と異なる。

(iii) (i)では二つの文章が「かつての『映像』」をどのようにとらえていたかを確認したが、本問では「自分の物語」と「パーソナルな文化」の関連づけが問われている。「自分の物語」および「パーソナルな文化」はそれぞれの文章で「かつての『映像』」と比較する形で言及されているので整理しておく。

【文章Ⅰ】「自分の物語」↔「他人の物語」（＝かつての「映像」による文化）
【文章Ⅱ】「パーソナルな文化」↔「大衆向け作品」（＝映像などを共有する文化）

選択肢は共通して、「〜ことが『自分の物語』や『パーソナルな文化』（……）を」という構文になっており「〜」には文化が変容した背景が入るとわかる。そしてここに「撮る」あるいは「見る」をあてはめてみると、そこには「『見る』文化から『撮る』文化への変容」といった事態が入るとわかる。「撮る」文化が広がったことが『自分の物語』や『パーソナルな文化』を招いた、という因果関係を指摘できている②が正解。

①は「『見る』文化の大衆化」が不適切。「『撮る』文化」へと変わったことが説明されていなければいけない。

③は前半に「好奇心を人々が失い」とあるが、実際にそうかどうかは、本文からはわからない。また、後半の「変質させた」も誤り。「自分の物語」や「パーソナルな文化」への変質であって、「自分の物語」や「パーソナルな文化」が何か別物に変質したのではない。

④は末尾の「批判を生んだ」が誤り。「批判」されているという記述は本文と合わない。

第2問

出典　岡田利規《おかだとしき》「楽観的な方のケース」（『ブロッコリー・レボリューション』新潮社　二〇二二年所収）、**【資料】**星野智幸《ほしのともゆき》「一人称ではない私」（『波』新潮社　二〇二二年七月号掲載）

　岡田利規は、一九七三年生まれ。劇作家、演出家、作家。主な小説作品に『わたしたちに許された特別な時間の終わり』、『ブロッコリー・レボリューション』などがある。

　星野智幸は、一九六五年生まれ。作家。主な作品に『目覚めよと人魚は歌う』、『ファンタジスタ』、『俺俺』、『夜は終わらない』などがある。

【出題のねらい】

　「楽観的な方のケース」は「私」と近所のお気に入りのベーカリーとの関わりをめぐる何気ない日常を綴《つづ》った作品だが、**問6**の**【資料】**として引用した星野智幸の解説文でも言及されている通り、作品の随所で登場人物の「私」や「彼」の視点には本来入らない描写や心情が語られている点が、読者に奇妙な読後感をもたらすところに特徴がある。設問は登場人物の心情把握を中心とし、最終問で「複数テクストの読解」と表現に関するものを用意した。二〇二三年度の大学入学共通テストの**第2問**は心情把握の問題が中心だったが、最終問では過去に実在した広告が示され、本文の記述と比較しながら作品発表時の社会状況を考察させる問題が目を引いた。**第1問**と同様、複数テクストを用いた出題であり、より広い視野から文章を読解することが求められている。本問の出題もこの傾向にならったものである。

【概要】　問題文の概要は次の通りである。

(1)《「彼」の思い》（リード文〜22行目）

・「コティディアン」のようなパンがホームベーカリーで作れるわけないじゃないかと、彼が言いました。

↓

・パンを買うという実際の行為でもって応援していきたい、と彼が、ずいぶん静かな、しかしその分、おそろしく真摯な様子で言いました。

↓

・美味しいパンをこれからも食べたいという、ごく当たり前で素直な欲求

(2)《初めてパンを焼く》（23〜45行目）

・その翌々日、私は、……ナショナルのホームベーカリーSD-BM151を、購入してきました。……食パンのレシピに、それでもわくわくして取りかかり、焼き上がったものを……彼の口に入れました。

・私は、美味しいでしょう？　と言いました。

・でも「コティディアン」のほうがやっぱり美味しいと思う、と彼が言いました。

↓

・問題は、……たとえ今の自分がその差を重要と思っていても、未来の自分があんまりそう思わなくなるように、自分にちょっとした変容を施すことができるか、ということでした。

↓

・このホームベーカリーがあるなら、私はその変容を自分に課すことができると、確信していました。

↓

・週に一度、二人で「コティディアン」に行くとき、……おばあさんの笑顔が相変わらずだったので、救われるような気持ちに、その都度なりました。内心おばあさんがどう思っているのかなどということが、まったく読み取れない笑顔でした。

(3)《「傷」を負った「彼」》（46～64行目）

・実は、彼のほうは、この期間にも、週に何度か、私に知られずに一人で「コティディアン」に行っていました。

↓

・あるとき、手にしていたコロッケパンが、トンビに目を付けられました。トンビは、……それを見事に掠め取りました。トンビの爪が、彼の手の甲に軽く触れて、彼は、切り口の鈍くて、しかし長い引っ掻き傷を負いました。

↓

・彼は、この傷を私にどう説明すればいいのか、しばらく頭を絞りました。

⇔　しかし

・その傷について私から何か言われることはありませんでした。パンをどう焼くかということや、……ということで頭がいっぱいになっていて、私は傷に気がつきませんでした。

(4)《**楽観的な方のケース**》（65～最終行目）

・おそらくそう遠くない将来、私のこのパン作りの熱は冷めて、……ホームベーカリーのパンと「コティディアン」のパンとの、頻度のちょうどいい比率が、これから自然と定まっていくと、思われました。

↓

・「コティディアン」は、世界的な小麦の高騰に、さほどの打撃を受けることなく済みました。

＝

・とは言え、もちろんこれは、楽観的な方のケースです。

問1　13　②　《内容把握問題》

「真摯」は〈まじめで熱心なさま〉を表す。傍線部A冒頭の「しかし」はすぐ前の「ずいぶん静かな」を受けていて、これと「おそろしく真摯な」が逆接の関係にあることを表している。「パンを買うという実際の行為でもって応援していきたい」と「私」に言う「彼」の言い方は静かでありながら熱心さがこもっていたので、「彼」の発言は心からのものだったとわかる。

「彼」は「私」がホームベーカリーを買うことを全面的に否定しているわけではないが、ホームベーカリーを買うことで「コティディアン」から足が遠のくことにはなりたくないと考えている。そしてそこには「コティディアン」を評価し、パンを買い続けたいという思いがあり、それを伝えたいというのである。「パンを買い続けたい」という思いを指摘している②が正解。

①は「別物であるという事実」を「私」に「理解させようとしている」とあるが、「私」とてそのことは承知しているはずなのでふさわしくない。

③は「『私』がホームベーカリーでパンを焼くことへの反発」とあるが、「反発」しているとまでは読み取れない。

④「当初のまばゆさを感じていないこと」は傍線部Aよりもあとの部分に書かれていることだが、そのことを「自省」しているわけではない。

⑤「私」が「彼」ほど「コティディアン」に愛着をもち続けているわけではないことは「私」自身が認めているが、「彼」がそれを「寂しく思っている」と判断する根拠は乏しい。また、傍線部Aの「真摯な様子」は「コティディアン」に対する思いを語る箇所にあたるので、ここで「寂しさ」をもち出すことはやや外れている。

問2　14　②　《心情把握問題》

傍線部Bにある「その変容」は直前の文にある「変容」を受けたもので、ホームベーカリーのパンと「コティディアン」のパンの味の差を重要とは思わなくなるという変容を指す。「コティディアン」のパンの方が美味しいことは事実だが、味の差を気にしなくなるという「変容」を、「私」は自分に課すことを考えている。「課す」は〈仕事や責任などを義務として負わせる〉という意味であり、「私」はこの「変容」を意識して自らに義務づけようとしている。

「変容」と「課す」の意味合いが出ているかどうかを中心に選択肢を検討していくと、②がよい。「『コティディアン』のパンの味との違いを気にかけない」が「変容」、「努める」が「課す」にあたり、「はずだ」という強い調子は「確信」に対応している。

①は「変容」するのが「彼」だとしている点が取り違えている。また「課す」や「確信」にあたる部分がない。

③はパンの味が向上するという内容になっているが、「変容」は味の差を気にしなくなることなので誤り。また「おのずと」では「課す」のニュアンスも出ていない。

④「味に慣れてくる」は「味の差を気にしなくなる」の言い換えとしては合わず、また「課す」という意識的な心の動きも出ていないので不適切。

⑤は前半で「味の違い」に触れているが、後半は話題が「パンを焼くことの喜び」のみになっており「変容」や「課す」の説明ができていない。

問3 15 ⑤ 《心情把握問題》

「私」と「彼」は週に一度、二人で「コティディアン」に行くと決めたが、以前に比べると訪問回数が「あからさまに激減した」ので、私は気まずさを感じていた。しかし「おばあさんの笑顔が相変わらずだった」ことに「救われるような気持ち」になる。傍線部Cではそれに続き、「私」はおばあさんの笑顔について「内心」「どう思っているのかなどということが、まったく読み取れない」とある。

来店ペースの激減＝気まずさ……a
⇔
おばあさんの笑顔＝その都度救われるような気持ち……b
⇔
内心はまったく読み取れない……c

aとb、bとcはそれぞれ逆接の関係にある。このことを手がかりに解釈として整合性のあるものを選択肢から選ぶとすると、⑤が正解である。aの「気まずさ」が「後ろめたさ」、bの「救われるような気持ち」が「安堵」、cの「まったく読み取れない」が「本心がわからないことを不安」と記述され、aとb、bとcが逆接の関係で結ばれている。

①は前半に「寂しさを癒やす」とあるが、これはaの「気まずさ」と合わない。おばあさんが前と変わらない接客をしてくれたことに救われたのであって、それまで疎遠であったことに寂しさを感じていたわけでもない。また後半部分についても、「まったく読み取れない」とあるところを「孤独と不安を読み取ってしまい」とするのは無理がある。

②は前半の「笑顔で応対してくれたので気は楽になった」はbと合う。しかしaとcにあたる説明が欠けている。「気は楽になった」と「落胆」は確かに逆接の関係にはあるが、おばあさんの内心を「まったく読み取れない」という「私」の感想を「落胆」していると決めつけることはできない。

③「気まずさ」を感じていた「私」が「救われるよう」に思ったという気持ちの転換の説明がない。また「取り繕ったような笑顔」「あてつけ」「卑屈さ」などマイナスの言葉が並び、bにあたるプラスの思いが説明されていない。

④は週に一度の来店を「義理立て」としているが、果たしてそうなのかどうかは判断できないので不適切。また、「気兼ねする関係」とあるが、相手の内心は「読み取れない」のだから、「互いに気兼ねする関係」であるとは言い切れないだろう。

問4 16 ③ 《表現把握問題》

設問にある通り、傍線部D以後「傷」に関する描写が続いて出てくる。本文中の描写をもとにして、「傷」がもつ象徴的な意味を考えてみよう。

・彼は、この傷を私にどう説明すればいいのか、しばらく頭を絞りました。
・その傷は今は、だいぶ塞がりつつありましたが、まだ目に見えて残る形が、くっきりとはしていました。彼が、傷のラインを、反対側の手の指で辿っていました。
⇔
・しかし、その傷について私から何か言われることはありませんでした。

「彼」は「私」に内緒で「コティディアン」のパンを買って食べている時に「傷」を負ったので、「私」に隠しごとをしたことへの「罰」と意識されたことは十分に考えられる。「彼」は「傷」をことあるごとに気にしていた。しかし「私」はパンのことで頭がいっぱいで、「傷」には気がつかなかった。

「傷」は「彼」だけが背負ったものとして書かれていることに着目し、「傷」を負った経緯と「傷」をめぐる「彼」の思いを適切に説明しているものとして③を選べる。

①「みじめさ」とあるが、「彼」はパンを少しでも美味しく食べようとしてタンカーの見える海岸に出向いていたので、「傷」を負った時は「みじめ」と感じていたとは決められない。また「私」を「妬まずにおれない」という記述も根拠がない。

②の前半の「食い違い」の説明は的を射たものである。しかし「修復することの難しい大きな断絶」は「傷」の一般的なイメージとしては合うが、本文からそこまでは読み取れない。

④「傷」が長いことは二人の関係の長さを象徴しているとはいえないだろう。「私」は傷のことを気にも留めておらず傷は「彼」一人にとってのものといえるからである。同じ理由で、「傷」は「彼」にとっての心の「傷」ではあっても、「私」にとってのそれではないので、「二人の間」の「距離」を「傷」に見立てることは難しい。

⑤の前半の「対照性」は本文に沿った説明と認めてよい。しかしこれを「誰もがもつ」と一般化すること、また「自己中心的な一面」と意味づけることは適切でない。あくまでも「彼」にとっての「傷」であり、「私」に隠れてパンを買っていたことを「自己中心的」だといえるかもしれないが、「傷」は隠しごとをしたことの「罰」のようなものだととらえる方が妥当である。

問5　**17**　③　《表現把握問題》

「ケース」は〈個々の事例、場合〉という意味。特に波線部Yを含む「楽観的な方のケース」は本文のタイトルにもなっており、そこには作者の思い入れがあると考えてよいだろう。本文ではもう一カ所、波線部Xに「ケース」の語が登場することに着目し、そこからタイトルの意味を考察してもらうことが本問のねらいである。

X　自分のことを偽善的かもしれないと疑ったりしないで済む、というようなケースは、とても幸福な、珍しいことです。

Y　（「コティディアン」が盛り返していくだろうと予測していることに対して）とは言え、もちろんこれは、楽観的な方のケースです。

この「ケース」に関わる「幸福」「楽観的」に共通するのは、物事が望ましい方向に進んでいる「ケース」であるということだ。さまざまな「ケース」が想定できるが、その中でも「幸福」な、あるいは「楽観的」な場合なのだ、という判断がそこにはある。つまり「幸福でない」「楽観的でない」ケースも念頭に置いた上で、今自分たちが向き合っているのは望ましい方のケースなのだという認識の仕方がなされている。いくつもの「ケース」を想定し、自分がそのうちの一つに身を置いていると考えることで、自分自身のことを相対化しているといえるだろう。「ケース」を「多様な関係性のうちの一つに過ぎない」ことであるとし、それに合う「私」の考え方を記したものとして、③が正解。

①は個々の「ケース」が生じることを「偶然である」と解釈することは適当だが、本文全体を通しても「私」が「天啓のようなものを感じたら素直にそれに従った方がよい」と考えている節はない。

②の前半は、各箇所での自分たちとは異なる「ケース」を述べたものだが、後半の「さまざまな角度から多面的な見方をすることが望ましいという『私』の信条」は本文からは読み取れない。たとえば、「私」はホームベーカリーの購入にあたり「さまざまな角度」から可能性を考えるなどはしていない。

④「ケース」は考えられる事例のうちの一つを表し、先に確認した通り事態を相対化する視点なので、これは「運命的」とは呼べない。また「紆余曲折や一筋縄ではいかない」は「幸福」「楽観的」とも合わない。

⑤「いくつものパターンを想定していることを示唆」は妥当だが、後半の「楽天的な性格」がよくない。「幸福」「楽観的なケース」であるという認識は

出来事を相対化する冷静な姿勢によるもので、「楽天的な性格」とはいえない。

問6 **18** ① **19** ④ 《複数資料の内容把握問題》

本文と【資料】【メモ】【文章】を照らし合わせて答える問題。複数のテクストを比較する視点が必要になる。【資料】の傍線部にあたる事例が【メモ】の(1)にあたり、(2)でそれを意味づけている。そして、(3)の構想メモに従って【文章】が書かれている。

(i) 空欄Ⅰの直前にある「この二つの表現」が指す「私が、……立っていました」と「タンカーの航跡」の文は【メモ】(1)にあり、これはさらに【資料】の傍線部に該当する表現である。【資料】の傍線部は「視点人物」に「見も知りもできないはずのことが、平然と語られる」ことを述べているので、このこととほぼ同じことを指摘している①が正解。

②は「想像上の視点から空想している」が誤り。「想像している」ことをうかがわせる書き方にはなっておらず、むしろ断定的に語られている。

③は「過度に内省的かつ分析的になり」が誤り。視点に入らないことを物語ることが「過度に内省的かつ分析的」な描写の原因になっているとは読めない。

④は「空間」の制約を超えるという指摘はよいが、「時間」の制約を超えてはいない。時間の制約を超えると、たとえば、今の時点では知りえない未来のことを語るといったことがなければならない。しかし「私」が「コテイディアン」との関係の今後を予測している部分などはあるが、それは「〜と、思われました」というふうに、あくまでも想像であることが明記されているので、ここでの指摘はあたらない。

(ii) 空欄Ⅱを含む文の前半にある「違和感は消える」ことは【メモ】の(2)にあたる。それに続く部分なので、空欄には【メモ】の(3)の③にある「三人称が『幻想』であること」という内容が入るとわかる。多くの小説や物語では、作品世界を外部から見下ろすカメラのような視点を設定し、そこから作品世界を語るという設定となっている。たとえば「昔、男ありけり」と「語る」のは作品の外部にいる第三者の語り手である。しかし私たちの生きる日常を振り返ってみれば、「私」や「あなた」、「〇〇さん」という人はいても、日常を外から見据えて語る「語り手」などというものは存在しない。この日常を語るとしたら語り手はこう語るだろう、という想像はできる。しかし想像は想像であり、【資料】によればそれは「幻想」である。

【資料】にいう「幻想」を「架空の視点」と表現し、それが「不自然である」としている④がふさわしい。

①には「幻想」の語が出てくるが、【資料】は小説が「幻想を求める」ものであるとはしておらず、また「客観性を求める」ともしていないので不適。

②は「第三者の視点」について触れているが、問題はそれが「登場人物の内面世界には立ち入れないこと」ではなく、視点が幻想つまり実態をもたないことであるとしているので誤り。

③は「人称を少し工夫する」は本文の特徴にあてはまるが、その効果は【資料】によれば、「常軌をさらりと逸していく」ことにある。選択肢の「ダイナミック」とは〈力強くいきいきと躍動するさま〉であり、これとは異なる。

第3問

出典　**【文章Ⅰ】**『大鏡』伊尹伝、**【文章Ⅱ】**『今昔物語集』巻第二十四の第三十九「藤原義孝朝臣《あそん》、死にて後和歌を読む語《こと》」

【文章Ⅰ】『大鏡』は、平安時代後期の歴史物語で、作者は未詳。文徳天皇の八五〇（嘉祥《かしょう》三）年から後一条天皇の一〇二五（万寿二）年までの歴史を紀伝体で語ったものである。大宅世継《おおやけのよつぎ》と夏山繁樹《なつやまのしげき》の二老人の懐旧談の形で、藤原道長を頂点とする摂関政治の中でのさまざまな出来事が浮かび上がってくる戯曲的構成になっている。時代や人物への批判もあり、歴史物語の代表作である。

【文章Ⅱ】『今昔物語集』は、平安時代後期成立の説話集。編者は未詳である。千余話の説話を、天竺（インド）・震旦（中国）・本朝（日本）の三部に分けて、全三十一巻に収めている。内容は大きく仏教説話と世俗説話に分類できる。仏教説話は、仏教の成立・伝来・流布の過程と因果応報などの教理に関する話である。世俗説話は、王朝盛時から新しい武士勢力が伸びていく過渡期にあってたくましく生きる人間をいきいきと描写する。登場人物も、貴族・武士・僧侶・学者・遊女・盗賊まで多彩である。

【出題のねらい】

大学入学共通テスト本試験の出題形式に準拠して作成した。同一人物についての逸話を歴史物語の『大鏡』と説話集『今昔物語集』の中に求め、比較検討する**問5**の設問が主眼となる。**問1**の語句の解釈問題は、正確な単語知識の他、文脈把握力も問われる。**問2**の内容把握問題は、**【文章Ⅰ】**の前半部の内容を的確につかむ必要があり、文法・単語の知識がないと誤読してしまう。**問3**の語句・表現の把握問題は、共通テストにおいては続けて出題されている。単語や文法の知識と文脈把握力も問われるところである。また、**問4**として、**【文章Ⅰ】**の主題をつかませる設問も設けた。

【概要】

【文章Ⅰ】

若くして早世した貴公子藤原義孝が、残された人々の夢に現れて歌を詠む。

・藤原挙賢、義孝の兄弟は、父伊尹（これただ・これまさ）が亡くなった三年後、兄挙賢は朝に亡くなり、弟義孝は夕べに亡くなった。一日のうちに二人の子を亡くした母君の悲しみはいかばかりであろうと思われた。

・義孝は容貌が美しかったばかりでなく、長年にわたり仏道を極めていた。臨終の時、母君に、法華経読誦の宿願があり、この世にまた戻るので通常の葬儀はしないようにと遺言して亡くなった。

・母君は、悲しみのあまり意識も定かではなかったために、お側の人々が通常の葬儀をしてしまった。そのため義孝はこの世に戻ってくることができなくなる。

・後に義孝が母君の夢に現れ、約束を違えたことを恨む歌を詠む。

・さらにその後、賀縁という僧の夢に義孝が現れ、義孝が愉快そうにしているのを不思議に思い、賀縁がそのわけを尋ねると、義孝は、極楽浄土の「しぐれ」は蓮《はす》の花が散り乱れることをいうのであり、ふるさとの俗界では、どうして時雨の涙を流しているのでしょうか、と歌で応じた。

・そしてさらに小野宮実資の夢にも義孝が現れ、実資が「いったいどこにいらっしゃるのか」と尋ねると、「生前はあなたと親しく交わり、宮中の月をめでたものです。今は、一人極楽に遊んでいます」という意味の詩句を詠んで応じた。

・このように残された人々の夢に現れて極楽往生したことを知らせなくても、この人の極楽往生は間違いないはずのことである。

【文章Ⅱ】

義孝が僧賀縁と妹の夢に現れて歌を詠む。

・若くして亡くなった義孝は、容貌・人柄をはじめ、気だて・和歌の才能なども、すべて人に優れ、また信仰心も深かった。
・亡くなって十カ月ほどすると、義孝が僧賀縁の夢に現れて、心地よさそうに口笛を吹いていた。母君がこれほど嘆いていらっしゃるのにと、賀縁が不思議に思ってわけを尋ねると、極楽浄土では、時雨の時節にはさまざまな花が散り乱れます。ふるさとの俗界では、どうして時雨の涙を流しているのでしょうか、という歌を詠んだ。
・義孝が亡くなった翌年の秋、今度は妹の夢に義孝が現れて、着古した喪服の袖の涙も乾かないうちに、またあなたと別れた秋がやってきましたね、と歌を詠んだ。

問1 20 ① 21 ⑤ 22 ④ 《語句の解釈問題》

(ア) 「年頃《としごろ》」(名詞)には〈(1)長年、(2)ここ数年〉の意があるが、「長年」の意に解した①と、「数年」の意に解した④が語義を踏まえた選択肢。②「年相応」、③「高齢者」、⑤「日頃から」は、いずれも「年頃」の意からは外れる。
なお、「月ごろ」「日ごろ」も覚えておきたい。

年ごろ(名詞) (1)長年、(2)ここ数年
月ごろ(名詞) ここ数カ月
日ごろ(名詞) (1)日頃・日常、(2)ここ数日

また、「きはめたる」とある「きはめ」は、マ行下二段活用動詞「極《きは》む」の連用形で、〈果てまでゆく、極点に達する〉ことをいう。ここから、「長年熱心に」とした①が正解だとわかるだろう。「道心」は〈仏道修行をして、悟りを開こうとする心〉のことで、「道心者」は〈仏道に帰依した人〉のことをいう。

(イ) 「あたは」は四段活用動詞「能《あた》ふ」の未然形で〈(1)できる、(2)適している・ふさわしい、(3)納得がいく・理にかなう〉などの意がある。ここでの「ぬ」は未然形に接続する助動詞で、かつ、直後に「さま」という名詞(体言)が続くので連体形。「ぬ」の識別は次の通りである。

「ぬ」の識別
・未然形+ぬ+体言→打消の助動詞「ず」の連体形
・連用形+ぬ　　　→完了の助動詞「ぬ」の終止形
※それ以外にナ行変格活用動詞「死ぬ・往《い》(去《い》)ぬ」の終止形活用語尾、「寝《い》ぬ」などナ行下二段活用動詞の終止形活用語尾もある。

この「ぬ」は打消の助動詞「ず」の連体形だとわかる。選択肢をみると〈〜ない〉の意を含むものは③と⑤だが、ここは賀縁の問いかけに対する義孝の反応であることを踏まえる。和歌Xの下の句の「なに〜らむ」が〈どうして〜だろうか〉となる疑問表現であることに着目し、「あたはぬ」で〈納得できない・合点がいかない〉の意になるものと判断する。⑤が正解。③の「安心できない」は「能ふ」の語義に合わず、①・②・④は「能ふ」の語義と打消「ず」に合わない。

(ウ) 「きて」は後ろに「衣の袖」とあるので、「きて=着て」とわかる。続く「なれし」がポイントになるが、「なれ」は、ラ行下二段活用動詞「な(慣・馴)る」の連用形で〈(1)習慣になる・慣れる、(2)慣れ親しむ・なじむ〉などの意の他、〈(3)衣服が身体になじむようになる・着古す〉の意があることにも注意する。「し」は過去の助動詞「き」の連体形。また、和歌の下の句の〈あなたと〉お別れした秋になりましたねえ〉という意味を踏まえると、「衣」は普段着を意味する「平服」ではなく「喪服」のことだとわかる。「かわかぬ」は、カ行四段活用動詞「かわく(乾く)」の未然形「かわか」に、助動詞「ぬ」が接続している。活用語の未然形に接続する「ぬ」は、打消の助動詞「ず」の連体形となるので、「かわかぬに」は、〈乾かないうちに〉と解釈できる。以上から〈その喪服の袖の涙も乾かないうちに〉という解釈で、④が正解。

問2 23 ④ 《内容把握問題》

まず傍線部Aの意味を押さえる。「いかに」は疑問の副詞で〈(1)どう・どのように、(2)なぜ・どうして〉の意の他に、疑問表現の形で、程度のはなはだし

い意を表す〈⑶どんなにか〜（だろう）、さぞ〜（だろう）〉があり、ここは、⑶の意があたる。「いかに」と呼応する助動詞の「けむ」は、過去推量〈〜ただろう〉の意。「な」は詠嘆〈〜なあ、〜のだなあ〉の意になる終助詞。「悔し」は、シク活用の形容詞で、現代語とほぼ同じ意と考えてよいが、そうしなければよかったと悔やまれる気持ちで〈残念だ〉の意を表す。以上から〈どれほど残念だっただろうか〉ということ。また、「思《おぼ》し」が尊敬動詞「思す」であることにも注意しておこう。

○思《おも》ふ…ハ行四段活用の動詞。
○思《おぼ》す…サ行四段活用の動詞。「思ふ」の尊敬語で〈お思いになる〉の意。

設問は、どういう内容を受けて、残念にお思いになったのかを問うており、「かの後少将は」で始まる第二段落の内容を的確につかむ必要がある。ポイントとなる箇所を順に整理しよう。

a〈義孝が母君に〉おのれ死にはべりぬとも、とかく例のやうにせさせたまふな
〈自分が死んでしまったとしても、通例の「やう（＝葬儀）」をなさいますな〉
※「な」は「〜（する）な」といった禁止の意を表す終助詞

b〈**a**の理由〉しばし法華経誦じたてまつらむの本意はべれば、かならず帰りまうで来べし
〈法華経を読誦する「本意」（本来の志）がありますので、必ず戻ってきましょう〉
※「帰り」は「この世・現世」に戻ること。

c〈母君は〉ものも覚えでおはしければ、思ふに人のしたてまつりてけるにや
〈悲しみのあまり、何も考えられずにいらっしゃったので、思うに、お側の人々が（通常の葬儀を）し申し上げたのであろうか〉

d例のやうなる有様どもにしてければ、え帰りたまはずなりにけり
〈「例のやう」（＝あの世に送るための通常の葬儀）にしてしまったので、（義孝は）この世にお戻りになることがおできにならなくなってしまった〉
※「え〜ず」の「え」は後ろに打消の語を伴って「〜できない」（不可能）の意を表す。

次に、義孝が母君の夢に現れて詠んだ歌の意味内容をつかむ。

・「しかばかり契りしものを」…「しかばかり」は、副詞「しか」と副助詞「ばかり」からなる語で〈それほどまで・そんなにまで〉の意。「契り」はラ行四段活用動詞「契る」の連用形で〈固く約束する〉の意。「し」は過去の助動詞「き」の連体形。「ものを」は逆接の接続助詞で、〈〜のに〉の意。
・「渡り川かへるほどには忘るべしやは」…〈三途の川を渡って返るまでのわずかな間に忘れることがありましょうか〉の意。「やは」は、文末にあって反語の意を表す。〈忘れたりすることがあるでしょうか。いや、あるはずがない〉ということ。

ここで述べられているのは、義孝はこの世に戻って法華経読誦の宿願があり、母君に通常の葬儀をしないよう遺言したのだが、その約束が守られなかったためこの世に戻ることができなくなってしまったということ。そこで詠んだ「しかばかり……」の歌には、あれほど約束したのに、どうして違えてしまったのですかという恨みの気持ちが込められていることがわかる。以上から、④が正解とわかる。

①については、「義孝の遺言に反し、義孝に極楽往生をしてほしいと願う人々が」というのは本文からは読み取れない。「遺言」したのは母君に対してであって、側の人々はそれを知らないし、「極楽往生をしてほしい」も本文に

はない表現。また、「母君の心労をいたわる歌を詠んだ」も明らかな誤り。

②は、「まだ生きたいという世俗的な執着心」とあるのが明らかな誤り。義孝は、あくまでも法華経読誦のために生き返ろうとしたのだった。「誰もその〈遺言の〉真意がわからず」とあるのも本文中に見出せない。「諦めの境地」とあるが、ここは恨みの思いを詠んでいる。

③は、本文に「母北の方忘れたまふべきにはあらねども」とあるように、「すっかり忘れてしま」ったわけではないので誤り。

⑤も、義孝の遺言について、「母君はそれを信じることができず通例の葬儀をしてしまった」とあるのが誤り。

問3　**24**　②　**《語句・表現把握問題》**

選択肢にある内容を順に検討する。

①「うつつ」は「現」で、「夢」に対して目が覚めている状態のことを表すが、その他、死者・死後に対する現実・現世の意にも用いられる。ここも、義孝が存命の時と解すべきところ。あとの詩句にある「昔は契りき」の「昔」と同じ。「夢の中ばかりではなく、現実にも会いたい」としたのは誤り。

②「語らひ」は、ハ行四段活用動詞「語らふ」の連用形で〈⑴親しく語り合う、⑵親しく交際する・懇意にする、⑶男女が睦言《むつごと》を交わす、⑷言い寄って仲間に引き入れる〉などの意があり、「昔は契りき」の「契り」と同意。小野宮は、義孝の生前、親しく交際していたということになる。また、「たまひし」の「し」は、ハ行四段活用の動詞「たまふ」の連用形に接続している助動詞であり、過去の助動詞「き」の連体形である。よって、この②が正解。

③「いづく」は「いづこ」に同じく、「どこ」の意になる代名詞であり、〈どうして～か〉の意と違うので注意する。「いづくにか」の下に「あらむ」を補って直訳すると、〈（そこは）どこであろうか〉となる。「に」は断定の助動詞「なり」の連用形、「か」は疑問・反語の係助詞、「あらむ」の「む」は推量の助動詞「む」の連体形で係助詞「か」の結びである。よって、「義孝を責める小野宮の気持ち」とするのはあたらない。

④動詞「めづらしがる」は、シク活用の形容詞「めづらし」に、接尾語「がる」がついて動詞化したもの。確かに「めづらし」は〈⑴賞美に値する・すばらしい、⑵目新しくて心ひかれる〉などの意があるが、選択肢の「義孝のすばらしい様子」、すなわち、義孝自身のすばらしさとするのは誤り。ここはラ行四段活用動詞「めづらしがる」であり、見慣れない所で、どこにいらっしゃるのだろうと珍しく思って尋ねたということから、〈珍しく思う〉で解す。

⑤「申し」は、「言ふ」の謙譲動詞「申す」の連用形で「申し上げる」の意。「たまう」は尊敬の補助動詞「たまふ」の連用形「たまひ」が「たまう」とウ音便化したもので、この説明は正しい。

動詞の音便

動詞の活用は連なる語によって音便の形をとることがある。音便のうち、活用語尾が「う」となるものを「ウ音便」という。例を挙げると、ハ行四段活用動詞の連用形の活用語尾「ひ」が、助詞「て」、助動詞「けり」「たり」などに連なる時、「たまうて」などのようにウ音便化する。

例　歌ひて→歌うて　思ひて→思うて

「申したまふ」は、謙譲語＋尊敬語の形で〈申し上げなさる〉の意。また、人物関係については、「小野宮が、（夢に現れた）義孝に」ということ。

誰から誰への敬意か

⑴誰からの敬意か

・地の文…書き手（作者）から

＊地の文とは会話文以外の文のこと。

・会話文…話し手から

⑵誰への敬意か

・尊敬語…動作主（主語にあたる人）へ

・謙譲語…動作の受け手（目的語や補語にあたる人）へ

・丁寧語…読み手へ（地の文の場合）、または聞き手へ（会話文の場合）

ここは、地の文であることから、「申し」は、作者から義孝に対する敬意、「たまう」は、作者から小野宮に対する敬意ということになる。よって、「義孝に対する小野宮の敬意」とした⑤は誤り。

問4 **25** ③ **《内容把握問題》**

傍線部C前半は〈このように夢でお示しにならなくても〉の意で、【文章Ⅰ】では、惜しまれて早世した義孝が、残された人々の夢に現れて極楽往生したことを示したという話が中心となる。当時、夢は極楽往生を知らせる手立てとされた。また、傍線部Cの後半では、「この人（＝義孝）」の往生について「疑ひ申すべきならず〈＝疑い申し上げるべきではない→疑い申し上げる余地はない〉」とある。その理由については、傍線部(ア)で確認した「年頃きはめたる道心者にぞおはしける」や、法華経の読誦のために死後この世に戻ってくると義孝が言っていた部分に着目するとよい。義孝の遺言を違えたために、その目的は果たせなかったが、仏道に寄せる思いの深さだけはわかるだろう。つまり、これほど信仰心のある人が極楽往生を遂げられないわけがないということである。この内容に最も近い③が正解である。義孝の人柄、亡くなった経緯を知ったら、人々は義孝の極楽往生を信じて疑わなかったというのが【文章Ⅰ】の主題（訴えたかったこと）となる。

①は「本当に極楽往生したのかどうかわからないので」とあるのが誤り。夢で示すまでもないという内容に合わない。

②「夢には残された人々を安心させる働きがあるものだ」とあるが、本文の主題はあくまでも義孝という人物の信仰心の強さである。「夢の働き」はこうした主題に合わない。

④は「人望のある人物でなければ」とあるのが誤り。これも信仰心の深さという主題に合わない。

⑤「義孝の信仰心に疑念をもっていた人々に」はまったくの誤り。そのような人々の存在は、本文中に見出せない。

問5 **26** ③ **27** ② **《会話文形式による内容把握・和歌解釈問題》**

(i) 【文章Ⅰ】で、義孝と兄の少将とが具体的にどう対照的に描かれているか、ということが問われている。これは、生徒Cの一つ目の会話文にあるように、12行目「兄前少将」から、13行目「いと心地よげなるさまにておはしければ」とあるところを押さえればよい。また、賀縁の会話文中の「母上は、君をこそ、兄君よりはいみじう恋ひ聞こえたまふめれ」とある箇所も押さえておく必要がある。対照的であることを表す端的な表現は、次の通り。

○兄少将…いたうもの思へるさま
⇔
○義孝　…いと心地よげなるさま

「もの思へるさま」は、ハ行四段活用動詞「もの思ふ」の已然形（命令形）「もの思へ」に存続の助動詞「り」の連体形「る」の接続した形。「もの思ふ」は、〈もの思いにふける・思い悩む〉の意がある。「る」は〈〜ている〉で、〈もの思いに沈んでいる様子〉と訳出できる。この意に合致するのは②の「悩ましそうな様子」、③の「もの思いに沈む様子」である。①の「不満を抱きながら苦しむ」や、④「未練がましい様子」は合致しない。「もの思へ」の「もの」は、対象を明示しないで漠然という語である。

次に「心地よげなる」について検討すると、「心地」は〈気持ち・気分〉のことを表し、「よげなる」は、形容詞「良し」の語幹「良」に「げなり」がついて形容動詞化したもの。「げ」は接尾語で〈様子〉の意。以上から〈気持ちよさそうな様子だ〉の意となる。また、賀縁の問いかけの真意は、母君があなたの死を嘆き悲しんでおり、兄君がもの思いに沈む様子であるのはもっともなことだが、それに反して、なぜあなたは心地よさそうな様子でいるのか、ということ。

以上、義孝と兄の少将の対照的な描かれ方を的確に押さえている③が正解。残った②にある「平静でいる様子」は「心地よげ」とは異なり、義孝について「母君からそれほど思いを寄せられていなかった」とするのが、まったくの誤りである。

(ii)　【文章Ⅰ】の和歌X、【文章Ⅱ】の和歌Yともに上の句で意味が切れていることに注意しよう。和歌には句読点が打たれることはないので、「句切れ」になるところを、まずつかむ。

和歌の句切れ

和歌の意味を押さえる上で重要になるのは、歌の中にある（ない場合もある）意味の切れ目（句切れ）である。句切れとなる次の箇所には注意しておこう。

(1)活用語の終止形・命令形があるところ
(2)終助詞が用いられているところ
(3)係り結びが成立しているところ

これらを確認し、意味の切れ目を押さえておく。どちらの歌も「花ぞ散りまがふ」とあり、「まがふ」は、漢字をあてると「紛ふ」でハ行四段に活用する動詞であり、ここは「ぞ」の結びで連体形。〈(1)入り乱れる・入り交じる、(2)見まちがえるほど似ている、(3)見分けがつかなくなる・まちがえる〉などの意味がある。そうすると、和歌Xの上の句は、生徒Bの会話文にあるように、「しぐれ」は極楽浄土に降る時雨ということなので、〈(極楽浄土の)しぐれというのは、蓮の花が散り乱れることをいうのです〉となる。一方、和歌Yの上の句は、和歌Xと異なり「しぐれには」とある。「しぐれ」に時間や場所を表す格助詞の「に」が接続する形になっており、〈しぐれの時期には〉の意となる。よって、〈俗界でいう「しぐれ」の時期には、ここ極楽浄土では、冷たい雨が降るのではなく、「千種」(＝種類が多い・さまざま・いろいろ)の花が散り乱れるのです〉と解釈できる。

これらを踏まえて選択肢を検討すると、まず、空欄Ⅱについて、①「俗界の時雨とは見分けがつかなくなります」、また、④「冷たい時雨が降るばかりでなく」とあるのは誤り。極楽浄土では、雨が降るのではなく、花が散り乱れるのだということ。②・③は空欄Ⅱに入る内容としては正しい。

次に、空欄Ⅲに入るのは、X・Yの歌に共通する下の句の意味である。ここでまずポイントになるのは、副詞の「なに」である。これは(1)疑問〈なぜ～か・なにゆえ～か〉、(2)反語〈どうして～か。いや、～ない〉の両用法があるが、ここは(1)疑問の用法がよい。「らむ」は現在推量の助動詞で〈今ごろは～だろう〉の意。なお、この「らむ」は前に疑問の副詞「なに」があるので、連体形である。「袖ぬらす」は〈涙を流す〉ということ。古文で「袖」は「涙」の縁語であり、「袖の露」「袖の雫《しずく》」といえば〈涙〉のことを、「袖を濡らす」「袖を絞る」といえば〈泣く〉ことを意味する。それに後半の教師の会話文にもあるように、「時雨」が〈涙を流す〉意になることもある。そうすると、この「ふるさと」が掛詞になっていることに気づくだろう。「ふるさと」の亡くなった義孝の故郷、すなわち〈俗界(現世)〉の意に、「時雨」が「降る」という〈涙を流す〉意を掛けているのである。以上のことから、〈どうして、俗界では悲しみの涙を流しているのだろうか〉と解釈できる。

また、生徒Bの疑問、誰が涙を流しているのかということについては、【文章Ⅰ】【文章Ⅱ】にある賀縁の会話を踏まえる。【文章Ⅰ】では「母上は、君をこそ、……いみじう恋ひ」とあり、【文章Ⅱ】でも「母のかくばかり恋ひ」とある。ここは、やはり涙を流して嘆くのは「母」と考えるのが自然である。

選択肢の空欄Ⅲに該当する部分を確認すると、①は「皆が悲しみの涙を流すのはしかたがありません」と、疑問の意になっていないので明らかな誤り。②は前述した通りで正しい内容である。③は疑問の形にはなっているものの、「どれほどの～でしょうか」と「量・程度」を問う意になるのであたらない。また、主体も「皆」ではなく「母君」とすべきである。④は「何が降るというので」とあるのが誤り。俗界の「しぐれ」は冷たい雨が降るというのが前提である。

以上、空欄Ⅱ・Ⅲどちらも正しい内容になっている②が正解。

全訳

【文章Ⅰ】

代明親王の姫君の御腹に、前少将挙賢、後少将義孝と申して、美しく華やかさをふりまいた君達が(いたが)、父殿がお亡くなりになって三年ほどの後、天延二年甲戌の年、疱瘡《ほうそう》が流行した時にお患いになって、前少将は朝にお亡くなりになり、後少将は夕方にお亡くなりになったことだよ。一日のうちに、二人のお子様をお亡くしになった母北の方のお気持ちは、どれほどであっただろうか、まことに悲しいこととお聞きしました。

あの後少将は、義孝と申し上げた。ご容貌が実に美しくていらっしゃって、長年にわたって、この上ない熱心な仏道信仰の人でいらっしゃった。病気が重くなるにつれて、生き延びることができるとお思いにならなかったので、母上に申し上げなさることには、「私が死んでしまいましても、あれこれと、常の作法のように（亡き人扱いを）なさってくださいますな。もうしばらく（この世で）法華経を読誦申し上げたいという宿願がありますから、必ず（この世に）帰って来ましょう」とおっしゃって、（法華経の）方便品を読誦申し上げなさって後に、お亡くなりになった。その遺言を、母北の方がお忘れになるはずもないけれども、（悲しみのあまり）何も考えられずにいらっしゃったので、思うに、お側の人々が取り仕切り申し上げたのであろうか、枕を北向きに直したり、いつもの作法通りにしてしまったので、（義孝は）生き返ることができなくなってしまわれたのだった。その後、母北の方の御夢に現れなさった、（その時、）

しかばかり……あれほどお約束しておきましたのに、（私が）三途の川から立ち返ってくる間に、（約束を）お忘れになるということがありましょうか。

とお詠みになりました（ことに）、（母君は）どんなにか後悔なさったことであろうよ。

その後、しばらくたって、賀縁阿闍梨と申す僧の夢の中に、この君達お二人が現れなさったのだが、兄君の前少将は、ひどくもの思いに沈んでいるご様子で、この後少将は、たいそう心地よさそうな様子でいらっしゃったので、阿闍梨が、「あなたは、どうしてそんなに心地よさそうにしていらっしゃるのか。母上は、あなた様をこそ、兄君よりもたいそう恋い慕い申し上げなさるようですのに」と申し上げたところ、たいそう合点のいかない様子で、

しぐれとは……（私のいる極楽浄土では）時雨とは蓮花が散り乱れることをいうのです。（それなのに、）どうして俗界では（母君が）時雨の涙を流しているのでしょうか。

などとお詠みになった。さてその後、小野宮実資のおとどの御夢の中で、（義孝が）美しく咲いた花の陰にいらっしゃるのを（見て）、在世中にも親しく交際なさった間柄なので、「どうしてこんな所に。いったいどこに（いらっしゃるのか）」と、珍しがって申し上げなさったところ、そのご返事に、

昔は契りき……昔は、蓬萊宮のような宮中で月をめでながら、あなたと親交を結んだものです。今の私は、一人極楽世界で花の風に吹かれて楽しく遊んでおります。

とおっしゃった。極楽に往生をなさったものであるようだ。（しかし）このように夢などでお示しになられなくとも、この方の極楽往生を疑い申し上げる余地はございません。

【文章Ⅱ】

今となっては昔のこと、右近少将藤原義孝という人がいた。この人は一条摂政殿のご子息である。容貌・ふるまいをはじめとして、気だて・才能なども、万事人に優れていたということだ。また、信仰心も深かったが、たいそう若くに世を去ってしまったので、親しい人々が嘆き悲しんだけれども、どうすることもできず、（義孝は）息絶えてしまった。

ところが、亡くなってのち、十カ月ほどたって、賀縁という僧の夢に（義孝が現れ）、少将はたいそう心地よさそうな様子で、笛を吹いているように見えたが、（実は）ただ口笛を吹いているのであった。この様子を見て賀縁が言うことには、「母君がこれほど（あなたを）恋い慕っていらっしゃるのに、どうしてそのように心地よさそうにしていらっしゃるのか」と言ったところ、少将は何とも答えず、このように（歌を）詠んだ。

しぐれには……極楽浄土では、俗界で時雨が降る時期にはさまざまな花が散り乱れているのです。（それなのに、）どうして俗界では（母君が）時雨の涙を流しているのでしょうか。

と（詠んだ）。賀縁は目を覚ましてのち、泣いたということだ。

また、（義孝が亡くなった）翌年の秋、少将の御妹君の夢にて、少将が妹君と出会って、こう詠んだ。

きてなれし……あなたの着なれた喪服の袖もまだ乾ききらぬうちに、はやくも一年たって、お別れした秋がまためぐってきましたねえ。

と（詠んだ）。妹君は目を覚まして、ひどくお泣きになった。

第4問

出典　**【問い】【答え】**『李衛公問対《りえいこうもんたい》』

『李衛公問対』は、唐の第二代皇帝太宗（李世民《りせいみん》）と、その将軍の李靖との問答形式による兵法書。本書は李靖本人の作とも、李靖に仮託した後人の手になるものともされる。後世、兵法の経典（最高権威の書物）とされた武経七書の一つに数えられた。なお武経七書とは、『孫子』『司馬法』『尉繚子《うつりょうし》』『六韜《りくとう》』『呉子』『三略』『李衛公問対』の七つの書物を指す。

【出題のねらい】

二〇二三年度の共通テスト本試験の内容に準拠し、まったく別のテキスト同士の読み比べではなく、書かれた時から相互に関連づけられている文章を題材とした。出題構成もおおむね、二〇二三年度の本試験に準じている。**問1**は語句の意味、**問2**は解釈、**問5**は返り点の付け方と書き下し文で、一般的な漢文の試験問題である。**問3**は、傍線部の読み、**問4**は空欄補充と書き下し文を組合せて、漢文の句法や語句の知識と漢文の読解力とをあわせて問う問題である。総じて**問1**～**問5**は基礎～標準的な問いである。**問6**は二つの文章を読み比べ、関連する箇所を押さえて考える読解問題である。**問7**は問題文全体の内容を踏まえて、その後の展開を考えるという発展的内容の問いとした。

【概要】

【太宗の問い】

・諸葛亮の「統制のとれた軍隊は、将軍が無能でも負けず、統制のとれていない軍隊は将軍が有能でも勝てない」という言葉は、洗練されていないのではないか。

【李靖の答え】

(1) 諸葛亮の言に対する擁護と、その真意を説明するための『孫子』の引用

・諸葛亮は気持ちがたかぶって、このように言っただけである。

・『孫子』には、①訓練方法が不明確で、②上官の職分が安定せず、③布陣に統制がとれていない、そういう状態を「乱」という、とある。

・古来、「乱」な軍隊が相手の勝利を引き寄せる（＝自滅する）ことは、枚挙にいとまがない。

(2) 『孫子』に依拠した諸葛亮の言葉の解説

・①は、古法（＝古来の方法）に則《のっと》っていないということ、②は、上官が一時的に任命されるだけで長らく任に就かないこと、③の状況で、相手の勝利を引き寄せる（＝自壊する）というのは、軍そのものが崩壊することであって、相手がこれに勝ったのではないということだ。

・だから諸葛亮は、兵の統制がとれていれば凡庸な将軍が率いても負けないし、統制がとれていなければ賢明な将軍が率いても危ないと言ったのであり、その言葉に疑念の余地はない。

(3) 前の言説を踏まえた、統制のとれた軍隊を作ることの重要性の主張

・教練が正しい方法で行われれば、士卒は楽しんで自分の役目を果たす。そうでないなら、朝晩に監督し叱責しても何の役にも立たない。

・わたくし（＝李靖）が古制（＝古代の兵制）を収集して図にしている理由は、古制を参考にした正しい方法で、統制のとれた軍隊を作りたいと願うからである。

問1 **28** ② **29** ⑤ **30** ① **《語句の意味の問題》**

(ア)　文字通り「縦と横」の意味をもつが、ここから派生して「南北と東西」(縦＝南北・横＝東西)、さらには〈東西南北に広がること、逆に十字に交差すること〉を意味する。これらの語感から想像できるように〈自由自在であること・自由気ままであること（＝縦横無尽）〉のような意味でも使われる。本文は「陣兵」という兵に隊列を組ませる時のことを述べたところにあり、陣兵が縦横であることを「乱」（＝乱れている）というのだから、「乱」の意味にあてはまる〈自由気ままであること〉だと判断する。この意味に一致する②が正解。

(イ)　「是以」は、「ここヲもつテ」と読み、前に述べられた状況を受けて、〈こういうわけで……〉という意味になる。「以」にはさまざまな用法があり、「是以」に似た表現だけでも「以是（これヲもつテ）」の〈それによって〉や、「於是（ここニおいテ）」の〈そこで〉がある。ここの「是以」の「以」は、理由（故＝ゆゑ）の意味をもち、「このゆゑに〈＝こういう理由で〉」とほぼ同義と考えておけばわかりやすい。よって、正解は⑤。

(ウ)　「所以」は二字で「ゆゑん」と読む慣用表現。原因・理由・手段・方法を表す。「所以――」で「――する所以」とするように、下の言葉から返って読み、しばしば〈～する理由・～する手段〉と訳す。よって、正解は①。

問2 **31** ② **《解釈問題》**

傍線部**A**は、それ自体に複数の対句を含んでいる。対句を意識して考えると、次の構造になっていることに気づく。

有制之**兵**
⇔　　　　不可敗也。
無能之**将**
　　　　　　↕
無制之**兵**
⇔　　　　不可勝也。
有能之**将**

「兵」に「有制」と「無制」の特徴があり、「将」に「無能」と「有能」の特徴がある。それらの組合せに応じて、「不可敗」と「不可勝」という結果に分かれる、という構造が読み取れる。

「兵」は兵隊・軍隊。「将」は、「兵」との対応から将軍（＝軍の指揮官）のこと。「能無きの将」と「能有るの将」は訓読するとかえってわかりにくいが、それぞれ字面の通り「無能な将軍」「有能な将軍」の意味。

「不可」は不可能表現の一種で、「(～ス)べカラず」と読み、〈～できない・～してはいけない〉の意味。

したがって「不可敗也」は「敗るべからざるなり」と読み、〈負けることができない〉、日本語らしく言い換えれば〈負けることはない〉の意味になり、「不可勝也」は〈勝つことができない〉の意味になる。

ここまでを、次のように整理できる。

「有制の兵」＋「無能な将軍」　→　負けることはない
「無制の兵」＋「有能な将軍」　→　勝つことができない

続いて「有制」「無制」の意味を考える。兵に関係することから、「制御・統制」などの意味に気づいた人もいるだろうが、**【答え】**にある波線部(イ)のあとに「兵卒制有れば、庸将と雖も未だ敗れず。若し兵卒自ら乱るれば、賢将と雖も之を危ふくす」と言い換えた表現があることを参考にするとよい。

〈兵卒（＝兵隊）に「制」があれば、凡庸な将軍でも負けることはない。もし兵卒が乱れていれば、賢い将軍であって危うい〉というのであるから、傍線部**A**の「制」は「制御・統制」の制であり、「制兵」で〈兵隊を統制すること〉、日本語らしく言い換えれば、〈兵隊が統率できていること・統制された兵隊〉という意味であることがわかる。

以上を踏まえると、傍線部**A**は〈統制された兵隊であれば、無能な将軍であっても、負けることはない〉、反対に〈統制のない兵隊であれば、有能な将軍であっても、勝つことはできない〉となる。もちろん「統制のない兵隊」を「無能な将軍」が指揮すれば負けるのは必至であるし、「統制された兵隊」を

「有能な将軍」が指揮すれば必ず勝つであろう。したがって、傍線部Aは将軍の能力の有無よりも、「統制された兵隊」か「統制のない兵隊」かが戦争における勝敗を分ける、と主張しているのである。

以上の意味から考えて、正解は②。

①は「と同様に」が傍線部Aの解釈として不適切であり、そもそも傍線部Aは「無能な将軍」や「有能な将軍」が「統制のとれた軍隊」や「統制のない軍隊」と戦うという意味ではない。

③は、どのような将軍であればどのような軍隊が指揮できるかを述べた文章になっており、本文の趣旨と異なり不適切。

④は、現実的な妥当性はともかく、傍線部Aの解釈にそぐわず不適切。

⑤は、「制度的に作られた軍隊」と「寄せ集めの軍隊」との比較が傍線部Aの解釈として妥当性を欠くため不適切。

問3 **32** ① 《書き下し文の問題》

共通テストでは、主題を踏まえた文の解釈や理解が問われることも多いが、同時に漢文の句法や常用表現が端的に問われることもある。二〇二二年度の大学入学共通テスト（本試験）では、「奈春何（春を奈何せん）」の読みが問われた。これなどは「奈～何」の句法を知っていれば即答できる問題であった。本問もこれらと同水準の知識問題としている。

傍線部B「不可勝紀」の「不可」は他の箇所にも見られる通り、「べからず」と読む禁止の表現である。また「紀」はすべて「しるす」と読まれている。したがって「勝」を正しく読めれば、解答できる。

「勝」には、動詞として「かツ」「まさル」といった現代の日本語でも用いる用法の他に、「たフ〈＝もちこたえる・堪える〉」、さらに副詞として「あゲテ〈＝すべて・ことごとく〉」といった用法がある。この「たフ」と「あゲテ」は、しばしば否定の言葉と組合せて用いられ、ほぼ同じ意味を表すことができる。

これを踏まえると、傍線部B「不可勝紀」は「あゲテしるスベカラず」、あるいは「しるスニたフベカラず」と読み、どちらも〈すべてを記すことはできない〉の意味になる。もちろん、文脈によっては「不可勝紀」の「勝」を「かつ」と読んだり、「可勝」を「かつべし」と読んだりできないわけではないので、最初から決めてかかってはいけない。念のため選択肢の順に確認しておこう。

①は確認した「勝」を「あゲテ」と訓読する場合の読み方で、正しい。

②は「不可勝」を「紀」の目的語として読んでいる。この読み方の場合、語順は「紀レ不レ可レ勝」でなければならない。

③の「たへて」は副詞であり、動詞の「勝（たフ）」とは異なる。この動詞は〈堪える〉が直接的な意味である。したがって〈～することに堪える〉で「～ニたフ」と訓読する。一方、副詞「たへテ」は、漢文ではよく「絶」の漢字があてられ、否定語と組合せて「絶不……」などのように用いられる。この場合の意味は「まったく……ない」になる。本文の文脈には合いそうであるが、「不可勝紀」の読みとしては不適当である。

④は「可勝」を「不紀」の目的語として読んでいることが不適切。その場合の語順は「不レ紀レ可レ勝」となっているはずである。

⑤は「勝」を動詞「あぐ」と読んでいるが、先ほど確認したように「勝げて（あゲテ）」は副詞であり、動詞として用いることはできない。

よって、正解は①。

問4 **33** ④ 《空欄補充と書き下し文の問題》

傍線部Cに至るまでの文章の展開から、空欄に入る語を考えていく。まず【問い】の中で太宗は、諸葛亮の言葉は「極致の論に非ず」ではないかという「疑い」を述べている。

これに対して、李靖は「武侯は激する所有りて云ふのみ」と太宗の発言を表面的には肯定しつつ、改めて『孫子』を引いて諸葛亮の発言の真意を説明していく。本文の『孫子』の引用は少し読みにくいが、李靖は『孫子』の発言を一つずつ解読しているので、それを参考に解釈していけばよい。

『孫子』の言葉を李靖のように読み解いていくと、「古来の正しい方法で兵卒を訓練せず、将軍が短い期間で代わって兵卒になじまない状態」の場合、将軍が兵卒に隊列を取らせても（＝軍隊を指揮しても）、兵隊は自由気ままに行動して軍が乱れてしまう。軍が乱れると敵が勝った（＝自軍が戦いに負けた）というよりは、そもそも自軍が自滅して負けてしまう、というのである。

　こうした理由から（＝是以）、諸葛亮の言う「統率のある兵卒であれば、凡庸な将軍でも負けないし、兵卒に統率がなければ、優れた将軍でも勝てるかどうかわからない」という発言が導き出されてくる。これを踏まえれば反語で〈どうして**X**であろうか（**X**のはずがない）〉とするのが空欄**X**までの流れである。

　李靖は太宗の言葉を表面的に肯定しつつ、諸葛亮の発言の妥当性を認めているのは明らかである。したがって、空欄**X**には諸葛亮の発言は正しい、太宗が諸葛亮の発言を「疑ふ」ことに対して妥当とはいえない、という趣旨の言葉が入る。

　①は、反語で解釈すると〈問わない〉という意味になり、そもそも空欄**X**までの論旨に合わない。

　②は、「何為」で「なんすレゾ〈どうしてか〉」と読んでいるが、李靖は太宗の疑問に答えているのであり、それに対して〈どうしてか〉と疑問で返しては答えにならない。

　③も、「何処」で「いづこカ〈どこですか〉」と読むことはできるが、空欄**X**まで場所に関係する論述もなく、また②と同様に、太宗の疑問に疑問で答えることになる。

　④は、〈どうして疑問の余地があるでしょうか（疑問の余地はありません）〉の意味になる。「疑問の余地がない」とは、「諸葛亮の発言はまったく妥当である」ということを表しており、太宗の疑問に対する答えとしても、これまでに見た論旨としても正しい。

　⑤は、反語で解釈すると〈どうして発言するだろうか（何も発言しない）〉となり、太宗の疑問に対する答えにもなっていない。

　よって、正解は④。

問5 34 ③ **《返り点の付け方と書き下し文の問題》**

　傍線部**D**の「教不得法」は、直前の一文の「教得其道」と反対の意味になるので、傍線部**D**と直前の一文の内容も反対になるだろうと見当をつけて二つの文を比べてみると、次のようになっている。

「孫子」の言葉　　李靖の解釈　　そこから導き出せる考え方

教道不明　＝教閲無古法→乱軍↔教えに「道＝古法」があれば乱れない

教得其道、則士楽為用。

教不得法、雖朝督暮責、無益於事矣。

　二つの文は、「教ふること」の「道」あるいは「法」、つまり教える方法について述べている。また李靖は、『孫子』の「教道明らかならず」という言葉を「教閲古法無き」と解釈していたので、「教得其道」とは、兵の教育が古法（＝古来の方法）に基づいて行われることを意味し、逆に「教不得法」はそうした基盤のない状態を意味していると考えられる。

　古法に基づく教えがきちんとあれば、教えられる士卒も「楽しみて用を為す〈＝喜んで指揮に従う〉」ということになるが、古法に基づいて教えていないとどうなるだろうか。傍線部**D**の「朝督暮責」「無益」という語を手がかりに考えてみてほしい。「朝」と「暮」は〈朝と夕方〉、つまり〈朝から晩まで〉という意味。「督」は〈監督〉、「責」は〈責める〉、あるいは〈叱責〉といった熟語に使う。兵を「教ふること」という文脈で考えれば、〈朝から晩まで兵を監督、叱責しながら訓練する〉ということになる。しかしそれは「古法に基づく」教えによったものではないので、兵卒は「楽しみて用を為す」どころか、逆に有事に対して「無益」なこととなる。「雖」は逆接を意味する漢字で、確定条件〈～だが……〉と仮定の条件〈たとえ～でも……〉の二つの意味をあわせもつ。ここは〈たとえ朝から晩まで兵を監督し、叱責しながら訓練したとしても、有事に際して無益である〉とつなげれば文の展開に合う。よって、正解は③。

　誤答はいずれも直前の「教得其道、則士楽為用」を踏まえておらず、その時点で間違いであるが、念のため確認しよう。

　①は「教えても習得できない方法は、たとえ朝から晩まで兵を監督し、叱責

しながら訓練したとしても、物事を増やすことがない」となり、まったくここまでの文脈に一致せず不適切。

②「法を得ざるを教へ」は「方法を手に入れられないことを教え」となり、そもそも何を言いたいのかわからないため、不適切。また「朝督暮責」を二つに分け、「朝に督すと雖も暮に責むれば」とするが、「朝督」と「暮責」は同内容を並列したもので、原因と結果の関係にはない。

④も「教へて得ざらしむるの法」の読みと「朝に督すと雖も暮に責むれば」が間違いで不適切。「教」は使役「使・令・遣」の仲間として「しム」と読むことはあるが、ここは動詞として「教える」の意味である。

⑤も同様に「朝に督すと雖も暮に責むれば」と「事を益す」が間違いであり、不適切。

問6　35　④《文章の比較読解問題》

【概要】にも示してあるが、前問までに見た内容を踏まえて、**【問い】**と**【答え】**の内容を整理してみる。まず**【問い】**は、諸葛亮の言葉（**問2**）に対して「疑ふらくは此の談極致の論に非ず」と述べている。「疑ふらくは」は、「疑二……一（……を疑ふ）」を漢文らしい表現に直したもの。ここでは太宗は「此の談極致の論に非ず」と疑ったことになる。「極致」は〈究極の、これ以上ない最高の〉といった意味である。つまり太宗は、諸葛亮の言葉は、究極の真理とはいえないのではないか、と疑念をもっている。

これに対して**【答え】**では、まず諸葛亮の発言は「激する所有りて云ふのみ」だと前置きしつつ、『孫子』の言葉から、軍が「乱」であるとはどういうことかを明らかにし、乱滅することを示して、諸葛亮の言いたかったことは「兵卒制有れば、庸将と雖も未だ敗れず。若し兵卒自ら乱るれば、賢将と雖も之を危ふくす」ということなのだと説明している（**問4**）。李靖の言い換えによって、先の諸葛亮の言葉の意味がより明瞭になっている。ここまでは、諸葛亮と『孫子』をもとに、兵に統制が必要であることを述べたものである。

そして、統制のとれた軍隊を作るために必要なこととしての「教」に話題が移る。李靖は『孫子』の「教道明らかならず」を「教閲の古法無き」と解釈し、「古法」「古制」に基づいて兵を教練する重要性を述べている。よって、正解は④。

①は「極致の論に非ず」を「極端すぎる」と解釈している点や、「極端に見えるような単純明快な教えが必要」という論点が本文に合わない。

②は「極致の論に非ず」を太宗の疑念と理解せず、他人が「極致の論に非ず」と発言したことに太宗が疑っている。したがって太宗は諸葛亮の発言を極致の論だと思っていると解釈している点が不適切。本文の論述とは正反対の内容になっている。さらに「諸葛亮の考えの誤り」も不適切である。

③は「実用性を証明」という論点が本文には見られない。また、李靖が「自身の軍事教練でもそれら（＝諸葛亮や『孫子』の考え）を応用している」ということも、本文には書かれていない。

⑤は「極致の論に非ず」を「応用がきかない」と解釈しているが、語義に合わない。

問7　36　⑤《趣旨把握問題》

前問までに確認したように、李靖は諸葛亮の言葉は正しく、軍隊には統制が必要であると述べた上で、統制のとれた軍隊を作るためには「古法」「古制」に基づく教練が必要であり、自分が古制を図画にして編纂している理由も統制のとれた軍隊を作りたいからだと主張している。

すなわち、李靖の**【答え】**によって太宗は、**【問い】**で発した疑念の答えを得ると同時に、古制に基づく教練の重要性を認識したことになる。したがって、李靖の主張を受けて、古制についてより詳しい解説を求める趣旨であれば、文の展開に合う。よって正解は⑤。

①は諸葛亮と『孫子』が「将軍の能力を軽視している」という点も**【問い】**の誤読であるが、「太宗自身の生み出した陣形」のことは本文に見られない。

②はまったく本文に言及がない。③は諸葛亮が『孫子』に劣るとする点が間違い。李靖は諸葛亮の発言を『孫子』に基づいて肯定しており、太宗もそれに納得したというのが、本論の展開である。④は後半の「古代の陣形を図示させて献上させようとした」という点は間違いとはいえないが、その理由を「広い戦

場を少ない兵で戦うため」とする点が不適切。太宗の視野はもっと広く、古代の兵制を学ぶこと自体に向けられている。

書き下し文

【問い】

太宗《たいそう》曰《い》はく、「諸葛亮《しよかつりやう》言《い》ふ、『制有《せいあ》るの兵《へい》は、能無《のうな》きの将《しやう》なるも、敗《やぶ》るべからざるなり。制無《せいな》きの兵《へい》は、能有《のうあ》るの将《しやう》なるも、勝《か》つべからざるなり』と。朕疑《ちんうたが》ふらくは此《こ》の談極致《だんきよくち》の論《ろん》に非《あら》ず」と。

【答え】

靖《せい》曰《い》はく、「武侯《ぶこう》は激《げき》する所《ところ》有《あ》りて云《い》ふのみ。臣案《しんあん》ずるに、孫子《そんし》曰《い》ふ有り、『教道明《けうだうあき》らかならず、吏卒常無《りそつつねな》く、陳兵縦横《ちんぺいじゆうわう》なるを、乱《らん》と曰《い》ふ』と。古《いにしへ》より軍《ぐん》を乱《みだ》して勝《かち》を引《ひ》くこと、勝《あ》げて紀《しる》すべからず。夫《そ》れ教道明《けうだうあき》らかならずとは、教閲古法無《けうえつこはふな》きを言《い》ふなり。吏卒常無《りそつつねな》しとは、将臣権任《しやうしんごんにん》にして久職無《きうしよくな》きを言《い》ふなり。軍《ぐん》を乱《みだ》して勝《かち》を引《ひ》くとは、己自《おのれみづか》ら潰敗《くわいはい》し、敵之《てきこれ》に勝《か》つに非《あら》ざるを言《い》ふなり。是《ここ》を以《もつ》て武侯言《ぶこうい》ふ、兵卒制有《へいそつせいあ》れば、庸将《ようしやう》と雖《いへど》も未《いま》だ敗《やぶ》れず。若《も》し兵卒《へいそつ》自《みづか》ら乱《みだ》るれば、賢将《けんしやう》と雖《いへど》も之《これ》を危《あや》ふくすと。又何《またなに》をか疑《うたが》はん。教《をし》ふること其《そ》の道《みち》を得《う》れば、則《すなは》ち士楽《したの》しみて用《よう》を為《な》す。教《をし》ふること法《はふ》を得《え》ざれば、朝《あした》に督《とく》し暮《くれ》に責《せ》むと雖《いへど》も、事《こと》に益無《えきな》し。臣《しん》の古制《こせい》に区区《くく》として、皆纂《みなあつ》めて以《もつ》て図《ゑが》く所以《ゆゑん》は、制有《せいあ》るの兵《へい》を成《な》さんと庶《こひねが》へばなり」と。

全訳

【問い】

太宗がおっしゃった、「諸葛亮の言葉に、『統制のとれた軍隊は、無能な将軍が率いていても、負けることはない。統制のとれていない軍隊は、有能な将軍が率いていても、勝つことができない』とある。わたしはこの言葉は洗練されたものだといえないのではないかと思う」と。

【答え】

李靖が言うには、「武侯（＝諸葛亮）は気持ちがたかぶってこのように言ったに過ぎません。わたくしが考えますに、『孫子』は次のように言っています、『教練の方法が明らかでなく、将校がころころと変わり、兵に隊列を組ませるのも勝手気ままである、そういう軍隊を乱と言う』と。古来、軍を乱して相手の勝利を引き寄せる（＝自滅する）ことは、枚挙にいとまがありません。その（『孫子』の）教練の方法が明らかでないとは、兵を訓練するのに古来の方法を用いていないことを言います。将校がころころと変わるとは、将校が一時的に任命されるだけで長らく任に就かないことを言います。軍を乱して相手の勝利を引き寄せる（＝自滅する）とは、自分からつぶれてしまって、敵がこれ（＝自軍）に勝ったのではないことを言います。そういうわけで武侯は、兵卒に統制があれば、凡庸な将軍が率いていても敗れることはない。もし兵卒が自ら統制を乱せば、賢明な将軍が率いていてもその軍は危ない目にあうだろう、と言ったのです。どうして疑問の余地があるでしょうか（疑問の余地はありません）。教練の方法が正しい道に則っていれば、士卒は喜んで指揮に従います。教練の方法が正しくなければ、朝晩に監督し叱責したとしても、何の役にも立ちません。わたくしが古代の兵制をせっせと研究し、それらをすべて集めて図画にしている理由は、統制のとれた軍隊を作りたいと願うからであります」と。

模試　第２回　解答

自動採点・学習診断

第1問 小計		第2問 小計		第3問 小計		第4問 小計		合計点	/200

問題番号(配点)	設問	解答番号	正解	配点	自己採点	問題番号(配点)	設問	解答番号	正解	配点	自己採点
第１問 (50)	1	1	②	2		第３問 (50)	1	19	③	6	
		2	③	2				20	④	6	
		3	③	2				21	①	5	
		4	④	2			2	22	④	5	
		5	①	2			3	23	②	5	
	2	6	②	8			4	24	①	7	
	3	7	⑤	8			5	25	②	8	
	4	8	⑤	8			6	26	⑤	8	
	5	9	③	8		第４問 (50)	1	27	④	4	
	6	10	②	8				28	②	4	
第２問 (50)	1	11	②	3			2	29	③	4	
		12	①	3				30	①	4	
		13	⑤	3				31	⑤	4	
	2	14	⑤	8			3	32	④	6	
	3	15	④	8			4	33	③	6	
	4	16	②	8			5	34	②	6	
	5	17	③	8			6	35	⑤	6	
	6	18	①	9			7	36	⑤	6	

第1問

出典　山口裕之《ひろゆき》『ひとは生命をどのように理解してきたか』（講談社選書メチエ　二〇一一年）「生物学の成立構造」

※設問作成の都合上、一部省略した箇所がある。

山口裕之は一九七〇年奈良県生まれ。東京大学大学院人文社会系研究科基礎文化専攻（思想文化）哲学専門分野博士課程単位取得。著書に『認知哲学　心と脳のエピステモロジー』（新曜社）『人間科学の哲学　自由と創造性はどこへいくのか』（勁草書房）などがある。

【出題のねらい】

共通テストでは、過去のセンター試験の傾向を踏襲しつつも、別の文章や資料などを用いた複数テクストの問題が出題される。今回は、それを踏まえて**問2～5**では内容把握や理由把握・構成把握の設問で構成し、**問6**では複数テクストの比較をとおして、問題文から発展させた内容を問うものを出題した。

【概要】

Ⅰ　進化論における自然選択理論（1段落～8段落）

ダーウィンは、『種の起源』という本の中で、「自然選択」が行われることによって、「生物の行動や身体構造」が、生物の「目的」に合致するように形成されると説いた。これが「合目的性」の説明であり、「自然選択理論」は神が生物を創造したという宗教的な形とは異なる次元で、生物に関して説明するものであった。そしてダーウィンがこうした理論を考え出したのは、家畜などの「品種改良」からの「類推」を基礎としていた。品種改良は人間の目的に合致した特徴を持つように生物を改良するが、それと同じ過程が自然においても起こり、ある特定の性質を持った個体が「自然によって選択される」ことで新たな種が形成されると考えたのである。

その過程では何者かが「意図的に選択」を行っているわけではないから「自然選択」というのだが、ある特定の形質を持つ個体だけが繁殖したという結果は、品種改良と同じである。そして自然によって選択されるのは、「子供（＝子孫）の数を最大化する行動や身体構造」という「適応度」（5段落）であり、進化論では、生殖年齢に到達した子供の数を基準にして、その行動や身体構造が適切なものかが判断される。

こうした進化論的な説明は、あくまで観察したり理論づけたりする人間の側からの、つまり「外在的な」（6段落）視点からの説明である。もちろん、生物が意識しなくても、結果的に子孫がふえるのは、進化論が説明するように、「適応度」の高い生物であり、個々の行動は行動する本人の意図や目的とは関係のない、「子孫の数」によってのみ価値づけられることになる。だが筆者は、行動する生物の意図や目的とは関係のないこうした結果によって生物を価値づける、「外在的な」視点のみによる説明に疑問を抱いている。

Ⅱ　生物に関する擬人化（9段落～14段落）

だが「意図や目的」などを論じることは、人間を前提としているのであり、人間以外の生物には該当しないのではないか、また筆者が「外在的」というときには、生物に生物自体の「意図や目的」が内在しているという前提があると考えられるが、もともとそういうものは考えられないのだから、説明が「外在的」であることも問題ないではないか、という議論が出てくるとも考えられる。たしかに人間以外の生物も人間と同様に、いちいちの行動において「目的」を意識してはいない。だが我々は「昆虫や細菌」（10段落）の「意図や目的」を考えないわけにはいかない。我々にとって「それが生物だ」という認識は、それらの運動変化が、ある意図や目的にもとづく行動だと理解するからである。そう理解しなければ、生物の行動と物体の物理的運動との間の区別がなくなってしまう。その区別がなくなれば、生物学自体が存立しなくなる。我々は日常的に「細菌」が「泳いでいる」などと「擬人化（＝人間ではない存在を人間とみなすこと）」（12段落）した表現を用いる。動物を機械にたとえたとしても、機械が人間の作ったものである以上、機械とは人間の目的が付与されたものである。すると機械にたとえられた生物にも「目的」が存在しているとみなしていることになるから、「擬人化」がなされている、ということになる。

このように我々は生物の行動に「目的」を想定する。それは擬人化であると同時に、ある行動が目的を持って行動しているように見えること（＝「合目的性」）を生物自身の目的と関連づけて理解することは、「生命」という定義・認識と「同義」（13段落）だというのである。植物もまた、同様に、植物自身の目的が想定される。

Ⅲ 身体構造の合目的性（15段落〜20段落）

ここまで、「行動の合目的性」について述べてきたが、筆者は生物の「身体構造の合目的性」も「生物自身の視点からの理解」が重要だと述べている。進化論的な説明においては、生物自身の視点を「忖度（＝おしはかること）」することなく、人間の外在的な視点から、特徴的な「身体構造」を説明しようとする。だがいかに生物の身体が「自然に」（17段落）見えようとも、生物である限り、その身体構造については、その行動との関連において「合目的性」を論じることができる。たとえば〈鳥自身の意図や目的〉→〈飛ぶという行動〉→〈鳥の羽根の構造〉という関連の中に「合目的性」が存在する、といえるのである。

こうした「日常レベルでの生命についての理解」（19段落）があってこそ、生物学は探究を開始することができる。物理や化学はこうした生命現象を単なる物質の因果関係において説明しようとする。そこには生物『それ自身にとっての目的に対する合目的性』という生命の本質的側面」（19段落）を見逃してしまう可能性がある。

もちろん自然科学は客観的な観察や理論構築がその本質であるとされる。筆者もそうした自然科学のあり方を否定しているわけではない。ただそこに「対象それ自身の視点」を含みこむ理解を包括した「科学」として成り立たせることを目指しているのである。それが「大きな問題」であることは筆者も自覚している。だが生命が、意図や目的のない単なる物理的な現象であり、それに対する擬人的な読み込みにすぎず、実在しないというならば、人間の生命の存在も「錯覚」だということになってしまう。それは受け入れがたいことである。とすれば生命を考えることは、人間が自らを考えることと「相即不離（＝切り離すことができないさま）」だということになる、と筆者は言うのである。

問1 1 ② 2 ③ 3 ③ 4 ④ 5 ① **《漢字問題》**

(i) 同一の漢字を含む選択肢を選ぶ問題。

(ア)は「周知」。正解は②「周到（＝よく行き届いていること）」。他の選択肢は①「大衆」、③「哀愁（＝もの悲しいこと）」、④「秀逸（＝すぐれたさま）」。

(ウ)は「眼前」。正解は③「点眼」。他の選択肢は①「頑丈」、②「岸（岩・厳）壁」、④「含意（＝ふくみもった意味）」。

(オ)は「顧慮」。正解は③「顧客」。他の選択肢は①「懐古」、②「枯渇」、④「確固」。

(ii) 大学入学共通テストから出題された、漢字の意味を問う問題。

(イ)「起こり（起こる）」の「起」は〈物事が新しく生じる〉という意味で用いられている。正解は〈物事が新しく生じる〉と同じ意味をもつ④「起点」である。他の選択肢の①「起伏」と②「起立」は〈起き上がる〉の意味で用いられており、③「奮起」は〈起こす〉の意味で用いられている。

(エ)「絶える」の「絶」は〈とだえる・なくなる〉という意味で用いられている。正解は〈とだえる・なくなる〉と同じ意味をもつ①「絶版」である。他の選択肢の②「絶景」は〈きわめてすぐれている〉の意味で用いられており、③「絶頂」と④「絶賛（絶讃）」は〈この上なく〉の意味で用いられている。

問2 6 ② **《内容把握問題》**

傍線部は、「自然選択理論」が「生物におけるそうした合目的的な構造の形成を」「説明する」ものである、と述べている。そこではまず、「自然選択理論」がどういうものか(1)、「そうした合目的的な構造」とはどういうものか(2)が説明されなければならない。もちろん「神による意図的な制作という宗教的な仕方でなしに」という部分の説明も必要だが、この部分は補足的な部分なので、とりあえず(1)・(2)を見ていこう。

まず(1)であるが、「自然選択理論」とは(a)〈品種改良のように、ある目的に合致した特定の形質が自然によって選択される、という考え方〉である。

また(2)であるが、「そうした合目的的な構造」とは、1段落の「生物の行動や身体構造における合目的性」を受けているが、それをまとめれば(b)〈生物の行動や身体構造が生命の存続に関係する目的と合致する性質を持っている〉ということである。

以上から傍線部は、〈**生物の行動や身体構造が生命の存続に関係する目的と合致する性質を持っていることを、ある目的に合致した特定の形質が自然によって選択されると説明する**〉ということになる。

よって正解は、これと最も近い内容を持つ②である。「神がそのように生物を意図的に創造したという宗教的な説明によるのではなく」という部分は、傍線部の「神による意図的な制作という宗教的な仕方でなしに」という部分と対応している。「……かのように」という部分は、「自然選択」という表現が「比喩的」（4段落）であると説明されていることを意識したものである。

①は、「ある個体が固有の性質を意図的に選択したかのように説明する」という部分が(a)と一致しない。

③は、「生物が他の生物とは異なる特異な身体構造を有するようになった」という部分が(b)とずれているし、「ある個体が苛酷な環境に適応し」という説明も、問題文に書かれていることではない。

④は、「生物が自らの生命維持のために自らの身体を制作し」という部分が、「生物は、自らの身体構造を自分で意図的に制作したわけではない」（15段落）と書かれていることと矛盾する。また「生物自身の意志によってそうした身体を獲得した」という説明も、(a)と食い違う。

⑤は、「自然が生物の意図を汲んで」という部分がおかしい。そうしたことは問題文に書かれていない。

問3 7 ⑤《理由把握問題》

「進化論的説明の視点」が「外在的なものである」ということは、「その行動を行っている当の個体自身」の視点ではなく、人間が外側から付与したものだ、ということである。この〈進化論的視点〉とは、傍線部の前に書かれている「子孫がたくさん残るのであれば、そうした行動や身体構造」が「選択される」、という「視点」である。

そしてこの「外在的な」進化論において顧慮されていないのは、当然ながら個体自身の〈内在的な視点〉である。「外在的」だと言えるのはなぜか、と問うているこの設問は、ではなぜ〈内在的ではないのか〉と問うているのと同じである。

その問いについては、傍線部直後の「我々」の日常についての説明が手がかりになる。我々は「お腹がすいたからご飯を食べようと思うのであり……そうした行動が子孫の数を増やすかどうかなど、夢にも思いはしない」のである。これを生物一般に広げて言い直せば、〈個々の生物自体は子孫を残そうというような意図を持って日々の行動を行っているわけではない〉ということである。そうした生物のあり方を無視して、外部からその行動を意味づけるから〈内在的〉ではなく、「外在的」だというのである。

よってこうした内容と合致する⑤が正解である。「種の存続を可能にする」という部分は「子孫がたくさん残る」ということと対応している。

①は、問題文では「生物にとって最も重要なものは繁殖能力」とまでは断言していないため、誤り。

②は、「現代において子孫を残すかどうかの判断は、個々の人間に委ねられている問題だから」という説明が不適切である。論じられていることは、「現代」や「人間」に限定された事柄ではない。

③は、「生殖年齢に到達した生物個体は種の存続のために子孫を残そうとすると説明する」という部分が不適切である。問題文は「生殖年齢に到達した子供の数を尺度と」する（5段落）と述べているだけであり、このことと③の冒頭部分は違うことを述べている。

④は、「当の個体自身は子孫がほしいと思っていない」という部分が問題文からは断定できないことである。「子供の数を最大化するという目的で選択する人はたぶんあまりいない」（6段落）は、配偶者を選択する際の意識について述べた部分であり、そのことと、当の個体が「子孫がほしいと思っていない」ということとは同じではない。

問4 8 ⑤《理由把握問題》

「物理や化学」についての直接の説明は、問題文にはない。だが「物理や化学」が「自然科学」の一分野であることは言うまでもない。よって「物理や化学」は「外在的な視点から対象を観察し、それを実験的に操作すること」（20段落）を中心とするものだと言える。これに対して、筆者の言う「合目的性」とは「それ自身にとっての目的に対する合目的性」であり、これは生物に内在する「目的」を前提とした性質である。

そして傍線部では、「物理や化学」と「合目的性」という現象は異なる次元にあると言われている。すると傍線部の「合目的性」は筆者の言う〈内在的〉な「合目的性」であり、「物理や化学」が「外在的な視点から対象を観察」するものだから、「『合目的性』という現象を設定するいわれ」が「ない」、ということになると考えられる。

また傍線部の「合目的性」を〈内在的〉な「合目的性」に限定しない場合でも次のように考えることができる。「実験的に操作する」という科学のあり方を、「物理や化学」に即して考えれば、物質の原理に重きを置き、物質の運動や物質間の反応を中心に探究するというあり方だと言える。すると「物理や化学」は対象（生物）の物質性に重きを置くため、そもそも生物に存在する「目的」ということ自体が、関心の対象にならない。そのため、「合目的性」自体が「物理や化学」とは関連が希薄だとも言える。よって正解は、今述べたことと対応する⑤である。「観察者の視点」とは「外在的な視点」の言い換えであり、「対象自体の意図など」とは、〈生物に内在する目的や意図〉のことである。

①は、「自然科学」が「対象それ自身の視点を含みこんだ形で対象を観察し理解していくべき」だと説明しているが、これは筆者の考え方である。もちろん「生物学」も「自然科学」の一分野であるが、20段落冒頭で説明されている「外在的な視点」を中心とする「自然科学」と、筆者の考える「対象それ自身の視点」を含みこんだ「生物学」とはあり方が異なる。だが①では筆者の考え方が「物理や化学」の考え方であるかのように説明されており、逆に傍線部の「合目的性」が「外在的な目的」に限定されている。これは問題文で対比されている内容を取り違えた形で説明している選択肢である。

②は、「物理や化学」が「専門性の高い分野」だという内容が問題文には書かれていない。また「生物が行う日常的な営みは研究対象にはならない」という部分も、傍線部直後の「物理や化学の言葉で生命について説明しつくそうという現代生物学」という記述を見れば、「物理や化学」の分野が「生物」のあり方を解明することもありうると言える。よって「物理や化学」にとって「生物が行う日常的な営みは研究対象にはならない」とは断定できない。

③は、「物理や化学などの自然科学では、文字どおり自然によって形成されたものが観察対象」だとは問題文からは断定できない。また「合目的性」は「人間の設定した目的に沿って存在しているかどうか」ということではない。

④は、「自然科学は現代生物学とは相容れず」という部分がおかしい。傍線部直後に「物理や化学の言葉で生命について説明しつくそうという現代生物学の努力」とあるように、「物理や化学」という「自然科学」と「現代生物学」は結びつきを持っている。このことと④は矛盾する。

問5　9　③　《構成把握問題》

この文章は、先にも書いたように、Ⅰ〜Ⅲに分けることができる。

Ⅰの部分では進化論の「自然選択理論」について説明し、それが「外在的な」視点からのものであることが説明されていた。

Ⅱでは生物に内在する「目的」や「意図」を前提としなければ生命というものを想定できない、ということが論じられる。

そしてⅢでは、「身体構造の合目的性」の話題に移行するが、そうした「合目的性」と関連する「対象それ自身の視点」を含みこんだ生物学を目指すと述べ、そうした形で生命を理解することが人間を理解することにつながる、と筆者は論じている。

こうした文章の展開と合致するのは③である。「そうした内在的な視点から生命現象を理解することは人間自身の理解に通じる、と結論づけている」というのも、Ⅲと一致する。

①は、「進化論を肯定する」という説明がおかしい。8段落では「進化論」が、「個々の行動の意図や目的」を「切り捨て」ることを否定的に見ている。筆者はⅡの部分で、〈進化論とは異なる、生物に即した内在的な視点から生物を見るべきだ〉と論じているのである。

②は、「観察者の視点から、生物自体の視点というもう一つの視点がもたらされる」という論理（因果関係）がおかしい。「観察者の視点」は「外在的」であり、「生物自体の視点」は内在的なものである。両者は区別されており、その二つの間に連動するような関係性はない。

④は、「生物学は、生物の行動に関する内在的視点と身体構造に関する外在的視点という二つの視点を統合したものとなるべきだ」という説明が間違いである。筆者はⅡ・Ⅲにおいて、「行動」を考える際にも「身体構造」を考える際にも、「内在的視点」が必要だと述べているのである。

⑤は、「自然選択説」の「外在的な視点では看過〈＝見過ごすこと〉されていた生命現象に存在する合目的性」という説明がおかしい。問題文冒頭にあるように、「ダーウィン」の「自然選択理論」は「合目的性を説明しようとした」ものであり、「合目的性」を「看過していた」というものではない。

問6　**10**　②《**問題文・資料の関係把握問題**》

複数テキストを比較・検討しながら問題文の理解を問う、共通テストを踏まえた新傾向の問題。

【資料】を参考に、二重傍線部Xと「バイオミメティクス」との関連性をとらえる。【ノート】のまとめや、選択肢が「生物を機械に類比することは、……バイオミメティクスと共通している／対照的なあり方である」という構造であることに着目し、まず二重傍線部X「生物を機械に類比することは、実は隠れた擬人主義だ」の意味を押さえた上で、「生物を機械に類比すること」と「バイオミメティクス」とが、共通しているのか、対照的なのかを考えよう。

「類比」は、既知の事柄を手がかりにして未知の事柄を発見したり、関連がなさそうな物事の間で似ている要素を見つけ出して新たな着想を得たりする方法で、「アナロジー」ともいう。「生物を機械に類比すること」とは、生物と機械を類似したものだと考えるということである。二重傍線部直前に「機械とは、人間がある目的のために製作したものであり、その動作はその目的に即してのみ理解できる」とあり、また10段落で「我々が生物を見てそれを生物だと認識するのは、それの運動変化が単なる物理的運動ではなく、ある意図や目的にもとづく行動だと理解するからである。意図や目的の概念なしでは、生物の行動と単なる物体の物理的運動とのあいだの区別がなくなってしまう」とあることに着目する。我々は生物に意図や目的を想定してしまう。この「目的」に関連しているという点で、「機械」と「生物」は類似しているのである。また生物は本来、人間が想定する意図や目的とは関係なく存在している。それなのに人間に対するのと同じ視点で意図や目的を読み取ろうとすることを指して、「隠れた擬人主義」と表現している。

一方、「バイオミメティクス」は、【資料】および【ノート】のまとめからわかるように、生物がもつ優れた構造や機能から着想を得て、その原理を技術やものづくりに活用するものである。たとえば「ざらざらした猫の舌に似せてごみを圧縮する部品を取り入れた掃除機」は、「ごみを圧縮する」という「目的」をより合理的に遂行するために「猫の舌」の原理をまねたということになる。まさしく「類比」の思考法を用いた技術であると同時に、生物の構造や機能を何らかの「目的」と関連づけて理解していることを意味している。この点で、「生物を機械に類比すること」と「バイオミメティクス」とは共通していると言える。

よって「生物を人間の視点から合目的的に解釈しているという点で……共通している」と説明している②が正解。「合目的的」とは、〈ある事物が一定の目的にかなう仕方で存在しているさま〉を表す。その他の選択肢はいずれも、合目的性の観点から説明していない。

①は、「生物を機械に類比すること」に「科学技術を人間の暮らしに生かすことは含まれない点でも誤り。

③の「人間の意図に沿う生物活動のみに着目する」は、「バイオミメティクス」の説明として不適切。

④は、「生物を人間が支配したり制御したりする対象だと考える」⇔「生物の優れた構造や機能から謙虚に学ぼうとする」という対比関係にはない点でも誤り。

⑤は、「生物の動きを単なる物理的な運動と同一視するもの」、「生物を自己の目的にしたがって生命を営むものとみなす」など、全体的に誤りである。

第2問

出典 織田作之助《おださくのすけ》「木の都」（『現代日本文学大系70』所収　筑摩《ちくま》書房　一九七〇年）

作者は大阪の下町に生きる人々とその風俗の描写を真骨頂とし、「夫婦善《めおとぜん》哉《ざい》」で認められて、無頼派の代表的作家の一人となった。

【出題のねらい】 共通テスト・過去のセンター試験では、加能作次郎《かのうさくじろう》や井伏鱒《いぶせます》二《じ》など、明治・大正・昭和初期に書かれた小説から出題される傾向が見られるため、今回の出典もその傾向に合わせて選んだ。登場人物の心情が「私」という語り手を通して示されている中で、「私」にとって他の登場人物はどのように見えているのか、読み取る力を身につけることが求められる。その際、リード文で示された「私」の生い立ちや戦中という時代背景なども考慮に入れて読み取る必要がある。

【概要】 文章の概要をまとめると、ほぼ季節の推移に合わせて次の四つに分けられる。

1 **主人との再会**（1〜20行目）

主人が名曲堂を始める経緯が語られる。主人は、もと船乗りで、四十歳の時に京都の吉田で洋食屋をはじめた。商売気のない経営で店はつぶれたが、大阪へ引っ越すときに、趣味で集めたレコードを持ってきたことが、名曲堂をはじめる動機になった。そのような話をしているとき、小学生の息子、新坊が帰ってくる。今度中学入試を受ける新坊のこと、女学校を出て働いている姉のことを主人は「私」に語る。

2 **主人と新坊と「私」**（21〜41行目）

半月余り経って、「私」が名曲堂へ行くと、主人は、新坊が落第したこと、学問はあきらめさせ、働くことを覚えさせようと新聞配達にしたことを話す。新坊が帰ってくると、「私」はいつもかけているレコードを止めてもらい、主人が新坊に声をかける隙をつくるようにした。その様子を「父子の愛情が通う温さに私はあまくしびれて」と語る。夏が来て、祭に新坊を誘おうとしたが、新坊は名古屋の工場へ徴用されて名曲堂にいなかった。

3 **「私」の思い出と新坊の里心**（42〜64行目）

夏が過ぎた頃、探していたレコードが入ったという葉書を名曲堂からもらった「私」は、学生時代のことを思い出し、懐かしくなって、久しぶりに口縄坂を登った。主人はおらず、店番をしていた娘さんが、昨夜無断で帰ってきた新坊を、主人が一晩も泊めずに名古屋へ帰した話をする。その後、再び名曲堂を訪ねると、主人は「私」に「新坊は駄目ですよ」と言い、「私」は「主人の鞭《むち》のはげしさ」を知った。

4 **主人一家との別れ**（65〜83行目）

年の暮れ、人恋しくなった「私」は名曲堂を訪ねるが、「時局に鑑み廃業仕候」と貼紙がしてあり、人の姿は見えない。隣の標札屋に聞くと、新坊が家を恋しがるのを止めるためには一緒に住むしかないと、主人は自分の徴用が来る前に、娘さんと一緒に名古屋へ行ってしまったのだという。標札屋は、「私」がかつてこの町で少年時代を過ごしていたことに気づかなかった。「私」は石段を降りながら、「青春の回想の甘さは終り、新しい現実が私に向き直って来たように」思う。

問1　11 ②　12 ①　13 ⑤　《語句の意味問題》

小説によく使われる語句・慣用句の意味を問う問題だが、安易に文脈に合う選択肢を選んではいけない。用いられている語句の正確な意味を押さえて選択肢を吟味する必要がある。

(ア) 「無頓着」の、「頓着」は「とんちゃく」（「とんじゃく」とも）と読み、〈深く気にかけること、こだわること〉、それが〈ない〉状態なので、〈物事を気にかけないこと、平気なこと〉の意味になる。したがって、④の「才覚がな」い、⑤の「無計画」は選択肢から外れる。また、③の「呑気」では、本文の文脈に合わない。①の「深い考えがなく」は一見妥当なように見えるが、語義からすると〈考えない〉よりも〈こだわらない〉の方がふさわしいため、②が正解となる。

(イ)「肩身の狭い」は、〈世間に対して面目が立たない〉という意味で用いられる。「面目が立たない」とは、〈世間に対して恥ずかしくて、人に顔を向けることができない〉という意味で、人付き合いを想定した世間に対しての立場をいうことから、〈世間〉の要素のない③や、「家族」、「嫁入り先」に限定している②・⑤は誤り。〈世間〉とは、自分が日常生活を送る上で関わる他者全体のことを指す。④は「社会に対して」までは正しいが、〈自分で自分のことが〉恥ずかしい〉という要素がないので誤り。

「女の子は……嫁に行く時」という言い方は、時代的な価値観を反映しているが、女学校くらいは出ていないと世間に対して恥ずかしく、堂々としていられないという意味の①が正解となる。

(ウ)「三日にあげず」は、〈間を空けず、たびたび〉の意味である。①の「飽きることなく」や③の「飽きない程度」などは、「あげず」を「飽かず」と誤解した場合に選んでしまう可能性があるので注意しよう。また、「三日」は現実の日数ではなく〈短い時間〉を表す比喩的な表現なので、②も誤り。④は文脈上正しく見えるが、語義から⑤が正解。

問2 **14** ⑤ 《理由把握問題》

傍線部**A**までの文脈をまとめると次のようになる。

主人は、挨拶もせず姿を消した新坊について
「どうも無口な奴でと……うれしそうに言」った
↓
「口答試問が心配だと、急に声が低くなった」
↓
「(姉は)今北浜の会社へ勤めていますと、主人の声はまた大きくなった」

ここから娘と息子に対する「主人」の気持ちの違いを読み取り、声の大きさが変わった理由を考えてみよう。まず「うれしそうに言」ったという部分から、主人にとって新坊の存在は喜びであることがわかる。「挨拶せんか」と言いながらも、挨拶がろくにできないのは「無口」なためだと、新坊をかばっているわけである。だが、中学校の口頭試問という問題になると「無口」では試験に受からないのではないかと「心配」になる。この気持ちの変化によって、主人の声は低くなった。だが、娘の話になると「もうとっくに女学校を出て、今北浜の会社へ勤めています」と声がまた大きくなった。次に、傍線部の後の文脈を追うと、23~26行目で娘と息子の生き方に対する主人の考えが述べられている。娘については「女の子は女学校ぐらい出て置かぬと」とあることから、主人の考えで娘を女学校に入学させたようだ。そこから、自分の期待どおりに女学校を卒業し会社勤めをしている娘に対して、何の心配もしていない主人の気持ちが読み取れる。以上より、〈無口な新坊が口頭試問に受かるか不安に思う気持ち〉からいったん声が低くなったのに対し、〈自分の期待どおり女学校を卒業して会社勤めをしている娘については、不安もなく満足〉なので再び声が大きくなったとする⑤が正解と決まる。

①は、「女学校を卒業した姉の話を聞かせることで新坊にやる気を出させようとした」という部分が本文から読み取れない。主人が話している相手はあくまで「私」で、それ以上の意図はない。

②は、「今はなき妻のことを思い出して」が誤り。主人の妻については本文中でとくに言及されていない。

③は、「口頭試問には受からないだろうというあきらめ」が誤り。「心配」はしているが、この時点で受からないとあきらめているとは言えない。また、姉の「今後が楽しみ」というのも言い過ぎである。

④は、「新坊の今後の人生がうまくいかないのではないかという恐怖」とあるが、この時点で主人が心配しているのは、中学校の口頭試問のことである。新坊や姉の「今後の人生」について主人が語るのは、これより半月後のことである。「恐怖」というのも言い過ぎである。

問3 **15** ④《内容把握問題》

「私」が認めた「二十五の年齢」とは、どのような意味なのかがポイント。

傍線部の前後の内容を確認してみよう。家を恋しがって寄宿舎から帰ってきた新坊を父親が一晩も泊めようとしなかったことに対し、娘は「不憫でした」と述べている。「不憫」とは、〈かわいそうに思う気持ち、憐《あわ》れに思う気持ち〉である。「私」はそこに「屈託のない〈＝心配ごとや気にかかることがない〉若さ」や「女学校へはいったばかし」の「面影」を認め、「凛とした口調」に「素直な感傷」を見ている。つまり、世間で言えば二十五歳は大人に見えるが、素直にかわいそうだと言う娘の口調に「私」が感じたのは、大人らしさではなく、晴れ晴れとしているきりりとした若さということになる。よって、「ありのままに述べる、すがすがしい若さ」とする④が正解となる。

①は、「たどたどしい幼さ」が誤り。「私」が感じたのは「若さ」であって、「幼さ」ではない。

②は、前述したとおり「いじらしい大人らしさ」が誤り。「二十五の年齢」だけ見て解答するのではなく、傍線部前後の内容も踏まえよう。

③は、「父の行為と弟の感情の両方を理解する、家族思いの優しさ」が誤り。傍線部の後からわかるように、ここで「私」が見たのは、娘の「弟への愛情」であって、父に対する娘の感情については述べていない。

⑤は、「無断で帰宅するしかなかった弟をかわいそうだったという娘の言葉」が誤り。娘がかわいそうだと言ったのは、父親が一晩も泊めずに弟を帰したことについてである。

問4 **16** ②《心情把握問題》

「私」が傍線部のように思うに至った経緯を、「私」の心情がうかがわれる表現に注意しながら、確認していこう。

口縄坂での名曲堂の主人との再会は、「私」にとって、

- 「第一の青春」〈＝両親と過ごした少年時代〉
- 「第二の青春」〈＝学生時代を過ごした青年時代〉

という二つの「青春」を思い起こさせるものである（16～20行目）。

また、現在の彼らとの交流の中でも、「私」は

- 「父子の愛情」に「あまくしびれ」た（33・34行目）
- 「十年振りにお詣りする相棒に新坊を選ぼうと思った」（38行目）
- レコードから青年時代の知り合いである女性を思い出した（43～50行目）

というように「自分の青春」を振り返っている。そこに流れている「私」の感情は

名曲堂を通じて思い出す「自分の青春」に対する「なつかし」さ

であると考えられる。

冬が来て、新坊の話に「胸を痛めた」「私」は、名曲堂の人々のことを気にかけながらも、名曲堂に行かなくなる。「私の健康は自分の仕事だけが精一杯の状態で……口縄坂は何か遠すぎた」（68・69行目）という表現から、

- 自分の健康や仕事という現実

⇔

- 自分の青春を象徴する名曲堂

という対比が読み取れる（65～69行目）。

年の瀬になると、「私」は彼らに「顔を見せねば悪いような気がし、またなつかしくもなったので」名曲堂を訪れた。現実の中で青春の思い出が遠のきながらも、再びその思い出を「なつかしく」求める「私」がそこで知ったのは、一家が引っ越してしまったという現実であった。それは、私がもう「青春の回想」に甘くひたることはできないことを示す（傍線部）。また、彼らの引っ越しは新坊のためというだけでなく、「時局に鑑み」（72行目）「徴用が来るかも知れない」（76・77行目）という表現から、戦争のためという現実も意味している。よって、正解は「親子との交流を通じて、自分の青春時代をなつかしんでいた」「私」が、親子の引っ越しにより「甘い感傷を伴う青春時代の終焉《しゅうえん》」と「戦局が迫りつつあるという現実」を知るとする②となる。

①は、「自分も引っ越すことで新たな場所で新たな人間関係を築こうと考え

ている」が誤り。「新しい現実」とは、場所や人間関係を変えることではない。

③は、「標札屋も自分を覚えていなかったことから、この坂の上に来る理由もなくなり」が不適切。たしかに、「私」が口縄坂を登る理由は青春時代を回想させる名曲堂親子の存在にあり、彼らの不在は「坂の上に来る理由」がなくなったことを示す。だが、標札屋が自分を覚えていなかったことが、坂を登らないもう一つの理由になるとまでは言えない。標札屋が自分を覚えていなかったのに対して「私」は、「それには触れたくなかった」と述べているだけである。また、戦局が迫るという現実への意識はあっても「来たるべき徴用に備えようと決意している」という具体的な決意までは、読み取れない。

④は、「小説の題材とするために坂の上の名曲堂をしばしば訪れ」が誤り。「青春と無縁であり得ない文学の仕事をしながら」（48・49行目）とあるが、名曲堂の親子との交流（＝青春）を題材にしようとしていたとは、本文中から読み取れない。

⑤は、「自分も家族の一員となったつもりでいた」が誤り。「口縄坂は何か遠すぎた」（69行目）とあるように、「私」にとって名曲堂の親子は、あくまで青春の象徴としてなつかしむ対象である。また、「新しい現実」についての説明も不足している。

問5 17 ③ 《人物像把握問題》

息子である新坊に対する主人の気持ちがわかる箇所を本文から探してみよう。

(1) どうも無口な奴でと……主人はうれしそうに言い～（12行目）【愛情】
(2) 男の子は学問がなくても働くことさえ知っておれば～（24行目）【期待】
(3) 主人が奥の新坊に風呂へ行って来いとか～（32行目）【愛情】
(4) しかし父親は承知せずに～（54行目）【厳しさ】
(5) 主人は送って行く汽車の中で食べさせるのだと～（58・59行目）【愛情】
(6) 新坊は駄目ですよと、……馬鹿者めと～（60～63行目）【苦情と厳しさ】
(7) いっそ一家をあげて新坊のいる名古屋へ行き～（75行目）【愛情】

(1)、(3)からわかるように主人は新坊に対して、「私」が「あまくしびれ」るような深い愛情を持っている。だが、その愛情はまた、(2)が示すように、父親として、息子が「立派に世間へ通るし人の役に立つ」「ましな人間」になることを望む期待ともつながっており、その期待ゆえに、(4)、(6)にあるように「私」が「意外」に思うほどの厳しさを示す。一方で、(5)が示すように、その厳しさを補うような細やかな愛情も注ぐのである。そして結局は(7)にあるように、一家で新坊のそばに引っ越すことを決断する。主人は働かなくてよいと息子を甘やかすのではなく、新坊が「働く」ことができるよう、彼の気持ちを優先したのである。以上より、正解は③と決まる。

①は、「無理やり新聞配達にする」「愛憎の念」などが誤り。また、「愚痴をこぼす」とあるが、「愚痴」は〈言っても仕方のないことを言って嘆くこと〉で、本文にある「苦情」や「食って掛るように言」うという不平、不満を激しく訴えるさまとは異なる。

②は、「その期待を裏切ろうとする新坊」が誤り。新坊の行為にそうした意図があるとは読み取れない。また、「一緒に名古屋まで行く」ことを「私」は父親の愛情が「強かった」とは感じているが、「行き過ぎた」とは感じていない。そして、父親に息子を憎む気持ちまでは読み取れないことから「愛憎半ばする思い」も誤り。

④は、「無口な性格を直してほしいという期待」が誤り。問2で見たように無口だから口頭試問が心配なだけで、新坊の無口な性格に対して主人が否定的であるとは読み取れない。

⑤は、「新坊の言いなりになって」が誤り。「主人は散々思案した」とあり、新坊の提案によるものではない。また、主人は一貫して新坊が仕事を放棄することには厳しい態度を見せており、「息子を溺愛〈＝むやみにかわいがること〉」も誤り。

問6 18 ① 《問題文・資料の表現把握問題》

文章を他の資料と比較して考える新傾向問題。【資料】では、初出時の本文と、初刊時の本文の違いが示されている。変更箇所は次のとおりである。

・初出（雑誌に掲載されるなどしてはじめて活字になった時。）
「新坊はつい最近名古屋の工場へ少年工として働きに行き、新聞配達をしてゐるよりもさうして工場で働く方がどれだけお国の役に立つかも知れないと思ひ、進んでさうさせた、大阪にも工場はあるが、しかし可愛い子には旅をさせた方がよいと、わざわざ名古屋へやったのだと、主人らしい意見であった。」
・初刊（最初に書籍として刊行された時。こちらの方が後である。）
「新坊はつい最近名古屋の工場へ徴用されて今はそこの寄宿舎にいるとのことであった。」

初出の設定では、父親の考えで名古屋に行かされたことになり、変更後は戦争により国家から強制的に名古屋に行かされたことになる。父親の考えで家を出されたという設定と、戦争で徴用されたという設定の違いが、作品にどのような影響・効果をもたらしているのかを考えよう。

家を離れて名古屋に行った新坊は、幾度か家に帰ってくる。一度目は秋口、「寄宿舎で雨の音を聴いていると、ふと家が恋しくなって、父や姉の傍で寝たいなと思うと、……もうたまらなくなり、ふらふら昼の汽車に乗ってしまった」（53・54行目）とあり、父親は家に泊まることを許さず夜行で名古屋まで送って行ったが、息子のために自分で弁当を作ってやっている。初冬にも「新坊がまたふらふらと帰って来て、叱られて帰って行った」（65行目）が、年の暮れに名曲堂を訪れると、一家は名古屋に転居していた。「新坊が家を恋しがって、いくら言いきかせても帰りたがる」（74行目）からだという。父親の考えで家を出されたという設定の場合、新坊は「父親の思いどおりにならない甘えん坊の息子」という色合いが強い。しかし徴用されたという設定の場合、戦争によって理不尽に引き裂かれた親子という色合いが強くなる。そして、徴用されたのに、たびたび家に帰りたがるようでは、周囲の人間から新坊が非国民と指弾される恐れさえあるため、一家の転居が同情され得るものになる。父親の心情も、息子に手を焼いているというものから、息子が不憫なあまりに転職・転居したという色合いが濃くなってくるのである。以上の内容を踏まえた①が正解。

②は「息子に弁当を作って持たせてやる」という描写に変更があったとは述べられていない。どちらの設定でも、父親の優しい一面を読み取ることはできるので、誤り。また、「いやがる息子」という記述も、初出の文章中には見当たらない。

③は、この作品においては設定の変更にかかわらず親子の情愛が描かれており、「父親の判断が裏目に出た印象のみ強まる」とは言えない。また「戦争」は時代背景としてあるが、戦争自体がテーマだとは読み取れず、「戦争によって引き裂かれた親子の姿」「戦時下における家族のあり方」というよりも「家族の情愛」をテーマとして描かれている。よって不適切である。

④は「息子が自分から進んで家族の意志に従って」や「主体性のある人物」が不適切。初出の文章中では「進んでさうさせた」とあるように、父親の意志は示されているものの、息子が自分から進んで名古屋へ行ったとは読み取れない。

⑤も、③と同じく「戦争を肯定しているイメージ」や「反戦色の強い作品」というとらえ方が作品にそぐわないので不適切。

第3問

出典 鴨長明《かものちょうめい》『無名抄《むみょうしょう》』『方丈記《ほうじょうき》』

『無名抄』は鴨長明による、約八十段から成る歌論書である。正確な成立年は不明だが、一二一一年十月以降〜一二一六年の間に成立したと考えられている。幽玄論や本歌取りといった歌論から、歌人にまつわる逸話まで、内容は多岐にわたる。

『方丈記』も鴨長明によるもので、『枕草子』『徒然草』と並んで「古典日本三大随筆」に数えられている。一二一二年三月末日に記されたとされ、同時代に起きた天災や草庵での暮らしについてが、内容の中心である。

【出題のねらい】

受験生が接する機会の少ない評論文を読み解くこと、二つの文章を比較読解して、文章の読解のカギをもう一方の文章中から読み取ること、という二点をねらいとした。【文章】として示した『方丈記』は重要古語が少ない上に注が多く、抽象度の高い内容で読み取りにくかったかもしれないが、少々わかりづらい箇所があっても大局を見失わずに、丁寧に展開を追う姿勢が大切である。そういった姿勢で読解ができているかどうかを、**問6**で問うた。

【概要】

『無名抄』

・ある歌合で私が「石川やせみの小川」と詠んだところ、このような名の川はないという理由で負けになった。
・改めて顕昭が判定したところ、「このような川があるのかはその土地の者に尋ねてはっきりさせるのがよいだろう」と勝負が保留された。
・後日、実はこの川の名が賀茂川の異名であることを伝えると、顕昭は長年の経験から、正しい判断を行えたことを喜んだ。
・祐兼が、「このような言葉は正式な場で披露し、後の時代まで長明の手柄だとわかるようにすべきだった」と残念がった。
・しかしこの歌は『新古今和歌集』に選ばれた。十首入集した中でとくにこの歌の入集が嬉しくてたまらない。
・ただ、この喜びも執着であると思うと無意味なことだ。

【文章】『方丈記』

・私の寿命は終わりに近づいている。自分の暮らしぶりのこだわりやささやかな楽しみを記してきたことは、現世への執着であり仏の教えに背くことであった。
・「私は修行のために隠遁《いんとん》したのではなかったか。外面だけ尊くて、内面はこんなに未熟だ。これは前世の報いなのか、それとも煩悩のせいか」と自問しても答えは見つからない。ただ念仏を唱えるだけだ。

問1 19 ③ 20 ④ 21 ① 《語句の解釈問題》

語句の解釈問題は、重要古語や付属語に着目した逐語訳を考えることが突破口になる。ただ、それだけで決まらない場合もあるので、文脈も手がかりに考えることも大切である。

(ア) 現代語「一刀両断にする」という表現が、〈一太刀でまっぷたつに斬る〉というもとの意味だけでなく、〈速やかに決断する〉の意をもっていることを知っていれば、「事を切る」も〈決める〉のような意になることが推測できたかもしれない。ここでは、打消の「ず」がついているので〈決めない〉の意である。また、文脈から考えるならば、長明の和歌を一人目の判者が負けだと判定したのに対し、二人目の判者は「石川やせみの小川」について、「その所の者にたづねて定むべし〈＝その土地の者に尋ねてはっきりさせるのがよいだろう〉」として、勝ち負けは決めなかった、という内容である。〈決めない〉の意だと判断できるので、正解は「判定を下さない」の③に決まる。

(イ) 形容詞「かしこし」には〈すぐれている・立派だ〉〈恐れ多い〉のような意味がある。後者は、人を超える存在〈＝神仏や帝〉に恐縮する気持ちを表す意だが、本文には神仏や帝は関わっていない。前者の〈すぐれている・立派だ〉の意味につながる用法として、連用形「かしこく（かしこう）」で、出来事そのものを「うまくいった」と評価することがある。この場合、出来事を述べる前に連用形で置くため、〈うまい具合に・幸いにも〉といった訳が適する。ここでは顕昭が、「この語の落とし穴に引っかか（注２）」らなかったという出来事について、自身を評価している箇所なので、正解は④の「うまい具合に」。

(ウ)「さればこそ」は予想が実現したことを確認する慣用表現で、〈やはり・思った通りだ〉の意。「さればよ」とも言う。したがって①「そんなことだと思っていたよ」が正解。

問2　22　④　《和歌の説明問題》

和歌を直訳すると、〈石川のせみの小川（の水）が清らかなので、（賀茂の神がここに鎮座なさったように）月も澄んだ（川の）流れを探してそこに宿っている〉となる。選択肢を順に検討して、和歌の解釈を行っていこう。

①序詞について、「あしびきの山鳥の尾のしだり尾のながながし夜をひとりかも寝む」という和歌を例に説明する。序詞という修辞は、「あしびきの山鳥の尾のしだり尾の」という景物を述べて、その直後の「ながながし」に二重の意味をもたせるものである。〈山鳥の尾が長い〉という意に、和歌の後半にある「ながながし夜をひとりかも寝む〈＝長い長い秋の夜を私も一人で寝るのだろうか〉」と〈長い夜〉の意味も加えることで、恋の心情を述べている。本文の歌を見ると、「石川やせみの小川の」の直後の「清けれ」は〈川（の水）が清らかである〉の意味しか表しておらず、二重の意味をもっていない。したがって、「石川やせみの小川の」は序詞ではない。

②係り結びとは、ある内容を強調させたり、疑問や反語の意をもたせたりするために、「ぞ・なむ・や・か・こそ（係助詞）」が登場した場合は、文末を終止形ではなく連体形や已然形にするという法則のこと。第五句の「たづねてぞすむ」は、「ぞ」が係助詞で「すむ」が連体形で結びとなっている。もう一カ所、係助詞の可能性があるとすれば、初句「石川や」の「や」である。もしこの「や」が係助詞ならば、〈川が清らかだ〉という趣旨の和歌なので、形容詞「清し」の連体形「清き」が結びとなるべきところだが、接続助詞の「ば」に続くために已然形「清けれ」となって結びが流れている。さらに、「や」が係助詞ならば疑問か反語の意味になるはずだが、〈川が清らか〉という内容が疑問になるのも、「いや清くない」というように反語になるのも、文脈的に不自然である。したがって、ここは係助詞ではなく間投助詞の「や」と考えるべきである。使われている係り結びは一カ所である。

③結句（第五句）以外で、意味や音調でくぎれる場合を「句切れ」と言い、「初句切れ・二句切れ・三句切れ・四句切れ（末句で終止している場合は『句切れなし』）」のように呼ぶ。この和歌では、三句「清ければ〈＝清らかなので〉」の句末は接続助詞「ば」であり、意味がくぎれていないので、三句切れではない。解釈から、句切れなしの和歌と考えられる。

④掛詞とは、一語が二重の意味をもって文脈に関わる修辞法で、異なる漢字で書き分けられる場合が多い。この和歌では、〈小川の水が清らかで透き通っている〉という意味の「澄む」と、〈月が川の水面に映って宿っている〉という意味の「住む」とが掛詞になっている。よって、これが正解。

⑤縁語とは、和歌の主題とは別の文脈で使われる、互いに関連性をもつ語群のことである。たとえば「〈波が何度も打ち寄せては返るように〉私はあなたのもとへと空しく何度も立ち寄っては引き返すばかりだ」のような意味の和歌においては、主題ではない前半（　）内の「波・打ち寄せ・返る」が縁語となる。この和歌の場合は、「月が川面に映っている」という情景が主題なので、「川・清けれ・月」は縁語とはいえない。また、「川・清けれ」は関連性があるとしても、そこに「月」が入るのは一般的に関連性がない。

問3　23　②　《文法問題・内容把握問題》

傍線部Bを単語に分けると、「かく（副詞）／なり（動詞「成る」連用形）／侍り（丁寧の補助動詞「侍り」連用形）／しか（過去の助動詞「き」已然形）／ば（接続助詞）／いぶかしく（形容詞「いぶかし」連用形）／おぼえ（動詞「おぼゆ」連用形）／侍り（丁寧の補助動詞「侍り」連用形）／し（過去の助動詞「き」連体形）／ほど（名詞）／に（格助詞）」となる。助動詞は「しか」「し」の二つであるため、②が正解。残る選択肢を順番に見ていこう。

まず①について。「ば」は已然形についているので、順接の確定条件の〈〜ので〉という意。「いぶかしく」は形容詞「いぶかし〈＝不審だ〉」の連用形。「おぼえ」は動詞「おぼゆ〈＝思われる・感じられる〉」の連用形。二カ所の「侍り」はどちらも動詞についているため、丁寧の補助動詞で、〈〜ます〉の意。以上から、〈このようになってしまいましたので不審に思われましたところ〉となる。長明が不審に思ったのは、「思ふところありて〈＝考えがあって〉」詠んだのに「石川やせみの小川」という表現を理由に負けにされたことなので、「かく」の内容は「『かかる川やはある』とて負になり侍りにき」である。

③は、本文の流れを追うと、(1)一人目の判者である師光が、長明の和歌を負けと判定する、(2)長明がその判定に不信感をもつ、(3)改めて二人目の判者として顕昭が判定する、という展開である。判定の結果を「いぶかしくおぼえ〈＝不審に思われ〉」の主語は長明なので、③は誤り。

④について。「侍り」は丁寧語だが、主に、丁寧語はカギカッコのなかで使われている場合は発言者から聞き手への敬意を表し、カギカッコの外〈＝地の文〉で使われている場合は作者から読者への敬意を表す。よって、敬意の対象を光行とする④は誤り。

⑤は、先の品詞分解の通り、形容動詞は含まれていないので誤り。「かく／なり」を一語の形容動詞と間違えないようにしよう。

問4 **24** ① 《傍線部の内容把握問題》

傍線部**C**「老いの功」とは、いわゆる「年の功」で、年齢を重ねたことで積み上げた功績や手柄を意味する。傍線部までの展開は、

・一人目の判者である師光が、川の名を理由に長明の和歌を負けと判定する。
・長明はその判定に不審の念を覚える。
・改めて二人目の判者として顕昭が判定し、勝負の判定を保留する。
・長明が、その川の名が「賀茂川」の別称であり、典拠もあることを顕昭に告げる。

である。このあとの顕昭の発言を順に確認しよう。

＊かしこくぞ落ちて難ぜず侍りける〈＝うまい具合に（この語の落とし穴に）引っかかって批判しないでおりましたよ〉

注2と、**問1**(イ)の解説で確認した通り、間違った判断に陥らずに済んだことを自ら評価しているのである。

＊されども、顕昭等が聞き及ばぬ名所あらじやはと思ひて、ややもせば難じつべくおぼえ侍りしかど〈＝そうではあるが、わたくし顕昭めが聞き覚えのない名所（＝古来和歌に詠まれてきた有名な場所）はないだろうと思って、ともすれば批判してしまいそうに思われましたが〉

ここの「顕昭」は自称で、自分の名で自分を称するのは謙遜表現の一種である。また「等」も、ここは複数語尾ではなく謙遜表現。「顕昭等が聞き及ばぬ名所あらじやは」は顕昭自身の思考部分である。「ややもせば」は、とかくある方向に事態が赴きがちであることを表す慣用表現で、「ややもすれば」とも言い、〈ともすれば・どうかすると〉の意味。「難じ」は「難ず〈＝批判する・非難する〉」の連用形、「つべく」は「強意の助動詞＋推量の助動詞」の形で、ここでは〈〜てしまいそうだ〉の訳がふさわしい。「おぼえ」は「覚ゆ〈＝思われる・感じられる〉」の連用形。「しか」は過去の助動詞「き」の已然形。つまり、〈ともすれば批判してしまいそうに思われましたが〉というのであるから、顕昭の思考内容は、〈私が聞き覚えのない名所はない〉つまり〈私はすべての名所を知っているはずだから、私が聞き覚えのない名所は和歌に詠むべきではない〉といったものでなければならない。したがって、「名所あらじやは」の「やは」は反語ではないと判断できるだろう。「やは」は一般的に反語の意になることが多いが、ここで「やは」を反語にしてしまうと、〈私が聞き覚えのない名所はないだろうか、いやある〉と反対の意味になってしまうのである。「や」は詠嘆、「は」は強調と解して、〈〜よ〉と訳をつけるのが適して

いる。

この部分は、最終的には間違った判断に陥らずに済んだが、その直前では多くの人が陥る誤りに自分も陥りそうであった、と告白しているのだ。

＊誰とは知らねども、歌ざまのよろしく見えしかば、ところを嫌はずさ申して侍りしなり〈＝誰（の作った歌）とはわからないが、歌の様子が悪くはないように見えたので、川の名（が聞き慣れないものであること）を問題にせずあのように申し上げたのです〉

「誰とは知らねども」とは、〈提出された和歌の作者が誰だとわからないが〉という意。和歌の作者が誰なのかが明らかになると、「あの人の詠んだ歌なら間違いないだろう」という偏った見方での判断になりかねないので、歌会では提出作品に記名しないこともあったようである。顕昭は耳慣れない地名があるということだけを理由としてこの和歌を排除せず、一首全体の出来映えを評価したのである。

＊これすでに老いの功なり〈＝これはまったく（私が）経験を積んだ賜物《たまもの》である〉

「すでに」は、ここでは〈すっかり・まったく〉の意。年齢を重ねて知識が増えれば、自信をもってその知識を判断基準とすることが多いが、自分のもっている以上の知識に出会うこともある。その時に自分の知識の限界を知り、謙虚になれるのが真の素晴らしさだと考えられよう。顕昭は、賀茂神社に伝わる文書には賀茂川の別名が記載されているということを長明から聞き知り、自分の見聞だけで「そのような川の名はない」と誤った判断を下さずに済んだ、と振り返ったのである。したがって、「老いの功」の中身である「これ」は、①の「聞き慣れない川の名の使用の可否も、作者が誰かの配慮もさておき、作品の出来映え自体に着目して評価を下せたこと」である。

問5　**25**　②　《傍線部の内容把握問題》

第二段落の展開を確認すると、

- 「石川やせみの小川」という賀茂川の別称が、筆者の和歌によって披露された。
- 賀茂神社の禰宜である祐兼は、このような重要な語を、日常的な場で披露したことを批判した。
- 続々と「石川やせみの小川」を詠む歌人が現れる。
- 予想通りの展開に祐兼は、これでは最初に詠んだ手柄が長明のものだと後世に伝わらないと残念がった。
- 『新古今和歌集』にこの長明の歌が選ばれた。

のようになる。さらに続きも確認していこう。

＊「いと人も知らぬことなるを」と申す人などの侍りけるにや〈＝「いと人も知らぬことなるを」と申す人などがいましたのだろうか〉

傍線部Dの検討はあとに回し、後半を検討する。文末の「にや」は「断定の助動詞＋疑問の係助詞」で、結びに「あらむ」などが省略された形。〈〜と申す人などがいましたのだろうか（＝いたのでしょうか）〉と訳せる。この「〜にや」という表現は、筆者（語り手）が理由を推量する場合に用いられることが多い。筆者が疑問に感じて推量する出来事が直前に述べられていると仮定すると、「新古今撰ばれし時、この歌入れられたり」、つまり『新古今和歌集』に自分の和歌が選ばれた経緯の推量だと考えられる。よって傍線部Dは、長明の和歌を評価し推薦する誰かの言葉でなくてはならない。選択肢を確認すると、この歌を評価しているのは次の二つである。

②「あまり人の知らない言葉だが、このように素晴らしい作品なのだから長明の歌を選び入れようということ」

④「あまり人の知らない言葉なので、このめずらしい言葉が使われている作品はすべて選び入れておこうということ」

②は長明の歌だけを推薦する言葉、④は長明以外の歌も含めて「石川やせみの小川」を詠んだすべての歌を推薦する言葉となる。

＊すべてこの度の集に十首入り侍り。これ過分の面目なる中にも、この歌の入りて侍るが、生死の余執ともなるばかり嬉しく侍るなり〈＝全部で今回の勅撰集に（私の歌が）十首選び入れられています。これは身に余る光栄である中にも、この歌が入っておりますことが、死に際の現世への執着にもなるほど嬉しくぞんじます〉

『新古今和歌集』に全部で十首入集したことを、長明は分不相応な名誉だと喜んでいる。そして、とくに嬉しいのはこの「石川や……」の歌が入ったことだと言っている。仏道修行においては、この世のあらゆる出来事を無益なことと見極めて現世への執着を断つことが重視されている。それなのにこの歌の勅撰和歌集への入集は、何にも代えがたい喜びだというのである。この段落の前半で、最初にこの川の名を詠んだ手柄が長明のものだと後世に伝わらないのではないかと一族の祐兼が懸念していたが、その言葉を書き記したということは、長明自身にもその懸念があったと推察することもできよう。しかし、勅撰和歌集に入れば、和歌が自分の名とともに後代に伝わるのである。それを誇らしく思うからこそ、これほどまでに嬉しいのだ。

このように考えるなら、傍線部**D**「いと人も知らぬことなるを」を、「石川やせみの小川」を詠んだ、長明以外の歌も含めて評価する言葉（④）と解するのは不適切である（ちなみに事実として、第一勅撰和歌集『古今和歌集』から第八勅撰和歌集『新古今和歌集』までのなかで「石川やせみの小川」が詠まれているのは、長明のこの一首のみである）。また、筆者が疑問に感じて推量する出来事が、傍線部のあとに述べられていると考えても、対象となる出来事は、「石川や……」の歌が『新古今和歌集』に入集したことと考えて問題はない。

以上より、正解は②である。

問6 26 ⑤ **《資料を用いた二重傍線部の心情把握問題》**

二重傍線部の「あはれ無益のことかな」の「あはれ」は感動詞で、〈ああ〉と訳す。〈ああ無意味なことだなあ〉とは、直前の『新古今和歌集』入集を喜ぶ長明自身の気持ちを指してのことである。二重傍線部冒頭の「ただし」は、前述の事項に条件や例外を加える働きをもつ接続詞である。ひどく喜んでいたのに、それまでとはうってかわって、〈無意味なことだなあ〉というのは直訳だけでは唐突でよくわからない。そこで、**【文章】**の『方丈記』に手がかりを求めてみる。

【文章】の前半は、以下のような流れである。

＊そもそも、一期の月影かたぶきて、余算の山の端に近し。たちまちに三途の闇に向かはんとす。何のわざをかかこたむとする〈＝そもそも、（私の）一生は終わりに近づいて、残りの寿命は山（に沈む月のように死）に近い。まもなく死後に赴く暗黒の世界に向かおうとしている。（このような時に自分の行ってきた）何の行為を嘆こうというのか〉

「かこた」は「かこつ〈＝嘆く・不平不満を言う・他のせいにする〉」の未然形。自分は人生の終わり近くになって何をぶつぶつ言っているのかと、ここまで『方丈記』の中で述べてきたことを振り返っている部分である。

＊仏の教へ給ふおもむきは、事にふれて執心なかれとなり。今、草庵を愛するも、閑寂に着するも、さはりなるべし。いかが要なき楽しみを述べて、あたら時を過ぐさむ〈＝仏が教えなさる趣旨は、何事につけても執着心をもつなということである。（私が）今、（住んでいる）粗末な小屋を大切に思うのも、静かな生活にこだわるのも、（極楽往生の）差し障りであるのだろう。どうして無益な楽しみについて語って、もったいない時間を過ごそうか（、そのようなことをしている余裕はない）〉

「さはり」は〈差し障り・障害〉の意。「あたら」は形容詞「あたらし〈＝もったいない・惜しい〉」の語幹用法。ここまで自分の暮らしぶりについてこだわっている点を述べてきたが、そもそも仏は何事にも執着するなと教えている。残り少ない時間を仏道修行に費やすべきなのに、無用なことを語るのに費やしてしまった、と筆者は自省している。

「愛」も「着」も〈執心〉である。自分の執着したことに対して、一転してその価値を否定するという構文が『無名抄』の二重傍線部と似ていることに気づいただろうか。『無名抄』での勅撰和歌集入集の名誉に執着して喜ぶ気持ち、『方丈記』でのはかない現世で住まいや趣味に執着して楽しむ気持ち、これらは仏教的な観点からは否定されるべきものであることを再認識し、浮かれた自らの心を長明は戒めているのである。

①は、長明が最終的に仏教の教えを否定している、という理解になってしまっているので不適。

②は、入集した和歌が一首だとしている点が誤り。

③は、勅撰和歌集入集の名誉を素直に喜べず、自分でいいのかと長明が疑問を抱いている、という理解なので不適。長明は入集への喜びを述べている。

④と⑤は似ているが、「ただし」の解釈に差がある。「もしかしたら」と訳すことができるならば、その文末は推量表現がふさわしいが、ここは「しかしながら」の意味。二重傍線部末尾の終助詞「かな〈＝～なあ〉」は詠嘆の意である。以上より、正解は⑤。

全訳

『無名抄』

光行が、賀茂神社の歌合ということで（歌会の実施が）ございました時、私は、『月』（の題）の歌に、

石川や…石川のせみの小川（の水）が清らかなので、（賀茂の神がここに
　　鎮座なさったように）月も澄んだ（川の）流れを探してそこに宿
　っている。

と詠みましたところ、判者である師光入道が、「このような川があるか、いや、ない」と言って（私の歌は）負けになってしまいました。（私は）考えがあって詠みましたが、このように（負けに）なってしまいましたので不審に思われましたところ、「その時の判定は、まったく納得できない点が多い」ということで、再び改めて顕昭法師に判定させました時、この歌の箇所に判詞を書いて言うことには、「『石川のせみの小川』は、あまり聞いたことがありません。ただし趣深く続けている。このような川などがございましょうか。その土地の者に尋ねてはっきりさせるのがよいだろう」ということで、（勝ち負けの）判定を下さない。後に顕昭に会った時、（私は）このことを話題に出して、「これ（＝石川やせみの小川）は賀茂川の別称だ。うちの神社の縁起（＝由来を記した文書）に（記載が）ございました」と申し上げたところ、驚いて、「うまい具合に（この語の落とし穴に）引っかかって批判しないでおりましたよ。そうではあるが、わたくし顕昭めが聞き覚えのない名所（＝古来和歌に詠まれてきた有名な場所）はないだろうと思って、ともすれば批判してしまいそうに思われましたが、誰（の作った歌）とはわからないが、歌の様子が悪くはないように見えたので、川の名（が聞き慣れないものであること）を問題にせずあのように申し上げたのです。これはまったく（私が）経験を積んだ賜物である」という言葉がありました。

その後、この一件を聞いて、禰宜である祐兼が、大いに（私を）批判しました。「このような言葉は、たいそう立派な晴れの歌合か、あるいは帝《みかど》や、大臣の御前などで詠むのがよい。このような日常的な場で詠んだのは、残念なことだ」と申しておりましたうちに、隆信朝臣が、この川を（歌に）詠む（ことがありました）。また、顕昭法師が、左大将家の百首の歌合の時、この川を（歌に）詠む（ことがありました）。祐兼が言うことには、「そんなことだと思っていたよ。あなたは（その川の名を）素晴らしく歌に詠み込んだが、後の時代には、誰の歌が先であったのかということを、人はどうしてわかるだろうか、いやわからない。何がどうだということもなくわからないままに終わってしまうに違いないことだよ」と残念がりましたが、『新古今和歌集』が選ばれた際、（私の）この歌が選び入れられた。「あまり人の知らない川の名だが（このように素晴らしい作品なのだから長明の歌を選び入れよう）」と申す人などがいましたのだろうか。全部で今回の勅撰集に（私の歌が）十首選び入れられていま

す。これは身に余る光栄である中にも、この歌が入っておりますことが、死に際の現世への執着にもなるほど嬉しくぞんじます。ただし、（このようなことにこだわるのは）ああ無意味なことだなあ。

【文章】『方丈記』

そもそも、（私の）一生は終わりに近づいて、残りの寿命は山の稜線（に沈む月のように死）に近い。まもなく死後に赴く暗黒の世界に向かおうとしている。（このような時に自分の行ってきた）何の行為を嘆こうというのか。仏が教えなさる趣旨は、何事につけても執着心をもつなということである。（私が）今、（住んでいる）粗末な小屋を大切に思うのも、静かな生活にこだわるのも、（極楽往生の）差し障りであるのだろう。どうして無益な楽しみについて語って、もったいない時間を過ごそうか（、そのようなことをしている余裕はない）。

静かな明け方に、この道理を考え続けて、自分で自分に問うて言うことには、「出家して山林に隠れ住むのは、心を静めて仏道修行をしようということである。そうであるのに、お前は、身なりは出家者でありながら、心は俗世の穢《けが》れが染みついている。住まいはそのまま、（在俗の仏弟子である）浄名の事績を真似たというが、行っているのは、ほんの少しで（仏の弟子の中で最も愚かだったと言われる）周梨槃特の修行にさえも及ばない。もしかしたら、これは、前世の報いとしての貧しさが自身を悩ませているのか、あるいはまた煩悩に穢れた心のせいで狂っているのか」。その（ように問うた）時、心は、まったく答える様子がない。（そこで心のかわりに）ただ、その一方で舌の力を借りて、請われずとも救いの手を差し伸べてくださる阿弥陀仏の名号を、二、三度唱え申して終わった。時に建暦二年、三月の末頃、出家者の蓮胤、外山の小屋でこの文章を記す。

第4問

出典　**【笑話Ⅰ】**　趙南星《ちょうなんせい》『笑賛《しょうさん》』、**【笑話Ⅱ】**　岡白駒《おかはっく》『訳準開口新語《やくじゅんかいこうしんご》』

『笑賛』は、明代の学者、趙南星（一五五〇〜一六二七）が編んだ笑話集。すべての笑話に硬骨漢として知られる趙南星の「賛」すなわち評語が付されている。問題文はその第十九話「卜者子」。

『訳準開口新語』は、江戸時代の漢学者、岡白駒（本名は岡田白駒　一六九二〜一七六七）が編んだ笑話集。江戸時代に数多く編まれた初学者用の漢作文の教材の一つ。問題文はその第七話。

【出題のねらい】

共通テストの傾向を踏まえ、内容が共通する文章を二つ選んだ。二つの笑話を読み比べて、最終的に両者の共通点や相違点を考える問題である。その前提として、**問1〜6**では漢文読解の基礎力を問うた。**問7**のような難問も含まれているが、解釈上、重要な語句や句法をその都度確認しながら、文脈を十分に踏まえて選択肢を検討すれば、正解は必ず得られよう。健闘を期待したい。

【概要】

【笑話Ⅰ】

1　占い師の子の推論（本文）

・占い師の子が占いを習わず、父が叱責すると、子は占いなんて簡単だと答えた。
・父は試しに翌日風雨の中やって来た客の占いをさせた。
・子は客が①東北の方角からやって来たこと、②張という姓であること、③妻のために占うことを言い当て、父を驚かせた。
・父の問いに答えて、子は言い当てた理由を明らかにした。①②は観察に基づく客観的な推論であったが、③は激しい風雨の中やって来たからには、父母のためではなく、妻のためであろうという主観的な推論であった。

2　占い師の子に対する評価（評語）

・占い師の子は聡明である。
・しかし、『孟子』を読むことなく、父母を妻よりも軽く扱っているのは残念である。

【笑話Ⅱ】

・占い師が分かれ道で農夫に道を尋ねた。
・農夫は占い師が自分で判断できなくてどうするのだと苦言を呈した。
・すると、占い師は、占った結果、「農夫に道を尋ねよ」という判断が下ったのだと言い訳した。

問1　27　④　28　②　《漢字の読み問題》

漢字の読み方を問う問題も、漢字だけを見て答えるのではなく、前後の文脈を踏まえる必要がある。

(1)　「尽」は、占い師の子が客は東北の方角から来たと判断した理由に当たる「肩背尽湿」に見え、〈肩や背中がずぶ濡れだった〉の意である。したがって、「尽」はここでは「湿」を修飾する副詞であることがわかる。この点から、⑤「つくして」という動詞の読みは不適。残る選択肢は、すべて意味としては通じるが、①「ともに」、②「みな」、③「すべて」という読みは「尽」にはなく、④「ことごとく」が正解である。

(2)　「若」は、占い師の子が『孟子』を読んだことがなく、父母に対する孝の重要性を理解していないことを問題視する「賛」の言葉であり、「若読㆓了『孟子』㆒」は「もし『孟子』を読了していれば〜」という仮定の意味である。この点から、①・③・④は不適。「若」を「わかシ」と読むのは日本語の用法であり、「わかくして」の意味なら漢文では「少」（「少年」の「少」）を用いるのが一般的である。「もしくは」「ごとし」は「若」の読みとしてはあるが、ここでは意味も用法も不適である。⑤「たとひ」は同じ仮定でも〈たとえ〜しても〉を意味する逆接の仮定であり、読みも意味も不適。正解は②「もし」である。

問2 29 ③ 30 ① 31 ⑤ 《空欄補充問題》

空欄に文法的に重要な語を補充する問題。問われているのは句法の知識であるが、このような問題でも、前後の文脈に注意して選択肢を検討したい。

(1) 空欄[i]は、占い師である父の叱責に対する子の答えであり、翌日父が子に試しに占いをさせる契機となった言葉である。したがって、文脈上、「此甚易[i]」は〈占いなんてたいへん簡単です〉という意味になる。この点を踏まえて、選択肢を検討すると、①「乎（か）」・②「邪（か）」では〈簡単ですか〉、⑤「否（いなヤ）」では〈簡単ですか、そうではないですか〉という意味の疑問文となり、不適。ここには、占いが簡単であることを強調する語が入らねばならない。④「為」には「たリ」と読んで断定を意味する用法もあるが、その意味の「為」が「也（なり）」のように文末に位置することはなく、不適。したがって、文末に用いて限定や強調の役割を果たす③「耳（のみ）」が正解である。なお、「乎（か）」には感嘆の用法もあり、強調と意味の方向性を同じくするが、〈占いなんてたいへん簡単だなあ〉では文脈上、不自然。

(2) 空欄[ii]は、客がやって来た方角や姓、そして占う理由までも言い当てた子に父が驚いて尋ねた言葉であり、その問いに答えた子の言葉が後に続いている。したがって、「爾[ii]前知如レ此」は明らかに疑問文。〈お前はどうしてこんなにも先に知ることができたのだ〉という意味になる。よって、副詞の④「独（ひとリ）」・⑤「唯（ただ）」では〈どうして〜か〉の意味を表すことができず、不適。②「誰（たれカ）」・③「孰（たれカ・いづレカ）」では〈誰が〜か〉・〈どれが〜か〉の意味となり、主語の「爾」が浮いてしまう。〈どうして〜か〉という疑問文を構成する①「何（なんゾ）」が正解である。

(3) 空欄[iii]は、占い師でありながら農夫に道を尋ね、そのことを農夫に批判された占い師が言い訳のために作り上げた占いの判断の言葉である。したがって、「[iii]レ問二農夫一」には、占い師が農夫に道を尋ねる正当性が明確になる〈農夫に道を尋ねよ〉といった意味の言葉が入る。この点を踏まえて、選択肢を検討すると、〈〜するな〉を意味する①「勿（なカレ）」では〈農夫に尋ねるな〉の意となり、明らかに不適。また、②「未（いまダ〜ず）」・③「如（〜ノごとシ）」・④「将（まさニ〜ントす）」では、それぞれ〈まだ農夫に尋ねていない〉〈農夫に尋ねるようなものだ〉〈今にも農夫に尋ねるだろう〉の意となり、意味があいまいで、農夫に道を尋ねる正当性が明確ではない。正解は⑤「当（まさニ〜ベシ）」。「当に農夫に問ふべし」、すなわち〈農夫に尋ねるべきである〉の意である。

問3 32 ④ 《返り点と書き下し問題》

返り点の付け方と書き下し文を問う問題。まず、傍線部にある重要な語句や句法をチェックしよう。この問題の場合、解釈上のポイントは、「従」の用法と、「有〜者」という文の基本構造である。

・「従」＝〈〜に従う〉という動詞としての意味の他、「自」と同じく「〜より」と読んで〈〜から〉を意味する前置詞的な用法がある。返り点や書き下し文の問題となるのはほとんど後者。その場合、「〜に従《よ》りて」とは読まず「〜より」と読んで、助詞であるから、かな書きする。

・「有〜者」＝「〜者有り」（〈〜者がいた〉〈〜者があった〉の意）は、漢文に頻出する、文の基本構造である。たとえば、『韓非子』の「楚人有下鬻二楯与レ矛者上」（楚人《そひと》に楯《たて》と矛とを鬻《ひさ》ぐ者有り）。

この二点を踏まえて選択肢を検討すると、②「有二従レ風雨中求一卜者」（風に従ひて雨の中卜を求むる者有り）」・③「有三従レ風雨中求二卜者一」（風に従ひて雨の中卜者を求むる有り）」は、「従」を「従ひて」と動詞として理解し、〈風雨の中〉という意味のまとまりを分断しており、意味が通じないので不適。⑤「有下従二風雨中一求レ卜者上（風雨の中に従りて卜を求むる者有り）」は、「〜に従りて」と読んでいる点が不適。また、①「有下従二風雨中一求中卜者上（風雨の中より卜者を求むる有り）」は、問題文冒頭の「卜者」に惑わされて、「有〜者」という構造を見逃している。「有〜者」が常に「〜者有り」となるとは限らないが、ここでは「求」の目的語は「卜者」ではなく明らかに「卜」。よって、正解は④「有下従二風雨中一求レ卜者上（風雨の中より卜を求むる者有り）」。「従」を「より」と正しく読み、「有〜者」という構造も正確に理解できている。

問4 **33** ③ **《傍線部の解釈問題》**

解釈問題は、まず傍線部に含まれている重要な語句や句法を整理することから始めよう。その上で、文脈にも注意しながら、自分自身で書き下し文と現代語訳を考えてみよう。この問題では、二度用いられている「為」の用法、「誰」の用法、「肯」の用法が解釈上のポイントである。

・「為」＝「なス」・「なル」・「たリ」などと読む動詞的用法（日本語の助動詞「たり」として読む「為」は英語で言えばbe動詞の役割）と、「ためニ」と読むことを原則とする前置詞的用法が基本。ここでは前置詞的な〈～のために〉系統の意。ただし、「不㆑為㆑妻」は単純な「妻の為に」ではなく「妻の為ならずして」と読み、〈妻のためでなくて、誰がいったい〉という内容で下の文に接続している。

・「誰」＝「たれカ」と読み、疑問文や反語文を構成する。ここでは反語文。「誰カ～ンヤ」と読んで、〈誰が～（する）であろうか。いや、誰も～（し）ない〉の意。

・「肯」＝「あヘテ」と読み、動詞の前に置いて〈～することを肯定する〉というニュアンスを添える語。〈進んで～する〉〈喜んで～する〉などと訳されることが多い。文脈によっては、〈わざわざ～する〉と訳すこともできる。

以上のポイントと、直前の文の「風雨如㆑是」すなわち〈雨風がこんなにも激しいのです〉とのつながりを考慮すれば、傍線部は「妻のためでなくて、誰がわざわざ父母のためにやって来るでしょうか（いや、決してやって来ないでしょう）」と解釈するのが妥当。すなわち、③が正解。書き下し文は「妻の為ならずして、誰か肯へて父母の為に出来せんや」となる。

その他の選択肢には重要な語句の用法や訳文に、それぞれ明らかな誤りがある。以下、訳文の誤りを指摘しておく。①「妻のためではなく、父母のためなら誰もが進んでやって来る」は意味が逆転している。②「妻のためとは限らないが」や、⑤「妻のためでなく、父母のためであったとしても」では、客が妻のためにやって来たと判断する理由になっていない。④「妻のためだけでなく、父母のためにも誰もが進んでやって来るのではありませんか」も同様で、客が妻のためだけにやって来るのでなければ、意味が通じない。

問5 **34** ② **《書き下し文と解釈問題》**

書き下し文と解釈を問う問題。書き下し文の難易度は**問3**よりも高い。まず、傍線部「豈有視父母反軽於妻之理」の解釈上のポイントを整理しておく。すなわち、「豈」の用法、「反」の用法、「視父母反軽於妻」に含まれる比較の句法である。

・「豈」＝「あニ～ンヤ」の形で用いられる反語文（〈どうして～であろうか。いや、～ではない〉の意）を構成する語。文脈によっては疑問文（あニ～カ）の場合もあるが、入試で問われるのはほとんど反語である。文末に「哉」などの助字を伴うことが多いが、なくても反語となり得る。傍線部にも助字はないが、「豈有～之理」は「豈に～の理有らんや」、すなわち〈どうして～の道理があろうか。いや、そんな道理はない〉という意味の反語文である。

・「反」＝「かへル」「そむク」などの動詞としての用法の他、「かへッテ」と読んで〈逆に〉〈反対に〉などの意味を表す副詞としての用法がある。その場合、訳語として〈かえって〉が用いられることもある。傍線部の「反」は副詞である。

・「視父母反軽於妻」＝「A～於（＝于）B」の形で漢文に頻出する比較の句法である。〈AはBよりも～である〉の意。したがって、「視父母反軽於妻」は、〈父母を視ることがかえって妻（を視ること）よりも軽い〉という意味になる。

以上のポイントを踏まえれば、傍線部の書き下し文は、②「豈に父母を視ること反つて妻よりも軽きの理有らんや」となる。「どうして父母を思いやることがかえって妻よりも軽いなどという道理があろうか（いや、そんな道理はない）」という解釈も正しく、②が正解である。返り点は「豈有下視二父母一反軽二於妻一之理上」。

解釈の誤りは、書き下し文とほぼ連動しているので、以下、誤りを書き下し文に即して指摘しておく。①は比較の句法を無視して「妻を軽んずる」としている点が不適。③は「父母を視に反ること」の「視」と「反」の意味・用法が不適。④「豈に父母の反《そむ》きて妻を軽んずるを視るの理有らんや」・⑤「豈に父母の反きて妻を軽んずるの理を視る有らんや」は「視」・「反」の意味・用法、比較の句法などに誤りがあり、不適。

問6 **35** ⑤《大意把握問題》

大意を問う問題も、解釈問題と同じく、傍線部の重要語や句法を整理し、自分なりの書き下し文・現代語訳を作った上で選択肢の検討に入ろう。もちろん、前後の文脈もきちんと踏まえておこう。解釈上のポイントは、「不レ能」の用法、「何以」の用法、「為」の用法である。

- 「不レ能」＝〈可能〉の助動詞「能」は、肯定形では「よク」〈〜できる〉の意）、否定形では「あたハず」〈〜できない〉の意）と読む。
- 「何以」＝「なにヲもつテ（カ）〜」と読み、疑問文や反語文を構成する語。ここでは反語。〈どうして〜であろうか。いや、〜ない〉の意。文末の「乎」と呼応している。たとえば、『論語』に「不敬何以別乎」（敬せずんば、何を以て別《わか》たんや）とある。〈（親を養う際、）敬う気持ちがなければ、どうして（犬や馬と）区別することができようか。いや、できない〉の意。
- 「為」＝「為人」は「人ト為《な》リ」〈〈人柄〉の意）と読む場合もあるが、ここでは「人の為《ため》に」。

以上のポイントを踏まえ、「あなたは占いを生業にするお方ではありませんか」という直前の言葉を考慮して傍線部を現代語訳すると、〈分かれ道に臨んで（自ら）判断を下すことができずに、どうして人のために占いをすることができるでしょうか（いや、決してできないでしょう）〉といった意味になる。すなわち、正解は⑤。

大意を問う問題では、傍線部を正しく要約してあれば正解であるが、①は「分かれ道に出くわしたこと自体、判断力の欠如を示しており」が、②は「たとえうまく占えなくても」が、③は「それ以上進めなくなったとしても」「いつも人のためにしているように何度も占って」が、④は「分かれ道に出くわすことが判断できなくても、どうして人のために占いをしているような気持ちで」が傍線部と明らかに合致せず、不適である。農夫は、〈占い師が自らの進むべき道を自ら判断できなくてどうするのだ〉と苦言を呈しているのである。

問7 **36** ⑤《複数の文章の内容把握問題》

この問題の場合、二つの文章が「笑話」であると明示されているので、読解のポイントはそれぞれの話の「笑い」の要点を把握することである。そこで、**【概要】**を参照して、まず二つの笑話のおもしろさを確認しておこう。

【笑話Ⅰ】のおもしろさは、占い師の子が行った客に対する三つの推論のうち、①・②が鋭い観察に基づく客観的な判断であったのに対して、③が狭い経験に基づく主観的な判断であったことにある。「うんうん、確かに」と聞いていて、突然「えーっ」となるような落差が「笑い」を生むのである。すなわち、①〈客は東北の方角から来た〉は、東北の風を受けて背中や肩がずぶ濡れであるという観察に基づく判断であり、②〈客の姓は張である〉も、傘の柄に張姓が多いことで知られる地名が刻まれていたという観察に基づく判断である。要するに、①・②は蓋然性の高い推論と言える。しかし、③〈客が占うのは妻のためである〉は、激しい風雨の中やって来たのだから、父母のためではなく妻のためであろうという極めて主観的な推論となっており、編者の「賛」もまさにこの点を問題視しているのである。

一方、**【笑話Ⅱ】**は、分かれ道で農夫に道を尋ねた占い師が、〈占いを生業とする占い師が自らの進むべき道を自ら判断できなくてどうするのだ〉と批判されて言い放った言葉がおもしろい。すなわち、〈占った結果、「農夫に尋ねよ」という判断が下ったから、お前に尋ねているのだ〉という言葉である。この笑話が、占い師が「分かれ道に臨んで農夫に道を尋ねた」と始まっており、「分かれ道に臨んで占いを行い、農夫に道を尋ねた」と始まっていない以上、占い師の言葉はもちろん、その場しのぎの口から出まかせといえる。そして、一見妥当なように見えて、その実、占い師であることを自ら放棄したかのようなこの反論がいわゆる〝落ち〟の役割を果たしているのである。

なお、総合的な内容把握問題においては、選択肢を検討する前に、ストーリーを確認しつつ、問題文を再読することが望ましい。時間的な余裕があれば、設問以外の箇所に見える解釈上のポイントにも注意を払おう。この問題でいえば、次のような語句や句法である。

・「父命レ子試為レ之」（**【笑話Ⅰ】** 2行目）＝「父子に命じて試みに之を為さしむ」と読む。いわゆる意味的使役であり、使役動詞「令」を用いて「父令二子試為一レ之（父子をして試みに之を為さしむ）」と表現することもできる。「之」はもちろん占いを指す。すなわち、〈父は息子に命じて試しに占いをさせた〉の意。

・「然」（**【笑話Ⅰ】** 2行目）＝「然」には「しかシテ」・「しかレドモ」・「しかラバ」などの接続詞としての用法のほか、「しかり」と読んで〈そのとおり・そうである〉の意を表す用法もある。

・「是以」（**【笑話Ⅰ】** 5行目）＝「ここヲもつテ」と読む。前の文を受けて、〈だから・こういうわけで〉の意。なお、「以レ是」は「これヲもつテ」と読み、〈これによって・これを用いて〉の意。両者を混同しないように注意。

・「非二張姓一而何」（**【笑話Ⅰ】** 5行目）＝「張姓に非ずして何ぞや」と読む。「非レA而何（Aニ非ズシテ何ゾヤ）」は、Aであることを強調する反語的表現。〈Aでなくて何だというのだ〉の意。

・「子非二売レ卜先生一耶」（**【笑話Ⅱ】** 1行目）＝「子は卜を売る先生に非ずや」と読む。「A非レB耶（AはBに非ずや）」は、〈AはBではないか。Bだろう〉を意味する反語的表現。文末の「耶」は「乎・邪」などとも記される。すなわち、〈あなたは占いを生業にするお方ではありませんか。そうでしょう〉の意。

・「爾」（**【笑話Ⅱ】** 2行目）＝「爾」は代名詞として「なんぢ」と読んだり、「然」と同じく「しかり」と読んだりもするが、助詞として「のみ」と読む限定・強調の用法も重要である。「是以問レ爾爾」（是を以て爾に問ふのみ）では、「なんぢ」と「のみ」が連用されており、要注意。後者は**問2** i の「耳」と同じく、限定・強調の「のみ」である。

以上のポイントを踏まえ、問題文を再読したら、いよいよ選択肢の検討である。その際には、微妙な誤りをも見抜くことができるように、落ち着いて、注意深く読むことが大切である。以下、選択肢を順番に検討していこう。

① **【笑話Ⅰ】** には占い師の子が父の仕事を習おうとしないことが書かれているだけで、「ふだんから父親の仕事を軽んじる親不孝者だった」とまでは書かれていないので、不適切。

② ここの「第三者」は「農夫」を指すが、**【笑話Ⅱ】** の占い師の説明は、機知に富んではいるが、その場しのぎの口から出まかせと考えられ、「第三者に道を尋ねることに対する正当性を、すぐに理路整然と説明していた」とはいえず、不適切。

③ **【笑話Ⅱ】** の占い師の切り返しは「農夫の言葉をよく吟味した上で」のものではなく、とっさの言い訳に過ぎない。また、農夫が「反論することができなかった」というのも文中に根拠がなく、不適切。

④ **【笑話Ⅰ】【笑話Ⅱ】** とも、文中に具体的な占いの描写がないので、占い師の職業が「言葉の操り方がすべて」とまでいうことはできない。また、それぞれに登場する占い師が「慎重に言葉を選んでいる姿」も描かれていないので、不適切。

⑤ **【笑話Ⅰ】** の占い師の子と **【笑話Ⅱ】** の占い師の言動それぞれの説明は正しい。また、共通点として「いいかげんさ」を挙げている点も合致しているので、これが正解。

付言すれば、**【笑話Ⅰ】** の問題文は、明末に馮夢龍《ふうぼうりょう》（一五七四～一六四六）という才人が編んだ『笑府』巻四に「前知」と題して、同話（趙南星の評語を削除し、本文に若干の変更を加えている）が収められている。それによれば、占い師の子の第三の推論が当たったのは当時の社会的風潮を考慮したため、ということになる。有名な「朝三暮四」の話が、『荘子』と『列子』とで意味合いが異なるようなものである。この問題では、『笑賛』に即してその「笑い」を解釈したが、『笑府』の理解もおもしろい。余力があれば、松枝茂夫《まつえだしげお》訳『全訳笑府（上）』（岩波文庫）などを繙《ひもと》いてほしい。

書き下し文

【笑話Ⅰ】

卜者《ぼくしや》の子《こ》本業《ほんげふ》を習《なら》はず、父之《ちちこれ》を譴怒《けんど》す。子曰《こい》はく、「此《こ》れ甚《はなは》だ易《やす》きのみ」と。次日風雨《じじつふうう》の中《うち》より卜《ぼく》を求《もと》むる者有《ものあ》り。父子《ちちこ》に命《めい》じて試《こころ》みに之《これ》を為《な》さしむ。子《こ》即《すなは》ち問《と》ひて曰《い》はく、「汝《なんぢ》は東北方《とうほくはう》より来《き》たるか」と。曰《い》はく、「然《しか》り」と。曰《い》はく、「汝《なんぢ》は張《ちやう》を姓《せい》とするか」と。曰《い》はく、「然《しか》り」と。復《ま》た問《と》ひて曰《い》はく、「汝《なんぢ》は尊正《そんせい》の為《ため》に卜《ぼく》するか」と。亦《ま》た曰《い》はく、「然《しか》り」と。其《そ》の人卜《ひとぼく》し畢《をは》りて去《さ》る。父驚《ちちおどろ》きて問《と》ひて曰《い》はく、「爾何《なんぢなん》ぞ前《さき》に知《し》ること此《か》くのごときか」と。子答《こた》へて曰《い》はく、「今日《こんにち》は乃《すなは》ち東北風《とうほくふう》なり。其《そ》の人西《ひとにし》に面《めん》して来《き》たり、肩背《けんはい》尽《ことごと》く湿《しめ》れり。是《ここ》を以《もつ》て之《これ》を知《し》る。傘《かさ》の柄《え》に清河郡《せいかぐん》と明刻《めいこく》す。張姓《ちやうせい》に非《あら》ずして何《なん》ぞや。且《か》つ風雨《ふうう》是《か》くのごとし。妻《つま》の為《ため》ならずして誰《たれ》か肯《あ》へて父母《ふぼ》の為《ため》に出来《しゆつらい》せんや」と。

賛《さん》に曰《い》はく、「卜者《ぼくしや》の子《こ》甚《はなは》だ是《こ》れ聡明《そうめい》なれども、惜《を》しむべきは曾《かつ》て『孟子《まうし》』を読《よ》まざりき。若《も》し『孟子《まうし》』を読了《どくれう》せし時《とき》には、便《すなは》ち人の性皆善《せいみなぜん》なるを知《し》る。豈《あ》に父母《ふぼ》を視《み》ること反《かへ》つて妻《つま》よりも軽《かる》きの理有《りあ》らんや」と。

【笑話Ⅱ】

卜者《ぼくしや》岐《き》に臨《のぞ》みて路《みち》を農夫《のうふ》に問《と》ふ。農夫曰《のうふい》はく、「子《し》は卜《ぼく》を売《う》る先生《せんせい》に非《あら》ずや。岐《き》に臨《のぞ》みて断従《だんじゆう》する能《あた》はずして、何《なに》を以《もつ》て人《ひと》の為《ため》に卜筮《ぼくぜい》せんや」と。卜者曰《ぼくしやい》はく、「吾既《われすで》に之《これ》を筮《ぜい》す。繇《ちう》に云《い》ふ、『当《まさ》に農夫《のうふ》に問《と》ふべし』と。是《ここ》を以《もつ》て爾《なんぢ》に問《と》ふのみ」と。

全訳

【笑話Ⅰ】

占い師の息子が家業（である占いの仕事）を習おうとせず、父親がそれを叱責した。息子が言うには、「占いなんてたいへん簡単です」と。翌日、風雨の中から占いを求める客がやって来た。父親は息子に命じて試しに占いをさせてみた。息子はすぐに尋ねた。「あなたは東北の方角からお越しですね」。（客が）答えた。「そうです」。（息子がさらに）尋ねた。「あなたは張という姓ですね」。（客が）答えた。「そうです」。（息子が）さらに尋ねた。「あなたは奥様のために占われるのですね」。（客が）また答えた。「そうです」。その人は占いが終わって立ち去った。父親が驚いて尋ねた。「お前はどうしてこんなにも先に知ることができたのだ」。息子が答えて言うには、「今日は東北の風です。あの人は西に向かってやって来ましたので、肩や背中がずぶ濡れでした。だから（東北の方角から来たことが）わかったのです。（また）傘の柄に『（張姓が多いことで有名な）清河郡』とはっきり刻まれていました。張姓でなくて何の姓でしょうか。おまけに風雨がこんな（にも激しいの）です。妻のためでなくて、誰がわざわざ父母のためにやって来るでしょうか（いや、決してやって来ないでしょう）」と。

編者が評語を付して言うには、「占い師の息子はたいへん聡明であるが、残念なことにこれまで『孟子』を読まなかった（ようだ）。もし『孟子』を読了していれば、人の本性がみな善である（＝人には生まれつき道徳性が備わっている）ことを知った（であろう）。どうして父母を思いやることがかえって妻よりも軽いなどという道理があろうか（いや、そんな道理はない）」と。

【笑話Ⅱ】

占い師が分かれ道に臨んで農夫に道を尋ねた。農夫が言うには、「あなたは占いを生業にするお方ではありませんか（そうでしょう）。分かれ道に臨んで（自ら）判断を下すことができずに、どうして人のために占いをすることができるでしょうか（いや、決してできないでしょう）」と。占い師は答えた、「わたしはとっくにこれを占っている。（その結果）『農夫に尋ねるべきである』という判断の言葉を得たのだ。だからこそお前に尋ねたのだ」と。

模試　第3回　解答

自動採点・学習診断

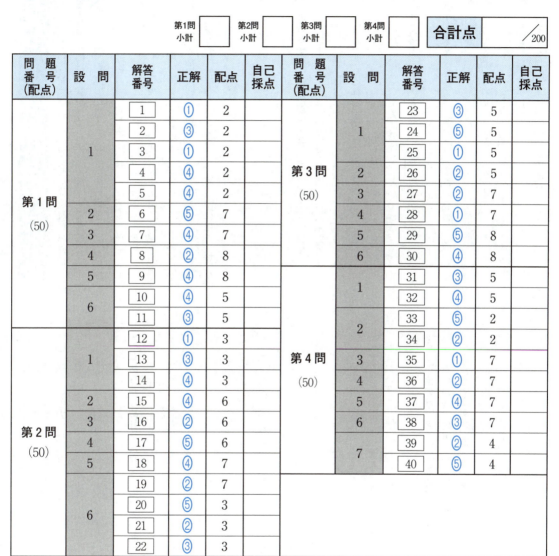

第1問 小計	第2問 小計	第3問 小計	第4問 小計	合計点
				／200

問題番号(配点)	設問	解答番号	正解	配点	自己採点
第1問 (50)	1	1	①	2	
		2	③	2	
		3	①	2	
		4	④	2	
		5	④	2	
	2	6	⑤	7	
	3	7	④	7	
	4	8	②	8	
	5	9	④	8	
	6	10	④	5	
		11	③	5	
第2問 (50)	1	12	①	3	
		13	③	3	
		14	④	3	
	2	15	④	6	
	3	16	②	6	
	4	17	⑤	6	
	5	18	④	7	
	6	19	②	7	
		20	⑤	3	
		21	②	3	
		22	③	3	

問題番号(配点)	設問	解答番号	正解	配点	自己採点
第3問 (50)	1	23	③	5	
		24	⑤	5	
		25	①	5	
	2	26	②	5	
	3	27	②	7	
	4	28	①	7	
	5	29	⑤	8	
	6	30	④	8	
第4問 (50)	1	31	③	5	
		32	④	5	
	2	33	⑤	2	
		34	②	2	
	3	35	①	7	
	4	36	②	7	
	5	37	④	7	
	6	38	③	7	
	7	39	②	4	
		40	⑤	4	

第1問

出典 高田明典《たかだあきのり》『「私」のための現代思想』（二〇〇六年　光文社）の一節。

筆者は一九六一年生まれ。専門は現代思想・メディア論。主な著書に『世界をよくする現代思想入門』、『知った気でいるあなたのための構造主義方法論入門』などがある。

【出題のねらい】

論理的文章では、哲学的なテーマを扱った評論文がよく出題され、そのような文章は抽象的な言葉や比喩を用いて論じられることが多い。こうした傾向を踏まえて今回は、「物語」という抽象的な表現をキーワードとした、人の生という哲学的内容を述べている文章を出題した。ただし、本文中には具体例が豊富にあるので、論旨は把握しやすかっただろう。

【概要】

本文の概要は次の通りである。

1 **「得る物語」と「逃れる物語」の相違点・共通点**（第1〜7段落）

・**〈物語〉**……何らかのゴールをもっており、それは二つに分類される。

(1)何かを得ること（＝「得る物語」）

(2)何かから逃れること（＝「逃れる物語」）

→

○「辛さ〈＝自由が失われた状態〉」を軸に分けることができる。

「得る物語」がうまく遂行されない場合は、「疲れ」を感じる。

⇔

「逃れる物語」がうまく遂行されない場合は、「辛さ」を感じる。

⬅

・「疲れ」「辛さ」＝物語が遂行されている状態を示すもの。

2 **自由が失われている状態**（第8〜13段落）

・「自由が失われている」と判断するための二つの条件

①通常の努力では回避しがたいと思われるもの

②時間経過によっては解決されないと思われるもの

・「通常の努力では回避しがたいこと」を回避したいと考えている時に耐えがたい「辛さ」が発生。

→すべての可能性が失われたと感じた時、人は物語を放棄する。

3 **「あらかじめ社会に存在していた物語」と「一回性」の「生きる営み」**（第14〜19段落）

・「すべての可能性が失われた」「通常の努力では絶対に回避できない」と判断した理由を考える必要がある。

←

・到達することが論理的に可能であるとされるゴールであっても、それに到達できると考えるのは無根拠な信念を基礎としている。

信念の体系＝社会に存在しているものであり、私たちはそれを内在化することで行動の規範や基準としている。

⇔しかし

・そのような規範・基準は、「過去においては、比較的高い確率でうまくいった」ということでしかなく、次回もうまくいくとはいえない。

←

○すべての「生きる営み」は「一回性」のものである。

→「あらかじめ社会に存在していた物語」は参考以上にはなりえない。

4 **「不治の病」と「逃れる物語」**（第20〜24段落）

・「不治の病」に苦しむ人は、「不治の病である」という診断を受容するならば、「病苦から逃れるという物語」を放棄しなければならない。

←

・放棄できない状態（「逃れる物語」→「捨てられない物語」）になることがある。

5 辛さに耐えられる人間とそうでない人間の違い（第25段落）

・人間＝｛厳しい辛さにも耐えることができる存在 ⇔と同時に 些細な辛さにも耐え切れず死を選ぶ存在｝

⬇

○両者の違いは、「物語を生きているか否か」による。
＝辛さを回避するために「何かをする」ことのできる「自由」があるかどうか。

本文をさらにまとめると、次のようになるだろう。

「逃れる物語」の遂行がうまくいかない時に人は「辛さ」を感じるが、その時、厳しい辛さに耐えられるか、耐え切れず死を選ぶかは、その人に「何かをする」ことのできる「自由」があるかどうかによるのである。

問1 1 ① 2 ③ 3 ① 4 ④ 5 ④ 《漢字問題》

(ア)「模**索**」。①は「**索**引」、②は「散策」、③は「削減」、④は「作戦」。正解は①。

(イ)「規**範**」で〈行動や判断における基準や手本のこと〉。①は「頒布」で〈広く配って行きわたらせること〉。②は「搬出」で〈物を運び出すこと〉。③は「**範**囲」、④は「繁盛」で〈にぎわい栄えること〉。正解は③。

(ウ)「奇**跡**」。①は「追**跡**」、②は「引責」で〈責任を引き受けること〉。③は「惜別」で〈別れを惜しむこと〉。④は「解析」。正解は①。

(エ)「**画**期的」で、〈時代に区切りをつけるような、新しい事態が現れるさま〉を表す。①は「発覚」、②は「格段」、③は「濫獲」または「乱獲」、④は「区**画**」で〈場所を区切ること〉。正解は④。

(オ)「**潜**伏」で、ここでは〈病原菌に感染していながら、症状が現れていないこと〉の意。①は「鮮やか」、②は「専ら」で〈一つのことに集中するさま〉。③は「染まる」、④は「**潜**る」。正解は④。

問2 6 ⑤ 《内容把握問題》

傍線部の「この二つ」とは、傍線部直前の「得る物語」と「逃れる物語」のことである。また、傍線部の「……を軸に分ける」とは、〈……を基準にして区別する〉という意味なので、これらを踏まえて傍線部を言い換えると、

「得る物語」と「逃れる物語」は、「辛さ」を基準にして区別できる

となる。さらに、第3・4段落では、「『得る物語』がうまく遂行されない場合、人が『辛さ』を感じることはあまりありません」「『逃れる物語』がうまく遂行されない場合には、人は『辛さ』を感じます」と述べられている。つまり、「得る物語」と「逃れる物語」は、「辛さを感じない／感じる」で区別できるというわけである。

得る物語＝うまく遂行されない場合、「辛さ」を感じることはあまりない。
⇔
逃れる物語＝うまく遂行されない場合、「辛さ」を感じる。

また、傍線部の直後で、「辛さ」が「自分の意思では回避できない不快信号が持続して発生している状態」「自由が失われた状態」と説明されていることにも着目しよう。以上を踏まえると、正解は⑤だとわかる。

①は、「回避しようという意思をもつことができない」が誤り。「辛さ」とは〈自分の意思では回避できない時の不快状態〉のことだが、だからといって、「回避しようという意思」がもてないわけではない。

②は、「よりよい状態にするための警告信号を発することができない」が誤り。本文の第6段落には「『この物語の遂行はうまくいっていないから、改良したり、別のものに変更したほうがよい』という警告信号が発せられることが

あります。それが『辛さ』であり『疲れ』です」とある。「逃れる物語」がうまく遂行されない時に生じる「辛さ」も、「警告信号」だと述べているのだ。

③は、「『人生という物語』を効率的に進行させるよりも」が誤り。本文の第7段落では、「辛さ」という警告信号が発せられるのは、「『人生という物語』を効率的に進行させるためであるはずです」と述べられている。

④は、「納得できるような明確なゴールがなく」が誤り。第1段落では、「逃れる物語」のゴールが「何かから逃れること」であると明記されている。

問3 **7** ④ **《理由把握問題》**

まずは傍線部の前後から、「あらかじめ社会に存在していた物語」の性質を確認していこう。筆者は「社会に存在していた物語」について、

・一般的に「男性が女性に何かをプレゼントしたら、仲よくなれる可能性がある」という傾向がある（第15段落）
・社会に存在しているものであり、私たちはそれを内在化することによって、行動の規範や基準としている（第16段落）
・まったく役に立たないというわけではありません（第18段落）

と述べている。ここから、

「あらかじめ社会に存在していた物語」は、社会に存在する一般的な傾向で、私たちの行動の規範・基準であり、役に立たないわけではない **【理由】**
↓
参考にはなる **【結果】**

という因果関係を導くことができるだろう。

その一方で、筆者はこの「社会に存在していた物語」について、

・無根拠な信念（第15段落）
・「過去においては、比較的高い確率でうまくいった」ということでしかありません。だから次回もうまくいくと考えることに何の根拠もありません（第16段落）
・私たちは、現実としては常に「一回性」の現象を生きています……それらを「よくあること」と考えるのは、「社会に蓄積されてきた一回性の事象の事例」と「自分の生」との混同であって、純粋な勘違いです（第19段落）

とも述べている。ここからは、

私たちはつねに「一回性」の現象を生きており、「あらかじめ社会に存在していた物語」も、「過去においては、比較的高い確率でうまくいった」という「社会に蓄積されてきた一回性の事象の事例」にすぎないので、これからの「自分の生」においてもうまくいくという根拠はない **【理由】**
↓
参考以上のものにはなりえない **【結果】**

という因果関係を導くことができる。以上を満たしている選択肢は④。

①は、「一回しか発生しない『生きる営み』を基準にして物事を判断することは危険である」が誤り。筆者は、「生きる営み」を基準にして物事を判断することを批判しているのではなく、「社会に存在している信念の体系」を「自分の生」に当てはめることはできないと主張しているのである。

②は、「以前から社会に存在していた物語が今後起こることに与える影響はわずか」が誤り。筆者は、「以前から社会に存在していた物語」がうまくいくこともあると述べてはいるが、そこには「何の根拠もありません」としている。よって、「わずか」であっても、社会に存在していた物語が「今後起こること」に影響を与えているとはいえない。また、「社会は……発展していくしか

ない」も不適切。社会の発展についての言及は本文にない。

③は、「過去において比較的高い確率でうまくいったことが、時間や空間などが異なる状況でもうまくいくということは一切ありえない」が誤り。筆者は、プレゼントの例で「うまくいく可能性は高いでしょう」と述べている。

⑤は、「一般的な傾向とみなすことはできない」が誤り。すでに確認したように、筆者は「あらかじめ社会に存在していた物語」を一般的な傾向であるとしている。

問4 **8** ② 《内容把握問題》

本文最終段落では、「人間は……厳しい辛さにも耐えることができる存在であると同時に……些細な辛さに耐え切れず死を選ぶ存在」であると述べられている。さらに、その違いは「物語を生きているか否か」「辛さを回避するために『何かをする』ことのできる『自由』があるかどうか」によるとも指摘されている。以上を踏まえると、「人が『生きるという物語』を止める時」は、

辛さを回避するために何かをする自由が与えられていない時

ということになろう。これに合致する選択肢は②。なお、②の「『逃れる物語』の遂行がうまくいかないことで感じた辛さ」というのは、**問2**で確認した内容を踏まえたものとなっており、「余地が与えられていない」は〈自由が与えられていない〉ことの言い換えとなっている。

①は、「不確定要素の多い事態に直面した時、人はどうしてよいかわからなくなり」が誤り。〈不確定な事態への混乱〉が「生きるという物語」を止めさせるとは本文では述べられていない。

③は、「『通常の努力では回避しがたいこと』……を回避することができるわずかな可能性を自ら捨て去った時」が誤り。回避する可能性があるのであれば、自由が与えられていることになるし、その自由を「自ら」捨ててしまう時が「生きるという物語」を止める場合だとは本文では説明されていない。

④は、「『逃れる物語』を遂行することができない辛さをごまかそうと、『得る物語』の遂行に挑み」が本文ではまったく述べられていない内容なので誤り。

⑤は、「その〈＝辛さの〉はけ口となるような生きがいにすら辛さが生じた時」が誤り。〈辛さのはけ口（＝発散方法）〉を〈辛さを回避するための自由〉と考えることはできるかもしれないが、「辛さが生じた時」については本文では述べられていない。

問5 **9** ④ 《ノート形式の内容把握問題》

問題文の内容を整理した【ノート】をもとに、文中の抽象的な表現について具体化して考える新傾向の設問。傍線部「『逃れる物語』は、『捨てられない物語』となる」は、問題文の第24段落にある表現なので、その前後の記述も参考にして、傍線部の意味を考える。

「通常の努力では回避しがたいこと」に直面し、それを回避したいと考えている時、すなわち「逃れる物語」を何とか遂行しようともがき苦しむ時に、堪えがたい「辛さ」が発生する。不治の病に苦しむ人にとって重要な問題は、「一生の間、この病苦が続くかもしれない」ということであるから、「逃れる物語」とは「病苦から逃れるという物語」である。回避できる可能性が少しでもある時、人は「逃れる物語」を遂行しようとする。しかし、「不治の病である」という医師の診断は、〈病気から解放される可能性は一生ない〉ことを表すので、医師の診断を受容するなら「病苦から逃れるという物語」は放棄しなければならない。だが、多くの場合は「逃れる物語」が「捨てられない物語」となる、というのである。

・「一生の間、この病苦が続くかもしれない」と、その人が一般的な知識によって推測する
　→「病苦から逃れるという物語」の達成が不可能であると信じつつも、その物語を放棄せずにいる
・「不治の病である（＝このままでは必ず死んでしまう）」と医師に診断される
　→医師の診断を受容するのであれば、「病苦から逃れるという物語」

は放棄しなければならない
⇔
多くの場合、「逃れる物語」は、「捨てられない物語」となる
＝「病苦から逃れるという物語」の達成が不可能であると信じつつも、「病苦から逃れるという物語」を放棄することができない

「『病苦から逃れるという物語』を遂行する可能性が失われてもなお、その物語を遂行したいという思いをもち続ける」という④が、この内容に合う。④が正解。

①は、「『病苦から逃れるという物語』を放棄していた」「自分の人生をあきらめて死を選ぼうと決めていたそれまでの覚悟が揺らいできてしまう」が誤り。傍線部は、「病苦から逃れるという物語」を生きている人が、その物語を遂行できる可能性がなくなったと感じながらも、「病苦から逃れる」可能性を「捨てられない」ことを表している。

②は、「わずかな生への可能性をあえて信じてみようと自分に言い聞かせることで」が誤り。第24段落に「物語の達成が不可能であると信じつつも、その物語を放棄せずにいる……不治の病の例で言うならば、『このままでは必ず死んでしまう』という診断が下されたとき」とあるのだから、「生への可能性」を信じることにはならない。

③は、「〈不治の病から逃れるという物語〉をこれからも遂行していこうとする意欲が失われ」が誤り。これでは病苦から「逃れる物語」を捨てることになるので、傍線部の「逃れる物語」を「捨てられない」状態に反する。

⑤は、「意志の力によって『生きるという物語』に変更していく」が誤り。**問4**で考えたように、「生きるという物語」とは辛さを回避するために何かをするということであるが、ここでは「生きるという物語」について述べているのではなく、「病苦から逃れるという物語」を捨てられなくなる、ということについて述べている。

問6　**10**　④　**11**　③《本文の表現に関する問題》

(i)　箇条書きの表現効果を把握する問題。

波線部**X**のある第8段落までに、筆者は「得る物語」と「逃れる物語」の違いを説明し、「逃れる物語」において自由が失われている時、人は「辛さ」を感じると指摘している。さらに、波線部直前で「『自由が失われている』と私たちが判断するときのことを考えてみましょう」と述べ、波線部の直後で、「自由が失われている」と判断する時に成り立っている二つの条件を箇条書きで簡潔に示している。そして、箇条書きの箇所に続く「たとえば」以降では、さかむけや虫歯の例を挙げ、その「二つの条件」をわかりやすく説明している。ここから、ここでの箇条書きには、

一般化された条件をまず端的に示して読者に注意を向けさせ、その内容をさらに具体的に説明するための取っかかりにする

という働きがあると考えられるだろう。よって、④が正解となる。

①は、「論点を転換し」が誤り。論点を転換しているのではなく、これまでの記述を踏まえて論をより深めているのである。

②は、「冒頭から述べてきた紛らわしい二つの要素を区別してまとめ」が誤り。冒頭から述べてきたのは「得る物語」と「逃れる物語」の違いであって、箇条書きにした「二つの条件」についてはとくに触れられていない。

③は、「繰り返し述べてきた事柄を整理する」が誤り。②でも確認したように、「自由が失われている」と判断する時に成立する「二つの条件」は、これ以前ではとくに述べられていない。

(ii)　具体例の役割を把握する問題。

①は、「『得る物語』と『逃れる物語』とが……相互に関連するものであるということを示すため」が誤り。「山登り」の例は、「得る物語」がうまく遂行されない場合と「逃れる物語」がうまく遂行されない場合との違いを説明するために用いられている。また、「さかむけや虫歯」の例は、すでに述べたように、「二つの条件」の事例である。

②は、「社会によってつくられた『逃れる物語』と、『一回性』の現象を生き

る私たちとが相いれない関係にある」が誤り。本文では、「逃れる物語」が「社会によってつくられた」とは述べていない。また、「プレゼント」の例は、「一回性」の現象を生きる私たちにとって、「あらかじめ社会に存在していた物語」が参考以上にはなりえないことを述べるために用いられている。「逃れる物語」と私たちとが「相いれない関係にある」ことを述べるためではない。

③「不治の病」は、「逃れる物語」が達成できなくとも、それを放棄することができない状態があることを述べるための具体例である。「不治の病」が登場する第20段落までで、すでに「逃れる物語」について述べており、そこからその物語を放棄できない場合を説明して話を膨らませているのだから、「これまでの考察を踏まえ、『逃れる物語』についてさらに論を展開して」は間違いない。また、このあとの最終段落で筆者は、人間が「厳しい辛さ」にも耐えられる場合について述べて論を結んでいる。「不治の病」が、その「厳しい辛さ」の例になっているともいえるので、「結論につなげるためのきっかけ」だと判断できるだろう。よって、これが正解である。

④は、「人間とはいかなる時でも生きようとする意欲をもち続ける存在である」が誤り。本文の最終段落にある「人間は……些細な辛さに耐え切れず死を選ぶ存在でもあります」と矛盾する。

第2問

出典　芥川龍《あくたがわりゅう》之介《のすけ》「桃太郎」（『芥川龍之介全集　第十一巻』所収　岩波書店　一九九六年）

芥川龍之介は一八九二年生まれ。東京帝国大学卒業。新思潮派（新現実主義）の一人として、数々の作品を発表。『羅生門』について発表した『鼻』が夏目漱石に激賞され、文壇に登場した。芸術至上主義的な作風や深く人間の我を内省した作品が多くある。

【資料】　西本鶏介《にしもとけいすけ》編・著「ももたろう」（『よみきかせおはなし集ベストチョイス　日本のおはなし』所収　ポプラ社　二〇一一年）

【出題のねらい】

大学入学共通テストの文学的文章では、一般的な〈説明・理由提示〉〈心情把握・説明〉に加え、複数のテクスト（文章）から読み取れる共通項や対比などの関係性を問う〈テクスト比較〉の設問が出題される可能性がある。さらに、テクストの構造から読み取れる〈語り手の意図〉や、これまでも出題された文章の〈構成・表現の問題〉も問われる可能性がある。複眼的な視点であらゆる切り口から出題されることが予想されるので、受験生はそれぞれの設問の意図を読み取り、本文をもとに検証することが必要になる。

今回は、童話の「ももたろう」と芥川龍之介の「桃太郎」の両者を見渡しながら、芥川の文章を中心に童話「ももたろう」と共通する点や相違する点を検証するという問題を**問6**に設定している。それぞれの選択肢について、テキストを丁寧に読むことで検証し、正答を絞り込みたい。

【概要】

問題文と資料の内容を解説していく。

芥川龍之介「桃太郎」

【資料】の童話を原型にしながら、芥川独自の解釈とテーマをもとにパロディ化された物語になっている。

Ⅰ　桃太郎の出生と成長（1行目～6行目）

「むかし、むかし」から始まるおなじみの冒頭の表現ではあるが、桃太郎を孕《はら》んでいる桃の実は、人間の知らない山奥にある木になり、「一万年に一度結んだ実は一千年の間は地へ落ちない」。冒頭からオリジナルの内容とは違う、異質な世界観が示され、作者の主題に合わせた設定がなされていることに気づきたい。そして、その桃の実が「八咫烏《やたがらす》」に啄《ついば》まれることで人間のいる国へ流れた。本来なら落ちることがまれな実が、神話上の神の化身である「八咫烏」という外的な要因によって、産み落とされたのである。本来なら生まれてくるはずはなかったのが「桃太郎」であり、それがお爺さんとお婆さんに託されて育つという設定になっている。

Ⅱ　鬼が島への旅立ちと仲間との出会い（8行目～39行目）

成長した桃太郎はオリジナルの話通り、鬼が島へ鬼退治に行くことを決意する。ただし、その動機は「山だの川だの畑だのへ仕事に出るのがいやだった」からである。また、育ての親である「お爺さん」「お婆さん」も「内心この腕白ものに愛想を尽かしていた」ので、一刻も早く桃太郎を家から追い出すために、出陣に必要なあらゆる物を準備した上、兵糧として黍団子《きびだんご》を持たせた。その途中に出会った犬、猿、雉を家来にすべく、一つを半分にした黍団子で交渉する。当然、反発する者もいたが、計算高い桃太郎に丸め込まれる。犬は単純で粗暴、猿は意地汚く狡知《こうち》、雉は地震学にも通じて理知的だが他を見下すというように、それぞれの性格に何らかの欠点を持っており、当然、この三者は仲が悪い。犬は自分をからかう猿を噛《か》み殺そうとする。雉がとがめて、さらに桃太郎が猿の意地汚さを逆手に取った言葉を放ち、その場を収める。一筋縄ではいかない仲間との出会いが描かれている。

Ⅲ　鬼退治（41行目～67行目）

一方、鬼が島は「絶海の孤島」であり、南の国のような「美しい天然の楽土」であった。鬼たちは音楽や踊りを楽しみ、詩をたしなみ、皆、「頗《すこぶ》る安穏に暮らしていた」。まさに鬼が島は、この世の楽園のように描かれている。ところが、桃太郎は「こういう罪のない鬼に建国以来の恐ろしさを与えた」。桃の旗を振りかざし、欲に駆られた家来たちは「忠勇無双の兵卒」がごとく、鬼たちを追い回して「あらゆる罪悪」を行った。そして、鬼たちの死骸が至る所に撒《ま》き散らされた。とうとう鬼の酋長《しゅうちょう》が降参し、平伏しながら、自分たちは何の罪で征伐を受けたのかと桃太郎に問う。しかしながら、桃太郎からは鬼たちの罪が明確には伝えられなかった。先のⅡでも見た通り、山や川、畑での仕事が嫌で鬼が島を目指したのだから、桃太郎には正当性がない。しかし、それを省みることなく、自分たちの身勝手な理屈で鬼が島の征伐を正当化し、不服を持つ酋長に対して「皆殺してしまうぞ」と脅す。圧倒的な暴力に屈した酋長は恐る恐る引き下がった。

Ⅳ　故郷への凱旋とその後（69行目〜84行目）

鬼たちから宝物を奪い、人質となる鬼の子供を連れて故郷に凱旋した桃太郎ではあるが、「必ずしも幸福に一生を送った訳ではない」。鬼の子供は雉を嚙み殺して鬼が島へ帰還し、生き残りの鬼たちは桃太郎の「寝首をかこうとし」、誤って猿を殺したという噂まで立つ始末である。しかし、このような復讐《ふくしゅう》を企てる鬼たちに嘆息しつつも、桃太郎たちは自らの行いを反省することはなかった。それどころか「命を助け」た恩を忘れていることに対して文句を言っている。そうして鬼たちは鬼が島の独立を計画し、じっくりと復讐の機会をうかがっているという結末を迎える。そして、場面は再び山奥の桃の木に移る。今日も、桃の木は累々と無数の実をつけている。「未来の天才はまだそれらの実の中に何人とも知らず眠っている」（ℓ82）とある。これは最後の一文で再び反復される表現である。桃太郎のように情動的で、論理的な整合性なく弱い者を攻め、征服しようとする者を「天才」と呼んでいることからわかるように、作者の視点は冷ややかであり、そのように危険な人物がいつ何時、この世に現れるかもしれないことに警鐘を鳴らして物語は閉じる。

この物語は一九二四年（大正十三年）に書かれている。当時の日本の植民地政策を暗に批判しているという解釈も含め、いくつかの解釈が成り立つ作品であり、個人的経験から社会的状況まで反映させて読むことができる。ただし、作品の根幹には、**正当性の説明ができないまま非理性的に悪を表出させた振る舞いは他者にとって害悪である**、という考えが潜んでいることを読み取りたい。そして、それを意識した時に、【資料】の世に広く知られている童話「ももたろう」が単純な勧善懲悪の物語で済まされない余地を残していることに気づかされる。

【資料】　西本鶏介編・著「ももたろう」

広く知られている「ももたろう」の童話である。地方によって語り継がれた内容に差違はあるが、おおむね本文通りの内容である。ももたろうの出生と成長、鬼が島への旅立ちと仲間との出会い、そして、鬼退治、最後に宝物を得て村へ凱旋するという、勧善懲悪をテーマとする物語である。原型は、古く神話時代にまでさかのぼれるが、今日知られる冒険物語ふうの昔話になったのは室町時代あたりのことで、江戸時代には絵本となって広く流布した。

問1　12 ①　13 ③　14 ④　《語句の意味問題》

(ア)「累々と」は、折り重なるように辺り一面をふさいでいる様子を表す。ここでは桃の実が多く実っている様子を表している。「累」には〈重なる〉という意味がある。②、〈規則性がない〉の意味はない。③、〈枝がたわむほどの実り〉は多く実っている様子を表してはいるが、このような意味は「累々と」にはない。④、〈散らばっている〉という意味はない。⑤、〈色〉に言及した意味はない。よって正解は①。

(イ)「厳かに」は、あらたまった態度で近寄りがたい様子を表す。鬼との戦いに勝った桃太郎が鬼の酋長へ、いかに自分たちに権威があるかを見せしめるために取った態度を表している。①、「詰問する」は〈相手を厳しくとがめながら返事を求めること〉という意味。ここでは返事を求めるというよりも「いい渡した」のだから、やや意味から離れる。②、鬼への礼儀を重んじるというのは文脈に当てはまらない。④、「おもんぱかった」は〈様々な状況を鑑みる〉という意味。語義にも文脈にも当てはまらない。⑤、ここでの桃太郎は確かに「高圧的な態度」ではあるが、「厳かに」という語義にはまらない。よって正解は③。

(ウ)「渋面」は、不愉快な時にしわを寄せた顔のことを表す。自分たちは悪いことをしていないのに、鬼たちの執念深い復讐に遭っていることをいまいましく思っている場面である。この文脈と語義に合うものを選ぶ。正解は④。①、「弱りきった」は「渋面」の語義にない。②、「蔑む」は〈相手を馬鹿にする〉という意味。これは語義にも文脈にも合わない。③、「怒りに満ちた」は文脈には合うかもしれないが、語義とは少しずれ、④の方が適切。⑤、「困りきった」は語義にない。

このように、文章中の意味が問われる語彙問題は、**辞書的な意味（語義）と文脈の双方に合致するもの**を選ばなければならない。誤答選択肢は多くの場合、文脈に合うように作られている。よって、もっともらしいものを選びがちになるが、辞書的な意味やニュアンスが含まれているかどうか、必ず確認しよう。

問2 15 ④ 《心情把握問題》

まず、傍線部までの場面を押さえる。鬼が島征伐に向かう桃太郎と犬が出会う場面であるが、犬の描写に注目したい。「大きい野良犬が一匹、飢えた眼を光らせながら」（ℓ12）とあり、黍団子を所望している。犬は空腹であり、眼光鋭く腰に提げた団子を狙っている。そこで桃太郎は口では「日本一の黍団子だ」（ℓ15）と言うものの、本当に日本一かどうかは自信もないが、黍団子に付加価値を付けることで犬の食欲をさらにかき立てた。犬は「一つ下さい」（ℓ18）と言い、家来になることを条件にしている。そこで傍線部A「桃太郎は咄嗟に算盤を取った」のである。そして「半分やろう」と言い、結局、犬は譲歩することになる。傍線部の後に、「所詮持たぬものは持ったものの意志に服従するばかりである」（ℓ22）とあるように、桃太郎には、空腹を満たすために自分の要求をのむはずだという計算が働いたということになる。犬は、桃太郎の計算通りに行動してしまったのである。これらを踏まえた選択肢は④で、これが正解となる。

①は「咄嗟に算盤を取った」の「咄嗟に」によって表現されている内容を踏まえていないため誤り。この選択肢の内容はむしろ傍線部の三行前の、「得意そうに返事をした」という時点での桃太郎の心情にあたる。

②は「不味い黍団子を与えても納得するはずだと、安易に予測している」が誤り。桃太郎が「不味い黍団子」と決めつけているかどうかはわからないし、「一つはやられぬ。半分やろう」という発言につながる心情を説明できていない。

③は「犬は自分の好奇心を満たすためであれば」が誤り。先に見たように「飢えた眼を光らせながら」とあるので空腹が動機のすべてとなる。そういう犬の様子を見抜いたからこその桃太郎の言動である。

⑤は選択肢全体が誤り。計算高さの内容が、相手との優劣の関係性にあるのではない。

問3 16 ② 《内容把握問題》

まず、傍線部までの場面を押さえる。猿は自分の腹が満たされると、半分の黍団子では伴をすることに不服を言うようになる。それを犬や雉がたしなめるが、いがみあいが起こる。その猿を納得させたのが傍線部B「桃太郎の手腕」ということになる。

では、その「手腕」とは何か。引き続き場面を追っていくと、桃太郎はあえて「伴をするな」（ℓ33）と猿を拒絶する。ただし、「宝物は一つも分けてやらないぞ」（ℓ33）と脅す。「欲の深い猿」は鬼が島に宝物があることを知らなかったようで、ここで強い関心を示す。それを見た桃太郎はさらに、「何でも好きなものの振り出せる打出の小槌」（ℓ36）の話を持ち出す。強欲な猿は、その小槌を使ってさらに小槌を振り出せば多くの願い事が叶《かな》うはずだというアイデアを持ち出す。猿の際限ない欲深さが見て取れる場面である。そうして猿は、後で宝物を得ることと引き替えに、この場は半分の黍団子で我慢することになる。まさに桃太郎の思惑通りである。これが桃太郎の「手腕」である。これらの内容を踏まえた②が正解。

①は「人間に対して猜疑《さいぎ》心が強い猿」の部分が誤り。「猜疑心」とは他人の言動を勘ぐり、何か裏があるのではないかと疑う心のことである。猿は不服を述べたのであり、その理由は黍団子が半分だからである。よって、これは桃太

郎が「手腕」を発揮した理由に合わない。また「猿を手なずけた」という部分も誤り。猿は宝物を得るために、黍団子は半分という条件をのんだのである。

③は「気性の荒い猿」とあるが、「荒い」だけでなく黍団子に対する不服や宝物のことから伺える貪欲さもある。よって、猿の性分を説明するには不足している。また、猿を「動揺させ」とあるが、猿は自分なりの計算をしているのであって「動揺」はしていない。

④は「今後、黍団子なしでも家来になることを猿に同意させたこと」が誤り。そのような事実は問題文から読み取れない。

⑤は猿がひねくれ者な性分であるようにつくられた選択肢だが、そうした事実は問題文から読み取れない。よって、誤り。

問4 17 ⑤《心情把握問題》

まずは場面を押さえる。鬼が島に上陸し、楽園のような鬼たちの土地を奪い、暴れ、「あらゆる罪悪」（ℓ51）が行われた。鬼の酋長と命を取りとめた数名の鬼たちが桃太郎の前に降参し、「得意は思うべし」（ℓ51・52）という心情になっている。桃太郎は「平蜘蛛のように」（ℓ53）平伏した酋長に、いかにももったいつけたように話す。そして、傍線部C「格別の憐憫《れんびん》により、貴様たちの命は赦《ゆる》してやる」と言う。これは鬼たちを圧倒的な力でねじ伏せた後にかけた言葉である。ここに本当に「憐憫」の情があるのか。「憐憫」とは相手を憐《あわ》れむ心のことである。しかしその後、鬼が島征伐の理由を納得しない様子の鬼たちに向けた言葉が「貴様たちも皆殺してしまうぞ」（ℓ66）である。よって、「格別の憐憫」もないことがわかる。では、桃太郎はなぜこのように言ったのか。先に見たように「得意」があり、さらに、相手をねじ伏せて相手の命は自分の手中にあるという状況から優越感を得ていることが考えられる。それらを満たす選択肢は⑤で、これが正解。

①、「満足と充実感」には鬼たちとの関係性が示されていない。鬼が島征伐という仕事を成就した時に味わう心境のみを表したものである。

②、「安堵」が誤り。鬼が島征伐を不安に思っているような記述は問題文には見られない。圧倒的な暴力によって制圧した描写があることから、桃太郎はむしろ自信をもって臨んだと考えられる。

③、「劣等感と猜疑心」は、この場面ではまったく見られない。よって、誤り。

④、「虚栄心」とは〈見栄を張る心〉のことを指す。無理して強く見せようとしているならば正解となり得るが、実際には圧倒的に勝ちを収めている。よって、あえて大きく見せる必要はない。また、「不安」も誤り。先に述べたように、桃太郎は鬼が島征伐に何も不安を感じていない。また、これから自分たちがどういう運命になるか（＝復讐に見舞われること）は、今の段階ではわかっていない。よって、誤り。

問5 18 ④《内容把握問題》

まず、設問の意図から考えたい。傍線部Dを含む最後の段落は、冒頭の桃の木の場面に再び戻り、語り手（作者）が地の文の中で自らの思いを述べた箇所となっている。そして設問は、とくに傍線部に込められた語り手の思いを問うている。

次に、ここに至るまでの場面を押さえる。桃太郎は確たる理由もなく平和に暮らしている鬼たちの命を奪い、楽園を乱し財産を奪ったのである。そして、鬼の生き残りたちから復讐を受けるという結末に至った。最後に、場面は再び人間の知らない山奥の世界での桃の木へ移る。桃太郎と同じように「未来の天才」たちが今でもその実の中に眠っていて、八咫烏が再び舞い戻った時、産み落とされる可能性があると、作者は所感を述べている。ここで注目したいのは「天才」の意味である。文字通りの「天才（＝優れた才能を備えた人物）」と受け取ってよいだろうか。今まで見てきたように、桃太郎の行いには合理的な整合性がなく、悪賢く道徳心もないまま鬼たちを暴力で制圧してきた。そのような独善的で冷酷な人間を「天才」と呼んでいるとなると、恐らくここには痛烈な皮肉が込められていると考えられる。つまり、猿、犬、雉の心を計算高くコントロールすることに長《た》けてはいるが、客観的な妥当性に欠けた不正義を罪の意識もなくやってのける桃太郎はこの上なく厚かましい者であり、そういった意味では負の意味での「天才」であると語っているのである。そして、このような者が今後何らかの拍子に偶発的に現れる可能性は大いにあり、作者はそれに対して一抹の不安を感じていると考えられる。これらを踏まえた選択肢は④となる。

①は桃太郎の悪賢い面をとらえているものの、「立ち回りがうまい……今後も後を絶たないと期待している」という結論が誤り。「立ち回りがうまい」のではなく、鬼たちの不服を暴力的な脅しによって収めただけであり、「期待している」は作者の不安に思う気持ちとは真逆である。よって、誤りとなる。

②は「負の意味」での「天才」には言及できているものの、桃太郎が自らの行いを省みる能力に欠けていることには触れていない。ここでは自らの行いに対する無反省な態度を、皮肉を込めて負の意味での「天才」と言っている。さらに、「眠ったままでいてほしいと切望している」に該当する明白な記述も見られない。よって、これも誤りとなる。

③の前半部分は桃太郎の反省しない態度をとらえているが、後半部分の「近い将来必ず現れることを悲嘆している」は言いすぎ。桃太郎がこの世に現れたのは八咫烏が実を啄み落としたという偶発的な出来事によるものであり、可能性としてはらんでいるとまでは言えても、「近い将来必ず現れる」とまでは言えない。また、「悲嘆している」は嘆き悲しむことだが、作者はむしろ危惧しているのであり、悲しみに暮れているわけではない。

⑤は「その剛胆な性格と……確信している」が誤り。桃太郎の武功を称賛しているわけではない。

問6 19 ② 《テキスト比較の問題》

20 ⑤ 21 ② 22 ③ 《文章の表現や表記に関する問題》

(i) 本文と**【資料】**を比較した際に、どのような分析が適当かを吟味する問題である。選択肢を検討する際は、**問題文に書いてあるかどうか、もしくは問題文から読み取れるかどうか**を判断基準にすればよい。

①、**【資料】**では「ももたろう」を温かく受け止めているし、本文では「この腕白ものに愛想を尽かしていた」(ℓ9)とあり、「一刻も早く追い出したさに」(ℓ10)鬼が島征伐への支援をしたのだから適当である。

②、本文で「半分の黍団子で家来になることに不満を唱える……欲深さ」は、「一つ下さい」(ℓ18)と何度も訴えた犬と、「不服を唱え出した」(ℓ28)猿には当てはまる。しかし、雉については「半分の黍団子で家来になることに不満を唱える……欲深さ」に通じるような描写はない。よってこれが誤りとなる。正解は②。

③、**【資料】**では「わるい鬼をたいじしにいく」という「ももたろう」の言葉があるが、鬼のどこがどのように悪いのか、具体的に書かれてはいない。本文は、なぜ征伐を受けなければならないのかという鬼の酋長の質問に対して、「日本一の桃太郎は犬猿雉の三匹の忠義者を召し抱えた故、鬼が島へ征伐に来た」(ℓ63)と答え、征伐の明確な理由は示されずに終わっている。よって、これも問題文の説明として適当である。

④、「ももたろう」の強さの秘密は、**【資料】**では「みんな、百人力のでるきびだんごをたべているので、そのつよいこと、つよいこと」とある。よって、適当である。本文では「勿論実際は日本一かどうか、そんなことは彼にも怪しかったのである」(ℓ16)とあり、黍団子の効力に懐疑的である。さらに、「飢えた動物ほど、忠勇無双の兵卒の資格を具えているものはない筈である」(ℓ49)とあるように、欲に駆られた動物ほど強いものはないという見解である。よって、これも適当である。

(ii) 指摘された箇所を吟味し、そう言えるかどうかを判断すればよい。

a **【資料】**の特徴は、多くがひらがな表記ということである。そして、童話らしく物語の進行に主軸が置かれており、登場人物の心情などは極力省かれている。それが登場人物の心情などを推察する余白となって、読み手は想像力をかき立てられる。よって、⑤が正解。

b 本文の「日本中の子供」が知っていることをあえて書くことの意図を分析したい。まず、「日本中の子供の知っている通り」(ℓ6)とあるが、その後に描かれるお爺さんとお婆さん、桃太郎の人間関係は「日本中の子供」たちが知らないものであるし、家来との関係性もしかりである。また、「これだけはもう日本中の子供のとうに知っている話である」(ℓ69・70)の直後に「しかし」と続き、桃太郎の一生が幸福ではなかったという、これまた「日本中の子供」が知らない物語が示されている。よって、語り手である作者が知り、「日本中の子供」が知らない物語があるということを強調している表現だと言える。正解は②となる。

c「……」の効果を考えたい。

「……」の効果
一般的には、⑴余韻を残し、含みをもたせる、⑵言葉にならない状態を表す、などの効果がある。

では、「しかし嬉しそうに茶碗ほどの目の玉を赫かせながら、……」（ℓ78・79）はどれに当てはまるか。状況としては、一方的な暴力によって征伐を受けた鬼たちの子供が桃太郎に復讐するために椰子の実に爆弾を仕込んでいる場面である。「嬉しそうに……目の玉を赫かせながら」という鬼の様子は、爆弾を仕込む場面には似つかわしくない。この鬼の不気味な様子と、この後起こるであろう血なまぐさい出来事を暗示させるために、含みをもたせた「……」を用いていると考えられる。正解は③。

第3問

出典 **【文章Ⅰ】** 藤井高尚『松の落葉』、**【文章Ⅱ】** 小津《おづ》久足《ひさたり》『青葉日記』

『松の落葉』は文政一二年（一八二九）序、天保三年（一八三二）刊の随筆。筆者の藤井高尚（一七六四〜一八四〇）は江戸時代後期の国学者で、吉備津《きびつ》神社（岡山県）の宮司でもあった人物。本居宣長に師事し、多くの著作を遺《のこ》した。本作も神道・国学などの考証が中心となっている。

『青葉日記』は天保一三年（一八四二）に著された、伊勢松坂から京大坂やその周辺へ遊覧した際の紀行文。筆者の小津久足（一八〇四〜一八五八）は伊勢松坂の人で、本居宣長の子春庭《はるにわ》に入門するが、宣長の紀行文や地名考証に誤りが多いことなどから不信感を強め、国学と決別する。多くの紀行文を遺し、曲亭馬琴（滝沢馬琴）にも高く評価される。

【出題のねらい】

本大問では紀行文に関して述べた二つの文章を取り上げたが、紀行文そのものではなく、〈紀行文とはどうあるべきか〉を論じた文章である。設問も主張内容が適切に把握できているかを問うものが多く、指示内容に関する問いも、筆者の考えを踏まえた上で解答することが必要となる。

紀行文といえば現在では『奥の細道』が代表作のようにいわれるが、江戸時代においては土地の情報や名所の考証を記すものが一般的であり、むしろ『奥の細道』のような作品こそが異質であった。その中にあって藤井高尚は『土佐日記』を引きながら考証偏重の傾向を批判し（**【文章Ⅰ】**）、それを受けて小津久足がさらに反論する（**【文章Ⅱ】**）。現代を生きる私たちの価値観とはまた異なる、当時の人々の考えを丁寧に読み解き、それぞれの主張の特徴や差異を的確に押さえる力を求めた。

【概要】

1 **【文章Ⅰ】**

・ひらがなで書かれた旅日記のはじめは紀貫之の『土佐日記』であり、男性の日記とは記録のため漢文で書かれるものであったが、貫之はあえてひらがなで女性のように書いた。

・ひらがなの紀行文は記録文とは正反対のものであるべきで、旅の情趣を記すことが肝要である。それを体現しているのが『土佐日記』である。その形式も歌を書き交えるなど、歌物語と共通する。

・それを理解せず近頃は土地の考証などを長々と記す紀行文が多く、無風流である。それらはひらがなで書かれた文の日記のあるべき姿ではない。

2 **【文章Ⅱ】**

・ある人が、「記行〈＝紀行。＊注：以下「紀行」と記す〉文は旅の情を書き記すべきで、考証などを書くのはひらがなで書かれた文のあり方とは異なる」ということを随筆で書いていて、その人が書いた紀行を読んでみると力強さがなくなよなよとしており、『土佐日記』の冒頭文を誤って解釈したに違いない。文章も、手本にもならず、道案内にもならず、何の役にも立たない。

・文章における表現を第一にして、土地の情報を付属的なものとして取り扱うという、思い違いをしている。

・私の紀行文においては、実際に旅をして誤りを指摘してくれるような人が好ましく、机上で文章の誤りを訂正しようとする人はごめんである。

問1 23 ③　24 ⑤　25 ①　《語句の意味問題》

(ア) 形容詞「こちなし」は〈(1)無作法である・(2)無風流である〉の意。「骨無し」という漢字表記から生じた「無骨」は現在も使われており、関連づければ意味を推測しやすい。①の「無礼である」は「こちなし」の意味を押さえているが、ここは〈礼儀を失しているかどうか〉という場面ではない。よって正解は「無風流である」とした③。高尚が「無風流である」と評したのは、直前の「もののことわり……いへる〈＝物事の道理などを偉そうに語り、名所の考証を長々と記している〉」という最近の紀行文のあり方である。

②・④・⑤はすべて「こちなし」を正確に訳出できておらず不適切。さらに②は「こち」を「こちら」と解釈している点、⑤は「なく」を「見ゆる」にか

かるような打消語として訳している点も誤り。

(イ) 最近の紀行文に苦言を呈した高尚が、「歌よむ人のこころえにとて〈＝歌を詠む人の心得になればと思って〉」と締めくくる箇所。この「いささか」は副詞で、形容動詞「いささかなり」ではない。どちらも〈少し・わずか〉などの意だが、副詞の場合は意味が用言にかかるため、「いささかいふ〈＝少し言う〉」と訳出しなければならない。また「なん（なむ）」は強意の係助詞でとくに訳す必要はないが、結びの省略が生じていることには注意が必要。書かなくても類推可能な場合に省略されるため、文意に合わせて「ある」などと適切に補えるとなおよい（**問2**解説参照）。以上を踏まえ正解は⑤。

①は傍線部にない打消の意を含んでいる点で不適。

②は直前の表現とつながりそうではあるものの、「いささか」の意味を正しく押さえることと、用言にかけた訳出ができておらず不適。

③は「なん」を反語と解釈しており不適。

④は①と同様、打消の意を含む点で不適。副詞は、下に打消の言葉を伴う場合（いわゆる「呼応」）などに工夫して訳す必要がある。傍線部「いささか」も打消を伴うと〈少しも・ちっとも〉と訳し換えるが、前述の通り打消の語がない以上、そのように訳すべきではない。もちろん「なん」の後の省略に、文意を変えるような打消の語が含まれていると考えることもできない。

主な呼応の副詞

・打消 … え〜ず（〜できない）／さらに〜ず（まったく〜ない）
　　　　よも〜じ（まさか〜ないだろう）
・禁止 … な〜そ（〜するな・どうか〜してくれるな）
・仮定 … たとひ〜とも（たとえ〜としても）
・推量 … むべ〜む（なるほど〜だろう）
・比況 … さながら〜ごとし（まるで〜のようだ）

(ウ) 傍線部は久足が高尚の主張に反駁《はんばく》するくだりのうち、高尚の紀行文が「ををしからずめめしき〈＝男らしい力強さがなく、なよなよとしている〉」理由を述べる箇所。解釈にあたり注意すべきは、「あしく」がどこにかかるかである。

まず一語ずつ確認していこう。形容詞「あし」は「悪し」と書き、〈(1)悪い・(2)気分や機嫌が悪い・(3)見苦しい〉など文脈に合わせさまざまに訳すべき語。「心得たがふ」は「心得《こころえ》〈＝理解〉」を「違《たが》ふ〈＝間違える〉」（ハ行下二段活用動詞）で、〈誤解する〉ほどの意。また「たがへ」が連用形であることから続く「たる」は完了の助動詞「たり」の連体形、以下、断定の助動詞「なり」の連体形、推量の助動詞「べし」の連用形とわかる。よって傍線部は〈あしく〉誤解したに違いなく〉と把握できる。

その上で文脈をとらえていこう。高尚の紀行文が「ををしからずめめしき」という様子である理由を、久足は「心得たがへたるなる〈＝(高尚が『土佐日記』の冒頭文を)誤解したのだ〉」と説明している。よって「あしく」は「心得たがへ」たという事実にかかる〈高尚が不適切に誤解した〉と解釈すべきであるとわかる。以上より正解は①。助動詞「べし」は③のようにただ「だろう」としてもよいが、同じ推量の助動詞「む」に比べて確信的であることから、文意に合わせ「……に違いなく」と訳に反映されている点もよい。

②は「あしく」が高尚の解釈の内容にかかるように訳出している点で不適。高尚が『土佐日記』冒頭文に触れている**【文章Ⅰ】**を見ても、冒頭文への批判はなく、あるのは『土佐日記』の注釈の落ち度に対する指摘のみである。

③は「あしく」が訳出できているとはいえず、また「人に伝え」という表現が傍線部から逸脱し、かつ文意にも合わず不適。

④の後半、「指摘すべき」という内容は本文になく、不適。

⑤は「あしく」を「悪事の方法」と訳すなど文意にそぐわず不適。また「たる」の後に「者」が省略されているように訳しているが、傍線部に対応する主部は「ををしからずめめしきは」という文章の様子であるから、「者」で結ぶと文のねじれが生じる。

問2　**26**　②　**《文法を含めた波線部の把握問題》**

選択肢を順に見ていこう。

①「ん」が接続する「見え」はヤ行下二段活用動詞「見ゆ」で、「見え」の形をとるのは未然形・連用形であるから、未然形接続の助動詞「む」であることと矛盾しない。また②で詳述するように「とて」の直前は文末の形をとるので終止形も正しい。よって①は適当である。

②「とて」は「と言ひて」「と思ひて」などの形がつづまったものとされ、格助詞「と」＋接続助詞「て」、あるいは格助詞「とて」と文法的に解釈される語。引用のはたらきをもち、〈と言って〉〈と思って〉と訳す。ここでは〈あはれを人に見えん（＝情趣を人に伝えよう）」と思って〉の意。ただしこれは『土佐日記』や貫之の言葉の引用ではなく、高尚の主張の一部である。よって「貫之の言葉を引用」が不適当。

③波線部中に形容動詞は「ものはかなげなる」のみであり、体言「こと」に続くため連体形である。よって適当。なお「あはれ」は形容動詞「あはれなり」ではなく、〈情趣〉などの意の名詞である。

④まず、波線部中の「なん（なむ）」が係助詞かどうか判断する。「なむ」は、

(1) ナ行変格活用動詞の未然形活用語尾＋助動詞「む」
(2) 助動詞「ぬ」の未然形＋助動詞「む」の強意（確述）用法
(3) 終助詞「なむ」（未然形接続）
(4) 係助詞「なむ」

のうちから識別する必要がある。直前の「に」は体言「こと」に接続し、〈……である〉と訳出できることから断定の助動詞「なり」の連用形であるとわかる。よって、「な」が動詞の活用語尾でないことから(1)が、また「に」が動詞でないことから(2)が、「に」が未然形でないことから(3)が除外できる。以上より「なん」は(4)係助詞とわかる。訳さずに文意がとれることにも矛盾しない。係り結びの省略とは、本来結びをつくるはずであった文末の語が省略されることで、この場合係助詞で文が終止する。**問1**(イ)でも触れたように、省略される語は「ある」や「言ふ」など、省略しても文意が通る動詞である。以上、選択肢と矛盾しないことから適当。

次のような、係り結びの省略におけるいくつかの定型を押さえておきたい。

係り結びの省略によくある形
・断定の助動詞「に」＋係助詞＋〔あり〕〔侍り〕。
・形容詞型語尾「く」＋係助詞＋〔あり〕〔侍り〕。
・引用の格助詞「と」＋係助詞＋〔言ふ〕〔聞く〕〔思ふ〕。

⑤波線部中の動詞は「見え」（ヤ行下二段活用動詞「見ゆ」の未然形）と「いふ」（ハ行四段活用動詞「いふ」の連体形）であり適当。

以上から、内容が不適当である②が正解。

問3 **27** ② **《指示内容（論旨）把握問題》**

本設問では傍線部が指す内容が問われるが、**問4**のように明らかな該当箇所を探すのではなく、文章全体から主張を読み取る必要がある。

傍線部を含む一文のうち、冒頭「かかるを」は、「かく／ある／を」で〈このようであるのに〉と訳し、逆接ではじまることをまず押さえる。次に「近き世の歌よみのこれかれとかけるを見れば〈＝最近の歌人があれこれと書いているのを見ると〉」とあり、最近の歌人が「そのこころ」を理解していないと高尚が批判していることがわかる。また、その結果彼らが書く紀行文は「もののことわりなどをわれだけくいひ〈＝物事の道理などを偉そうに語り〉」「名どころの考をながながといへる〈＝名所の考証を長々と記している〉」という「こちなく〈＝無風流〉」な有様であるという。つまり「そのこころ」とは〈高尚の考える「仮名文」の日記のあり方〉であるといえよう。

したがって「かかるを」以前にまとめられている高尚の〈「仮名文」の日記のあり方〉に関する主張を読み解けば正答を導くことができる。以上より「仮名文の日記は……いふことになん」「歌をかきまじふれば……かよへばなり」を適切に踏まえた②が正解。

①は「『土佐日記』がひらがなで書かれている」理由を誤って解釈しており不適。高尚は、貫之が女性に仮託して『土佐日記』を著した理由について、出

来事などの記録を正確に記す漢文の紀行文に対し、ひらがなで書くことで旅の情趣や心情に重きをおいた記述をするためだと考えている。

③は「貫之の歌人としての才能」が『土佐日記』への高い評価につながったという点が本文になく、不適。

④は「紀行は本来漢文で書くべき」「一般的になってしまった」など高尚がひらがなの紀行文に対して否定的な立場をとっていると解釈しており不適。高尚の考える〈ひらがなの紀行文〉のあり方が押さえられていない。

⑤は「名所の説明」を「細かく工夫しなければいけない」が不適。高尚はひらがなで書かれた文の紀行には名所の詳しい説明は不要と考えている。

問4 **28** ① 《指示内容把握問題》

本設問は**問3**と同様、傍線部に指示語が含まれるが、傍線部以前に記される内容のうち前半は**【文章Ⅰ】**における高尚の主張のまとめであり、**問3**に比べて要点をつかみやすいと思われる。

久足は、高尚の随筆（**【文章Ⅰ】**を指す）から、「記行の文」は「旅の情を……たがふ」すなわち〈紀行文は旅の情を記すことを第一とすべきで、考証などを書くのはひらがなの紀行文のあり方とは異なる〉という内容を読み取っている。そして、「その人」すなわち高尚の記した紀行文を見ると、「ををしからずめめしき〈＝男らしい力強さがなく、なよなよとしている〉」様子で、『土佐日記』の冒頭文を誤解したのだろうという。その上で「その文」も手本にも旅の道案内にも役立たないと続くことから、傍線部は「高尚が著した紀行」を指していると考えられる。よって、正解は①。

問5 **29** ⑤ 《比喩を解釈する問題》

まず**【文章Ⅰ】**の高尚と比べた久足の立場を整理したい。

これまで述べてきたように、高尚は、ひらがなの紀行文は旅の情趣を記すことを第一とすべきで、物事の道理や名所の考証などを書くべきではないという立場をとる。一方の久足は、そのような立場で書かれた高尚の紀行文が何の役にも立たない駄文であると痛烈に批判し、その理由を「文を主とし、地理を客とせるおもひたがへ〈＝文章（の表現）を第一とし、その土地の情報を付属的なものとした思い違い〉」によるものだと説明する。すなわち久足は高尚が否定する名所の考証をこそ重視すべきだという立場をとる。

以上を踏まえて傍線部を含む一文を見る。傍線部中の「杖とりて……いふべく」と、続く「筆とりて……いはん」が対句表現となっていることに気づくことができれば解釈はより容易になる。すなわち、自分（の紀行文）にとって「杖とりて誤りをただす人」が知己というべき人であり、「筆とりて誤りをたださんとする人」は知己というべき人ではないという構図である。「知己」は〈友人〉の意であるが、この一文が比喩であることを踏まえ〈自分にとって好ましい人物〉ほどに解釈すればよい。

つまり、傍線部は久足の主張に合う考えの人物であると判断でき、〈杖をとって誤りを訂正する人〉という直訳から一歩踏み込んだ〈杖を実際にとって現地に赴き、久足の紀行にある誤りを訂正する人〉という解釈が可能になる。以上より正解は⑤。「久足のどのような考えが読み取れるか」という問いに対し、傍線部が久足にとって好ましい人物であり、このようであるべきだという主張が適切に踏まえられている。

①は「旅に出る」ことで「誤りを修正」するという傍線部の訳は最低限踏まえられているものの、「杖とりて」から「年配の人」と限定し、「知己」を「知識人」と解釈している点が誤り。

②は傍線部のような行動をとる人を久足が好意的にとらえているという方向性はよいが、「誤り」を「久足自身の欠点」と解釈する点が誤り。また、「今後一緒に」という条件は本文にない限定である。

③は傍線部の単語を踏まえてはいるものの、高尚を引き合いに出し、「誤りにも気づく」「二人は友人のように」などと大きく飛躍した内容をまとめている点が不適。前述の対句構造に気づけば、高尚が「筆とりて誤りをたださんとする人」と同様の姿勢であり、傍線部の人はそれと対照的な存在だとわかる。

④は「誤りを指摘することは難しい」とする内容は本文になく不適。また「知己」を「豊かな知識をも」つ人と誤訳している。加えて「紀行の執筆にふさわしい人物」のなり方について述べているのではないことは、傍線部の直前

に「わが記行は」とあることから明らか。

問6　30　④　《内容把握問題》

本大問は【文章Ⅰ】高尚の主張と、それを否定する【文章Ⅱ】久足の主張とで構成されており、両者の主張の相違点などを正確に把握する力が求められている。本設問はそのまとめにあたるが、それに加えて「主張内容に反しているか判断できない、本文にない内容」が含まれていないかという点にも十分注意して、選択肢を検討していきたい。

①『土佐日記』冒頭文の解釈に相違が生じていることは、【文章Ⅱ】「土佐日記のはじめの詞を、あしく心得たがへたるなるべく」からも読み取れる。また久足が高尚の紀行文を「人のかがみとなるべき文にあらず」などと痛烈に批判する点も妥当だが、それは「ををしからずめめしき」書きぶりゆえであり、それが「随筆をまねた文体」であるからだという内容は本文になく不適。「随筆にかけるがごときふり」とは〈随筆のような文体〉ではなく、〈高尚が随筆（【文章Ⅰ】）でこうあるべきと述べていたような様子（文体）〉である。

②前半にある高尚の『土佐日記』に対する評価は、【文章Ⅰ】に明記されてはいないものの、『土佐日記』の旅の情趣に主眼をおくという性格が高尚の求める紀行文のあり方と一致していることは、「すなはち土佐日記ぞさやうなる」などの表現からも十分読み取れる。一方で【文章Ⅱ】において久足が悪文であるなどと批判したのは高尚の紀行文に対してであり、選択肢後半のような『土佐日記』への評価を窺《うかが》い知ることはできない。よって不適。

③前半の高尚の主張は「記録の文とはうらうへのたがひにて」などと合致する。しかし【文章Ⅰ】において、高尚は久足について述べていない。したがって、久足のことを「友人」だと述べるとする点が誤り。

④「情趣が第一」という高尚の主張と、「土地の情報や考証」を重視する久足の主張とが適切にまとめられている。

⑤高尚の紀行文に対する久足の批判は「ををしからずめめしき」などから適切である。一方久足は「こののち杖とりて誤りをただす人あらば知己といふべく」と述べ、紀行文をもとに旅に出て誤りを指摘することを好意的に受け止めていることから、「誤った情報はないと大きな自信をもっている」が誤り。

よって正解は④。

全訳

【文章Ⅰ】

ひらがなで書かれた旅の日記（紀行文）は、紀貫之の『土佐日記』が初めであった。しかしながら、その日記に「男が書くという日記というものを、女もしてみようと思って書くのだ」と書かれていた。男の日記というのは記録のための漢文で（あり）、旅の折々のありとあらゆることを端正に正確に書いた文章である。それをひらがなによって書こうと思い、女がしたことのようにおっしゃったのである。それというのも（ひらがなの旅日記を書くということは）国守としてふさわしくない私的な慰みごとであったからだ。この日記（＝『土佐日記』）の注釈書はすべてこの意図を理解できていない。ひらがなで書かれた文の日記は女のすることなので、それが目指すものは、記録文とは正反対に違うものであって、旅の情を記すことが主眼で、情趣を人に伝えようとして、ものはかなげなことを言う（＝日記に記す）ことである。すなわち『土佐日記』こそがそのような日記なのである。その上、（ひらがなで書かれた文の日記は）歌を書き交えているので、わざわざ作り物語のように書かなくても、歌物語の形式に通じるからである。このようである（べきな）のに、最近の歌人があれこれと書いているのを見ると、まったくひらがなで書かれた文の日記の本分を理解せずに、物事の道理などを偉そうに語り、名所の考証を長々と記していることなどが多いのは、たいへん無風流であるように思える。（それは）ひらがなで書かれた文の日記のあり方と異なるからである。（以上は）歌を詠む人の心得になればと思ってほんの少し言うのである。

【文章Ⅱ】

ある人（＝高尚）が、「紀行の文章は歌物語の形式と通じるので、旅の情趣を表現することをもっぱらとすべきで、物事の道理や、名所の考証などを書くのは、ひらがなの紀行文のあり方とは異なる」ということを随筆の中に書いたものがあって、その人の書いた紀行などを読んでみると、男らしい力強さがなく、なよなよとしているのは、『土佐日記』の冒頭の文章を、不適切に誤解したに違いなく、その人（＝高尚）の紀行文も、人々のお手本とすべき文章ではなく、決して（旅の）道案内にならず、その随筆に書いていたような様子で、何の役にも立たない紀行ばかりである。これらは、文章（の表現）を第一とし、その土地の情報を付属的なものとした、思い違いというものに違いない。よって、私の紀行においては、今後杖を手に実際に旅をして内容の誤りを訂正するような人がいれば私の友人というべき人で、筆を手に（机上で、文章の）誤りを訂正しようとするような人は友人ではないといえばよいのだろうか。

第4問

出典 焦竑《しょうこう》撰『玉堂叢語』巻五「識鑒《しきかん》」

焦竑（一五四〇?～一六二〇）は明時代、南京の人。万暦一七（一五八九）年の進士。翰林院《かんりんいん》修撰となったが、権力者に迎合せず朝廷の政治を批判したため、左遷された。その後引退して著述に専念した。古文に優れ、博学で歴史などの考証にも通じた。

『玉堂叢語』全八巻は、万暦年間以前の学者や文人の言行記録。文学・政事・忠節など三十四の項目に分類して記録している。

明代の第三代皇帝・永楽帝に仕えた宦官の鄭和（一三七一～一四三四）は、永楽年間から七回にわたって南海遠征を行った。この時、王三保（宦官・王景弘）が副使であった。彼らの遠征は東南アジア・インド半島・アラブ・東アフリカにも達し、訪れた国は三十三か国といわれる。明代には、ボルネオの西を「西洋」、東を「東洋」と言ったのである。遠征の名目は明帝国の国威発揚であったが、永楽帝の真意は宝物探しにあった。事実、この遠征によって多数の国が朝貢し、無数の宝物がもたらされた。しかし、毎回二万余人の軍を率い、大船五、六〇艘《そう》に分乗し贈答品や商品を満載して行われる遠征の費用は莫大《ばくだい》であった。

【出題のねらい】

問題文は上官に対する諫言の話である。**問1**は解釈を含む文中の語句の意味、**問2**は漢字の意味、**問3**は傍線部の内容把握、**問4**は指示内容を読み取る問題、**問5**は書き下し、**問6**は解釈問題、**問7**は全体理解の鍵となる内容を問うている。

【概要】

1 **皇帝が西洋への派遣を進言され、記録を探させる**

- 宦官が皇帝におもねって、宝探しを復活させようと図った。
- 皇帝は西洋への航路記録を調べさせた。
- 兵部省は、項忠が兵部省の長官で、劉大夏が属官であった。
- 長官の項忠は航路の記録を探させた。

2 **記録は見つからず、西洋への派遣は中止となる**

- 劉大夏が隠したため、記録は見つからなかった。
- 項忠は、係官をむちで打って再び記録を探させたが、やはり見つからなかった。
- ちょうど、地方を監察する高官たちが皇帝を諫めたため、派遣は中止となった。

3 **劉大夏が記録を隠した理由と項忠の反省**

- 項忠は、記録が見つからなかったことで係官を責めた。
- 劉大夏の言葉
宝探しは多大な金銭と人命とが失われ、国家の利益にならない。大臣が諫めるべきであり、記録の有無をつきとめる必要はない。
- 項忠はお礼を言い、「この長官の席はあなたのものになるでしょう」と言った。（果たして）その後、劉大夏は兵部省の長官となった。

問1 31 ③ 32 ④ 《語句の意味問題》

(ア)は「獲《う》る所《ところ》算《さん》無《な》し」と読む。

「獲る所」は〈収獲した物〉。

「算無し」は、「無数」と同じ用法で〈数えることができないほど多い〉の意。

傍線部の前後は、〈中貴に上の意に迎合する者有りて、言ふ、「宣徳の間に嘗て王三保をして西洋等の番に使ひせしめ」〉→〈(ア)獲る所算無し〉〉→〈上一中貴に命じて兵部に至り、西洋の水程を査べしむ〉という流れになっており、これを（注）と合わせて読むと、〈昔の皇帝が宦官を南海諸国に遠征させたところ、(ア)であったので、今の皇帝がまた遠征しようと宦官に南海諸国への航路を調べさせた〉という文脈がわかる。そこからも、(ア)は〈たくさんの収獲があった〉といった意味であることが想定できる。

以上から、「数え切れないほど大量」「手に入った」とある③が正解。

(イ)は「国《くに》に於《おい》て何《なん》の益《えき》かあらん」と読む。

解答は、傍線部を含む「縦ひ珍宝を得とも、(イ)……」という一文を押さえ、「何の益かあらん」の反語形を理解し、「益」の意味を確定する、という手順で考える。

「縦ひ珍宝を得とも」は、〈たとえ珍しい宝物を得たとしても〉の意。

「国に於て」は〈国家にとって〉。

「何の益かあらん」は、「何ぞ益あらん」と類似した意味と考えればよく、「疑問詞……【未然形】＋ん」の構造で〈どうして……、いや……ない〉。「益」は〈利益〉の意味が適切。よって〈利益がない〉の意。

以上から、正解は④。

①は「どのような……を受けるのか」と疑問形でとらえている点と「恩恵」とした「益」の解釈が不適切。

②は「どのような……があるのか」という疑問での解釈と、「損益」という解釈が不適切。

③は「国家のためには」という解釈と、「何と……だろう」という詠嘆での解釈が不適切。

⑤の「国家にとってどうして有益といえるのか」は紛らわしいが、「有益」は〈役立つ・効き目があること〉の意味であり、「どうして……といえるのか」は理由を問う疑問形ともとれ、④よりも劣る。

問2 **33** ⑤ **34** ② 《漢字の意味問題》

日常的に使用する漢字の意味を掘り下げて問う設問。傍線部を含む一文から意味を考えるだけでなく、その前後の文脈も考える。

(1)「検」には動詞として〈封印する・拘束する・制止する・調べる・探す〉などの意味がある。また、この前後は、

1 時に項公忠　尚書たり、劉公大夏　車駕郎中たり。
2 項　一都吏をして旧案を「検」しむ。
3 劉　先に「検」之を得て、他処に匿す。
4 都吏　之を「検」得ず。

と、項忠（＝長官）と劉大夏（＝属官）の「旧案」（＝王三保が西洋に赴いたときの記録）をめぐるやりとりが記されている。

2に「旧案を『検』しむ」とあるところから、「検」は「旧案」を目的語にとる動詞である。また、**3**〈劉は先に（旧案を）「検」してこれを手に入れ、他処に隠した〉→**4**〈都吏はこれ（＝旧案）を「検」することができなかった〉という流れである。

以上から、この「検」は⑤「探す」が適切。他の選択肢はいずれも「検」の字義に合わない。

(2)傍線部を含む「此れ大臣の当に『切』諫むべき所なり」という一文で考える。

この文の冒頭の「此れ」とは、ここの会話文の最初からこの部分までの、「三保西洋に下る時、費す所の銭糧数十万、軍民の死する者も亦た万を以て計ふ。縦ひ珍宝を得とも、国に於て何の益かあらん」〈＝王三保が西洋諸国に赴いた時、費やした金銭や食糧は数十万銭にのぼり、兵士や民の死んだ者も万を単位に数えた。たとえ珍しい宝物を手に入れたとしても、国家にとって何の利益もない〉を指す。要するに〈西洋諸国への遠征〉は利益よりも弊害の方が多い事業であり、これこそまさに大臣が「『切』諫むべき所なり」、つまり大臣が皇帝に「強く」諫言すべきことなのである。よって正解は②の「強く」。

文脈から考えると、「常に」、「すぐに」は紛らわしいが、辞書的意味から不適切。「すべて」は字義には合うが文脈に合わない。「決して」は字義にも文脈にも合わない。

ちなみに、「強く」の意味の時は「切実」などの用法で音は「セツ」、「すべて」の意味の時は「一切」などの用法で音は「サイ」。

問3 **35** ① 《内容把握問題》

傍線部の「莫」は「不」などと同じ否定詞、「能」は〈できる〉を表す助動詞で、「莫能」は「不能」と同じ意味となる。「得」は〈手に入れる〉。つまり傍線部は〈手に入れることができなかった〉という意味だが、これだけでは〈誰が何を手に入れることができなかった〉のかがわからないので、この文の

主語や目的語を補充して内容を把握する。
ここは次のような流れとなっている。

・都吏　之を検ぶるも得ず〈＝係官が旧案を探しても見つからなかった〉
　↓
・項　都吏を笞ち、復た検べしむること、凡そ三日夕なるも〈＝項忠は係官をむちで打って、再びおよそ三日三晩かけて探させたが〉
　↓
・能く得る莫し

以上から、傍線部の主語は都吏に旧案を探させた「項忠」、「得る」の目的語は「旧案」である。

よって正解は①「項忠は『旧案』を手に入れることができなかった」。

他の選択肢はいずれも主語もしくは目的語が不適切。

問4　**36**　②　《指示内容の把握問題》

傍線部の「遂」は〈そのまま〉、「寝」は〈終わる〉の意で、傍線部は〈ことはそのまま終わってしまった〉という意味だが、ここもこれだけでは〈何が終わったのか〉がわかりにくい。そこで、傍線部を含む一文「会　科道　章を連ねて諫め、事　遂に寝む」を、（注）を参考に正確に読解する。（注）にある通り、「科道」は地方を監察する高官、「章を連ねて」は、上奏文を続けて差し出すこと、である。

高官が上奏文を差し出す相手は皇帝である（皇帝に差し出す文章を上奏文という）。つまり、傍線部は、〈その頃偶然に高官が皇帝に上奏して諫言したので、皇帝の宝探しはとりやめになった〉ということである。したがって、正解は②となる。

④が紛らわしいが、傍線部の次の文が「後に項　都吏を呼び……」となっており、「後に」などの時間表現があるところでは意味段落が切れることが多い。つまり、傍線部の一文は、前の意味段落の最後の一文となっており、段落の最後の一文はその段落のまとめとなることが多いので、「事」の指示内容は〈皇帝の宝探し〉と大きく考える方が妥当である。

問5　**37**　④　《書き下し問題》

傍線部の句形・重要単語に着目し、「安得失去」を「安」「得」「失去」に分解して考える。

「安」に関する知識＝疑問・反語の副詞

1　安《いづクンゾ》V【連体形】　←疑問形＝どうしてVするのか
2　安《クンゾ》V【未然形】ン　←反語形＝どうしてVしようか、いや、Vしない
3　安《クニカ》V【連体形】　←疑問形＝どこに（で・が）Vするのか
4　安《クニカ》V【未然形】ン　←反語形＝どこに（で・が）Vしようか、いや、どこにも（でも）Vしない

※安＝悪・焉。「安・悪・焉」は2の「いづクンゾ＋V【未然形】＋ン＋（や）」と読む反語表現が多い。

「得」に関する知識＝可能表現のまとめ

○得《う》V【連体形】ヲ　＝Vできる（外的）
○能《よク》V【終止形】　＝Vできる（能力的）
○可《ベシ》V【終止形】　＝Vできる（広く用いる）
○足《たル》V【連体形】　＝十分Vできる・Vする値打ちがある・Vする必要がある

「失去」は〈失い去る・消失する〉。

傍線部は「庫中の案巻」〈＝倉庫の中にしまってある旧案〉に続いており、文脈的に〈なくなるはずがないではないか〉という意味が自然である。

よって、「安くんぞ＋失ひ去るを＋得＋ん」と読んでいる④が正解。「失ひ去る」という読みは「なくなる」の意味として適切。
②・③の「安くにか」は場所を示す読みで不適切。
①・③の「失ふも去る」〈＝失ってもどこかにいってしまう〉、⑤の「失へば去る」〈＝失えばどこかにいってしまう〉など、逆接や条件節で読むのは文脈に適合しない。

問6 38 ③ 《解釈問題》

傍線部は「尚ほ有無を追究するに足らんや」と読む。
「足ら＋ん＋や」（V【未然形】＋ん＋や）の読み方から反語形であることは決定で、〈Vする値打ちはない・Vする必要はない〉の意味となる。この段階で「べきである」とする①・②は誤りと決定。
残りの選択肢をそれぞれ、四つのブロックに分けて吟味する。
③その上なお／「旧案」の有無を／つきとめる／必要などない
④その上なお／都吏の責任の有無を／問う／必要などない
⑤これ以上／宝物を／探し求める／必要などない
第一・三・四ブロックは決め手にならない。問題は第二ブロック。傍線部は、その前の「旧案在りと雖も、亦た当に之を毀ちて、以て其の根を抜くべし」〈＝旧案があったとしても、当然これを破棄して、根本から遠征の計画を断つべきだ〉を受けている。よってここの「有無」とは〈旧案の有無〉である。したがって③が正解。

問7 39 ② 40 ⑤ 《内容把握問題》

傍線部は「公《こう》の陰徳細《いんとくさい》ならず」と読む。
(i)「陰」は、〈かげ・おおい・かくれる・かげる・やみ・くらい・ひそかに〉などの意味がある。ここは「陰徳」で、〈人が見ていないところでする善行〉の意を表す熟語。②が正解。
(ii)傍線部を含む文脈は、〈項忠は劉大夏から事情を聞き、恐れ入って長官の席を降りて、劉大夏に向かってお礼を言い、自分の席を指して、「あなたの人知れぬ善行は小さなものではない。この長官の席は遠からずあなたのものになる」と言った〉となっている。
〈劉大夏の、人に知られていない善行〉とは、本文の山場である〈劉大夏が旧案をこっそりと隠し、無駄な出費となる西洋遠征を阻止したこと〉である。これに正確に適合するのは⑤しかない。それが皇帝の国や民をかえりみない欲望の実現を阻止することになったのである。
①「項忠と都吏が犯した……過失」、②「無実の罪で罰せられようとしている哀れな都吏を救うため」、③「国家のために『旧案』を隠した都吏」が、それぞれ本文と異なる内容で不適切。また、④「『旧案』を破り捨て」たとまでは書かれていない。

書き下し文

成化《せいくわ》の間《かん》、朝廷宝玩《てうていはうぐわん》を好《この》む。中貴《ちゆうき》に上《しやう》の意《い》に迎合《げいがふ》する者有《ものあ》りて、言《い》ふ、「宣《せん》徳《とく》の間《かん》に嘗《かつ》て王三保《わうさんぽ》をして西洋等《せいやうとう》の番《ばん》に使《つか》ひせしめ、獲《う》る所算無《ところさんな》し」。上一《しやういち》中貴《ちゆうき》に命《めい》じて兵部《ひやうぶ》に至《いた》り、西洋《せいやう》の水程《すいてい》を査《しら》べしむ。時《とき》に項公忠《かうこうちゆう》尚書《しやうしよ》たり、劉公大夏車駕郎中《りうこうたいかしやがらうちゆう》たり。項一都吏《かういちとり》をして旧案《きうあん》を検《しら》べしむ。劉先《りうさき》に検《しら》べ之《これ》を得《え》て、他処《たしよ》に匿《かく》す。都吏之《とりこれ》を検《しら》ぶるも得《え》ず。項都吏《かうとり》を笞《むちう》ち、復《ま》た検《しら》べしむること、凡《およ》そ三日夕《さんにつせき》なるも能《よ》く得《う》る莫《な》し。劉竟《りうつひ》に秘《ひ》して言《い》はず。会《たまたま》科道章《くわだうしやう》を連《つら》ねて諫《いさ》め、事遂《ことつひ》に寝《や》む。後《のち》に項都吏《かうとり》を呼《よ》び、詰《せ》めて曰《い》はく、「庫中《こちゆう》の案巻《あんくわん》、安《いづ》くんぞ失《うしな》ひ去《さ》るを得《え》ん」と。劉旁《りうかたはら》に在《あ》りて微笑《びせう》して曰《い》はく、「三保西洋《さんぽせいやう》に下《くだ》る時《とき》、費《つひや》す所《ところ》の銭糧数十万《せんりやうすうじふまん》、軍民《ぐんみん》の死《し》する者《もの》も亦《ま》た万《まん》を以《もつ》て計《かぞ》ふ。縦《たと》ひ珍宝《ちんぱう》を得《う》とも、国《くに》に於《おい》て何《なん》の益《えき》かあらん。此《こ》れ大臣《だいじん》の当《まさ》に切《せつ》に諫《いさ》むべき所《ところ》なり。旧案在《きうあんあ》りと雖《いへど》も、亦《ま》た当《まさ》に之《これ》を毀《こぼ》ちて、以《もつ》て其《そ》の根《ね》を抜《ぬ》くべし。尚《な》ほ有無《うむ》を追究《ついきう》するに足《た》らんや」と。項悚然《かうしようぜん》として位《くらゐ》を降《お》り、劉《りう》に向《むか》ひて再揖《さいいう》して之《これ》に謝《しや》し、其《そ》の位《くらゐ》を指《さ》して曰《い》はく、「公《こう》の陰徳細《いんとくさい》ならず。此《こ》の位久《くらゐひさ》しからずして当《まさ》に公《こう》に属《しよく》すべし」と。後《のち》に劉果《りうはた》して兵部尚書《ひやうぶしやうしよ》に至《いた》る。

全訳

成化年間、朝廷の人々は宝物を好んだ。宦官の中に皇帝の意向に迎合する者がいて、「宣徳年間にかつて王三保を西洋諸国に派遣したことがありましたが、数え切れないほど多くの宝物が手に入りました（陛下も使者を派遣したらどうですか）」と言った。皇帝はある宦官に命じて兵部省に行かせ、西洋への航路を調べさせた。当時項忠が兵部省の長官であり、劉大夏は属官であった。項忠はある兵部省の倉庫の係官に王三保が西洋諸国に赴いた時の記録を探させた。劉大夏はそれより先に（倉庫に赴いて）記録を探して手に入れて別の場所に隠した。（だから）係官が記録を探しても見つからなかった。項忠は係官をむちで打って、およそ三日三晩かけて再び探させたが、記録を手に入れることができなかった。劉大夏はしかし結局秘密にして（記録のありかを）言わなかった。ちょうど地方を監察する高官たちが何度も上奏して皇帝を諫めたので、西洋諸国に使者を派遣して宝物を探し求めることは中止となった。その後、項忠は係官を呼び出して詰問して、「倉庫の中の記録書がどうしてなくなることがありえようか、なくなるはずがない」と言った。劉大夏はそばにいて微笑して（項忠に）、「王三保が西洋諸国に赴いた時、費やした金銭や食糧は数十万銭にのぼり、兵士や民の死んだ者も万を単位に数えるほどでした。たとえ珍しい宝物を手に入れたとしても、国家にとって何の利益もありません。これ（＝西洋諸国に行き宝物を探すこと）は大臣が当然強く諫めるべきことです。旧案があったとしても、当然これを破棄して、その根本から計画を断つべきです。この上なお旧案の有無をつきとめる必要などありません」と言った。項忠は恐れ入って長官の席を降りて、劉大夏に向かって丁寧に会釈してお礼を言い、自分の席を指して、「あなたの人知れぬ善行は小さなものではありません。この長官の席は遠からずあなたのものになるでしょう」と言った。その後劉大夏は項忠が言った通り兵部省の長官となった。

模試　第４回　解答

自動採点・学習診断

第1問小計 ＿＿　第2問小計 ＿＿　第3問小計 ＿＿　第4問小計 ＿＿　合計点 ／200

問題番号（配点）	設問	解答番号	正解	配点	自己採点	問題番号（配点）	設問	解答番号	正解	配点	自己採点
第１問（50）	1	1	①	2		第３問（50）	1	20	②	5	
		2	①	2				21	①	5	
		3	④	2				22	⑤	5	
		4	③	2			2	23	④	6	
		5	③	2			3	24	①	7	
	2	6	②	8			4	25	⑤	7	
	3	7	④	8			5	26	③	7	
	4	8	②	8			6	27	④	8	
	5	9	⑤	8		第４問（50）	1	28	①	3	
	6	10	④	8				29	②	3	
第２問（50）	1	11	①	3			2	30	④	3	
		12	②	3				31	⑤	3	
		13	④	3			3	32	⑤	8	
	2	14	③	7			4	33	⑤	7	
	3	15	④	7			5	34	②	8	
	4	16	①	7			6	35	⑤	7	
	5	17	③	8			7	36	④	8	
	6	18	①	6							
		19	②	6							

第1問

出典　斎藤慶典《さいとうよしみち》『知ること、黙すること、遣り過ごすこと　存在と愛の哲学』（二〇〇九年　講談社）の一節。

筆者は一九五七年生まれ。専門は西洋近代・現代哲学。主な著書に『フッサール　起源への哲学』『デカルト　「われ思う」のは誰か』『哲学がはじまるとき——思考は何／どこに向かうのか』などがある。

【出題のねらい】

本文章は、私たちの認識が、身体を基盤にした言語によって成り立っていることを説いたものである。共通テストで出題が予想される文章の分野は多様であるため、〈身体〉〈言語〉〈認識〉など、多様な角度から人間の生のありかたを論じた文章を出題した。今回の文章では、「身分け」「言分け」という二つの語句の意味をきちんと理解し頭に入れ、両者の関係を理解することが肝要である。つまり単に「身分け」「言分け」という語句の意味だけではなく、その二つの語句をめぐって本文がどのように展開されていくかを見極めるという、広い視野をもって本文を把握してほしい。

【概要】

本文は、「身分け」という概念、「言分け」という概念、その両者の関係、というように、大きく三つに分けることができる。以下そのような区分に従い、解説していこう。

1 **「身分け」について**（第1段落）

・人間の身体には「視覚・聴覚・触覚・嗅覚・味覚」という「五感（＝知覚）」がある。

↓

・それらを媒介にして世界は単に「存在（＝ある）」するのではなく、私たちの前に現れる（＝「現象」する）。

↓

・そして世界が現れる、その「現象」の「仕方」＝現れ方は、「五感」に対応する「目や耳や皮膚面や鼻や舌といった特定の身体器官ないし部位」によってそれぞれの仕方で区分け（＝分節化）される。

↓

・この「区分け」を「身分け」（＝「知覚的分節化」）と呼ぶ。

2 **「言分け」について**（第2段落）

・私たちが「身分け」をするとき、たとえば「視覚」が「この色は『赤』く見える」と認識したとき、そこにはすでに見えたものを「赤」という「言語」で認識するという行為が伴う（このとき、「赤」という言語は他の色を表す言語と区別されて用いられているから、世界は「赤」と「赤」でないものに区分けされることになる）。

↓

・こうした言語による世界の区分けを「言分け」（＝「言語的分節化」）という。

・「言分け」は「視覚」と関連するだけでなく、五感のそれぞれと関連して現れる。

・他の動物や言語をもたなかった私たちの祖先には、「身分け」はあったと考えられるが「言分け」は存在しない。

↓

・「身分け」に「言分け」が関連しなければならない必然性はない。

3 **「身分け」と「言分け」の関連性について**（第3〜11段落）

・「言分け」が「身分け」に関連する必然性はないのに、「言分け」は現にある。

↓

・「言分け」が可能となった事情についての考察も必要だが、ここでは、「身分け」と「言分け」との関係はどのようになっているのかを明らかにしたい。（問題提起　第3段落）

・「身分け」には「言分け」が関わっている。
・だがその関与の仕方は、「身分け」によって現れたものを、後から単に言語によって「伝達」するというような関係ではない。
・世界が「現象」するにあたって、言語は決定的な形で関与し、「身分け」の中に深く浸透している。
例：日本人は虹を七色と見るが、欧米人は五色と認識する。
↓視覚にその人間が属する言語体系が影響を及ぼしている。
（第4～8段落）

↓

「身分け」＝大雑把
⇔
「言分け」＝世界の微細な分節化（第8段落）

・両者の関係は哲学者の「フッサール」が唱えた「『基づけ』」と同様の関係が成り立っているように思える。（以上、第9・第10段落）
＝「言分け」には「身分け」が不可欠である
↓ひとたび「身分け」に支えられ「言分け」が立ち上がってくるとき、「言分け」は「身分け」を自らの中に取り込む（例：雪に関するさまざまな語を覚えると、多様な雪の形状を見分けられるようになる）

↓

・結果的に、世界に現れてくるものは、言語によって統御されている。
（第11段落）

問1　1　①　2　①　3　④　4　③　5　③　《漢字問題》

(ア)「固有」。「固」を「個」と間違えて覚えている人が多いので注意しよう。①は「固執」、②は「故意」、③は「個展」、④は「戸籍」。

(イ)「紛れ」。①は「紛糾〈＝物事がうまくいかず、もめたり秩序が乱れたりすること〉」、②は「憤慨」、③は「古墳」、④は「粉砕」。

(ウ)「異議」。①は「真偽」、②は「大義名分〈＝人間として守るべきこと。行動の理由となる明確な根拠〉」、③は「戯曲」、④は「議席」。

(エ)「路傍〈＝道ばた〉」。①は「宿坊〈＝寺などにある宿泊施設〉」、②は「謀略」、③は「傍若無人〈＝人を気にせず、勝手な振る舞いをすること〉」、④は「望郷〈＝ふるさとを懐かしく思うこと〉」。

(オ)「余地」。①は「預金」、②は「名誉」、③は「余計」、④は「予見」。

問2　6　②　《傍線部の内容把握問題》

この問題ではまず、傍線部の「世界の身体的分節化」が、傍線部を含む一文の主語である「身分け」のことであることを確認しよう。つまり傍線部の「世界の身体的分節化」＝「身分け」である。

「身分け」については、**【概要】**の1で確認したことを再度確認しよう。

○**「身分け」**
a　人間の身体には「視覚・聴覚・触覚・嗅覚・味覚」という「五感（＝知覚）」がある。
b　それらを媒介にして私たちの前に現れた世界の「現象」は、「五感」に対応する「目や耳や皮膚面や鼻や舌といった特定の身体器官ないし部位」によってそれぞれの仕方で区分け（＝分節化）される。

すると「身分け」は「五感（＝知覚）」と対応した身体の各器官や部位が世界を区分けすることだと理解できる。これを**問2**の選択肢のように、「世界」を主語にして言い換えるならば、〈世界は五感に対応した身体の各器官や部位に対応して区分けされ、現象する〉と言うことができる。そしてこうした身体による世界の区分けこそが「世界の身体的分節化」（傍線部）である。したがって、こうした内容を押さえた②が正解である。「身分け」＝「世界の身体的分節化」であることは先に述べたが、「身体的分節化」が「右で挙げた知覚的分節化」（第2段落）と言い換えられていることに気づけば、「身分け」―「五感」―「知覚」というつながりも理解できるだろう。ちなみにすべての選択肢に含まれている「人間と切り離された形で存在するのではなく」という内容は、人間が「身分け」という形で世界に関わること、逆に言えば世界は人間の身体や身体による知覚・認識を離れてはありえない、ということを示している。以下で他の選択肢を検討する。

①は「各人が有している、人間の身体の内部に存在する感覚の、さまざまな程度に応じて区分されている」が不適切である。筆者は「『身分け』の内部にもさまざまなレヴェル（＝「程度」）の分節化が存在するわけだが、ここではそうした内部でのレヴェルの異なる分節化相互の関係はさしあたり問わない」（第1段落）と述べているように、「身分け」の「レヴェル（＝「程度」）」は問題としないと書いているので、「程度」に言及する必要はない。

③は「人間の身体が有する多様な感覚の間に働く相互的な作用によって」が本文に書かれておらず不適切。

④は「人間の知覚によってその（＝世界の）差異が認識される」が不適切である。これでは「身体」が「分節化」する前に、すでに世界に「差異」が存在することになる。だがそのようなことは本文には書かれていない。世界は「身分け」という「分節化」によって「現象」すると説明されているのだから、世界の「差異」は「身分け（という「分節化」）」によって生じると考えられる。

また「……と見なす代表的な考え方によって区分されている」という部分も、傍線部や本文と対応していない。「『身分け』を、知覚レヴェルでの世界の分節化によって代表させておく」（第1段落）とは、〈「身分け」を「知覚レヴェルでの世界の分節化」というふうにまとめておく〉という意味であり、「人間の知覚によってその差異が認識されるのだと見なす」ことが「代表的な考え方」だと述べているわけではない。

⑤は、「知覚によって……最終的には一元化（＝一つの原理などによって統一されること）されて現象している」が不適切である。最終段落に「すべての『現象』は言葉によって統べられている」とあるが、これは「言分け」の説明であり、「知覚によって」「世界」が「一元化」へ向かう、という内容は、本文に書かれておらず不適切。

問3 **7** ④ **《ノート形式の内容把握問題》**

問題文の内容を整理したノートをもとに、文中の抽象的な表現の具体的な内容をとらえる設問。傍線部「『身分け』と『言分け』の関係」についての記述を整理しながら、図と文章中の空欄に当てはまる語句を絞っていこう。

まず、図の「微細な分節化」「大雑把に分節化」は、第8段落の次の記述に対応することを押さえる。

・身体的な必要に応じて……大雑把に分節化され、……「身分け」による世界の「現象すること」に、「言分け」はさらなる微細な分節化を持ち込み、この分節化によって明確な輪郭をそなえた各々の「現象するもの」たちは、いまやはっきりと「意識」され、「認識」される

その上で、「身分け」から「言分け」に向かう上向きの矢印と、「言分け」から「身分け」への下向きの矢印が、両者のどのような関係を示すのかを、第10段落に着目して検討しよう。

・「言分け」は、それが存立するために「身分け」を必要とする……が、ひとたび「身分け」に支えられて「言分け」が存立すると、「言分け」はみずからを支えている「身分け」をおのれの内に包摂し・統御する。このとき、「言分け」は「身分け」に「基づけ」られている

「基づけ」について、第9段落に「決して逆転することのない（一方向的な）上下関係（階層秩序）」と書かれていることを踏まえれば、「身分け」から

「言分け」に向かう上向きの矢印は「階層秩序」を表したものとわかる。さらにここから、「言分け」から「身分け」に向かう下向きの矢印が、「言分け」が「身分け」を「おのれの内に包摂し・統御する」関係を表したものであることも読み取れる。よって［Ⅰ］には、②または④の「包摂し、統御する」があてはまる。

次に、文章を見ると、「言分け」が成立した後に生じる関係について述べた箇所が空欄になっている。そこで、第11段落の次の内容に着目しよう。

・すでに「言分け」による世界の分節化が存立している私たちの下では、「身分け」の内にも深く「言分け」が浸透し、すべての「現象」は言葉によって統べられている

第8段落にもあるように、言葉は「身分け」そのものの中に深く浸透し、「言分け」は「身分け」に明確な輪郭を与える。雪の形状を表すいくつかの言葉を習得することで、雪の形状の違いを見分けることができるようになるのである。［Ⅱ］に入るものとしては、右の内容を言い換えた④が適当と言える。

よって、Ⅰ・Ⅱともに誤りのない④が正解。

①・③は、まずⅠが不適。「互いに基づけ、基づけられる」関係であることを表すのであれば、矢印は一方向ではなく、双方向になるはずである。

また、①は、Ⅱの「すでに知覚的に分節化されている『現象するもの』に言葉が割り当てられる」も不適。第4段落の「すでに知覚的に分節化されたものに単に言葉が割り当てられるといった単純なものではない」などに反している。

②のⅡは、「身体に依存しない『言分け』が世界認識の中核となる」が不適。「言分け」は、それが存立するために「身分け」を必要とし、「身分け」に「基づけ」られているのである。

③は、Ⅱの「『言分け』が『身分け』を凌駕し」も不適。「凌駕」とは〈他を上回ってその上に立つ〉ことであるが、「言分け」が「身分け」をみずからの内に包摂し、統御するとは、「言分け」が「身分け」より優れているということではない。

問4 **8** ② **《内容把握問題》**

まず傍線部の内容を、傍線部に続く具体例や第8段落と結びつけて解釈する。次に選択肢が本文の具体例と対応しているので、最初に理解した内容と本文の具体例を関連させて解答する。

では最初に傍線部の「言葉は、そもそも何ものかが『現象する』ことにとってすでに決定的に関与してしまっている」とはどういうことかを考えよう。すぐに具体例が続くから、その具体例をまとめて考えていく、というのも一つの方法である。しかしまた第8段落冒頭に「このように見てくると」とあり、第8段落が具体例をまとめていることがわかる。つまり文章の構造として傍線部（まとめ）→第5段落～第7段落（具体例）→第8段落（まとめ）、というふうに、本文は具体例をはさむようにしてまとめの部分が二つあるのである。すると傍線部と具体例である第5段落～第7段落、そして第8段落という三箇所は、結局は同じことを述べていると考えてよいから、以下のように考えられる。

・傍線部の意味＝第5段落～第7段落（具体例）＝第8段落

↑

a　第5段落～第7段落（具体例）からわかること
「虹の色」や「雪の降り方」などの見方は「それを見る人が属する言語体系に依存している」。

＝

b　第8段落冒頭
「言分け」は「身分け」の中に深く浸透している。

すると傍線部は、**〈言葉は人間の身体的知覚の中に深く入り込み、その人が属する言語体系によって知覚を統御する〉**という内容だとわかる。あとはこの内容に対応する具体例を選べばよい。すると②が適切だとわかる。「その人が用いるそれぞれの言語体系が構成するものの見方」という表現は、「虹」が「五色」か「七色」か、というのは何か客観的な根拠があるわけではなく、その言語がつくり上げたものであり、その言語圏に生きる人々はそれに拘束され

る、という第5段落の内容と対応している。以下で他の選択肢を検討する。

①は「ものの見方の正誤が決定する」が不適切である。右に述べたように、「五色」か「七色」かということには客観的根拠があるわけではなく、言語文化の違いなのだから、どちらが正しく、どちらが誤りだという「正誤」はない。

③は「その描き方を変更させるのは困難だ」が適切ではない。「豊富な語彙を教えられて習得すると、現にそれらを区別して見て取ることができる」（第7段落）とあるので、言語の習得によっては「変更」は可能だとも考えられるからである。

④は「本来身体に」「視覚の差異」が「備わっている」とは本文に書かれていないし、太陽の色をどう描くかに「視覚の差異」が関わっているとも言えない。よって不適切である。

⑤は、「雪の種類を表現するさまざまな語彙を豊富にもっている人」は「白色の微妙なヴァリエーション」を理解できるとは言えるが、色全般に対してそうであるとは断定できないため、「色彩に関して敏感だから、色彩の微妙な違いを区別して見ることが可能」は不適切である。

問5　**9**　⑤　**《理由把握問題》**

まず、傍線部の意味を確認しよう。「解像度」とは〈カメラやレンズがつくり出す像の細かい部分の表現力の程度〉のことである。すると傍線部の意味は〈世界像の細かい部分の表現力が飛び抜けて高まる〉ということである。

そしてこの設問はその「理由」の説明を求めている。「解像度」が「高まった」のは、傍線部直前にあるように「『言分け』によって」である。つまり傍線部の理由は「言分け」の性質にあると言える。ならば「言分け」の性質を探り、「解像度」の向上に結びつく性質を見つけることができれば、それが傍線部の「理由」であり、解答の要素となるはずである。すると傍線部を含む段落に、「『言分け』はさらなる微細な分節化を持ち込み」とある。「微細な分節化」を行えば、〈細かい部分の表現力〉＝「解像度」が高まるはずである。このことを中心に傍線部につながる論理を傍線部に至る文脈に沿って整理してみよう。すると次のようになる。

a　「身分け」は生存の維持に必要なかぎりの、大雑把な分節化を行う

↓

b　「言分け」はさらなる微細な分節化を持ち込む

↓

c　「現象するもの」たちは明確な輪郭をもつようになり、生き生きと見えてくる

↓

「世界の解像度が飛躍的に高まる」（傍線部）

したがって、a〜cのポイントを押さえた⑤が正解である。「概括的」は「大雑把」の言い換えである。また「言語はそうした身体による認識に浸透し」というのは、「『身分け』による世界の『現象すること』に、『言分け』はさらなる微細な分節化を持ち込み」を説明した部分である。「より細密で明晰な認識を付与する」というのは、傍線部の前の「微細」、「明確」、「急に生き生きと見えてくる」に基づいた表現であり、かつ傍線部の「高まる」という表現と対応する表現である。以下で他の選択肢を検討する。

①は、「粗雑」は「大雑把」と同義と考えてよいとしても、「画一的（＝すべて同じさま）にしか把握することができない」とは本文から読み取れないので不適切である。

②は「人間の身体的な感覚による世界認識にはそもそも限界があり」が適切とは言えない。「身分け」は「生存の維持に必要なかぎり」と書かれているように、「生存の維持」というレヴェルと対応した分節を行うのであり、「限界」があるとは断定できない。また単に「言語による認識が身体的認識の限界を補うようにして機能する」という説明は、欠けているものを補ったと述べているだけで、「言分け」のb・cの性質、とくにcを十分説明しているとは言えない。よって傍線部との論理的なつながりも⑤に比べて劣る。

③は「言語による認識は、身体的感覚をよりいっそう研ぎすますことになる」が、傍線部直前の「急に生き生きと見えてくる」と対応していると考える

こともできる。しかしその原因が「言語の世界は身体に基づいているため」であると説明している点が不適切である。このように説明すると、「解像度」が「高まる」のは、「言分け」よりも「身体」を中心とする事柄であると説明していることになるが、それは傍線部直前に「『言分け』によって」と記されていることと食い違う。

また傍線部の前の文脈では、「身分け」と「言分け」が区別され、「身分け」の分節化に「言分け」が「微細な分節化を持ち込」むのだと書かれているだけで、「解像度」が「高まる」ことに、「身体」がどのように関係するのかは説明されていない。よって③は本文の内容や傍線部に至る文脈を適切に押さえている選択肢とは言えない。

④は「言語は無限の豊かさをもち」が本文に書かれていないことである。「すべての『現象』は言葉によって統べられている」（第11段落）ことと、「言語」が「無限の豊かさ」をもつことは同じではない。また④は②と同様、末尾の表現が、⑤と比べ傍線部との論理的つながりに欠ける。単に「世界をより複雑なものにする」というだけでは、⑤と比べ、cの性質を十分説明しているとは言えないからである。

理由説明問題では、傍線部との論理的つながりが最も妥当なものを選ぶ、という観点を忘れないようにしよう。

問6 **10** ④ **《本文の構成についての問題》**

本文の「構成」については【概要】にも書いたように大きく三つに分けることができる。その上で、**3の部分で筆者が「『身分け』と『言分け』の関連性」について〈問題提起〉を行い、それについての答を、とくに本文の最終部分で行っていることに着目する**ことが重要である。すると、【概要】の1・2の対比をひとまとめにしているが、④が正解であることがわかるだろう。「二つの事柄」とは言うまでもなく、「身分け」と「言分け」のことであり、「例を挙げるなどしながら」というのは**問4**で確認したように、第5段落〜第7段落の「虹」などの例である。

①は、「第1段落〜第3段落で二つの事柄の密接な関係に言及し」がまず不適切である。第1段落では『身分け』に対して、『言分け』という、世界のもう一つの分節化との関係をまずもって問題にしてみたい」と本文のテーマを示しているだけで、第1段落〜第3段落では「二つの事柄（＝「身分け」と「言分け」）の密接な関係」に言及しているとまでは言えない。第1・第2段落の役割は、やはり「身分け」と「言分け」の定義と説明である。またそれゆえ、「第9段落〜第11段落では、第3段落までで述べた事柄を再論」しているとも言えない。

②は、「第4段落〜第10段落は、第11段落で述べられる結論の具体例を示す部分として位置づけることができる」が不適切である。第9段落・第10段落は具体例とは言えない。また第1段落・第2段落は、「身分け」・「言分け」という本文における重要な語句が解説される部分である。それゆえ「第1段落〜第2段落」が「補足部分」だとするのは、そうした二つの段落の重要さを説明するのに適切とは言えない。

③は、「第1段落〜第3段落と、第4段落〜第11段落という、大きく二つの部分に分けられ」とあるが、これでは第3段落の問題提起に対して、最終部分で答えるという本文の重要な「構成」を無視した説明になってしまう。また本文後半にも具体例の他に、フッサールの『基づけ』の内容を示し、それと「身分け」と「言分け」の関係を重ねるという抽象的な内容が書かれているため、「前半」と「後半」を、「抽象」と「具体」に区分けするのも適切とは言えない。

⑤は、「第1段落〜第3段落、第4段落〜第8段落、そして第9段落〜第11段落」と、本文を「三つの部分」に分けているが、これは③同様、第3段落の問題提起に対して、最終部分で答えるという本文の重要な「構成」を無視した説明になる。また問題提起とそれに対する解答という「構成」を考えれば、具体例を示した第5段落〜第7段落を「本論」と見なし、三つの部分を「序論・本論・結論」と名付けるのも適切とは言えない。

第2問

出典 堀江敏幸《ほりえとしゆき》『戸惑う窓』「青い闇のある風景」（中公文庫　二〇一九年）

堀江敏幸（一九六四〜）は、小説家、フランス文学者。一九九五年『郊外へ』で小説家としてデビュー。二〇〇一年「熊の敷石」で芥川賞を、二〇〇三年「スタンス・ドット」で川端康成文学賞を受賞。代表作は、『いつか王子駅で』『なずな』『その姿の消し方』。『戸惑う窓』は、「窓」をテーマにした筆者の考察が書かれた随筆集。

【出題のねらい】　共通テストでは、一つのテクストを読解する力だけでなく、複数のテクストを読解する力を測る観点も含めた出題が予想される。その傾向を踏まえて、本問では、ある作品の筆者としての、またそれを読み解く読者としての、複数の視点を読み分ける力を問うた。問題文では、筆者が日野啓三の小説『天窓のあるガレージ』を引用しながら、作品の感想や「天窓」に対する感慨が、回想も交えながらつづられている。感慨、解説、回想などが、明確な区切りがなく流れるような筆致で書き進められており、回顧録とも文芸批評ともとれる独特の文体をなしている。

引用文の日野啓三（一九二九〜二〇〇二）は、小説家、文芸評論家。一九七五年『あの夕陽』で芥川賞を受賞。代表作は、『夢の島』『台風の眼』。

【概要】　大まかに見ると、筆者の回想に始まり、「天窓」の存在を介して、日野啓三の小説に描かれるガレージの様子、少年の心情や作品そのものへの解釈が、次のように展開されている。

1筆者の実家にあるガレージの回想（1〜7行目）

筆者の実家の建て替えに際して造られた小さなガレージには天窓があり、子どものころの筆者は、鍵のつまみを回すのが楽しく、よく天窓を開け閉めしていた。それが窓際に物が積まれるようになると、筆者は秘密基地を組み立てた。

2小説（『天窓のあるガレージ』）内のガレージの様子（8〜15行目）

私は、『天窓のあるガレージ』の主人公である少年の内面にすぐ同化できた。少年の家のガレージは、自動車が事故で大破して空になり、少年は一人で壁にボールをぶつけたり、自転車の練習をしたりしていた。その後、小学校高学年から中学二年まではガレージに近寄らなかったが、ふたたびガレージに入った少年は自分だけのコーナーを立ちあげた。

3少年の心境の解釈（16〜26行目）

日野啓三の小説では、天窓よりもボールを跳ね返してくれる壁の方が大切で、天窓に気づかなかった、という少年の心の動きをみごとに表現している。

4「天窓」に関する回想（27〜39行目）

言葉そのものをめぐる触感的な記憶はなかなか抜けず、筆者は天窓を高窓の意と解釈しており、日野啓三の小説を読んでも、途中まで、天窓とは高窓のことだと思っていた。

5引用文中の「天窓」の様子（41〜58行目）

天窓から見える蜘蛛の姿に少年の鬱屈した気持ちが重ねられており、蜘蛛が逃げ出したあと、少年はガレージに最先端の設備を整えて、想像のなかで宇宙船にこもる。

・開閉不可能な丸い窓→青い球体を見つめるための装置

・蜘蛛の巣→電波をキャッチするアンテナ

6少年の心境の解釈（60行目〜最終行）

内面の宇宙に少年は飛び立つ。少年が宇宙船から外を眺めた「天窓」は、出入りに関係のない「精神的な窓」である。その「天窓」を透かして、少年は自身の姿を幻視し、自分の身体に聖霊が入り込むと確信する。天の中央にある窓を見あげるときに、身体が想像のうちで浮遊しているような状態を保つために、ひんやりとした場所で横になる。天窓の彼方に「透明な青い闇」を見出し、やがて宇宙船から蘇生した少年は、時代や場所を超えて飛び出していく。

4〜6は特に、作品の解説と解釈、感慨とが入り混じり、独特の味わいをもたらしている。

問1　**11** ①　**12** ②　**13** ④　**《語句の解釈問題》**

(ア)「無機物」は本来〈生活機能をもたないもの〉の意であるが、〈人間らしさや生命らしさが感じられない〉という比喩的な用法もあるので、①が正解。

(イ)「陶酔」は〈気持ちよく酔う・うっとりとした気分に浸る〉の意で、②が正解。①・③は「陶酔」の意味になく、「床に崩れ落ちるほどの」に続く表現としても不適切。④・⑤は「陶酔」の意味にない。

(ウ)「野放図」は「のほうず」と読み、〈勝手気まま・際限がない〉の意で、④が正解。「野放図」は身勝手な様子を非難する文脈で用いられることが多いが、傍線部直前の「あちらとこちらの交信を媒介する」、直後の「高貴な精神性」から、ここでは、筆者が「天窓」に、挑戦的な自由さのようなものを感じ取っていることを読み取りたい。

問2　**14** ③　**《表現把握問題》**

キーワードの意味を、二つのグループに分ける問題。波線部以外の「天窓」というキーワードに着目しよう。

・「私はずっと、天窓という言葉を通常よりも高い位置にある窓の意と解釈していた」（28行目）
・「日野啓三の小説の冒頭に魅せられ、先を読み進めているあいだも、私は途中まで、天窓とは高窓のことだとばかり思っていたのである――、第十八章で、次の一節に出会うまでは」（38・39行目）

とあることから、日野啓三の小説を読むまで、筆者は天窓とは高窓の意味だけだと思っていたことがわかる。よって、以下のように整理できる。

Ⅰ筆者の回想に登場する「天窓」＝通常よりも高い位置にある窓
・外を眺めるためのものではない
・光を採るのではなく遮断するためのもの

Ⅱ日野啓三の小説に登場する「天窓」＝天井に設けられた窓
・コンクリートの分厚い天井に円筒状の穴があいていて、先端に直径三十センチの丸いガラスがはめてある
・夜空に垂直に向けられた望遠鏡
・船から水中を覗き込むガラス窓をさかさまにする要領

ここから、**a**～**e**を確認していこう。

a筆者の回想に登場する窓であり、「隣家と接している一面に設けられた天窓」という表現から、「外を眺めるためのものではない」ものだとわかる。よって、Ⅰに分類できる。

b日野の小説の引用部分を受けた表現なので、Ⅱに分類できる。

c筆者の回想に登場する窓であり、「光を採るのではなく遮断するためのもの」だとわかる。よって、Ⅰに分類できる。

d筆者の回想に登場する窓であり、直前に「壁面上部にある窓、すなわち高窓と同義で」とあるので、Ⅰに分類できる。

e日野の小説に登場する窓であり、「屋根にのぼり、外から天窓の拭き掃除をしたりする」とあるから、天井に設けられた窓だとわかる。よって、Ⅱに分類できる。

以上から、正解は③である。

問3　**15** ④　**《内容把握問題》**

文学的文章の読解では、文章全体を貫くテーマを読み取る姿勢が大事であり、場合によっては、傍線部から離れた箇所も参照する必要がある。

傍線部直後に「当初彼はガレージに注いでいる光の源に気づいていなかった」とあるため、傍線部は「天窓」に気づいていないことを指していると読み取れる。この「天窓」に気づいていなかったというのがどのような状況なのか、さらに読み進めてみよう。

「天窓なんてどうでもいいと思っていたわけではない。ボールをきちんと跳ね返してくれる壁の方が大切だったのだ」（25行目）
→単に天窓に気づかなかったことを言っているのではない。
「少年の心の動きをわずか二行でみごとに表現している」（26行目）
→天窓に気づかなかったことから、筆者は少年の心の動きを読み取る。

「天窓」が何を象徴しているのかについては、「天窓」に気づく前と後で少年の心がどのように変化したかを考えてみるとよい。

・天窓を発見した少年が「想像のなかでこの世のしがらみを断ち切り」（57行目）、「内面の宇宙に彼は飛び立つ」（64行目）ようになる。
・ガレージが少年にとって周囲と隔絶された空間にこもるための場所になった。
←「この世のしがらみ」を断った中から窓の外を眺めるのは何のためか。
・「その窓を透かして、少年は自身の姿を幻視し」（68・69行目）、「窓の外を眺める術を習得して」（80行目）、「世界の風景は一変する」（86行目）

「天窓」は自分自身と向き合い、世界の見方を変えるものとしてとらえられている、とわかる。筆者は、自分自身と向き合うことのなかった少年の様子を、「天窓」に気づいていなかったという状況から感じ取り、面白さを感じたのである。以上のことを「作品の冒頭から浮かび上がってくる」とした、④が正解。

①「壁以外のものが目に入らなくなっていく様子」が誤り。「壁にボールをぶつけて孤独なキャッチボールに興じたり、自転車の練習をしたりするようになる」（10・11行目）とあり、壁以外のものが見えなくなっているわけではない。

②筆者が「面白い」と感じるのは「天窓」に注目しない少年の心の動きであり、「ガレージに近寄らない間にものがたまってしまうエピソード」ではない。

③には、少年の心の動きが一切書かれておらず、不適切。筆者は「少年の心の動きをわずか二行でみごとに表現している」ことを「面白い」と言っている。

⑤「ガレージがさらに明るく快適になる」が誤り。少年の内面を「面白い」ととらえることと、「ガレージ」の様子は関係がない。

問4 16 ① 《内容把握問題》

筆者は「天窓」を、自分自身と向き合い、世界の見方を変えるものとして解釈している。単に世の中と隔絶することがガレージにこもる目的であるならば、窓を仰ぎ見るという行動の意味が説明できない。少年は「宇宙船」に見立てたガレージにこもりながらも、その外側を眺めることに何らかの意味を見出していた、というのは「（天の中央にある窓が）あちらとこちらの交信を媒介する」（77行目）といった記述から読み取れる。この「媒介」のニュアンスが踏まえられている①が最適。

②は「ふだんは周囲から見下されがちな少年」が、問題文からは読み取れない。「父親と波長が合わず、学校生活になんら意義を感じていない鬱屈した気持ち」（52・53行目）とあるが、「波長が合わ」ないことと、「見下され」ることとは別であるし、学校でどのように見られているかはわからない。

③は「本人から見ても無意味な行為」とあるが、「船外活動としてみずから屋根にのぼり」（65行目）といった表現から、少年自身は窓を磨く行為に何らかの意義を見出していたと読み取れる。「社会とのしがらみを断とうとする姿勢」というのも、少年は想像の中で宇宙船にこもることで社会とのしがらみを断っていたのであって、窓を磨くという行為で断っていたのではない。

④は「闇を室内に取り込み」が不適切。「天窓の彼方」に「青い闇」を見出したのであり、ガレージの内側に闇を取り込もうとしていたとする根拠はない。

⑤は「自分の内面の奥深くにいる『聖霊』」が不適切。「自分の身体に聖霊が入り込む。そう彼は確信し、床に仰向けになって天井を見あげる」（69・70行目）から、少年は、もともと「聖霊」は外側にいるものであり、天窓を通して「聖霊」が自分に入り込むと考えていたのである。

問5 17 ③ 《内容把握問題》

問題文では、最終段落で、「私たち」すなわち読者について言及される。唐突な印象を抱くかもしれないが、ここで言及されている「天窓」が「円形」「手の届かない高さに位置し」など、少年のガレージにあった「天窓」と同じ特徴をもっていることがわかれば、傍線部についても、ここまでの筆者の解釈を当てはめて考える必要があるとわかるだろう。日野の小説の「天窓」は、それを通して少年の内面や世界との関わりを知るものであった。読者である「私たち」にも、「天窓」と同様の存在として、読書を通して自分のことや社会のことを見直すきっかけが得られる、ということを言っているのだと解釈できる。以上の内容が書かれている③が正解である。

①は「現代社会の進歩についても興味関心が深まる」が誤り。少年はラジカセやシンセサイザーといった物をガレージに取り入れたが、それは「想像のなかでこの世のしがらみを断ち切り、そのままシェルターもしくは宇宙船を幻出させる」ことの一環であると書かれている。少年が天窓を通じて社会の進歩に関心を深めていたとは読めない。

②は「周りの人たちから見守られて過ごしているのだということを知り」が不適切。少年が天窓を通して経験したことは、問題文によれば「自身の姿を幻視し」「陶酔を感じ」「自分の身体に聖霊が入り込む」と確信したことである。「周りの人たちから見守られて」いると気づくという出来事は書かれていないので、不適切。

④は「ものごとには二面性があるのだと気づき、視野が広がる」が不適切。少年がものごとの二面性を知ったと読める内容はなく、読者である「私たち」がそれを学ぶような内容もない。

⑤は「世俗的な感情を断ち切って」とする根拠がない。たしかに「彼はある意味で生まれ変わり、窓の外を眺める術を習得して」（80行目）からは社会で生き抜く覚悟のようなものが読み取れるが、「かつて意識したことのない力を、深く身内に感じながら」（81行目）とあるとおり、何らかの力を感じたような心境が書かれており、これは感情を断ち切る心境とは異なるものである。

問6　**18**　①　**19**　②　《表現の効果の把握問題》

(i)　①「開け閉めどころか窓に近づくことさえ……」では、物の多さが、控えめな表現（＝窓の開け閉めが困難な状態）と強調した表現（＝窓に近づくことさえできない状態）とで後者が印象づけられている。また、「視線が仰角どころか直角に」では仰ぎ見る度合いが、控えめな表現と強調した表現とで、天窓の様子がわかりやすく表現されている。よって①が正解。

②「懐かしさすら感じられる最先端の舞台装置」で「懐かしさ」を感じているのは、パソコンが市販されるようになった現在に生きる筆者であって、小説中の少年が最先端の舞台装置に懐かしさを感じることはない。また、この表現で少年の「心の揺れ動き」を表すことはないので、不適切。

③「直前を否定する表現によって、ものごとの多面性が強調され」が不適切。二つの例はいずれも、単なる「AではなくB」の形であり、「ものごとの多面性」を「強調」しているわけではない。

④「他人を見下しがちな少年の内面」が問題文からは読み取れない。「父親と波長が合わず、学校生活になんら意義を感じていない」という表現はあるが、「見下しがち」までは読み取れない。

(ii)　①「筆者自身がその魅力をつかみ損ねて戸惑う気持ち」とあるが、筆者は「すぐさま表題作の主人公である少年の内面に同化することができた」（8・9行目）とあるから、「魅力をつかみ損ねて」いるとは読めない。

②日野の作品の「澄んだ水中を覗きこむように冴え冴えと青く」「冷たいほど白々と冴えながら、ねっとりと甘美な濃い黄色」などの豊かな色彩表現が少年の心情を伝えるものとして効果的に機能している。一方、筆者の記述では「漆黒ではなく青い闇」という色彩表現があるだけであり、ここに対比関係が読み取れる。この引用部を用いることで内容により深みを与えているといえる。

③「短い文のたたみかけをくり返すことで」とあるが、日野の小説には長い文も見られるし、文の短さが面白さを際立たせているわけでもない。

④「日野の作品を引用することで、……論理的に説明している」が不適切。末尾の二段落は作品の解釈にとどまらず、日野の後の作品群の解釈に及び、読者についても書かれている。よって、筋道立てた「論理」に縛られない自由さが特徴的な文章だと言える。

第3問

出典 『吉野拾遺』「実勝朝臣北の方の事」

『吉野拾遺』は中世の説話集で、南北朝の争乱期、南朝方の後醍醐《だいご》天皇と後村上天皇の時代の逸話を計三十五編収めている。

成立は跋文《ばつぶん》（あとがき）に正平十三（一三五八）年とあるが、それ以降の事実についての記述も見られ、至徳元（一三八四）年以降とする説もある。筆者については跋文に「隠士松翁」の名が見えるが、具体的に誰《だれ》かは未詳。ただし、南朝方の貴族の動向についてくわしく書いていることから、かつて南朝に仕えた、それ相当の身分にあった人物と推測されている。

【出題のねらい】

問題文は、登場人物の行動や心情の把握を中心として、的確な読みが求められる文章を取り上げた。

問1は語句の解釈問題。**問2**は、波線部について文法や解釈をおりまぜて出題した。**問3**は理由説明問題、**問4**は贈答歌の説明問題、**問5**は心情説明問題、**問6**は会話形式の内容合致問題とし、多角的観点から受験生の読解力・知識力を試した。

【概要】

〈第一段落〉（洞院の実世公の……やみ給ひけり。）

宰相中将の実勝は、洞院実世の姫君にしきりに求婚していたが、実世から許されなかったので、姫君の乳母と共謀し、物見遊山の機会に乗じて、姫君を誘拐して帰ってしまった。それを知った実世は憤慨したが、手出しできなかった。

〈第二段落〉（いく程もなくて……立ち出で給ひけり。）

まもなく姫君は、夫となった実勝が天皇のお供で出立する時に、〈今朝の別れが何となく気がかりです〉という和歌を詠んだ。実勝は、〈すぐに再会できる喜びを得られるでしょう〉と返歌を詠んでなぐさめ、心強く出立した。

〈第三段落〉（かくて歳の半ば……まかせ奉りてけり。）

この年の半ば頃《ごろ》、実勝の戦死を知らされた姫君は、人生に絶望して死を決意し、夏実の川に身投げしたが、助けられてしまったので、自らの強い意志で出家した。

〈最終段落〉（あさましく乱れ……いと悲しくこそ。）

戦乱の世には、このような話が多く悲しいものである。

問1 20 ② 21 ① 22 ⑤ 《語句の解釈問題》

(ア) 「せちに」は形容動詞「せちなり（切なり）」の連用形で、〈(1)切実だ・痛切だ (2)一途だ・ひたすらだ〉の意。ここの「せちに」は〈一途に・ひたすら〉の意で、副詞的に使われている。この意味を正確に押さえているのは②である。

(イ) 「おこたり」は「おこたる（怠る）」の連用形。「おこたる」は本来、〈勢いが弱まったり、進行が滞ったりすること〉を表す動詞。特に〈病勢が弱まる〉場合は〈病気が治る・快方に向かう〉の意になる。しかし、ここではそうでなく、「〈姫君は自殺を〉まことには思ひ立ち給はじ〈＝本当には思い立ちなさらないだろう〉」と乳母が思っていることから、〈警戒心が弱まる〉つまり〈油断する〉の意に解せる。したがって正解は①。

(ウ) 「様を変へ（「様を変ふ」の連用形）」は、〈剃髪《ていはつ》して僧や尼になる・出家する〉の意。助動詞の「む」はここでは〈意志〉の用法。以上から正解は⑤。

問2 23 ④ 《文法・解釈問題》

① 「住むなれば」には助動詞「なれ（なり）」が含まれているので、用法を確認しよう。

○助動詞「なり」の用法

(1) 伝聞・推定

＊活用語の終止形（ラ変型には連体形）に付く。〈〜という・〜そうだ〉〈〜ようだ〉の意になる。

(2)断定・存在
＊体言（名詞）・活用語の連体形に付く。〈～である〉〈～にある〉の意になる。

ここは、「住む」が四段活用動詞で終止形と連体形が同じであるため、接続による判断はできない。そこで場面を考えると、「天狗などいふ者」が「存在する」と断定できる状況ではないので、(1)の伝聞・推定の助動詞と考えるのが自然である。よって、「のである」と訳しているのは誤り。また、「ば」について見てみよう。

○接続助詞「ば」の用法
(1)順接仮定条件
＊未然形に付く。〈～ならば〉の意になる。
(2)順接確定条件
＊已然形に付く。〈～ので〉、あるいは〈～（する）と・～（た）ところ〉の意になる。

ここは、「なれ」が已然形なので、「ば」は**順接確定条件**の用法である。したがってこれも誤り。

❷「とり奉り」の「奉り」は、動詞の連用形に付いて、謙譲の意を表す補助動詞である。ここでは、『姫宮こそ見えさせ給はね』と、人々騒ぎて……はざまはざまを求むれども」と、「姫宮（＝姫君）」を皆で探している場面である。その状況において、〈このような奥山には、天狗などという者が常に住んでいるそうなので、連れ去ったのではないか〉と、さらに「谷嶺を越えて」探したのである。「とり」の主語は「天狗などいふ者」で、天狗の行動を謙譲して、姫君への敬意を示しているということになる。

❸「や」について見てみよう。

○助詞「や」の用法
(1)疑問の係助詞
＊種々の語に付き、〈～か〉と訳せる。
(2)反語の係助詞
＊種々の語に付き、〈～か、いや～ない〉などと訳せる。
(3)詠嘆の間投助詞
＊種々の語に付き、〈～だなあ・～ことよ〉などと訳せる。

「や……連体形」の係り結びがあれば、(1)(2)のどちらかと判断できるが、基本的に(1)(2)(3)のどれに当たるかは文脈から判断すること。ここでは、「や（係助詞）……けん（過去推量の助動詞・連体形）」で係り結びをしているので、(1)(2)のどちらか。「とり奉りやしけん」は〈（天狗などという者が姫君を）奪い取り申し上げたりしたのだろうか〉と訳せるので、**疑問の係助詞**とわかる。❸のように反語で、〈奪い取り申し上げただろうか、いや奪い取らなかった〉という意味とするのでは文脈に合わない。

❹「いませ」は「在り」「行く・来」の尊敬語「います」（サ変動詞）の未然形。〈いらっしゃる〉〈おでかけになる〉の意。「ね」は未然形接続なので、打消の助動詞「ず」の已然形である。したがって、「ば」は順接確定条件となり、❹は正しい。

❺姫君を探しまわってついに見つけられず、〈泣きながらお帰りになった〉という場面である。「実世公、女房達をともなひ給うて、山路をたどらせ給ひ、高嶺に登らせ給ひける〈＝実世公が、女房たちをお連れになって、山路をお進みになり、高嶺にお登りになった〉」（3・4行目）とあるところから、高嶺に女房たちを連れていったのは姫君の父親の実世公である。姫君を探したのは「人々」が「手を分かちて」ではあるが、ここでは「給ひ」という尊敬表現が用いられているところから、主語は「実世公」だと考えられる。したがって、誤り。

以上から、正解は❹となる。

問3　24　①　**《理由把握問題》**

各選択肢の前半「宰相中将の実勝が、姫君の乳母とはかって」は、「宰相中将の君、かねて姫君の乳母と御心を合はせて」に該当する。したがって、それに続く場面展開を正確に把握できればよい。

実世公一行の物見遊山の機会に、「茂みに隠れいます」のは〈宰相中将の実勝〉で、「知らせ給はで〈＝そうともお知りにならないで〉、乳母ともに〈景色を〉ながめ」なさっていたのは「姫君」とわかる。実勝と乳母は共謀関係なので、「なほかなたよりは……吉野川も見降ろされぬべし」と言って姫君を「こなた〈＝こちらの茂みの方〉へ誘」ったのは「乳母」で、そこから〈実勝が急に姫君を連れ去った〉という流れは読み取れるだろう。

注意点は、「げにも……花はただ雲と見ゆるは、心ありてにや〈＝花がまるで雲のように見えるのは、花に心があるからかしら〉」と冗談を言ったのが誰か、である。茂みに隠れている実勝が冗談を言いかけたというのは状況的に考えられない。また、乳母の動作の「言ひ言ひてこなたへ誘ふ」には尊敬語が用いられていないのに対して、「たはぶれ〈＝冗談を言い〉給へるを」には尊敬語「給ふ」が用いられているので、冗談を言ったのは召使いの乳母でなく、「姫君」と判断できる。

以上の検討により、①が姫君失踪の理由を正しく説明していて、正解となる。実勝が「乳母を使って言葉巧みに姫君をおびき寄せ」たというのは、二人が共謀関係にあったことから、正しいと考えてよい。「物陰から急に現れて姫君を盗み出して連れて帰ってしまった」も、「実勝朝臣つと出で給ひて……帰り給ひける」を正確に踏まえている。

②「『花には心があるのかしら』などと乳母に冗談を言わせながら」が誤り。「花には心があるのかしら」と冗談を言ったのは、尊敬語「給ふ」の使用から「姫君」である。

③「実勝が……姫君たちに冗談を言いながら」が誤り。この場合、実勝が冗談を言ったということになるが、彼は茂みに隠れていたのだから、到底考えられない。また、「乳母に背負わせて」も誤り。「かい負はせ給ひて」の「せ」は、ここでは〈使役〉でなく〈尊敬〉の用法で、〈実勝が姫君を背負いなさって〉と解するのが適切である。

④「実勝が……『吉野川を見ませんか』などと言って」が誤り。そのように言って姫君を誘ったのは実勝でなく「乳母」である。

⑤〈姫君が「吉野川を見たい」とのぞんだ〉という内容は読み取れない。また、「乳母に姫君を背負わせて」も誤り。

問4　25　⑤　**《和歌の解釈問題》**

A・**B**の歌の詠み手をまず判断しよう。

Aの歌の前に「実勝朝臣も……」とあるので、**A**の歌は一見実勝の歌のようにも思えるが、実はそうでない。「実勝朝臣も」が係る述語は、「(帝の)御供に参らむと立ち出でさせ給ふ〈＝出かけなさる〉」までで、「御袖を控へ給うて〈＝実勝のお袖を引き止めなさって〉」の主語は姫君である。したがって、**A**の歌の詠み手は姫君となる。とはいえこの部分はわかりにくかったと思う。

次に、**B**の歌の直後に「と言ひ慰めて、心強く立ち出で給ひけり〈＝出かけなさった〉」とあるので、**B**の歌の詠み手は実勝とわかる。こちらは比較的わかりやすかったはず。

では、それぞれの歌について確認していこう。

まずは**A**の歌について。

技巧的には、「おき」が〈白露の「置き」〉と〈「起き」別れ〉の掛詞になっている。今では「露が降りる」などと言うが、昔は「露が置く」と言った。

歌意としては、〈白露が置く今朝の起き別れの様子が何となく気になります〈気がかりです〉〉ほどの意。

あとで実勝の戦死を聞いた時に「さればよ〈＝やはりそうだったのね〉」「かからむ事にこそ〈＝こういうことだったのね〉」と姫君が言ったことからも、〈別れの時に漠然といやな予感がした〉ということである。

次に**B**の返歌について。

実勝は「などさはおぼすにか〈＝どうしてそのようにお思いになるのですか〉」と言い、**B**の歌で「言ひ慰め」たとあるので、姫君の心配を打ち消そうとした歌だと見当はつくはず。

歌意としては、〈別れ路の露（のような悲しみの涙）ではない（再会の）うれしさを、すぐに袖に包むことになるでしょう〉ほどの意。要するに〈すぐにまた会えるから心配いらないよ〉となぐさめた、ということがわかればよい。

以上の検討により、正解は⑤となる。掛詞の説明、及びA・Bそれぞれの歌の内容の説明も適切である。

①歌の詠み手が逆。また、Aの歌について、縁語の説明が誤り。ここでの「露」の縁語は「おき（置き）」である。ちなみに、「露」は「消ゆ」ともよく縁語になる。なお、ここでの「露」は、〈涙のたとえ〉とも〈はかない命のたとえ〉とも読み取れる。Bの歌については、「あの世で」が不適切。古語の「やがて」は〈(1)そのまま　(2)すぐに〉の意なので、「あの世で」という解釈にはならない。

②歌の詠み手が逆。ただし、掛詞の指摘や、「今朝の別れが何となく気にかかって心配だ」「すぐにまた再会の喜びを分かち合いたい」という説明自体は適切。

③Aの歌について、枕詞の説明が誤り。「白露の」は「おき別れ」ではなく「おき」に係る枕詞である。「実勝と離ればなれになることへの不安感」は適切。Bの歌については、「この世でまた会える日が来るだろうか」「姫君の気持ちに同調して」が不適切。これでは実勝も姫君と同様に不安感を訴えたことになってしまう。そうではなくて、〈すぐにまた会えるから心配いらないよ〉と、姫君の不安感を打ち消そうとして言いなぐさめた歌である。

④Aの歌について、縁語の説明が誤り。また、「永遠の別れになる覚悟を伝えている」が言い過ぎで不適切。ここではあくまで「何となく」なので、「覚悟」でなく「予感」に過ぎない。Bの歌については、「いつの日にか」が不適切。古語の「やがて」の意味は①で説明したとおり。

ここで、和歌の修辞についてまとめておく。

○和歌の修辞

(1) **枕詞**＝ある特定の語を引き出し、それを修飾したり、歌全体の調子を整えたりするための慣用的な言葉。通常五音から成る。あえて現代語訳をする必要はない。

例 あしひきの（山・峰）／ひさかたの（光・天・空・月）

(2) **序詞**＝働きは枕詞とほぼ同じだが、音数や受ける言葉は特定されない。また、歌の情景を具体的に叙述しているので、現代語訳をするのが望ましい。作者の創意によることが多い。

例 あしひきの山鳥の尾のしだり尾の長々し夜を一人かも寝む（山鳥の長く下がっている尾のように、長い長い夜を一人で寝るのだろうかなあ／『拾遺和歌集』）

(3) **掛詞**＝同音異義を利用して、一つの語に二つ以上の意味をもたせる。それぞれの意味を現代語訳するのが原則だが、掛けられている語が縁語としてのみ用いられている場合は、無理に現代語訳しなくてもよい。

例 あき（秋・飽き）／まつ（松・待つ）／ふる（降る・古る）／ながめ（長雨・眺め）／うき（浮き・憂き）

(4) **縁語**＝意味上つながりのある言葉を連ねて用い、連想によるおもしろさをねらうもの。他の修辞技巧と併用されることも多い。

例 糸（よる・ほころぶ・乱る）／弓（張る・射る・引く）

問5 26 ③ 《心情把握問題》

まず傍線部Yの「かきくどか（「かきくどく」の未然形）」について説明しておこう。「かき」は接頭語と言って、言葉の調子を整えるだけで、具体的な意味はない。古語の「くどく」は、〈(1)くどくど繰り返し言う　(2)神仏に祈願する　(3)（江戸時代以降）異性に言い寄る〉の意で、ここでは文脈から(1)の意味である。したがって、姫君が「さればよ……思ひ定めたり」と、くどくど話した時の気持ちを把握すればよい。

「さればよ」は〈やはりそうだ・思ったとおりだ〉の意。

「かからむ事にこそ」は〈こういうことだったのね〉ほどの意。〈実勝と別れる際に何となく「心にかかりて」不安な気持ちがしたが、戦死するということだったのか〉と、いやな予感が的中したことを言っている。

「今はながらふべくもおぼえぬなり」は〈もう生き長らえることができそうにも思われない〉の意。

「契りはじめしその折からは」は〈実勝と夫婦の縁を結んだ時から〉の意。

「我心を合はせて、あられぬわざをし給へると、うとからぬ限りには思ひ落とされ」は、〈私が実勝と示し合わせて、とんでもないこと（＝駆け落ち）をしなさったと、疎遠でない（＝親しい）者のすべてから見下され〉の意。「限り」には〈すべて〉の意がある。〈駆け落ちではないのに、駆け落ちだとひどい誤解を受けた〉と姫君は言っているのだが、ここの解釈は難しいので、選択肢を参考にして大意がわかればよい。

「頼むべき人はむなしくなりければ」は、〈頼りにすべき実勝は亡くなってしまったので〉の意。「むなしくなる」は〈亡くなる・死ぬ〉の意である。

「思ひ定めたり」は、姫君が〈もう生き長らえられない〉と言っていること、またこのあとで〈入水《じゅすい》自殺を図った〉ことから考えると、〈死ぬことを決心した〉という意味に解せる。

よって、以上の内容を正確に踏まえているのは③だけで、③が正解となる。「親しい者の誰からも同意の上での駆け落ちだったと軽蔑され」は、右で確認したとおりで適切。〈誤解されて軽蔑されている〉というのだから、「つらい思いをしている」も十分読み取れる。「何となく悪い予感がしていたとおりに」も、「さればよ……」の箇所からそう言える。「実勝が死んでしまった今となっては、もはや将来の頼みもなく」も、「頼むべき人はむなしくなりければ」から、そう言えるだろう。「これ以上生きていくつもりはないと決心する」は「思ひ定めたり」に合致し、あとの自殺を図る場面展開にもぴったり合っている。

①「身分に合わない」という点は批判内容として直接述べられておらず、不適切。また、この時点で「どこかに隠遁して死後の安楽を祈ろう」と決意したとは読み取れない。これは自殺未遂後に「御様を変へ給はむ」とした時の思いに当たる。

②「二人で心を合わせて生きてきた」は直接述べられていない内容で、この時の姫君の気持ちとしては不明。また、「亡き実勝に対して今でも恋い慕っていることだけは伝えたい」が読み取れない内容。傍線部の「くどく」は現代語のような〈異性に言い寄る〉という意味ではないので、注意。

④「二人で協力して暮らしていくべきだ」という説得は受けていない。また、「すべてこうなるのが前世からの因縁だったのだ」も読み取れない内容。

⑤「これからは一人で放浪しながら生きていくしかない」が読み取れない内容。〈もう生き長らえられない〉という言葉や、このあとで入水自殺を図ったことと矛盾している。

問6 **27** ④ 《内容合致問題》

本文の記述と照らし合わせて、それぞれの選択肢を順に検討していこう。

①「親からは最後まで容認してもらえない結婚だった」は、本文の記述で見る限り明確でない。次に、「たまたま通りかかった川」が誤り。傍線部(イ)の少しあとに「川音のかすかなる方をしるべにて（＝川音がかすかにする方角を道しるべとして）」とあるので、姫君は〈意図的に川へ行こうとした〉のである。また、「その後は独身を貫いた」とまでは書かれていないし、「ひたむきな（＝一途《いちず》な）生き方が感動的に書かれている」というとらえ方も適切でない。実勝と死別した後、自殺が未遂に終わって、結局「様を変へ」て出家したその人生を、筆者は、「いと悲しくこそ」と結んでおり、戦乱の世に翻弄された〈悲劇的な人生〉ととらえているのである。

②「自分の意志で生き方を決められなかった」が誤り。傍線部(ウ)で姫君がしきりに出家の意志を述べたことに対して、乳母ら周囲の人はどうしようもなくて、「（姫君の）御心にまかせ」たとあるので、姫君は最後に〈自らの意志で出家を遂げた〉のである。

③「駆け落ち（＝結婚を許されない恋人同士がよその土地へ逃れること）同然の結婚だった」が誤り。実勝と姫君は恋人関係だったわけではなく、姫君への求婚を父親の実世から認められなかった実勝が、一方的に誘拐したのである。また、「実勝の冥福を祈る」「亡き夫を偲び続けた」という内容は、本文でそこまで述べられていないので、説明としては適切でない。

④「自分の意志による結婚ではなかった」は、第一段落で実勝にいきなり連れ去られたことから、そう考えてよい。「夫の実勝の身をけなげに案じつつ暮らし」は、第三段落の「御心を雲に宿して、(実勝を)待ちわびさせ給ひし」から肯定できる。「御心を雲に宿して」とは、〈姫君が雲のかなたにいる実勝の身を思いやるさま〉を表している。「結局は死別した」は、第三段落の「八幡にて討たれさせ給へり」に合致する。「現世に絶望して身を処していく」は、第三段落の場面展開に合致する。「今はながらふ〈＝生き長らえる〉べくもおぼえぬなり」「(死ぬことを)思ひ定めたり」と現世に絶望し、「御身を沈め」て入水自殺を図り、助けられた後は「御様を変へ」て出家するといった身の処し方をしているのである。「戦乱の世に翻弄された姫君の数奇な人生」も、姫君の出家に至った経緯や最終段落の批評からそう言える。

⑤「出家もなし得なかった」が誤り。第三段落末尾で「御心にまかせ」とあるので、姫君は〈出家を遂げた〉と判断できる。

全訳

洞院の実世公の姫君は、お気立てを始めとして、ご容貌がたいそうすばらしくいらっしゃったので、(実世公は)天皇(＝南朝の後村上天皇)に差し上げよう(＝入内させよう)と大切に育てなさっていたところ、宰相中将の実勝朝臣が一途に求婚し続けなさったけれども、(実世公は)お許しにならないので、(実勝朝臣は)どうしようもなく過ごしなさっていたが、春の半ばが過ぎていく頃であろう、高間山の桜を、遠くから眺めなさろうと思って、実世公が、女房たちをお連れになって、山路をお進みになり、高嶺にお登りになったところ、宰相中将の君(である実勝朝臣)が、あらかじめ姫君の乳母と気脈を通じて茂みに隠れていらっしゃるのを、(姫君は)お知りにならないで、乳母とともにあちこち眺めなさっていた。(姫君が)「本当に高間山の評判どおりにすばらしい眺めだわ。(桜の)花がまるで雲のように(白く)見えるのは、(花にそう見えるようにする)心があるからかしら」と冗談を言いなさったところ、(乳母が)「やはりあちらよりは、(こちらの方が)よく見えるでしょう。茂みを出て離れたならば、吉野川もきっと見下ろすことができるでしょう」と言いながらこちらへ(姫君を)誘うのを、実勝朝臣がさっと(茂みから)出なさって、「ぜひとも岩橋を渡してさしあげましょう(＝あなたをお連れしましょう)。どうぞこちらへ」と(言って、姫君を)背負いなさって、乳母とともに連れて帰りなさったのを、誰も知らなかった。そうして、「姫宮(＝姫君)がお見えにならない」と、人々が騒いで、手分けして、谷に落ちなさったのであろうかと、岩の裏側や、(岩の)間々を探したけれども、かいがない。このような奥山には、天狗などという者が常に住むそうなので、(姫君を)奪い取り申し上げたのであろうかと思って、谷や嶺を越えて捜索するけれども、(姫君は)いらっしゃらないので、(実世公は)泣きながらお帰りになった。日を経て、「(姫君は)宰相中将のもとで生活していらっしゃる」と告げる人がいたので、(実世公は)憤慨なさって、「天皇に訴えて、処罰してやろう」とおっしゃったけれども、「このような乱世の中では、そのまま静観なさいませ」と制止する人々が多かったので、(実世公は)不本意にも取りやめなさった。

まもなく、将軍義詮公のもとから、(南朝の後村上天皇に)申し上げなさって、(京の)都へ還幸(＝天皇などが外出先から戻ること)を勧め申し上げたので、(後村上)天皇は(吉野から)石清水八幡宮へ皇居をお移しになったので、実勝朝臣も、「(南朝と北朝が和睦して)京都が穏やかに治まったならば、お迎えにきっと参りましょう」と(姫君に)約束なさって、(後村上天皇の)お供に参ろうと出立なさる(その実勝朝臣の)お袖を(姫君が)お引き止めになって、

　何となく……何となく気がかりです。白露が置くように起きて別れて行く(あなたの涙に濡れた)袖の様子を見ていると

(実勝朝臣は)「どうしてそのようにお思いになるのでしょうか」と言って、

　別れ路の……別れ道の露(のような悲しみの涙)ではない(再会の)喜びをすぐに袖に包むことにしましょう

と言いなぐさめて、心強く出立なさった。

こうしてその年の半ば頃に、(姫君が)お心を雲に宿して(＝雲のはるかかなたにいる実勝に思いを馳《は》せて)、待ちわびなさっていたかいもなく、(実勝が)石清水八幡宮(での戦い)で討ち取られなさったとお聞きになった時から、

（姫君は）「やっぱりそうだったのね、あの時の別れ際が、何となく気がかりに思われたけれども、このような（戦死する）ことだったのね。今はもう生き長らえることができそうにも思われません。夫婦の縁を結び始めたその時から、私が（夫の実勝と）示し合わせて、とんでもないこと（＝駆け落ち）をしなさったと、疎遠でない人たちすべてから軽蔑され、（今またさらに）頼りとすべき夫は亡くなったので、（もう死のうと）決心しました」と、くどくどくり返しお述べになったので、乳母の侍従は、「そのようにお思いになったとしても、何のかいもないでしょう。このような（夫が戦死する）ことも例がないことではありません」などと、考えを改めるように意見して、（死ぬことを）本当には思い立ちなさらないだろうと、（乳母が）少し油断していた隙に、（姫君は）ふらっと（家を）お出になったが、夕暮れの頃だったので、そうでなくても道がはっきりしないのに、（夕暮れの暗い中を）川音がかすかにする方角を道しるべとして、夏実の川のほとりに、たどり着きなさったけれども、月（の光）さえ差さない山陰の蛍（の明かり）を手がかりとして頼りなさって、岩の面にはっきりと（した文字）ではないけれども、

　山陰の……（あの世へと続く）山陰の暗い闇路にきっとさまようことでしょう。夏実の川に身を沈めたならば

と書きつけなさって、御身を沈めなさったが、（姫君の）ご足跡を捜索した者が、大勢集まって、松明《たいまつ》をたくさん灯《とも》して見たところ、はかないお姿が、岩の間にかかりなさっているのを、取り上げ申し上げると、（姫君は）かすかにお息が通いなさったけれども、お顔の色もお変わりになっているので、皆涙を落としてさまざまに処置を施し申し上げると、（姫君は）だんだんご意識が戻りなさったのであろうか、お目が少し開いたので、皆喜んで帰った。（姫君は）ご正気が戻りなさったのにつれて、お嘆きをお思い出しになって、せめてはご出家なさりたいと、しきりにおっしゃるので、（乳母などは）どうしようもなくて、（姫君の）お心に任せ申し上げた。

　ひどく乱れた（戦乱の）世の中では、このようなことまで数多くあったのだなあと、たいそう悲しいことである。

第４問

出典 詹詹《せんせん》外史『情史』巻四情侠《きょう》類「京師兵官」

『情史』は明の詹詹外史による文語体短編小説集。全二十四巻。約九百の短編を収める。歴代の史書・逸話集・随筆などに取材し、編者が少し改変している。内容は恋愛譚《たん》が多く、背景の時代は周から明に至る約二千年間と幅広い。

編者の詹詹外史とは明末の文人馮夢龍《ふうむりゅう》（一五七四～一六四六）の号。字《あざな》は猶龍《ゆうりゅう》。長洲《ちょうしゅう》（今の蘇州）の人。宋・元・明代の白話（口語体）小説の集成である「三言」（『喩世明言』『警世通言』『醒世恒言』）を初めとして『平妖伝』『両漢演義』『五朝小説』などの小説や、蘇州の民謡集『山歌』、笑話集『笑府』などを編纂《へんさん》した。また思想的には陽明学左派に属し、女性の地位向上を説くなど、現代中国においては思想家としての評価も高い。

【出題のねらい】

共通テストでも出題が予想される、漢詩を含む文章である。**問１**は漢字の意味、**問２**は漢字の読みを問う問題。**問３**は傍線部の内容説明、**問４**は句形を含む部分の解釈、**問５**は書き下し文、**問６**は漢詩の形式に関わる問題、**問７**は漢詩の内容に関わる問題である。

【概要】

1 **董子奇は災難に遭って妻と離れ離れになる**
- 呉の董子奇は結婚して三年後に、大軍の通過による災難に遭遇し、混乱の中で妻を見失った。
- 妻は軍の武官によって、彼の都・南京の邸宅に連れていかれた。

2 **子奇と妻とが都で偶然に出会う**
- 子奇は落ちぶれて物乞いとなり、都に来た。
- 富貴な家の婦人（実は妻）が子奇に気づいて涙を流し、酒と食べ物などを与えたが、子奇は顔を上げず、妻とはわからなかった。

- 翌日、また物乞いする子奇をこの婦人は家に入れ、二人は語り合った。

3 **子奇と妻の経緯を武官が知ることとなる**

- 子奇と妻との面会は武官の正妻に偵察されており、正妻は、物乞いの持つ黄金のかんざしと手紙について、夫（武官）に告げた。
- 手紙には夫の子奇を思う妻の心情を吐露した詩が書きつけてあった。

4 **子奇と妻とは再び夫婦として暮らすことになる**
- 武官はこの詩を読み憐《あわ》れんで、すぐに妻を夫のもとに帰らせた。
- 子奇夫婦は再び連れ添うことになった。

問１ 28 ① 29 ② 《漢字の意味問題》

(1)「値」には〈(a)立てる・立て持つ (b)おく (c)遭う (d)当たる (e)あたい〉などの意味がある。傍線部を含む一文を見ると、「大軍の呉に過り擾乱するに」＋「値」とある。この「……に値」という送り仮名と、〈大軍が呉の地にさしかかり（民の金品を強奪したりして）生活を乱し騒がす災難に〉という文脈から、(c)の「遭う」が適当。

(2)「啓」には〈(a)開きあける―啓閉 (b)教えて導く・愚かさを開く―啓示・啓発・啓蒙《けいもう》 (c)申し上げる―拝啓〉などの意味がある。傍線部を含む一文に至る流れを見ると、「金釵一対、書一封有り。其の夫の還るを候ちて、以て告ぐ。兵官封を」＋「啓」＋「之を視れば、」〈＝黄金で作ったかんざし一対と手紙が一通入っていた。夫が帰宅するのを待ち、事情を告げた。武官が手紙を＋啓＋これを読むと〉という文脈となっており、(a)の「開きあける」が適当。

(1)(2)ともに辞書的な意味を問うており、文脈だけで選択肢を検討してはいけない。

問２ 30 ④ 31 ⑤ 《漢字の読み問題》

(ア)「与」は多義語。

(a)与《あたフ》＝与える
(b)与《あづかル》＝関係する
(c)与《くみス》＝味方する・賛成する

(d)与《と》レN＝Nと
(e)与《ともニ》V＝ともにV
(f)N《ト》与レN＝NとNと
(g)与《リハ》レV【連体形】＝V【連体形】よりは
(h)V【連体形】与《か》＝V【連体形】か
V【未然形】与《ンや》＝V【未然形】んや

などの用法がある。

　二重傍線部は「適《たまたま》主人在らず、呼びて＋与＋相見て共に語る」と「与……共に」と並列しており、(e)の〈与《ともニ》V＝ともにV〉の用法である。よって正解は④「俱」〈＝ともニ〉。

　「与」は元来(d)〈与《と》レN＝Nと〉の意味であるが、Nが省略された文では(e)〈ともにV〉と読むことにした。

　①「遽」は「にはカニ」〈＝急に〉、②「因」は「よリテ」〈＝そこで〉、③「並」は「ならビニ」〈＝ならびに〉、⑤「懇」は「ねんごロニ」〈＝心を込めて〉と読む。

　(イ)二重傍線部は、詩の尾聯《れん》「毎＋恨む当年此の難に罹ひ　相逢ふも姓名を把て通じ難きを」の第一字。「毎」は(a)〈毎《つねニ》V《ス》＝ことあるごとにVする〉(b)〈毎《ごとニ》レV《スル》……＝Vするたびに……〉の用法がある。ここでは返読しておらず、副詞として用いている。よって正解は⑤「恒〈＝つねニ〉」。「毎」と「恒」の意味は微妙に異なり、「恒」には〈変わらない〉という意味を含む。

　①「殊」は「ことニ」〈＝非常に〉、②「頗」は「すこぶル」〈＝かなり・すこし〉、③「尤」は「もっとモ」〈＝とりわけ〉、④「甚」は「はなはダ」〈＝非常に〉と読む。

問3　32　⑤《内容把握問題》

　傍線部Aは「高門の一婦人有り、之を見て泣き」、傍線部Bは「子奇敢へて仰ぎ視ずして去る」と読む。

　傍線部A「高門の一婦人」は、いうまでもなく董子奇の妻であり、彼女が涙を流した理由を考える。「之を見て泣き」の「之」は直前の一文「子奇四方に流落する者累年、後に迤邐して京に至り行乞す」〈＝子奇は落ちぶれて各地を流浪すること数年、後にあちらこちらと放浪し都にやって来て物乞いをしてまわっていた〉を受けている。董子奇の妻は、各地を放浪した末に都にやってきた夫の姿を奇跡的に目にしたが、夫は物乞いに身をやつしていたのである。この哀れさが落涙の理由である。

　傍線部Bは〈子奇は顔を上げてよく見ようともせずに立ち去った〉という意味である。子奇にとって相手は「高門の一婦人」であり、自分は「行乞」なのだから、直接顔を見ることは当然はばかられる。その上、「高門の一婦人」が「貽るに酒饌を以てし、又布嚢を以て熟米一斗を裹み之に与ふ」〈＝酒と食べ物をやり、その上炊いた米一斗を布の袋で包んで与えた〉のである。董子奇は多くの施しをもらい恐縮したと考えられる。

　以上から⑤「Aで董子奇の妻は奇跡的に再会できた夫が物乞いをする姿を哀れに思って涙を流し、Bで董子奇は相手が妻であることに気づかず多くの食べ物を与えられて恐縮していた」が正解。

　他の選択肢は、次の部分が文中に根拠がなく不適切である。

　①Aの「自分だけが幸福に暮らしていることを知られたと思って」。

　②Aの「自分だけが裕福に暮らしていることを恥ずかしく思って」、Bの「相手が妻であることに気づいていたがわざと無視して立ち去ろうとした」。

　③Aの「自分を捜し求めて狼狽する夫の姿を見て気の毒に思って」。

　④Aの「奇跡的な再会がうれしくて」、Bの「相手が妻であることに気づいていたが武官の目が気になって立ち去った」。

問4　33　⑤《解釈問題》

　傍線部は「主母の偵《さぐ》る所と為《な》る」と読む。「XのYする所と為る」〈＝XにYされる〉という受身形に着目すると、この段階で「さぐられていた」となっている②・⑤に答えは絞られる。②・⑤をブロックごとに分けて見ると、

②武官の正妻により＋董子奇と妻と主人の関係は＋さぐられていた
⑤武官の正妻により＋董子奇と妻の密会の様子は＋さぐられていた

となる。

「武官」と「主人」は同一人物であり、「妻」とは、今武官の婦人となっている〈薑子奇の妻〉を指す。すると、②の第二・三ブロック〈三人の関係がさぐられる〉というのは、「武官の正妻」がそのようにする意図がわからない。ここは、「武官」の不在時に二人で会っている様子をさぐっているのである。したがって、⑤が正解。

受身形は以下の4パターンを押さえておくこと。

(a)見（＝被・為）レ V（ル）【未然形】＝V【未然形】る・らる→Vされる
(b)V【未然形】ル・ラル 於N二 ニ（於＝于・乎）＝NにV【未然形】る・らる→NにVされる
(c)為ルニ Nノ 所トレV【連体形】＝NのV【連体形】所《ところ》と為《な》る→NにVされる
(d)V【未然形】ル・ラル＝V【未然形】る・らる→Vされる

問5 **34** ② 《書き下し問題》
傍線部「令三人追レ之、検二其乞嚢中一」の「令」は「しム」と読む重要な使役動詞で、使役形の構文を作っている。使役動詞を使う使役形には次のパターンがある。

(a)使（＝令・遣・教）ニムNヲシテV【未然形】一＝NをしてV【未然形】しむ→NにVさせる
(b)使ニムNヲシテV_1【連用形】V_2【未然形】一＝NをしてV_1【連用形】V_2【未然形】しむ→NにV_1させてV_2させる
※使役動詞がV_1とV_2両方にかかっていると考えるパターン。使役動詞がどこまで係るかは文意により変化する。
・S使ニメNヲシテV_1【未然形】一V_2【終止形】＝SNをしてV_1【未然形】しめV_2【終止形】→SはNにV_1させてV_2する

傍線部は(b)の「使ニムNヲシテV_1【連用形】V_2【未然形】一＝NをしてV_1【連用形】V_2【未然形】しむ」のパターンとなっている。

さて、選択肢をブロック分けする。
①人をして　之を　追はしむれば、其の乞《きつ》の　嚢《なう》中を　検《しら》べしむ
②人をして　之を　追ひ、其の乞の　嚢中を　検べしむ
③人　之を　追はば、其の乞をして　嚢中を　検べしむ
④人　之を　追はしむるも、其の乞は　嚢中を　検ぶ
⑤人をして　之を　追はしめば、其の乞は　嚢中を　検ぶ
まず、第一ブロックで「人をして」と読んでいる①・②・⑤に正解は絞られる。次に、①・⑤は第三ブロックで①「追はしむれ＋ば」・⑤「追はしめ＋ば」〈＝追いかけさせると・追いかけさせたら〉と条件文に読んでいるが、そのように読む必要がないことから除外できる。

よって、(b)の構文であることを押さえ、文意に即して「追ひ、……検べしむ」と読んでいる②が正解。

問6 **35** ⑤ 《空欄補充問題》
漢詩が出題される場合、句末の空欄補充がよく出題される。句末の空欄補充は押韻と対句を検討する。
「酒ち詩一律を題して云ふ」とあるように、文中の詩は「七言律詩」である。詩型と押韻・対句の決まりを確認しておこう。

五言絶句
起句○○○○○　承句○○○○◎
転句○○○○○　結句○○○○◎
七言絶句
起句○○○○○○◎　承句○○○○○○◎
転句○○○○○○○　結句○○○○○○◎
五言律詩
首聯　○○○○○　○○○○◎

領聯《がん》　○○○○○―○○○○◎
頸聯《けい》　○○○○○―○○○○◎
尾聯《び》　○○○○○　○○○○◎

七言律詩
首聯　○○○○○○◎　○○○○○○◎
頷聯　○○○○○―○○○○○○◎
頸聯　○○○○○―○○○○○○◎
尾聯　○○○○○○○　○○○○○○◎

※聯（連）は二句のまとまり。◎は押韻する字。七言の第一句の末字に注意。「―」は対句を作る決まり。

文中の詩の押韻する字を確認すると「東・空・E・中・通」となっており、専門的には「平声・一東」という韻で押韻している。「―U」（音読みして最後の音がウ）で終わると考えればよい。

ここから、①「水（SUI）」、②「尽（JIN）」は除外できる。

次に空欄が第四句にあることから、対句を確認する。

葵藿ハ有リ㆑心終ニ向ヒ㆑日ニ―楊花ハ無ク㆑力 E

第三句の□部分が「副詞＋動詞＋名詞（補足語）」であるから、これと対句となるように同じ構造の句を選ぶと、⑤「暫ク随フ㆑風ニ」が正解となる。

③は「助動詞＋名詞（ここでは「飛蓬」で一つの名詞）」、④は「名詞＋副詞＋形容（動）詞」で、いずれも不適切。

問7　36　④　**《内容把握問題》**

問題文中に詩がある場合、その詩の解釈は本文のテーマに直結するので大変重要である。解答の際は、漢詩だけではなく、前後の散文から正確に事実を収集すること。ここでは、消去法でアプローチする。まず、詩の直前に「即ち人をして之を追ひ、其の乞の嚢中を検べしむ。金釵一対、書一封有り。其の夫の還るを候ちて、以て告ぐ。兵官封を啓きて之を視れば、迺ち詩一律を題して云ふ」〈＝正妻はすぐに使用人に命じて物乞いを追いださせ、その物乞いの布袋の中を調べさせた。黄金で作ったかんざし一対と手紙が一通入っていた。正妻は夫が帰宅するのを待ち、事情を告げた。武官が手紙を開いて中を読むと、一首の律詩が書きつけてあり、そこに詠うに〉とあることから、〈詩の作者は薑子奇の妻であり、彼女が自作の詩を子奇に渡した〉と考えるのが妥当。〈薑子奇の詩〉とする①・②は妥当性を欠く。

次に時間の流れと事実を確認する。

・高門の一婦人有り、之を見て泣き、貽るに酒饌を以てし、又布嚢を以て熟米一斗を裹み之に与ふ〈＝富貴な家の婦人が、物乞いをする子奇を目にして涙を流し、酒と食べ物をやり、その上炊いた米一斗を布の袋で包んで与えた〉
・子奇敢へて仰ぎ視ずして去る〈＝子奇は顔を上げてよく見ようともせずに立ち去った〉
・翌日、此の婦門に在るに、又子奇の行乞するを見る〈＝翌日、この婦人が屋敷の門の所にいたところ、また子奇が物乞いをしてまわる姿を目にした〉
・適主人在らず、呼びて与に相見て共に語る〈＝ちょうど主人が不在だったので、婦人は子奇を呼び入れ、二人は見つめ合い語り合った〉
・主母の偵る所と為る〈＝二人の密会の様子は武官の正妻に偵察されていた〉

④の「薑子奇の妻が前日、物乞いをする夫に食べ物を与えたあとに作った詩」という時系列で読むのが自然であり、⑤の「薑子奇の妻が夫との再会を果たした時に夫と共作した詩」は文中に明確な根拠がない。しかし③の「薑子奇の妻がある夜……作った詩」は、曖昧だが間違いとも言いきれない。そこで、漢詩自体で確認を取る。

頸聯「両行の珠涙孤灯の下　千里の家山一夢の中」〈＝私の二すじの珠なす涙が下るのはぽつんと灯る明かりのもと、千里もかなたの二人が暮らした故郷が見えるのは夢の中〉からは④の「悲嘆に満ちた都の生活を厭い」が読み取れる。

尾聯「毎に恨む当年此の難に罹ひ　相逢ふも姓名を把て通じ難きを」〈＝こ

とあるごとに心痛むのはあの年この災難に遭い、今めぐり会っても姓名を通じ合えないこと〉からも④の「名乗り合えない境遇を嘆いている」が読み取れる。したがって正解は④。

⑤の「ひまわりや柳に喩えて、貧しいながらも自由な生活を希求している」は、頷聯「葵藿は心有り終に日に向ひ　楊花は力無く暫く風に随ふ」〈＝（下等な植物だと言われる）ひまわりや豆の葉でさえ強い思いがあり一日中太陽に向かうのに　柳の綿毛（のような私たち）はゆらゆらと力無くしばらく風に吹かれてあてどなく漂うばかり〉の比喩表現を踏まえているが、ひまわりの力強さに対する〈柳の綿毛のような無力なあてどなさ〉を「自由」と誤解している。

③の「武官の求婚に応じたことを悔やんでいる」は、本文・詩のどちらにも記述がない。

書き下し文

国朝洪武《こくてうこうぶ》の初《しよ》、呉人《ごひと》薑子奇《きやうしき》、婦《つま》を娶《めと》りて三載《さんさい》、大軍《たいぐん》の呉《ご》に過《よぎ》り擾乱《ぜうらん》するに値《あ》ふ。子奇《しき》妻《つま》を挟《わきばさ》みて出《い》で避《さ》くるも、倉皇《さうくわう》の間《かん》に因《よ》りて其《そ》の妻《つま》を失《うしな》ふ。迺《すなは》ち兵官《へいくわん》に携《たづさ》へられて京《きやう》の邸《やしき》に帰《かへ》る。子奇《しき》四方《しはう》に流落《りうらく》する者《こと》累年《るいねん》、後《のち》に迤邐《いり》して京《きやう》に至《いた》り行乞《かうきつ》す。高門《かうもん》の一婦人《いちふじん》有《あ》り、之《これ》を見《み》て泣《な》き、貽《おく》るに酒饌《しゆせん》を以《もつ》てし、又《また》布嚢《ふなう》を以《もつ》て熟米《じゆくまい》一斗《いつと》を裹《つつ》み之《これ》に与《あた》ふ。子奇《しき》敢《あ》へて仰《あふ》ぎ視《み》ずして去《さ》る。翌日《よくじつ》、此《こ》の婦《つま》門《もん》に在《あ》るに、又《また》子奇《しき》の行乞《かうきつ》するを見《み》る。適《たまたま》主人《しゆじん》在《あ》らず、呼《よ》びて与《とも》に相《あひ》見《み》て共《とも》に語《かた》る。主母《しゆぼ》の偵《さぐ》る所《ところ》と為《な》る。即《すなは》ち人《ひと》をして之《これ》を追《お》ひ、其《そ》の乞《きつ》の嚢中《なうちゆう》を検《しら》べしむ。金釵一対《きんさいつつい》、書一封《しよいつぷう》有《あ》り。其《そ》の夫《をつと》の還《かへ》るを候《ま》ちて、以《もつ》て告《つ》ぐ。兵官《へいくわん》封《ふう》を啓《ひら》きて之《これ》を視《み》れば、迺《すなは》ち詩一律《しいちりつ》を題《だい》して云《い》ふ、

夫《をつと》　呉越《ごゑつ》に留《とど》まり妾《せふ》は江東《かうとう》　三載《さんさい》の恩情《おんじやう》一旦《いつたん》に空《むな》し
葵藿《きくわく》は心《こころ》有《あ》り終《つひ》に日《ひ》に向《むか》ひ　楊花《やうくわ》は力《ちから》無《な》く暫《しばら》く風《かぜ》に随《したが》ふ
両行《りやうかう》の珠涙《しゆるい》孤灯《ことう》の下《した》　千里《せんり》の家山《かざん》一夢《いちむ》の中《うち》
毎《つね》に恨《うら》む当年《たうねん》此《こ》の難《なん》に罹《あ》ひ　相逢《あひあ》ふも姓名《せいめい》を把《もつ》て通《つう》じ難《かた》きを

兵官《へいくわん》詩《し》を見《み》て大《おほ》いに悼《いた》み、即時《そくじ》に還《かへ》さしめ、仍《な》ほ銭米《せんまい》を賜《たま》ひ以《もつ》て其《そ》の婦《つま》に給《きふ》す。子奇夫婦《しきふうふ》泣《な》き謝《しや》して去《さ》り、伉儷《かうれい》復《ま》た合《がふ》す。

全訳

我が国の洪武年間の初め、呉の人・薑子奇は、結婚して三年の頃、江南制圧の大軍が呉の地にさしかかった際に（民の金品を強奪したりして）生活を乱し騒がす災難に遭遇した。子奇は妻を小脇に抱えて避難したが、あわてふためいている間に混乱によってその妻を見失った。妻はそこで軍の武官に連れられて（武官は彼女とともに）都・南京の邸宅に帰った。子奇は落ちぶれて各地を流浪すること数年、後にあちらこちらと放浪し都にやって来て物乞いをしてまわっていた。富貴な家の婦人が、物乞いをする子奇を目にして涙を流し、酒と食べ物をやり、その上炊いた米一斗を布の袋で包んで与えた。子奇は顔を上げてよく見ようともせずに立ち去った。翌日、この婦人が屋敷の門の所にいたところ、また子奇が物乞いをしてまわる姿を目にした。ちょうど主人が不在だったので、婦人は子奇を呼び入れ、二人は見つめ合い語り合った。（二人の密会の様子は）武官の正妻に偵察されていた。（正妻は）すぐに使用人に命じて物乞いを追いださせ、その物乞いの布袋の中を調べさせた。（するとその袋には）黄金で作ったかんざし一対と手紙が一通入っていた。（正妻は）夫が帰宅するのを待ち、（事情を）告げた。武官が手紙を開いて中を読むと、一首の律詩が書きつけてあり、そこに詠うに、

夫（＝あなた）は呉越の地に留まり私は江東の地（と離れ離れになってしまった）　三年間の（新婚の夫婦の）恩情はある日突然消え去った
（下等な植物だと言われる）ひまわりや豆の葉でさえ強い思いがあり一日中太陽に向かうのに　柳の綿毛（のような私たち）はゆらゆらと力無くしばらく風に吹かれてあてどなく漂うばかり
私の二すじの珠なす涙が下るのはぽつんと灯る明かりのもと　千里もかなたの二人が暮らした故郷が見えるのは夢の中
ことあるごとに心痛むのはあの年この災難に遭い　今めぐり会っても姓名を通じ合えないこと

武官はこの詩を読みおおいに憐れみ、すぐに夫のもとに（妻を）帰らせ、その上金銭や食料を与えてその妻に持たせた。子奇夫婦は泣いて感謝し屋敷を去り、夫婦は再び連れ添うこととなった。

模試　第5回　解答

自動採点・学習診断

第1問小計	第2問小計	第3問小計	第4問小計	合計点
				/200

問題番号(配点)	設問	解答番号	正解	配点	自己採点	問題番号(配点)	設問	解答番号	正解	配点	自己採点
第1問(50)	1	1	②	2		第3問(50)	1	20	③	5	
		2	④	2				21	①	5	
		3	③	2				22	⑤	5	
		4	④	2			2	23	②	5	
		5	③	2			3	24	①	7	
	2	6	④	8			4	25	⑤	7	
	3	7	②	8			5	26	④	8	
	4	8	⑤	8			6	27	③	8	
	5	9	②	8		第4問(50)	1	28	③	5	
	6	10	③－⑤	8(各4)				29	①	5	
		11					2	30	②	7	
第2問(50)	1	12	②	3			3	31	⑤	7	
		13	⑤	3			4	32	⑤	7	
		14	①	3			5	33	①	6	
	2	15	③	9			6	34	②	6	
	3	16	④	9			7	35	③	7	
	4	17	⑤	9		(注) －(ハイフン)でつながれた正解は，順序を問わない。					
	5	18	②	7							
		19	①	7							

第1問

出典 山浦晴男『地域再生入門――寄りあいワークショップの力』（筑摩書房　二〇一五年）

山浦晴男は一九四八年長野県生まれ、中央大学卒業。「考える技術」の研究・開発の場として情報工房を設立し、企業・行政・医療機関の人材育成や組織活性化、地域の再生支援に携わる。

出題の都合上、本文には省略箇所がある。

【出題のねらい】

共通テストでの出題が予想される、資料や図の読み取りを含む文章の読解演習として出題した。図は筆者が独自に提唱する「寄りあいワークショップ」の手法を図式化したもので、問題文からこの手法のコンセプトをしっかり読み取った上で、図と照らし合わせて理解することが求められる。共通テストにおいては、基本的な文章読解が解答のカギとなる。

【概要】

Ⅰ　コミュニティ再生のための具体策＝話し合いの場の提供（第1段落・第2段落）

・コミュニティ再生のためのソフトの基盤整備として行うべきことは、「住民の話し合いの場」の提供である。その具体的な手立てとして、筆者が実践的に開発してきたのが、「寄りあいワークショップ」という手法である。

Ⅱ　古来日本の村で行われてきた伝統的な「寄りあい」（第3段落～第7段落）

・古来日本の村では「寄りあい」で取り決めごとがなされてきた伝統があり、やや形式化しつつも、その伝統は現代に受け継がれている。

・伝統的な寄りあいでは郷士も百姓も発言力は互角で、平等かつ民主的に意見交換・決定がなされていた。

・こうした話し合いの伝統を蘇らせる取り組みが、いま必要なのだ。

Ⅲ　筆者独自の手法「寄りあいワークショップ」の提唱（第8段落～第21段落）

◎「じゃんけん方式」（愛称）

○ワークショップ①

・「じゃんけん準備」の段階＝「住民の声による課題の発見」

・「チョキ」の場面＝「あるもの探し」…重点課題の解決に役立つ資源などを写真撮影する

○ワークショップ②…データの「統合」

・「グー」の場面＝「あるもの探し」で撮影した写真を用いて「資源写真地図」を作成し、実態把握をすることで資源や課題を見つけ、認識の共有化も可能となる

○ワークショップ③…「地域再生メニューづくり」

・「パー」の場面＝重点課題を解決するために把握した地元の資源や改善すべき点を使って、どのように地域再生を図っていくかを考え、アイデアカードを持ち寄って「アイデア地図」を作る

・投票で優先度評価を行い、優先度の高いアイデアについて、難易度、実現の目標時期、実行主体、着手順位を見定め、「実行計画」を立案する

↓

実行組織を立ち上げ、行政と連携して「住民の手で実践」する

↓

一定期間後に「実践結果の検証」をし、二回目の実践へと進めるサイクルを地域の中につくり込む

Ⅳ　コミュニティとしての組織の創造性の開発（第22段落～第27段落）

・従来の地域開発は、課題の発見から資源調査、解決の計画までを専門家や研究者が行い、住民はそれを受けて作業するだけだったため、事業予

算が切れると実行の手が止まってしまっていた。
・行政は「ハード型」の傾向が強かった。
・寄りあいワークショップを通して住民に創造性を発揮させ、「あるもの探し」の姿勢に転換させる。
・寄りあいワークショップによって、行政の仕事のやり方と住民の地域づくりの姿勢転換を狙う。

問1　1 ②　2 ④　3 ③　4 ④　5 ③　《漢字問題》

(ア)「**互**角」は〈両者の力量に差がないこと〉。①「錯誤」は〈まちがい〉。②「相**互**」は〈互いに関係のある両方の側で、同じことをし合うこと〉。③「後日談」は〈事件などが一段落した後、どうなったかという話〉。④「警護」は〈警戒して守ること〉。

(イ)「**批**判」は〈誤りや欠点を指摘すること〉。①「秘伝」。②「対比」は〈二つのものを比べて違いや特性をはっきりさせること〉。③「是非」は〈よいことと悪いこと〉。④「**批**評」は〈よい点・悪い点などを指摘して、自分の評価を述べること〉。

(ウ)「**掌**握」は〈手の中ににぎること。思いのままにすること〉。①「承諾」は〈相手の希望や要求を聞き入れること〉。②「高尚」は〈気高くて立派なこと〉。③「合**掌**造り」は〈急勾配の切り妻の茅葺《かやぶ》き屋根をもつ民家の建築形式〉。④「発祥」は、〈物事が初めて起こること〉。

(エ)「異**口**同音」は〈大勢の人が口をそろえて同じ意見を言うこと〉。①「駆使」は〈自分の思い通りに使いこなすこと〉。②「苦言」は〈言われる相手はよくない気がするが、その人のためになる言葉〉。③「工面」は〈あれこれとうまくやって、お金や物を用意すること〉。④「**口**調」。

(オ)「中**核**」は〈物事の中心の重要な部分〉。①は「確実」。②は「比較」。③「**核**心」は「中核」と同様、〈物事の中心の重要な部分〉の意。④「革命的」は〈急激な変化をもたらすさま〉。

問2　6 ④　《理由説明問題》

選択肢はいずれも、伝統的な「寄りあい」の特性を踏まえて、それが現代の地域再生にどのように有効であるかということについて述べたものである。問題文では、第3段落～第7段落で伝統的な「寄りあい」について説明し、続く第8段落で「寄りあいワークショップ」の利点について述べている。

> 戦後の民主主義教育を受けてきた現代人は、物事を決めるにあたって、科学的な手続きによって**透明性が保証**されていないと、その決定は受け入れられない。本書で紹介する「寄りあいワークショップ」という方法は、そのような要件を満たし、かつ日本古来の村の会合で行われていた**平等かつ民主的に意見交換、決定をなす方法**なのだ。それゆえ、現在地域住民にも受け入れられている。また、**行政の立場からは、「住民の話し合いの場」の提供として事業化できる**ように技術化がなされている必要があるが、これにも応えられる方法となっている。（ℓ23～30）

ここに書かれている通り、筆者の述べている「寄りあいワークショップ」の利点は、

> (1)透明性の保証された手続き
> (2)平等性・民主性
> (3)行政の立場から、「住民の話し合いの場」の提供として事業化できること

の三点である。

これらをすべて含んだ選択肢は④で、これが正解。

①の前半は、「古来日本の村では『寄りあい』で取り決めごとがなされてきた伝統がある」（ℓ12・13）とする第5段落の記述に合致している。ただし後半部のように「各地域の『寄りあい』の形式に手を加えることなく受け継ぐ」ことが重要だ、という指摘は問題文中には見られない。

②は、第8段落で筆者が述べている利点のうち、(2)平等性・民主性についての内容を押さえている。ただし、(1)・(3)については言及がない。

③の前半部で述べられているような「寄りあい」の意思決定のプロセスについては、第5段落に記述がある。ただしそれが第14段落で言及されている「KJ法」に通じているとした記述は問題文中には見られない。

⑤の「日本の伝統からいって、あまりにもはっきり意見への賛否を表すことはなじまない」といった内容は、問題文中では述べられていない。また、利点についても説明できていない。

問3　**7**　**②**　《内容把握問題》

「あるもの探し」というキーワードは第13段落で初めて登場し、作業内容も説明されているので、その記述と照らし合わせる。

> 次は現地調査で、「あるもの探し」を行う。参加者全員が簡易カメラを用いて、**重点課題を解決するために役立つ資源や宝物、改善箇所などを写真撮影する**。シーンや事、人、ものなどを写真にして切り取ってくることから、「チョキ」の場面と位置づけている。（ℓ42〜44）

右の内容に合う選択肢は②である。

なお、筆者は第25段落で「ないもの探し」について、

> 「あれがない、これもない」、挙句の果てには異口同音に「コンビニもない」などと言い出しがちである。これではいけない。（ℓ76・77）

と述べ、これを「あるもの探し」の姿勢に転換する必要性を訴えている。「ないもの探し」の説明と対比することで、正解を再確認しておきたい。

①は、第14段落に「『あるもの探し』の続き」（ℓ45）として説明されている「ワークショップ②」の内容であるので不適切。

③は、第16段落に「ワークショップ③」として述べられている「地域再生メニューづくり」（ℓ53）の内容であるので不適切。

④は、「地域に既にある資源を把握する」という前半部分は「あるもの探し」の内容として問題ないが、後半の記述に問題がある。「欠けているものを明らかにする」ことを目的とするのでは、筆者が問題視している「ないもの探し」（ℓ76）の姿勢になってしまい、筆者の主張とは逆の方向性である。

⑤は、「じゃんけん準備」（ℓ41）の段階として説明されている「ワークショップ①」の内容であるため不適切である。

問4　**8**　**⑤**　《空欄補充問題》

まず、空欄には行政に関する記述が入ること、また選択肢はいずれも行政の地域再生への関わり方に生じる変化について述べたものであることを確認しよう。その上で、問題文中において筆者が行政に求めている変化とはどのようなものであるのかを読み取っていく。

【概要】にまとめた通り、問題文は第21段落までは住民の地域再生へのかかわり方について主に論じられているので、地域開発の事業全体についてまとめた第22段落以降の記述に着目する。そうすると、

> 一方、行政は従来「**ハード型**」の傾向が強く、「やれ道路をつくれ、建物を建てろ」、といった姿勢がうかがえた。寄りあいワークショップでは、その姿勢を「**ソフト型**」に転換し、何をやるのかについて案を出し、その上で必要ならハードもつくる、となることを狙っている。
> 　このように、寄りあいワークショップを展開しつつ、行政の仕事のやり方と住民の地域づくりの姿勢転換も行うのだ。（ℓ79〜82）

として、筆者が行政に求める姿勢転換の方向性が示されていることに気づく。この内容に合う選択肢は⑤。

①では、問題文で筆者の提唱している「寄りあい」の手法が、事業型に転換すべきものであるとされているため、不適切。

②、筆者は従来の地域開発について「課題の発見から資源調査、解決の計画

までを専門家や研究者が行い、住民はそれを受けて実行するだけになっていた」（ℓ68・69）、「住民に作業だけをさせて、創造性を発揮させてこなかったことが、今日の地域の疲弊した状況を招いてしまった本質的な要因だ」（ℓ73・74）と批判し、住民自身が創造性を発揮して地域再生に取り組むよう姿勢を転換することを呼びかけている。②は、これとは逆の方向性の選択肢であるため不適切。

③は、地域再生の取り組みの「実行」そのものを行政が行うという方向性だが、そのような記述は問題文中にない。②でも見た通り、筆者が求めているのは、住民が自ら創造性を発揮して地域再生を主導し、行政との連携によって住民の手で実行することである。

④の内容は、第22段落〜第24段落で述べられている、これまでの地域開発への住民の関わり方と、筆者が求める姿勢転換の方向性である。行政について述べた内容ではないので不適切。

問5　**9**　②　**《内容把握問題》**

設問箇所は問題文の広い範囲に関わり、各選択肢は異なる話題について書かれているため、選択肢の比較検討という解法は有効ではない。一つ一つの選択肢の内容を、問題文と丁寧に照合することが必要である。また、「適当でないもの」を選べという設問の要求にも注意する。

①は、第26段落（ℓ79〜81）の内容に合致しており、適切である。

②、事業予算が切れて地域開発が頓挫《とんざ》することについては、第22段落で述べられている。

> 従来の地域開発は、課題の発見から資源調査、解決の計画までを専門家や研究者が行い、住民はそれを受けて実行するだけになっていた。先にも触れたが、これでは事業予算が切れると住民も実行の手を止めてしまい、元の木阿弥になってしまう。（ℓ68〜70）

筆者は住民自身が地域開発を主導していくように取り組みのあり方を転換していくことを求めているのである。そして、第26段落に、

> 行政は従来「ハード型」の傾向が強く、「やれ道路をつくれ、建物を建てろ」、といった姿勢がうかがえた。寄りあいワークショップでは、その姿勢を「ソフト型」に転換し、何をやるのかについて案を出し、その上で必要ならハードもつくる、となることを狙っている。（ℓ79〜81）

と書かれているように、〈何をやるかについて案を出す〉〈必要ならハードもつくる〉という姿勢を行政に求めている。しかし、「専門家や研究者も加わった上で、綿密で長期的な計画を立てる」とまでは書かれていない。「適当でないもの」を選ぶのだから、これが正解。

③は、第23段落〜第25段落（ℓ71〜78）の記述に合致している。

④は、第19・20段落（ℓ61〜65）の記述に合致している。

⑤は、第23段落〜第25段落（ℓ71〜78）の記述に合致している。

問6　**10**・**11**　③・⑤（順不同）**《内容把握問題》**

問題文に直接的に書かれている内容ではなく、「文章全体を踏まえて成り立つ意見」として適当なものを選ぶ問題である。したがって、問題文との単純な照合ではなく、筆者の主張を理解した上で選択肢の内容をひとつずつ検討することが求められる。

①、新しい住宅地には寄りあいの伝統が存在しないとする前半部の内容に問題はない。しかし、だからといって「寄りあいの形式化した部分は省略し、行政がある程度主導」するというのは、筆者が第22段落以降で、住民に作業だけをさせるのではなく、創造性を発揮して地域開発を主導してもらうと主張していることとは相反する方向性である。

②、「古くからの住民の意見を尊重する」とあるが、筆者は「透明性」（ℓ24）や「平等かつ民主的」（ℓ27）であることを寄りあいワークショップの利点としているので、一部住民の意見を優先するような方向性は筆者の主張にそぐわない。

❸、「じゃんけん方式」という愛称に関する内容である。問題文には「住民に親しみをもってもらいやすくするため」（ℓ33・34）にこのような愛称をつけたと述べられている。そのような工夫をする目的については問題文中に述べられていないが、第22段落以降で住民自身が創造性を発揮して地域開発に取り組むよう、姿勢の転換を図ることについて述べられていることを考え合わせれば、ワークショップの手法への理解は「住民自らがワークショップを主導することができる」ようになることにつながると考えることができる。したがって、この選択肢の内容は適当である。

❹、「行政は住民が作業に専念できる環境を整えるべきである」が誤り。「行政との連携によって『住民の手で実践』へと進める」（ℓ61）とあるが、筆者は「住民に作業だけをさせて、創造性を発揮させてこなかったことが、今日の地域の疲弊した状況を招いてしまった」（ℓ73・74）と述べており、作業に専念するのは「住民の手で実践」とは言えない。

❺、「取り組みにつながらないアイデア」が出てくるとあるが、ワークショップ③の作業内容を説明した第16段落～第18段落で、アイデアを持ち寄ってアイデア地図を作成した後、優先度評価を行うと述べているので、そのようなことは起こり得ると言えるだろう。また、第20段落では「実践結果の検証」（ℓ63）を行った上で「実行計画の改訂版」（ℓ63）を作成するサイクルを作り上げると述べられているので、「初めはうまくいかない計画があっ」ても、改善しつつ長期的な成功につなげていくところまで、寄りあいワークショップの手法には織り込まれていると言える。したがって、この選択肢の内容は適当である。

❻、「伝統的な寄りあいでは郷士も百姓も対等な立場であった」という点については問題文で述べられている通りである。だが、行政側には「事業化」や「必要ならハードもつくる」（ℓ80）といった、住民側とは異なる役割があるのであって、住民と同じように「一生活者としての視点をもって」取り組みに参加することが必要だとは述べられていない。

以上から、文章全体を踏まえて成り立つ意見として適当な選択肢は❸と❺である。

第2問

出典 **【文章Ⅰ】** 夏目漱石《なつめそうせき》『門』 **【文章Ⅱ】** 中島敦《なかじまあつし》『文字禍』

『門』は、『三四郎』『それから』に続き、夏目漱石の前期三部作と呼ばれている。問題文は、友人の妻を奪った宗助の葛藤を描く『門』の冒頭部である。

『文字禍』は、中島敦の初期の短編小説である。古代メソポタミア文明のアッシリアを舞台に、文字の霊に翻弄《ほんろう》される博士の姿を描いている。

【出題のねらい】

文字や図形からそれぞれの全体性が失われ、意味を見出せなくなるという「ゲシュタルト崩壊」を扱った二つの文章を出題した。小説において、描かれる事件や題材は、作者が表現したい心情や主題を表現するための道具であるといえる。同じ道具によって、それぞれの作者が描こうとしているものを正確に読み取りたい。また、このような感覚は現代のわれわれにも十分に共感できるものだが、明治期の小説にも通底する心情を読み取っていこう。

【概要】

【文章Ⅰ】『門』

●舞台　宗助の自宅（崖の前に建つ一軒家）

●登場人物　宗助……御米との結婚以来、家族や友人と断絶

御米……もともとは親友である安井の妻だが、いまは宗助の妻

①二人の会話

宗助	御米
「好い天気だな」→	「ええ」と云ったなり
生返事 ←	「散歩でもしていらっしゃい」
	夫婦の日常的で気の置けない会話
「近」の字について尋ねる	
「字と云うものは不思議だ」	
「おれだけかな」→	「どうかしていらっしゃる」
「神経衰弱のせいかも」	**宗助の不安感**

②自宅の立地

茶の間の襖を開けるとすぐ座敷

突き当りの障子を開けると崖が聳えている

いつ壊れるか分らない（根があるから崩れない）↔ 元は竹藪で根が残る（切り開かれて藪にならない）……**矛盾**

③軽いいさかいと和解

宗助	御米
佐伯の家に手紙を書く →	「手紙じゃ駄目」
「駄目まで……出しておこう」←	「行って……話をして来なくっちゃ」
	返事をしない
「それで好いだろう」→	悪いとも云い兼ね、争いもしなかった
「ちょっと散歩に行って来る」→	「行っていらっしゃい」微笑しながら答えた
歩み寄り	**理解**

【文章Ⅱ】『文字禍』

●舞台　古代のアッシリアの王宮図書館（文字の精霊が出ると噂される）

●登場人物　老博士……王に命じられて文字の精霊について調査する

①博士の研究

・日ごと図書館に通い、研鑽に耽った

・一つの文字を前に終日睨めっこをして過ごした

↑凝視と静観とによって真実を見出そうとした

②博士の発見

・文字が解体して、意味の無い一つ一つの線の交錯としか見えなくなる

・今まで当然と思っていたことは決して当然でも必然でもない

……眼から鱗の落ちた思い

・文字の霊の存在を認めた→文字の霊の性質が次第に少しずつ判って来た

問1 12 ② 13 ⑤ 14 ① **《語句の意味問題》**

(ア)「生返事」は〈気乗りのしない、いいかげんな返事〉という意味。よって、正解は②。①・③は〈気乗りのしない、いいかげんな〉とは反対の意味になる。④・⑤は語義に合致しない。

(イ)「穏当」は〈無理なく筋の通っていること。妥当〉。よって、正解は⑤。①・②は意味に合致しない。③は「礼節」に限ったことではない。④の「恣意的」は、〈思いつくままに物事をするさま〉なので合致しない。

(ウ)「看過」は〈見過ごすこと〉。よって、①が正解。②は〈見過ごすこと〉と反対の意味で合致しない。③・④・⑤はいずれも語義に合致しない。

問2 15 ③ **《内容把握問題》**

宗助と御米のやりとりから、二人の関係性やお互いに対する思いを読み取る問題である。やりとりについては、以下のように整理できる。

・宗助…「おい、好い天気だな」
↓
・御米…「ええ」と云ったなりであった
↓単に「云った」でなく「云ったなり」(=他に何もしていない)」と表現していることから、言外に「他に言葉もあろうがそれだけだった」という物足りなさが表現されている
・宗助…別に話がしたい訳でもなかった
・御米…「散歩でもしていらっしゃい」
↓
・宗助…生返事

言葉少なな二人のやりとりが続く場面だが、会話の内容は決してぎすぎすしたものでなく、返事も言葉少なだが冷めきった様子ではない。ここから、二人が気の置けない関係であり、相手に気を遣いすぎず、穏やかながら淡々と言葉を交わしている様子が読み取れる。以上に合う選択肢は③。

①【文章Ⅰ】後半に佐伯家を巡る軽い言い合いはあるが、「お互いに心に根深いうらみを抱えている」とまでいうのは言い過ぎ。

②「夫婦の関係はすでに冷め切って」いるとは読み取れない。また、宗助も御米もあっさりとした対応をしているので、「夫のほうは……熱心に話しかけて」「妻のほうは冷淡に拒絶する」も不適切。

④気が置けない相手だからこそ、あまり気を遣いすぎることもなく打ち解けた対応をしていると考えられるので、「敏感に感じ取り」「細やかに」は不適切。また、宗助の語りかけも半ば独り言めいたものであり、「日差しの心地よさを共有しよう」という意図は読み取れない。

⑤佐伯家について気になっているとはいえ、御米もそれほど深刻でない口調で切り出しており、「気の重い話」「なんとか避けようと別の話題を持ち出した」とまでは考えられない。

問3 16 ④ **《表現の効果の把握問題》**

文章中の情景描写や物語の舞台の設定は、作者がそれを通して登場人物の置かれている状況や彼らの心情を暗示しようとしている場合が多い。そこでまずは、二人が住んでいる家がどのような場所に建てられているのかを確認していく。

・南が玄関で塞がれているので……うそ寒く映った
・廂に逼るような勾配の崖→いつ壊れるか分らない
→「竹藪」と「崖」が、お互いに問題を抱えつつ、お互いがあるから安全も担保されているという、矛盾した危うさを抱えている
・日も容易に影を落さない
→二人が住んでいる環境について、閉塞感とほの暗さが感じられる描写が続いている
・元は一面の竹藪だった→また竹が生えて藪になりそう

ここで、登場人物の置かれている状況を確認しよう。【文章Ⅰ】冒頭のリード文に、宗助は親友の妻を奪い、そのために実家とも疎遠になり、罪の意識を抱えたまま二人で隠れるようにして暮らしている、とある。そのような、暗さと不安定さを内在した二人の境遇に、この家の様子が呼応するように描かれているのである。以上にあてはまる選択肢は④。

①立地はよくないが、茶の間と座敷もあり、特に貧しい家である様子は読み取れず、「夫婦の貧しい暮らし」は不適切。また、「竹」が「困窮しても夫婦の気持ちの結びつきは揺るぎない」といった夫婦の堅固な関係を表しているとは読み取れない。

②爺の言葉は、二人が置かれている状況の不確かさ、危うさを表しており、状況を冷静に指摘する役割を果たしている。よって、「八百屋の爺がユーモラスに描かれて」「爽快感を与える役割」は不適切。

③宗助の心痛は、大半が過去の出来事によるものであり、また、佐伯家を巡る問題がなかなか片づかないことにも一因があるので、「宗助の心痛が安全性を担保されない現在の暮らしに不安を抱えているから」というのは不適切。

⑤「二人が置かれている厳しい状況」は読み取れなくもないが、「現実から目を背けて生きようとする二人の姿」までは読み取れない。

問4 17 ⑤ 《心情把握問題》

御米の言動から、彼女の心情を読み取る問題である。これまでの二人のやりとりと、そこから読み取れる御米の心情をたどっていこう。

・御米…「ちっと散歩でもしていらっしゃい」
　　＝宗助の鬱々とした様子から、御米が宗助の様子を見かねて、
　　　それとなく気分転換をさせようとした
　↓
・宗助…生返事
　　＝散歩に行こうとはしない
　↓
・佐伯家についてのやりとり
　　＝二人の間にやや険悪な空気が流れる
　↓
・宗助…「ちょっと散歩に行って来る」
　　＝佐伯との交渉に直接行かず手紙を出すことを、御米が内心よく思っていないことを知っていて、機嫌をとろうとこびた態度をとった
　↓
・御米…「行っていらっしゃい」と微笑する
　　＝御米に歩み寄ろうとする宗助の気持ちを察した

このように、宗助が散歩に行くと言い出したのは自分の提案を受け入れ、歩み寄ったからだ、ということに気づいた上での御米の言動だと読み取れるので、正解は⑤。

①宗助という御米はくつろいだ様子であり、閉塞感を覚えているようには読み取れないので、「辟易しており」「解放感」は不適切。

②御米の態度からは、「期待しても無駄だとあきらめている」といった強い失望感は感じられない。はっきりとした態度はとらないまでも、浮かない様子から「微笑」に表情は変わっており、宗助の心情にも一定の理解を示していると読み取れる。

③微笑している御米の様子からは、宗助が「散歩に行ったまま帰ってこないのではないかという不安」は読み取れない。

④宗助が「佐伯の家に直談判に行くつもりである」ということを読み取る根拠が文中にない。

問5 18 ② 19 ① 《複数の文章の趣旨把握問題》

『門』と『文字禍』を読み比べて会話している内容から、二つの文章の特徴

をとらえる問題である。共通テストでは、このように複数のテクストをもとにした問題が出題される。両者を対比させ、それぞれの題材の扱われ方の違いが作品全体にどのように影響しているのかを読み取っていきたい。

さて、ここでは両者が「ゲシュタルト崩壊」というキーワードを中心に、

・『門』では宗助が「近」「今」という字がわからなくなったことに悩んでいる

・『文字禍』では老博士が、文字が線の集まりにしか見えなくなったことに驚いている

という対比がなされている。

『門』での流れは、以下のように整理できる。

宗助が「近」の字を御米に尋ねている

・最近簡単な文字がわからなくなることが多い

「容易い字でも、こりゃ変だと思って疑ぐり出すと分らなくなる」

「しまいには見れば見るほど今らしくなくなって来る」

↓

「おれだけかな」

「神経衰弱のせいかも知れない」……不安を吐露

宗助は、日常で用いる文字がわからなくなったことを何気ない調子で御米に話している。一方で、宗助の話しぶりからは彼の不安が顔をのぞかせる。よく文字がわからなくなるのは自分だけだと思うことで、宗助は、自分と、自分を取り巻く世界との決定的な「ずれ」があるように感じたのである。これは、半ば世捨て人のように生きている宗助の不安感、孤独感の表れであると考えられる。

一方、『文字禍』では、老博士が文字に疑問を抱くようになったきっかけは、彼が「文字の精霊」について調べるよう命じられ、真剣に文字と向き合うようになったことだとある。

・書物を離れ、ただ一つの文字を前に、終日それと睨めっこをして過ごす

↓

・いつしかその文字が解体して、意味の無い一つ一つの線の交錯としか見えなくなってきた（**波線部②**）

ここでは、文字がわからないという現象は、純粋に文字と向き合い続けた結果として表れている。そしてそれ以降、もともと意味のない線の集まりが一つの意味を表現することに精霊の存在を認めるようになるのである。

以上から、空欄**X**に入るのは波線部②である。

次に、空欄**Y**について考える。「文字を文字として認識できなくなる」という二人に起こった現象は同じであるが、『門』ではそれが自分と世界との「ずれ」の象徴として表現されているのに対し、『文字禍』では「文字の精霊」の認識という、それまでの世界観の大きな変化として描写されている。このそれぞれの感覚について正しく説明しているのは、①である。

②宗助と御米は仲のよい夫婦であり、「関係修復」は二人の関係に合わず、不適切。また、博士が文字の研究をしたのは「責任感」によるものだけではなく、博士がもともとその分野に関心をもっていたと考えられる。

③博士が「日ごと問題の……研鑽に耽った」ことのもともとの動機は、文字の精霊の性質を調べるよう、アシュル・バニ・アパル大王に命じられたからであることを踏まえると、博士に「強い意志と自主性」があるとは言いきれない。また、宗助が自分の心の状態に危機感をもっているとはいえ、「すでに精神を蝕まれている」は言い過ぎ。なお、「神経衰弱」とは、気持ちが疲弊して敏感になっている状態のこと。

④漢字がわからなくなったという宗助の感覚は、現代のわれわれにとってもそれほど珍しいものではなく、文中でも、彼が「この時代ならではの生きづらさを感じている」ほど重大なこととして描かれてはいない。

⑤博士は「文字の精霊」の正体を調べるうちに自然とこの感覚に陥ったのであり、もともとそれを「普遍化しよう」という意図があったわけではない。

第3問

出典　『転寝草紙《うたたねのそうし》』

室町時代前期に成立したと見られる物語で、作者は未詳である。小野小町の「うたたねに恋しき人を見てしより夢てふものは頼みそめてき」（『古今和歌集』）という歌から着想を得て作った物語と言われる。

姫君と左大将は、それぞれの夢の中で恋仲になるが、現実にはなかなか逢《あ》えない。姫君はわが身を悲観して入水自殺を図るが、石山寺の観音のご利益《りやく》により左大将によって助けられ、ついに恋を成就させた。

【出題のねらい】　過去のセンター試験では、軍記物語・擬古物語・御伽《とぎ》草子・仮名草子といったストーリーがはっきりとした出典からの出題が多くみられた。共通テストでもその傾向が続く可能性があることから、今回は御伽草子からの出題を行った。

【概要】　文章の概要は次の通り。

【序盤】夜うち更くるほどに……いたく念じて、聞き見給ふに、
姫君が石山寺に参詣した時、隣の部屋から宰相中将と左大将の声が聞こえてくる。姫君がのぞき見すると、左大将の姿が姫君の夢の中に通ってきた貴公子と少しも違わない。

【中盤】「大和、唐土は……語り給ふを聞く心地、ただならむやは。
左大将が「夢で逢瀬《おうせ》を重ねた女性と現実でも逢いたいとの一心で何も手につかない」などと述べているのを、姫君が聞く気持ちは並一通りでない。

【終盤】これぞ見しや夢……露のあだし命を
姫君は女の身で自分から左大将の前に進み出ることはできないと思い、来世での逢瀬を期待して入水を決意し、父大臣へ別れの歌を詠む。

問1　20 ③　21 ①　22 ⑤　《語句の解釈問題》

(ア)「いたく」は形容詞「いたし」の連用形が副詞化した語で、〈ひどく・はなはだしく・たいそう〉の意。〈体が痛い・苦しい・つらい〉という意味に勘違いしないこと。

「くづほれ（くづほる）」は〈体が弱る・衰弱する〉という意味の動詞だが、入試で覚えるべき古語というわけではない。意味は直後の文脈の「いといぎたなくて」から類推して判断してほしい（これがこの設問のねらいである）。「いぎたなし（寝汚し）」は**〈ぐっすり眠っている・寝坊だ〉**の意で、これは覚えておきたい古語である。したがって、姫君のお供の者たちが眠り込んでいるのは、「今日の道〈＝今日の参詣の道のり〉」で**〈疲労困憊《こんぱい》した〉**からだろうと見当がつくはず。これなら「くづほる」の語義にも合っている。

以上から、正解は③となる。

①は「迷って」、②は「苦痛で」「歩けなくなった」、④は「苦しくて」「休んでいる」が、それぞれ不適切。⑤は「体調を崩し」が「くづほる」の語義に合致するが、「いささか」が「いたく」の解釈として不適切で、消去できる。

なお、今回は解答のポイントになっていないが、「ぬるにや」は、「ぬる」が完了の助動詞「ぬ」の連体形、「に」が断定の助動詞「なり」の連用形、「や」が疑問の係助詞で、「や」の下に省略されている結びの「あらん」を補って〈～たのだろうか（～てしまったのであろうか）〉という訳になる。

(イ)まず、傍線部の前の「なよびかなる」は形容動詞「なよびかなり〈＝上品な〉」の連体形、「狩衣《かりぎぬ》」は〈貴族の普段着〉であり、左大将が〈上品な普段着姿〉でいることを押さえた上で傍線部を考える。

「やつれ」の終止形は「やつる」で、**〈目立たない姿になる・質素な身なりになる〉**の意の重要古語である。現代語の「やつれる〈＝顔などがやせ衰える〉」とは意味を区別すること。古文では、高貴な人がお忍びの旅などで身なりを目立たなくすることがよく見られる。

「なし」は四段動詞「なす（為す）」の連用形である。形容詞の「無し」ではない。「為す」は〈(1)する・行う　(2)（連用形について）**わざわざ～する**〉の意。ここでは補助動詞の(2)の意味。

「給へ」は四段動詞「給ふ」の已然形（命令形説もある）で、尊敬の補助動詞の用法である。

「る」は完了・存続の助動詞「り」の連体形。下に「さまは」などを補える。

以上から、正解は①となる。

②の「表情にあまり精彩がなく」、③の「やせ細っても」は、それぞれ現代語の意味のひっかけ。④の「ひどく落ちぶれた姿」は、上にある「なよびかなる」と整合性がなく、文脈に合わない。⑤の「華やかな衣装で着飾って」は、「やつる」の語義に合っていない。

(ウ)形容詞の「かなし」は〈(1)【愛し】かわいい・いとしい　(2)【悲し】悲しい・かわいそうだ〉の意の重要古語。ここでは、姫君が母の死後、父大臣を頼もしい庇護《ひご》者として頼りにし、父大臣もまた、姫君を「かなしき」ことにしていた、というのだから、(1)の意味で**〈かわいい〉**者として世話した、と解するのが自然である。なお、サ変動詞の「かなしうす」は〈かわいがる〉という意味だが、傍線部の「かなしきことにし」も同様の言い方である。

以上から正解は⑤となる。

①の「悲しい」や②の「残念な」、③の「不憫《ふびん》な（＝かわいそうな）」は、それぞれ文脈に合わない。「大臣もまた」とあるように、姫君と父大臣は互いに大切に思い合っている関係である。④の「悔やまれる」は、「かなし」の語義に合っていない。

問2　23　②　《文法問題》

①「副詞『いかに』」が指すものは「いかに罪深からん」の「いかに」。ここは〈どんなにか・さぞ～だろう〉という疑問表現の意味である。

②「打消の助動詞『ず』」の候補は「先立ちぬべき道」の「ぬ」。助動詞「ぬ」は、未然形に接続するものは打消の助動詞「ず」の連体形、連用形に接続するものは完了の助動詞「ぬ」の終止形である。ここは「先立ち（タ行四段動詞「先立つ」の連用形）」についているので、完了の助動詞。したがって②が誤り。なお、「ぬべし」など「ぬ」＋推量の助動詞の形になる時、「ぬ」は〈強意〉の意味を表し、〈きっと～てしまうだろう・～に違いない〉と訳す。

③「推量の助動詞『べし』」が指すものは「先立ちぬべき道」の「べき（「べし」の連体形）」。助動詞「べし」は終止形に接続するが、②で確認した通り「ぬ」は完了の助動詞の終止形なので、③も正しい。

④「推量の助動詞『む（ん）』」が指すものは「罪深からん」の「ん」。助動詞「む（ん）」は未然形に接続するが、「深から」は形容詞「深し」の未然形なので、④も正しい。注意点としては、「深からん」を「深か」＋「らむ（らん）」と考えないこと。「らむ（らん）」を一語としてしまうと、「深か」の説明ができなくなってしまう。

⑤「係助詞『も』」は「空も」の「も」を指し、これも正しい。

問3　24　①　《心情把握問題》

人物関係について、(注)を参考にさらに言及しておくと、「殿の左大将」は、「宰相中将」よりも身分が上で、近衛府《このえふ》の上官であり、摂関家の貴公子という位置づけになっている。今回、「宰相中将」は「左大将」の石山寺参詣につき従っている立場である。

では会話文**X**（宰相中将の会話）から見ていこう。

「さても何事の御祈りにか……いといぶかしく思ひ給へらるるにつけて」は、**〈何のお祈りのためか、公私とも「御いとま（＝お暇）」が「ありがたき（＝めったにない）」頃なのに、参籠《さんろう》なさるのは、たいそう不審に思われます〉**ほどの意。

次の、「御袖《そで》の上も……見なし奉るに」の解釈が大きなポイント。表面的には〈袖が「ことわり（＝道理）」以上の露で濡《ぬ》れている〉ということだが、古典常識では、「袖・袂《たもと》」が「露・雫《しずく》・時雨《しぐれ》」などで濡れるという場合、〈涙を流す・泣く〉の意で使われることが多い。ここでもそう考えれば、文脈によく当てはまる。「ほのかにも、その故と……恨めしく侍《はべ》れ」と合わせて解釈すれば、**〈左大将の泣くさまが異常なほどに見えるのに、ほんの少しも、その嘆く理由を言ってもらえないのは、水くさくて恨めしい〉**となる。だから、「語り聞こえ給へ（＝打ち明けてください）」と迫っているのである。

次に、会話文**Y**（左大将の会話）に移ろう。ただしこちらは「思ひつつみても詮なし」を押さえれば十分。**〈思い隠しても仕方がない〉**の意で、要するに**〈打ち明けよう〉**ということである。

以上から正解は①となる。「涙がちで悲しそうなのに」は、〈袖＋露＝涙〉のポイントをちゃんと踏まえている。「ひたすら恨めしく思っている」も、「せちに〈＝ひたすら〉恨み給へば」から適切。「もはや心を閉ざすのはやめよう」も、「思ひつつみても詮なし」の意味に合う。

②「仏法を極めようとしている」とあるが、宰相中将は〈石山寺参詣は「何事の御祈り」なのですか〉と言っており、左大将の尋常でない泣き方から、おそらく恋愛の悩みがあっての祈願ではないかと想像していたと思われる。また、後半の「今まで参詣の本当の理由を隠してきたことを今後も守り続けようと思っている」は、「思ひつつみても詮なし」と矛盾する。

③「秋も深まった寒い頃なのに」が無関係。宰相中将はそのような不満を漏らしていない。

④前半の説明は適切だが、後半の「内心の苦悩をなかなか打ち明けられないのも、やむを得ないことだ」がおかしい。これでは打ち明けない方向になってしまう。会話文Yの直後の「うちとけ給ふ（→気を許して打ち明ける方向）」にも矛盾している。

⑤「あれこれと自分が忙しい時期に」が本文からは読み取れない内容。「御いとまもありがたき頃しも〈＝お暇もめったにない頃なのに〉」と尊敬語を用いているので、忙しいのは相手の左大将である。さらに、後半の「仲違い」も言い過ぎだし、「宰相中将に自分の内心のつらさをわかってほしい」とまで左大将が思っているかも明確でない。

問4 **25** ⑤ 《心情把握問題》

「語り給ふ」と「聞く心地、ただならむやは」がそれぞれ誰のことか、冷静に把握する必要がある。そこで本文の最初から「語る」人と「聞く」人を整理していこう。

姫君の泊まる部屋の「隣なる局」から声が聞こえてきて、会話文Xで宰相中将が〈泣き悲しむ理由を教えてください〉と訴え、会話文Yで左大将が〈隠しても仕方がない〉と答えているので、「大和、唐土は……出で仕うまつるになん」は、左大将がその理由を具体的に語っている箇所だと見当がつく。〈女からAの歌をもらって以来、夢の中で二年ほど逢瀬を重ねてきたが、現実でも逢いたいとの一心で何も手につかず、体も衰弱してしまった〉と、恋煩いだったことを打ち明けている。その流れから、**「はかなき夢の契りをのみ……語り給ふ」のは左大将**と判断できるだろう。

さらに、傍線部のあとの部分を読み進めていくと、「やがてこの障子をも引き開けて……語り合はせまほしけれど、さすがに女のさるべきことにしもあらねば〈＝すぐにこの障子を引き開けて……語り合わせたいけれども、そうはいってもやはり女がそうしてよいことでもないので〉」とあることから、**左大将が「語り給ふ」言葉を「聞く」のは〈まだ障子を開けてない姫君〉、つまり、隣室で聞き耳を立てている姫君**である。

「ただならむやは」は、「やは」が反語の用法で、〈並大抵であろうか、いや並大抵ではない〉、今で言うところの〈ただならない〉の意である。姫君のただならない気持ちというのは、少しあとに「同じ心の夢物語、同じさまなる姿を見て」とあるように、左大将が姫君の夢に現れた貴公子と同じ姿をしていて、しかも姫君の見た夢の内容と同じ話をしているので、**夢の中で結ばれた男性とは左大将のことであり、その左大将が目の前にいることを知った驚愕《きょうがく》の気持ち**と言えよう。

以上の検討により、人物関係や内容を適切に踏まえている⑤が正解となる。「姫君が見た夢の内容と同じ話を語り」は「同じ心〈＝内容〉の夢物語」を踏まえている。「夢の中で逢瀬を重ねた女性と現実でも逢える縁がほしいのに」は、「ただこの夢の行方の、片時のうつつ〈＝現実〉にも、思ひ合はするよすがもがな」を踏まえている。「よすが」は〈縁・きっかけ〉の意。「もがな」は願望の終助詞で〈〜（があっ）たらいいのになあ〉の意。〈夢の行方が、ほんの片時の現実にも、ぴたりと一致する縁があったらいいのになあ〉くらいに解釈できればよい。また、「夢の中で結ばれた男性が隣の部屋にいるとわかって動揺している」は、「ただならむやは」や「せんかたなき心迷ひ」から適切。

①「宰相中将は、左大将に対して……助言している」が不適切。

②・③・④はいずれも、人物関係が間違っている点だけで消去できる。

問5 **26** ④ 《和歌の解釈問題》

まずはAとBの歌の内容をそれぞれ確認していこう。

Aは「女のもとよりとおぼしくて」とあるように、〈女からのものと思われる歌〉である（物語のつじつまを合わせて考えれば、この女は「姫君」を想起させる）。

また、「頼めただ／思ひ合はする思ひ寝のうつつにかへる夢もこそあれ」で、**初句切れ**の歌である。

「頼めただ」は、〈ただひたすら頼りにしていなさい・期待していなさい〉と解するのが自然である。〈仏を頼りにしなさい・仏に祈りなさい〉と解釈する必要性は認められない。

「夢もこそあれ」は係り結びで〈夢もきっとあるだろう〉の意。

あとは、〈「思ひ寝（＝恋しい人を思いながら寝ること）」が「うつつ（＝現実）」になる夢も見るものだ〉くらいに解釈できれば十分。要するに、**〈好きな人の思い寝を通じて見た夢が現実化することを期待しなさい〉**という歌である。

Bは、「さすがに**女**のさるべき（＝そうしてよい）ことにしもあらねば」や「来《こ》ん世の**海女**《あま》ともなりなば（→入水自殺を示唆している）」などの文脈を押さえて読めば、詠み手が「姫君」であることの判断にそう困難はないはず。

「嘆くなよ／つひには誰も消え果てん／小萩が露のあだし命を」で、**初句切れ及び三句切れ**の歌である。

「消え果て」は「命」について言っているので、〈死ぬ〉の意。「露」の縁語として「消え」という言葉を使っている。

「ん」は推量の助動詞の終止形で、〈～だろう〉の意。

「小萩」は姫君のたとえで、「子」の意味を掛けているが、これは選択肢を見てわかればよい。また、「小萩が」の「が」は連体修飾格の用法で〈の〉の意。「露のあだし命」に係っている。

「露」には〈⑴涙のたとえ　⑵はかない命のたとえ〉の意味があり、ここでは⑵の方（ちなみに会話文X中の「露」は⑴）。

「あだし」は接頭語の「徒し」で、名詞の上について〈はかない〉の意。つまり「露の」「あだし」の両方で〈命のはかなさ〉を強調しているわけである。

よって、**〈嘆かないでくださいね。最後は誰もが死ぬでしょう。小萩に置く露のように、子である私のはかない命を〉**くらいに解せる。

以上の検討により、正解は④となる。Aの歌については正確な解釈がなされている。Bの歌については、「『小萩』に『子』の意を掛けて」が難しかったと思うが、文脈から正しい内容だと判断してほしい。「現実の恋をあきらめて」は本文後半の流れからわかる。「すぐにでも命をなくすことを覚悟した」は、「来ん世の海女ともなりなば」「今は（これまで）と思ひとる」「むなしく聞きなし給はん」「今は（これまで）と先立ちぬべき」などからわかる（自殺を示唆している）。「子の自分が先に死ぬことをどうか嘆かないでほしい」も正確な解釈である。「遠回しに」は、「誰も」と一般化した表現を使っているし、「小萩」と比喩でぼかしている点からも、その通り。

①Aは「三句切れ」ではないし、Bの「出家を決意した左大将」も誤り。

②Aは「句末を命令形で言い切った歌」ではないし、「夢を見せてほしいと仏に祈願しなさい」も不適切な解釈。また、Bの「俗世を捨て去って仏の道に入る」も本文とは異なる。

③Aについては問題ないが、Bの歌の詠み手を「左大将」とするのが誤り。

⑤Aは「三句切れ」ではないし、「夢を見せてくださいと仏に祈りなさい」も不適切な解釈。また、Bの「『露』が『涙』のたとえで」も誤りである。

問6 **27** ③ 《表現の特徴と内容を把握する問題》

本文の描写と照らし合わせて、各選択肢を順に検討していこう。

①「来ん世の海女とも……めぐり合はまし」と考えて、来世での逢瀬を願って死のうとしたのは姫君だけなので、「男女が」「たがいに」は不適切。

②『源氏物語』をかなり意識した作品であることは確かだが、「光源氏に似せた左大将」とまでは、この文章からは読み取りにくい。また、「最後は人生に絶望していく」のは、左大将でなく姫君の方である。さらに、「叙事的（＝出来事を述べるのが中心なさま）」とは言い切れない。「叙情的（＝心情を述べ

るのが中心なさま〉」な要素の方が強いだろう。

③「さても何事の御祈りにか」や「今日まで参り籠るも、少しも思ひの行方や、晴るるすべもあらんと、念じ奉れば〈＝今日まで参籠するのも、少しでも物思いの行方が、晴れる方法もあろうかと、祈り申し上げるので〉」などからは、左大将が石山寺にお願い事があって来たこと、つまり**「石山寺参詣の現世利益」を期待していた**ことがわかる。リード文に「観音信仰で有名な石山寺」とあるが、一般に、観音菩薩《ぼさつ》（仏の一種と考えてよい）を信仰することによって、現世利益を受けられると考えられていた。また、**「和漢の古典から語句や趣向を取り入れ」もその通り。**（注）を見れば、この作品が日本・中国の多くの古典作品を踏まえていることがわかる。さらに、**「夢の中で逢った男女が現実でも巡り逢おう」としたのもその通り**で、それは「想像力豊かな構想」と言えるだろう。以上から③は適当である。

④**「前世からの因縁に翻弄されて**逢えなくなってしまう」に根拠がない。本文で左大将と姫君が逢えなかったのは、「さすがに女のさるべきことにしもあらねば、心強く忍び過ぐす」とあるように、姫君が女の身で自分から進み出ることはできないと考え、自制したからである。さらに、「和漢混淆文《こんこう》」が不適切で、「擬古文」とするのが適切。擬古文とは、主に平安時代の仮名文をまねて作った文章のことである。

⑤Aの歌の「頼めただ」は単に〈ただひたすら頼りにしていなさい〉と解するのが自然で、「石山寺の観音の加護」は無関係と考えるべき。また、「むなしく聞きなし給はん」は〈父が自分の死をお聞きになるとしたら〉の意で、「夢が頼りにならない」ことを表したものではない。

全訳

夜が更けるうちに、隣にある部屋は、あの紫式部が、『源氏物語』を作ったその場所とかいうことで、（姫君は）まずめったにない機会で見たいとお思いになっていると、たいそう気品のある声や気配がして、「宰相中将よ」と呼ぶのは、摂関家の左大将殿であるに違いない。その（呼ばれた）宰相中将と申し上げる人の声で、

「それにしても何事のお祈りでしょうか、官吏任命の儀式も時期が近くて、朝廷でも、個人でもお暇がめったにない頃なのに、このように参籠なさるのは、たいそう不審なことだとつい思われますにつけても、お袖の上も、通常の露めく秋にしては、道理を越えて（露が）降りた様子に〈＝あまりにもお袖が涙で濡れ過ぎている様子に〉、見定め申し上げるのに、かすかにも、そのわけを語り申し上げることがおありにならないのは、お心の分け隔ても深く、恨めしくございます。罪障懺悔とかいうものにも準じて、わざわざこのご参籠の機会に、一方で語り申し上げてください」

と、強く恨み言を言いなさるので、（左大将は）

「さあどうだかね、夜に語るものではないと言うのは、夢のことなのに。（でもあなたが）あれこれとこのようにお恨みになる上に、今日まで参籠するのも、少しでも物思いの行方が、晴れる方法もあろうかと、（仏に）祈り申し上げるので、仏にお任せ申し上げる身の上なので、思い隠しても仕方がない」

などと、心がうち解け（てお語り）なさる様子が、夢の中で通ってきた男性に、少しも違うことなく思われるにつけても、（姫君は）まず胸がどきどきして、ひたすら見てみたいが、（姫君の）お供の者たちは、今日の道中で非常に疲れてしまったのであろうか、たいそうぐっすりと眠っていて、明かりの火も消えてしまったが、隣の部屋の明かりの火は、たいそう明るく見える時に、（姫君が）部屋のすき間からそっとのぞきなさると、（左大将が）しなやかな狩衣姿でわざと目立たない身なりをしていらっしゃるのは、ちょうど以前の夢に、少しも違うところがないので、（姫君は）これもまたいつもの恋しい人を思いながら寝ること（によって見た単なる夢の出来事）であろうかと、自然と暗くなってくるお心を、強くこらえて、（隣の部屋の様子を）聞いたり見たりなさっていると、（左大将が）「日本や中国では、夢をたよりとして、ある場合は（殷の高宗が）傅巌の野に（夢の通りの賢人の）姿を探し出し、ある場合は（明石の入道が）明石の浦に（夢で見た光源氏を迎えるために）、舟を準備します例は、すべて確かに、（このことだったのかと）思い当たる現実もあることだが、私の場合は去年の三月の末頃に、女のところからと思われて、しなやかな藤に（次の和歌を）結んで、

頼めただ……ただひたすら頼りにしていなさい。（この人だったのかと）思い当たる、恋しい人を思いながら寝ることが現実になる夢もあるのです。【恋しい人を思いながら寝ることは、（この人だったのかと）思い当たる現実になる夢も見るものです】

と書いてあったのを見た時から、毎晩毎晩の夢の中で、あちら（の女のところ）に訪れたり、こちら（の私のところ）に（女を）迎えたりして、連なる枝の枯れない色（のような変わらない男女の仲）を誓い、並ぶ翼が、分かれない（ように別れのない男女の）仲を思って、この二年ほどを過ごしていますが、朝廷に仕える時も、個人的なことで振り返る時も、折々の月や雪の風情にも、ただこの夢の（逢瀬の）行方が、ほんの片時の現実にも、（この人だったのかと）ぴたりと一致する縁があったらいいのになあと、ひしひしと心にかかるので、何事も手につかない。正気もなく、わが身もやたらと弱くなってしまったのを、あれこれこらえて、（朝廷に）出仕しているのですよ」と、繰り返し説明なさるのを始めとして、ただ左大将自身の恋しい、いとしいと思うはかない夢の中の契りをばかり、泣いたり笑ったりして、語りなさるのを（姫君が）聞く気持ちは、並大抵であろうか、いや並大抵ではない。（姫君は）これは夢でも見たのか、それとも現実なのか（それさえはっきりとわからなくて）、どうしようもない気迷いがして、声も立ててしまいそうで、すぐにこの障子を引き開けて、（夢の中の）夜ごとの契りの行方をも、語り合わせたいけれども、そうはいってもやはり女が（自分からはしたなく）そうしてよいことでもないので、気丈にこらえて時間をやり過ごす。自分のお心も本当に情けない。それにしてもはかない夢の中だけでさえ、やはり面影は忘れがたいのに、まして（現実に左大将が姫君の見た夢と）同じ内容の夢語りをし、同じさまの姿をしているのを（姫君は）見て、このままうわの空の状態で、（左大将と）離れ離れになっては、ほんのちょっとの間も生き長らえることはできそうにない。またそうだからといって、左大将の心も知らないのに、心が乱れたままで、告白し、（左大将を）慕って行けることでもないので、ちょうど今（左大将を）見たことをあたかも逢瀬をもてたことにして、（入水して）来世で海女となったならば、かえって途絶えることのない逢瀬にも巡り会えるだろうと、強く覚悟なさるにつけても、母上がお亡くなりになったあとは、父大臣だけを頼もしい庇護者として頼りに思っていたのに、父大臣もまた、あれほどかわいい者として（私を）扱ってくださったのに、今は（これまで）と先立って（死んで）しまいそうな道の空も、どんなに罪深いことだろうかと（姫君が）お思いになるのはもっともなことで、ちょっとの間（のつもりで家を）出たのだが、それが最後とさえ（父大臣に）知られ申し上げないで、（父大臣は）明日は早く（会いたい）とお待ちになるだろうに、自分が死んだとお聞きになるとしたら、どんなに思い嘆きなさるだろうかと（姫君は）お思いになるが、今は（これまで）と覚悟する時なので、消えた明かりの火を（お供の者に）灯《とも》しつけさせて、父君へのお手紙を書きなさる。涙にくれて（書く文字は）定かであろうか、いや定かではない。

嘆くなよ……嘆かないでくださいね。最後は誰もが（この世から）消え果てるでしょう。小萩に置く露のように、子である私のはかない命を。

第4問

出典 馮夢龍《ふうむりゅう》『智嚢《ちのう》』

『智嚢』とは「智恵のふくろ」のこと。「人間に智があるのは地に水があるようなものだ。地に水がなければ焦土となり、人に智がなければ生ける屍《しかばね》である。人が智を使うのは地に水が流れるようなもので、地勢が凹《へこ》んでいると水がたまるし、人もまずいことにぶつかれば智が働くことになる。古今の成敗得失のあともすべて、これをもとに考えれば筋が立つ。」と筆者が自叙で言っているように、古来の賢人名士が働かせた知術計謀に関する話を網羅したもので、二千余話を収めている。

【出題のねらい】

文脈を確実に押さえていかないと作者の主張が理解できず、正解の選択肢が選べない、という出題となっている。書き下し問題も重要句形の確認のみならず、接続を意識しながら語順をしっかりと読み取る力が共通テストでは問われる。一つ一つの問題を丁寧に検討しよう。

【概要】

1 **孔子一行と農夫のエピソード**（第1段落）
・旅の途中で、孔子一行の馬が逃げ出して畑の作物を食い荒らした
・農夫は怒り、馬をつかまえた
・子貢が丁寧な言葉で、馬を返すように農夫を説得→失敗
・孔子は、「人が聞き分けられそうもない（高尚な）言葉で説得するのは、贅沢な供えものや宮廷の雅楽で獣をもてなすようなものだ（効果がない）」と言って、馬飼いを説得に行かせる
・馬飼いが冗談を用いながら農夫を説得→成功

2 **孔子の行動についての筆者の批評**（第2段落）
・人は同種類・同程度のものであれば通じ合うものである
もしも…
・馬飼いと同じ言葉で子貢が農夫を説得したとしたら
→口から出る言葉とその内容、見た目が異なっているため、説得は失敗しただろう
・孔子が子貢よりも先に馬飼いを説得に行かせていたら
→子貢の気がすまなかっただろうし、子貢が失敗したからこそ馬飼いの言葉が農夫に届いたのだ
↓
・（孔子のような）聖人や達人の考えで、人の能力は十分発揮することができる
・法律や規則、資格や地位で人を拘束、評価していると、天下のことは何も成し遂げることができない

問1 28 ③ 29 ① 《漢字の意味問題》

問1では、漢字の〔読み〕〔意味〕〔同じ意味を含む熟語〕のいずれかが問われる傾向がある。どれが問われても対応できるように、日頃から重要漢字については、読みや意味を正確に押さえておこう。

(1)の「卑」は、元来の意味は〈さげすむ〉だが、ここでは〈低くする〉の意味。相手ではなく自分自身を〈低める〉の意味。農夫に対して、子貢が言葉を低めて馬を返してくれるようにお願いした、ということ。その意味を踏まえているのは③の「へりくだった」。

(2)「殊」は、切られて離れるというニュアンスをもつ。そこから形容詞の場合は「ことなり」と読んで〈違う・特別な〉といった意味。副詞の場合は「ことに」と読んで〈とりわけ・極めて〉といった意味になる。ここでは「文質殊にし」と読んで、「文質（＝言葉とその内容）」と「貌（＝話し手の見た目）」が違うということ。それを踏まえれば、①の「一致していない状態で」が正解となる。

問2 30 ② 《内容把握問題》

まず、傍線部を書き下した上で口語訳してみよう。

太牢を以て野獣に享し、九韶を以て飛鳥を楽しましむるに譬ふるなり
→牛、豚などを用いた祭礼用の供えもので野獣をもてなし、九韶の雅楽で飛ぶ鳥を楽しませようとすることにたとえられるのである

ポイントは「譬《たと》ふ」。設問では、傍線部から読み取れる孔子の考えを説明したものを選ぶよう求められているので、傍線部を単に口語訳すればいいのではなく、そこからさらに導き出される事柄を考えなければならない。祭礼用の供えものや宮廷の雅楽というのは、人間にとっては十分贅沢といえるが、ふるまう相手が野生の動物であれば、ありがたみはまず伝わらないだろう。つまり、傍線部は〝**無駄なこと**〟のたとえであり、傍線部の直前にある「人の聴く能はざる所を以て人に説く（＝人が聞き入れることのできないものでその人を説得する）」ことのたとえとなっている。よって、「孔子の考え」の解答としては傍線部の直前に言及しなければならない。

①は比喩の説明に留まっているので不適切。

③⑤も同様で、かつ③は比喩同士を比較している点が、⑤は傍線部の解釈にも誤りがあり、贅沢な供えものと雅楽を比較している点が比喩の説明としても誤り。

④は前半はよいが「獣のように怒り出す」とまでは比喩から読み取れない。

よって正解は②。「相手が受け入れることができないもの」が野獣にとっての「太牢」や野生の鳥にとっての「九韶」の言い換えとなっている。

問3　**31**　⑤　《解釈問題》

「安」は多様な意味をもつが、今回は文頭にあるので〈疑問 (1)どうして (2)どこに〉、あるいは〈反語 (1)どうして～か、いや～ない (2)どこに～か、いやどこにもない〉の副詞と判断できる。「安」に限らず、疑問か反語かを見分ける設問は多く出題されるので、ポイントを以下で確認しておこう。

【疑問】

疑問詞～活用語(体)二……一(乎《か》)

※相手や読み手に疑問を投げかける場合に使用されることが多い

訳：……だろうか

例　安くんぞ子の稼を犯さざるを得るか。（傍線部を疑問で読んだ場合）

【反語】

疑問詞～活用語(未)ン二……一(乎《や》)

※発言者の主張・意見を述べる際に使用されることが多い

訳：……だろうか、いや……なはずがない

例　安くんぞ子の稼を犯さざるを得んや。（傍線部を反語で読んだ場合）

今回は傍線部に送り仮名が付されていないため、文脈で疑問か反語か判断するしかない。傍線部は農夫を説得している馬飼いの言葉の締めくくりにあたる部分であり、その言葉を聞いた農夫は大いに喜び、特に返答などしていないので、疑問ではなく反語と考えるのが自然だろう。次に「いづくにか（＝どこ）」「いづくんぞ（＝どうして）」のどちらで訳出するかだが、馬が作物を食べたのは畑であることは明らかなので〈どこ〉ではうまく意味が通じない。

他に句形といえる箇所がないか探してみると、「得不」は「〔反語の疑問詞〕＋得ㇾ不ㇾ……」で〈……せずにはいられない〉〈どうしても……する〉の意味。

以上を踏まえると正解は⑤。

①と④は「安」を〈どこ〉で訳しており、かつ「犯人」「落ち着いて」など傍線部の語にない意味を勝手に補っている点が不適切。

②は「安」を疑問で訳しており、畑の作物を食べられたという本文の事実に反した内容になっているので不適切。

③は「安くんぞ得ん……」で〈何とかして……したいものだ〉という願望で訳しているが、返り点に沿った読み方ではないし、否定のニュアンスが一切ないので不適切。

問4 **32** ⑤ 《書き下し問題》

書き下し問題は、当然のことながら重要語や句形を押さえて考える必要があるが、文脈把握も重要な決め手となる。今回の重要語は「所以《ゆえん》」。④では意味が通じず、①・③のように「以て……(する)所(となる)」という読み方もあるが、今回は「以」の前に「所」があるので、素直に「所以」と読めばよい。この時点で候補は②・⑤に絞られる。

次に、傍線部の主語「此」は具体的には直前の部分を指しているので、「『詩経』や『書経』の話を農夫の前で述べることは」となる。これにうまくつながるように、「腐儒」以下の読み方を考えると、②は疑問文であることが文脈にあわないので不適切。よって正解は⑤となるが、「所以」には〈(1)原因・理由 (2)手段・方法 (3)目的〉の意味があり、今回は「原因」の意味。また、⑤は「使・令」などの漢字を伴わずに「国を誤た**しむる**」と読ませているので、戸惑った人もいるかもしれない。使役「しむ」と受身「る・らる」については、文脈の意味合いによって、漢字を伴わずに読み込む場合があるので注意しよう。

問5 **33** ① 《空欄補充問題》

選択肢から、空欄には「子貢」か「馬圉」のどちらかが入るのだから、**【概要】**で確認した第1段落のエピソードをもとに空欄を順に見ていこう。

[Ⅰ]と[Ⅱ]は同じ一文の中にあり、[Ⅰ](之説)は「誠に善」だけれども、かりに[Ⅱ](之口)から発すれば農夫は従わない、と仮定の表現を用いているので、[Ⅰ]と[Ⅱ]は別の人物だと考えるのが自然。子貢の言葉は農夫の説得に失敗しているので、「誠に善」とは言いがたく、また[Ⅱ]の口から出た言葉であれば野人は従わないというのだから、[Ⅱ]は説得に失敗した「子貢」、[Ⅰ]は「馬圉」が入る。

残る[Ⅲ]と[Ⅳ]、[Ⅴ]と[Ⅵ]は対に近い形になっているのであわせて考えよう。

> 先に[Ⅲ]を遣れば則ち[Ⅳ]の心服せざらん
> ⇔
> 既に[Ⅴ]を屈して、[Ⅵ]の神始めて至る

[Ⅲ]も[Ⅱ]と同様に仮定の表現(〜ば)を用いているので、実際とは逆のことだとわかり、[Ⅲ]は「馬圉」、[Ⅳ]は「子貢」と判断できる。そして逆に[Ⅴ]と[Ⅵ]を含む文章は実際のことを述べているので、子貢の説得が失敗→馬飼いの説得が成功、の流れで[Ⅴ]は「子貢」[Ⅵ]は「馬圉」。「屈」はここでは〈くじく・やりこめる〉といった意味。以上を踏まえて、正解は①。

問6 **34** ② 《返り点と書き下し問題》

「曷ぞ……や」は疑問、または反語の句形で、間に入る活用語が未然形なら**「曷ぞ……ンや」と読み、「どうして〜だろうか、いや〜ない」**と訳す。連体形であれば**「曷ぞ……や」と読み、「どうして〜だろうか」**と訳す。

そこで文章の構造に着目すると、傍線部の主語は「孔子」で「馬圉を遣る」と「子貢の往くを聴す」という動作が置き字の「而」で結ばれていることがわかる。ここで④は候補から外れる。

ポイントとなるのは否定の「不(ず)」で、第1段落のエピソードを踏まえると、「馬圉」よりも先に「子貢」を農夫のもとにやっているので、「子貢の往くを聴さず」としてしまうと文意にあわない。ここまでで①・⑤は候補から外れる。次に②と③を比較すると、傍線部の前半と後半を②は順接、③は仮定でつないでいる。置き字の「而」は「……而《テ・シテ》」(順接)、または「……而《ドモ・ニ・モ》」(逆接)の意味を示すので正解は②。

「而」は、試験ではよく出題される語なのでここで確認しておこう。

> **【順接の場合】**
> 「(用言)ニ………」而《テ・シテ》(用言)ニ〜」」
> ↓〈………して〜〉
> **【逆接の場合】**
> 「(用言)ニ………」而《ドモ・ニ・モ》(用言)ニ〜」」
> ↓〈………だが〜〉

問7 35 ③ **《趣旨把握問題》**

傍線部は本文のまとめにあたる箇所。傍線部の直前を確認すると、「聖人達人の情は故に能く人の用を尽くす（＝〔かつての〕聖人や達人はだから人々を十分に活用することができた〔といえる〕）」は、第1段落の孔子の行動について述べているとわかる。それに比べて後世の人々は「文法を以て人を束ね、資格を以て人を限り、又兼長を以て人を望む（＝法律や規則で人を縛り、資格や地位で人を限り、長をいくつも兼ねた者が人の上に立つ）」と述べていることから、傍線部は、後世の人々の至らなさを嘆いている場面だと判断できる。選択肢を順に見ていこう。

①は傍線部を疑問で読んでおり、至らなさを嘆くという点で弱い。また「表面的な規律や法則や肩書きで人材を絞り込もうとした孔子」が誤り。

②は反語で解釈している点は問題ないが、①と同様に孔子をマイナスでとらえている点、孔子と「聖人や達人」を別で考えている点が不適切。

③は傍線の読み、意味ともに問題なく、「孔子の……その場の適性によって活躍させる」も適切。よって正解。「天下の事豈に済る有らんや」を直訳すると、〈天下のことはどうして成就するだろうか、いや何も成就しない〉となる。

④は解釈で「豈に……んや」の反語の意味を踏まえておらず不適切。

⑤は傍線部を疑問で読んでいる点が不適切。また「規律や肩書きによって埋もれている人材」「隠れた才能」という内容も問題文の内容から踏み込み過ぎている。

書き下し文

孔子《こうし》行游《かういう》す。馬逃《うまのが》れて稼《か》を食《は》む。野人怒《やじんいか》り其《そ》の馬《うま》を繋《つな》ぐ。子貢往《しこうゆ》きて之《これ》に説《と》き、詞《ことば》を卑《ひく》くすれども得《え》ず。孔子曰《こうしい》はく、「夫《そ》れ人《ひと》の聴《き》く能《あた》はざる所《ところ》を以《もつ》て人《ひと》に説《と》くは、太牢《たいらう》を以《もつ》て野獣《やじう》に享《きやう》し、九韶《きうせう》を以《もつ》て飛鳥《ひてう》を楽《たの》しましむるに譬《たと》ふるなり」と。乃《すなは》ち馬圉《ばぎよ》をして往《ゆ》かしめ、野人《やじん》に謂《い》ひて曰《い》はく、「子東海《しとうかい》に耕《たがや》さず、予西海《よせいかい》に遊《あそ》ばざるなり。吾《わ》が馬安《うまいづ》くんぞ子《し》の稼《か》を犯《をか》さざるを得《え》んや」と。野人《やじん》大《おほ》いに喜《よろこ》び、馬《うま》を解《と》きて之《これ》に予《あた》ふ。人各〻類《ひとおのおのるい》を以《もつ》て相通《あひつう》ず。詩《し》・書《しよ》を野人《やじん》の前《まへ》に述《の》ぶるは、此《こ》れ腐儒《ふじゆ》の国《くに》を誤《あやま》たしむる所以《ゆゑん》なり。馬圉《ばぎよ》の説《せつ》は誠《まこと》に善《ぜん》なるも、仮使《たとひ》子貢《しこう》の口《くち》より出《い》づれば、野《や》人《じん》乃《すなは》ち従《したが》はざらん。何《なん》となれば則《すなは》ち文質《ぶんしつ》貌《かたち》殊《こと》にし、其《そ》の人固《ひともと》より已《すで》に離《はな》るればなり。然《しか》らば則《すなは》ち孔子《こうし》曷《なん》ぞ即《すなは》ち馬圉《ばぎよ》を遣《や》らずして子貢《しこう》の往《ゆ》くを聴《ゆる》すや。先《さき》に馬圉《ばぎよ》を遣《や》れば則《すなは》ち子貢《しこう》の心服《こころふく》せざらん。既《すで》に子貢《しこう》を屈《くつ》して、馬圉《ばぎよ》の神《しん》始《はじ》めて至《いた》る。聖人達人《せいじんたつじん》の情《じやう》は故《ゆゑ》に能《よ》く人《ひと》の用《よう》を尽《つ》くす。後世文法《こうせいぶんぱふ》を以《もつ》て人《ひと》を束《つか》ね、資《し》格《かく》を以《もつ》て人《ひと》を限《かぎ》り、又兼長《またけんちやう》を以《もつ》て人《ひと》を望《のぞ》む。天下《てんか》の事《こと》豈《あ》に済《な》る有《あ》らんや。

全訳

孔子一行が旅をしていた。（その時）馬が逃げて（ある農夫の）畑の作物を食い荒らした。農夫は怒り、その馬を繋いだ。子貢が（農夫のもとに）行って説得し、言葉をへりくだって（頼んだ）が（馬を返してもらうことが）かなわなかった。孔子が言うことには、「そもそも人が聴きわけられないような（高尚な）言葉で人を説得しようとするのは、牛や豚を用いた一級品の供えもので野獣をもてなし、九韶の雅楽で飛ぶ鳥を楽しませようとすることにたとえられるのだ」と言った。（そして）今度は馬飼いに説得に行かせ、馬飼いが農夫に言うことには、「あんたが東（の果ての）海で耕さず、俺が西（の果ての）海を旅していなかったのだ。（だから）俺の馬が（目に入った）あんたの作物を食わないわけにはいかなかったのだ」と。農夫はたいへん喜んで馬を解放して返した。

人は同種類・同程度の者であれば通じ合うものである。『詩経』や『書経』の話を農夫の前で述べるのは、儒家の教えにかぶれた者が国を誤らせるやり口である。馬飼いの話はたいへんよいが、もし（同じ言葉が）子貢の口から出たとしたら、農夫は言うことをきかなかったであろう。なぜならば言葉とその内容、（話し手の）見た目が異なる（＝それぞれが一致していない）状態で、その人となりももちろんひどくかけ離れているからだ。それならば孔子はなぜすぐ馬飼いをやらず、子貢が交渉に行くのを許したのだろうか。（もし）先に馬飼いをやれば子貢の気が済まなかっただろう。（それに）孔子が子貢をくじかせてはじめて馬飼いの心が（農夫に）通じたのである。聖人や達人の心は、それだから人の能力を十分に発揮させることができるのである。後世（の人々）

は規律や法則で人を縛り、資格や地位で人を限り、長をいくつも兼ねた者が人の上に立っている。（それでは、）天下のことはどうして成就するだろうか、いや何も成就しないのである。

模試　第6回　解答

自動採点・学習診断

第1問小計		第2問小計		第3問小計		第4問小計		合計点	/200

問題番号(配点)	設問	解答番号	正解	配点	自己採点	問題番号(配点)	設問	解答番号	正解	配点	自己採点
第1問(50)	1	1	④	2		第3問(50)	1	23	④	5	
		2	①	2				24	①	5	
		3	④	2				25	③	5	
		4	④	2			2	26	②	6	
		5	②	2			3	27	④	7	
	2	6	⑤	7			4	28	⑤	7	
	3	7	②	7			5	29	③	7	
	4	8	⑤	7			6	30	①	8	
	5	9	③	6		第4問(50)	1	31	①	2	
		10	①	6				32	③	2	
	6	11	②	7			2	33	⑤	5	
第2問(50)	1	12	②	3				34	③	5	
		13	①	3			3	35	④	7	
		14	⑤	3			4	36	②	7	
	2	15	③	6			5	37	①	7	
	3	16	④	6			6	38	②	7	
	4	17	⑤	7				39	④	8	
	5	18	③	7							
	6	19	①	6							
		20	③	3							
		21	⑥	3							
		22	①	3							

第1問

出典 椹木野衣《さわらぎのい》『反アート入門』（二〇一〇年　幻冬舎）「最後の門『あらわれ』と『消え去り』のアート」

※設問作成の都合上、一部省略した箇所がある。

椹木野衣は一九六二年生まれ。同志社大学文学部文化学科卒業。美術批評家。著書に『シミュレーショニズム』（ちくま学芸文庫）『日本・現代・美術』（新潮社）『戦争と万博』（美術出版社）などがある。

【出題のねらい】

共通テストの特徴として、複数テクストの読解問題が出題される点があるが、「話す・聞く」の活動を含めた学習活動にかかわる形での出題にも注意したい。そこで今回は、内容把握・表現把握の設問で読解力を問いつつ、**問5**ではノート・会話文を用いた学習活動にかかわる設問をとおして、複数テクストを比較読解する力を問うものにした。

【概要】

問題文の内容を三つに分けて解説していこう。

① **水墨画と西洋の油絵（1段落～5段落）**

「水墨画」はその名のとおり、絵のジャンルの一つとして認識されている。だが筆者はそれは絵ではなく、「絵『の、ようなもの』」だと述べる。これは、西洋の油絵を基準にした場合、水墨画がその定義からはみ出すものを含んでいるからである。

水墨画の墨は「色の多様性」はないが、「滲みやぼかしのグラデーションは無限の階調（＝明るさの段階）をはらんで」いる。そしてそこには、人間が「制御し切れない自然」の「現象」という側面がある。いくら周到な技の持ち主でも、墨の滲みの範囲を正確に予想することは難しい。そしてそうした人為を超えた部分を受け入れて楽しむ、というのが水墨画の世界である。

これに対して西洋の油絵は、「作り手の意図を超えた領域を最小限にする」ことを目的としている「技術」である。「技術」である限り、「自然と対立」する。それゆえ水墨画の「現象」は、西洋の油絵と方向性がまったく違う。水墨画が「絵『の、ようなもの』」であるという理由がここにある。

② **水墨画と雨漏茶碗（6段落～11段落）**

矢代幸雄の書いた『水墨画』という本は、水墨画の延長線上に「雨漏茶碗」を取り上げている。両者の共通性は「自然」を受け入れるところにある。焼き物もいったん窯のなかに入ってしまえば、人間の予想できない「現象」が生じる。そこで予想外のことが起きても、それは「失敗」ではなく、「より高い境地へと通ずる入り口」だと考えられる。西洋の油絵同様、人為的な制御が優先される焼き物があったならば、それは「表層的な美しさ」だとされるだろう。

また、筆者は茶碗につけられた「雨漏り」という言葉に着目する。「雨漏り」がしてしまう家は普通住むのに適していない家だとされる。だがそれは、人間の制御を超えた自然がもたらす現象でもある。

そして「あらわれ」「『消え去』る」人間の「命」というものもまた、「雨漏茶碗」同様、「不完全」なものである。人間の命もまた人間の制御の及ばないものであるからこそ、人は生きていくことができる。つまり、そうした命を受け入れているということである。古来、日本では雨漏りのする家を「進んで楽しむ」ということさえ見られたが、それと人間の命のあり方を受け入れることは同じである。すると水墨画の滲みも雨漏茶碗も、そして人間の命も、同じように「あらわれ」「『消え去』る」現象だと言えるだろう。

③ **美の可能性（12段落～19段落）**

こうした「あらわれ」や「消え去り」を、日本的な美意識や伝統、という言葉によって限定してはならない、と筆者は述べる。それは「伝統美」や西洋的な「不滅性の美学」などともまったく異なるものである。それらの美は権力などと結びつきやすい。だがそうした美の「出自（＝生まれ・出どころ）」をたどれば、かならず「貧者」の「日常」における「生死の馴化」、つまり〈生き死にという現象に対する馴《な》れ・親しみ〉というものに行き着く。「あらわれ」「『消え去』る」こと自体が生死そのものであることは②でも見たとおりである。にもかかわらずその「あらわれ」と「消え去り」を形として留めようとすると、それは「美術」となり、「あらわれ」や「消え去り」は息絶えてしまう。

そんな「美術」などなくても、人は「雨漏りの滲みひとつ」で「あらわれ」と「消え去り」の境地に達することができる。それは「清貧（＝貧しいが清らかな精神をもつこと）の美」でもなく、人間の「生き死に」と直接結びついたものである。私たちの現実に即している美である点で、それは「リアリズム（＝写実主義・現実主義）」だと言うことができる。

だが残念ながら、現代において「あらわれ」や「消え去り」に関連した境地は過去のものとなりつつある。雨漏りは、近代西洋的な「機能主義」によって否定される。

だが筆者は、〈日本＝自然⟷西洋近代＝人工〉という対比図式には意味がないと述べる。それは日本の現実が、近代西洋文明のなかにあるという現実を見ないことになるからである。わたしたちは今「近代の内側」に生きており、そこにしか居場所はない。「あらわれ」「消え去り」に「ノスタルジー（＝過去や故郷を懐かしむこと）」を抱いても、それは都市のなかに「テーマパーク」を仮設するようなものである。それは嘘《うそ》の世界であり、やがては近代的な現実に帰るしかない。だからわたしたちはこうした現実を踏まえて、近代という基盤に立って考えていくしかない。

それでも人間の生死が「あらわれ」「消え去り」である限り、そして人間の制御を逸脱するものである限り、「あらわれ」や「消え去り」は、私たちの現実に滲み出してくるだろう。そして既成の美術やアートを変形させ、「の、ようなもの」の世界を作り出す。そうした「蠢《うごめ》き」を感じ取ることのなかに、〈わたしたちのアートの可能性〉があると筆者は考えている。

問1　1 ④　2 ①　3 ④　4 ④　5 ②　《漢字問題》

(ア)「**媒**体」は〈仲立ちするもの・メディア〉。正解は④「触**媒**」。他の選択肢は①「賠償」、②「倍増」、③「培養」。

(イ)は「**階**調」。正解は①「**階**層」。他の選択肢は②「会心〈＝心から満足に思うこと〉」、③「回帰」、④「快気〈＝病気の全快〉」。

(ウ)は「**端**的〈＝要点をはっきり示すさま〉」。正解は④「最先**端**」。①は「最短」、②は「分担」、③は「丹念」。

(エ)は〈長く続いているさま〉を言う「**連**綿」。正解は④「**連**載」。他の選択肢は①「恋慕」、②「廉価」、③「精錬」。

(オ)は「**得**体」。正解は②「**得**手」。他の選択肢は①「会釈」、③「餌食」、④「獲物」。

問2　6 ⑤　《内容把握問題》

傍線部の「絵『の、ようなもの』」とは水墨画のことである。よって水墨画の性質をまず考えてみよう。

それはまず**「制御し切れない自然を備えて」いる**（a）[3]段落）。

またそうした**「人為を超えた領域」を「受け入れ、楽しむことがよしとされてきた**（b）[5]段落）のである。

さらに「『の、ようなもの』」と言われているのは、**(a)などの性質ゆえに、「西洋的な観点からすれば絵画ではありえ」ない**（c）[5]段落）ためである。このことも傍線部自体の意味の説明として解答には必要な要素である。

よって正解は以上の内容をまとめた⑤である。「偶然性をも一つの効果として評価される」は(b)の内容を示しており、冒頭部分が(a)と、「既存の絵画の概念ではありえない」が(c)と対応している。

他の選択肢は三つの要素をきちんと含んでいないため正解とはならないが、他にも適切でない部分がある。

①は「やがて一つの美術様式として確立されていく可能性を含んだ」という部分がおかしい。たしかに「『の、ようなもの』」に「可能性」を見出《いだ》すという内容は問題文の最後に書かれているが、その「可能性」の内容が、「一つの美

術様式として確立されていく」ことだとは言えない。筆者は「美術やアートに搦《から》めとられてしまった」(⑲段落)と述べているように、既存の「美術」となることを否定的に考えている。

②は「色の選択肢がきわめて少ないということ」という部分がおかしい。

③は、「墨による滲みやぼかしという技法を色の代替物として利用するものである」という部分がおかしい。既成の概念でとらえられないのは(a)だからである。

④は、「墨には無限の色彩が存在する」から、「絵というジャンルに所属するとは言いがたい」という因果関係がおかしい。「絵というジャンル」からはみ出すのは(a)が理由である。また「他のスタイルでは表現しきれない」とあるが、「雨漏茶碗」は水墨画と同様の世界を表現しうるのだから、「他のスタイルでは表現しきれない」とは言えない。

問3 7 ② 《内容把握問題》

「西洋の彫刻のような考え」においては、傍線部の前後にあるように、「制御というのとはちがう」ことが生じると、そこに「修練不足」や「失敗」を見てしまうのである。つまり西洋の彫刻では、**造形は人間によって制御されなければならない、と考えられている**(a)ことがわかる。そしてこれは西洋の油絵について書かれた「作り手の意図を超えた領域を最小限にするために開発された『技術』」(④段落)という記述と同様のことである。とすれば(a)は〈**技術によって作者の意図どおりのものが作成されること**〉**を目指す**、ということでもある。よってこうした内容と合致する②が正解である。

①は「色彩や造形の規範性を重んじる」が不適切。〈「色彩や造形」において「規範(=きまり・手本)」を重んじる〉とは、問題文に明示されていない内容である。

③は、「技術を伝統として継承していく」という部分が不適切である。たしかに筆者は「伝統美」という考え方を批判しているが(⑫段落)、それが西洋的な考えだとは断定できない。

④は「人類の不滅性を象徴する」という部分が不適切。西洋には「不滅性の美学」が存在したが(⑫段落)、それが「人類」の「不滅性」を望むものだったとは断定できない。

⑤は「写実性や機能主義を重んじる」が不適切。「写実」は「リアリズム」(⑭段落)のことだから、これは「あらわれ」「消え去り」について説明した語句であり、西洋美術を説明した語句ではない。また「機能主義」を西洋の考えだと解釈したとしても、それを「彫刻の考え」と結びつけて説明するのは、傍線部のある文脈とずれており妥当とは言えない。

問4 8 ⑤ 《内容把握問題》

筆者が、雨漏茶碗の「雨漏り」という表現に注目したのは、「人の存在そのものが、そもそも『雨漏茶碗』のようなもの」(⑪段落)であると考えたからである。それは「雨漏り」=「不完全」=人間存在、という関係である。このことをきちんと説明している選択肢は⑤である。「造形上の失敗とも見えるような、人間が制御しえないところ」が「不完全」な状態を示しており、それが「人間の存在そのものの本質」に通じると説明している。「味わいの深さ」は傍線部の直後に書かれていることである。

①は「人間による制御の及ばない領域」を「恐れることなく受け入れていくことによって人間に生の可能性がもたらされる」が問題文に書かれていないことである。⑲段落の「可能性」はこうしたこととは異なる「可能性」である。

②は、「諦念」が不適切。「諦念」は〈あきらめ〉という意味だが、「不完全」「だからこそそれがよい」(⑪段落)とあり、これは〈不完全だからあきらめる〉とは言えない。

③は、「雨漏茶碗」を「造形上の失敗」と断定している点が不適切である。たしかに西洋美術から見れば、それは「失敗」だが、「焼き物では」「失敗であるどころか」(⑧段落)と書かれているように、「失敗」ではないのである。

④は、「焼き物と水墨画の表現に根本的な違いはないということを簡潔に示している」が不適切。「雨漏り」という言葉が、こうしたことを示しているという記述は問題文にはない。

問5　9　③　10　①　《複数の文章の内容把握問題》

複数のテクストをもとに、問題文の構成および主張を問う、共通テストを踏まえた新傾向の問題。

(i)　空欄Ⅰは、4段落の見出しである。4段落は「西洋の油絵はどうでしょうか」で始まっていることからわかるように、西洋の油絵について述べた段落である。制御し切れない自然を備えている水墨画とは対照的に、西洋の油絵は「作り手の意図を超えた領域を最小限にするため」の「技術」である。この点を説明しているのは、①・③のみである。

空欄Ⅱは、9～11段落の見出しである。ここで筆者は「雨漏り」という言葉に着目し、雨漏りする家は家として失格だが、日本ではそれを楽しむ余裕があったことを述べている。そして人の命や人の存在も「雨漏茶碗」のようなものであること、水墨画の滲みも雨漏茶碗も人の命も、「あらわれ」「消え去」る現象という点では同じで、「だからこそそれがよい」と述べている。この内容を適切にまとめているのは③である。

以上より、Ⅰ・Ⅱともに見出しとして適切である③が正解。

①は、Ⅰはよいが、Ⅱが不適切。9～11段落では雨漏茶碗と水墨画との共通点にとどまらず、「雨漏茶碗」と同様に「不完全」な人間の「命」についての筆者の考えが示されていることを押さえていない。

②は、Ⅰが不適切。4段落の話題が「西洋の油絵」であることを押さえていない。Ⅱも、雨漏茶碗や「雨漏り」という言葉に言及していない点で不十分である。

④は、まずⅠで「時の移ろい」を「自然現象」としているのが不適切。「時の移ろい」は自然そのものであり、西洋の油絵が画面の中で起こってはならないと考える「自然現象」とは、「滲み」「ぼかし」のような、作り手の思惑を超えた「不測の事態や偶然の効果」(3段落)である。Ⅱの「制御不能なものへの恐れ」にあたる内容は10段落にあるが、これは「コントロールを細部まで完璧に行うこと」ができない「命」について述べたものである。筆者はその後の11段落で「雨の漏る家はもはや、単なる不完全なできそこないではありません。不完全だからこそ生きているのです。不完全だからこそ予想できぬものをはらみ、だからこそそれがよいのです」と述べている。したがって雨漏茶碗に「制御不能なものへの恐れ」が見える、とするのは誤りである。よって④は不適切。

(ii)　傍線部の「かたちの定まらない蠢き」とは、〈**人間の生き死にに通じる「あらわれ」や「消え去り」という美的境地が既存の「美術やアート」を侵食していく動き**〉のことである。近代を基盤にした現代のなかでも、**それを感じ取ることが、既存の美術やアートを超える可能性を与えてくれる**のだ、ということが傍線部の内容である。

こうした内容に最も合致するのは①である。「制御できない」は傍線部の「かたちの定まらない」を言い換えた表現であり、「美の源泉になる」は「わたしたちにとってのアートのほんとうの可能性がある」の言い換えである。

②は、「伝統的な日本の美も、現代アートの奥深い部分で脈々と受け継がれている」が問題文に書かれていない内容である。また、筆者は「伝統美」と呼ばれるものを「そうした嗜み(＝「あらわれ」「消え去り」の境地)からは遠く離れてしまいがち」(12段落)と否定している。

③は、「人間の生も自然によって育まれている」が問題文に書かれていない内容である。

④は、「自然と人工を対立させる考え方が、そもそも現代ではもはや通用しない」が不適切。たしかに筆者は単純に「自然と人工を対立させてとらえ」ることは「過ち」だと述べている(16段落)が、それを「現代ではもはや通用しない」とまでは述べていない。

⑤は、「人工を否定して自然らしさを肯定」すると、これは「自然と人工を対立させてとらえ」ることになってしまうため、不適切である。

問6　11　②　《表現把握問題》

表現に関する設問は消去法で選択肢を一つずつ見ていくのが妥当である。

①は、問題文の段落の長さは長短バラバラであり、「ある程度の長さの段落が平均して続いている」とは言えない。よって①の後半部の説明も成り立たない。

②5段落冒頭の「ところが」は4段落の「西洋の油絵」と5段落の「水墨画」を「対比」するために使われている。また11段落冒頭の「けれども」は、

前後にある「制御不能」や「不完全」に対する価値判断を「対比」的に説明する文脈のなかで使われている。よって②が正解である。

③は、「言いえて妙」は「漢語体の言い回し」とも言えるが、そうした言い回しはこの部分のみであり、「多用する」とまでは言えないので不適切である。「緊張感のある文体」も不適切。

④は、問題文自体に話しかけるような雰囲気があると言えるが、「読点を多用する」ことが、「会話している臨場感のある文章の雰囲気」を作ることに関係しているとは断定できない。

⑤は、「日本の伝統的な美意識が消失する危機について、読者の感情に訴える効果をもたらしている」が不適切。「いまにも窒息しかかっている」は、時の権力者が自身の力を誇示するために作らせた大仏や宮殿がつまらない理由について述べた部分にある。「一時の幻想に浸るような」は、近代に生きるわたしたちが、すでに過去のものとなった「あらわれ」や「消え去り」などの境地を渇望するのは不毛であることを述べたものである。いずれも「日本の伝統的な美意識が消失する危機」について述べたものではない。

第2問

出典　南木佳士《なぎけいし》「火映」（『神かくし』所収　文藝春秋　二〇〇二年）

南木佳士は一九五一年群馬県生まれ。主な作品に『ダイヤモンドダスト』『阿弥陀《あみだ》堂だより』『冬物語』『草すべり』などがある。

この文章は、高校時代の友人である山内の『火映』と題された遺作を、この文章の語り手が読み終えたところから始まっている。この文章（小説）の題名が「火映」であるということは、山内の遺作であった『火映』を読むことが契機となって生まれた作品であることを推測させるが、読み進んでいくと、その推測は十分に妥当であると判断できる。

【出題のねらい】

設問は、小説読解の基本である心情把握を中心としたオーソドックスなものとした。**問6**は文章の表現や構成の理解を問う設問で、共通テストで出題が予想される複数のテクスト（ここでは、問題文と問題文内で取り上げられている文章との比較）がからんでいる。全体として、分量が多く読み応えのある文章だが、語り手の行動や場面の描写に着目して読み進めるとよいだろう。

【概要】

今回の問題文は、大きく四つのまとまりに分けることができる。

Ⅰ　山内の遺品『火映』について（1行目～22行目）

・四百字詰めの原稿用紙で八十二枚の手書き原稿
・「私」は三時間以上もかけて精読→目の疲れ

ストーリー

村の診療所に赴任した若い医者と、患者となる村人の交流エピソード

感想

・下手な小説（起承転結は心得ている）
・身体を震わすほどの一言半句には一度も出合わなかった
・書きたいものがあって書いたのではなく、小説というものを書いてみたかったから書いた
・表層を特権的な視点から観察しただけ
→二重の意味でどうにもならない小説もどき
　→ただ
・作品の拙劣さを最もよく自覚していたのは山内自身ではないか

Ⅱ　「赤い色」の正体（23行目～61行目）

・鮮やかでいながら深みを帯び、背景の黒に溶け込みやすそうな、これまで見たこともない赤が瞼の裏側に張り付いて消えなかった
・身一つの保持で精一杯の「私」は、赤は山内の小説の最後に出てくる風景描写の影響だと思い込もうとした
→山内の死を既成の物語のなかに取りこめる

『火映』の赤

・主人公の医者が、淡い想いを抱き合う仲の看護婦と見た火口
・火口の上に出現する、深く熱い赤色をした巨大な円盤
→火映（火口底のマグマが爆発する予兆）
・「僕」は背筋に悪寒を感じ、火山から遠ざかるために車のアクセルを

思い切り踏んだ
→看護婦の前歯の並びに火映の赤を見る

Ⅲ　不眠に陥る語り手（64行目～89行目）

・山内の小説は、他人の話を聞いて書いただけのものなのだろうか、という疑問
・疑問を支える力が湧いてこず、薬を飲んでベッドに入ったが、まったく眠くならない
→隣のベッドで眠る猫の呼吸に伴う腹の上下動を見る
→山内の死を感じる
・語り手の考える不眠の原因→生原稿（と接したこと）

［ワープロ］
・筆跡につきまとう身体の生臭さからの解放

［生原稿（己の肉筆）］
・冷静な読者になれず、思い込みばかりを連ねた文章になる
・山内の原稿（生原稿）のいくつかの書き込みや消し跡
→生前の山内の躊躇や高揚の息遣いを感じる
・山内の小説制作法が、肉筆の奇妙な迫力でこちらの内部に侵入
↓
・なんで小説なんか書いたんだよ、という思い

Ⅳ　夜明け（90行目～127行目）

・夜が明けてきたが、一睡もできなかった
↓
［早朝の外出］
・まだ夜の気配が漂う中、ひたすら歩く
・頭の中で発生しかかる重い霧を吹き飛ばすべく、大気を吸い込み、吐き出す
・眠くならないよう、直立して大きく口を開けて高校の校歌を歌う
←夜の不眠のもたらした奇妙な興奮にそそのかされたが…
・もうこんなところでいいんじゃないか
・頭の中で暴走する回路を抑止する勢力が勝ってくるのを感じると同時に、肩が震え出す
・今日一日を生きのびることを何より優先の課題として、引き返すことにした

問1　12　②　13　①　14　⑤　《語句の意味問題》

傍線部㋐「したたかな」は、〈強くて手ごわい・一筋縄ではいかない〉の意。したがって、②が正解である。「しなやかな〈＝柔軟で弾力に富んでいるさま〉」と混同しないように。

傍線部㋑「詮索」は、〈細かいことまで調べ求める〉の意。ここは、「瞼の裏側に張り付いた赤い色」の出どころを探している文脈である。したがって、①が正解である。④の「あれこれと想像すること」は、ここでの文脈に適しているように見えるが、語句の意味問題は辞書的な意味がベースになるので、語彙力を豊かにしておくことが必要である。

傍線部㋒「躊躇」は、〈ためらう・ぐずぐずする〉の意。したがって、⑤が正解である。

問2　15　③　《理由説明問題》

傍線部Aの前で「二重の意味でどうにもならない小説もどきだった」（ℓ20）と述べられているように、この作品が「拙劣」であった理由は二つあり、次の通りである。

・理由(1)＝小説というものを書いてみたかったから書いただけで、書きたいものがあって書いたのではないため、読み手の身体を震わせる表現が生まれていない（ただ、駄文ではなく起承転結が整っていた

ので、最後まで読まされてしまった」（ℓ9〜15）。

・理由(2)＝村の診療所に赴任した主人公の若い医者が、村落の人間関係のシステムに属さず、表層を特権的な視点から観察しただけで、村人たちの生き方に対する無責任な感動への自省がまったく感じられない（ℓ16〜19）。

したがって、③が正解である。③の後半部は、右の二つ目の理由を縮約し、「自分自身のものの見方や感動のあり方をとらえ直す認識力を欠いた」とまとめていると判断できる。

①「自らの感動を読み手に押しつけるような形で表現している」が不適切である。ここでは、自らの感動をとらえ直すこともせず、無責任に表現している点が批判されているのである。すなわち、感動の表現が浮わついた安易なものになっている、ということである。

②この文章においては、〈表現技巧（レトリック）が貧しい→だから拙劣だ〉という論理は見当たらないので、「小説らしくするための表現技巧が身についていない」は不適切である。

④「駄文である」が、ここでの理由として不適切である。この選択肢の他の部分は適切な説明になっているが、山内の小説は「拙劣」ではあっても「駄文」ではない。「駄文ならば諦めて途中で投げ出すこともできた」（ℓ14・15）だろうが、山内の小説は起承転結が整っていたので、最後まで読まされてしまうことになったのである。

⑤山内の小説が「あるべき人間関係を追究する視点」を欠いていたとしても、ここでの「拙劣さ」の二つめの理由は〈自らの感動に対する自省力の欠如〉である。したがって、その点についての説明を欠いたこの選択肢は③よりも劣る。

問3 16 ④《心情把握問題》

傍線部Bの中に「未消化」という表現があるが、比喩的表現としての「消化」は〈ものごとについて、十分に納得（理解）する〉という意味で用いられるものである。したがってここは、次のように解釈できる。

・目を閉じている自分の瞼の裏側に張り付いた赤い色は、山内の小説の最後に出てくる火映の描写に影響されたものだと思い込む。

↓

・高校時代の友人である山内の遺作に共鳴したことになるので、彼の死を十分に納得することができ、心の中で彼に別れの挨拶を言うことができる＝彼の死を「既成の物語」のなかに取りこんで、彼が死んだという出来事の揺れに収まりをつける。

実際には山内の小説に共鳴したわけではないが、そのように思い込まないと、彼の死が納得できないことになり、それが悪夢の種になって、不眠の症状を悪化させてしまうことを語り手は恐れていたのである。語り手にとって、山内の死を悼むことより、山内の死を十分に納得してぐっすり眠ることの方が大事だった、ということである。したがって、④が正解である。

①「山内の死を十分に嘆き悲しみ、その後、熟睡したいという心情」が不適切である。語り手にとっては、山内の死を悼む（＝嘆き悲しむ）ことより、熟睡することの方が大事だったのである。そして、熟睡するためには、山内の死を十分に納得することが必要だったのである。

②語り手が「火映」を〈山内の生命の象徴〉と思い込もうとしていることについて、文中に根拠はなく、不適切である。

③「山内の遺作を批判してしまったことを謝罪し」が不適切である。語り手は山内の小説を「拙劣」だと判断したが、そのことを山内に謝罪するために、山内の遺作に共鳴したと思い込もうとしたわけではない。そのように思い込もうとしたのは、「不眠」に悩まされることを恐れたからである。

⑤「火映」が「男女の別れの場面にふさわしい」かどうかは判然としないし、また語り手は「山内の遺品である小説」を大切に受けとめようとしていたのではなく、彼の死を「消化（＝納得）」して熟睡したいと思っていたのである。

したがって、この選択肢は不適切となる。

問4 **17** ⑤《心情把握問題》

語り手は、山内の書いた下手な小説を、起承転結（構成）が整っていたために最後まで読まされてしまうことになった。そして、不眠の原因はそこにあると思っていたのだが、ここで「生原稿（肉筆）」を読むことの怖さを思い出し、不眠に陥った主因は生原稿にあったのだと了解する。

山内の生原稿からは、山内の躊躇や高揚の息遣いを感じるとともに、いちいち癇にさわる（＝神経を刺激する）山内の書き癖（＝小説制作法の基本パターン）のいくつかが語り手の内部に侵入していった。だから語り手は、「なあ、山内、おまえ、なんで（生原稿の）小説なんか書いたんだよ」と文句（不平）を言うのである。そして、「送られてきたのが（神経を高ぶらせる生原稿の小説ではなく）理解不能な専門用語にあふれた医学論文だったら、こんな不眠には悩まされなかったはずなのに」と語り手は思う。理解不能な専門用語にあふれた医学論文を読むためには、専門用語をいちいち辞書や資料で調べなければならないことになるが、仮にそうした辞書や資料が自宅にあったとしても、そうした厄介な作業を考えると、読むことは初めから諦められる、あるいは、ほんの少し読んですぐに諦められる、ということになるからである。そうなれば、不眠に悩まされることはなかったのに、と語り手は思い、「なあ、山内、なんでだよお」と、山内に不満をぶつけているのである。したがって、⑤が正解。

①自分には理解できない難解な医学論文を書いている「医師山内を尊敬することができた」としても、それは「不眠」を防止することにはつながらない。したがって、傍線部の後半を説明できておらず不適切である。

②「山内の遺作が難解な医学論文だったら、退屈な駄文と見なし」が不適切である。問題文では、山内の小説に対して「駄文ならば諦めて途中で投げ出すこともできたろうに」（ℓ14・15）と述べられているが、それは〈下手な文だから読むのをやめる〉ということであり、〈理解するのが難しいから読むのをやめる〉ということとは性質を異にするものである。

③「難解な医学論文を読んで安眠したかったのにできなかったことを恨みに思う」が不適切である。「理解不能な専門用語にあふれた医学論文」は、辞書や資料にあたったとしても、十分な理解には遠く及ばないであろう。だとすれば、そのような医学論文が「安眠」をもたらすとは言えないはずである。

④「難解な医学論文だったら何日もかけて読んだ」かどうかは、本文に根拠がなくわからない。むしろ、そうしたものなら最初から読まなかったと考えるほうが自然である。また、そうした作業は「不眠」を防止することにはつながらないので不適切となる。さらに、「そんな小説を書いた山内の思いが理解できない」という表現は、傍線部の「なんで……」を単純な疑問と解している点で不適切である。

問5 **18** ③《心情把握問題》

語り手は、夜の不眠のもたらした奇妙な興奮にそそのかされて外出し、ひたすら歩き続けて田のなかの無人駅に着く。そして、ホームのベンチに腰かけ、寒さをこらえながら高校の校歌を大声で歌ってみた。山内の「生原稿」は「不眠」をもたらしたが、語り手は山内の死を何とか消化（納得）しようとして歩き続けたり、高校の校歌を歌ったりしたのだと読み取れるところである。

しかし、ここまで来て語り手は、「もうこんなところでいいんじゃないか」と自分に言い聞かせる。それは、「頭の中で暴走する回路（＝山内の死についての止まらない思考）を抑止する勢力が勝ってくるのを感じた。それと同時に、体の冷えを防ごうとするのか、肩のあたりが細かく震えてきた」からである。つまり、山内の死についてこれ以上考えていると、頭の中（精神）が危うくなってしまうとともに、これ以上寒いところにいたら、身体が危険な状態に陥ってしまう、と判断したのである。山内の死を消化（納得）することはできなかったが、「死なないで在ることの大変さを身に沁みて知った己」にとって何より大事なのは「一日でも長く生きのびる」ことであったので、さっさと引き返すことにしたのである。したがって、③が正解である。

①語り手は「山内が小説を書いた理由」についても考えながら歩いていただろうが、「これ以上山内の小説にこだわることは、自身の創作活動まで危うくしてしまう」という表現が不適切である。ここは一個の人間として生命の危機を感じている場面である。

②「山内の死を心の底から悲しむことはできず」が不適切である。「山内の

死を悼む（＝嘆き悲しむ）より、己の今夜の睡眠の質にこだわる」（ℓ33）語り手は、山内の死を消化（納得）して熟睡したいと思ったのであり、山内の死を心の底から悲しみたいと思ったのではないからである。

④「山内が拙劣な小説を書いたことを許すことはできず」および「これ以上山内を恨み続けること」が不適切である。不眠の主因は「生原稿」であり、「作品の拙劣さ」ではない。また傍線部Cで、語り手は「生原稿」の小説を書いた山内に対して不満をぶつけていたが、ここは「山内の死」を自分なりに納得するための外出であり、山内を「恨み続ける」ための外出ではない。もし山内を恨んでいたとしたら、山内と一緒に過ごした高校の校歌を大声で歌ったり、自分の精神と身体が危うくなるまで外にいたりするはずはないからだ。

⑤山内の死にこだわって考え続けることが、なぜ「山内の死を汚すことになる」のか、その理由を示す表現は文中には見当たらないので不適切である。語り手は、山内が死んだという事態に対して、自分の精神と身体が危うくなりそうなところまでこだわってきたのであり、だから「もうこんなところでいいんじゃないか」と自分に言い聞かせることにしたのである。

問6 **19** ① **《テクスト比較の問題》**
20 ③ **21** ⑥ **22** ① **《表現の特徴に関する問題》**

(i) 問題文の小説「火映」（X）と、その中で山内によって書かれた小説として紹介されている『火映』（Y）との関係について考察する設問である。選択肢を一つずつ検討していこう。

①問題文は「火映」と題された小説であるが、その中に同じ題名の小説の一部が組み込まれるという独特な構成になっている。その理由は、問題文の「火映」が、高校時代の友人である山内の『火映』と題された遺作を読むことが契機となって生まれた作品だからであり、この文章を読み進める過程でそのことを理解し得る。したがって、これが正解である。

②山内の遺作の最終場面では、主人公の医者が火山の爆発を恐れて逃げ出す姿が描かれている。しかし、問題文の「火映」の中に、山内が何かから逃げるために死を選んだとは書かれていないし、山内が人生に対して逃げ腰の姿勢で向き合っていたことが読み取れるような記述も見あたらない。よって、「山内自身の人生に対する向き合い方の象徴として示唆されている」という記述は不適切である。

③山内の遺作の中における「僕」と「美恵子」は、「淡い想いを抱き合う仲」である。そして、その引用部分から理由は読み取れないが、「僕」は「美恵子」から逃げていく。一方、問題文「火映」の中で山内の妻は、手紙とともに山内の遺作を語り手に送り届けた人物として描かれるに留まっている。「『僕』と『美恵子』」の関係と「山内とその妻」の関係との重なりを感じさせるような描写は見られないため、この選択肢も不適切である。

④問題文「火映」の中で語り手が自分のことを「己」と表現しているのは事実である。「己」という言葉は確かに日常的には使われなくなっているが、「己」という言葉だけで〈舞台が現代ではないことを暗示させる〉ことはできない。したがって、不適切である。

(ii) 指摘された箇所を吟味し、そう言えるかどうかを判断すればよい。

a 表現に含みをもたせたり、言語化することのできない状態を表したり、文章に余韻をもたせたりする時に、リーダー（「……」）を用いることがある。ここでは、「これでは出来事（＝山内の死）の揺れの収まりがつかない」「山内の死を既成の物語のなかに取りこめると速断した」とあるように、この文章の語り手は、友人の遺作を読むことで、その死を受け止めて納得したいと考えていた。しかし、「速断したのだが……」という逆接的な表現で終わっている通り、その願いは叶わなかった。ここでは、願いが叶わなかったことを含みをもたせて暗に表現するとともに、そうした語り手の失望感が「……」によって表現されている。正解は③。

b 「身一つの保持で精一杯の己だ」という表現は、語り手が自分自身の思考や感情を告白したものである。そして、それは直前の「山内の死を悼むより、己の今夜の睡眠の質にこだわる我が儘な思考を抑制できない」という記述から推察される通り、人間の利己的な本質を正直に語ったものであると考えられる。よって、正解は⑥。

c 語り手が高校の校歌を歌ったのは、高校時代の友人である山内の死について考えていたからにほかならない。大声で歌ってはみたものの、「加齢による己の声量の著しい低下を思い知らされた」とは、多くの年月が重なり、高校時代の若い自分は遠くに去ってしまったことに語り手が気づいたことを意味している。よって、正解は①。

第3問

出典 鴨長明《かものちょうめい》『発心《ほっしん》集』巻四の第十「日吉の社に詣づる僧、死人を取り奇《あや》しむ事」。

『発心集』は鎌倉時代に成立した仏教説話集で、作者は鴨長明。長明が晩年に隠遁《いんとん》生活を送っていた時にまとめられたもので、全部で一〇二編の出家・往生の話題が集められている。長明の他の作品としては、随筆の『方丈記』、歌論書の『無名抄』も併せて覚えておこう。

【出題のねらい】

今回は物語の主題と展開がわかりやすい説話を取り上げて、理由把握・心情把握などの設問を中心にしつつ、国語表現に関する設問も出題した。**問1**は語句の解釈問題。**問2**は波線部の理解のための文法と語句、解釈などを多角的に問う問題。**問3**は発言の理由を問う問題。**問4**は心情把握問題、**問5**は発言の理由把握問題、**問6**は表現の特徴を問い、併せて文章の内容を把握できているかを問う問題とした。長めの選択肢があるので、丁寧に読んで吟味していこう。

【概要】 本文の概要をまとめると、次のようになる。

1 僧が女の母親の埋葬を手助け（1〜3段落）

・僧が日吉神社に百日詣でをしていた。八十日ほど参詣して帰る途中で、若い女が泣いているのに出会った。

・僧が女に問いかけると、女は〈病気の母親が亡くなったので埋葬したいが相談する人がおらず、また、神事が多くとり行われる地域でもあり、どうしようもない〉と答えた。

・僧は女に同情して、死の穢れに触れることを承知で埋葬を手伝うことにした。

2 再び参詣する僧（4〜5段落）

・その後、穢れに触れて百日詣でを中断することを残念に思ったが、神の意志を確かめようと思い、翌朝改めて参詣に出かけた。しかし、道中は不安でいっぱいだった。

・神前では人々が多く集まっていて、神が巫女に憑いてお告げをしているところだった。

・僧は近づけず、遠くから祈って帰ろうとすると、巫女に見つかって呼ばれてしまった。

・僧が近寄ると、巫女は昨夜僧がしたことを見たと言ったので、生きた心地もしなかった。しかし、巫女は僧の行いを認め、この事を他言しないようにと口止めをした。僧は感動して神社を出た。

3 僧のその後（6段落）

・僧には、神のご利益と思われることが多くあったという。

問1 23 ④ 24 ① 25 ③ 《語句の解釈問題》

(ア)「さらぬ別れ」は慣用表現である。「さらぬ」は、四段動詞「さる（避る）」の未然形に打消の助動詞「ず」の連体形がついたもの。「避る」は〈避ける・よける〉〈断る〉という意味なので、「避らぬ」は〈避けられない〉などという意味になる。よって、「さらぬ別れ」は〈避けられない別れ〉ということで、〈死別〉の意味でも使われる。「ならひ」は、〈習慣〉〈世の常・定め〉という意味。

ここでは、傍線部の前で女が「我が母にて侍る者の……今朝つひにむなしくみなして侍るなり〈＝私の母でございます者が……今朝とうとう亡くなってしまったのでございます〉」と発言していることから、「さらぬ別れのならひ」は、〈死別の定め〉と理解できる。正解は④。

①「さらぬ別れ〈＝避けられない別れ・死別〉」の意味が押さえられていない。また「悲しみ」と解釈できる語は傍線部にはない。

②「別れ」を「生き別れる」と解釈している点が文脈からも不適切。

③「別れ」に〈離別・死別〉という意味はあるが、「葬儀」という意味はない。

⑤「いつ死ぬかわからない」は、傍線部のいずれの語にも意味としてない。

(イ)「心おろかならんやは」の「心」は、巫女に見つけられ、近くに来るように言われた時の僧の心情である。「おろかならん」は〈いい加減だ・並み一通りだ〉という意味の形容動詞「おろかなり（疎かなり）」の未然形に、推量の助動詞「む（ん）」がついたもの。「やは」は係助詞で、反語の意。そのまま現代語訳すると、〈心は並み一通りの状態でいられようか、いや、いられない〉となる。穢れに触れて不安や恐れを抱きながら参詣しているところに巫女から呼ばれ、僧は〈普段通りの心境でいられない・落ち着いていられない〉状態になった、ということ。正解は①。

「おろかなり（愚かなり）」の場合には〈愚かだ〉という意味もあるが、傍線部は巫女に呼ばれた時の僧の心情であることを踏まえると、②「ばかげたこと」と解釈するのは不適切。また、③「ばかばかしい」は巫女に呼ばれた時の僧の心情の解釈としては不適切。さらに、傍線部の主語を「大勢の人々」としている点も不適切。

④「おろかなり」には「周囲の目が気になって仕方がない」という意味はない。

⑤「心」を「巫女の眼力」に対する感心と解釈している点が不適切。傍線部前後の文脈で、僧は巫女に呼ばれて恐れおののいているのであり、巫女に感心している様子はない。

(ウ) この場面は、巫女が神の言葉を伝えて僧の行為を褒めて許したことで、僧が感激している部分である。

「ななめならず」は「なのめならず」と同じで、形容動詞「なのめなり」の未然形に打消の助動詞「ず」がついたもの。〈並一通りではない・格別だ〉という意味の慣用句である。「ななめならず」の意味を押さえている③が正解。

①・②・④・⑤は、いずれも「ななめならず（なのめならず）」という慣用表現の〈格別だ〉という意味からはずれる。なお、「なのめならず」は、「なのめなり」から派生した語。「なのめなり」は〈ありふれたさま〉〈いいかげんなさま〉を表すが、中世以降は「なのめならず」と同じ意味でも用いられた。

問2 **26** ② **《文法を含めた波線部の把握問題》**

①「知らねど」は四段動詞「知る」の未然形「知ら」であるから、「ね」は打消の助動詞「ず」の已然形。接続助詞「ど」は已然形に接続し、逆接確定条件〈〜けれど〉や逆接恒時条件〈〜ても・〜ときでも〉を表す。ここでは、文脈から前者で、〈何事かはわからないけれど〉の意だと考えられる。したがって、「ね」を「わかった」と完了の意でとるのは誤り。

②「世のつね」は〈ごく普通・世間並み〉の意。「世のつねのうれへにはあらず」で、〈世の中でありふれたごく普通の心配事ではない〉という意味である。これは「この僧、事のけしきを見」て、感じたことであり、僧が思わず女に声をかけて「懇ろに尋ぬれば〈＝親身になって尋ねると〉」となった理由でもある。よって、僧が、「若き女」の泣く様子から感じた悲しみの程度についての表現という説明は、正しい。

③「極まれる事にこそ」は「こそ」の結びが省略されたかたち。直前の「世のつねのうれへにはあらず」との対応から、「こそ」のあとに「あれ」や「あらめ」などが省略されていると考えられる。よって、「結びが流れている」という説明は誤り。

「結びの省略」は係助詞で文が終わっていて、結びの語が省略されている状態である。一方、「流れ」は、結ぶはずの活用語で文が終止せず、接続助詞によって下に続くような場合に係り結びが成立せず、結びが消えている状態を表す。

例：「年ごろ、よくくらべつる人々なむ、別れがたく思ひて」

↓「なむ……思ふ（連体形）」となるはずだが、接続助詞「て」によって文が下に続いているので、結びが消えて連用形の「思ひ」となっている。

なお、「事にこそ」の「に」は体言「事」に接続し、下に「あり」を伴うので、断定の助動詞「なり」の連用形。

④「いとほし」は、複数の意味をもつ重要語。〈気の毒だ・いやだ・かわいい〉といった意味がある。「僧」の「若き女」に対する思いは、「あはれみのあまり」「『我かくほど深きあはれみを起こせる事おぼえず』」という描写から憐《れん》憫《びん》の情だと読み取れる。「かわいい」という意味でとらえるのは誤り。

⑤「か……連体形」は疑問か反語を表す係り結びを形成する。どちらの意になるかは内容から判断しなくてはならない。ここは、直後に「問ふ」とあり、この問いかけに対して「女の言ふやう」と女が答えているので、疑問ととるべきである。

以上より、正解は②である。

問3 27 ④ 《心情・理由把握問題》

傍線部は、女が僧に対して言ったものである。係助詞「なん」によって係り結びが起こり、打消推量の助動詞「まじ」が連体形「まじき」となっている。「え～打消表現（まじ）」という副詞の呼応と、〈申し上げる〉という意味の謙譲語「聞こゆ」に注意して現代語訳すると、〈とりわけ申し上げることはできないだろう〉となる。

では、〈女が言えないこととは何か〉〈なぜそれを言えないのか〉という二点を文脈から確認していこう。まず、傍線部前に「御姿を見奉るに、物詣でし給ふ人にこそ〈＝お姿を見申し上げると、参詣なさる人でしょう〉」とある。女は、この僧の様子を見て〈申し上げることができない〉というのだから、〈僧が参詣をする人だから〉というのが言えない理由の一つになるだろう。僧が「はばかるべき事なめり」と推測して、さらに女に尋ねてみると、女は「その事に侍り」と答えている。「その事」の具体的な内容とは、女が打ち明けた〈自分の母親の死を弔うこと〉。つまり、女は〈参詣をする僧に対して、自分の母親の死を弔うという話をするのは、はばかられることだから〉、申し上げることができないと言ったのである。

さらに先の文脈を確認すると、事情を聞いた僧は「仏も鑑み給へ。神も許し給へ〈＝仏もよくご覧ください。神もお許しください〉」（3段落）と祈って、女に協力している。これは、「生まれ死ぬるけがらひ〈＝生死に関わる穢れ〉」（4段落）とあるように、参詣をする僧にとっては、女の母親の死を弔うなどという生死に関わる穢れは避けるべきだからである。以上を踏まえて選択肢を検討すると、正解は④。

①「時間をとらせてまで」が不適切。女は、僧に時間をとらせることに気がねしたのではなく、参詣する僧にとって〈穢れ〉は避けるべきことなので、母親の死に関する話をするのをためらったのである。

②「僧は八十日も神社に参拝しているので」とあるが、今出会ったばかりの僧の事情を女が知っているはずがないので不適切。

③「巫女として」とあるが、女が巫女であるとは本文に書かれていない。

⑤「自分の母親の葬儀への参加を依頼」が誤り。女が僧に打ち明けた内容を把握できていない。女は、母親を埋葬することに助けを求めているのである。

問4 28 ⑤ 《心情把握問題》

本問では、女の母親の埋葬を手伝った僧の、その後の心情と行動が問われている。埋葬を手伝ったあとの僧の描写を追うと、次の通り。

・いも寝られざりけるままに、つくづくと思ふやう、「さても……いはば仮のいましめにてこそあらめ」
→僧は寝つけずに「百日詣でを中止するのは残念だ。埋葬の手伝いは、名誉や利益のためにしたのではない。参詣して神意をうかがおう。生死の穢れを忌むことは形式的な戒めだろう」と考える。

・暁……日吉へうち向きて参る。道すがら……そら恐ろしき事限りなし。
→翌日、日吉神社へ参詣する道中では胸騒ぎがし、恐ろしく感じる。

・身のあやまりを思ひ知りて……物がくれに遠く居て、かたのごとく念誦して……帰らんとするほどに、巫女はるかに見つけ、「あそこなる僧を近く呼べ……」とのたまふ。これを聞くに、心おろかならんやは。……わななくわななくさし出でたれば
→自身の過ちを思い知り、物に隠れて遠くから念誦して帰ろうとすると、巫女が僧を見つけて呼ぶ。これを聞いて、僧は落ち着いてはいられないが、どうしようもなくて震えながら出て行った。

以上の文脈を踏まえた選択肢は⑤。僧は百日詣でを中止するのを残念に思って参詣したが、埋葬を手伝ったという後ろめたさがあり、こっそり念誦して帰ろうとした。しかし、巫女に呼ばれてしまい、どうしようもなく恐る恐る出て行った、ということである。

①「大勢の人々の中に紛れて隠れていたが」が不適切。「二の宮の御前に、人所もなく集まれり」（5段落）とあるように、大勢の人々は二の宮の近くにいたのだが、僧は人々から離れて「物がくれに遠く」にいたのである。

②「参拝する前に巫女に見つかって」が誤り。僧は遠くから参拝して、帰ろうとした時に巫女に呼ばれたのである。

③「中断させられたことを恨みに思った」、「これも修行のためになる」が誤り。僧がそのように考えている様子は本文にない。また、「女の母の霊が巫女に憑いて」も不適切。巫女に憑いていたのは「十禅師」である。

④「翌日女と一緒に神社に詣でた」、「女とともに恐怖でいっぱいになって」が誤り。翌日の女に関する記述は本文になく、僧が行動をともにしたとは書かれていない。

問5 **29** ③ 《心情・理由把握問題》

傍線部**D**は、神が巫女を介して僧に語っている部分。本問では、神が「この事人に語るな」と〈口止め〉をしている理由が問われている。

理由を考える前に、神が何を口止めしているのかを確認しよう。傍線部の前の文脈を見ると、神は「僧のよんべせし事を明らかに見しぞ〈＝僧が夕べしたこと（＝女の母親の埋葬を手伝ったこと）をはっきりと見たぞ〉」と言い、これを「いしくするものかな〈＝感心であることよ〉」と褒めている。埋葬は穢れとして避けるべきはずなのだが、それどころか、神は僧を称《たた》えているのである。そして、「物を忌む事もまた、仮の方便なり〈＝物を忌む事もまた、仮の手段である〉」と言って、傍線部のように口止めしている。つまり、口止めの内容とは、〈僧の行為は感心なことであり、物を忌むことは仮の方便にすぎない〉ということである。

それでは、なぜそれを人に語ってはいけないのか。その理由は傍線部のあとの「愚かなる者は……人によるべき故なり」に述べられている。ここを現代語訳すると、〈愚かな者は、お前（＝僧）の慈悲心が優れていることによって（穢れを）抑えたことがわからない。（愚かな者は）むやみにこれを先例として、少しばかり起こした信心もまたきっと乱れてしまうだろう。いろいろな事柄（の善悪）は、当然その人によって違うからなのだ〉となる。つまり、〈僧の慈悲心の強さが死の穢れを制したのであるが、愚かな者はそれが理解できないので穢れに触れてもかまわないと思い、せっかくの信仰心が乱れてしまう〉というのである。だからこそ、神は口止めをしたのだ。以上の理解を踏まえて選択肢を検討していくと、③が正解となる。

①「悟りに近づくことができたが」、「愚かな者は穢れに対してなすすべがない」が不適切。「悟りあらん人は、おのづから知りぬべし〈＝物わかりのよい人は、自然とわかるはずだ〉」（5段落）とあるものの、僧が「悟りに近づくことができた」とは述べられていない。また、愚かな者が穢れに対して何も手段がないという説明も本文にはない。

②「慈悲心の素晴らしさを理解していないので……慈悲を与える者を見下してしまう」が明らかな誤り。愚かな者が理解できないのは、「慈悲心の素晴らしさ」ではなく、〈僧の慈悲心が優れていたので、穢れを抑えられたということ〉である。また〈見下す〉は本文にまったく書かれていない事柄である。

④「逆恨みをして自制心を失ってしまう」が誤り。愚かな者の「逆恨み」や「自制心」については、本文で述べられていない。また、「かえって死の穢れに近づいて」は、「信もまた乱れなんとす」の解釈として言い過ぎである。

⑤「神罰の制裁を免れた」、「愚かな者は……きっと神の怒りに触れてしまう」というような神罰の話題は本文には書かれていない。

問6 **30** ① 《表現の特徴と内容を把握する問題》

設問を解く際には、選択肢で引用された本文の箇所と、修辞や表現の説明が合っているかどうかを検討していこう。

今回は段落を示してあるので、引用箇所と段落全体とを見渡しながら、各選択肢を検討していく。

①にある「事もなき法師」とは、〈取りたてて言うほどのこともない法師・平凡な法師〉ということで、「特別でない僧」という選択肢の説明に合致する。また、そのあとの穢れに関するエピソードでは「僧が慈悲心の優れた人物である」ことが述べられ、本文の最後には「利生とおぼゆる事多かりとなん〈＝（僧に）ご利益と思われることが多かったということだ〉」とあるので、本文全体としては「その心〈＝慈悲心〉の大切さを伝えている」といえるだろう。よって、正解は①。

②「そのあとに女から語られる母親への……後悔の念」が不適切。女は母親を失った悲しみを口にしているが、「後悔の念」に当たる内容はない。

③「対句」とは、二つの句の語調や意味を対応させて並べる表現技法。「仏も鑑み給へ。神も許し給へ」は、「仏」と「神」が対句で対照的にとらえられているというよりも、並列されて同じ表現が繰り返されていると見られる。また、「葛藤している僧の心中を表現」したものとしているが、この部分は僧の神仏への祈りであるので、不適切。

④「僧のよんべせし事を明らかに見しぞ」は、あとの文脈を見ると僧の行いを咎《とが》める発言ではないので、「悪事は必ず露見するものであるという教訓を読者に提示」しているとはいえない。

⑤「利生とおぼゆる事多かりとなん」を「作者の批評の言葉」としているが、これは批評とはいえない。いわば後日談、エピローグというべきものである。

全訳

そう遠くない昔のことであろうか、とくに目立ったところのない法師で、世の中を住みにくく思って、京都から（比叡《ひえい》山の麓《ふもと》の）日吉神社に百日参りをする者がいた。八十何日目かになって、（神社から）帰る途中で、大津という所を通り過ぎたところ、ある家の前で、若い女で、人目も気にしないでしゃくり上げることもできないほどに、おいおいとひどく泣いている者がいる。

この僧が、この様子を見ると、何事かはわからないけれど、世の中でありふれたごく普通の心配事ではなく、よほど大変なことであろうと、気の毒に思われて、近づいて、「何を悲しんでいるのか」と尋ねる。女が言うには、「（あなたの）お姿を拝見すると、神社に参詣なさる人だろう。（それでは）とりわけ申し上げることはできないだろう」と言う。（参詣人では）遠慮されるはずのことであるらしいとは推測されるものの、気の毒に思うあまりに、（僧が）さらに親身になって尋ねると、（女は）「その事でございます。（実は）私の母でございます者が、ずっと病気をしておりましたが、今朝とうとう亡くなってしまったのでございます。避けられない死別という定めは、しみじみ悲しいのは当然のことだが、どうやってこれ〈＝母の亡きがら〉を埋葬しようかと、いろいろ考えをめぐらせるものの、独り身なので、相談する人もいない。私の身は女で、どうすることもできません。隣近所の人はまた、仮にも〈＝義理にも〉お気の毒だと訪ねてきてくれますが、（ここは）神事が多くとり行われる地域なので、本当にどうしましょう。どうにもこうにも考えつく方法がなくて（困っています）」などと言い終わらないうちに、静かに涙を流す。

僧はこれを聞くと、なるほど、そう思うだろうと、ひどく気の毒に思って、ややしばらくの間（二人は）一緒にひどく泣いていた。（僧が）心に思うには、「神は人を憐れみなさるために、濁るこの世に姿を現しなさっているのだ。これ〈＝女の気の毒な事情〉を聞きながら、どうして薄情にも通り過ぎることができようか、いやできない。私はこれほど深い同情を起こしたことは今までにない。仏もよくご覧下さい。（穢れをなすことを）神もお許し下さい」と念じて、（女に向かって）「悲しみなさるな。私がともかく（亡きがらを）埋葬しよう。（こうして）外に立っていると、人に怪しまれる」と言って、（女の家に）入り込んだ。女は泣きながらも喜ぶことこの上ない。

こうして、日が暮れたので、夜になってから、（女の母の亡きがらを）都合のよい場所へ移して埋葬した。その後、（僧は）眠ることができないままに、（床の中で）つくづくと考えるには、「それにしても、八十何日参詣したのを無駄にして、止めてしまうようなことは残念だ。私は、この事〈＝女の母親の亡きがらを埋葬したこと〉は、名誉や利益のためにしたのではない。（だから明日も）ただ神社にお参りして神のご意志の様子〈＝ご意志がどのようであるか〉を知ろう。（人の）生死に関わる穢れ（を忌み嫌うの）は、言ってみれば形式的な戒めであろう」と強く思って、明け方に、水を浴びて体を潔め、ここからまた、日吉の神社へ向かって参詣する。その途中、そうは言ってもやはり胸が騒いで、何となく恐ろしいことこの上ない。

（神社に）着いて見ると、二の宮の御前で、人々が場所もないくらい（大勢）集まっている。ちょうど今、十禅師の巫女に（神が）乗り移りなさって、いろいろなご神託をおっしゃるところである。この僧は、（埋葬を手伝って身を穢した）自身の過ちを思い知って、近くには寄ることができないで、物に隠れるようにして遠くにいて、形ばかりの念仏を唱えて、（百日詣での）日を欠かさなかったことを喜んで、帰ろうとする時に、巫女が遠くから（僧を）見つけて、「あそこにいる僧を近くへ呼べ。言いたいことがある」とおっしゃる。これを聞いて、（僧は）心が落ち着いていられようか、いや、いられない。しかし、逃げようもなくて、ぶるぶる震えながら（巫女の前に）出て行ったところ、大勢集まっている人々が、とても不思議そうに思っている。（巫女は僧を）すぐ間近に呼び寄せて、おっしゃるには、「僧が昨夜したことをはっきりと見たぞ」とおっしゃるので、（僧は）身の毛もよだって、胸はふさがり、生きた心地もしない。（巫女が）重ねておっしゃるには、「お前は、恐れることはない。立派であるものだと見たぞ。私はもともと神ではない。（人を）憐《あわ》れむあまりに、この世に姿を現したのだ。人々に信心を起こさせるためなので、物を忌む事もまた、仮の手段なのである。物わかりのよい人は、自然とわかるはずだ。ただし、この事は他の人に語ってはいけない。愚かな者は、お前の慈悲心が優れていることによって（穢れを）抑えることを理解しない（＝穢れを抑えてあえて禁忌を侵したことがわからない）。むやみにこれを先例として、（その人が）少しばかり起こした信心もまたきっと乱れてしまうだろう。いろいろな事柄（の善悪）は、当然その人によって違うからなのだ」と、こまごま詳しく小声でおっしゃる。僧は心中、並一通りでなく感動してもったいないことに思われて、涙を流しながら（神社から）帰ってきた。

その後、何かにつけて、（この僧にとって）ご利益と思われることが多かったということだ。

第4問

出典　顧炎武《こえんぶ》『日知録』

顧炎武は、明末から清初の学者・思想家。幅広い分野で実証的な研究を行い、清代考証学の祖とされる。『日知録』は彼の主著で、中国の古典、歴史、制度、風俗、詩歌、思想などのあらゆる文化現象を考証・評論したもの。

【出題のねらい】

古典や故事を引用して主張を述べるという評論風の文章を出題した。筆者の引用の意図や、文章の構成、また筆者の主張を問う設問などを中心にしている。**問1**は漢字の意味を問うもの。**問2**は書き下し文・解釈の問題、**問3**は文脈を踏まえた空欄補充問題である。**問4**は理由把握問題、**問5**は文献の引用の意図を問う問題、**問6**は文章の構成と主題を問う設問とした。

【概要】

1 **現代の医師についての批判**（ℓ1〜5）

・今の医師は病人を死なせもしないが元気にもさせない。

・病気が治らない理由

薬には種別や、状況に合わせた適切な使用法があるが、現代の医師は、（薬や処方を使い分けず）薬を混ぜ合わせて効果を均一化してしまう。そもそも診断がはっきりしない上に、（失敗を恐れて）思い切った治療もしない。

2 **医師に失敗は避けられないこと＝古代の事例の提示**（ℓ5〜7）

・世間の人も、ただ人を殺さなければ名医だと考えている。しかし、昔の名医でも失敗は避けられなかった。『周礼』にあるように、三、四割失敗しても、昔は医師として用いていた。

3 **失敗しても責任を取らない医師への批判〜政治批判**（ℓ8〜9）

・どうして現代の医師は、『易』にある「悪事を寛容に見る」という点だけを取って、病人が死んでも自分のせいではないと思うのか。このことは、張禹や李林甫が国を滅ぼした原因でもある。

問1　31　①　32　③《漢字の意味問題》

(1)「賢」には、〈優れる〉〈かしこい・利口である〉〈尊敬する〉などの意がある。ここは筆者が現代の医師の態度を批判している文脈で、医師が病を治さないのに「世但ダ以テレ不ルヲレ殺サレ人ヲ為スレ賢ト〈＝世の中ではただ人を殺さないことだけを「賢」とする〉」（ℓ5）と述べられている。選択肢の中でこの文脈に当てはまる「賢」の意味としては、①「優れている」が適切。

「抜け目がない」、「運がよい」は「賢」の語義になく、文脈にも合わない。また「博学である」は「賢」の意味としてはあるが、文脈に合わない。「賢」には〈かたい〉という意味もあるが、「堅実である」は文脈に合わない。

(2)「独」は「ひとリ」と読んで限定を表す副詞。傍線部のあとに「裕蠱ナル者ノミヲ」とあることからも、限定の意味だとわかる。〈ただ〜だけである〉という意味で、正解は③。ここは、傍線部の前で引用されている『易』の内容を受けて、「奈何ゾ独リ取リテ二夫ノ裕蠱ナル者ノミヲ一……〈＝どうして、ただ、あの（『易』に書かれている）「悪事を寛容に見る」という態度だけを採用して……〉」（ℓ8）と述べている。

「ひとりで」という意味になることもあるが、ここでは文脈に合わない。また、「思い込みで」や「ほぼ」のような意味は「独」にはなく、文脈にも合わない。「勝手に」は文脈に合わないわけではないが、「独」の意味にない。

○**限定形**

(1) **副詞を用いる形**

唯・但・只・惟・祇・直＝たダ〜〈ただ〜だけである〉

独＝ひとリ〜〈ただ〜だけである〉

纔＝わづカニ〜〈やっと〜だけである〉

※文末で限定を表す助詞「ノミ」とともに用いられることが多い。

(2) **文末で限定を表す形**

〜耳・〜爾・〜已・〜而已・〜而已矣＝〜のみ〈〜だけである〉

※これらはよく読みが出題されるので注意。

問2 33 ⑤ 34 ③ 《書き下しと解釈問題》

(i) まずは句形や重要語句が用いられているかどうかをチェックしよう。ここでは、使役の句形が用いられている。

○使役形

・A 使ニム ＋ B（使役の対象）ヲシテ ＋ C（動詞）（セ）

A BヲシテC（セ）しム〈AはBにCさせる〉

※主語Aは省略されることもある。

※「使」の他に「令・遣・教」などが用いられることもある。

傍線部の一文では、「使」に下点がついているので、中点の付いている「至」から返って「至らしむ」と読むことがわかる。また、「使」の直後の「其人」は使役の対象なので、「其の人をして」と読む。選択肢のうち、「其の人をして……至らしむ」と読んであるのは④・⑤。このうち、④は「其の人をして」と読んだ上に「其病」を「其の病をして」と読んでいて、使役の句形の読み方に合わない。したがって、正解は⑤。なお、ここでは「卒」は、「つひニ」と読んで〈とうとう・結局〉の意になる。「にはカニ」と読む場合は〈突然・急に〉の意。他に、動詞として「をハル〈＝終わる〉」という読み方もある。

①使役の対象となる「其の人」に「をして」という送り仮名がない。また、「卒」を「卒かに」と読んでいる点も不適切。

②「卒」を「卒かに」と読んでいる点が不適切。また、「使」を「使ふ」と読んでいて、使役の句形を理解できていない点も不適切。

③「至るを使ふ」と読んでいて、使役形を理解できていないので不適切。

④「其の人をして」、「其の病をして」と読んでいて、使役形の読み方に合わない。

(ii) 傍線部に含まれる語句をまとめると、次の通り。

活＝〈生きていること・生気が盛んな様子〉の意。前の文で、「不レ殺サ」と対比して「不レ活《い》カサ」と読まれていることも手がかりになる。

其病日深＝病が「日ニ〈＝日を追うごとに〉」、「深」くなる、ということで、〈病気が日を追うごとに重くなること〉。

卒＝ここでは、「つひニ」と読んで〈とうとう・結局〉の意。病気が日を追うごとに重くなった〈結果〉を導いている。

ここで注意してほしいのは、「使」は、この文全体にかかっているという点である。つまり医師は「其人〈＝病人〉」に対して、「在ニ不レ死不レ活之間一」「而卒至中於死上」という二つをさせているのである。使役の句形と、語句の意味を踏まえて傍線部を直訳すると、〈その人に死なず・生きずの間の状態にいるようにさせて、その病が日を追うごとに重くなり、とうとう死に至るようにさせる〉となる。これをわかりやすく説明している③が正解。

①使役形を理解できずに「薬を使う」と解釈しているのが誤り。また、「状態なのに」と逆接になっている点や、「病気を日々重くして」というのも不適切である。医師が「病気を日々重くして」いるわけではない。

②「使」の「使う」という解釈、「元気でもない状態にするが」という逆接、「病気を日々重くして」という点が①と同様に不適切。また、「卒」を「突然」というように、「にはカニ」と読む場合で解釈している点が不適切。

④「〜に在り」と読んでいるので、「状態なのに」という逆接の解釈は不適切。また、医師が意図的に病気を重くしているわけではないので「病気を日々重くし」という解釈も不適切である。

⑤「卒」を「突然」というように、「にはカニ」と読む場合で解釈している点が不適切。

問3　**35**　④　《空欄補充問題》

「夫レ薬ニ有リ二君臣一……」（ℓ2）以下は、薬の処方の仕方で病気を治す効果に違いがあることについて述べている。ここで言われる「薬」とは、医師が病人に与える薬を調合する際の、そのもととなる薬のことで、その薬に「君臣」、すなわち上薬や中薬などの種類があるというのである。一方、続く「人ニ有リ二強弱一」は、いわば病人の体力のことで、体力のある者とない者では、「剤〈＝薬の効き目→薬の量〉」が異なると述べている。ここで注意してほしいのは、この「薬」と「人」が対になって記されている点である。

・薬ニ有リ二君臣一　←　人ニ有リ二強弱一
・用ニ有リ二［Ⅰ］少一　←　剤ニ有リ二半倍一
・多ケレバ則専ラニ→効速カナリ　←　［Ⅱ］ナレバ則チ厚ク→其ノ力［Ⅲ］シ

このような文章構造を念頭に置いて、空欄を見ていこう。まず［Ⅰ］は、あとの「剤ニ有リ二半倍一」〈＝（薬の）量に半分とか倍にすることがある〉と対応している。「半」と「倍」は対になっているから、［Ⅰ］と「少」も対になっていると推測できる。さらに、「用ニ有リ二［Ⅰ］少一」〈＝用いるのに［Ⅰ］と少ないということがある〉を受けて「多ケレバ則専ラニ」〈＝多ければ病気に効果を発揮する〉とあるので、［Ⅰ］には「多」が入るとわかるだろう。

次に［Ⅱ］は「剤ニ有リ二半倍一」を受けているから、「半」か「倍」のどちらかが入ると推測できる。空欄の直後には「則チ厚ク」とあり、「厚」は〈程度がはなはだしい〉という意味で、ここでは〈薬の効果がより厚く、十分に行き渡ること〉を指している。薬の効果を十分に行き渡らせるのは、半分の量よりも倍の量であるから、［Ⅱ］には「倍」が入る。

［Ⅲ］は、「厚」、すなわち薬の効果が十分に行き渡っていれば、「其ノ力」〈＝薬の力〉はどうなるか、と考えればよい。薬の効果が十分であれば、病気を治す力が強いということになるだろう。したがって選択肢の中では、「深」が適切である〈主語が薬の「力」なので、「速」は不適切〉。

よって、Ⅰ「多」・Ⅱ「倍」・Ⅲ「深」の組み合わせになっている④が正解となる。

問4　**36**　②　《理由把握問題》

まず傍線部は「病の愈ゆる能はざる所以なり」と読む。「愈」は〈病気が治癒すること〉、「所以」は〈理由〉の意で、傍線部は〈（これが）病気の治らない理由である〉という意味になる。

病気が治らない理由は、傍線部の前の「今之用フルレ薬ヲ者……而又治ムルコト之ヲ不レ勇ナラ」（ℓ4）に記されている。順を追って見ていくと、今の医師は薬を処方する際に「雑泛ニシテ而均停ナリ」という。「雑泛」は、「注」にある通り〈混ぜ合わせること〉。「均停」は馴染みのない言葉だが、「均」という言葉から〈均一・平均〉と似た意味だと推測できるだろう。つまり、〈今の医師は薬をいろいろ混ぜ合わせて（薬の効果を）平均化する〉ということである。平均化された薬は、どのような病気にでもそれなりの効果が出るが、逆にいえば、とくに高い効果があるわけではない。したがって、これが〈病気が治らない理由〉の一つである。

続く「既ニ見ルコト之ヲ不シテレ明ラカナラ、而又治ムルコト之ヲ不レ勇ナラ」では、「之」の指示内容に注意。医師が「見」たり「治」めたりするのは何かといえば、〈病気〉である。今の医師は既に病気を見る際に「明」でなく、病気を治すのに「勇」ではない、ということで、〈（薬の処方をする以前に）すでに病気の診断がはっきりできず、病気を治す際に勇気がない〉と述べているのである。このような医師の姿勢が、二つ目の〈病気が治らない理由〉である。

以上の〈薬の効果を平均化する〉、〈病気の診断がはっきりせず、病気を治す際に勇気がない（＝思い切った方法をとらない）〉ということを踏まえた選択肢は②だけである。

①「薬に対する知識がなく」とは本文で述べられていない。「既ニ見ルコト之ヲ不シテレ明ラカナラ」の「之」は「薬」ではなく、〈病気〉を指す。

③薬はその効き目が平均化されているだけで、「何の効果もない」わけでは

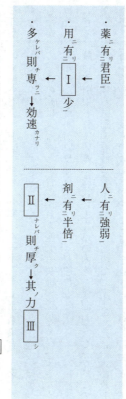

ない。また、「治療に自信がないため」も不正確な表現で、正確には〈思い切った治療をする勇気がない〉のである。

④「薬の効果を最大化する」が「均停」の解釈として誤り。また「既《ニ》見《ルコト》レ之《ヲ》不《シテ》レ明《ラカナラ》」の「之」は薬ではないので、「薬の効能に詳しくなく」も不適切。

⑤「同一の薬」が「均停」の解釈として不正確。また「病気の診断はいっさい」しないわけではなく、診断をしても、はっきりできないのである。

問5 **37** ①《引用の意図を把握する問題》

筆者が古典や故事を引用する場合、必ず文章全体の主張や前後の文脈と密接な関係をもっている。そこで、この前後の筆者の主張を見てみよう。

まず筆者は「而《モ》世但《ダ》以《テ》レ不《ルヲ》レ殺《サ》レ人《ヲ》為《ス》レ賢《ト》」（ℓ5）と、世間の人はただ人を殺さないだけの医師を優れているとし、続いて「豈《ニ》知《ランヤ》二古之上医《モ》不《ルヲ》レ能《ハ》レ無《キコト》レ失」（ℓ5～6）と述べている。「豈」は反語で、〈どうして～だろうか、いや～でない〉という意味。「能」は「不レ能」と返る場合、「あたハず」と読んで〈～できない〉という意味を表す。「失」は〈失敗・過失〉の意。したがって、この文は〈どうして昔の優れた医師も失敗がないようにできなかったことを知るだろうか、いや知らない〉という意味になる。

さて、続いて引用されている『周礼』の文章の内容を確認していこう。この文章は古代における医師の評価の基準を示したもので、「十全」とは、〈治療した患者全員が治り、一度も失敗しなかったこと〉を指す。これを「上」として失敗した割合に応じて評価が下がり、最後に四割失敗した医師を「下」とする、というものである。この『周礼』を引用したあとで、筆者は「是《レ》十《ニ》失《スルモ》二三四《ヲ》一、古人猶《ホ》用《フ》レ之《ヲ》〈＝これは十のうち三、四割を失敗しても、昔の人は、やはりその人を（医師として）用いていた〉」と述べている。

流れを追うと、次の通り。

・世間の人は、ただ人を殺さないだけの医師を優れているとする。どうして昔の優れた医師も失敗がないようにできなかったことを知るだろうか、いや知らない。

↓

・『周礼』〈＝昔の医師が失敗をしていたという事実〉

↓

・医師が失敗しても、昔の人は、やはりその人を医師として用いていた。

この文脈を踏まえると、筆者は〈昔の人は多少の失敗があっても医師として用いていたのだから、医師に失敗はつきものであった〉と考えていることがわかる。とすれば、ただ人を殺さないことだけを名医とする現在の世間の人の認識と、筆者は異なる立場であることがわかるだろう。したがって筆者は、『周礼』を引用することで、

昔は多少の失敗があっても医師として用いられていたこと、つまり医師が病気を治す際には失敗がつきものであったことを示し、ただ人を殺さないことを名医とする現在の世間の認識が誤っていることを明らかにしようとした

のである。以上の内容に合致している①が正解。**問4**で見たような、〈医師が病気を治す際に勇気がない（＝思い切った方法をとらない）〉という批判と通じるものである。

②「昔は何度か治療を失敗すると医師として失格であった」が、引用されている『周礼』の内容と食い違う。また、『周礼』のあとの文を見ると、筆者が主張したかったことは〈治療の困難さ〉ではないとわかる。

③『周礼』や、その前後の文脈で医師として「用いざるをえなかった」とは述べられていない。また、ここでは、昔と現在の「医師の力量」の差は問題になっていない。

④『周礼』の前に「豈《ニ》知《ランヤ》二古之上医《モ》不《ルヲ》レ能《ハ》レ無《キコト》レ失」とあるように、筆者は世間の認識を批判するために『周礼』を引用したのであって、「現在は……世間の要求が厳しくなっている」ことを示すためではない。

⑤「昔は何度か治療を失敗すれば医師として失格であった」が、『周礼』の内容と食い違う。

問6 **38** ② **39** ④ **《文章の構成と筆者の主張を把握する問題》**

(i) 構成についての設問。これまで設問で見てきた筆者の主張や、論の展開の仕方を踏まえて考えていこう。解説冒頭の【**概要**】も参考にしてほしい。

選択肢では、「最初に」「次に」「最後に」というように、本文を三つに区切って説明している。このうち、「次に」の部分には「古代の事例を提示して」とあるので、**問5**で見た『周礼』の辺りであることがわかる。よって「最初に」の部分は冒頭から「不レ能《ル》レ愈《ハ》也《ユル》」(ℓ5)まで、「最後に」の部分は「『易』《ニ》曰《ハク》」以降ということになる。

最初の部分について、筆者は冒頭から「不レ殺《サ》レ人《ヲ》、亦《タ》不レ活《カサ》レ人《ヲ》」(ℓ1)と述べ、**問4**で見たように、現代の医師を批判している。

「次に」の部分は、**問5**で見たように、医師に失敗はつきものであることを述べている。ここは、前の部分の医師批判、とくに積極的な治療をしないこと〈=「治《ムルコト》レ之《ヲ》不レ勇《ナラ》」〉を受けて、自分の主張をさらに補強する部分と考えられる。

「最後に」の部分について、まずはこの段落の内容を確認しておこう。『易』の内容は、「注」にある通り、〈父親の悪事を寛容に見てそのままにしておくと、後悔することになるだろう〉というもの。そして次の文では、「奈何《ゾ》独《リ》取《リテ》二夫《ノ》裕蠱《ナル》者《ノミヲ》一、以為《ヘラク》其《ノ》人雖《モ》レ死《スト》、而不《ト》レ出《デ》二於我之為《ニ》一」〈=どうしてただ『易』の「裕蠱(=悪事を寛容に見る)」の部分だけを取って、病人が死んだとしても、自分のせいではないと思うのか〉」(ℓ8～9)と述べ、失敗したのに責任を取ろうとしない医師を批判している。そして最後に、このような医師への批判がそのまま政治家にも当てはまることに触れて文を結んでいる。

以上の内容をまとめると、

(1) 積極的な治療をしない医師への批判
(2) 医師にとって失敗は避けられないということの提示(『周礼』)
(3) 失敗をしたのに責任を取ろうとしない医師への批判

という流れで、筆者は(3)で、(1)・(2)とは別の角度から批判しているのである。このような構成を最も適切に説明している②が正解。筆者は〈医師は失敗を恐れず病気を治すべきだが、失敗をしてしまったら、自分の行為に対して責任を取るべきだ〉というのである。

①「筆者の真の意図が政治批判にある」が不適切。筆者は第2段落で、責任を取らない医師の態度が政治家にも共通することを指摘しているだけであり、文章全体の記述の量や内容から見ても、政治批判を主題としているわけではない。

③「最初」の部分では確かに「薬の使用法」についても触れているが、それはあくまで〈積極的な治療をしない医師〉の批判すべき姿勢の一例としてあげているだけである。また、「医療の質を比較」するという『周礼』の引用意図や、「それらの原因が政治家の心構えにある」という説明も不適切。

④「薬の使用法を批判」が③と同様に不適切。また**問5**で見たように、『周礼』の引用意図は、〈薬の不適切な使用法の原因〉を考察するためではない。

⑤「最初に医師についての一般的見解を支持し」が不適切。筆者は現代の医師の姿勢を批判していて、世間一般の〈人を殺さなければ名医〉という認識が誤りであることを主張している。また、この文章の主題は「政治批判」ではない。

(ii) 筆者の主張についての説明を求める設問。まず、筆者は医師のどのような点を批判しているのか、ということを押さえよう。そしてその医師への批判は政治家にも当てはまるのだから、医師と政治家の両方に共通するものを選べばよい。

この文章で筆者は、一応、人を殺さないような対応はするものの、失敗や責任を取ることを恐れて積極的に病気を治そうとしない、いわば本来の職務〈=病気を治すこと〉を果たさない医師を批判している。このような態度は政治家にも見られ、医師の場合は結果的に病人を死に至らせ、政治家の場合は国を滅ぼしてしまう事態を招くと述べている。つまり、医師や政治家の、責任を取ることを回避して職務に忠実でない姿勢を批判しているのである。このような内容が記されている④が正解。「取り返しのつかないこと」とは、〈病人が結果的に死に至ること・国が滅ぶこと〉と対応している。

①〈国の滅亡〉についての説明は、政治家の場合には当てはまるが、医師の場合は本文中にとくに記述はない。

②「自分が悪者にならないための良法」が不適切。第2段落で、筆者は責任を逃れる態度を批判している。

③「専門的知識に対する自信のなさ」は、政治家の場合には当てはまらないし、医師についても本文では述べられていない。

⑤本文では医師と張禹・李林甫は、最善を尽くさなかった例として挙げられているので、「最善を尽くしても、人の死や国家の滅亡は避けられない」という説明は不適切。

書き下し文

古《いにしへ》の時《とき》、庸医《ようい》人《ひと》を殺《ころ》す。今《いま》の時《とき》、庸医《ようい》人《ひと》を殺《ころ》さず、亦《ま》た人《ひと》を活《い》かさず、其《そ》の人《ひと》をして死《し》せず活《い》きざるの間《あひだ》に在《あ》り、其《そ》の病《やまひ》日《ひび》に深《ふか》くして、卒《つひ》に死《し》に至《いた》らしむ。夫《そ》れ薬《くすり》に君臣《くんしん》有《あ》り、人《ひと》に強弱《きやうじやく》有《あ》り。君臣《くんしん》有《あ》れば則《すなは》ち用《よう》に多少《たせう》有《あ》り、強弱《きやうじやく》有《あ》れば則《すなは》ち剤《ざい》に半倍《はんばい》有《あ》り。多《おほ》ければ則《すなは》ち専《もつぱ》らに、専《もつぱ》らなれば則《すなは》ち効速《かうすみや》かなり。倍《ばい》なれば則《すなは》ち厚《あつ》く、厚《あつ》ければ則《すなは》ち其《そ》の力《ちから》深《ふか》し。今《いま》の薬《くすり》を用《もち》ふる者《もの》、大抵《たいてい》雑泛《ざつぱん》にして均停《きんてい》なり。既《すで》に之《これ》を見《み》ること明《あき》らかならずして、又《また》之《これ》を治《をさ》むること勇《ゆう》ならず。病《やまひ》の愈《い》ゆる能《あた》はざる所以《ゆゑん》なり。而《しか》も世《よ》但《た》だ人《ひと》を殺《ころ》さざるを以《もつ》て賢《けん》と為《な》す。豈《あ》に古《いにしへ》の上医《じやうい》も失《しつ》無《な》きこと能《あた》はざるを知《し》らんや。『周礼《しゆらい》』医師《いし》、「十全《じふぜん》を上《じやう》と為《な》し、十《じふ》に一《いち》を失《しつ》する之《これ》に次《つ》ぎ、十《じふ》に二《に》を失《しつ》する之《これ》に次《つ》ぎ、十《じふ》に三《さん》を失《しつ》する之《これ》に次《つ》ぎ、十《じふ》に四《し》を失《しつ》するを下《げ》と為《な》す」と。是《こ》れ十《じふ》に三四《さんし》を失《しつ》するも、古人《こじん》猶《な》ほ之《これ》を用《もち》ふ。

『易《えき》』に曰《い》はく、「父《ちち》の蠱《こ》を裕《ゆる》うす。往《ゆ》けば吝《りん》を見《み》る」と。奈何《いかん》ぞ独《ひと》り夫《か》の裕蠱《ゆうこ》なる者《もの》のみを取《と》りて、以為《おも》へらく其《そ》の人《ひと》死《し》すと雖《いへど》も、我《われ》の為《しわざ》に出《い》でずと。嗚呼《ああ》、此《こ》れ張禹《ちやうう》の漢《かん》を亡《ほろ》ぼす所以《ゆゑん》、李林甫《りりんぼ》の唐《たう》を亡《ほろ》ぼす所以《ゆゑん》なり。

全訳

昔の時代、やぶ医者は人を殺した。今の時代、やぶ医者は人を殺しもせず、また人を元気にもさせず、病人を死なないが元気でもない状態にし、病気が（自然と）日々重くなり、とうとう死んでしまうようにさせるのである。そもそも薬には君〈＝上薬〉と臣〈＝中薬〉（の違い）があり、人（の身体）には強弱（の違い）がある。（薬に）君と臣（の違い）があれば使用法に多い少ない（の違い）があり、（人の身体に）強弱（の違い）があれば（薬の）量に半分とか倍にする（という違いの）ことがある。（ある薬を）たくさん使用すれば特定の病気に効果を発揮し、特定の病気に効果を発揮するのであればその効果はすぐにあらわれる。（出来上がった薬を病人に服用させる時に、その量が）二倍であれば十分であり、十分であれば（その薬の）効力もよくとどく。今の（時代に）薬を使用する者は、大抵いろいろ混ぜ合わせ平均した割合にする〈＝薬の効果を平均化する〉。すでにこれ〈＝病気〉を診断することがはっきりしていない上に、これ〈＝病気〉を治す際も積極的（な方法をとるの）ではない〈＝消極的になってしまう〉。（これが）病気の治らない原因である。しかも世の中ではただ人を殺さないことだけを優れている（医師）とする。どうして昔の優れた医師も失敗がないようにできなかったことを知っているだろうか、いや知らない。『周礼』の医師には、「十のうちすべてを治した者を上〈＝優れた医師〉とし、十のうち一割失敗した者をその次に、十のうち二割失敗した者をその次に、十のうち三割失敗した者をその次に、十のうち四割失敗した者を下〈＝劣った医師〉とする」とある。これは十のうち三、四割失敗しても、昔の人はやはりこれ〈＝そのような医師〉を（医師として）採用していた（ことをいっている）のである。

『易』にいうには、「父親の残した悪事を寛容に見る。そのまま事を進めていったら後悔することになる（だろう）」とある。どうしてただこの悪事を寛容に見る態度だけを採用して、その人〈＝病人〉が死んでも、自分のせいではないと思うのか。ああ、こうしたことが張禹が前漢を滅亡させた原因であり、李林甫が唐を滅亡させた原因なのである。

2023 本試験　解答

第1問 小計	第2問 小計	第3問 小計	第4問 小計	合計点
				/200

問題番号(配点)	設問	解答番号	正解	配点	自己採点	問題番号(配点)	設問	解答番号	正解	配点	自己採点
第 1 問 (50)	1	1	①	2		第 3 問 (50)	1	21	③	5	
		2	③	2				22	④	5	
		3	②	2				23	②	5	
		4	④	2			2	24	③	7	
		5	③	2			3	25	⑤	7	
	2	6	③	7			4	26	④	7	
	3	7	②	7				27	①	7	
	4	8	⑤	7				28	③	7	
	5	9	③	7		第 4 問 (50)	1	29	①	4	
	6	10	④	4				30	①	4	
		11	②	4				31	⑤	4	
		12	③	4			2	32	③	6	
第 2 問 (50)	1	13	①	5			3	33	⑤	7	
	2	14	⑤	6			4	34	①	6	
	3	15	⑤	6			5	35	③	5	
	4	16	①	6			6	36	④	6	
	5	17	①	7			7	37	④	8	
	6	18	④	7							
	7	19	③	6							
		20	②	7							

第1問

出典 【文章Ⅰ】 柏木博《かしわぎひろし》『視覚の生命力――イメージの復権』（岩波書店 二〇一七年）【文章Ⅱ】 呉谷充利《くれたにみつとし》『ル・コルビュジエと近代絵画――二〇世紀モダニズムの道程』（中央公論美術出版 二〇一九年）

柏木博（一九四六〜二〇二一）は、兵庫県生まれ。デザイン評論家。専門は近代デザイン史、広告論、都市論。武蔵野美術大学名誉教授、英国ロイヤル・カレッジ・オブアート名誉フェロー。主な著書に『デザインの20世紀』、『日用品の文化誌』、『「しきり」の文化論』などがある。

呉谷充利は一九四九年三重県生まれ。建築史家。専門は近代建築、日本の近代、大阪文化。相愛大学名誉教授。主な著作に、『町人都市の誕生 いきとすい、あるいは知』、『近代、あるいは建築のゆくえ――京都・神宮道と大阪・中之島をあるく』などがある。雑誌『りずむ』（白樺サロンの会）を創刊。

【出題の特徴】

本問は、ル・コルビュジエの建築物における窓について、二つの文章より出題されている。文章は、それぞれ別の観点から考察されているが、文中に同一の引用文が含まれているところが特徴的である。二〇二二年度の、「食べること」という具体的で身近な話題と比べると、受験生にとって馴染《なじ》みのない題材であり、読み取りにくさを感じただろうと思われる。

設問は、**問2**から**問5**までは、各文章の要旨を押さえるなど、基礎的な読解力を問う問題が出題されている。また、**問6**は共通テストらしい出題で、二つの文章に関する生徒の話し合いの場を想定し、会話の中にある空欄を補う設問が出された。設問は(i)〜(iii)の三つの問いから成るが、ここでは、子規の挿話を導入した意図を問う問題の他に、二つの文章の引用の仕方を比較する問題、また二つの文章の関連性を考察する問題などが出題された。ここでは、複数の観点を統合的に解釈する力が問われているといえる。

【概要】 問題文の概要は次の通りである。

【文章Ⅰ】

リード文：正岡子規の書斎にあったガラス障子と建築家ル・コルビュジエの建築物における窓について考察したもの。

(1) **子規の挿話　風景を見るための「ガラス障子」**

・病床の子規にとっては、室内にさまざまなものを置き、それをながめることが楽しみだった。そして、ガラス障子のむこうに見える庭の植物や空を見ることが慰めだった。**視覚こそが子規の自身の存在を確認する感覚だった。**

・映画研究者のアン・フリードバーグによれば、窓は風景を切り取り、外界を二次元の平面へと変える「フレーム」であり、「スクリーン」でもある。

・子規の書斎（病室）の障子をガラス障子にすることで、その室内は風景を見るための「視覚装置」となったが、実のところ、外界をながめることのできる「窓」は、視覚装置として、建築・住宅にもっとも重要な要素としてある。

(2) **「視覚装置」としての窓**

・建築家のル・コルビュジエは、いわば**視覚装置としての「窓」をきわめて重視していた**。彼は、住まいを徹底した視覚装置のように考えており、**窓は確信を持ってつくられたフレーム**だった。

・ル・コルビュジエは、窓に換気ではなく「視界と採光」を優先した。

・ル・コルビュジエは、両親のための家をレマン湖のほとりに建てたが、この家は塀（壁）で囲まれている。彼は、この塀について著作の中で、次のように述べている。

囲い壁の存在理由は、部分的に視界を閉ざすためである。北から東にかけて、さらに四方八方に蔓延する景色というものは圧倒的で、焦点をかく。**景色を望むには、むしろそれを限定しなければならない。そうすることで、水平線の広がりを求めることができる。**

・風景を見る「視覚装置」としての窓（開口部）と壁をいかに構成するかが、彼にとっては課題であった。

【文章Ⅱ】

リード文：ル・コルビュジエの窓について考察したもの。

(1)「沈思黙考の場」としての住宅

・ル・コルビュジエの作品、サヴォア邸やスイス館は、四周を遮る壁に囲まれている。

・ル・コルビュジエは初期に**「住宅は沈思黙考の場である」**あるいは、「人間には自らを消耗する〈仕事の時間〉があり、自らをひき上げて、心の琴線に耳を傾ける〈瞑想の時間〉とがある」と述べた。

・ル・コルビュジエは『小さな家』において「風景」を語る。

ここに見られる囲い壁の存在理由は、視界を閉ざすためである。景色を望むには、むしろそれを限定しなければならない。（壁で囲うことで）〝囲われた庭〟を形成すること、これがここでの方針である。

(2)「動かぬ視点」の意義

・ル・コルビュジエの語る「風景」は動かぬ視点をもっている。**「動かぬ視点」は風景を切り取る。風景は一点から見られ、眺められる。**この動かぬ視点の存在は、即興的なものではない。

・かれは、住宅は、**沈思黙考、美に関わると述べている。**初期に明言されるこの思想は、明らかに動かぬ視点をもっている。このテーマはル・コルビュジエが後期に手がけた「礼拝堂」や「修道院」において再度主題化され、深く追求されている。「礼拝堂」や「修道院」はなによりも沈思黙考、瞑想の場である。つまり、後期のこうした宗教建築を問うことにおいて、ル・コルビュジエの動かぬ視点の意義が明瞭になる。

※**【文章Ⅰ】**では、導入として子規のガラス障子の話題に触れた上で、ル・コルビュジエの窓の思想について論じている。**【文章Ⅰ】**のポイントとなるのは、**「視覚」「見る」**ということである（文章の出典に「視覚」とあることもヒントになるかもしれない）。子規のガラス障子は、風景を望むための「視覚装置」としての役割をもっていたのである。ル・コルビュジエは窓に意図的に「視覚装置」としての役割をもたせたが、窓と壁で視界を制限することによって、風景の広がりを感じ取ることができる、と説明している。

一方、**【文章Ⅱ】**のポイントは、**「動かぬ視点」と「沈思黙考の場」としての住宅**である。壁によって視界が一点に固定化される（＝「動かぬ視点」をもつ）ことによって、住宅が「沈思黙考」あるいは「瞑想」の場として機能することを説明している。

このように各々の文章を踏まえた上で、**【文章Ⅰ】**の子規のガラス障子の挿話を、**【文章Ⅱ】**の「動かぬ視点」や「沈思黙考の場」としての住宅という論点と関連づけることを求めているのが、**問6**(iii)である。子規が病床にあり自由に身動きできなかったことも加わって、ガラス障子は子規に「動かぬ視点」を獲得させたと考えることができる。とすれば、こうした「動かぬ視点」をもつ子規の書斎は、「沈思黙考の場」としての機能があったのではないかと考察することができるだろう。

問1　1 ①　2 ③　3 ②　4 ④　5 ③　《漢字問題》

(i) 漢字の書き取り問題。

(ア)「**冒**頭」は〈文章や談話、物事のはじめの部分〉。①は「感**冒**」で〈風邪〉のこと。②は「寝坊」。③は「忘却」で〈忘れ去ること〉。④は「膨張」で〈ふくれあがること〉。

(エ)「**琴**線」は〈物事に感動、共鳴しやすい感情〉。①は「卑近」で〈身近でありふれていること〉。②は「布巾」。③は「木**琴**」。④は「緊縮」で〈引き締めること〉。

(オ)「**疎**んじられる」。「疎む」は〈嫌って遠ざけること〉。①は「提訴」で〈裁判所に訴え出ること〉。②は「過**疎**」で〈人口が他に流出して、極端に減っている状態〉。③は「粗品」で〈粗末な品。贈答品をへりくだって言う表現〉。
④は「素養」で〈ふだんから身につけてきた教養〉。

(ii) 同じ意味をもつ熟語を選ぶ問題。

(イ)「行った」の「行」という漢字には、〈ⓐいく、すすむ〉、〈ⓑおこなう、ふるまう〉、〈ⓒ宗教上のつとめ〉、〈ⓓたび〉、〈ⓔみち〉、〈ⓕならび〉などの意味がある。「行った」は「いった」とも「おこなった」とも読めるが、(イ)は「おこなった講演……」という内容なので、ⓑの意味で使われている。

①「行進」。〈大勢で隊列を組んですすむこと〉→ⓐ
②「行列」。〈列をつくってならぶこと〉→ⓕ
③「旅行」。〈たびをすること〉→ⓓ
④「履行」。〈決めたことや言ったことを実際におこなうこと〉→ⓑ

傍線部と同じ意味の熟語を選ぶので、正解は④。

(ウ)「望む」の「望」という漢字には、〈ⓐ遠くを見渡す〉、〈ⓑねがう、まちのぞむ〉、〈ⓒ人気、誉れ〉といった意味がある。(ウ)はⓐの意味。

①「本望」。〈もともと抱いていたのぞみ〉→ⓑ
②「嘱望」。〈人の将来に望みをかけること〉→ⓑ
③「展望」。〈見晴らし、見通し〉→ⓐ
④「人望」。〈人から期待されること〉→ⓒ

傍線部と同じ意味の熟語は③。

問2 6 ③ 《内容把握問題》

傍線部Aのある段落は、当時の子規の様子と、ガラス障子が彼に与えた意味を説明している。傍線部Aは段落の最後の一文であり、段落全体を踏まえたものと考えることができる。傍線部Aの内容を整理する。

・子規の状況＝a寝返りさえ自らままならなかった子規
・「季節や日々の移り変わりを楽しむ」
＝bガラス障子のむこうに見える庭の植物や空を**見ることが慰めだった。**
視覚こそが子規の自身の存在を確認する感覚だった。

つまり、子規にとってガラス障子のむこうに見える庭の植物や空（季節や日々の移り変わり）を見ることが、慰めであり、自身の存在を実感することにつながっていた、といえる。

ちなみに、傍線部Aと近い内容は[3]段落にもある。

……ガラス障子にすることで、子規は、庭の植物に季節の移ろいを見ることができ、青空や雨をながめることができるようになった。ほとんど寝たきりで身体を動かすことができなくなり、絶望的な気分の中で自殺することも頭によぎっていた子規。

ここも参考に、解答を考えることができるだろう。正解は③。

①「現状を忘れるための有意義な時間になっていた」のみの説明が不適切。bの「視覚」が子規自身の存在を確認する感覚だったという言及が不足している。

②「外界の出来事が自己の救済につながっていった」が誤り。子規を慰めていたのは、「庭の植物や空」といった「季節や日々の移り変わり」であり、「外界の出来事」では不十分。また、①と同様に「視覚」が自身の存在を確認する感覚だったとする指摘がない。

③これが正解。bの内容を「多様な景色を見ることが生を実感する契機となっていた」と適切に言い換えている。

④「外の世界への想像をかき立ててくれた」が誤り。bの内容と対応していないし、「想像」ではなく、実際に見る風景が子規にとっての慰めだったのである。

⑤「作風に転機をもたらした」が誤り。ガラス障子から見ることが彼の著作に影響を与えたとは書かれていない。

問3 7 ② 《理由把握問題》

ガラス障子が「視覚装置」であったといえる根拠を説明する問題。傍線部Bはその前文の「子規の書斎は、ガラス障子によるプロセニアムがつくられたのであり、それは外界を二次元に変えるスクリーンでありフレームとなったのである」を言い換えたものである。したがって、ここでいう「視覚装置」とは、「プロセニアム」、あるいは「外界を二次元に変えるスクリーンでありフレーム」としての機能をもつ装置という意味で使われていると考えられる。
　これらの説明は、映画研究者のアン・フリードバーグの引用に詳しく説明されているので、押さえておきたい。

　窓はフレームであるとともに、プロセニアム（舞台と客席を区切る額縁状の部分）でもある。**窓の縁（エッジ）が、風景を切り取る。窓は外界を二次元の平面へと変える。**つまり、窓はスクリーンとなる。

　したがって、ガラス障子の特徴は次の通りである。

a外界を切り取る（視界を制限する）
b外界を二次元の平面へと変える

　以上の二点の特徴をもつがゆえに、「視覚装置」と説明されているのである。
正解は②である。
　①「隔てられた外界を室内に投影して見る」が誤り。外界が投影されるのはスクリーンである「ガラス障子」であり、室内に投影するわけではない。
　③「外の世界と室内とを切り離したり接続したりする」が誤り。外の世界と室内との接続については、**【文章Ⅰ】**に述べられていない。
　④「新たな風景の解釈を可能にする」が誤り。風景の解釈が改まるという説明は**【文章Ⅰ】**にはなく根拠がない。
　⑤「絵画に見立てることで、その風景を鑑賞するための空間へと室内を変化させる」が誤り。「ガラス障子」が外界を「絵画」に見立てる作用があるとは説明されていない。

問4　**8**　⑤　《内容把握問題》
　傍線部**C**では、子規のガラス障子と対比して、ル・コルビュジエの窓が意図的に作られたフレームであったことが説明されている。本問はこれを踏まえて、「ル・コルビュジエの窓」がもつ特徴（**a**）と効果（**b**）を説明することを求める問題である。傍線部**C**のあとの「ル・コルビュジエの窓」について説明されている部分から**a**特徴と**b**効果を拾い上げていこう。

a窓の特徴
・ル・コルビュジエは、窓に換気ではなく「視界と採光」を優先した。
・ル・コルビュジエは窓を、外界を切り取るフレームだと捉えた。
b効果
・引用部より
　壁を建てることによって視界を遮ぎり、つぎに連らなる壁面を要所要所取り払い、そこに水平線の広がりを求めるのである。
→視界を遮ることで、見るべき風景の焦点が定まるだけでなく、風景の広がりを望むことができる。

　ところで、選択肢はすべて「ル・コルビュジエの窓は**aという特徴**をもつものであり、〜することで**bという効果**がある」という内容になっている。したがって、特徴（**a**）と効果（**b**）のそれぞれが適切に説明されているかを確認していくといいだろう。すると、⑤が整理した内容に即しており適切である。
　①**b**の効果について、「風景がより美しく見える」が誤り。「水平線の広がりを求める」とする内容が説明されていない。
　②**a**の特徴について、「居住性を向上させる機能を持つ」が誤り。「換気」に配慮の少ないル・コルビュジエの建築に居住性を向上させる意図はあまりないと考えられる。また、**b**の効果について、「囲い壁に遮られた空間の生活環境が快適なものになる」も不適切。囲い壁は外界を切り取るためのものであり、「囲い壁に遮られた空間の生活環境」が不快なものであるという説明もない。
　③**a**の特徴について、「アスペクト比の変更を目的としたもの」が誤り。窓のアスペクト比はル・コルビュジエが「視覚装置」としての窓を追求した結

果として変わったのであって、アスペクト比の変更を目的としたわけではない。

④ **a**の特徴について、「囲い壁を効率よく配置することで」が誤り。**【文章Ⅰ】**では、視界を遮るための囲い壁を要所要所取り払ったとある通り、風景を望むために必要な箇所を必要な分だけ取り除いたのであって、それは「効率がよい」とはいえない（強いていえば、風景を望むために「有効」な仕様ではあると考えられる）。また、**b**の効果について、「風景への没入が可能」が誤り。**【文章Ⅰ】**では、風景の広がりを感じ取ることができる、とあり、風景に没入することができるとは述べられていない。

問5 9 ③ 《内容把握問題》

まず、傍線部**D**の内容を押さえるところから始めよう。「観照」とは「対象の本質を見極めること」だが、この言葉を踏まえても傍線部**D**の表現はやや難解なので、傍線部前後より「壁がもつ意味」を考えてみよう。

着目すべきは、傍線部**D**直後に「この動かぬ視点 théōria の存在」とあることである。指示語「この」は直前を指すため、「壁がもつ意味」には、「動かぬ視点」が関わっていることがわかる。したがって、「動かぬ視点」に着目して傍線部**D**までを整理しておきたい。

・風景についての引用部：
　ここに見られる囲い壁の存在理由は、……視界を閉ざすためである。……景色を望むには、むしろそれを限定しなければならない。……〝囲われた庭〟を形成すること、これがここでの方針である。
・ここに語られる「風景」は動かぬ視点をもっている。……この「動かぬ視点」は風景を切り取る。視点と風景は、一つの壁によって隔てられ、そしてつながれる。風景は一点から見られ、眺められる。

つまり、「動かぬ視点」とは、壁によって視界が遮られることで、風景を眺める視点が一点に限定・固定化されたものということができる。

そして、こうした「動かぬ視点」を獲得することで、住宅はどのような空間になるのか。傍線部**D**のあとの段落にあるル・コルビュジエの考えによると次の通りである。

・かれ（＝ル・コルビュジエ）は、住宅は、沈思黙考、美に関わると述べている。初期に明言されるこの思想は、明らかに動かぬ視点をもっている。

以上を踏まえると、

a「壁がもつ意味」→視界を一点に限定することで、（見る人に）「動かぬ視点」を獲得させる。
b「どのような空間になるのか」→沈思黙考の場となる。

選択肢を見ると、それぞれ二文あるうちの、初めの文に**a**「壁がもつ意味」、二つ目の文に**b**「どのような空間になるのか」が書かれているので、それぞれを点検して、適切なものを選ぶといいだろう。正解は③。

① まず、**a**「外光は制限されて一方向からのみ部屋の内部に取り入れられる」が誤り。制限されるものが、「視点」ではなく、外光になっている。また、**b**「心を癒やす空間」も不適切。「沈思黙考」「瞑想」について指摘されていない。

② **b**「人間が風景と向き合う空間になる」が不適切。風景と向き合うことに触れているのは**【文章Ⅰ】**であり、**【文章Ⅱ】**の論旨と合わない。

④ **b**「住宅は風景を鑑賞するための空間」が誤り。①と同様に、「沈思黙考」「瞑想」についての指摘がなく不適切。風景の鑑賞について述べられているのは、**【文章Ⅰ】**の内容である。

⑤ **a**「外界に対する視野に制約」が、「動かぬ視点」の説明として不十分。「制約」では、視点が一点に制限されている効果が説明できていない。また、**b**「自己省察するための空間」も不適切。**【文章Ⅱ】**では「沈思黙考」とあり、「自己省察（＝自分自身の言動を反省し、考えること）」にのみ限定するのは誤

りである。

問6 10 ④ 11 ② 12 ③ 《会話文形式による複数文章の内容把握問題》

(i) 生徒同士の会話を見ると、空欄Xは【文章Ⅰ】と【文章Ⅱ】のル・コルビュジエの引用について、その違いを説明したものが入るとわかる。違いを整理しておこう。

押さえておくべきなのは、【文章Ⅱ】の引用では中略があり、その省略された箇所を重視していないという点である。

【文章Ⅱ】の引用の中略で省略されているのは、【文章Ⅰ】の末文、「すなわち、まず壁を建てることによって視界を遮ぎり、つぎに連らなる壁面を要所要所取り払い、そこに水平線の広がりを求めるのである」である。一方で、【文章Ⅱ】の引用では、【文章Ⅰ】の引用にはなかった一文「北側の壁と、そして東側と南側の壁とが〝囲われた庭〟を形成すること、これがここでの方針である」が追加されている。

つまり、【文章Ⅰ】では、壁とそこに開けられた窓によって、風景の広がりを望むことができるという点を重視しているが、【文章Ⅱ】では、そうした窓を設ける意図が省略されて、壁を設けることの意図が重視されている、と考えられる。したがって、それを説明した④が正解。

① 【文章Ⅱ】「壁の圧迫感について記された部分が省略されて」が誤り。省略された箇所は、窓を設ける意図を述べた部分である。

② 【文章Ⅱ】「どの方角を遮るかが重要視」が不適切。方角が重要なのではなく、「壁で囲われる」ことを重要視しているのである。

③ 【文章Ⅰ】「壁の外に広がる圧倒的な景色とそれを限定する窓の役割」が誤り。右の引用で確認した通り、視界を閉ざし、景色を限定するのは「壁」の役割である。壁と窓の役割の説明が不適切。

(ii) 空欄Yでは、生徒Bの質問を受けて、【文章Ⅰ】で子規を取り上げた理由を考察している。【文章Ⅰ】はル・コルビュジエの窓が風景を見るための「視覚装置」として機能していることを述べたものだが、子規のガラス障子がこのル・コルビュジエの窓とどのような関わりがあるのか、再度【文章Ⅰ】を追って確認しておこう。

・子規の挿話
↓**ガラス障子が「視覚装置」として機能しており、**子規はガラス障子から風景をながめることができた。
←
・実のところ、**外界をながめることのできる「窓」は、視覚装置として、**建築・住宅にもっとも重要な要素としてある。
←
・建築家のル・コルビュジエは、いわば**視覚装置としての「窓」**をきわめて重視していた。……窓が視覚装置であるという点においては、子規の書斎（病室）のガラス障子といささかもかわることはない。しかし、ル・コルビュジエは、住まいを徹底した視覚装置……のように考えていた……子規のガラス障子は、フレームではあっても、操作されたフレームではない。他方、ル・コルビュジエの窓は、確信を持ってつくられたフレームであった。

これを見ると、「子規のガラス障子」と「ル・コルビュジエの窓」は、風景を望むための「視覚装置」としての役割をもつという点で共通していることがわかる。つまり、共通する点をあらかじめ示すことで、あとから説明する「ル・コルビュジエの窓」の特徴を読者が理解しやすくするねらいがあったと推察されるだろう。

一方、「子規のガラス障子」が「視覚装置」として機能したのは偶然によるものだったのに対して、「ル・コルビュジエの窓」は確信を持って意図的に設計されたものだったと説明されている。これは、ル・コルビュジエが、住まいの居住者と風景の関係を計算した上で、窓を設計したことを強調する意図があったと考えられる。

これらを踏まえると、筆者が子規のことを取り上げた理由としては、②が正しいとわかる。

①「現代の窓の設計に大きな影響を与えたこと」が誤り。**【文章Ⅰ】**では、現代の窓の設計については論じられていない。

③「子規の芸術に対してガラス障子が及ぼした効果」が誤り。子規の芸術への影響について、**【文章Ⅰ】**ではまったく触れられていない。

④「換気と採光についての考察が住み心地の追求であった」が誤り。ル・コルビュジエは「換気」にはあまり重点を置いていないし、「住み心地」を追求したとも書かれていない。

(iii) 空欄**Z**では、**【文章Ⅱ】**と関連づけて**【文章Ⅰ】**の子規の話題をとらえなおそうとしている。**【文章Ⅱ】**で説明された「ル・コルビュジエの窓」の思想が、**【文章Ⅰ】**の子規の話題とどのように関係づけられるかを整理していきたい。

【文章Ⅱ】の主旨は「『動かぬ視点』によって、住宅が『沈思黙考の場』としての役割をもつ」ということである。そのことを踏まえて**【文章Ⅰ】**の子規の話題を解釈すると、「ガラス障子」と病で「寝返りさえ自らままならなかった子規」の状況が子規に「動かぬ視点」を獲得させ、その「動かぬ視点」によって、子規の書斎が「沈思黙考の場」としての機能をもつことになった、と考えられるだろう。これらの内容を踏まえた③が正解。

①「ル・コルビュジエの主題化した宗教建築」が誤り。ル・コルビュジエが主題化したのは「沈思黙考の場をうたう住宅論」(**【文章Ⅱ】**)であり、「宗教建築」ではない。

②「光の溢れる世界」や「仕事の空間として機能していた」が誤り。**【文章Ⅱ】**で述べられたル・コルビュジエの建築は「沈思黙考の場」としての住宅であり、「仕事の空間」について述べたわけではない。また、「沈思黙考の場」はむしろ「光の疎んじられる世界」である。(**【文章Ⅱ】**)

④**【文章Ⅱ】**の内容に即して子規のガラス障子が説明されておらず、不適切。選択肢の「視覚装置として機能していた」という説明は**【文章Ⅰ】**だけの内容になっている。

写真:akg-images/アフロ

第2問

出典 梅崎春生《うめざきはるお》「飢えの季節」（一九四八年初出）**【資料】**「マツダランプの広告」（雑誌『航空朝日』一九四五年八・九月合併号32頁［朝日新聞社・一九四五年九月一日発行］掲載）

梅崎春生（一九一五〜一九六五）は福岡県生まれ。東京帝国大学文学部国文科卒。大学卒業後は陸軍に招集されるも病気で帰郷を命じられる。この前後で東京市教育局などに雇員として勤務していたが、海軍に召集され暗号特技兵などを務めて終戦を迎える。一九四六年、海軍体験を踏まえた「桜島」を発表し、注目を浴びる。続いて「日の果て」、「B島風物誌」などを発表し、戦後派作家としての地位を獲得する。一九五四年、「ボロ家の春秋」で直木賞受賞。一九五五年、「砂時計」で新潮社文学賞受賞。一九六四年、「狂ひ凧《だこ》」で芸術選奨受賞。毎日出版文化賞受賞作「幻化」（一九六五年）が遺作となった。

【出題の特徴】

本問は、第二次世界大戦の終結直後の食糧難の時代を舞台にした小説から出題された。**問1**〜**問6**までは、主人公である「私」の心情を把握する問題を中心として、小説読解のための基礎的な力が問われている。**問7**は共通テストならではの新傾向問題といえるが、本文の舞台となった時代の広告を踏まえて、本文の表現を考察する問題であった。これによって本文のタイトルである「飢えの季節」というテーマを、受験生により深くとらえさせる工夫がなされている。なお、昨年に引き続き、センター試験で例年課されていた「語句の意味を問う」問題は、今回も出題されなかった。

【概要】 問題文の概要は次の通りである。

(1)《「私」の夢と会社の方針との乖離《かいり》》（リード文〜36行目）

・私が拵えた構想のなかには、私がもっとも念願する理想の食物都市の精神が加味されていた。ここには私のさまざまな夢がこめられていると言ってよかった。私の夢は飢えたる都市の人々の共感を得ない筈はないと確信していた。だから自身の構想を会議に提出するにあたっても、晴れがましい気持でいたのである。

・しかし、会議の席上では、私の下書きはてんで問題にされなかった。

・思えば会社が戦争中情報局と仕事をやっていたというのも、たんなる儲け仕事にすぎなかったことは、少し考えれば判る筈であった。そして戦後、掌をかえしたように文化国家の建設の啓蒙をやろうというのも、私費を投じた慈善事業である筈がなかった。

・私はだんだん腹が立ってきた。ただただ私は自分の間抜けさ加減に腹を立てていたのであった。

(2)《物乞いの老爺》（37行目〜56行目）

・会議で構想のたてなおしを命ぜられた帰り道、変な老人から呼びとめられた。老人は私に一食めぐんでくれるように頼んだ。老人はぎょっとするほど痩せていて、よごれており、立っているのも精いっぱいであるらしかった。

・断るものの、自身の上衣すら抵当に入れようとしてまで、なおもすがりつく老爺に、あたりに人眼がなければ私の方がひざまずいて、これ以上自分を苦しめて呉れるなと、頭をさげたい気持になった。

・老爺からなんとか逃れるため、自分でもおどろくほど邪険な口調で、老爺を追い払った。

(3)《食堂にて》（57行目〜66行目）

・しきりに胸を熱くして来るものがあって、食物の味もわからない位だった。私をとりまくさまざまの構図が、ひっきりなしに心を去来した。それら貧富さまざまな人々のたくさんの構図にかこまれて、朝起きたときから食物のことばかり妄想し、こそ泥のように芋や柿をかすめている私自身の姿が思い浮かんだ。こんな日常が続くことで、一体どんなおそろしい結末が待っているかと考えるだけで、私は恐怖した。

(4)**《退職と私の決意》**（68行目～最終行目）

・給与が日給であること、それも一日三円の割であることを知ったとき、私はある衝動を覚えた。庶務課長によると、私はしばらくの間は見習社員で、実力次第では昇給も可能であるという話だった。続けて私の勤務態度をあげ、今後を期待していると述べた。

・日給三円だと聞かされたときの衝動は、すぐ胸の奥で消えてしまって、水のように静かな怒りが胸のうちに拡がってきた。一日三円では食えないことを理由として挙げ、庶務課長には辞意を告げた。

・会社を辞めることによる今後の生活への危惧はあった。しかし、私は私の道を自分で切りひらいてゆく他はなかった。ふつうのつとめをしていては満足に食べて行けないなら、私は他に新しい生き方を求めるよりなかった。

・切実な思いで希求していた「盗みもする必要がない、静かな生活」が望めないものであるとはっきり判った瞬間、私はある勇気がほのぼのと胸にのぼってくるのを感じていた。

・辞職した帰途、電車みちまで出てふりかえると曇り空の下で灰色のこの焼けビルは、私の飢えの季節の象徴のようにかなしくそそり立っていた。

問1 13 ① 《内容把握問題》

傍線部Aは、「私」が提出した構想が、会議の場では想定外に酷評され、会長からも「一体どういうつもりなのか」「一体何のためになると思う」と詰問されたため、「あわてて」自分の構想意図を説明したという場面である。「あわてて」に至るまでの「私」の様子について順を追って確認していこう。

常に空腹を抱えていた「私」は、「もっとも念願する理想の食物都市」とはやや異なるものの、食べものに困らないようなしくみを考え、構想の下書きを作成した。そうした構想の中では、都民のひとりひとりが楽しく胸をはって生きてゆけるはずだった。この中には「私のさまざまな夢がこめられて」いたのである。この夢は「飢えたる都市の人々の共感を得ない筈はな」いと確信し、だから下書きを提出するにあたっても「晴れがましい気持」でいたのである。こうして自信をもって提出した下書きが酷評されたため、うろたえながらも、下書きの作成意図を説明し、なんとか会長の理解を得ようとした、というわけである。したがって正解は①。

② 「会長も出席する重要な会議の場で成果をあげて認められようと張り切って作った構想」が誤り。成果をあげて認められようと構想を練ったわけではない。また、本文の「無理矢理に拵え上げた構想」（1行目）とも矛盾する。

③ 「自分の未熟さにあきれつつも」が誤り。ここでは、自分の提出した下書きが予想外に否定されて、うろたえているのであって、「自分の未熟さにあきれ」ているわけではない。

④ 「都民の現実を見誤っていたことに今更ながら気づき」が誤り。「都民の現実を見誤っていた」わけではないので不適切。「見誤っていた」のは、会長や会社が求めていた構想の意図である。

⑤ 「『私』の理想の食物都市の構想」が誤り。「理想」とは「いささか形はちがっていた」（2行目）のである。また、「会長からテーマとの関連不足を指摘されて」が誤り。会長からは、どういうつもりでこの下書きを作成したのか、と問われたのであって、「大東京の将来」というテーマから乖離している、という指摘を受けたわけではない。

問2 14 ⑤ 《理由把握問題》

傍線部Bで「私」が腹を立てた理由は、直後に説明されている。

私の夢が侮蔑されたのが口惜しいのではない。この会社のそのような営利精神を憎むのでもない。佐藤や長山の冷笑的な視線が辛かったのでもない。ただただ私は**自分の間抜けさ加減に腹を立てていた**のであった。

しかし、「私」が自分を「間抜け」だと感じた理由はここでは言及されていないので、文章をさかのぼって確認していく必要がある。

> 思えば戦争中情報局と手を組んでこんな仕事をやっていたというのも、憂国の至情にあふれてからの所業ではなくて、たんなる儲け仕事にすぎなかったことは、少し考えれば判る筈であった。そして戦争が終って情報局と手が切れて、掌をかえしたように文化国家の建設の啓蒙をやろうというのも、私費を投じた慈善事業である筈がなかった。

つまり、会社が文化国家の建設の啓蒙をしようとしたのは、**金儲けの手段であったことに気づかなかったこと、その思い違いに気づかず、自分の夢や理想を詰め込んだ構想を自信もって提出したこと**、を間抜けだと感じたということである。したがって、正解は⑤。

①「給料をもらって飢えをしのぎたいという自らの欲望を優先させた自分の浅ましさ」が誤り。この選択肢では「自分の間抜けさ」が説明されておらず、不適切。

②「戦後に方針転換したことに思い至らず」が誤り。会社は「方針転換」したわけではなく、一貫して「儲け仕事」を重視しているので、「方針転換したことに思い至らず」という説明は不適切。また後半も、「暴利をむさぼるような経営にいつの間にか自分が加担させられていること」に腹を立てているわけではなく誤り。

③「戦後に営利を追求するようになった会社が社員相互の啓発による競争を重視していることに思い至らず」が誤り。「思い至ら」なかったのは、社員相互の競争が重視されていることではなく、会社の方針が金儲けにあることである。この方針は戦前から変わっていない。また、社員相互の競争が重視されていた、という説明もない。

④「飢えの解消を前面に打ち出す提案をした自分の安直な姿勢」が誤り。「私」は「都民のひとりひとりが楽しく胸をはって生きてゆける……都市」（1行目）を構想したのであり、「飢えの解消」はその一つの条件であって、「前面」に打ち出したわけではない。

問3 15 ⑤ 《心情把握問題》

問われているのは、傍線部Cに至るまでの「私」の心の動きなので、老爺に出会ってから、邪険な口調で老爺を追い払うまでの流れと心の動きを押さえる必要がある。37行目から55行目を確認していこう。

> ・私は変な老人から呼びとめられた。ひどく飢えて痩せた老人に食べものをめぐんでくれるように頼まれる。
> ↓
> ・私は**ある苦痛をしのびながらそれを振りはらった**。
> ↓
> ・老人に重ねて食べものを乞われる。
> ↓
> ・頭をふらふらと下げる老爺よりもどんなに私の方が頭を下げて願いたかったことだろう。**あたりに人眼がなければ私はひざまずいて、これ以上自分を苦しめて呉れるなと、老爺にむかって頭をさげていたかも知れない**のだ。しかし私は、自分でもおどろくほど邪険な口調で、老爺にこたえていた。

右の部分で「私」の気持ちが表れているのは、波線部である。

老爺はひどく飢えていて痩せており、立っていることも精いっぱいの様子であった。しかし、自分が食べることすら満足にできない「私」には、食べものをめぐんでやりたくてもそうすることができない（＝a）のである。そのため、はじめ苦痛をしのびながら、食べものをめぐむことを断る（＝b）が、それでも重ねて頼む老爺に対し、「これ以上自分を苦しめて呉れるな」と「頭を下げて願いた」いような気持ちにかられた（＝c）のである。一方、心ではそういう気持ちをもちながらも、「邪険な口調」で老爺を追い払っているのだから、老爺と向き合うことからなんとか逃れたい、という思い（＝d）をもっていたのだろうと考えることができる。これらaからdまでの流れを説明できている選択肢が正解となる。したがって、正解は⑤。

①「せめて丁寧な態度で断りたい」や「人目をはばからず無心を続ける老爺にいら立った」が誤り。「私」が邪険な態度をとったのは、食べものをめぐんでやりたくても、そうすることができないという苦痛に原因があるのであって、老爺の言動によるものではないので不適切。また、cやdの内容を踏まえていない。

②「周りの視線を気にしてそれもできない自分へのいらだちを募らせた」が誤り。老爺の懇願に応じてやれないことへの苦痛から、邪険な態度をとったのであって、「周りの視線」が気になって許しを請うことができない自分に対していらだちを覚えているわけではないので不適切。

③「自分と重なるところがあると感じた」が本文に根拠がない。また、dの内容を踏まえておらず、「自分にはない厚かましさ」を感じたという指摘も①と同様に、老爺の言動に原因を求めた説明になっており、不適切。

④「老爺のしつこさに嫌悪感」が誤り。①、③と同様に、「老爺のしつこさ」と老爺の言動を「私」の行動の原因としており不適切。

問4 16 ① 《心情把握問題》

まず、傍線部Dの指示語「それ」は、直前の「こんな日常が連続してゆくことで、一体どんなおそろしい結末が待っているのか」を指すことがわかる。したがって、「身ぶるい」するほどの恐怖を感じている対象は、「おそろしい結末」、つまり自分の行く末、将来についてである。こうした「おそろしい結末」に思い至るまでの「私」の心の動きを追っていこう。

・私をとりまくさまざまの構図が、ひっきりなしに心を去来した。
・貧富の差が顕著に描写された人々（下宿のあるじ、裏の吉田さん、会長、庶務課長、佐藤、長山アキ子、T・I氏、青いモンペの女、勤め人たち、老爺）
↓
・それらのたくさんの構図にかこまれて、朝起きたときから食物のことばかり妄想し、こそ泥のように芋や柿をかすめている（＝すきをうかがって、盗みだす）私自身の姿がそこにあるわけであった。
↓
・**こんな日常が連続してゆくことで、一体どんなおそろしい結末が待っているのか。**それを考えるだけで私は身ぶるいした。

すると、貧富の差が顕著にあらわれた周囲のさまざまな人々の姿から起きている間中ずっと食物のことばかりに執着する「私」の状況が強く意識され、こんな生活を続けていった先にある「おそろしい結末」を思って、恐怖したという心の動きを読み取ることができる。したがって、正解は①。

②「自分は厳しい現実を直視できていないと認識した」が誤り。傍線部Dにおける「私」の恐怖の対象は、「おそろしい結末」だが、その言及がない。

③「その場しのぎの不器用な生き方しかできない我が身を振り返った」が誤り。この時意識されたのは、「朝起きたときから食物のことばかり妄想し、こそ泥のように芋や柿をかすめている私自身の姿」である。また、②と同様に、この選択肢では、「おそろしい結末」に対する「私」の恐怖が説明されておらず不適切。

④「富める人もいれば貧しい人もいる社会の構造にやっと思い至った」が誤り。「私」は貧富の差が顕著にあらわれた周囲のさまざまな人々から、自身が起きている間中ずっと食物のことばかりに執着していると自覚したのである。

⑤「社会の動向を広く認識できていなかった自分を見つめ直した」が誤り。「社会の動向」に目を向けていなかった自身を省みたという選択肢だが、これも「おそろしい結末」に対する恐怖を説明できておらず、不適切。

問5 17 ① 《内容把握問題》

傍線部Eの「私」の発言について説明する問題だが、この発言は庶務課長との応答によるものなので、庶務課長と「私」のやりとりやその時の心理状況を整理する必要がある。

・給料が日給で、しかも一日三円の割であることを知らされる。
心情「私」の心に生じた「衝動」（＝心が突き動かされること）
↓
・しばらくは見習いだが、実力次第では昇給が可能。期待をかけていると告げられる。
心情「衝動」はすぐ胸の奥で消えてしまって、その代りに水のように静かな怒りがゆるゆると拡がってきた。そのときすでに会社を辞める決心をかためていた。
↓
・私は低い声でいった。「私はここを辞めさせて頂きたいとおもいます」「一日三円では食えないのです。食えないことは、やはり良くないことだと思うんです」

「私」の給料は日給でしかも一日三円の割であった。「私の一日の給料が一枚の外食券の闇価と同じだ」（74行目）というのだから、とんでもなく薄給であることがわかる。いつも空腹を抱えていた「私」は満足に「食べられること」を希求していた。そのためには、不本意な「儲け仕事」にも従事していたし、「毎日自発的に一時間ほど残業」（72行目）もしてきたのである。

庶務課長は、今は見習社員でも実力次第では昇給させるし、期待しているからと、将来的な展望を伝えるが、**「私」は今、満足に食べられないほど薄給であることに納得できず、辞意を告げることになった**のである。「食えないことは、やはり良くないことだと思うんです」という言葉を低い声で述べたことには、「私」の決意や、うちに潜む「静かな怒り」が表現されていると考えられる。したがって、正解は①。

② 「感情的に反論した」が誤り。「私」は低い声で冷静に辞意を告げており、「感情的に反論」という指摘は当てはまらない。

③ 「課長に正論を述べても仕方がないと諦めて、ぞんざいな言い方しかできなかった」が誤り。「私」は低い声で淡々と辞意を告げているので、「ぞんざいな（＝乱暴でいいかげんな）言い方」ではない。また、この選択肢では、他に述べたかった「正論」があることになるが、そうした「正論」にあたるものは本文では指摘されていないため、不適切。

④ 「課長に何を言っても正当な評価は得られないと感じて」が誤り。「正当な評価」や会社からの期待などを「私」は重視していない。

⑤ 「有効な議論を展開するだけの余裕もないので、負け惜しみのような主張を絞り出すしかなかった」が誤り。日給三円では食えない、というのは「私」の本音であり、「負け惜しみのような主張（＝いいわけや屁《へ》理屈）」とはいえず、不適切。

問6 18 ④ **《心情把握問題》**

傍線部**F**の心情を説明する問題。「ある勇気」が胸にのぼってくるのを感じた、とあるのだから、まずは、この「ある勇気」の内容を本文中から読み取る必要がある。また、傍線部**F**の直前を確認すると、「ある勇気」が胸にのぼってきたのは、「それ（＝盗みもする必要がない、静かな生活に対する希求）が絶望であることがはっきり判ったこの瞬間」つまり、「人並みな暮しの出来る給料」が得られず、切望していた「盗みもする必要がない、静かな生活」が手に入らないことを理解した瞬間ということも押さえておきたい。

その瞬間の気持ちを「ある勇気」というポイントを踏まえて確認していくと、

（仕事を辞すことによる将来の心配はあるものの）**私は私の道を自分で切りひらいてゆく他はなかった**。ふつうのつとめをしていては満足に食べて行けないなら、**私は他に新しい生き方を求めるよりなかった**。……そこ（＝鞄の中にいろんな物を詰めこんで、売ったり買ったりする場）にも生きる途がひとつはある筈であった。そしてまた、……（あの老爺のように）外套を抵当にして食を乞う方法も残っているに相違なかった。

つまり、**a「盗みもする必要がない、静かな生活」を期待していた。→bそ**

れが決してかなわない願いであることを知って絶望し、（給料では食べていけないのならと）会社を辞める決断をした↓c将来の生活に対する心配はあるものの、自分で自分の新しい道を切り開いていかなければならない、とやる気がわき起こっているということである。したがって、正解は④。

①「その給料では食べていけないと主張できたことにより」が誤り。「ある勇気」が胸にのぼってきたきっかけは、「それ（＝盗みもする必要がない、静かな生活）が絶望であることがはっきり判ったこの瞬間」である。

②「課長に言われた言葉を思い出すことにより」がまず誤り。①と同様に、勇気が胸にのぼってきたきっかけの説明が不適切。また、「自分がすべきことをイメージできるようになり」も不適切。ここは「新しい生き方」を模索しだす段階で、具体的な「イメージ」があるわけではない。

③「物乞いをしてでも生きていこう」が誤り。「物乞い」も「新しい生き方」の選択肢の一つではあるが、ここでは「新しい生き方」を「物乞い」に限定していない。

⑤「課長が自分に期待していた事実があることに自信を得て」が誤り。「ある勇気」が胸にのぼってきたきっかけの説明が不適切。また、本文では、課長が自分に期待していたかどうかを「私」はプラスにとらえておらず、それによって自信を得たという説明も根拠がない。

問7 **19** ③ **20** ② 《複数資料の把握問題》

(i)【文章】の空欄Ⅰに入る言葉を考察する問題である。まずは空欄の前後を整理しておこう。

この広告と「飢えの季節」本文の最後にある「焼けビル」とには共通点がある
↓
共通点の説明＝空欄Ⅰ
↓
この共通点は、本文の会長の仕事のやり方とも重なる。

したがって、「この広告」と「焼けビル」、また、「会長の仕事のやり方」の三つに共通点があることがわかる。それぞれの内容を整理しておこう。

「この広告」↓【資料】中の「マツダランプ」の広告。戦時中に使われていたものを、戦後も一部を削除して流用している。
「焼けビル」↓注3参照。戦災で焼け残ったビル。
「会長の仕事のやり方」↓戦時中も戦後も変わることなく、「たんなる儲け仕事」。

これらに共通するものは、「戦時中に存在したものが、終戦後社会が変化したあとになっても、なお残り続けている」という点である。したがって正解は③。

①「軍事的圧力の影響」が誤り。広告も焼けビルも、仕事のやり方も「軍事的圧力」とは無関係である。

②「倹約の精神」が誤り。「倹約」は強いていえば「広告」にのみ当てはまる内容である。

④「戦時下の国家貢献を重視する方針」が誤り。これまでの設問でも見たように、会長の仕事は「たんなる儲け仕事」で国家貢献を重視するものではないし、広告も焼けビルも国家貢献とは無関係である。

(ii)【文章】の空欄Ⅱは文章最後の一文の末尾にあたるので、文全体を把握することから始めよう。

そこで改めて【資料】を参考に、本文の最後の一文に注目して「私」の「飢え」について考察すると、「かなしくそそり立っていた」という「焼けビル」は、 Ⅱ と捉えることができる。

また、本文の最後の一文は、「……この焼けビルは、私の飢えの季節の象徴

のようにかなしくそそり立っていたのである」となっている。したがって、

a 焼けビル＝飢えの季節の象徴
b **【資料】**（「焼けビル」のもつ特徴　**問7**(i)より）を参考に、「私」と「飢え」についての考察→終戦後なおも残り続けているもの。

以上の二点から考えると、「焼けビル」は「私」にとって、解消することを切望していた「飢え」がなおも継続していることの象徴としてとらえられている、ということがいえそうである。したがって、正解は②。

① 「給料を払えない会社の象徴」が誤り。ここでは「飢え」の継続性を指摘すべきであり、「給料」や「会社」に着目している点で不適切。

③ 「飢えた生活や不本意な仕事との決別の象徴」が誤り。「飢えた生活」からは決別できていない。

④ 「飢えから脱却する勇気を得たことの象徴」が誤り。仮に、これが当てはまるのであれば、本文では「焼けビル」が「かなしくそそり立っていた」とは表現されないだろう。この空欄にはマイナスの内容が入ると考えれば、④はすぐに誤りとわかる。

第3問

出典 源《みなもとのとしより》俊頼『俊頼髄脳《ずいのう》』
【問4】源俊頼『散木奇《さんぼくき》歌《か》集』

『俊頼髄脳』は、平安時代後期（天永二〈一一一一〉～永久二年〈一一一四〉頃）成立の、歌人・源俊頼による歌学書。藤原忠実《ただざね》の依頼により、その娘・勲子（後の鳥羽院皇后、高陽院泰子）のために述作したとされる（『今鏡』）。実作のための入門書的性格が強く、具体的な作品解説や和歌にまつわる故事・伝説も多く記される一方で、歌体論、歌病論、題詠論、秀歌論などの和歌概論からは俊頼の新風志向がうかがえる。源俊頼は平安時代後期の歌人（天喜三〈一〇五五〉～大治四年〈一一二九〉）。白河上皇の院宣により『金葉和歌集』を撰した他、多くの歌合《うたあわせ》の判者を務めた。

『散木奇歌集』は、源俊頼の自撰家集で、晩年の大治三年（一一二八）頃の成立。十巻千六百二十二首に及ぶ大部の歌集で、細かく部類されている。奇語・俗語など多種多様な語彙を用いた、俊頼らしい新風の和歌が並ぶ。書名の「散木」は役に立たない木の意であり、「奇歌」とともに謙辞（＝へりくだりの言葉）である。

【出題の特徴】

本文が一つ、設問に和歌が引用される形は二〇二一年度第一日程と同様。歌学書ではあるものの問題文は説話的性格が強く、状況もわかりやすく読みやすい。全体を通して基本的な語彙・文法を確実に押さえられているかが問われる。

問1は従来通り、重要単語を訳出する力を問う。紛らわしい選択肢はない。**問2**は昨年度と同様、文法や語句に関する問い。表現効果に主眼が置かれるものの文法事項だけでほぼ正答を導ける。**問3**は本文内容との合致問題で、段落が指定されており該当本文を見つけやすい。**問4**は新傾向の問題。教師と生徒の会話をもとにした空欄補充の形式は昨年度本試験と同様。今回は短連歌の解釈や詠歌状況、表現技法といった和歌を軸とした内容になっている。掛詞を踏まえ自分で一から解釈するのはいささか難しいかもしれないが、選択肢を読めば適切な解釈にたどり着ける。また昨年度は本文の該当箇所を確認・解釈する必要があり、紛らわしい選択肢も多かったが、今回は選択肢内に誤っている箇所が複数あることが多く、判断しやすい。登場人物の心情や語り手の意図などを文章から読み取る力はほとんど問われず、全体的に基礎力が身についていれば得点できる問題が多い。

【概要】

1 皇后寛子のための船遊びに際し、宮司らは船を紅葉で飾りつけたり、船を操作する若侍の華やかな衣裳を用意したりと、入念に準備した。

2 当日、二艘《そう》の船に乗りわかれた人々は、船前方に奏者を置くなどして船を進めていると、南の普賢堂の辺りに着いた。そこには宇治の僧正（当時は僧都の君）がおり、船遊びが催されると知った多くの僧もまた庭に集まっていた。

3 ・その中にいた歌僧・良暹を知る者が、船に乗せて連歌をするよう提案するが、（部外者の良暹を）船に乗せるのは後の時代の人から批判を受けるということで、その場で連歌をさせることになった。
・良暹も連歌を求められることもあろうと思っていたのか、すぐに詠んで傍らの僧に伝え、僧が船に歩み寄り「紅葉が焦げるように色づいており、その紅葉を飾って漕いでいるのが見える、美しい船であることよ」と詠みかけた。

4 船の人々は句を付けられないまま築島を二周もしてしまい、島陰で「どうしようか」と言い合うが、もはや句を付けようという気もなく、混乱しきりであった。

5 皇后にお借りした楽器も演奏することなく、宮司が準備してあった饗宴もそのかいなく、中止となった。

【問4・『散木奇歌集』】

・八幡の御神楽の翌日、別当法印光清の堂の池の釣殿で人々が遊興していたところ、光清が連歌を求めたので、俊重が「釣殿の下には魚は住んでいないのだろうか」と詠んだ。
・結局光清が句を付けられなかったことを、帰宅した俊重が話し、俊頼は「梁ならぬ釣針が水底に映って見える（からだろうよ）」と詠んだ。

問1 **21** ③ **22** ④ **23** ② **《語句の解釈問題》**

(ア) 船遊びの場面で、人々が乗る二艘の船が南の普賢堂の辺りにやってくる時の様子を表している。語意はそれぞれ次の通り。

さしまはす【サ行四段活用動詞】
接頭語「さし」が「まはす」に接続した語として、〈まわす〉〈さし向ける〉などの意。また「鎖す」と「まはす」の複合動詞として〈（門戸を）閉じる〉の意もある。
なお、本文の「船さし〈船を操作する人〉」を参考にすると、複合動詞として「操作する」意のサ行四段動詞「さす」＋「まはす」と考えることも可能。どちらにしても船を向けるという意味になる。

やうやう（漸う）【副詞】
主に〈だんだん・次第に・徐々に〉など、時がたつにつれて進行するさまを指す。他にも、何らかの困難があったものが時の経過によってどうにか成ったさま（〈かろうじて・やっと〉）、時が経ってある事態が成立するさま（〈まさしく・すでに〉）を指すこともある。

以上を適切に訳した③が正解。
なお、傍線部を検討するにあたり、「やうやう」からだけでは正解の選択肢を絞ることは難しい。なぜなら、「やうやう」の訳としては③・④・⑤が該当し、また②は「やうやう」を「様々」として解釈しており、これも不適切とは即断できないからである。そこで「さしまはす」の語意と文脈を踏まえながら考える必要がある。動詞「さしまはす」の意味を知らなかった場合は、複合動詞的な構成であることに注目し、「さす」「まはす」の語意を意識しながら文脈と照らして解けばよい。②「準備する」、④「集まる」、⑤「演奏が始まる」は、この文脈における「まはす」の訳として違和感がある。さらに「さしまは」した結果、船が南の普賢堂の辺りにきたという文脈を踏まえれば、船の進行に関わる言葉であろうと推測できる。

(イ) この傍線部の主語は「その僧」、つまり良暹の使いをする役目の者である。さらに傍線部の最後にある単純接続の「て」に続き、「『もみぢ葉の……』と申しかけて帰りぬ」とあるから、「その僧」は連歌の下の句を詠む者たち（＝船にいる人々）に歌を届けに行ったとわかる。傍線部は「その僧」の様子を描写したものであり、ここでは形容詞「ことごとし」が「その僧」のどのような様子を表しているかを考えればよい。

ことごとし【シク活用形容詞】
〈おおげさである・ものものしい〉などの意で、いかにも一大事であるかのようなさま。

以上より、「もったいぶって」と訳した④が適切。④以外はいずれも「ことごとし」の訳として不適。歩み寄った先の解釈も①「僧侶たちの方」、③「良暹のそば」、⑤「良暹のところ」がいずれも適切ではない。

(ウ) 句を付けることができない人々の言葉。「かへすがへす」の訳は次の通り。

かへすがへす【副詞】
何度も繰り返すさまを指し、〈かさねがさね〉〈念入りに〉の意や、〈何度考えてもそうとしか考えられない〉と程度を強め、〈つくづく〉〈非常に〉の意を表す。また助詞「も」を伴い、〈きっと・必ず〉、打消表現が加わると〈決して〉などとも訳す。

傍線部を含む一文は倒置となっており、今まで句を付けられていないという状況に対して「かへすがへすもわろきことなり」と言うのである。よって「つくづくよくない」という意を含む②が適切だとわかる。①③④は「かへす」を踏まえたような訳になっているが、「かへすがへす」にそのような意味はない。①は一見適切なように見えるが、ここの場合の「かへすがへす」は「繰り返す」という行動を指すものではなく、文脈にそぐわない。

問2　24　③《文法知識および表現把握問題》

本文全体から複数箇所を取り上げているので、広く本文に目を配る必要がある一方で、波線部は短く、また選択肢は文法の正誤のみで正答を導けるものが多く、細かな解釈も必要でないため、解きやすくなっている。

aは「若からむ」に助動詞「らむ」を見出す点が不適。形容詞「若し」の未然形「若から」に推量の助動詞「む」が接続したものである。直前の「の」は同格の格助詞であり「侍の若からむ（侍）」と「侍」が省略されていると考えられ、助動詞「む」は婉曲と判断できる。選択肢後半の「断定的に記述することを避けた表現」は適切といえる。

bは「読み手への敬意」が込められているとする点が不適。この「侍り」は若き僧の台詞に含まれる丁寧語であるが、台詞における丁寧語は聞き手に対するものであるから、ここでは船の人々に対する敬意であると考えるのが妥当。

cは、良暹に対する作者の推測を表したものであり、「さる者……まうけたりけるにや」の部分が作者の見解として、船遊びの描写に挿入されているのである。良暹は連歌を求められたところ「聞きけるままに程もなく」、つまり即座に読むことができた。それは良暹が「さる者」すなわち〈しかるべき者〉であったため、〈もしかするとそのようなこと（＝連歌を求められること）もあるかもしれない〉と「まうけ」ていたのではないかと、作者は想像したのである。動詞「まうく」は〈準備する〉〈心構えする〉などの意で、良暹が事前に準備していた可能性を示唆している。よって③が適切。

dは「ぬ」を強意の助動詞とする点が不適。強意の助動詞をこのように単独で用いることはない。人々が「え付けざりけ」る状況であったことを踏まえれば、「ぬ」は打消の助動詞「ず」の連体形だとわかる。

eは「なり」を推定の助動詞とする点が不適。「覚えず」は〈わからなくなる〉という人々の状態を指す表現であり、〈～になる〉と訳すことができることから、動詞「なる」であると識別できる。なお、「なり」は聴覚情報からの推定を表す助動詞だが、そのような聴覚情報は記されていない。

問3　25　⑤《内容把握問題》

傍線部ではなく[1]～[3]段落の内容を把握・照合する必要があって範囲は広くなる。まずは該当する記述を見つけることが求められるので、落ち着いて本文と照らし合わせよう。

①は「もみじの葉で飾った船」が[1]「宮司ども……船の屋形にして」と一致するものの、当日に「御船はまうけたりや」と準備ができているか問われて「皆まうけて侍り」と答えている。準備が前日までに行われていたことが読み取れ、「当日になってようやく」が不適とわかる。

②は[2]に照らし、「祈禱を中止し……呼び集めた」という記述がないため不適。

③は、まず良暹が自ら辞退したとする点が不適。船の人々の「いかが。あるべからず」という意見によって、船に乗せることなく連歌をさせたのであった。また即座に句を傍らの僧に伝えてはいるが、「句を求められたことには喜びを感じていた」ことは本文になく、適切としがたい。

④の「後で批判されるだろう」とは「後の人や……申さむ」を受けたものだが、その内容を「管絃や和歌の催しだけでは」とする点が不適。良暹を船に乗せるべきでない理由として、人々は「さらでもありぬべかりけることかな」、すなわち〈部外者の〉良暹を乗せなくとも〈すばらしい会にちがいなかったことだろうよ〉と批判されると考えたのである。

⑤は「良暹……平がりてさぶらひければ、かたはらに若き僧……申しければ」と合致し、適切。

選択肢は本文の順に並べられているとは限らないので注意。

問4　**26**　④　**27**　①　**28**　③　《複数文章の比較読解問題》

問題文の連歌にまつわる出来事について、同じ作者の『散木奇歌集』を参考にしながら理解を深める問題。『散木奇歌集』の詞書《ことばがき》の内容は教師と生徒とのやりとりでまとめられており、ここでは問われない。

(i)　掛詞に注目したそれぞれの句の解釈が問われている。整理すると次の通りである。

釣殿 の 下 に は 魚 や すま ざら む
　　　　　　　　　疑問　打消　推量
〈釣殿の下には魚は住んでいないのだろうか〉

梁・(釣)針
うつばり の 影 そこ に 見え つつ
〈梁ではないが針が水底に見える（から）〉
＊「影」はここでは〈水や鏡などに映った人・物の姿形〉の意。
＊「釣殿」に対応する「うつばり」を軸にし、「釣」「魚」に対し「針」「(水) 底」の縁語を配す。

両句を適切に解釈した④が正解。俊重の前の句に限っても、「すまざらむ」を正しく訳せているのは④のみである。①は「皆が釣りすぎたせいで」という魚の姿が見えない理由を説明しているが、これは句からは判断できない。また、「影」を「昔の面影」と解釈している点も不適。②は「や／すま／ざら／む」を「やすま／ざら／む」ととらえている点が間違い。したがって、俊重の句を踏まえて俊頼の句の「うつばり」に「鬱」を掛けていると解釈している点も認められない。③は「魚やすまざらむ」とあるように「すむ」の主語が魚である以上、「澄む」が掛けられていると考えることはできない。俊頼の句の「そこ」に「あなた」という意味を掛けた恋の句と解釈している点も不適。

(ii)　**Y**の直前の「この句」が指す良暹の「もみぢ葉の」句の解釈が問われている。まず句を見ていこう。

もみぢ葉 の **焦・漕** こがれ て 見ゆる 御船 かな
↓もみじが 焦がれ て 見える ＝ もみじが紅葉して見える
　　　　　漕がれ て 見える ＝ 船屋形にしつらえられたもみじの飾られた船が漕がれている様子が見える
〈紅葉が焦げるように色づいており、その紅葉を飾って漕いでいるのが見える、美しい船であることよ〉

以上の解釈を適切に踏まえた①が正解。

良暹が句を詠んだのは、殿上人の「さりぬべからむ連歌などして参らせよ」という求めに応じたためである。「さりぬべからむ」はラ変動詞「さり（さ＋あり）」＋完了の助動詞「ぬ」＋推量の助動詞「べし」＋推量の助動詞「む」から成り、〈そうあるはずだ〉〈適当である〉あるいは身分などに対し〈相当である〉〈ふさわしい〉などの意。すなわち〈この場にふさわしい連歌〉を求められたのだとわかり、「船遊びの……詠んだ句」という背景の説明も適切である。

②にあるようにラ行下二段活用動詞「焦がる」には〈焼けて焦げる〉〈日に照りつけられて変色する、紅葉する〉の他、〈恋い焦がれる〉の意があり、この場合にも「漕がれる」に掛けられることがよくあるが、選択肢には掛詞への言及がなく、また「寛子への恋心」を本文から読み取ることができず、不適。

③は句の最も重要なポイントである「こがれて」の掛詞を一切踏まえず、一方で「寛子の美しさ」を「もみぢ葉」に、「藤原氏」を「御船」に見立てているとして、一族の将来を讃えるといった本文から読み取ることのできない説明に終始しており、不適。

④も同様に掛詞に触れず、本文にない解釈をしている点で不適。頭韻という修辞法は確かにあるが、この句に「心を癒やしたいという思い」を読み取る根

拠がない。

なお、「こがれ」に「焦がれ」と「漕がれ」が掛けられた例については、藤原通俊の「いかなればふなきの山のもみぢばのあきはすぐれどこがれざるらん」（『後拾遺集』巻五、秋下）が「焦がれ」に舟の縁語「漕がれ」を掛けていることをはじめ、多くの用例が認められる。

(iii)　連歌の、前句だけで完結するのではなく、「別の人がこれに続く七・七を付けることが求められ」るという性質を踏まえ、4・5段落をどう読むべきかを説明したもの。

4では、「え付けざりければ」、すなわち句を付けられなかった船の人々の様子についてさまざまに描写されている。「いかに」「遅し」といった言い合いや、「今は、付けむの心はなくて、付けでやみなむことを嘆く」などの描写から、その混乱ぶり（「何事も覚えずなりぬ」）をうかがうことができる。そしてその結果として興ざめした人々の有様が5で述べられている。

選択肢では、用意してあった宴が催されずに終わった（「宮司、まうけしたりけれど、いたづらにてやみにけり」）理由、つまり本文の「御前にて遊ばむなど思ひければ、このことにたがひて、皆逃げておのおの失せにけり」の「このことにたがひて」が、どういうことかについて問われている。良暹に連歌を求めた殿上人にとって想定外の出来事であり、「このことにたがひて」とは、すなわち結局句を付けられなかったことである。よって正解は③。「時間が経っても池の周りを廻るばかり」は、4の「船を漕ぐともなくて……むなしく過ぎにけり……二めぐりになりにけり」と合致する。また「雰囲気をしらけさせ」たことは、5の「かきならす人もなくてやみにけり」「皆立ちにけり」などと合致する。

①は、宴が中止になったのは「良暹を指名した責任について」の言い争いが終わらなかったからだとする点が不適。4の「たがひに船々あらそひて」という言い合いの内容は、「いかに」「遅し」とあるように付け句をどうするか、付けるのが遅いといったものであったことがわかる。

②は、句を付けられない「無能さを自覚」し、「取り仕切ることも不可能」だとして中止したとする点が本文になく不適。宴が中止になったのは、決まりが悪くなった殿上人が「皆逃げておのおの失せ」てしまったためである。

④は「予定の時間を大幅に超過し」たことが本文になく、また「反省の場となった」と宴が催されたように解釈しており、不適。船遊びの準備も、殿上人ではなく宮司によるものである。

全訳

宮司（皇后に仕える役人）たちが集まって、船をどうしようか（と相談し）、紅葉をたくさんとりにやって、（その紅葉を）船の屋根にして、船を操作する人は侍で若いような者を指名したので、急いで狩袴を今回の催しにふさわしいよう染めるなどして華やかに着飾る準備をした。当日になって、人々がみな参集した。「御船は準備してあるか」とお尋ねになったので、「すべて用意しております」と申し上げて、その（船遊びが始まる）時になって、島陰から漕ぎ出た船を見ると、どこと限ることもなく、あたり一面光輝く船が二艘、装い出てきた様子は、たいそう趣深かった。

人々はみな二艘の船に乗りわかれて、管弦の楽器などを皇后様からお借りして、演奏する人々を前方に置いて、徐々に船を動かすうちに、南の普賢堂に、宇治の僧正、（当時は）僧都の君と（人々が呼び）申し上げていた頃であったが、御修法していらっしゃったところ、このような船遊びがあると聞いて、あらゆる僧たち、年長者から若者までが集まって、庭に並んで座っていた。稚児、従者の法師に至るまで、花模様の刺繡の装束を着て、（僧たちからは）離れて集まり座っていた。

その中に、良暹といった歌人がいたのを、殿上人は、知り合いであるので、「良暹が（この中に）いるか」と問うたところ、良暹は目を細めて笑って平伏していたので、そばにいた若い僧が気づき、「その通りでございます（＝ここにおります）」と申し上げたので、「彼を船に呼び寄せて乗せ、連歌などをさせるようなことは、どうだろうか」と、もう一艘の船の人々に相談したところ、「どうだろうか、そうすべきではない。後の人が、そうでなくても（部外者を加えなくても）すばらしい会にちがいなかったことだろうよ、とか申すだろうか」などという意見があったので、それもそうだと（良暹を）船に乗せず、そのままその場で連歌などさせようなどと決めて、近くに漕ぎ寄せて、「良暹、この場にふさわしい連歌などをして献上せよ」と人々が申されたので、（良暹も）しかるべき者であるので、もしかするとそのようなこともあるかと思って準備しておいたのであろうか、（その言葉を）聞くやいなや即座にそばの僧に何事かを言ったところ、その僧はもったいぶって船の方に近づいていって、

「もみぢ葉の……紅葉が焦げるように色づいており、その紅葉を飾って漕いでいるのが見える、美しい船であることよ

と申しております」と言いかけ申し上げて戻った。

人々はこれを聞いて、二艘の船の人々に聞かせて、句を付けようとしたがなかなか付けられなかったので、船を漕ぐともなく、ゆっくりと築島をまわって、一周する間に、句を付けて返そうとするが、付けられなかったので、無駄に過ぎてしまった。「どうした」「遅い」と、二艘の船の人々は互いに言い合って、二周になってしまった。依然として付けることができなかったので、船を漕がずに、島陰に入って、「どう考えてもよくないことだ。付け句を今まで付けられないのは。日はすっかり暮れてしまった。どうしたらよいだろうか」と、今はみな付けようとする気はなく、付けずに終わってしまうだろうことを嘆く間に、何も考えられなくなってしまった。

仰々しく管弦の楽器をお貸しいただき船に乗せてあったのも、一人もかきならす人がいないまま終わってしまった。このように言い合っている間に、普賢堂の前に大勢いた人もみな立ち去ってしまった。人々は船から下りて、皇后の御前で管弦の遊びをしようなどと思っていたが、想定外の出来事のために、みな逃げるようにそれぞれ去っていった。宮司も、宴会の準備をしてあったが、無駄になって中止になった。

【問4・『散木奇歌集』】

人々が大勢、石清水八幡宮の御神楽に参加していたところ、催しが終わった翌日、別当法印光清の堂の池の釣殿に人々が並び座って遊興していた時に、「私、光清は連歌を作ることが得意だと思われる。すぐさま連歌を付けたい」などと言っていたので、（では）慣例に従ってと（俊重が）申し上げた句、

釣殿の……釣殿の下には魚は住んでいないのだろうか　俊重

光清は熟考したが、付けることができないで終わってしまったことなどを、（俊重が）帰って話したところ、ためしに（付けてみよう）と言って、

うつばりの……梁ならぬ釣針が水底に映って見える（からだろうよ）　俊頼

第4問

出典　**【予想問題】**および**【模擬答案】**　白居易《はくきょい》『白氏文集』

『白氏文集』は唐（中唐）の詩人、白居易（七七二～八四六）の詩文集。白居易の詩は中国だけでなく、朝鮮半島や日本でも広く親しまれ、『枕草子』や『源氏物語』の中でも言及されている。

【出題の特徴】

これまでの共通テストの傾向を踏襲し、関連をもつ複数のテキストを題材とする問題であった。ただし、時代や作者などが異なる、まったく別のテキスト同士を読み比べるものではなく、試験の予想問題とそれに対する模擬答案という、元々相互に関連づけて書かれていた文章が題材である。この点は昨年度の、阮元の詩とその序文という題材にも共通している。ただし、必ずしもこの点が問題の難度を下げるとはいえない。性質の異なる複数のテキストを読むという作業がなくなる代わりに、より精密にテキスト間の論点や共通点・相違点などを読み取る力が求められると考えられるからである。とはいえ、出題形式は基本的にこれまでの共通テストを踏襲している。**問1～3**は語句の意味・解釈・返り点と書き下し文といった、漢文の知識を問う問題である。**問4～6**は、比喩や対句を踏まえて内容を把握する、空欄補充と組み合わせるなど、出題形式が多様である。**問7**では二つのテキストの「問い―答え」の構造を押さえた内容の理解が問われた。漢詩が出題されず、比較的大意をつかみやすい文章であったこともあり、総じて形式的な知識を問うことよりも、内容を把握する読解問題の比重が高かったといえよう。

【概要】

【予想問題】

(1)問題が起こる原因を問う

・君主は賢者を登用しようと思っており、賢者は君主の役に立ちたいと思っている。

・それにもかかわらず、両者がうまく出会えないのはなぜか。

(2)問題の解決方法を問う

・君主が賢者を求めるための方法は何か。

【模擬答案】

(1)前半：問題が起こる原因についての見解

・君主が賢者を求めようとして得られず、賢者が君主の役に立とうとして方法がないのは、君主と賢者との間に隔たりが大きいからである。

(2)後半：問題の解決方法についての見解と、その方法をとる理由

・君主が賢者を求め、賢者を見分けるためには、似た者の類を明らかにした上で、その中から推薦させればよい。

・糸や矢が役目を果たすためには、針や弓の弦の力による必要があるのと同じように、自分の力だけで目的を達成することはできない。（似た者の類から推薦させる理由1）

・水が湿ったところへ流れ、火が乾いたところへ広がるように、賢愚・善悪など、似た者同士が集まるのは自然なことである。（似た者の類から推薦させる理由2）

問1 29 ① 30 ① 31 ⑤ 《語句の意味の問題》

(ア)「無レ由」は「よしなシ」と読む慣用表現。「由」は〈機会や方法〉を意味し、「由無し」で〈機会がない・方法がない〉となる。現在の日本語でも「よしない（由無い）」で〈理由がない・なすすべがない〉といった似た意味で用いられる。よって①が正解。

(イ)「以為」は「おもへラク」と読み、〈思うには・考えるには〉の意。よく見解を述べる時に用いられる。よって①が正解。

(ウ)選択肢に列挙された熟語が示すように、「弁」は、〈物事を処置する・言葉を話す・物事を区別する〉といった意味をもつ。ここでは、「賢を弁ずる」が、「賢を求むる」と並置されているので、「賢を求むる」と似た意味になると見当をつけると、〈賢者と愚者とを見分ける・賢者を愚者から区別する〉といった意味がふさわしい。よって⑤が正解。

問2 32 ③ 《解釈問題》

傍線部Aには「無不〜」という二重否定の句法が用いられており、「君者……其賢」と「賢者……其用」が対句になっている。これらのポイントを押さえながら解釈していく。まず「君たる者〈＝君主〉……」に対して「賢なる者〈＝賢者〉……」と提示していることをつかむ。続く二重否定「無不〜」は、「〜（セ）ざルハなシ」と読み、〈〜しないものはいない〉という意味を表す。同じ意味を、否定表現を使わずに表せば〈みな〜する〉ということである。そして、この句法を次に挙げる対句の構造の中に位置づけよう。

	二重否定〈みな〜する〉	〈〜する〉の内容	「思」の目的語
君者	無レ不レ	思レ	求二 其賢一
―	―	―	―
賢者	罔レ不レ	思レ	効二 其用一

つまり、二重否定の句法によって〈君主はみな〜する〉、〈賢者はみな〜する〉という内容が対になっている。〈〜する〉の内容は「無不思」「罔不思」とあるから、「思フ」ことである。何を思うのかというと、君主の場合は「其の賢を求むる」ことであり、賢者の場合は「其の用を効す」こと。つまり、君主の方では賢者を求めようとしており、賢者の方では自分の有用性を君主に届けたいと思っている、というのが傍線部Aの趣旨である。よって、正解は③。

他はいずれも傍線部の趣旨を違えている上に、①は、「無能な臣下を退けたい」が「効二其用一」の解釈として適切とはいえない。傍線部Aは君主と賢者の、登用したい・されたいという関係を対句で示しており、賢者が他の臣下に及ぼす影響までは言及していない。②は、「君主の要請を辞退したい」が、④は「自分の意見は用いられまい」が、それぞれ二重否定の解釈として適切ではない。⑤は「賢者の称賛を得よう」が、「賢を求むる」の解釈として適切ではない。

問3 33 ⑤ 《返り点と書き下し文の問題》

まず文章の展開を見ると、**【模擬答案】**の冒頭は**【予想問題】**の「君たる者……思はざるは罔し。然れども両つながら相遇はざるは、其の故は何ぞや」という問いを受けたものであり、傍線部Bを含む文はそれに続いている。また、傍線部Bの直前にある「者」は、「は」と読む主題・強調を表す用法である。すると、傍線部Bを含む文は〈……というのは、……だからです〉という**【予想問題】**の問いに対して答えを述べようとしているものだと見当がつく。さらに傍線部Bと選択肢を見ると、次のような対句の存在に気づくだろう。

豈不以

対句
貴賤 相懸〈貴賤が懸たっている〉
＝ ＝
朝野 相隔〈朝野が隔たっている〉

対句
堂 遠 於千里〈堂が千里より遠い〉
＝ ＝ ＝
門 深 於九重〈門が九重より深い〉

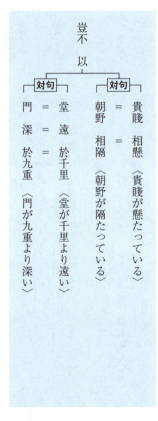

漢字の並びや書き下し文から考えて、「貴賤相懸」と「朝野相隔」、「堂遠於千里」と「門深於九重」とが対句だとわかる。加えて「貴賤相懸」「朝野相隔」と「堂遠於千里」「門深於九重」とも、それぞれ上下の身分や立場の隔たりが大きいことを示しており、これも対句になっている。したがって傍線部Bの「豈不以」は、この四つの要素を包み込むようにおかれていると考えるのが妥当だろう。

「豈不～」は「あニ～〈ナラ〉ずヤ」という詠嘆の句法である。また「以」は返読して理由・原因・手段・方法などを意味する。先に見た文章の展開、すなわち「其の故は何ぞや」と問う**【予想問題】**への**【模擬答案】**であることを踏まえると、「以」を使って「……を以てなり〈＝……だからです〉」と理由を答えていると考えられる。よって、この「以」は理由を表す「もつテ」だと判断する。つまり、傍線部Bは、この「……を以て」という理由に「豈不～」という詠嘆を添えて、自分の意見を強調しているのである。

以上を踏まえると、傍線部Bの書き下し文は「豈に貴賤相懸たり、朝野相隔たり、堂は千里よりも遠く、門は九重よりも深きを以てならずや」となる。つまり、君主と賢者が「両つながら相遇はざる」理由は、君主と賢者とが、貴賤（身分）や朝野（朝廷と在野）というかけ離れた立場にあり、君主が賢者にとってはるか遠い場所にあるからではないのか、というのが**【模擬答案】**の考えである。

よって、正解は⑤。他の選択肢はどれも「以」が受ける内容を、「以」以下のすべての内容ではなく、途中までとしている。

問4 **34** ① 《表現把握問題》

本文は、傍線部Cの比喩の対象を明らかにするだけではなく、比喩の対象とその比喩に用いられた事物との共通点をとらえることが求められている。

「線」・「矢」のたとえは、**【予想問題】**の「其の術は安くに在りや」という問いに対して**【模擬答案】**で「臣以為へらく……」と、答えを述べている部分にあり、次のように解答者の考えが示されている。

賢を求むるに術有り
賢を弁ずるに方有り
方術は、各其の族類を審らかにし、之をして推薦せしむるのみ。

つまり賢者を求め、見分ける方術は、「族類」を明らかにして、それに「推薦」させることだ、というのが解答者の考えである。そして傍線部Cは、この考えを説明するための比喩である。

このことを踏まえて、傍線部C以下の「線」・「矢」に関する記述を見ると、まず「線は針に因りて入り、矢は弦を待ちて発す」とある。糸で布を縫い合わせるためには、針の力を借りる必要がある。矢も標的に向かって飛ばすには、弓の弦の力を借りなければならない。さらに続けて「線矢有りと雖も、苟くも針弦無くんば、自ら致すを求むるも、得べからざるなり」とある。逆接の「雖も」、仮定の「苟くも」に注意して解釈すると、〈糸や矢があったとしても、もし針や弦がなければ、自分の力だけで役に立とうとしても、できないのです〉といった意味になる。したがって、「線」「矢」は、「針」「弦」の力を借りて初めて効力を発揮するものだ、というのが全体の趣旨である。これと先ほど見た解答者の考えとを比べてみると、

解答者の考え方	賢者を	求め見分けるためには、	族類による推薦しかない
比喩の内容	線や矢に	効力を発揮させるには、	針や弦の力を必要とする

となる。つまり、それだけでは力を発揮できず、仲間の助力が必要であるという点に着目した比喩だということになる。よって、正解は①。

ここでは「線」は「針」に、「矢」は「弦」に関係することが述べられており、「線」と「矢」との相互関係は述べられていない。したがって②・④は適

切ではない。③は、「線」「矢」を助けるという「針」「弦」の役割を正しくとらえていない。⑤は、本文の内容と逆の内容を述べている。

問5 **35** ③ 《空欄補充と書き下し文の問題》

傍線部**D**は、**問4**に続けて、「賢者を求め見分けるためには、族類による推薦しかない」という考え方を説明している文章の中にある。**問4**では、他者からの「推薦」が必要だということを述べていた。それに対して傍線部**D**を含む一文は、「夫れ必ず族類を以てするは」を主題としている。したがって「蓋……傍線部**D**」の部分は、推薦の「族類による」べき理由が述べられていると見当がつく。

まず、「賢愚貫くこと有り、善悪倫有り」は、直訳すれば、賢愚は一貫しており、善悪は仲間がある、となる。「賢者を求め見分ける」という観点からもう少し具体的に解釈すれば、〈(人がもつ)賢や愚の性質は一貫しており、善人は善人、悪人は悪人で仲間をもつものだ〉といった意味になる。これを前提として、「若し類を以て求むれば、傍線部**D**」と結論づけている。前提を踏まえるなら、賢愚や善悪といった性質・価値観によって仲間が集まるというのだから、「類」つまり似た者同士によって人を求めれば、やはりそれの「類」が集まる、ということになるだろう。このような意味を表すには「類を以て求むれば、必ず類を以て至る」とすればよい。よって、正解は③。

①は「類」によらずに集まる、という意味になり、文章の内容に反する。②・④は反語で、②「どうして類によって至るだろうか、いや、至らない」、④「誰が類によって至るだろうか、いや、至らない」となり、いずれも「類」によって人が集まるという文章の内容に反する。⑤は「以前は類によって至っていた」という意味になり、「以前は」という条件が文章の展開に合わない。

問6 **36** ④ 《内容把握問題》

傍線部**E**は、**問5**で見た、「類を以て求むれば、必ず類を以て至」るという考え方について、水と火にたとえて説明した文の中にある。文全体を書き下し文にすると「此れ亦た猶ほ水の湿に流れ、火の燥に就くがごとく、自然の理なり」となる。「此れ」は直前の「若し類を以て求むれば、必ず類を以て至ればなり」を指している。「～亦た」と言っているのは、**問4**で、他者からの推薦が必要だということを、線と矢の比喩で説明したことを踏まえて、それと同様に、ということを表している。線と矢に針と弦が必要なことは自明な、ごく自然に納得できることであった。それと同じように、「水が湿気のあるところへ流れる」「火が乾燥したところへ広がる」のは、ごく自然なことである。つまり、水と湿気、火と乾燥というように、「類」のものが集まるのは、ごく自然なことだと言いたいのである。よって、正解は④。

①・②は水と火の相互の関係について述べているが、**問4**の線と矢の比喩の時と同様、ここでの水と火は、それぞれの「類」の方へ集まるものの例として述べられており、適切ではない。③は「湿地を作り」「土地が乾燥する」という「作用を生み出す」としている点が、「類」の方へ集まるという文章の趣旨と異なる。⑤も「恵みにも害にもなる」「長所と短所がある」という観点が、文章の趣旨と合わない。

問7 **37** ④ 《複数文章の内容把握問題》

【概要】にも示してあるが、前問までに見た内容を踏まえて、**【予想問題】**と**【模擬答案】**の内容を整理してみる。**【予想問題】**はまず、「君たる者其の賢を求むるを思はざるは無く、賢なる者其の用を効すを思はざるは罔し」と、君主は賢者を求め、賢者は君主に応えたいと思っている、ということを前提として述べる。その上で、次の二つの問いを発する。すなわち、

一、両者が遭遇できないのはなぜか＝問題が起こる理由
二、賢者を求める方法は何か　＝問題の解決方法

である。これを受けて、**【模擬答案】**は、それぞれの問いに対して、

一、 問いを自分の言葉で言い換える
二、 問いに対する自分の答えを述べる
三、 比喩を使って答えを説明する

という手順で論じている。一つ目の問いに関しては**問3**、二つ目の問いに関しては**問4～問6**の部分が対応している。**【模擬答案】**は、君主と賢者とがお互いに求めていながら会えない理由を、お互いがかけ離れた場所にいるからだとしている（**問3**）。そして、君主が賢者を求める方法としては、似た者の類から推薦させるのがよいことを、線と矢、水と火の比喩を交えながら説明している（**問4～問6**）。よって、正解は、これらの趣旨に合う④である。

①は「君主が賢者を採用する機会が少ない」が、立場や居る場所が遠く離れているという趣旨に合わない。また、「採用試験をより多く実施する」は、似た者の類から推薦させるという趣旨に合わない。②は「君主の考えを広く伝えて」が、似た者の類から推薦させるという趣旨に合わない。③は「君主が人材を見分けられない」と、君主の能力を論点にしているが、本文にはそのような記述はない。また、「賢者が党派に加わらず」という点を評価するのは、似た者の類から推薦させるという考え方と相反する。⑤は、「君主が賢者を受け入れない」が、「君たる者其の賢を求むるを思はざるは無く」という前提に反する。また「やって来る人々を広く受け入れる」は、まず似た者の類を明らかにして、その中から推薦させるという趣旨に合わない。

書き下し文

【予想問題】

問《と》ふ、古《いにしへ》より以来《いらい》、君《きみ》たる者其《ものそ》の賢《けん》を求《もと》むるを思《おも》はざるは無《な》く、賢《けん》なる者《もの》其《そ》の用《よう》を効《いた》すを思《おも》はざるは罔《な》し。然《しか》れども両《ふた》つながら相遇《あひあ》はざるは、其《そ》の故《ゆゑ》は何《なん》ぞや。今之《いまこれ》を求《もと》めんと欲《ほっ》するに、其《そ》の術《じゅつ》は安《いづ》くに在《あ》りや。

【模擬答案】

臣聞《しんき》く、人君《じんくん》たる者其《ものそ》の賢《けん》を求《もと》むるを思《おも》はざるは無《な》く、人臣《じんしん》たる者其《ものそ》の用《よう》を効《いた》すを思《おも》はざるは無《な》しと。然《しか》り而《しかう》して君《きみ》は賢《けん》を求《もと》めんとして得《え》ず、臣《しん》は用《よう》を効《いた》さんとして由無《よしな》きは、豈《あ》に貴賤相懸《きせんあひへだ》たり、朝野相隔《てうやあひへだ》たり、堂《だう》は千里《せんり》よりも遠《とほ》く、門《もん》は九重《きうちよう》よりも深《ふか》きを以《もっ》てならずや。

臣以為《しんおも》へらく、賢《けん》を求《もと》むるに術有《じゅつあ》り、賢《けん》を弁《べん》ずるに方有《はうあ》り。方術《はうじゅつ》は、各《おのおの》其《そ》の族類《ぞくるい》を審《つまび》らかにし、之《これ》をして推薦《すいせん》せしむるのみ。近《ちか》く諸《これ》を喩《たと》へに取《と》れば、其《そ》れ猶《な》ほ線《いと》と矢《や》とのごときなり。線《いと》は針《はり》に因《よ》りて入《い》り、矢《や》は弦《げん》を待《ま》ちて発《はっ》す。線矢有《せんしあ》りと雖《いへど》も、苟《いやし》くも針弦無《しんげんな》くんば、自《みづか》ら致《いた》すを求《もと》むるも、得《う》べからざるなり。夫《そ》れ必《かなら》ず族類《ぞくるい》を以《もっ》てするは、蓋《けだ》し賢愚貫《けんぐつらぬ》くこと有《あ》り、善悪《ぜんあく》倫《ともがら》有《あ》り、若《も》し類《るい》を以《もっ》て求《もと》むれば、必《かなら》ず類《るい》を以《もっ》て至《いた》ればなり。此《こ》れ亦《ま》た猶《な》ほ水《みず》の湿《しっ》に流《なが》れ、火《ひ》の燥《さう》に就《つ》くがごとく、自然《しぜん》の理《ことわり》なり。

全訳

【予想問題】

問う、古来、君主は誰しも賢者を登用しようと思っており、賢者は誰しも君主の役に立ちたいと思っている。しかし両者とも互いに出会わないのは、その理由は何であろうか。いま賢者を登用しようとするにあたって、その方法はどこにあるだろうか。

【模擬答案】

わたくしはこのように聞いております、君主は誰しも賢者を登用しようと思っており、人臣は誰しも君主の役に立ちたいと思っていると。そうであって、君主は賢者を求めても得られず、臣下は役に立とうとしても（君主に出会う）方法がないのは、身分の貴賤が隔たり、朝廷と在野の立場がかけ離れており、（賢者にとって）君主の執務室は千里のかなたにあり、王城の門は幾重にも重なっているからではないでしょうか。

わたくしが思いますには、賢者を登用するには方法はあり、賢者を見分けるにも方法があります。その方法とは、それぞれ似た者の類を明らかにして、これらの仲間内のものに推薦させるに限ります。身近な例で言いますと、それは糸と矢のようなものです。糸は針によって（布を）縫い合わせ、矢は弓の弦によって発射します。糸や矢があったとしても、もし針や弦がなければ、自分の力だけで役に立とうとしても、できないのです。また、必ず似た者の類から推薦させるのは、思うに、賢愚の性質は一貫しており、善悪の価値観によって仲間ができますから、もし似た者の類によって（人材を）求めれば、必ずそれに似た者が集まるからです。このこともやはり水が湿ったところへ流れ、火が乾燥したところへ広がるように、自然なことであります。

2023 追試験　解答

第1問小計	第2問小計	第3問小計	第4問小計	合計点
				/200

問題番号(配点)	設問	解答番号	正解	配点	自己採点
第1問 (50)	1	1	③	2	
		2	②	2	
		3	③	2	
		4	②	2	
		5	①	2	
	2	6	⑤	7	
	3	7	④	7	
	4	8	①	7	
	5	9	②	7	
	6	10	②	3	
		11	②	3	
		12	①	6	
第2問 (50)	1	13	④	3	
		14	③	3	
		15	⑤	3	
	2	16	④	5	
	3	17	①	5	
	4	18	⑤	5	
	5	19	①	6	
	6	20	④	6	
	7	21	②	7	
		22	①	7	

問題番号(配点)	設問	解答番号	正解	配点	自己採点
第3問 (50)	1	23	①	5	
		24	③	5	
		25	①	5	
	2	26	②	7	
	3	27	③	7	
	4	28	②	7	
	5	29	①	7	
		30	③	7	
第4問 (50)	1	31	①	4	
		32	⑤	4	
	2	33	②	5	
		34	④	5	
	3	35	⑤	5	
	4	36	①	6	
	5	37	③	7	
	6	38	①	7	
		39	⑤	7	

第1問

出典 北川東子《きたがわさきこ》「歴史の必然性について——私たちは歴史の一部である」（『岩波講座哲学11 歴史／物語の哲学』所収・岩波書店 二〇〇九年）

北川東子（一九五二〜二〇一一）は福岡県生まれ。ドイツ思想研究者でハイデガーとゲオルク・ジンメルを専攻。東京大学大学院総合文化研究科教授。著書に、『ジンメル——生の形式』『ハイデガー——存在の謎について考える』などがある。

【出題の特徴】

本文は、複数の歴史家の論説を取り上げながら、歴史認識のあり方について述べたものである。抽象度が高い評論文からの出題で、従来のセンター試験の出典傾向が踏襲されている。歴史学はしばしば大学入試で出題されるテーマだが、本問では「自分の不在」や「ゆるい関心」など、筆者が定義したキーワードを正確にとらえる必要があり、読み取りづらさを感じた人もいたことだろう。

設問は、**問1**の漢字問題は、本試験と同様に五問・四つの選択肢という形式で出題された。また、**問2**から**問5**は傍線部の内容や理由を把握する問題が出題されており、評論読解の基本的な力が問われたといえる。**問6**は表現に関する問いだが、本文を授業で取り扱ったことを想定し、生徒の書いた**【文章】**が追加された。枝問は二問構成であり、表現を訂正させたり、**【文章】**の結論を推測させたりする問題が課されている。ここでは、単に文章を読み解くだけではなく、どのような表現にすれば他者に伝わるかを、主体的に考え、判断する力が問われている。

【概要】 ※著作権の都合により省略。

問1
1 ③
2 ②
3 ③
4 ②
5 ①

《漢字問題》

(i) 傍線部の漢字の意味と同じ意味で構成された熟語を選ぶ問題。

(ア)「挙」という漢字には、〈ⓐあげる、持ち上げる〉、〈ⓑ物事を起こす、おこなう〉、〈ⓒ並べあげる、数えあげる〉、〈ⓓ取り立てる〉、〈ⓔとらえる〉、〈ⓕふるまい、身のこなし〉などの意味がある。本文では、理由を並べあげているところなので、ⓒの意味で使われている。

①「挙式」〈式を挙げる〉→ⓑ
②「快挙」〈胸がすくようなすばらしいふるまい〉→ⓕ
③「列挙」〈並べあげること〉→ⓒ
④「挙動」〈たちふるまい〉→ⓕ

したがって、正解は③。

(オ)「関」という漢字には、〈ⓐ出入り口〉、〈ⓑ物と物をつなぎとめるしかけ〉、〈ⓒかかわる、あずかる〉などの意味がある。本文では、歴史にどう「かかわる」べきかを問う文脈なので、ⓒの意味で使われている。

①「難関」〈通り抜けるのが難しい場所〉→ⓐ
②「関知」〈あずかり知ること〉→ⓒ
③「関門」〈目的のために突破しなければならないところ〉→ⓐ
④「税関」〈税の徴収と通関手続きに関する業務を行う国の機関〉→ⓐ

したがって、正解は②。

(ii) 漢字の書き取り問題。

(イ)「**翻**弄」は〈思うままにもてあそぶこと〉。①「本懐」は〈もとから抱いていた願い〉、②「謀反」は〈国家や君主に背くこと〉、③「**翻**意」は〈決意をひるがえすこと〉、④「奔走」は〈目的を達成するためにあちこちをかけまわること〉。

(ウ)「怠**惰**」は〈なまけてだらしないこと〉。①「駄作」は〈取るに足りない作品〉、②「**惰**性」は〈これまでの習慣や習い性〉、③「妥協」は〈双方が譲り合い意見をまとめること〉、④「長蛇」は〈長く並んでいることの喩《たと》え〉。

(エ)「徹**底**」は〈一貫していること〉。①「根**底**」は〈物事のおおもとになるところ〉、②「探偵」は〈隠された事柄をひそかにさぐる人〉、③「体裁」は〈見た目、外見〉、④「策定」は〈計画をたてて決めること〉。

問2 6 ⑤ 《内容把握問題》

傍線部**A**の内容を把握するには、まず「自分の不在」について押さえる必要がある。「自分の不在」という言葉は冒頭から繰り返されているので、振り返って確認していこう。傍線部**A**の直前の段落を見ると、「自分の不在」という意識は「(私たちが)歴史の一部でしかない」あるいは「自分はそこにいない」という意識であるとわかる。また、さらに冒頭までさかのぼってみると、

> ・歴史学的な関心の出発点となっているのは、まさに「自分の不在」の意識である。
> ・「自分がいなかった時間を生きた人々の存在を意識することで、「個人の記憶に直接に残されている出来事より前の時期」としての歴史を意識するようになる。

とする内容が見つかる。

これらを踏まえて考える。自分はそこにいなかったという意識を前提として、個人の記憶よりももっと昔の出来事をもとらえようとすることが、歴史理解のおおもとにあると説明しているのである。これに即して選択肢を検討すると、正解は⑤である。選択肢では、自分はそこにいなかったという意識を「自分は歴史の当事者ではないという意識」と説明している。

①「当事者の立場で体験した出来事だけを歴史と考える」が誤り。歴史理解の対象を「当事者の立場で体験した出来事だけ」と限定するのは不適切である。先に挙げた本文の「『個人の記憶に直接に残されている出来事より前の時期』としての歴史を意識する」という記述と矛盾する。

②「自分が生きた時代の出来事を歴史上に位置づけて把握する」が誤り。傍線部**A**は「自分の不在」の意識を前提とする歴史理解について述べているので、「自分が生きた時代の出来事を歴史上に位置づけ」るという説明は不適切。

③「歴史を動かした少数者だけを当事者と見なす」が誤り。歴史理解の対象が、「歴史を動かした少数者」だけに限定されている点が不適切。

④「自分より年上の人々の経験から学ぼうとする」が誤り。①と同様に、「『個人の記憶に直接に残されている出来事より前の時期』としての歴史を意識する」という記述に反する。

問3 7 ④ 《理由把握問題》

傍線部**B**でいわれている「私たちの願望の現れ」の主語は、「この『非対称性』」であることをまず押さえておこう。「この『非対称性』」は、歴史の権力性でもあり、願望の現れでもあるというのである。ところで、「この『非対称性』」とは何か。「非対称」とは「ものとものとがつりあっていないこと」を指すが、何と何がつりあっていない、というのだろうか。

指示語の「この」に着目して一つ前の段落を確認すると、「歴史を動かすのは少数者であり、歴史に登場できるのは私たちのほんの一部の人々である。また、おびただしい過去の出来事のなかで、歴史として知る価値があるのはごく一部である」という記述が見つかる。つまり、多くの出来事や多くの人がいる中で、歴史に書かれる人も出来事は全体のうちのごく一部である、という多対少数の不均衡さを「非対称性」と説明しているのである。

では、このような〈歴史に書かれる人や出来事は全体のうちのごく一部である〉という事実が、なぜ「私たちの願望の現れ」であるといえるのだろうか。傍線部**B**の直後を見ると、

> 一人のささやかな市民として、私は自分が歴史に登場しないことを知っている。平穏な生活が続き、自分が歴史に登場しないことも願っている。歴史的出来事に翻弄されないこと、その当事者でないことを願うのである。

とある。歴史に登場しない、ということは自分たちの平穏な生活が続いていること、歴史的出来事に翻弄される当事者ではないことの証明であるといえる。

したがって、〈歴史に書かれる人や出来事は全体のうちのごく一部である〉と

いう考えには、歴史の当事者にはならず、平穏に暮らしていたいという私たちの願いが現れていると考えられる。これが、筆者が「私たちの願望の現れ」という理由として説明できそうである。

選択肢の一文目が、歴史の「非対称性」の説明、二文目が「願望の現れ」といえる理由が説明されたものとなっている。それぞれの内容が正しいものを選ぶとよいだろう。正解は④。

①「歴史は、多くの人々が慣れ親しんだ出来事が記述されたもの」が誤り。歴史の「非対称性」の説明が不適切であり、願望の内容を「歴史の当事者ではないながらもそこに生きた人々の存在を意識したい」とするのも誤り。

②「歴史を動かした者の体験」が誤り。歴史に書かれているのは、「歴史を動かした者の体験」ではなく、歴史を動かした者やそれらに関わる出来事の、全体のうちのごく一部である。また、「歴史の当事者としての責任からは免れたい」が誤り。歴史の当事者にならないことを願っているのであり、当事者がもつ責任から逃れたいと考えているわけではない。

③「権力を持つ者に関する記憶が記述されたもの」が誤り。本文の「歴史の権力性」とは、歴史に記述されるだけの価値をもつものだけが歴史に書かれるということを説明しているのであり、「権力を持つ者に関する記憶が記述される」るという意味ではないので不適切。

⑤「歴史の書物を通して価値ある出来事だけを知りたい」が誤り。「私たちの願望」の内容として不適切である。

問4 **8** ① 《内容把握問題》

傍線部C「『健全な歴史家意識』ともいうべき姿勢」の説明を求める問題だが、文中の一部に傍線が引かれているので、まずは一文全体を確認しておこう。

たとえば、近代史学の方法論を書いたドロイゼンは、くどいほどに史料研究の重要さを説いているが、その背景には**「健全な歴史家意識」ともいうべき姿勢**があった。

また、この文は「たとえば」から始まっているので、何の例であるかを押さえておこう。すると、前段落に「歴史の解釈学」についての記述があることがわかる。つまり、「歴史の解釈学」を展開したドロイゼンをはじめとする歴史家や哲学者が、「『健全な歴史家意識』ともいうべき姿勢」を背景に、史料研究の重要さを説いたことを筆者は説明しているのである。そして、傍線部Cの次の文の冒頭にある**「つまり」**でつながるあとの文も読解のヒントになる。歴史家の意識について問われているので、それを踏まえて整理する。

・**つまり**、「記述をする者は、シーザーやフリードリヒ大王のように、特に高いところにいて出来事の中心から見たり聞いたりしたわけではない」という意識である。

・歴史家とは歴史を理解しようとする人々であって、みずからが歴史に登場するわけではない。

・歴史について知る人は、歴史の外に立っている人である。過去の出来事を歴史として理解できるのは、当事者たちではなく、観察者たちなのである。歴史家たちの言う「歴史認識の客観性」は、**「体験されなかったし、もはや体験もされない」という外の視点から行われる再構成の客観性**である。歴史家たちの態度とは、……**歴史的出来事からの「解釈学的距離」によって成立している。**

そこで「歴史の解釈学」において、歴史家は、

i 史料研究を重視しているが、

ii その背景には、歴史的出来事の当事者として歴史を捉えるのではなく、対象から距離をとって客観的に解釈しようとする、という姿勢がある

ということになる。これを踏まえると、①が正解である。

②「断片的な事実だけを組み合わせて、知りうることの総体を歴史として確定させよう」が誤り。i・iiのどちらも踏まえていない。

③「市民の代理として歴史を解釈しようとする」が誤り。「市民の代理として」という説明は本文に根拠がない。

④「自分も歴史の一部として、実際に生きた人々の体験のみを記述しよう」が誤り。先に挙げた本文の『歴史家たちの言う『歴史認識の客観性』は、『体験されなかったし、もはや体験もされない』という外の視点から行われる再構成の客観性である』とする記述と矛盾する。

⑤「客観的に記述された歴史だけを観察しようとする」が誤り。「健全な歴史家意識」が歴史の解釈に関わるものであることが指摘できておらず不適切。

問5 9 ② 《内容把握問題》

傍線部**D**は「〜のだ」という文末で終わっている。ここの「〜のだ」「〜である」は、その文が前の文を説明したりまとめたりする役割をもっていることを示す場合に使われる表現である。ここでは、傍線部**D**が、直前の一文を言い換えたものになっていることを示している。直前の一文までの流れを確認する。

・私たちはときに、自分が歴史にたいして「ゆるい関心」しかもたないことに、あるいは、「ゆるい関心」しかもってはいけないことにたいして、激しい焦燥や憤りの気持ちを抱くことがある。「歴史の捏造」が感じられるときである。そのようなとき、激しい怒りが私たちを襲う。
・そうした怒りのなかで、私たちは「ゆるい関心」が「歴史との正しい関わり方」でないことを感じる。私たちがまさに歴史の一部でもあるからである。むしろ「自分の体験」が歴史を正しく理解するための基礎となり、歴史的出来事について客観的に議論するための基盤であってほしいと切望する。

これらを踏まえると、「歴史に内在する」ことを望むとは、

「自分の体験」が歴史を正しく理解するための基礎となり、歴史的出来事について客観的に議論するための基盤であってほしいと切望する

という内容であると考えられる。また、そうした気持ちになるのは、

歴史にたいして「ゆるい関心」しかもっていなかった私たちが、「歴史の捏造」に直面して激しい憤りを覚え、私たちの歴史との関わり方（自らのあり方や状況）が誤っていると感じるとき

である。

これらの理解に即して、選択肢を検討しよう。なお、選択肢前半では「ゆるい関心」についての説明があるので、本文からの「自分がその一部であり、したがって、まったく無関係ではないが、他方で、当事者そのものでもないような事柄にたいする関心のこと」という理解も検討において補足しておきたい。

正解は②。

①「『歴史の捏造』を正さなければならない」が誤り。「歴史の捏造」に怒りを覚えることをきっかけとして、「歴史に内在しよう」とするのだが、「『歴史の捏造』を正さなければならないと感じる」とまでは書かれておらず、不適切。

③「『歴史の捏造』を強く批判する必要性を感じる」は①と同様に誤り。

④「『歴史の捏造』を生み出す自己の関わり方への怒り」がまず誤り。この記述では、歴史の捏造を生み出しているのは、自己の関わり方に原因があることになるが、そうした説明は本文にはない。また、「歴史的出来事と歴史記述の間の不均衡を解消しようとする」も本文にはない説明である。

⑤「自己の体験を客観的な歴史に重ね合わせようとする」が不適切。本文で述べられているのは、歴史を正しく理解するための基盤に自己の体験を据えようということであり、自己の体験と歴史を重ね合わせようとすることではない。

問6 10 ② 11 ② 12 ① 《生徒の文章を介した複数文章の内容把握問題》

(i) 適切な表現に修正する問題である。

a 傍線部**a**は**【文章】**の二段落目の最後にあたるので、この二段落目全体を踏まえて考えてみよう。

まず気づいた点は、キーワードを巧みに使用していることである。「自分の不在」や「ゆるい関心」のように、歴史学の専門家ではない読者にも理解しやすい言葉を使い、それにカギ括弧を付けて強調することで、論点を印象づける工夫がなされている。このようにキーワードを使用することで、a 難しい話題が扱いやすくなる。

傍線部**a**の直前を見ると「このようにキーワードを使用することで」とあるので、修正の内容は、キーワードが果たす役割を正確に説明したものがふさわしいと考えられる。

問2や**問5**でも確認した通り、「自分の不在」や「ゆるい関心」といった言葉には、それぞれ「『(私たちが)歴史の一部でしかない』……あるいは『自分はそこにいない』」という意識や「自分がその一部であり、したがって、まったく無関係ではないが、他方で、当事者そのものでもないような事柄にたいする関心のこと」などといった意味が含まれている。

このように一言では説明できない話題を短いキーワードで定義することで、議論のポイントを端的に表現することができると考えられる。よって、正解は②になる。

①「筆者の体験をふまえて」が誤り。「自分の不在」や「ゆるい関心」といったキーワードは「筆者の体験」が踏まえられたものではない。

③「理論的な根拠に基づいて」が誤り。キーワードで短く定義することによって、その特徴だけが抽出されることになる。そこに「理論的な根拠に基づい」た議論をする効果はない。

④「多岐にわたる議論の論点を取捨選択する」が誤り。キーワードに「議論の論点を取捨選択する」効果はなく不適切。

b　**a**と同様、傍線部**b**も段落の後半にあってまとめにあたるので、**【文章】**の三段落目全体から考えてみよう。

次に気づいた点は、キーワードが歴史家の言葉と関連づけて用いられていることである。例えば、冒頭ではキャロル・グラックの発言をふまえて「自分の不在」という言葉が示されている。また、後半では「ゆるい関心」という言葉を説明した上で、ドロイゼンによる歴史の定義が引用されている。b これらによって説得力のある文章になっている。

選択肢を見ると、すべて「このように歴史家の言葉を用いることで」とあるので、キーワードと歴史家の言葉を関連づける意図を正しく説明したものが、傍線部**b**の内容としてふさわしいと考えられる。

【文章】でも説明されている通り、筆者が挙げているキーワードは、過去の歴史家の言葉を踏まえたものである。専門的な知見をもつ歴史家の言葉を引用し、読者に提示することによって、自身の歴史認識に対する理解が先行する研究成果を十分に積み重ねた上で成りたっていること、したがって根拠がある内容であることを、読者に主張することができると考えられる。これを説明したものとして適当なものは②である。

①「キーワードの延長線上にある筆者の主張を権威づけている」が誤り。「権威づける」とは、地位や肩書などの権威的な特徴を用いることで、自身の発言や論説の価値を高めることをいうが、ここでは歴史家の言葉に、筆者の論の価値を高める効果を求めてはいないので、不適切。

③「キーワードの対極にある既存の学説を批判的に検討」が誤り。歴史家たちの学説が、キーワードの対極にあるとはいえないので不適切。

④「キーワードの基盤にある多様な見解を抽象化」が誤り。「抽象化」とは、多数あるものの中から、共通するポイントを抜き出すことである。しかし、多数の歴史家の論の共通点を抜き出した結果、「自分の不在」や「ゆるい関心」といったポイントが現れているというわけではないので、誤りである。

(ii)　**【文章】**の末尾の内容を考える問題である。**【文章】**の最後の文では、「ただし、歴史家の言葉と筆者の主張は必ずしも一致しているわけではない」と、本文の筆者の主張は、歴史家の言葉を引用しつつも、完全に重なるわけではないことが示されている。したがって、まずは、この内容に続くものとして不自然でないものを選ぶことがポイントになる。

また、**【文章】は本文を読んでKさんが論理的な文章を効果的に書くための技術や工夫についてまとめたもの**である。選択肢も、「自己の主張を効果的に論述するためには、……議論に参加できるようになる」とある。したがって、**【文章】**の末尾に置くまとめとしてどれがふさわしいかは、**従来の学説や論説と自身の意見が異なる場合に、どのように主張をまとめれば、読者に伝わり、議論に参加してもらえるのか**という観点から考えるといいだろう。

加えて、あくまでもこの**【文章】**は、本文を読んだ上で与えられた課題として書かれたもの、という設問の設定を踏まえると、本文の特徴から外れるものは選択できないので注意したい。

以上のポイントから選択肢を検討すると、①が適切である。従来の学説と自身の主張が異なるならば、どの点が異なるのか、その学説のどこに問題があるのかを明確に提示する必要があると考えられる。そうすることで、読者も筆者の主張に妥当性があるかどうかを検討しながら、文章を読み進めることができるだろう。

他の選択肢についても検討しておこう。

②この選択肢は、専門的な見解と自身の主張との間に乖離《かいり》がない場合の説明である。これを末尾に書き加えると、直前の内容とのつながりが不自然になるため不適切。

③「専門用語を適切に使用して論点を示す」とあるが、たとえば「自分の不在」や「ゆるい関心」は筆者が論じる上で定義したキーワードなので、専門用語ではない。また、「身近な事例を挙げて」も本文ではそうした例がないため、不適切。

④「多様な学説を参照して相互の整合性を確認する」が誤り。本文では、確かに複数の学説が挙げられているが、その学説の相互間の整合性が検証されているわけではないので、不適切。

第2問

出典 太宰治《だざいおさむ》「パンドラの匣」（一九四六年発表）【資料】外山滋比古《とやましげひこ》『「読み」の整理学』（筑摩書房　二〇〇七年）

太宰治（一九〇九～一九四八）は青森県生まれ。小説家。本名は津島修治《つしましゅうじ》。東京帝国大学文学部仏文科を中退。小説家になるべく井伏鱒二《いぶせますじ》に弟子入りする。一九三五年に発表した「逆行」が第一回芥川賞の候補となる。高校時代から何度も自殺未遂を繰り返していたが、一九三九年に結婚し、「女生徒」、「富嶽百景」、「走れメロス」などの多くの優れた作品を発表した。戦時下でも「津軽」、「お伽草紙」などの創作活動を続け、一九四七年発表の中編小説「斜陽」で流行作家となるが、「人間失格」、「桜桃」などを書き上げたあと、入水心中。「グッド・バイ」が未完の遺作となった。

外山滋比古（一九二三～二〇二〇）は愛知県生まれ。お茶の水女子大学名誉教授。専門の英文学の他、日本語論や教育論者としても活躍。九〇歳代になっても精力的に執筆を続けた。一九八三年出版の『思考の整理学』は二〇〇〇年代以降も東大生や京大生に読まれる本として話題になり、大学入試によく出題される著作者である。他の著書に『ことわざの論理』、『伝達の整理学』などがある。

【出題の特徴】

本文は「かっぽれ」と彼が作った俳句をめぐる出来事について、「僕」が「君」に宛てた手紙という設定で書かれた小説である。従来のセンター試験の時から、明治～昭和期の比較的古い文章が題材として選ばれやすい傾向にあるが、本問も昭和中期の文章から出題されている。

設問は、**問1**で、昨年の本試験・追試験ともに出題されなかった、語句に関する問題が復活した。**問2**・**問4**・**問6**は、「僕」の心情理解に関する問題が出題されており、小説読解の基本を問われている。**問3**・**問5**は表現に関する問題であり、とくに**問5**は、本文が手紙であるという設定を踏まえて、宛先である「君」に何を伝えたいのかを問うた点が特徴的である。また、共通テストらしい問題として、**問7**では、授業を想定し**【資料】**が新たに提示され、文学作品と読者との関係を考えさせる問題が出題された。ここでは一つのテーマについて複数の文章をもとに、総合的に判断する力が問われている。

【概要】　問題文の概要は次の通りである。

(1) 手紙の導入――「かっぽれ」が俳句を詠んだ経緯について（冒頭～8行目）

・こんどの日曜の慰安放送では、塾生たちの文芸作品の発表会があり、「かっぽれ」が、「僕」たちの「桜の間」の選手として、得意の俳句を提出する事になった。「かっぽれ」は二、三日前から真剣に句を案じていたが、けさ、やっとまとまったそうで、十句ばかり便箋に書きつらねたのを、同室の「僕」たちに披露した。

・「かっぽれ」はまず、「固パン」に見せ、次に、「越後獅子」に見せて批評を乞うた。「越後獅子」はつくづくと便箋を見つめ、「けしからぬ。」と言った。「僕」は下手だとか何とか言うなら、まだしも、けしからぬという批評はひどいと思った。

(2) 「かっぽれ」の盗作と「僕」の心情（10行目～40行目）

・「かっぽれ」は蒼ざめて、「僕」のところに便箋を持って来た。どうも、「かっぽれ」が気の毒で、何とかなぐさめてやりたく、わかりもしない癖に、とにかくその十ばかりの句を拝読した。

・月並とでもいうのか、ありふれたような句であるが、けしからぬと怒るほどの下手さではないと思った。けれども、最後の一句に突き当って、はっとした。「越後獅子」が憤慨したわけも、よくわかった。

・「露の世は露の世ながらさりながら」一茶の句である。これは、いけないと思った。けれども、それをあからさまに言って、「かっぽれ」に赤恥をかかせるような事もしたくなかった。そこで、「最後の一句は他のと取りかえたら、もっとよくなるんじゃないかな」と遠回しに盗作を変更するように求めた。しかし、「かっぽれ」はその句が一ばんいいと思っているようで不服そうである。「僕」は、ちょっと途方に暮れた。

・「かっぽれ」は図に乗って、少し「僕」を軽蔑するような口調で、句に込めた「まごころ」を述べた。
・「僕」は内心あっけにとられた。この句は、一茶が子供に死なれて、露の世とあきらめてはいるが、それでも、悲しくてあきらめ切れぬという気持の句だった筈なのに、きれいに意味をひっくりかえしている。古人の句を盗んで勝手な意味をつけて、もてあそぶのは悪い事だし、この句をそのまま、「かっぽれ」の作品として事務所に提出されては、この「桜の間」の名誉にもかかわると思ったので、「僕」は、勇気を出して、はっきり告げることにした。

(3)「かっぽれ」の態度の変化と手紙のオチ（42行目～最終行目）

・「かっぽれ」の俳句に似た有名な句があると告げると、「かっぽれ」は眼を丸くして「僕」を見つめた。盗んで、自分で気がつかぬ、という奇妙な心理も、俳句の天狗たちには、あり得る事かも知れないと僕は考え直した。
・どうも、「かっぽれ」は、常習犯らしい。
・「かっぽれ」はあっさり、「露の世」の句のかわりに、「コスモスや……」の句をしたためてみせた。
・「僕」は、ほっとした。安心のあまり、微修正の提案すらしてしまった。「かっぽれ」はその修正案をすんなりと受け入れ、「僕」をほめたたえるので、「僕」は落ちつかない気持になった。
・けれども、「かっぽれ」は、どうやら「僕」を尊敬したようである。これからも俳句の相談に乗ってくれと頼まれ、「僕」はどうにも、かなわない気持であった。
・けれども、さらに驚くべき事実が現出した。「コスモスや……」の句は、「マア坊」の句だったのだ。

問7【資料】の概要　文学作品と読者の関係を考える

Ⅰ　外山滋比古『「読み」の整理学』より

・読者は、作品を自分のコンテクストに合わせて読む。それが目に見えない添削になる。
・多くの読者が、くりかえし自身のコンテクストに合わせて読んでいるうちに、作品そのものが、すこしずつ特殊から普遍へと性格を変える。つまり、古典化する。
・古典化は作者の意図した意味からの逸脱である。読者が古典へと改変するのである。
・読者は、未知を読もうとして、不可避的に、自分のコンテクストによって解釈する。

Ⅱ　太宰治「パンドラの匣」本文よりあとの「マア坊」の発言から始まる一節

・「かっぽれ」や「マア坊」には、作者の名なんて、どうでもいいんだ。みんなで力を合せて作ったもののような気がしているのだ。そうして、みんなで一日を楽しみ合う事が出来たら、それでいいのだ。芸術と民衆との関係は、元来そんなものだったのではなかろうか。作者なんて、てんで有り難くないんだ。誰が作っても、その句が面白くなけりゃ、無関心なのだ。自分の心にふれた作品だけを自分流儀で覚えて置くのだ。

問1 13 ④ 14 ③ 15 ⑤ 《語句問題》

(ア)「てんで」はあとに否定的な表現を伴って、〈まったく〉という意味を表す。したがって、④「全然」〈(否定的な表現を伴って) まるで、少しも〉が正解。

(イ)「あからさまに」は〈明らかなさま、露骨なさま〉を意味する言葉である。したがって、③「露骨に」が正解。

(ウ)「いたずらに」は〈役に立たないさま〉を意味する言葉である。したがって、⑤「無益に」が正解。

問2 16 ④ 《心情把握問題》

傍線部**A**における「僕」の心情を説明する問題。傍線部**A**では「かっぽれが気の毒で、何とかなぐさめてやりたく」とあるのだから、そうした気持ちになるまでの状況ときっかけを確認しておこう。

・塾生たちの文芸作品の発表会で、「かっぽれ」は、「僕」たちの「桜の間」の選手として、得意の俳句を提出する事になった。彼は真剣に句を案じていたが、けさ、やっとまとまったそうで、十句ばかり便箋に書きつらねたのを、同室の「僕」たちに披露した。

↓

・「越後獅子」は便箋をつくづくと見つめ、「けしからぬ。」と言った。

↓

・下手だとか何とか言うなら、まだしも、**けしからぬという批評はひどいと思った。**

↓

・「かっぽれ」は、蒼ざめて、「だめでしょうか。」とお伺いした。

・**どうも、かっぽれが気の毒で、何とかなぐさめてやりたく**、わかりもしない癖に、とにかくその十ばかりの句を拝読した。

太字の傍線部分が「僕」の心情が現れているところである。「かっぽれ」は「僕」たちの代表として、十句を苦心して作り上げたのだが、「越後獅子」はその句を見てただ一言「けしからぬ」と述べた。「かっぽれ」の努力が報われず、たった一言で切って捨てられてしまうのではあまりに「ひどい」と思われ、何かしらなぐさめの言葉をかけて、努力をねぎらってあげたい、と考えたのである。これを説明した④が正解。

①「十句そろえたこと自体は評価できるので、不自然でない程度には褒めてあげたい」が誤り。「越後獅子」の批評をひどいと思った、という指摘がないし、「十句そろえたこと自体は評価できる」とは本文には書かれていない。

②「『先生』と名指しされたことで、俳句が得意だという『かっぽれ』の体面を傷つけていた」が誤り。確かに「越後獅子」に「僕」が「先生」と名指しされたという場面はあるが、それによって「かっぽれ」の体面を傷つけた、という説明はない。

③「笑われたり相手にされなかったりする様子に同情して」が誤り。「僕」が「ひどい」と思ったのは、「越後獅子」の「けしからぬ」という一言である。「固パン」の苦笑は当てはまらない。また「持てる最大限の見識を示して」も誤り。傍線部**A**の直前に「僕は不風流だから、俳句の妙味などてんでわからない」(13行目) とある通り、「最大限の見識」どころか、俳句はよくわからないのである。

⑤「憤りを覚え」が誤り。傍線部**A**で「気の毒」といっている通り、かわいそうに思ったのである。「巧拙にかかわらずどうにかして称賛してあげたい」も誤り。ねぎらってあげたいとは思っているが、「称賛してあげたい」とまではいっていない。

問3 17 ① 《表現把握問題》

傍線部**B**は「かっぽれ」の書いた「露の世は露の世ながらさりながら」という句に対する「僕」の気持ちを表現したものである。有名な句であり(受験生の中にも知っている人がいるかもしれないが)、37行目まで少し読み進めると、一茶の俳句の盗作にあたることが明示されている。そのため、この句を詠んだ「僕」は、「誰やらの句だ。これは、いけないと思った」のである。しかし、「それをあからさまに言って」しまうと、「かっぽれ」に「赤恥をかかせる」ことになると思い、「どれもみな、うまいと思いますけど、この、最後の一句は他のと取りかえたら、もっとよくなるんじゃないかな。素人考えですけど」と**遠回しに、盗作という断言を避けて「かっぽれ」に句を変更してほしいと伝えようとしている。**

そうした配慮を示した「僕」に対し、「その句が一ばんいい」と思っていると「かっぽれ」が言うものだから、「いい事は、いいに違いないでしょうけど」とやんわりと答えたのである。

一方で、内心では、**俳人の有名な句なのだから、「いい」に違いないのは当たり前だろう、とあきれていたし、「かっぽれ」の自覚のない盗作に「ちょっと途方に暮れ」ていた〈＝どうしていいかわからず困惑していた〉**、といえる。そうした心情が、「そりゃ」や「なんだもの」という傍線部Bの軽い口調にも表れていると考えられる。

選択肢を確認すると、それぞれ傍線部Bの「僕」の心中の表現だけではなく、その前後の「僕」のセリフの表現についても説明したものになっている。右で確認した内容を踏まえて検討すると、傍線部B前後の「僕」のセリフと、傍線部Bの心中の表現との落差を、過不足なく説明した①が正解である。

②「『門外漢の僕でさえ』という表現は「かっぽれ」をおとしめて盗作を非難するもの」が誤り。門外漢は〈その道の専門家ではない人〉を指すが、ここでの「門外漢の僕でさえ」という表現は、素人の自分でも知っているくらい「有名」であることを強調するものなので、「かっぽれ」を「おとしめて盗作を非難する」意図はない。また、「不遜な態度を取る『かっぽれ』への『僕』の怒り」も不適切。「怒り」というよりは、あきれや困惑である。

③「言葉を尽くしてもいっこうに話の通じない『かっぽれ』に対する『僕』のいら立ち」が誤り。「いら立ち」というよりも、あきれや困惑の気持ちを抱いたとする方が適切である。

④この選択肢で対比されているのは、丁寧な口調で話す、良識のある「僕」と、横柄な態度をとって、名句を流用する非常識な「かっぽれ」についてである。しかし、傍線部Bでは、「かっぽれ」の態度には触れていないので、不適切である。また、「僕」の心情にも触れていないので不十分である。

問4 18 ⑤ **《理由把握問題》**

傍線部C「もはや笑わずに反問した」理由を問う問題である。小説で行動の理由が問われる場合には、そうした行動をとるに至ったきっかけや気持ちがあるはずなので、それを直前の記述から探していく必要がある。

> 「僕」は、「露の世は……」の句について、「かっぽれ」に恥をかかせないように配慮しつつ、盗作の事実を遠回しに伝えようとしていたが、「かっぽれ」には伝わらず、途方に暮れる。
>
> ↓
>
> ・「かっぽれ」は図に乗って来た〈＝いい気になって得意がる〉。
>
> ↓
>
> ・「……わからねえかな。」と、少し「僕」を軽蔑するような口調で言う。
>
> ・「どんな、まごころなんです。」と「僕」も、もはや笑わずに反問した。

以上のような流れを確認できる。傍線部Cの「反問」は、〈質問をしてきた相手に、逆に問うこと〉である。それまで、「かっぽれ」に合わせて、盗作の事実をやんわりと伝えてきたが、「かっぽれ」が調子に乗って「僕」をばかにしたような言い方をしてきたため、こちらも態度を変えて、「いまの日本国に対する私のまごころ」が句に織り込まれているという、言葉の意味を問うことにした、ということである。これを説明した⑤が正解である。

①「俳句に対する『かっぽれ』の真摯な態度」や「『僕』は笑いながら無難にやり過ごそうとしていた」が誤り。盗作の時点で、「かっぽれ」の態度は、俳句に対して真摯ではないし、「僕」は「かっぽれ」の盗作を何とか別の句に取り換えさせようと苦心しているので、「笑いながら無難にやり過ごそう」とはしていない。また、「よりよい作品へと昇華させるために心を鬼にして添削しよう」も不適切。よりよい作品にしたいのではなく、盗作を別の作品に変えさせたいのである。

②「『かっぽれ』の稚拙な俳句に対して笑いをこらえるのに必死であった」が誤り。問題の俳句を「僕」は何とか変更させねば、と思っているのであって、

「稚拙な俳句」だと笑っているのではない。また、「『僕』も本気で応えなければ失礼に当たると深く反省した」も誤り。この場面で、「僕」は「かっぽれ」の言う「まごころ」の意味を問おうとしているのであり、「反省」をしているわけではない。

③「お互いの上下関係を明確にするため」が誤り。どんな「まごころ」なのかをたずねたのは、その俳句に込められたという思いを問うためである。「お互いの上下関係を明確に」しようとする意図はない。

④「『僕』には俳句を評する力がない」という「かっぽれ」の言い分を否定しようと思った、という内容の選択肢だが、「僕」は自分に俳句を評する力があるということを「かっぽれ」にわからせようとしているわけではなく、誤り。

問5 **19** ①《心情把握問題》

傍線部**D**における「僕」の心理を説明する問題である。ポイントは、リード文にも書かれている通り、この文が「僕」が「君」に宛てた手紙だということである。手紙である以上、「僕」は「君」に何かを伝えたいと考えているはずなので、そこを踏まえて考えたい。傍線部**D**は一文の途中から引用されているので、全体を確認しておこう。「そんなもの、どっちだっていいじゃないか、と内心の声は叫んでもいた」とあるが、「どっちだっていい」というのは、「かっぽれ」の俳句の初句が「コスモスや」でも「コスモスの」でもどちらでもいい、という意味である。本文にも「下手でも何でも、盗んだ句でさえなければ今は安心の気持だった」（53行目）とある通り、**「僕」は「かっぽれ」が提出する俳句が盗作でなければ、もはやどんな作品でもいいのであり、それほど関心があるわけでもなかった**のである。それを踏まえて、場面と「僕」の心情とを確認しておこう。

・一茶の俳句の盗作ではなく、別の俳句を「かっぽれ」が提出する目途がついた安堵から、「よけいの事」ながら、助言までしてしまった「僕」だったが、それを「かっぽれ」がいたく気に入り、「僕」を評価した。

↓

・「僕」は赤面した。落ちつかない気持になった。

・「……ただ、コスモスの、としたほうが、僕たちには、わかり易くていいような気がしたものですから。」

そんなもの、どっちだっていいじゃないか、と内心の声は叫んでもいた。

「僕」は何の気なしにした助言が予想外に褒められてうろたえ、あわてて説明を付け加えている。「そんなもの、どっちだっていいじゃないか」という内心の叫びには、**予想外の評価を得た「僕」の居心地の悪さが現れており、それを、手紙を宛てた「君」にもわかってほしいと思っている**のだと考えられる。

したがって、答えは①。予想外の事態に対する「僕」の居心地の悪さは、「この展開に違和感を抱いている」とまとめられている。

②「『かっぽれ』に褒められて舞い上がってしまった」や「『かっぽれ』の俳句などに関わっている状況自体が恥ずべきこと」が誤り。「僕」は褒められて落ち着かない気持ちになってはいるが、「舞い上がって」はいない。また、「かっぽれ」の俳句に関わることを、恥ずべきこととまではいっていない。

③「微細な修正案を提示することしかできなかった自分の苦悩」が誤り。「僕」は初句の修正案を、盗作を提出する可能性がなくなった安心から何の気なしに言ったのである。「現実の人間関係」を原因として、「微細な修正案」を出すだけにとどめた、というわけではないので、不適切。

④「『僕』の修正案に批判的な見解が出されないように『君』に対して予防線を張っておきたい」が誤り。「どっちでもいい」という言葉からも、「僕」が俳句の修正案を批判されたくないと思っているとは考えにくいし、「君」に対してそうした予防線を張る必要もない。

⑤「内心ではどう修正しても彼の俳句が良くなることはない」がまず誤り。内心では「かっぽれ」の俳句が良くなることを願って修正案を出したと思っていたとは本文には説明されていない。また、「客観的に価値判断できているのだと『君』に示したい」も不適切。「君」に伝えたいのは、「僕」が「客観的な価値判断ができている」ことではなく、「僕」の現状への違和感であり、居心

地の悪さである。

問6 **20** ④ **《理由把握問題》**

傍線部E「どうにも、かなわない気持であった」と「僕」が感じた理由を考える問題である。ここでの「かなわない気持」とは、傍線部Eのあとにも「落ちつかず、閉口〈=困る〉の気持」などとあるように、「どうしようもない、ほとほと参ってしまう」くらいの気持ちと考えることができる。こうした気持ちになった理由を確認すると、まず、傍線部Eの直前に、

> けれども、かっぽれは、どうやら僕を尊敬したようである。これからも俳句の相談に乗ってくれと、まんざらお世辞だけでもないらしく真顔で頼んで、そうして意気揚々と、れいの爪先き立ってお尻を軽く振って歩く、あの、音楽的な、ちょんちょん歩きをして自分のベッドに引き上げて行き、僕はそれを見送り、

とあるように、俳句作りについて「僕」を尊敬したらしい「かっぽれ」が、「僕」の修正案をやすやすと受け入れ、今後の俳句の指南をお願いして意気揚々と帰っていく姿を見たことが、「かなわない気持」のきっかけになっていると考えられる。ただ、「かっぽれ」がもともと素直な性質で、他者をまっすぐに尊敬するような人柄であったら、「僕」はこれほど困惑しなかったことだろう。「僕」が「かなわない気持」になったのは、そもそも、「かっぽれ」が盗作を悪びれずに提出しようとしたり、「僕」を「軽蔑するような」(30行目)そぶりを見せたりしたこと、そして、そこから一転して「僕」を尊敬すらして見せたことが原因であることを押さえておこう。**そのような「かっぽれ」の、気まぐれで、つかみどころがなく、ころころと態度が変わるさまに、「僕」は振り回され、困惑を深めていった**ということをつかみたい。これを踏まえて選択肢を検討すると、④が正解である。

①「いらだちを見せたところで結局無駄であることに思い至ったから」が誤り。「僕」は「かっぽれ」の言動に戸惑ったり、あっけにとられたりはしているが、「いらだ」ってはいないので、不適切。

②「別の句を褒められれば上機嫌になる」が誤り。「かっぽれ」の機嫌が上向いたのは、「僕」が句を褒めたからではなく、「僕」の提示した修正案が気に入り、「僕」を尊敬したからである。また、「これ以上まじめに応じる必要はないと思い至った」も誤り。「まじめに応じ」なくてもいいと、「かっぽれ」に向き合うのをやめたということと、「かなわない気持」を抱くこと〈=ほとほと参ったなと思うこと〉とは異なるので、不適切。

③「『かっぽれ』のけなげな態度」が誤り。「僕」を軽んじてみたり、かと思えば、尊敬してみせたりする「かっぽれ」の様子は「けなげ」〈=心がけが殊勝であること〉とはいいがたい。

⑤「日本の運命についてまじめに語るようでいながら、そこで提示される俳句は盗作でしかないというような『かっぽれ』のちぐはぐな態度」が誤り。「僕」が「かなわない気持」になったのは、「僕」に対する態度がころころと変わるからであって、「かっぽれ」の日本や俳句に対する態度のちぐはぐさが原因ではないので不適切。

問7 **21** ② **22** ① **《複数資料の把握問題》**

(i) 本文の二重傍線部とその直後を確認すると、「僕」は「古人の句を盗んで勝手な意味をつけて、もてあそぶのは悪い事だ」と考えていたことがわかる。しかし、**【資料】**のIの外山滋比古の文章では、「僕」とは異なる意見が述べられている。まずは、**【資料】**のIの文章を簡単にまとめておこう。

> ・多くの読者が、くりかえし自身のコンテクストに合わせて読んでいるうちに、作品そのものが、すこしずつ特殊から普遍へと性格を変える。つまり、古典化する。
> ・古典化は作者の意図した意味からの逸脱である。読者が古典へと改変するのである。

「コンテクスト」は注によると〈文脈〉の意で、自分の文脈とは、つまり自

分がいま生きている流れや時代背景、環境などと言い換えて考えることもできるだろう。江戸時代を生きた一茶は「露の世は……」の句で「子供に死なれて、露の世とあきらめてはいるが、それでも、悲しくてあきらめ切れぬ」(36・37行目)気持ちを詠んだが、「かっぽれ」は同じ俳句で、日本の世は「露の世である。さりながら、諸君、光明を求めて進もうじゃないか。いたずらに悲観する勿れ」と意味を変えて詠んでいる。外山滋比古が言うように、読者が作者の意図した意味から逸脱して、「自分のコンテクスト」で作品を解釈してしまうとすれば、「かっぽれ」の行為も一茶の俳句本来の意味から離れて、自分の生きている時代背景に即して、句を読み替えているのだと考えることができる。これを踏まえて選択肢を検討すると、②が正解である。

①「意図せず句の意味を取り違えている」が誤り。句の意味を取り違えたのではなく、自分の文脈に即して解釈し直しているのでる。

③選択肢全体が誤っている。「江戸時代と戦後とを対比」させておらず、**【資料】**のⅠの「古典化」の内容を取り違えた選択肢になっている。作品が、その著作者固有の「特殊」なものから、「普遍」的なものに変わるのであって、「句に込められた作者の個人的な思い」が「時代を超えた普遍性を備え」るわけではない。

④「江戸時代の人々と戦後を生きる自分たちの境遇に共通性を見いだし」が誤り。一茶が句に込めた思いと、「かっぽれ」が句に詠んだ思いとは大きく異なっており、「共通性」を見いだしてはいない。また、「古典化していた句に添削を施すことで現代的な解釈を与えている」は、因果関係を取り違えている。

(ii) 本文の二重傍線部の時と**【資料】**のⅡの時とで、「僕」の文学作品と読者との関係についての考えが、どのように変化したのかを読み取る問題である。変化を問われているので、前者と後者がどう異なるかをそれぞれ確認していこう。また、設問には**【資料】**のⅠを参考にとも書かれているので、(i)で確認した内容を踏まえて考えていく必要がある。さて、本文の二重傍線部の時、「僕」は「古人の句を盗んで勝手な意味をつけて、もてあそぶのは悪い事だ」と考えていた。つまり、**文学作品は作者が意味をつけた通りに読むべきだ**と考えていたのである。しかし、**【資料】**のⅡでは、

> この人たちには、作者の名なんて、どうでもいいんだ。**みんなで力を合せて作ったもののような気がしているのだ。**そうして、みんなで一日を楽しみ合う事が出来たら、それでいいのだ。芸術と民衆との関係は、元来そんなものだったのではなかろうか。……あの人たちには、作者なんて、てんで有り難くないんだ。……**自分の心にふれた作品だけを自分流儀で覚えて置くのだ。**

としている。つまり、作品は作者のものではなく、**共有した皆で作り上げたものであり、自分の心に触れた作品を自分流儀に覚えておくものだ**というのである。また、**【資料】**のⅠについて先に検討した(i)を踏まえると、

> 読者は、作品をその本来の意味から離れて自分たちが生きる時代に即したものへと読み替えている

ということがわかる。すると、「僕」は作品とは読者に共有されることで、読者の時代や背景に即して解釈され、本来の意味から離れた新しい意味がつくり出されることもあると考え直した、ということになると推測されよう。こうした理解をした上で選択肢を検討すると、①が正解である。

②前半の「文学作品の意味を決定するのは読者であるという考えであった」が誤り。「僕」は初め、文学作品は作者が意味をつけた通りに読むべきだと考えていたのである。また、「作者の意図に沿って読む厳格な態度は作品の魅力を減退させていく」とまでは**【資料】**のどちらでも説明されていないので不適切。

③後半の「多様性のある価値は読者によって時代とともに付加されていく」が誤り。価値が付け加わっていくのではなく、新しい意味が生み出されていくのである。

④前半の「文学作品の価値は時代によって変化していくものだ」が誤り。本文では、文学作品の価値が時代によって変化するということについては説明さ

れていない。また、後半の「読者が面白いと感じることによって価値づけられることもある」も誤り。この説明では、**【資料】**のⅠの〈読者は、作品をその本来の意味から離れて自分たちが生きる時代に即して読み替えている〉とする内容を踏まえておらず、不適当。

第3問

出典 『石清水物語《いわしみず》』【学習プリント】『伊勢物語《いせ》』

『石清水物語』は、鎌倉時代に成立した作者未詳の擬古物語。主人公・伊予守は木幡の姫君に恋慕し、石清水八幡《はちまん》への祈願によって一度は結ばれるが、木幡の姫君が入内してしまったことで出家するという、悲恋の物語。主人公が貴族ではなく武士である点は特徴的であるが、武士であるがゆえの描写はほとんどなく、貴族を描くのと大差ない。構成や文章に『源氏物語』等の先行作品の影響を強く受けている。

『伊勢物語』は、平安時代前期成立の歌物語。在原業平《ありわらのなりひら》の歌や逸話をもとに作られ、業平没後の九世紀から『後撰《ごせん》和歌集』成立の十世紀中頃にかけてさまざまに手を加えられながら、今日みられる百二十五の章段に定着したといわれる。

【出題の特徴】

和歌を含む典型的な擬古文を取り上げたもの。本文には『源氏物語』を真似るような語彙や表現が多く、一般的な重要古典単語が押さえられていれば難なく読み進められよう。ただし、後述するように和歌が多く、ポイントを絞って解釈する上で慣れが必要である。また、分量の割に登場人物が多く、人物に着目した**問3**・**問4**などで混乱しないよう、まず落ち着いてリード文の内容を頭に入れておきたい。

問1の語句解釈問題は過去二年間の追試験（第二日程）が枝問数が二問であったのに対し、今回は本試験と同様の三問である。**問2**は本試験にも見られる形式で、文法を踏まえながら心情を解釈するもの。**問3**・**問4**では段落が指定されているが、広範囲かつ多くの登場人物に関係する内容であり、丁寧に照らし合わせる必要がある。**問5**は、資料をもとに本文の引歌表現を解釈するもの。学習プリント・ノートという形式は一見面倒ではあるが、和歌の解釈の手がかりが多分に含まれており、順を追っていけばむしろ正解を導きやすい。全体に和歌が多く面食らうかもしれないが、まずは大づかみの解釈でも構わないのであきらめずに取り組もう。

【概要】

・木幡の姫君を忘れられずにいた男君だったが、女二の宮の評判の高さから、木幡の姫君への思いを紛らわせるために会いたいと思うようになる。
・院は男君を権大納言に昇進させる。春の中納言も同様に昇進するが、女二の宮と結ばれなかったことで何事もおもしろくない思いであった。
・十月十日過ぎに男君が女二の宮をお忍びで訪ねる。たいそう立派な様子に男君の父も亡き妻（大宮）が生きていればどれほど喜んだかと思う。
・女二の宮の様子は想像以上で男君は安堵《あんど》するも、女二の宮を木幡の姫君になぞらえ、木幡の姫君と誰かが結婚することまで考えてしまい、我ながら情けないことだと思う。
・後朝《きぬぎぬ》の文で、男君は女君と別れた悲しみを詠んだ。女二の宮の返事の美しい筆跡を見るにつけ、理想的な女性であると男君は思う。
・三日たち、格別な儀式がとりおこなわれた。女二の宮の美しさは木幡の姫君にも匹敵するにちがいないと思われ、男君は結婚したかいがあると思った。

問1　23 ①　24 ③　25 ①　《語句の解釈問題》

(ア)　ここでは「さらぬ」の解釈が問われている。

さらぬ【連語】
指示の副詞「さ」+ラ変動詞「あり」未然形+打消の助動詞「ず」連体形＝「さあらぬ」が約された語。
〈そうでない、それ以外の〉〈なんでもない、たいしたことのない〉の意。

「たいして重要でない」と訳出した①が適切。また傍線部直後の「だに〜、まして」にも注目したい。

Aだに〜、ましてB〜。
〈Aさえ〜である。ましてBはより〜である。〉
→程度の軽いAを取り上げ、重いBを類推させる構文。

ここでは男君の用意周到さを強調するために、程度の軽いもの（「さらぬほどの所」）をまず挙げ、それでさえ十全な用意をするのだから、まして三条院を訪問するのに粗略なことがあろうか（反語）という表現が用いられている。①以外はこの文脈に合わない。

(イ)　傍線部(イ)は、男君が「宮の御さま〈女二の宮のお姿〉」に対してどうしようと思っていたのかを述べたもの。重要単語は以下の通り。

いつしか【副詞】
代名詞「いつ」+強意の副助詞「し」（間投助詞とする説もあり）+係助詞「か」
現代語では気づかないうちに実現しているさま〈いつのまにか、早くも〉の意で用いられるが、それ以外にも古文では〈いつ〜（する／できるだろうか）〉〈早く〜（したい）〉という実現を待ち望む気持ちを表す他、〈いつ〜か〉〈いつであったか〉などと時間が特定できない際の表現としても用いられる。またナリ活用形容動詞として、時期が早すぎるさまを指す場合もある。

ゆかし【シク活用形容詞】
動詞「行（ゆ）く」が形容詞化した語で、もとは心ひかれてそこに行きたいと思う気持ちを指した。よって〈見たい、知りたい、聞きたい〉の意が生じ、転じて心をひきつける対象に対する表現として〈なつかしい、恋しい、慕わしい〉の意もある。

以上から、③が適切。「いつしか」「ゆかし」がもつ願望の気持ちを十分に反映できている。①の「いつ〜か」という表現は「いつしか」の訳として間違いではないが、一方「見られる」は〈〜したい〉という「ゆかし」の語義を踏まえられておらず不適。②・④・⑤はどちらの語の訳も不適。

(ウ)　ここでは動詞「おくる」をどのように訳出するかが問われている。

おくる（後る・遅る）【ラ行下二段活用動詞】
他より時間・空間的にあとになること、ある基準に及ばないことを指し、〈遅れる〉〈取り残される〉の意。また親しい人に死なれ、自分が死ぬのがあとになることから〈先立たれる〉の意でもよく用いられる。加えて、才能や性質が標準的な基準に及ばないことから〈ふつうより劣る〉意もある。

これを踏まえて選択肢を見ると、①「未熟なところ」は〈ふつうより劣る〉、③「流行から外れる」は〈時流に取り残される〉、④「時間にいい加減」は〈遅れる〉という「おくる」の訳に対応すると考えることができ、単語の意味からだけでは絞り込むことができない。よって文脈と照合する必要がある。

傍線部(ウ)直前に「いみじう盛りに調ひて〈たいそう年盛りにととのっていて〉」、「気高く、らうらうじきもののなつかしげ〈奥ゆかしく、気品があり心ひかれる様子〉」とあり、直後に「うつくしき人〈美しいお方〉」とされていることから、傍線部(ウ)もまた「女宮の御さま」すなわち女二の宮の姿かたちや様子を褒める描写であることがわかる。したがって、①「未熟なところがなく」が正解。③「流行から外れる」の「流行」や、④「時間にいい加減」の「時間」に関する言及は一切ない。

問2　26　②　《文法知識および心情把握問題》

選択肢の前半で文法知識、後半で解釈（心情）が問われる。木幡の姫君を忘れられずにいる男君であったが、「宮の御かたちの名高く聞き置きたれば〈女二の宮のお顔立ちが評判高いことを聞いて心にとどめていたので〉」、父・関白がすすめる女二の宮との縁談を受け入れようとしはじめていた。傍線部では男君がどのように考えたかが述べられている。

まず、傍線部を逐語訳すると、〈ものの嘆かわしさが紛れるほどに、お会い申し上げたいとお思いになった〉となる。以下、選択肢を順に検討する。

①は、まず「ものの」の文法説明が不適。接頭語「もの」は「ものさびしい」「ものしずか」等、形容詞や形容動詞、状態を表す動詞の上に付いて、〈なんとなく、そこはかとなく〉の意で用いられるもの。ただし接頭語は自立語の上に位置するものであり、助詞が接続することはない。この「もの」は名詞で、「もののかなしさ」「ものの心ばへ」などと同様に、心情に関する表現として用いられている。その場合、とくに訳出しないか、してもさきの接頭語の場合と同じように「もの悲しさ」などと訳す。よって「迷い」を表すほどの意味をもたない表現である。ここでの「ものの嘆かしさ」とは、リード文にあるように、木幡の姫君に対する恋の苦悩を指しており、「女二の宮と結婚しても良いのだろうか」という内容も男君の心情と合致しない。

②は、動詞「紛る」を「木幡の姫君への思いが紛れる」、副助詞「ばかり」を「くらいに」と訳出している。つまり「ものの嘆かしさ〈嘆かわしさ〉」が「紛れるくらい」とあり、嘆かわしさが紛れるくらい、つまり木幡の姫君への思いを忘れられるくらいに女二の宮に夢中になってしまいたいという男君の思いが述べられている。よって後半の解釈も文脈と合致し、②が正解だとわかる。

③は「見なし聞こゆ」を「複合動詞」と説明する点が不適。この「聞こゆ」は謙譲語の補助動詞で「見なす」に接続し〈〜（し）申し上げる〉の意を加える役割をもつが、補助動詞が動詞に接続してもそれを一語として複合動詞とは見なさない。一方の「見なす」はマ行上一段動詞「見る」にサ行四段動詞「なす（成・為）」が接続した複合動詞である。終助詞「ばや」によって「女二の宮に会ってみたいという願い」を表現しているという点は適切。

④は「思しける」の文法説明は適切であるものの、「いつのまにか女二の宮に恋をしていたことに対する気づき」という解釈が不適。女二の宮に会おうとする気持ち（「見なし聞こえばや」）は、女二の宮に対する恋心ではなく、あくまで木幡の姫君への恋が成就しない嘆かわしさによるもの。過去の助動詞「けり」のうち詠嘆の意味をもつものは今まで気づかなかったことにはじめて気づいた「気づきの『けり』」ともいわれるが、ここでは詠嘆の意味合いはない。

問3　27　③　《人物把握問題》

本問では対象となる段落が指定されている他、選択肢冒頭にどの登場人物に関する説明かが示されており、選択肢との照合がしやすい。以下、選択肢を検討する。

①・②は春の中納言に関する説明。春の中納言は1段落3・4行目に登場するのみである。該当本文は「春の中納言も……おぼえ給ひけり」のみであるから、この一文と選択肢の内容とを照らし合わせればよい。

当該文は注が多いが、おおよそ〈春の中納言も、例によって同じく権大納言におなりになって、（任官叙位の）奏慶も（男君と）互角になさったが、高い枝に手が届かない（ように成就しなかった女二の宮との結婚という）ただ一つのことのために、何事もおもしろくなくお思いになった〉と訳すことができる。すなわち同様に昇進した男君と春の中納言の違いは、女二の宮と結婚するという一点にあり、春の大納言はそのせいで「よろづすさまじくおぼえ」たという。よって①は「男君にあらためて畏敬の念を抱いた」、②は「すべての力を注いで女二の宮を奪い取ろうという気持ち」という説明が不適。

③は関白（殿）に関するもので、本文では2段落最終行にその名が見える。2段落では、三条院に渡る男君の立派な様子が繰り返し述べられており、その様子を見た関白が「大宮おはせましかば、いかに面立たしく思し喜ばむ」とい

う思いを抱いたとある。「大宮」は注6から関白の亡き妻だと判断でき、「ましかば〜」という反実仮想の表現が用いられていることからも、この場にいない大宮が〈もし生きていらっしゃったら、どれほど面目が立つように思い喜ばれただろうか〉と想像しているのだとわかる。よって③は適切。

④・⑤は院に関する説明で、1・3段落と照合する。④は「娘が幼かったころの日々が思い出され」「涙を抑えることができな」いなどという内容が本文になく不適。「宮の御さま」以下の女二の宮の描写が院の視点によるものだと解しているような説明になっているが、ここはすべて男君の視点である。

⑤は「男君を叱咤激励」という内容は本文になく不適。「ふさわしい官位を得るよう」は、1段落3行目「官位の短きを飽かぬことに思しめされて〈官位が低いのを物足りないこととお思いになって〉」を受けたものであろう。「思す」とあることや、一存で昇進させられることなどから、主語が院であることが推測できる。ただし「叱咤激励」したわけではないため、不適切であることに変わりはない。また「男君が訪れた際も、あえて厳しく接した」が本文3段落「待ち取らせ給ふ御心づかひなのめならず〈男君を待ち迎えなさるお心配りも格別である〉」とも合致しない。

なお「院には」とあり、人物に対し格助詞「に」＋係助詞「は」が接続することで主体を表すことに違和感を覚える人もいるだろうが、次のような用法があることを申し添えておく。

ここの「院には」について

「には」には高位の人物を主語とすることを避けるために、〈〜におかせられては〉と、**住む所を示す語などを用いて間接的に尊敬の意を表す**という役割もある。

（例）「**院には**、かの櫛《くし》の箱の御返り御覧ぜしにつけても」（『源氏物語』絵合巻）

〈**院におかせられては**、あの櫛の箱のお返事をご覧になったにつけても〉

ここでは直後の敬語のあり方（「せ給ふ」「御心づかひ」）から、単純な場所を指すのではなく、院という高位の人物を想定した表現であることがわかる。

問4　28　②　《内容把握問題》

問3と同様の問題。該当箇所を指定の段落から探し、照合していく。

①・②は和歌の贈答にまつわる説明で、4段落の内容と照らせばよい。選択肢にある和歌の説明は簡潔で詳細な解釈は求められていないものの、解釈のポイントを次に示しておく。なお、和歌を解釈する際は、表と裏の意味を意識しよう。すなわち、言葉通りの解釈（表）を踏まえ、そこに込められた思いや別の意味（裏）を押さえる必要がある。

今朝はなほしをれぞまさる女郎花いかに置きける露の名残ぞ

ここでは動詞「しをる」・名詞「露」に二つの意味を込めることで、しおれた女郎花を詠みながら涙で袖を濡《ぬ》らす自分の姿を仮託している。

しをる【ラ行下二段活用動詞】
(1)草花が雪や露などによって、生気を失う。しおれる
(2)元気をなくす。ぐったりする
(3)衣服がひどく濡れてぐっしょりする

つゆ【名詞】
(1)大気中の水蒸気が夜の冷気により、物の表面に水滴となって付着したもの。また雨のあとの草木の葉に残った水滴など
(2)涙の比喩
(3)（「つゆの」で）はかないもの、わずかなこと

【表】今朝はいっそう元気がなくしおれているように見える女郎花であることよ。どれほど露が降りたせいだろうか。

【裏】私も今朝はもう袖がひどく濡れています、あなたと別れた悲しみによる涙がなんとも多いためだろうよ。

今朝のみやわきて時雨れむ女郎花霜がれわたる野辺のならひを

返歌では、おくられた歌の表の意味に対応させる形で詠みながら、裏の意味にもこたえる必要がある。ここでも、女郎花がしおれているのは今朝だけでなく、いつもの霜枯れであろうと詠みながら、男君が涙を見せるのは別に今朝だけではないでしょう、すなわち男君にとって自分などとるに足らない存在でしょうと、つれないそぶりを見せる。もちろんこれは本心というよりも後朝の歌としてのポーズである。

【表】今朝だけとくに時雨が降ったのでしょうか（いえ、そうではありません）。女郎花がしおれていたのはあたり一面の草木が霜によって枯れる、野原の常でしょうに。

【裏】私と別れた今朝が特別なのではなく、あなたにとってはいつものことなのではないですか。

※後朝の歌では、早朝に女性のもとを発《た》つという状況上、朝露や、その露によって袖が濡れる（＝涙で濡れる）ことを詠む歌がとても多い。

なお、「女郎花」は女性の比喩として用いられるのが平安和歌の常套《じょうとう》である。よってここでも「女郎花」が女二の宮の比喩なのではないかという疑問をもつむきもあるかもしれない。その問題について以下説明しておく。

「今朝はなほ……」歌は、『源氏物語』宿木巻にある次の歌を踏まえているという指摘がある。「女郎花しほれぞまさる朝露のいかにおきける名残なるらむ〈女郎花がいっそう元気なくしおれています。朝露がどのように置いた名残なのでしょうか……娘は気落ちしています。あなたがどのように扱ったせいでしょうか〉」というものである。

これは新妻の六の君におくった匂宮の後朝の文に対する返事で、六の君に代わって養母・落葉の宮が詠んだ歌である。ここでは通例通り「女郎花」を女性である六の君、女郎花をしおれさせた「朝露」を匂宮の比喩として用いている。

もしこれを「今朝はなほ……」歌にそのまま引き写してしまうと、「女郎花」が女二の宮、「朝露」が男君の比喩となり、〈今朝あなたはひどく泣いています、私との別れがなんとも悲しいためだろうよ〉などとなり、まったく意味が通らなくなってしまう。つまり「今朝はなほ……」歌は『源氏』歌にあった比喩の構造を無視し、単に似たような和歌として仕立て直された、形骸化したものであるといえる。

一方、「今朝のみや……」歌で「女郎花」を女二の宮ととることは不可能ではないが（私はあなたにいつも泣かされている）、返歌で「女郎花」の比喩の対象を変えるとは考えがたい。

以上より、ここでの「女郎花」は女性の比喩としては機能しておらず、文脈に照らして「女郎花」を男君の比喩として解すのが適切であると判断した。

①では男君の「今朝はなほ」歌を「逢瀬の後の寂しさを詠んだ歌」と説明しており、適切。一方、女二の宮の「今朝のみや」歌について「景色だけを詠んだ歌」とするのは誤り。また「思いに応えようとしなかった」も適切ではない。

加えて女二の宮の返事を受け取った男君の反応を「自分に遠慮しているようだと思った」とする点も不適。美しい筆跡に「待ち見給ふも、よろづに思ふやうなりと思すべし〈（手紙を）待ちかねてご覧になるにつけても、すべて理想的（な女性）であるとお思いになった〉」とあり、非常に満足していることが読み取れる。

一方の②は、女二の宮の返歌がしおれた女郎花を軸に詠まれていることを「男君の手紙の言葉をふまえたもの」と適切に評価できている。またそれに対する男君の反応の「理想にかなう女性と結婚できたと男君は満足した」という説明は、本文「よろづに思ふやうなり」に対応している。よって正解。なお「結婚できた」について、三日通って（「かくて三日過ぐして」）はじめて結婚したことになるのではないかという疑問があるかもしれない。確かに平安期の貴族社会において、三日夜の儀式〈親族への挨拶「露顕〈ところあらわし〉」、餅を食べる「三日夜餅〈みかよのもちい〉」等〉を経ることで晴れて夫婦として公然化するとされ、通い始めを結婚の開始とみてよく、一日目の翌日に「理想にかなう女性と結婚できた」という思いを男が抱いたと解釈するのは問題ない。

③は「女二の宮と……密かに木幡の姫君とも関係を持とうと考えた」が不適。5段落の最後の一文「御心落ちゐて、いとかひありと思したり〈安心なさって、たいへん〈結婚した〉かいがあることだとお思いになった〉」など、木幡の姫君とも「並び給ふべし〈匹敵なさるにちがいない〉」と思われる女二の宮との結婚に、非常に前向きな様子が読み取れる。

④は、女二の宮が男君と木幡の姫君の関係を察していたという内容が本文になく不適。本文中に女二の宮の心情描写はない。

問5 **29** ① **30** ③ **《複数文章の比較読解問題》**

本問で提示される**【学習プリント】【ノート】**には、作品の引用だけでなく、ヒントとなるようなコメントや図が含まれている。資料を丁寧に読み、手がかりをつかみながら引用文の意味を押さえたい。

(i) 和歌Ⅰに込められた別の意味について整理した**【ノート】**の空欄を補充する問題。**問4**でも確認したように、とくに恋の和歌では景物などの当たり障りのない内容を詠みながら、掛詞《かけことば》などによって別の意味を込めることが多い。[ステップ1]や**【ノート】**も参考にしながら、和歌**Ⅰ**を整理してみよう。

うら若みねよげに見ゆる若草を人の結ばむことをしぞ思ふ

「ねよげ」は若草の縁語「根」に「寝」を掛けており、「うら」「根」「結ぶ」は「草」の縁語である。

寝よげ

(1)〈旅人が草を引き結んで枕にし旅寝することから〉寝心地がよさそう

(2)共寝するのに好ましい

〈参考〉根よげ　性格が善良そう

結ばむ〈結ぶ〉

(1)〈旅寝のために草を〉結ぶ

(2)契る、結婚する

【表】若く瑞々《みずみず》しいので、引き結んで枕にすればいかにも寝心地がよさそうな若草を、誰かが結んでしまうことを〈悩ましく〉思います。

【裏】若々しいので、共寝に好ましいほど美しいあなたを、誰かが妻とすることを〈悩ましく〉思います。

＊参考歌〈当該歌の影響を受けた歌〉

「若草のねみむものとは思はねどむすぼほれたる心地こそすれ」（『源氏物語』総角《あげまき》巻）

〈若草のよう〈に美しい〉なあなたと、〈姉弟の関係なので〉共寝をしようとは思いませんが、気が晴れない思いでおります。〉

【ノート】上段にあるように「若草」が妹を指すと考えれば、「若草」を「結ばむこと」は〈妹が結婚すること〉と解せる。よって「人」とは妹の結婚相手であるまだ見ぬ誰か〈他人〉のことだとわかる。

また**【ノート】**下段の和歌Ⅱの解釈では「自身が兄の気持ちにこれまで気づいていなかった」とあり、和歌**Ⅰ**に込められた気持ちに驚いていることがわかる。

以上から、**X**を「他人が妹と結婚すること」、**Y**を「恋心」と説明した①が適切。

なお、和歌**Ⅱ**の解釈は以下の通り。

初草のなどめづらしき言の葉ぞうらなくものを思ひけるかな

「初草の」は「めづらしき」を導く枕詞であり、「葉」「うら」は縁語。

うらなし【ク活用形容詞】
うら（心）にない、すなわち〈何の気もないさま〉〈遠慮のないさま〉の意。
〈なんともめったにないお言葉ですね。私は何心もなく思っておりましたのに。〉

(ii) 傍線部**B**で和歌**Ⅰ**を引きながら表現される男君の心情を考えるもの。傍線部直前には、女二の宮の美しさに安堵しつつも、「よそへぬべき心地する人ざまにおはしますにも、まづ思ひ出でられて」すなわち女二の宮が〈木幡の姫君になぞらえてしまいそうな気持ちになるほどの雰囲気でいらっしゃるにつけても、真っ先に（木幡の姫君のことが）思い出されて〉とあり、男君の揺れる気持ちが描かれていることがわかる。

傍線部**B**の「人の結ばむこと」とは、(i)の**X**で確認した通り「他人が妹と結婚すること」である。「いかなる方にか〈どのような人に〉」とあるように、男君は木幡の姫君が誰と結婚するのかと、美しい女二の宮を前にしても考え続けてしまうのであった。またそのような自分に対し、「我ながらうたてと思ひ知らるる」という思いを抱いてもいる。「うたて」は〈情けない、嘆かわしい、気に入らない、嫌だ〉という意味の形容詞「うたてし」の語幹で、ここでは木幡の姫君の結婚相手にまで思いを致す自分を、〈我ながら情けない〉と痛感しているのである。以上より、正解は③。それ以外は(i)の和歌**Ⅰ**の解釈が踏まえられていない。加えて②「釣り合う相手はいない」、④「院の複雑な親心が理解できるようになり」なども本文にない。また、①と④は「うたて」の意味が踏まえられていない。

全訳

中納言（である男君）はそれにつけても、人知れぬ心の中では、あってはならない（木幡の姫君への）恋心がとどまる折とてなく、胸が苦しくなってゆくのを、無理やりに気持ちを静めて月日を過ごしていらっしゃったが、女二の宮のお顔立ちが評判高いことを（噂《うわさ》に）聞いて心にとどめていたので、同じことならば、（木幡の姫君に対する悲恋の）嘆かわしさが紛れるほどに、お会い申し上げたいとお思いになった。官位が低いのを物足りないことと（院が）お思いになって、（男君は）権大納言におなりになった。春の中納言も、例によって同じく権大納言におなりになって、（任官叙位の）奏慶も（男君と）互角になさったが、高い枝に手が届かない（ように成就しなかった女二の宮との結婚という）ただ一つのことのために、何事もおもしろくなくお思いになった。

十月十日過ぎに、（男君は）女二の宮をお訪ねになる。得意になる様子は、言うまでもない。まずお忍びで三条院にいらっしゃる。たいして重要でない場所（を訪問するの）でさえ、格別な心遣いをなさる方であるので、まして（三条院という立派な場所を訪問なさる時に）おろそかであるようなことがあろうか（いやない）。くどいほどに香をたきしめなさって、身なりを整えてお出でになる直衣姿は、優美であり、並々ならぬ支度は、ほんとうに院の婿殿といっても十分で、たとえ女二の宮と申し上げても、平凡なご容姿であれば、並ぶのがはばかられるようなご様子である。お忍びであるが、前駆の者などを大勢連れてお出でになられるにつけても、もし大宮が生きていらっしゃったら、どれほど面目が立つように思い喜ばれただろうかと、男君の父は真っ先に思い出し申し上げなさる。

院（三条院）におかせられては、（男君を）待ち迎えなさるお心配りも格別である。女二の宮のお姿を、早く目にしたいとお思い申し上げなさっていたが、御殿油の灯《あか》りもほのかで、御几帳の内にいらっしゃる灯火に照らされたお姿は、まずもって悪くはないことよと思われて、御髪がお顔にかかっている様子は、すばらしく見える。まして、傍《そば》で感じとれるご様子は、想像していた通りで、愛らしくおっとりしているご様子を（拝見し）、安心して、思いがけずに近づき寄った恋の道の迷い（の相手である木幡の姫君）にも、なぞらえてしまいそうな気持ちになるほどの雰囲気でいらっしゃるにつけても、真っ先に（木幡の姫君のことが）思い出されて、どのような人に（嫁ぐのか）と、誰かが（木幡の姫君と）結ばれるようなことさえ思い続けてしまうことは、我ながら情けないことだと痛感する。

　夜が明けたので、早々にお出でになって、すぐにお手紙を差し上げなさる。

「今朝はなほ……今朝はいっそう元気がなくしおれているように見える女郎花であることよ。どれほど露が降りたせいだろうか。……私も今朝はもう袖がひどく濡れています、あなたと別れた悲しみによる涙がなんとも多いためだろうよ

時雨が降る季節ですが、あなたと別れた今朝ほど袖が濡れる朝はありませんでした」とある。お返事をおすすめ申し上げると、たいそうつつましく、薄い墨の跡で、

「今朝のみや……今朝だけとくに時雨が降ったのでしょうか（いえ、そうではありません）。女郎花がしおれていたのはあたり一面の草木が霜によって枯れる、野原の常でしょうに。……私と別れた今朝が特別なのではなく、あなたにとってはいつものことなのではないですか」

と（お書きになって）、お置きになったお手紙を、包んで（使者が男君に）差し出した。使者には女の装束や、細長などを、慣例通りに（与えた）。ご筆跡までも、並々でなく美しくお書きになったので、（手紙を）待ちかねてご覧になるにつけても、すべて理想的（な女性）であるとお思いになったようだ。

　こうして三日たち、男君の邸宅にお入りになる儀式は格別である。寝殿の渡殿にかけて、装飾が施されている。女房二十人、童四人、下仕えなど（お供の様子は）、見所が多くたいそうすばらしい。女二の宮のご様子をゆっくりと拝見なさると、たいそう年盛りにととのっていて、そう思うせいか奥ゆかしく、気品があり心ひかれる様子で、未熟なところがなく美しいお方で、御髪は袿の裾と同じ（くらいの長さ）で、人の姿が映って見えるくらいに光輝いている様子は、この上もない。人知れず忘れられずにいる木幡の姫君にも匹敵なさるにちがいないと思われて、男君は安心なさって、たいへん（結婚した）かいがあることだとお思いになった。

【学習プリント】

　昔、男が、妹のとても愛らしいさまを見ていて、

うら若み……若く瑞々しいので、引き結んで枕にすれば、いかにも寝心地がよさそうな若草を、誰かが結んでしまうことを（悩ましく）思います

……若々しいので、共寝に好ましいほど美しいあなたを、誰かが妻とすることを悩ましく思います。

と申し上げた。返しの歌、

初草の……なんともめったにないお言葉ですね。私は何心もなく思っておりましたのに。

第4問

出典　**【文章Ⅰ】**安積艮斎《あさかごんさい》『洋外紀略』　**【文章Ⅱ】**『性理大全』

『洋外紀略』は、江戸末期の儒学者、安積艮斎の著作で、一八四八（嘉永元）年に成立した。三巻からなり、ヨーロッパ各国の歴史などの記事、ワシントン伝などの人物伝、海防論などで構成されている。

『性理大全』は、明の永楽帝の勅命を受けた胡広《ここう》らが、『五経大全』『四書大全』と共に編纂《さん》した書物。周敦頤《とんい》や朱熹《き》をはじめとする、宋の儒学者たちの著作や論説を集めたもの。

【出題の特徴】

これまでの共通テストの傾向を踏襲し、複数のテクストを題材とし、関連づけて読む問題であった。**【文章Ⅰ】**が日本の学者の漢文であり、題材が西洋人の伝記である点はやや目新しい。大学入試の漢文で取り上げる作品は中国の古典および漢詩が中心なのは言うまでもないが、日本や中国以外の地域で書かれた漢文や、近代前後に書かれた漢文などもあり、漢文の裾野は案外広い。複数のテクストを使用することで、選ばれる素材の幅が広がったといえよう。とはいえ、出題される内容自体は高校までに学習した句法や語句の知識に基づく読解であり、どのようなテクストであっても、それに向かう姿勢は同じである。

追試験は本試験よりも挑戦的な設問が目立つが、それがかえって共通テストの出題傾向や範囲をつかむ参考になるだろう。**問1**は語句の意味を問う問題だが、空欄補充形式である点がやや目新しい。また、**問1**で問われがちな副詞や複合語の意味ではなく、文の内容を踏まえてふさわしい意味の漢字を選択させる問題となっている。**問2**は短い句の解釈、**問4**も文の解釈の問題。**問2**が文の内容を踏まえた解釈であるのに対し、**問4**は句法の理解を含む。**問3**は返り点の付け方と書き下し文の問題で、オーソドックスな漢文の問題である。**問5**は傍線部の内容説明問題。比喩や対句を踏まえた内容を把握するもので、今回は故事成語を絡めた出題だった。なお二〇二三年度の本試験でも比喩の内容を問う問題が見られた。**問6**は、提示された**【資料】**と会話を手がかりとして**【文章Ⅰ】**・**【文章Ⅱ】**の要約・関連づけを行う問題。総じて句法の知識を選択の決め手とするというよりは、文および論の展開を踏まえて正しく意味を取ることが要求される内容である。

【概要】

【文章Ⅰ】

(1) 大統領としてのワシントン

・清廉で公正、誠実な態度で物事にあたる。
・ハミルトンという有能な人物を政治に参与させる。
・在任八年で法律や軍備を整え、国を安定させた。
・自分の政策を批判する人に対しては憤慨した。

(2) 晩年のワシントン

・任期を終えると故郷に帰り、世間の目につかないように暮らした。
・天寿を全うし、自宅で亡くなった。

【文章Ⅱ】

(1) 君主とはどのような存在か

・たった一人で広い天下を治め、多くの職務に対応しなくてはならない。

(2) 君主はどうあるべきか

・一人の見聞や思慮の及ぶ範囲は広くないので、賢人と協力するべきである。
・公正で落ち着いた、明鏡止水の態度であれば、外物に心をまどわされることはない。

【資料】

安積艮斎のワシントン評価

・ワシントンは異民族の出身であるけれども、人柄には賞賛に値する点がある。

問1 **31** ① **32** ⑤ 《語句の意味の問題》

空欄**X**は、「話聖東政を為すや」に続いているので、ワシントンの政治のやり方を表し、かつ、「X而公」と、「公」と並べることができるような語である。また、「X而公」のあとには「誠を推して物に待す」とあって、より具体的にワシントンの政治的態度が書かれている。これらを踏まえると、空欄**X**には「公（公正）」「誠（誠実）」に類する語が入ると見当がつく。①の「廉」は「清廉潔白」などと使うように〈正しい・高潔である・無欲である〉といった意味があり、「公・誠」に通じる。よって、これが正解。

②は「刻薄」などと用いて〈むごい〉といった意味になる。③は「頑迷・頑固」などと用い〈かたくな・貪欲〉といった意味になる。④は「濫用」などと用い〈節度がない〉といった意味になる。⑤は「偏狭」などと用い〈公正ではない〉の意味になる。②〜⑤はいずれも「公・誠」と並列しがたい。

空欄**Y**は、次に示すように「御四海之広」と「応万務之Y」が対句を構成している。

制御する＝統治する	天下の	広いこと	
御	四海之	広	↓ 広い天下を統治する
—	—	—	
応	万務之	Y	↓ Yな職務に対応する
対応する	職務の	Yなこと	

これらは「人君」について述べた一文にあるので、君主の役目、責務について述べていると見当をつける。その上で、四海の「広さ」に相当する「万務」の状態は何か、と考えると、「万」という字からも察せられるように、〈数量の多さ〉という意味がふさわしい。よって、正解は⑤「衆」（多い）。

①〈重要さ〉、②〈美しさ・立派さ〉は、「万物の**Y**に応ず」という一句のみには当てはまるが、「四海の広さ」との対応を考えると、⑤「衆」の方が適当である。③〈応対〉は、そもそも「万物の**Y**」にふさわしくない。④は〈臣下〉といった意味で、そもそも責務の状態を形容する意味にはならない。

問2 **33** ② **34** ④ 《解釈問題》

(ア) 書き下し文にすると「寿を以て家に終はる」となる。「寿」には〈寿命・長寿〉といった意味がある。これが「終はる」のであるから、波線部(ア)全体で〈家で死んだ〉という意味だと見当がつく。また本文は**【文章Ⅰ】**の末尾の一文である。ここにはワシントンが国家を大いに治めたことを記して、大統領をしりぞいたあと、故郷で隠遁し、もはや「功名」をあげる心をもたなかったことを記している。それを受けて「寿を以て家に終はる」であるから、「天寿を全うして自らの家でこの世を去った」とする②が正解。

①「めでたいことに……事業を成し遂げた」、③「祝福されて……余生を過ごした」、⑤「民の幸せを願いながら……節義を貫いた」は、いずれも「終はる」の意味がなく、不適切。④「長寿の親のために」は「寿」の意味も異なり、長寿の対象を「親」とする点も不適切。

(イ) 書き下し文にすると「其の独智を役して」となる。(イ)の前には**問1Y**で確認したように、君主の責務が広範かつ膨大であることが示されている。ごく常識的に考えれば、それを「一人の身」でこなすことは難しいと見当がつく。これを踏まえて波線部(イ)を含む文を見ると、仮定を表す「苟」を用いて、

（「御四海之広、応万務之衆（**問1Y**）」という君主の責務に対して、）

仮定「もし〜」

苟しくも ｛至誠を以て賢と与にせずして ⇔ 其の独智を役して｝ 以て天下に先だてば……

と論を展開している。君主の広範かつ膨大な責務を、もし「賢人と一緒にするのではなくて」という句に続くのだから、「其の独智を役して」は、「賢人と一緒に」とは逆の内容、すなわち〈君主が独りで〉という意味になるはずだ。したがって、「独智」は〈（君主の）自分独りだけの知恵〉と解釈するのが最も適当である。なお「役」は「使役」の「役」であり、〈使う〉こと。日本語の「役人」という意味ではないので注意する。よって、正解は④。

①は、「独智」を「比類のない見識」と肯定的に解釈している点が適切ではない。ここでは「賢と与にせず」に対応した否定的な意味で用いられている。②は、「誇示して」が「役」の語義に合わない。③は、「独智」を君主自身の知恵ではなく「孤高の賢人」としており、また「模倣して」も「役」の語義に合わない。⑤は、「独特の見解」がここでの「独智」とはニュアンスが異なり、「役」も「しりぞけて」と解釈することはできない。

問3 **35** ⑤ 《返り点と書き下し文の問題》

選択肢を見ると、「然人或……」の読みはどれも同じで、「然れども人或いは……」となる。傍線部**A**の直前には、ワシントンが在任八年で「法令整粛、武備森厳、闔州大治」という功績をあげたことが書かれている。これを逆接の「然れども」で受けているので、ワシントンの政策に対して批判的な内容になることが推測できる。また、「人或いは……」は、ある場合には「人が」何かする、あるいは、そういう人がいる、という意味だと見当がつく。これをまとめると、ワシントンには政策で大きい業績があった、しかしその政策に批判的な人がいた、という内容だとわかる。

これらを踏まえて傍線部を見ると、まず「有……者」という形が見える。漢文でよく使われる「……する者有り〈＝……する者がいる〉」という言い方であり、先ほど見た内容と一致する。したがって傍線部**A**の骨格は「然れども人或いは……する者有り〈＝しかし人々の中にはある場合には……する者がいた〉」だと考えてよいだろう。

そして、「……する」の部分に相当するのが「議其所為」である。「……する」、すなわち動詞にあたるのは「議」で〈議論する、批判する〉といった意味を表す。また「其所為」は批判の対象、すなわち「議」の目的語にあたる。論の展開から、ワシントンの政策に対して批判的な内容になると考えると、「其」は「ワシントン」、「所為」はワシントンが「為す所」と読める。以上をまとめると、「然れども人或いは其の為す所を議する者有り」となる。なお、傍線部**A**は直後の「ワシントンは憤慨した」につながっていることから、「……者有り」は「……者有れば〈＝……する人がいたので〉」に改める。よって、正解は⑤。

①は「其の所を議す」が〈その場所を議論する〉というような意味になるが、場所について議論するというのは文の展開に合わない。②・③は「其の為にする所の者を議す」が〈ワシントンのために行動する者を批判する〉あるいは〈ある人のために行動する者を批判する〉というような意味になりそうだが、いずれにしてもその「為にする所の者」が誰なのかわからず、文の展開に合わない。④は「議有りて其の為す所の者」が〈意見があってその意見を行動に移す者〉とでも解釈することになると思われるが、これをワシントンの政策を批判するという文の展開に組み込むことは難しい。

問4 **36** ① 《解釈問題》

傍線部**B**は**問2**(イ)で見た仮定の一文の、結論にあたる部分である。論の展開は次のようになっている。

「御四海之広、応万務之衆」という君主の責務に対して、＝**話題**

仮定「もし～」

苟しくも ｛至誠を以て賢と与にせずして ⇔ 其の独智を役して｝ 以て天下に先だてば……　＝**仮定条件**

耳目心志の及ぶ所の者、其れ能く幾何ぞ。　＝**仮定の結果**

耳目・心志が及ぶところは、それはいったいどれくらいのことが可能か？

君主の広範かつ膨大な責務に対して、〈もし君主が自分だけの知恵を用いてそれに臨むとしたら〉というのが仮定の条件。したがって「耳目心志」とは、君主自身のそれを指すと考えられる。「幾何ぞ」は、〈どれくらいか〉と、数量をたずねる時に用いる語。論の展開を踏まえると、君主一人の「耳目〈＝見聞きできること〉」と「心志〈＝考えられること〉」との数量には限界があるだろう、と理解するのが適当である。したがって「其れ能く幾何ぞ」は、疑問文で

〈どれくらいの数量が可能なのか〉とたずねているのではなく、反語で〈どれくらいの数量が可能となるだろうか、いやそう多くはあるまい〉と解釈すると文の展開に合う。また、ここの「数量」は「四海の広」「万務の衆」に対応しているので、「多い」を「広い」と置き換えると、より日本語としてわかりやすい解釈になる。よって、正解は①。

②・③・⑤は「耳目心志」を君主のそれではなく「天下の人々の」と解釈している点が適切ではない。④は「其能幾何」の解釈がおかしい。紛らわしい表現で書かれているが、要するに選択肢は〈君主の耳目心志の及ぶところは広大である〉という意味になり、先ほど見た傍線部**B**の解釈と正反対の意味になる。

問5　37　③　**《内容・故事成語の把握問題》**

本問は、**問4**までに見てきた「君主のあるべき姿」を踏まえて、傍線部**C**を含む一文を解釈していけばよい。論の展開は次のようになっている。

人君必ず
心を清めて以て之に涖み、己を虚しくして以て之に待する　こと　（対句）
↓ 比喩による言い換え
鑑の明なるがごとく、水の止まるがごとく　なれば、　（対句）
則ち物至るも罔ふること能はず。

まず人君のあるべき姿として「心を清めて以て之に涖み」「己を虚しくして以て之に待する」とある。「之」すなわち君主の責務に臨み、応対するにあたって「心を清め」「己を虚しく」することが必要だというのである。

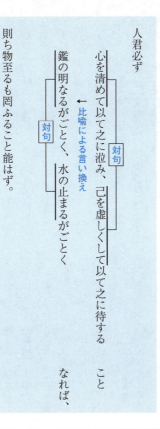

これを受けて、「如」＝比喩による言い換えがなされている。この比喩の部分は「鑑（鏡）」・「明」・「水」・「止」の四つの漢字が核になっている。すなわち明鏡止水＝曇りのない鏡と波立っていない（鏡のような）水面の意から、〈一切の邪念がなく、心が落ち着いている状態〉を意味する故事成語である。これは先ほどの「人君のあるべき姿」の内容と一致する。傍線部**C**はこの明鏡止水の「止水」の部分にのみ引かれているので、「静かな水」の比喩を説明した③が正解。

①「低い場所に自然とたまっていく」、⑤「あふれそうな水をせき止める」は、水の動きに着目しており、「清める」「虚しくする」ことの喩えにはふさわしくない。②は「公平な裁判」に限定して君主のあり方を説明している点が適切ではない。④は「善行」という観点がここまでの論の中になく、「豊富に蓄えられた」水も、「清める」「虚しくする」の喩えとしてふさわしくない。

問6　38　①　39　⑤　**《複数文章の比較読解問題》**

(i)　**a**では、**【資料】**の一文を正しく解釈することが求められている。「嗚呼」は「ああ」という感動詞。「雖」は「いへどモ」と読み、〈～だけれども・～だとしても〉という逆接の確定または仮定条件の意味を表す。また「為レ人」は「ひとトなリ」と読むと〈人柄・性格〉という意味になり、「ひとノために」と読むと、文字通り〈人のために〉という意味になる。**【資料】**は**【文章Ⅰ】**と同じく「話聖東伝」の中の一文なので、作者である安積艮斎が〈ああ、ワシントンという人は……〉と、ワシントンの人物評を述べていると考えると、「為レ人」は「ひとトなリ」、すなわちワシントンの〈人柄〉という意味でとるのが妥当である。

これらを踏まえて**【資料】**の一文を書き下し文にすると「嗚呼、話聖東、戎羯に生まると雖も、其の人と為り多とするに足る者有り」で、意味は〈ああ、ワシントンは、異民族の出身ではあるけれども、その人柄には賞賛に値するものがある〉となる。**【文章Ⅰ】**の内容からも、安積艮斎は、ワシントンに対してハミルトンと協力して国を安定させ、引退後は名誉を求めず家で寿命を迎えたことを肯定的に記述していると考えて差し支えないだろう。よって、正解は①。

なお、「異民族の出身ではあるけれども」は、遠回しな言い方をしている点に注意しておきたい。**【資料】**は**問6**の最初に教師が「もとは西洋に批判的だった」と述べる渋江抽斎の好んだ一節である。したがって、ここは単に「ワシントンは異民族出身だった」という事実を述べたと考えるべきではなく、「ワシントンは異民族（＝西洋の人）であるにもかかわらず、優れた人物だった。優れた人物は異民族である西洋にもいるのだから、西洋の言語を学び、西洋のことを学ぶ必要がある」というように、「批判的な存在であっても優れたものはある」というねじれた感情がこもっていると考えられる。

②は、「言うものもいるが」が「戎羯に生まると雖も」の解釈として不適切。ここは「異民族出身ではあるけれども」という解釈である。③は、「ワシントンの政策には肯定的に評価すべき面がある」としているが、**【資料】**において艮斎が評価したのはワシントンの政策ではなく、「為レ人」である。④は「問わずに」という解釈が「雖」のもつ逆接の意味に合わない。また**【資料】**には「あらゆる人々にとって学ぶべき」といった意味を見いだせる語も見当たらない。⑤は「異民族の出身でなかったとしても」と、「雖」の逆接に否定が付け加えられているが、**【資料】**には否定を表す語がない。

(ii)　空欄**b**は**【文章Ⅰ】**、空欄**c**は**【文章Ⅱ】**について述べているので、各選択肢についてその内容を検討していく。

①は、空欄**b**の「人々から反発されても動じなかった」が**【文章Ⅰ】**に合わない。傍線部**A**（**問3**）の一文を見ると、ワシントンは自分の政策を批判する人がいると、「感憤」したとあり、彼が怒ったことがわかる。また空欄**c**についても「信念を曲げない」といった内容は**【文章Ⅱ】**には書かれていない。

②は、空欄**b**については**【文章Ⅰ】**の「法令整粛、武備森厳、闔州大治」に合致する。しかし空欄**c**の「個人の力より制度を重視する」は**【文章Ⅱ】**には書かれていない。**【文章Ⅱ】**では、君主は「至誠を以て賢と与に（す）」すなわち公正に賢人と協力すべきだと述べている。

③は、まず空欄**b**の「信頼する部下に自分の地位を譲った」が誤り。**【文章Ⅰ】**を見ると、ワシントンは有能なハミルトンを登用し、「政事を参決せしむ」とはあるが、地位を譲ることはなく、「任満」まで大統領の地位に就いている。また空欄**c**についても「権力や名誉に執着しない」は**【文章Ⅱ】**の内容に一致しない。

④は、空欄**b**の「政策の意図を……文章で示した」、空欄**c**の「人々に対して」のいずれも、**【文章Ⅰ】**・**【文章Ⅱ】**には書かれていないので、不適切。

⑤は、空欄**b**が**【文章Ⅰ】**でワシントンがハミルトンを登用して「政事を参決せしむ」ことに合致し、空欄**c**が**【文章Ⅱ】**の「以至誠与賢」に合致する。よって、正解は⑤。

書き下し文

【文章Ⅰ】

話聖東《わしんとん》政《まつりごと》を為《な》すや廉《れん》にして公《こう》、誠《まこと》を推《お》して物《もの》に待《たい》す。巴爾東《はみるとん》なる者有《ものあ》り、明敏《めいびん》にして器識有《きしきあ》り、辞令《じれい》に嫺《なら》ひ、大体《だいたい》に通《つう》ず。話聖東之《わしんとんこれ》を挙《あ》げて、政事《せいじ》を参《さん》決《けつ》せしむ。任《にん》に在《あ》ること八年《はちねん》、法令整粛《はふれいせいしゆく》、武備森厳《ぶびしんげん》にして、闔州大《かふしうおほ》いに治《をさ》まる。然《しか》れども人或《ひとある》いは其《そ》の為《な》す所《ところ》を議《ぎ》する者有《ものあ》れば、話聖東感憤《わしんとんかんぷん》す。任満《にんみ》つるに及《およ》びて、乃《すなは》ち旧閭《きうりよ》に還《かへ》り、深《ふか》く自《みづか》ら韜晦《たうくわい》し、復《ま》た功名《こうみやう》の意無《いな》し。寿《じゆ》を以《もつ》て家《いへ》に終《を》はる。

【文章Ⅱ】

人君《じんくん》は一人《いちにん》の身《み》を以《もつ》て、四海《しかい》の広《ひろ》きを御《ぎよ》し、万務《ばんむ》の衆《おほ》きに応《おう》ず。苟《いや》しくも至《し》誠《せい》を以《もつ》て賢《けん》と与《とも》にせずして其《そ》の独智《どくち》を役《えき》して以《もつ》て天下《てんか》に先《さき》だてば、則《すなは》ち耳目心《じもくしん》志《し》の及《およ》ぶ所《ところ》の者《もの》、其《そ》れ能《よ》く幾何《いくばく》ぞ。是《こ》の故《ゆゑ》に人君必《じんくんかなら》ず心《こころ》を清《きよ》めて以《もつ》て之《これ》に涖《のぞ》み、己《おのれ》を虚《むな》しくして以《もつ》て之《これ》に待《たい》すること、鑑《かがみ》の明《めい》なるがごとく、水《みず》の止《とど》まるがごとくなれば、則《すなは》ち物至《ものいた》るも罔《し》ふること能《あた》はず。

【資料】

嗚呼《ああ》、話聖東《わしんとん》、戎羯《じゆうけつ》に生《う》まると雖《いへど》も、其《そ》の人《ひと》と為《な》り多《た》とするに足《た》る者有《ものあ》り。

全訳

【文章Ⅰ】

ワシントンは政治を行うにあたって清廉で公平であり、誠実な判断で物事を扱った。ハミルトンという者がいて、賢明で才能と見識があり、文章の執筆に習熟しており、政治の要点に通暁していた。ワシントンは彼を登用して、政治に参与させた。大統領の地位にあること八年にして、法令は厳粛に、軍備は重々しく整い、国中が大いに治まった。しかしながら彼の政策について批判するような人があれば、ワシントンは憤慨した。大統領の任期が満了すると、故郷へ戻り、自らじっと世間の目につかないようにして、決して名誉を求めることはしなかった。天寿を全うして自らの家でこの世を去った。

【文章Ⅱ】

君主というものは、たった一人の身で、広い天下を治め、膨大な任務に対応するものである。仮に公正な心で賢人と協力せず、自分だけの知恵を用いて、天下を導くとしたら、君主の見聞や思慮が及ぶ範囲はどれほどであろうか、決して広くはあるまい。そういうわけで君主は必ず心の雑念をしりぞけて政治に臨み、私心なく政治に向き合うこと（態度）が、あたかも鏡が曇りなく澄み、波立っていない静かな水面のように静かで落ち着いているようであれば、外界の事物がやって来てもその心をまどわすことはできない（＝外界で何が起ころうとも〈それによって〉自分の心がまどわされることはない）。

【資料】

ああ、ワシントンは異民族の出身ではあるけれども、その人柄には賞賛に値するものがある。

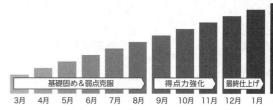

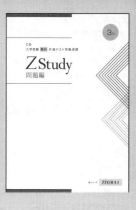

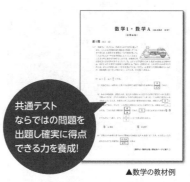

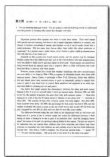

必要な科目を全部対策できる 6教科17科目セット

＊12月・1月は、共通テスト本番に即した学習時間（解答時間）となります。
※2022年度の「共通テスト攻略演習」と同じ内容を含みます。

英語（リーディング）

学習時間（問題演習） 60分×月1回＊

3月	情報の検索
4月	情報の整理
5月	情報の検索・整理
6月	概要・要点の把握①
7月	概要・要点の把握②
8月	テーマ・分野別演習のまとめ
9月	速読速解力を磨く①
10月	速読速解力を磨く②
11月	速読速解力を磨く③
12月	直前演習1
1月	直前演習2

英語（リスニング）

学習時間（問題演習） 30分×月1回＊

3月	情報の聞き取り①
4月	情報の聞き取り②
5月	情報の比較・判断など
6月	概要・要点の把握①
7月	概要・要点の把握②
8月	テーマ・分野別演習のまとめ
9月	多めの語数で集中力を磨く
10月	速めの速度で聞き取る
11月	1回聞きで聞き取る
12月	直前演習1
1月	直前演習2

数学Ⅰ・数学A

学習時間（問題演習） 60分×月1回＊

3月	数と式，2次関数
4月	データの分析
5月	図形と計量，図形の性質
6月	場合の数と確率
7月	整数の性質
8月	テーマ・分野別演習のまとめ
9月	日常の事象～もとの事象の意味を考える～
10月	数学の事象～一般化と発展～
11月	数学の事象～批判的考察～
12月	直前演習1
1月	直前演習2

数学Ⅱ・数学B

学習時間（問題演習） 60分×月1回＊

3月	三角関数，指数・対数関数
4月	微分・積分，不等式
5月	図形と方程式
6月	数列
7月	ベクトル
8月	テーマ・分野別演習のまとめ
9月	日常の事象～もとの事象の意味を考える～
10月	数学の事象～一般化と発展～
11月	数学の事象～批判的考察～
12月	直前演習1
1月	直前演習2

国語

学習時間（問題演習） 60分×月1回＊

3月	評論
4月	文学的文章
5月	古文
6月	漢文
7月	テーマ・分野別演習のまとめ1
8月	テーマ・分野別演習のまとめ2
9月	図表から情報を読み取る
10月	複数の文章を対比する
11月	読み取った内容をまとめる
12月	直前演習1
1月	直前演習2

化学基礎

学習時間（問題演習） 30分×月1回＊

3月	物質の構成（物質の構成，原子の構造）
4月	物質の構成（化学結合，結晶）
5月	物質量
6月	酸と塩基
7月	酸化還元反応
8月	テーマ・分野別演習のまとめ
9月	解法強化～計算～
10月	知識強化1～文章の正誤判断～
11月	知識強化2～組合せの正誤判断～
12月	直前演習1
1月	直前演習2

生物基礎

学習時間（問題演習） 30分×月1回＊

3月	生物と遺伝子1
4月	生物と遺伝子2
5月	生物の体内環境の維持1
6月	生物の体内環境の維持2
7月	生物の多様性と生態系
8月	テーマ・分野別演習のまとめ
9月	知識強化
10月	実験強化
11月	考察力強化
12月	直前演習1
1月	直前演習2

地学基礎

学習時間（問題演習） 30分×月1回＊

3月	地球のすがた
4月	活動する地球
5月	移り変わる地球
6月	大気と海洋
7月	宇宙の構成，地球の環境
8月	テーマ・分野別演習のまとめ
9月	資料問題に強くなる1～図・グラフの理解～
10月	資料問題に強くなる2～図・グラフの活用～
11月	知識活用・考察問題に強くなる～探究活動～
12月	直前演習1
1月	直前演習2

物理

学習時間（問題演習） 60分×月1回＊

3月	力学（放物運動，剛体，運動量と力積，円運動）
4月	力学（単振動，慣性力），熱力学
5月	波動（波の伝わり方，レンズ）
6月	波動（干渉），電磁気（静電場，コンデンサー）
7月	電磁気（回路，電流と磁場，電磁誘導），原子
8月	テーマ・分野別演習のまとめ
9月	解法強化 ～図・グラフ，小問対策～
10月	考察力強化1 ～実験・考察問題対策～
11月	考察力強化2～実験・考察問題対策～
12月	直前演習1
1月	直前演習2

化学

学習時間（問題演習） 60分×月1回＊

3月	結晶，気体，熱
4月	溶液，電気分解
5月	化学平衡
6月	無機物質
7月	有機化合物
8月	テーマ・分野別演習のまとめ
9月	解法強化～計算～
10月	知識強化～正誤判断～
11月	読解・考察力強化
12月	直前演習1
1月	直前演習2

生物

学習時間（問題演習） 60分×月1回＊

3月	生命現象と物質
4月	生殖と発生
5月	生物の環境応答
6月	生態と環境
7月	生物の進化と系統
8月	テーマ・分野別演習のまとめ
9月	考察力強化1～考察とその基礎知識～
10月	考察力強化2～データの読解・計算～
11月	分野融合問題対応力強化
12月	直前演習1
1月	直前演習2

世界史B

学習時間（問題演習） 60分×月1回＊

3月	古代の世界
4月	中世～近世初期の世界
5月	近世の世界
6月	近・現代の世界1
7月	近・現代の世界2
8月	テーマ・分野別演習のまとめ
9月	能力別強化1～諸地域の結びつきの理解～
10月	能力別強化2～情報処理・分析の演習～
11月	能力別強化3～史料読解の演習～
12月	直前演習1
1月	直前演習2

日本史B

学習時間（問題演習） 60分×月1回＊

3月	古代
4月	中世
5月	近世
6月	近代（江戸後期～明治期）
7月	近・現代（大正期～現代）
8月	テーマ・分野別演習のまとめ
9月	能力別強化1～事象の比較・関連～
10月	能力別強化2～事象の推移／資料読解～
11月	能力別強化3～多面的・多角的考察～
12月	直前演習1
1月	直前演習2

地理B

学習時間（問題演習） 60分×月1回＊

3月	地図／地域調査／地形
4月	気候／農林水産業
5月	鉱工業／現代社会の諸課題
6月	グローバル化する世界／都市・村落
7月	民族・領土問題／地誌
8月	テーマ・分野別演習のまとめ
9月	能力別強化1～資料の読解～
10月	能力別強化2～地形図の読図～
11月	能力別強化3～地誌～
12月	直前演習1
1月	直前演習2

現代社会

学習時間（問題演習） 60分×月1回＊

3月	私たちの生きる社会／青年期
4月	政治
5月	経済
6月	国際政治・国際経済
7月	現代社会の諸課題
8月	テーマ・分野別演習のまとめ
9月	分野別強化1～現代社会の諸課題～
10月	分野別強化2～政治～
11月	分野別強化3～経済～
12月	直前演習1
1月	直前演習2

倫理

学習時間（問題演習） 60分×月1回＊

3月	青年期の課題／源流思想1
4月	源流思想2
5月	日本の思想
6月	近・現代の思想1
7月	近・現代の思想2／現代社会の諸課題
8月	テーマ・分野別演習のまとめ
9月	分野別強化1～源流思想・日本思想～
10月	分野別強化2～西洋思想・現代思想～
11月	分野別強化3～青年期・現代社会の諸課題～
12月	直前演習1
1月	直前演習2

政治・経済

学習時間（問題演習） 60分×月1回＊

3月	政治1
4月	政治2
5月	経済
6月	国際政治・国際経済
7月	現代社会の諸課題
8月	テーマ・分野別演習のまとめ
9月	分野別強化1～政治～
10月	分野別強化2～経済～
11月	分野別強化3～国際政治・国際経済～
12月	直前演習1
1月	直前演習2

倫理，政治・経済

学習時間（問題演習） 60分×月1回＊

3月	※［倫理］［政治・経済］を個別に学習。
4月	
5月	
6月	
7月	
8月	
9月	
10月	
11月	
12月	直前演習1
1月	直前演習2

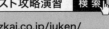